La Réforme administrative dans les services publics en Afrique

Développement, performance et bonne gouvernance

Léon Bertrand Ngouo

La Réforme administrative dans les services publics en Afrique

Développement, performance et bonne gouvernance

Préface du Pr Marcel Proulx

L'Harmattan

Pour illustrer ce livre, les auteurs Daniel Crépin et René Robin, Gilbert J.B. Probst et Hans Ulrich nous ont donné l'autorisation d'adapter certains des schémas de leurs ouvrages cités. Nous leur renouvelons l'expression de nos profonds remerciements.

Adresse de l'auteur : lbngouo@yahoo.fr

5-7, rue de l'École-Polytechnique, 75005 Paris

http://www.librairieharmattan.com
diffusion.harmattan@wanadoo.fr
harmattan1@wanadoo.fr

ISBN : 978-2-296-05210-9
EAN : 9782296052109

A toute ma famille, et tout particulièrement à Marguerite,
mon épouse, à
Arlette, Christelle et Brice, nos enfants, et à
Yann, notre petit-fils.

SOMMAIRE

LISTE DES ENCADRES, TABLEAUX ET FIGURES

LISTE DES ENCADRES

LISTE DES TABLEAUX

LISTE DES FIGURES

LISTE DES SIGLES ET ACRONYMES UTILISES

ANIF	:	Agence Nationale d'Investigation Financière
ANTIC	:	Agence Nationale des Technologies de l'Information et de la Communication
ANTILOPE	:	Application Nationale pour le Traitement Informatique et Logistique du Personnel de l'Etat
AAPAM	:	African Association for Public Administration and Management
APRM	:	Mécanisme Africain d'Evaluation par les Pairs
AQUARIUM	:	Système de renseignement des usagers du SIGIPES
BM	:	Banque Mondiale
BPM		Biens Publics Mondiaux
CAFRAD	:	Centre Africain de Formation et de Recherche Administratives pour le Développement
CAPAM	:	Commonwealth Association For Public Administration & Management
CEA	:	Commission Economique de l'Afrique
CEGPD	:	Centre Européen de Gestion des Politiques de Développement
CENADI	:	Centre National de Développement de l'Informatique
CGICOM	:	Compagnie Générale d'Informatique et de Communication
CLD		Comité Local de Développement
COA	:	Conseiller en Organisation Administrative
CONAC	:	Commission Nationale Anti-corruption
DAG	:	Direction des Affaires Générales
DD		Développement Durable
DDRHE	:	Direction de Développement des Ressources Humaines de l'Etat
DERA	:	Division des Etudes et de la Réforme Administrative
DIRE	:	Délégation Interministérielle de la Réforme de l'Etat en France
DL		Développement Local
DO	:	Développement Organisationnel
DPE	:	Direction du Personnel de l'Etat
DRA	:	Division de la Réforme Administrative
DRH	:	Direction des Ressources Humaines
DRRC		(Politiques) Distributives, Réglementaires ou Régulatrices, Redistributives et Constitutives
DS	:	Direction de la Solde
DSRP	:	Document de Stratégie de Réduction de la Pauvreté
FCS	:	Facteurs Clés de Succès
FMI	:	Fonds Monétaire International
GPO	:	Gestion par Objectifs
GQT (TQM)	:	Gestion de la Qualité Totale
GRH (HRM)	:	Gestion des Ressources Humaines
IEC	:	Information, Education, Communication
IFI	:	Institutions Financières Internationales
IG	:	Inspecteur Général

IISA	:	Institut International des Sciences Administratives
ITCOCU		Input, Transformation, Conservation, Output, Communication, Utilisation
MINATD	:	Ministère de l'Administration Territoriale et de la Décentralisation
MINCOM	:	Ministère de la Communication
MINEDUC	:	Ministère de l'Education Nationale (éclaté en MINEDUB et MINESEC en 2004)
MINEFI	:	Ministère de l'Economie et des Finances
MINESUP	:	Ministère de l'Enseignement Supérieur
MINFOPRA	:	Ministère de la Fonction publique et de la réforme administrative
MINRESI	:	Ministère de la Recherche Scientifique et de l'Innovation
MINSANTE	:	Ministère de la Santé Publique
MPA	:	Manuel des Procédures Administratives
NEPAD	:	Nouveau Partenariat pour le Développement de l'Afrique
NPR	:	National Performance review, cadre d'application de la démarche qualité dans l'administration publique américaine
OCDE	:	Organisation de Coopération et de Développement Economiques
OFPA	:	Observatoire des Fonctions Publiques Africaines
OMD		Objectifs du Millénaire pour le Développement
ONG	:	Organisation non Gouvernementale
PAS	:	Programme d'Ajustement Structurel
PD		Partenaire au Développement
PIS	:	Prestation Intégrée des Services
PNG	:	Programme National de Gouvernance
POE	:	Plan d'Organisation et des Effectifs
QQQOC		Qui ? Quoi ? Quand ? Où ? Comment ?
REGAINS	:	Recensement général et assainissement intégral de la solde du personnel
REGNET	:	Système de numérisation des actes administratifs de gestion des carrières des personnels de l'Etat
RISA	:	Revue Internationale des Sciences Administratives
SCOM	:	Service Central d'Organisation et Méthodes
SIGIPES	:	Système Informatique de Gestion Intégrée des Personnels de l'Etat et de la Solde
SNRA	:	Structure Nationale Chargée de la Réforme Administrative
SPM	:	Services du Premier Ministre
SPRA	:	Secrétariat Permanent à la Réforme Administrative
TBE	:	Tableau de Bord Ethique
TBGRHE	:	Tableau de Bord de Gestion des Ressources Humaines de l'Etat
TIC	:	Technologie de l'Information et de la Communication
TICAD	:	Conférence Internationale de Tokyo pour le Développement de l'Afrique
UNDESA	:	Département des Affaires Economiques et Sociales des Nations Unies

PREFACE

Il est très tentant d'aborder avec cynisme le thème de la réforme administrative dans les pays en développement : il y a si longtemps que l'on y est engagé dans des démarches de réforme administrative, avec des résultats souvent terriblement décevants, que l'on pourrait en venir à désespérer que tant d'efforts aient été investis pour penser des réformes qui n'aboutissent pas ou qui ne livrent pas les résultats attendus. La réforme administrative apparaît ainsi aux cyniques comme une sorte de rituel incantatoire constamment répété, sans grand espoir de résultats, mais avec le sentiment qu'à force de revoir l'organisation du secteur public, on finira bien par trouver une formule gagnante. C'est pourquoi on préfère désormais, dans certains États, choisir un autre terme que « réforme administrative » pour qualifier les efforts d'amélioration de la gestion publique : ces efforts, de portée souvent moins globalisante, privilégient les mesures ciblées de transformation qui, pas à pas, mènent à une réforme administrative qui cache son nom.

L'ouvrage de Léon Bertrand Ngouo prend exactement le contre-pied de cette attitude cynique : il affirme haut et fort la pertinence d'envisager la modernisation de la gestion publique dans une perspective d'ensemble, même si cette modernisation peut être constituée de projets divers. De toute évidence, l'auteur n'a pas perdu la foi dans la capacité des institutions responsables de la réforme administrative d'impulser des changements significatifs dans les administrations des pays en développement et de soutenir les efforts de leur remise en question en vue de leur bonne gouvernance. C'est d'autant plus significatif qu'il a lui-même été longtemps responsable de la réforme administrative dans son pays, le Cameroun.

Mais la foi de Léon Bertrand Ngouo dans la réforme administrative et dans les institutions qui l'incarnent n'est pas celle du charbonnier. S'il est convaincu que l'on peut réformer les administrations publiques dans les pays en développement, c'est non seulement en s'appuyant sur sa propre expérience, sur une connaissance approfondie des expériences concrètes de réformes menées dans d'autres pays, en Afrique et ailleurs. Praticien d'expérience, observateur fin des réalités administratives, l'auteur est tout cela et plus encore : il démontre aussi une solide maîtrise des concepts de management, et en particulier des concepts de management public. Tirant profit de ses études supérieures en management public, qu'il a complétées en Amérique du Nord, à l'École nationale d'administration publique du Québec (que j'ai l'honneur de diriger), l'auteur mobilise un vaste ensemble de concepts présentés comme autant d'outils destinés à penser, à impulser et à évaluer les changements dans les organisations publiques.

Ainsi, l'ouvrage de M. Ngouo est à la fois normatif, analytique et instrumentant. C'est un ouvrage normatif en ce qu'il plaide pour une démarche volontariste de réforme administrative. S'il n'ignore pas les problèmes et les contraintes qui accablent les administrations des pays en développement, il affirme, comme je le pense aussi, que ceux-ci ne sont pas sans solutions, et que ces solutions appellent à l'utilisation des concepts et des outils modernes de management.

L'ouvrage a aussi une forte tonalité analytique à dominante empirique : l'auteur cerne avec rigueur et sans complaisance les enjeux et les problèmes qui constituent la cible des mesures des réformes administratives.

Finalement, et ce n'est pas là le moindre apport de l'ouvrage, M. Ngouo présente un véritable coffre à outils à l'intention des acteurs (responsables, experts) de la réforme administrative. Ce coffre à outils est constitué d'un ensemble de méthodes et de démarches propres au management public et à la gestion du changement ; ces méthodes génériques sont présentées de façon à montrer en quoi chacune d'elles représente un apport significatif à la conception et à la mise en œuvre d'une réforme administrative.

Au total, cet ouvrage deviendra sans aucun doute un ouvrage de référence important, aussi bien pour les praticiens de la réforme administrative dans les pays en développement que pour les formateurs appelés à les préparer à l'exercice de leurs fonctions.

Québec, Juin 2007

Marcel Proulx, Ph.D.

Directeur général

École Nationale d'Administration Publique (ENAP) du Québec (Canada)

INTRODUCTION GENERALE

L'objet de la réforme de la fonction publique est d'améliorer son efficacité et sa performance, pour la rendre moins coûteuse et plus durable. Le but ultime est d'améliorer la qualité des services publics fournis à la population et de remplir des fonctions essentielles de l'Etat. C'est la condition d'un développement économique et social soutenu (Banque Mondiale, Document technique n° 357 F, 1997 : 48)

L'Assemblée Générale des Nations Unies a proclamé le 23 juin « Journée du service public » (A/RES/57/277) et a instauré un « Prix d'Excellence du service public » pour primer, lors de cette journée, l'innovation, la créativité et l'initiative au sein des services publics dans le monde. Le système des Nations Unies veut, à travers ces deux initiatives, « souligner l'importance du service public et son rôle dans la garantie du bien-être des citoyens du monde » (Bertcci et Alberti, RISA, 72(2) : 368).

Ce même jour du 23 juin, se célèbre la « Journée africaine du service public ». Mais pour quel service public en Afrique ? Quels résultats célèbre-t-on ce jour, en termes de promotion de leur bonne gouvernance et d'accroissement de leur performance, dans les services publics en Afrique ? Quelle peut être la contribution de la « réforme administrative » au développement de l'administration publique que l'Afrique veut se donner pour faire face aux problèmes du bien-être de son peuple?

Ces questions soulèvent des préoccupations aussi bien d'ordre conceptuel, s'agissant de la définition de la fonction « réforme administrative » dans les services publics, que d'ordre pratique, à travers les expériences d'opérationnalisation des mesures envisagées dans le contexte du développement économique et socio-culturel de l'Afrique. Ces préoccupations sont au cœur de la démarche engagée dans ce livre.

1. Une stratégie de modernisation des services publics

En 1969, neuf ans après son indépendance, le Cameroun se dote d'un organe d'étude de la rationalisation du travail administratif, le « Service Central d'Organisation et Méthodes (SCOM) », chargé de rendre plus efficace l'action des services administratifs et plus efficiente leur gestion. Le SCOM sera remplacé en 1978 par la Division de la «Réforme Administrative » (DRA), puis en 1988 par la Division des Etudes et de la Réforme Administrative (DERA) et en 1994 par le Secrétariat Permanent à la Réforme Administrative (SPRA). A travers cette évolution, l'expression « Réforme Administrative » est maintenue, comme pour souligner une réalité particulière, l'existence propre d'une nouvelle fonction organisationnelle, administrative. A cet égard, des chercheurs constatent que « la réforme administrative est mondiale [...] les stratégies de son élaboration et de sa mise en œuvre sont empruntées des valeurs nationales et de l'héritage de l'histoire » (Mazouz, B., 2003 : 13).

Ce livre pose la question de savoir quelle est cette *réalité* et *comment se distingue-t-elle* au sein des services publics africains en général, car le Cameroun n'est pas le seul pays africain à pouvoir faire de la « Réforme Administrative » une fonction administrative. Pour dire un mot sur la pertinence et l'urgence de ce questionnement, rappelons avec Watzlawick (1978 : 23) qu'une meilleure communication sur une réalité « non seulement nous donne sur les problèmes humains un point de vue nouveau, mais encore nous oblige à questionner notre façon traditionnelle, de les traiter ». Le but poursuivi est de contribuer à créer les conditions de l'exercice optimal de cette fonction pour permettre aux administrations publiques africaines de ne plus être à la traîne dans le contexte actuel de développement des administrations publiques au plan mondial. Dans ce contexte, en effet, toutes les analyses convergent pour reconnaître avec la Banque Mondiale (1997 : 48) que le but ultime de la réforme administrative est d'améliorer la qualité des services publics fournis par l'administration à la population et de remplir des fonctions essentielles de l'Etat. L'optimalisation s'entend ici au sens de produire le maximum de résultats conformes aux attentes des usagers, en générant le minimum de coût aux plans humain, financier, temporel et éthique.

Dans cette optique, les résultats de trois travaux antérieurs figurent, à notre appréciation, au nombre des documents les plus importants sur le sujet au cours des dix dernières années. Il s'agit : i) du rapport de la Banque Mondiale de 1994 sur les politiques de développement intitulé « l'Ajustement en Afrique : Réformes, résultats et chemin à parcourir » ; ii) des conclusions de l'étude comparative des expériences de divers pays en matière de gestion de la réforme du secteur public menée par l'Institut International des Sciences Administratives (IISA) et le Centre Européen de Gestion des Politiques de Développement (CEGPD) publiées en 1998 ; et iii) de l'étude réalisée en l'an 2000 par la Commission Economique de l'Afrique (CEA) et portant sur « l'état des réformes dans les pays francophones de l'Afrique au Sud du Sahara ». Trois raisons au moins expliquent cette importance.

En premier lieu, la « Réforme Administrative » se dégage de ces documents comme l'un des concepts clés de la stratégie de modernisation des services publics suite à la crise économique des années 80 qui a entraîné l'adoption et la mise en œuvre des Programmes d'Ajustements Structurels (PAS). Ces programmes ont, en effet, marqué un tournant dans le développement de l'Administration Publique en Afrique et en particulier à travers l'adoption d'une nouvelle philosophie de gestion fondée sur les principes de la bonne gouvernance des services publics. A cet égard, le rapport de la Banque Mondiale conclut : « Pour faire reculer la pauvreté [en Afrique] et améliorer les niveaux de vie, il va falloir continuer à investir dans la mise en valeur des ressources humaines et le développement de l'infrastructure et renforcer la capacité institutionnelle. Ce qu'il faut surtout, peut-être, pour que les ressources soient mises aussi efficacement que possible au service des objectifs du développement, c'est une direction résolue et avisée des affaires publiques » (Banque Mondiale, 1994 : 258).

Ensuite, ces contributions résultent toutes d'un travail d'évaluation du chemin parcouru avec les réformes engagées pour permettre à l'administration publique de soutenir efficacement l'Etat dans l'accomplissement du nouveau rôle de régulation qui est désormais le sien suite aux réformes du PAS. On peut ainsi apprendre (Banque Mondiale, 1999 : 229) qu'avec « leur souci majeur de contenir les coûts de la fonction publique, les programmes d'ajustements structurels ne sont guère parvenus à trouver réponse à des problèmes plus fondamentaux ». Quelques exemples de ces problèmes fondamentaux sont cités : l'absence de responsabilisation et de transparence dans le secteur public, la régression des systèmes de mobilisation des ressources, des pratiques de recrutement et de rémunération sans rapport avec les compétences techniques et la productivité. L'un des constats faits par l'étude conjointe de l'IISA et de l'ECDPM est encore plus interpellant quant à l'urgence de bien cerner les contours de ce concept de réforme administrative pour lui permettre de réaliser sa raison d'être. En effet, le rapport nous apprend que :

> *Le manque de réussite de réforme administrative dans les pays africains a fait naître quelques inquiétudes. On a réalisé l'importance de la capacité de gestion pour la réalisation réussie de toute politique. Néanmoins, une attention relativement faible a été consacrée à la question de la gestion du processus de réforme lui-même dans ces pays (IISA/ECDPM, 1998 : 57).*

La troisième raison pour laquelle ces documents sont importants est que tous trois suggèrent des approches de définition de la « réforme administrative » qui prolongent les discussions d'un atelier tenu en 1996 sur la réforme de la fonction publique en Afrique francophone par la Banque Mondiale (Banque Mondiale, 1997) et qui peuvent aider à articuler et approfondir la compréhension (prendre avec soi) de ce concept dans le contexte africain et compte tenu de la perspective théorique que l'on veut retenir. Ainsi, les participants à l'atelier de la Banque Mondiale et l'étude de la CEA formulent quelques propositions telles :

> *La réforme était donc un moyen de contrôle ou de maîtrise des ressources financières et humaines de l'administration. Mais actuellement, elle est plutôt axée sur une gestion orientée vers des résultats. Cela signifie que le point de départ de la toute récente phase de la réforme s'articule autour du principe selon lequel l'efficacité d'un gouvernement dépend de la qualité des services qu'il offre au public. Le but ultime de la réforme est alors d'avoir un impact sur la société civile et sur la qualité de vie économique et sociale du pays (Banque Mondiale, 1997 :163)*
> *Les actions de réforme [...] ne devront pas simplement se limiter à opérer des réarrangements et des réorganisations de structures, mais bien plutôt, tenter une véritable révolution mentale et sociologique afin d'aboutir à une nouvelle conception de l'Etat et de son administration et à une nouvelle perception de ceux-ci par les citoyens (CEA, 2000 :10).*

Les réformes restent, [...], le seul moyen de mettre en place un service public efficace et de qualité, qui soit respectueux des principes fondamentaux des droits du citoyen, tout en poursuivant les objectifs des politiques gouvernementales à même de promouvoir un véritable développement économique et social (CEA, 2000 :25).

La réforme n'est pas et ne peut pas être une simple entreprise technicienne à laquelle on demanderait aux hommes politiques de donner leur bénédiction et occasionnellement de prêter main forte, mais bel et bien une œuvre d'essence et de finalité politiques qui commande un leadership authentique et une volonté réelle des hommes politiques (CEA, 2000 : 27).

Depuis la publication de ces documents, des séminaires, des conférences et des fora ont été organisés à différents niveaux (national, sous-régional, régional, mondial) pour débattre des approches, des techniques et des outils d'introduction de cette nouvelle logique dans les services publics[1]. Sur le terrain, des structures nationales (Secrétariat Permanent à la Réforme Administrative, Direction Générale chargée de la Réforme Administrative, ...) œuvrent pour transformer ce changement de paradigme de gestion dans les services publics, en réalité. *Mais quelle réalité ? Quelle est la dynamique de la réforme administrative ? Comment œuvrer pour qu'elle soit performante ?*

2. L'impératif de comprendre la dynamique de la réforme administrative

Pour emprunter l'expression de Kundera, comprendre la dynamique de la réforme administrative pour contribuer à créer les conditions de son expression optimale, c'est essayer de déterminer sa raison d'être, de délimiter le domaine de la réalité qu'elle a à éclaircir, à explorer, à saisir (Kundera, 2005 : 19).

Le propos de ce livre est d'essayer de traduire ce qu'est la réforme administrative pour nous et d'en tirer les conséquences pour analyser son développement et présenter des méthodes et des outils d'appui à ce développement.

Les nombreux constats d'échec des efforts de transformation des administrations publiques en général, et plus spécialement des administrations publiques africaines invitent à chercher à « comprendre » pour pouvoir faire autrement et mieux. Cet ouvrage choisit la « réforme administrative » comme champ d'application de cet impératif de « comprendre ». Karkatsoulis (RISA, 3/200 : 547) constate, en effet, que « le manque de contexte théorique

---

[1] L'ENAP de Québec offre par exemple aux gestionnaires de niveaux supérieurs des administrations publiques (notamment africaines), et cela depuis 1995, un programme de formation en management public, comme support aux réformes administratives (PFMP-SRA) (Poulin, Y., 2002 : 443).

homogène dans lequel viendraient s'inscrire les réformes administratives, imputable, entre autres, à une carence théorique générale dans les sciences administratives modernes ne peut être pallié par une simple méthode pratique qui serait appliquée pour résoudre les problèmes ».

La complexité au double plan ontologique et épistémologique des phénomènes organisationnels en général et bureaucratiques dans un contexte de mondialisation[2] comme le nôtre, rend incontournable la précision, dès le départ, de l'angle de vue, de la perspective qui, *a priori*, va orienter le choix des éléments qui seront considérés comme significatifs dans cette démarche de « compréhension ». A cet égard, la perspective *managériale* est celle que nous avons choisie dans cet ouvrage. Peter Drucker définit le management comme étant l'art et la science de faire faire les bonnes choses par les bonnes personnes au bon moment et au moindre coût. La perspective managériale marque un changement d'attitude, de mentalité et de pratique par rapport aux pratiques bureaucratiques anciennes. Le Professeur Pierre Lassègue (1992 : XXI) qualifie le management de « détour capitalistique », c'est-à-dire précise-t-il, « un investissement qui, dans un premier temps, entraîne un coût, mais ensuite augmente la production et diminue son coût ». On pourrait faire ici un parallèle avec l'apprentissage (au sens de la boucle double comme nous le préciserons dans cet ouvrage). Le texte suivant de Savoie (1990) cité par A. Payette (in Parenteau, dir., 1992 : 5) donne une illustration de la nature de ce changement de paradigme :

> *Nous assistons [...] à l'émergence de nouveaux modèles, de nouveaux paradigmes. Dans notre effort de débureaucratisation de l'administration publique et de remaniement des contrôles exercés traditionnellement par les organismes centraux, nous cherchons à ce que le secteur public soit géré plutôt qu'administré. Les gestionnaires du secteur public ont pendant longtemps été considérés comme des administrateurs plutôt que comme des gestionnaires, chargés de s'occuper surtout de procédés et de procédures officiels et de réconcilier en quelque sorte la politique et l'administration. Aujourd'hui, on cherche plutôt à les faire pénétrer dans le « vrai monde de gestion » où ils devront canaliser efficacement des ressources rares pour produire des résultats*

---

[2] Guy Braibant (2002 : 36) constate à cet égard, pour ce qui est de l'administration publique en Europe, que « l'internationalisation est certainement une tendance lourde de l'évolution de nos sociétés, qui s'applique aussi à l'administration publique, rattachée traditionnellement aux Etats nations. Elle est multiforme. C'est d'abord le rôle croissant des organisations mondiales à vocation générale comme les Nations Unies. [...]. [C'est ensuite] le développement d'organisations internationales de caractère régional dont le meilleur exemple est l'Union Européenne. [...]. Les deux phénomènes se combinent dans ce qu'on appelle en France la coopération « décentralisée », c'est-à-dire, des relations directes entre les autorités locales de plusieurs pays ». Le même phénomène est observable en Afrique comme on le verra plus loin dans cet ouvrage.

précis et où ils devront s'adapter rapidement aux virages soudains de l'économie moderne.

C'est donc une perspective de l'action axée sur la production de résultats palpables pour le bien-être des citoyens qui est ainsi retenue. Cette perspective présente ici l'avantage de permettre de poser un quadruple regard holistique, analytique, systémique et culturel sur la réalité organisationnelle des services publics. On pourra ainsi mieux pénétrer l'essence véritable de toute la spécificité ontologique de la « réforme administrative ». En effet, à la différence d'une logique fondée sur un enchaînement causal d'actes, de gestes et de paroles pour bâtir le sens de la « réforme administrative », le regard holistique permet de décrire la réalité comme elle est ou bien comme elle devrait être pour servir de *boussole* aux acteurs quotidiens du monde administratif. Ainsi, les stratégies des réformes adoptées pourraient-elles alors intégrer le souci d'une véritable révolution mentale et sociologique pour aboutir à une nouvelle conception de l'administration publique en Afrique comme relevé par les études citées plus haut (Banque Mondiale, 1997 :163 ; CEA, 2000 :10). Les approches analytique et systémique des situations administratives éclairent les principaux aspects de la dynamique présente et passée et le développement futur de la « réforme administrative ».

La grille culturelle suivant son entendement constructiviste[3] (Morgan, 1989 : 140) ou dynamique (Kamdem, 2002 : 36) participe « à la construction de la réalité sociale à partir des normes dominantes et partagées par les membres de la communauté [administrative] » (Kamdem, 2002 : 36), ceci dans le contexte des administrations publiques africaines. Elle complète les deux grilles analytique et systémique en prenant en compte la structure culturelle des processus de développement car l'organisation est perçue ici comme une pure création (un artefact) de ce que savent, peuvent et veulent les personnes, « un produit de l'esprit humain créé à des fins instrumentales dont les structures reflètent les perspectives, les normes et le savoir propres à un groupement humain particulier », selon la définition de Simon (1969, in Alain Bernard, 1992 :162).

Le choix de cette perspective managériale nous amène à formuler un postulat sur lequel repose le présent ouvrage. A savoir que l'adoption de l'approche qui est fondée sur le développement de la fonction « réforme administrative » *marque un changement de paradigme résultant du consensus*

[3] Quand nous parlons de la culture, écrit Morgan (1989 : 190), « nous parlons en réalité d'un processus de construction de la réalité qui permet aux gens de voir et de comprendre des évènements, des actions, des déclarations, des situations ou des objets particuliers de façon bien spéciale ». Il ajoute que « la nature d'une culture se trouve dans ses normes et coutumes sociales, et que l'individu qui suit ces règles de comportement va réussir à construire une réalité sociale appropriée » (Morgan, 1989 : 141).

qui se dégage pour exiger des services publics qu'ils se transforment pour répondre aux exigences de bonne gouvernance consécutives aux mutations qui prennent corps dans les autres domaines d'activité de la Nation. Cette approche s'inscrit dans la logique de systématisation des pratiques innovatrices au sein de l'administration publique, à la fois pour soutenir le processus d'amélioration continue des performances des services publics, et pour introduire des changements radicaux lorsqu'ils sont nécessaires pour répondre à la demande sociale. *C'est une fonction interne à l'administration qui nécessite d'être appréhendée à l'aide d'une grille à plusieurs facettes pouvant coexister de façon complémentaire ou paradoxale, selon les visions qu'elle propose de l'action sociale.* Pour nous, ce postulat contient trois thèmes clés qui seront développés tout au long de l'ouvrage ; une fonction interne à l'administration, une fonction de type Recherche et Développement, une fonction dont la compréhension nécessite une grille pluridimensionnelle. L'idée de ce postulat n'est pas nouvelle. Elle est par exemple présente chez Karkatsoulis (RISA, 3/200 : 547-564) qui l'aborde suivant la perspective sociologique en s'appuyant sur la théorie des systèmes auto-référentiels[4].

Malheureusement, comme le fait observer Maryline FERGUSON (1981 :152), la structure irrationnelle du comportement humain se répète, toujours semblable, sur le plan individuel comme sur le plan collectif pour décourager, voire tourner en ridicule, ceux qui s'engagent dans cette voie d'innovation. Elle écrit, en effet :

> *De génération en génération, l'humanité lutte pour préserver le* ***statu quo****, soutenant qu'« on sait ce qu'on perdrait, mais on ne sait pas ce qu'on gagnerait », formule populaire et cynique où l'inconnu est perçu comme dangereux. Nous ne voyons pas que toute croissance dépend de la capacité de transformer. Au milieu de ce flux qu'est le monde naturel, nous résistons à la transformation en nous accrochant à ce qui nous est familier. « Placés devant le choix entre avoir à changer nos conceptions ou prouver qu'il n'est nul besoin de le faire, la plupart d'entre nous s'emploient à fourbir des preuves » a dit John Kenneth Galbraith.*

Par rapport à cette réflexion de Maryline Ferguson, quelle est note propre attitude, nous qui lisons ce livre en ce moment, ou bien nous qui sommes sur le point de prendre une décision pour moderniser notre service, par exemple ?

---

4 La théorie des systèmes auto-référentiels, selon Karkatsoulis, défend l'idée suivant laquelle il faut faire une distinction entre notre conception du monde, quelle que soit cette conception et quel que soit le nombre de niveaux auxquels elle est organisée, et le monde proprement dit en tant que réalité externe ; en somme la dimension ontologique de la complexité des phénomènes organisationnels. Pour souligner l'importance de cette distinction, l'auteur rappelle que « si nous n'acceptons pas l'existence d'une réalité différente de celle que nous concevons, nous risquons de verser dans le solipsisme » (Karkatsoulis, RISA 3/200 :558).

3. Les spécificités du cadre d'application de la réforme administrative

La réforme administrative est traitée dans cet ouvrage comme un moyen pour promouvoir le *développement* de l'administration publique, c'est-à-dire sa transformation dans le but de soutenir l'amélioration quantitative, qualitative et durable de ses performances. Suivant la perspective managériale, au concept de développement d'une organisation est associée l'idée d'une *évolution logique* conduisant cette organisation à un état d'accomplissement supérieur par des processus repérables et analysables mettant en évidence des fonctionnements implicites ou cachés qui transforment en chemin, cette organisation en exploitant ses potentialités d'évolution et de croissance (Alain Bernard, 1992 :161).

A cet égard, une autre précision à apporter au plan méthodologique, porte sur le caractère spécifique de l'objet et du cadre d'application de la réforme administrative, l'administration publique, qui est ici l'organisation qui se développe. En effet si le développement (dans le sens précisé ci-haut) de toutes les administrations, publique ou privée, est intimement lié aux dimensions sociale, économique, politique, culturelle et technologique de leur environnement, les organisations du type public et celles du type privé (ou à but lucratif) n'ont pas les mêmes processus d'évolution logique, ni le même univers référentiel qui oriente les conduites individuelles. En outre, elles ne réagissent pas de la même façon face à la pression de leur environnement. Gortner et al. (1994 : 36) relèvent par exemple que « contrairement aux firmes dont les objectifs sont d'abord économiques et qui visent à générer des profits, les objectifs des organisations publiques sont très variés et, de façon générale, les considérations politiques l'emportent sur les considérations économiques dans la détermination de ces objectifs ».

L'ambiguïté, l'imprécision et la nature générale des objectifs des administrations publiques dont nous explorerons certains aspects plus loin dans l'ouvrage, contrastent profondément avec les pratiques au sein des entreprises privées. Une explication à cette différence réside dans le fait que de nombreux conflits sur les fins et sur les moyens surgissent lors de la détermination des objectifs dans les organisations publiques. On observe alors souvent un manque d'adéquation entre les moyens alloués et les objectifs poursuivis. Ce caractère général et ambigu des objectifs des administrations publiques oblige les gestionnaires à les interpréter, à les rendre concrets et réalisables, faisant intervenir leur propre rationalité. Aussi, soulignent Gortner et al. (1994 : 45) les gestionnaires publics ont beaucoup de *pouvoir discrétionnaire* dans les décisions prises au jour le jour.

S'agissant de l'évaluation de la performance d'une administration publique, qui est l'un des aspects clés de la problématique abordée dans cet ouvrage, Gortner et al. (1994 : 39) font remarquer qu'on ne peut pas utiliser la même démarche que dans les entreprises privées et à partir du critère standard et objectivement mesurable qu'est le taux de profit.

> *Les bureaucraties publiques, écrivent-ils, ne se prêtent pas à l'utilisation d'une norme unique et universelle telle le taux de profit ; la mesure de leur performance doit tenir compte, du moins jusqu'à un certain point, de leurs particularités. Comme chaque organisation a un rôle et des objectifs qui lui sont propres, il est nécessaire de concevoir des mesures de productivité spécifiques. [...]. Si l'on doit appliquer aux organismes publics des normes de performance qui respectent leurs particularismes, l'approche rationnelle pour les comparer est de le faire en choisissant des organisations qui ont des fonctions et des buts similaires.*

La spécificité de l'organisation publique, par rapport au secteur privé, ainsi illustrée sera prise en considération lors de l'application des théories de l'organisation à la réforme administrative dans cet ouvrage, notamment en tenant compte de l'impact des facteurs politique et socio-culturel de développement des administrations publiques analysées.

4. Les destinataires de l'ouvrage et les articulations de son plan

Le livre est écrit pour tous ceux qui s'intéressent à la façon dont les administrations publiques, définies comme *moyens* de l'Etat pour promouvoir le bien-être des citoyens, se développent en se réformant. Il vise principalement quatre cibles. Premièrement, les dirigeants et les décideurs de différents niveaux hiérarchiques dans les services publics qui travaillent non seulement pour assurer les performances de leur Unité de travail, mais également pour veiller à la cohérence des programmes du gouvernement et leur mise en œuvre effective. Parmi ceux-ci, comptent également les Informaticiens responsables des systèmes d'information (SI) dans les différentes administrations, compte tenu de leur rôle dans la réalisation des projets de modernisation des services publics qui tirent avantage des progrès dans le domaine des technologies de l'information et de la communication (TIC). Les développements relatifs à l'impact des TIC sur les processus du travail administratif aujourd'hui dans le deuxième chapitre et l'étude de cas présentée dans la troisième partie illustrent le degré de leur implication et le niveau de leur responsabilité dans la réussite des projets qui ont une composante informatique importante. Deuxièmement, les Inspecteurs Généraux et les Inspecteurs qui effectuent les missions d'audit interne au sein de l'administration, de même que les professionnels du « métier » de la réforme administrative, on les appelle aussi les Conseillers en organisation Administrative (COA) qui œuvrent au sein des Secrétariats Permanents ou des Directions Générales chargés de la réforme administrative pour appuyer le développement de ces services publics. Troisièmement, les écoles de formation professionnelle qui abordent les questions de développement des services publics, soit dans le cadre d'une formation initiale, soit sous forme de modules de sessions de perfectionnement. Enfin, les experts externes à l'administration, par exemple les qualiticiens spécialistes de la démarche de la Gestion de la qualité totale (GQT) appliquée à l'administration publique, les consultants externes à l'administration et les professeurs ou chercheurs qui effectuent leurs travaux de recherche ou d'intervention au sein des services publics dans le but de soutenir leur développement, sont intéressés par cet ouvrage qui, dans l'une ou l'autre de ses parties, présente des problématiques et des méthodes ou décrit des expériences dont ils peuvent se servir en fonction de leurs besoins particuliers.

Pour intéresser ces différents groupes dont les besoins et les attentes en matière de réforme administrative peuvent être très diversifiés, le livre est une tentative de réconciliation de l'action et de la réflexion suivant un processus d'apprentissage pour mieux agir. Aussi, l'ouvrage comporte un total de douze chapitres regroupés en trois parties.

La première partie cerne le contexte d'émergence et de développement de cette fonction interne à l'administration qui est la « réforme administrative ». On s'attache ici à circonscrire la nature de la réforme administrative et à décrire les enjeux de son développement en termes des facteurs qui sous-tendent la tendance lourde de l'évolution des services publics aujourd'hui. La deuxième partie traite des méthodes et outils de la réforme administrative. En partant du contexte décrit et de l'analyse de quelques grilles théoriques, il est proposé des schémas d'interprétation des objets de la réforme administrative et des outils pratiques pour la réalisation de cette fonction. La troisième et dernière partie est une étude de cas qui illustre la dynamique de la réforme administrative dans le contexte de l'administration d'un pays, le Cameroun. Les implications du cadre conceptuel d'analyse et d'intervention proposé dans les deux premières parties sont appliquées à deux facteurs : les besoins et motivations de la réforme administrative et la conduite d'un projet de réforme administrative. Le dernier chapitre de cette partie dégage quelques leçons de cette expérience qui est actuellement dans sa phase de généralisation à toute l'administration camerounaise.

5. Comment le livre est-il écrit et comment s'en servir ?

Le livre se veut être un outil de travail pratique pour ses destinataires. Il est écrit pour leur servir de guide méthodologique dans l'accomplissement de la dimension « réforme administrative » de leur travail au sein de l'administration publique en Afrique ou pour cette dernière.

Sa rédaction s'appuie beaucoup sur des tableaux (48), des figures (53) et des encadrés (28), soit un total de 129 supports didactiques. Les tableaux synthétisent les idées développées sur un point et en donnent un aperçu synoptique pour faciliter la description de la nature des liens qui existent entre les différents paramètres d'analyse retenus. Dans la deuxième partie, par exemple, le déroulement de chacune des méthodes décrites est résumé dans un tableau qui représente en quelque sorte sa « fiche technique ». Les figures donnent une image de la réalité que des « milliers de mots » ne suffiraient pas pour bien traduire. Elles répondent aux attentes des lecteurs qui privilégient cette forme de représentation de l'information. Elles nous rappellent, comme souligné plus haut, que les réalités de l'administration publique que nous essayons d'appréhender ne sont guère que des artéfacts, des produits de notre esprit, produits que nous *créons* nous-mêmes à des fins instrumentales et dont les structures reflètent nos normes et le savoir propre à chacun de nos groupes particuliers. Ces figures peuvent ainsi permettre à un lecteur d'aller au-delà de l'image que voulait représenter l'auteur ou lui inspirer des relations dominantes entre certains éléments que d'autres lecteurs ne percevront pas. Les encadrés puisent dans le vécu quotidien des administrations publiques en Afrique et partout ailleurs dans le monde, pour illustrer soit des prises de position des acteurs politiques ou de personnalités de renom dans le domaine concerné, soit des cas pratiques d'application d'une stratégie de réforme administrative qui a réussi ou qui n'a pas produit les résultats escomptés dans certaines conditions. Suivant une démarche de la preuve par l'exemple ou par le contre-exemple, nous adoptons avec ces encadrés, une approche comparative (au sens du benchmarking) pour témoigner des efforts qui sont en cours dans le domaine concerné et permettre au lecteur de tirer les leçons dont il peut se servir dans son cas particulier. L'un des messages qui nous semblent se dégager clairement de l'exploitation de ces différents supports est celui de la pondération dans nos jugements et en conséquence, celui de l'humilité face à la complexité des problèmes organisationnels en général.

Au plan méthodologique, le livre se focalise sur la démarche d'élaboration, de mise en œuvre et de suivi des politiques, des programmes et des projets de réforme administrative. Mais dans l'administration publique, tout part des décisions politiques, décisions qui sont sous-tendues par une multitude de rationalités dont certaines sont discutées dans le livre. Aussi avons-nous fait le choix de privilégier la rationalité systémique qui est caractérisée par son adaptabilité et surtout sa capacité à développer chez les hauts fonctionnaires (« hommes d'organisation ») les habiletés à construire une *solide argumentation* pour soutenir les options qu'ils soumettent à la décision des acteurs politiques (« hommes d'action, plutôt aléatoires et erratiques »). A cet égard, le livre fournit des grilles de décryptage des vues des différents acteurs qui sont parties prenantes dans les processus de la réforme administrative retenus dans le cadre de la mise en œuvre des politiques publiques et suggère des approches susceptibles de favoriser une synergie soutenue entre ces acteurs.

Les différentes parties et les différents chapitres du livre sont annoncés par une introduction qui met en exergue la question précise à laquelle une réponse va être apportée, tandis que la conclusion situe les réponses données par rapport à la préoccupation centrale qui est le « développement des services publics par l'accroissement de leur performance ». Cette approche de rédaction de l'ouvrage favorise l'adoption d'une approche modulaire de sa lecture. Guidé par la table des matières et les listes des tableaux, figures et encadrés, le lecteur peut aller directement explorer les chapitres qui l'intéressent en fonction de ce qu'il veut faire. A titre d'exemple :

- si le lecteur veut cerner les contours de ce qu'est la réforme administrative et se familiariser avec le vocabulaire prédominant dans le livre, il peut lire les chapitres 1, 2, 4 et 5, le dernier traitant deux exemples pratiques ;
- si le lecteur veut s'informer sur les problématiques de développement des administrations publiques en Afrique, il peut lire les chapitres 2, 3 et 5 et l'étude de cas (troisième partie) ;
- si le lecteur s'intéresse particulièrement aux problèmes de management des réformes administratives, il peut lire les chapitres 1, 7 et 8 et l'étude de cas ;
- si le lecteur veut mettre l'accent sur la conduite de changement, il peut lire le chapitre 1, le chapitre 4 (pour la méthode de formulation et d'analyse de problèmes), le chapitre 7 et le chapitre 12 ;
- si le lecteur s'intéresse à la gestion stratégique des ressources humaines et à la gestion de l'emploi public, il peut lire le chapitre 3 et surtout le chapitre 8 (la gestion par les compétences) ;
- si le problème de cohérence des politiques et des programmes publics en matière de réforme administrative, celui de l'évaluation des projets engagés et celui de suivi de leur gestion sont au cœur de l'action de nombre de lecteurs, ils peuvent alors se reporter au chapitre 8, notamment pour la planification stratégique, l'évaluation des performances et le tableau de bord de gestion ;
- des comités et commissions divers sont créés à tous les coups dans l'administration reflétant ainsi une approche de travail en groupe ou en équipe. Mais l'application de cette approche, pour être efficace, doit remplir certaines conditions qui sont exposées au chapitre 7 aussi bien sous l'angle de la dynamique et de l'apprentissage en groupe, de l'intervention en Conseil organisationnel que sous un angle pratique appliqué à la démarche de la gestion de la qualité totale (GQT) et à la méthode du benchmarking.

La remise en cause du centralisme jacobin au profit d'une approche de la décentralisation au sens managérial, centrée sur la recherche des résultats et la gestion de la proximité compte tenu des conditions locales, constitue l'une des tendances les plus fondamentales de notre époque dans toutes les administrations au monde. Les trois premiers chapitres reflètent les débats en cours sur cette question et leurs impacts sur le développement de la fonction « réforme administrative » dans l'administration publique africaine, tandis que le premier paragraphe du chapitre 4 analyse cette question sous l'angle de la gestion de la performance dans les services publics. Des lecteurs peuvent être intéressés par ces chapitres qui s'appuient sur différents modèles d'organisation pour présenter ce problème suivant plusieurs perspectives.

La flexibilité de lecture ainsi offerte peut avoir des conséquences sur l'articulation du contenu du livre. Par exemple, on peut, à la lecture, trouver des répétitions d'un chapitre à un autre. Certaines peuvent être vraiment redondantes, et nous aimerions les supprimer. D'autres par contre, sont voulues, soit pour des fins didactiques, soit parce qu'il s'agit de la même réalité qui est observée sous un autre angle.

PREMIERE PARTIE

LA FONCTION « REFORME ADMINISTRATIVE » : NATURE, CONTEXTE, ENJEUX ET DEFIS D'EMERGENCE ET DE DEVELOPPEMENT

Dans une société démocratique et libérale, la création et le maintien d'organisations publiques ne sont pas des fins en soi mais des moyens qu'une société se donne pour que ses institutions démocratiques satisfassent les besoins des citoyens (H.F Gortner, J.M Mahler, J.B Nicholson, 1994 : XIII).

INTRODUCTION

Comme énoncé dans l'introduction générale, le livre part de l'hypothèse que pour promouvoir le développement de l'administration publique, on peut s'attacher à améliorer de façon continue ses performances et accroître le niveau des investissements en matière d'innovation pour transformer en profondeur ses pratiques et adapter sa culture aux mutations sociales. La gestion de la performance qui recouvre la recherche de l'amélioration continue des pratiques et des procédés de travail administratif, ainsi que l'innovation pour résoudre et anticiper les problèmes encore non posés fondent *l'idée maîtresse* de cette partie qui constitue le cadre théorique de base de l'ouvrage. Cette introduction qui prend appui dans le champ des théories de l'organisation pourrait permettre aux utilisateurs de l'ouvrage d'apprécier les dimensions critiques de la performance dans les services publics et d'aborder les différents types de problèmes qui se posent.

Dans le premier chapitre de cette partie, on définit la nature de la réforme administrative. Nous nous intéressons ici aux éléments caractéristiques de cette activité au sein d'un système administratif. Suivant la perspective managériale axée sur les résultats et le citoyen bénéficiaire, nous proposons une définition de la nature de la réforme administrative qui se décline en trois axes : i) la logique du changement organisationnel ; ii) le processus de création des changements à introduire (contrôle et évaluation des performances, innovation et apprentissage) ; iii) les enjeux de l'effectivité des résultats escomptés (management de la réforme, organisation de la réforme, expertise nécessaire).

Dans le second chapitre, nous présentons quelques modèles permettant d'appréhender la réalité d'une administration définie comme un exemple particulier d'une organisation. Nous commençons par le modèle bureaucratique wébérien qui sous-tend la conception jacobine de l'administration publique telle que l'Afrique l'a héritée de l'époque coloniale, pour nous appesantir ensuite sur des modèles qui mettent l'accent sur la gestion axée sur les résultats et sur le développement et l'encrage du paradigme de l'apprentissage et de l'auto-organisation. Nous nous intéressons surtout aux caractéristiques des principes que les autres modèles retenus proposent, en comparaison avec le modèle bureaucratique auquel nous sommes familiers (ou que nous subissons), pour définir et soutenir la performance ou pour encourager l'innovation dans une organisation. Nous analysons ensuite les implications de l'évolution de l'environnement politique, économique et technologique sur le développement des administrations publiques, en liaison avec la nature de la réforme administrative telle que définie. Notre analyse des implications de l'évolution de ces facteurs sur le développement de l'administration publique s'appuie sur quatre dimensions : la philosophie de gestion, les comportements et les valeurs, les structures, les procédés de travail et les technologies. Tous les changements qui touchent ces quatre dimensions ont un caractère structurant pour la réforme administrative. Au plan technologique, par exemple, la révolution des technologies de l'information et de la communication (TIC) a créé pour l'administration publique, les conditions optimales de succès d'une véritable approche « axée sur les résultats » donc sur les clients, à travers, entre autres, le développement d'un système de prestation intégrée des services (PIS). L'Afrique accuse un retard ici qu'il lui appartient de rattraper avec la réduction des coûts des équipements.

Le troisième chapitre décrit les enjeux et les défis de développement de la fonction « réforme administrative » dans le contexte ainsi résumé. Il est introduit par une analyse de certaines questions, telles la rationalité dominante dans les administrations publiques, les paradoxes, le temps, questions qui doivent nécessairement être abordées pour améliorer la performance aujourd'hui et esquisser l'administration publique africaine de demain. Ces questions sont discutées sous forme de problèmes à résoudre pour promouvoir un développement soutenu de l'administration publique. Les enjeux les plus significatifs, pour nous, pour le développement de l'administration publique africaine des quinze à vingt prochaines années sont ensuite présentés. De ces enjeux se sont dégagés trois défis que la fonction réforme administrative doit relever pour être efficace. L'importance et l'urgence des défis décrits résultent également de la dynamique de la réforme administrative telle que définie dans cet ouvrage.

CHAPITRE 1 :
■ LA NATURE DE LA REFORME ADMINISTRATIVE ■

Quel peut être dans l'administration publique, l'apport de la réforme administrative à l'analyse de la problématique de la performance des organisations en vue de leur plus grande maîtrise ? Pour répondre à cette question, nous allons d'abord tenter de cerner la nature de la réforme administrative.

Suivant le dictionnaire (Larousse, par exemple, 2001 : 869) le mot réforme signifie « changement important radical apporté à quelque chose, en partie à une institution en vue de l'améliorer » ; le verbe réformer signifie « changer en mieux, corriger ». La réforme administrative dans sa nature ontologique, son essence, comporte donc une dimension de *changement* dans le système administratif adopté par un pays pour appuyer l'action de l'Etat. Ici, outre l'application de cette notion de changement au secteur particulier de l'administration publique, deux autres éléments interviennent, ayant trait au *processus de création des changements* à introduire pour améliorer ou pour corriger, et à *l'effectivité des résultats escomptés* par l'introduction de ces changements ; les améliorations attendues. S'agissant de la pertinence et de l'importance de ces deux éléments, Kundera (2005 : 26) nous fait remarquer que « la scène, [...], c'est ontologiquement le présent : nous la voyons et l'entendons ; elle se déroule devant nous, ici et maintenant ». Nous pourrions remplacer ici le terme « scène » par l'expression « la réalité de nos services publics ». La réforme administrative n'est donc pas une abstraction ; elle a et elle doit avoir un impact sur la qualité de la performance administrative.

La nature de la réforme administrative sera décrite dans cet ouvrage suivant les trois axes définis par ces trois dimensions : logique du changement, processus de création des changements à introduire, effectivité des résultats attendus. Nous concluons le chapitre par la présentation d'un cadre conceptuel de définition de la nature de la réforme administrative.

Un terme très couramment utilisé qui rend également cette idée du changement associée à la réforme administrative est celui de la *modernisation* comprise au sens de l'adaptation aux évolutions de l'environnement ; cet environnement qui est considéré comme le facteur de contingence principal qui amène à la création des bureaucraties professionnelles dont les services publics sont un exemple (Mintzberg, 1984 : 325). A cet égard, Guillaume et al (2001 : 25) constatent qu'aujourd'hui le thème de la réforme « prend une charge symbolique forte dans le débat idéologique et politique. Il est synonyme de modernité, d'une nouvelle pratique de l'art de gouverner. Alors que l'internalisation des économies réduit la capacité d'action des gouvernements, annoncer la réforme est le signe tangible d'une maîtrise des évènements et d'une réponse rapide aux attentes des citoyens, parfois à peu de frais puisque l'évaluation de ses résultats renvoie à un horizon lointain ». Suivant cette logique de la modernisation, la littérature va plus loin et utilise l'expression « *ré-invention du gouvernement* ». (Traduction de l'expression anglaise « re-inventing Governement », qu'il ne faut pas confondre avec la technique du reengineering qui signifie reconfiguration des processus qu'on évoquera au chapitre 4 dans la figure 4-2). Il s'agit d'aller au-delà des préoccupations d'adaptation à l'évolution de l'environnement, pour développer et mettre en œuvre les capacités d'innovation, d'apprentissage, de changement profond au sein des services publics pour les amener à répondre de façon efficace et pro-active aux sollicitations, chaque jour diversifiées, des citoyens devenus très exigeants dans un contexte de démocratie dynamique et engagée. L'expression « changement profond » intègre ici la dimension culturelle de l'organisation et prend le sens que l'école de l'organisation apprenante lui donne, à savoir : « les changements qui conjuguent les modifications internes des valeurs, des aspirations et des comportements des salariés avec les modifications externes dans les processus, les stratégies, les pratiques et les systèmes » (Senge et al., 1999 : 22). Ces auteurs précisent :

> *Dans le changement profond, il y a apprentissage. L'entreprise ne fait pas simplement quelque chose de nouveau : elle se construit également les capacités de faire les choses d'une nouvelle façon. En fait, elle se construit les capacités du changement continu.*

1 REFORME ADMINISTRATIVE : LOGIQUE DE CHANGEMENT

La nature de la réforme administrative fondée sur la notion de changement ou de modernisation s'appuie sur le postulat suivant lequel l'environnement de l'organisation (par exemple un service public) est un paramètre déterminant de son développement. Par environnement d'un service public, on entend différents facteurs dont : la technologie (savoir, connaissance utilisée), la nature des services ou produits, les usagers, les partenaires, la distribution géographique des activités, le climat politique et économique, etc. Comme le fait remarquer Mintzberg (1984 : 247), ce qui intéresse ici « n'est pas l'environnement en soi mais son impact sur l'organisation, et surtout la capacité qu'a l'organisation d'y faire face : de la prédire, de l'appréhender, d'y répondre rapidement et d'affronter sa diversité ».

La logique du changement ainsi adoptée pour appréhender la réalité de la réforme administrative a une *fonction de structuration* ; en ce sens qu'elle conduit à l'adoption de stratégies de changement et de méthodes d'intervention qui tiennent compte des spécificités du type d'organisation, objet de changement ou de la réforme ; les services publics dans le cas de cet ouvrage. La structuration se fait ici à plusieurs niveaux, et en particulier à celui de la définition du *cadre de référence d'intervention*. Selon Tessier, R. et Tellier, Y. (dir., T.7, 1992 : XXIII), « cadrer et recadrer, c'est d'abord nommer la réalité, procéder aux opérations mentales impliquées dans tout décodage et toute interprétation (causale ou non) des problèmes à expliquer et à résoudre ». C'est le rôle que joue la discipline des « schémas mentaux » dans le modèle des organisations apprenantes qui est décrit au chapitre 2 (§.1.3).

La fonction de structuration s'exerce ici, donc, dans le cadre de la mise en œuvre d'une démarche de *recherche en développement des organisations*, avec pour finalité la transformation des services publics de leur état actuel, à un état d'accomplissement. La démarche de *recherche*, faut-il le rappeler, est caractérisée par l'adoption d'une méthodologie fondée sur le choix d'une théorie, des méthodes et techniques aptes à rendre compte du sujet étudié et à permettre au « chercheur » d'atteindre l'objectif poursuivi par son intervention. Ici, l'influence du champ disciplinaire du « chercheur » et son hypothèse de départ sur la stratégie du changement sont des facteurs extrêmement importants. S'agissant du premier facteur (le champ disciplinaire du chercheur), nous sommes sans ignorer comme nous le rappelle Aktouf (1992), qu'il « existe un interconditionnement nécessaire, entre le problème, la façon de le poser, la méthode adoptée et les techniques retenues » (Aktouf, 1992 : 21). Pour ce qui est de l'hypothèse de départ sur la stratégie du changement à adopter, le caractère structurant de celle-ci et son influence sur la qualité des résultats qui seront obtenus sont indéniables. A titre d'exemple, à l'introduction, nous avons mentionné certaines conclusions d'études d'évaluation des réformes conduites en Afrique qui observent qu'avec « leur souci majeur de contenir les coûts de la fonction publique, les programmes d'ajustements structurels ne sont guère parvenus à trouver réponse à des problèmes plus fondamentaux » (Banque Mondiale, 1999 : 229). Tirant les leçons de l'incapacité observée et récurrente des organisations à maintenir des changements importants malgré les moyens parfois colossaux mis en œuvre, Senge (in Senge et al., 1999 : 11-16) formule l'hypothèse suivant laquelle « la racine du mal vient de notre façon fondamentale de penser » ; et si cette façon n'est pas elle-même changée, « tout nouvel investissement ne fera qu'engendrer le même type d'actions fondamentalement inefficaces ». Aussi, préconise-t-il un réel sens de recherche, une authentique curiosité aussi bien sur les forces amplificatrices que sur les forces régulatrices du changement.

L'adoption de cette logique pour appréhender la nature de la réforme administrative revêt un caractère nécessaire et indispensable pour trois raisons au moins :

a) les bureaucraties professionnelles dont les services publics font partie, sont réputées être réfractaires au changement. Selon Mintzberg, ce sont des structures rigides, bien adaptées à leur production standardisée, mais pas à l'innovation. Parce qu'elles sont faites pour des environnements stables, elles ont tendance à être des organismes conservateurs qui hésitent à changer leurs méthodes éprouvées. Mintzberg (1984 : 332) explique cette attitude face au changement en ces termes :

> *Le grand art et les problèmes nouveaux exigent un raisonnement **inductif** qui permette de passer des expériences particulières à des nouveaux concepts et des nouveaux programmes. Ce mode de pensée est **divergent**, il brise avec les anciennes routines et les anciens standards plutôt que d'améliorer ce qui existe. Et cela va à l'encontre de tout ce pour quoi la bureaucratie professionnelle est conçue. (C'est nous qui mettons en relief avec le caractère gras) ;*

pourtant aujourd'hui, l'environnement des services publics se caractérise, non pas par la stabilité, mais plutôt par le dynamisme (instabilité des gouvernements, événements économiques imprévisibles, évolution technologique,...) qui exige le changement. La réforme administrative, définie dans la logique de changement comme décrite, est une réponse à ce périlleux dysfonctionnement pour l'administration publique ;

b) le domaine de recherche en développement des organisations est un champ de connaissance dont les apports théoriques et méthodologiques, conçus dans la logique d'ouverture à de nouvelles perspectives, garantissent aujourd'hui la pertinence pour l'action orientée vers le changement organisationnel (Aktouf, O., 1992 ; Quivy, R. et Campenhoudt, L.V., 1995 ; Senge, P. 1990 ; Senge, P. et al., 1999 et 2000 ; Tessier, R. et Tellier, Y. dir., 1992). Une exploitation judicieuse et professionnelle de ces apports peut permettre de combler le vide théorique relevé, entre autres, par Karkatsoulis (RISA, 3/200) ;

c) dans l'exercice, par la réforme administrative, de sa fonction d'encadrement, des précautions méthodologiques doivent être prises pour éviter le travers du solipsisme sur lequel KarKatsoulis (RISA, 3/200 : 558) attire l'attention et qui se traduira par le rejet de toute perception ou compréhension de la réalité organisationnelle qui soit différente de celle de celui qui observe, analyse ou vit avec le problème qu'on veut résoudre. Les apports théoriques et méthodologiques, du domaine de recherche en développement des organisations qui mettent l'accent sur le métier de conduite de changement, proposent des solutions à ce problème. Ainsi, par exemple, la discipline dénommée *« développement organisationnel (DO) »* qui s'intéresse aux conditions de fonctionnement et aux pratiques d'évolution d'une organisation donnée, en est une. Au point de convergence de la théorie des organisations et de la psychosociologie, de la cybernétique, de la science politique, cette discipline se définit comme « un effort à long terme pour améliorer les processus de solution de problèmes et de renouvellement dans l'organisation, en particulier via une gestion participative et plus efficace de la culture organisationnelle » (Gortner et al., 1994 : 521). Comme le font remarquer Gortner et al. (1994 :522), le DO, « dans son sens le plus large, peut être conçu comme la dimension *appliquée* de la recherche plus fondamentale faite dans les différentes sciences sociales - du moins dans celles qui s'intéressent aux organisations ». L'approche DO met l'accent sur la gestion participative (à ne pas confondre avec une démarche du type consultatif) et sur l'importance du facteur temps. A cet égard, dans le sillage de l'hypothèse formulée par Senge sur la stratégie de changement à adopter, et par rapport à l'impact de cette approche sur le succès des réformes à introduire, la littérature (Mathieu A., 2005 ; Senge, et al.,1999) interpelle les acteurs du changement en ces termes :

> *Dans les organisations, on crée une importante résistance à chaque fois qu'on tente d'implanter des changements, plutôt que d'entraîner tous les membres de l'organisation dans la création de ces changements. Quand les gens sont mis à contribution, ils inventent un futur qui les inclut. Ils s'identifient à ce qu'ils créent et ont naturellement tendance à défendre leur création. C'est pourquoi des changements profonds peuvent devenir soudainement très rapides dans les organisations où* ***on a pris le temps*** *d'intéresser tout le monde à la création de ces changements. (Mathieu Andrée, 2005 :2) (C'est nous qui mettons en relief avec le caractère gras).*
>
> *L'engagement commun à changer ne se développe qu'en synergie avec la capacité collective à créer les aspirations communes. Les individus n'abordent les sujets « tabous » que lorsqu'ils ont développé les talents de réflexion et d'enquête qui leur permettent de parler ouvertement de problèmes complexes et conflictuels sans se mettre sur la défensive. Les individus ne commencent à voir et à traiter l'interdépendance et les causes profondes des problèmes qu'une fois qu'ils ont développé les aptitudes à la réflexion systémique. Lorsque ces compétences font défaut, elles constituent une limite fondamentale au changement durable. (Senge, in Senge et al., 1999 :14).*

La réforme administrative n'est pas sa propre raison d'être, avons-nous souligné. Elle a pour finalité, pour le répéter, le changement pour améliorer les performances des organisations. Ce changement s'inscrit dans la durée pour assurer la pérennité des réformes engagées et leur ancrage dans la culture administrative et les modes de gestion. Or, dans les bureaucraties professionnelles, dont les services publics sur lesquels porte cet ouvrage, Mintzberg (1984 : 332) constate que le pouvoir de changer est diffus ; « tout le monde, écrit-il, doit être d'accord sur le changement, pas seulement une poignée de responsables ou de représentants des personnels ». Un constat qui pose le problème de l'origine des changements à introduire.

2. REFORME ADMINISTRATIVE : PROCESSUS DE CREATION DE CHANGEMENT A INTRODUIRE

Senge (in Senge et al., 1999 : 14) relève pour souligner la nécessité d'intégrer les capacités d'apprentissage dans la stratégie de changement, les méfaits de « la coutume bien enracinée qui fait que l'on s'attaque aux symptômes plutôt qu'à la cause profonde et systémique des problèmes ». Nous avons cité à l'introduction l'étude de la CEA (2000 : 27) qui observe que la réforme n'est pas et ne peut pas se réduire à une simple entreprise technicienne et qu'elle est « une œuvre d'essence et de finalité politiques ». Ces constats amènent à analyser le champ d'activités de la réforme administrative à partir du mécanisme d'identification du problème à résoudre pour améliorer la performance des organisations, jusqu'aux actions à entreprendre pour le résoudre. C'est ce que nous entendons ici par *processus de création du changement ou de la réforme* à introduire. Partant du postulat de départ qui distingue deux axes dans la réforme administrative (l'amélioration continue des performances et l'innovation), l'analyse adopte ici la perspective du système de gestion par la performance dans les organisations pour s'appesantir sur deux éléments : les activités de suivi, de contrôle et d'évaluation des performances, et les activités d'innovation, de créativité et d'apprentissage. Il s'agit de dégager les formes de rationalité dominantes dans les organisations, en particulier dans les services publics aujourd'hui, pour pouvoir, par la suite, cerner le domaine d'intervention de la réforme administrative.

Il se dégage, en effet, de la littérature spécialisée dont nous avons parlé plus haut, qu'il existe deux grandes approches de développement des organisations suivant la perspective du changement organisationnel : le changement « planifié » et le changement « non planifié ».

Le changement planifié vise à prédire les évènements auxquels les organisations devront s'ajuster et à formuler les recommandations relatives aux stratégies à adopter pour composer avec ces évènements ; c'est-à-dire les réformes qui doivent être introduites. Suivant cette approche, certains changements préconisés peuvent avoir pour but d'anticiper des problèmes ou de profiter de certaines opportunités créées dans l'environnement. A titre illustratif, Gortner et al. (1990 : 521) écrivent :

> *L'information sur les opérations internes des organisations publiques, telle qu'une meilleure compréhension des rapports entre la structure de l'organisation et les fonctions de production et de gestion ou encore une meilleure connaissance des comportements de leurs membres, facilite la*

planification, voire la maîtrise, de certains changements. Par conséquent, on peut prétendre que le changement planifié s'applique dans les trois domaines du fonctionnement des organisations publiques/ le domaine des structures, le domaine des processus de production et/ou des technologies, le domaine des comportements et/ou des valeurs.

Pour ce qui est du changement « non planifié » au sens de celui que l'organisation ne peut contrôler, celui-ci est fondé sur le fait que l'environnement politique, économique et social des organisations change constamment, notamment pour ce qui est des organisations publiques. A titre d'exemple, Gortner et al. (1994 : 534) constatent que :

> *Les grands objectifs qui amènent la création d'un organisme public sont souvent définis dans un contexte où s'activent les politiciens, les groupes d'intérêts (qui prétendent défendre l'intérêt public) et la législature ; même si les administrateurs réussissent à influencer la définition de ces grands objectifs à l'avantage de l'organisation, notamment en permettant à cette dernière de les interpréter pour mieux les poursuivre, il reste que les possibilités d'interprétation ou de réinterprétation sont limitées.*

Ces auteurs concluent alors que, lorsqu'il est question du changement, les organisations publiques doivent tenir compte du fait qu'elles sont inextricablement liées à un système politique et sensibles, en conséquence, aux continuelles variations de l'opinion et des politiques publiques. Ils identifient à cet égard, deux paramètres, *l'imputabilité* et *la liberté d'action*, qui doivent faire partie de toute analyse portant sur le changement dans les organisations publiques (Gortner et al., 1994 : 518) :

> *L'application [des] différentes écoles de pensée [sur le changement] à l'administration publique doit tenir compte d'une particularité qui agit sur le processus de changement et ses effets : il s'agit du devoir qu'ont les organisations publiques de répondre aux attentes des citoyens. Ce devoir de répondre aux attentes des citoyens doit cependant s'accommoder à l'obligation de rendre des comptes, ou ce qu'on appelle communément l'imputabilité et à la liberté d'agir des membres de l'organisation.*

L'une des caractéristiques des méthodes du changement planifié (Massé, J.M. et Tessier, R., in Tessier et Tellier, dir., 1992 : 345) réside dans le fait qu'elles adoptent une logique de *résolution rationnelle des problèmes* : définition du problème, choix d'une solution (ou d'un objectif), planification des actions, exécution des actions planifiées ou implantation de la solution. De même, pour faire face au changement non planifié, il faut faire preuve d'innovation, de prospective.

Les activités caractéristiques de la réforme administrative peuvent donc se regrouper suivant deux logiques : la logique de la rationalité sous-jacente aux activités traditionnelles de contrôle et d'évaluation des performances et la logique de la rationalité sous-jacente aux activités d'anticipation, de l'innovation et de l'apprentissage. Chaque type d'activités, suivant ces deux logiques, fait appel à l'usage de méthodes et techniques particulières compte tenu des objectifs spécifiques de gestion poursuivis ; la planification, le contrôle et l'évaluation, d'une part, l'innovation dans un environnement dynamique, d'autre part.

2.1. Contrôle et évaluation des performances

La fonction organisationnelle de contrôle a pour but de s'assurer, d'une part, qu'un travail donné est fait et, d'autre part, de l'examiner pour voir comment il est fait. Par rapport à la gestion de la performance, le terme de *contrôle* est précisément compris ici dans le sens de moyen utilisé pour vérifier que la performance que l'on se propose d'atteindre est atteinte et pour « vérifier si les aspects quantitatifs et qualitatifs de cette performance s'accordent avec les caractéristiques spécifiques de l'organisation » (Gortner et al., 1992 : 245).

Par exemple, avec l'introduction de l'approche de la gestion par la performance, on observe dans les administrations publiques, diverses modalités de contrôle exercé sur les gestionnaires (Guillaume et al., 2002 : 137). Ainsi, en est-il du contrôle interne ou opérationnel, du contrôle de gestion, de l'audit interne et de l'audit extérieur[5].

La littérature distingue dans toute organisation, les flux régulés de contrôle, les systèmes de planification et de contrôle, et les systèmes d'évaluation des programmes. *Les flux régulés* (c'est-à-dire contrôlés de façon explicite et systématique) de contrôle informent sur le niveau de performance de l'organisation en fournissant les informations sur l'exécution du travail (information ascendante), d'une part, et sur les ordres et instructions donnés (information descendante), d'autre part (Mintzberg, 1984 : 58). Les systèmes d'information relatifs à ces flux recueillent et codifient les informations sur les performances en commençant par le centre opérationnel. Ces informations sont progressivement agrégées à mesure qu'elles remontent la hiérarchie, jusqu'à ce qu'elles atteignent le sommet stratégique sous la forme *d'indicateurs synthétiques du fonctionnement* d'ensemble de l'organisation (Mintzberg, 1984 : 59). S'agissant de la relation qui existe entre les deux *systèmes de*

---

[5] Guillaume et al. (2002 : 137) définissent ces modalités comme suit : *contrôle interne* (ensemble des dispositifs intégrés à la conception et à la réalisation des tâches d'une unité opérationnelle), *contrôle de gestion* (système de pilotage mis en œuvre par le responsable d'une unité ou d'un programme) *audit interne* (audit réalisé à la demande et pour le compte du gestionnaire de l'unité ou du programme), *audit externe* (audit réalisé à la demande et pour le compte de l'entité administrative ou politique à laquelle rend compte le gestionnaire de l'unité ou du programme) *audit extérieur* (audit demandé et réalisé pour le compte d'une autorité extérieure à l'administration comme par exemple le Parlement ou la chambre des Comptes).

planification et de contrôle, Mintzberg (1984 : 147) précise que « l'objectif d'un plan est de spécifier un résultat – un standard, une norme – que l'on désire obtenir à un moment donné situé dans le futur ; et l'objectif du contrôle est de déterminer si le standard a été atteint ou non ».

Il existe deux types de système de planification et de contrôle : la planification des actions qui intervient avant les faits et s'intéresse à des actions spécifiques (les plans stratégiques et les plans d'action qui les accompagnent, les feuilles de route,...) et le système de contrôle de performance qui s'intéresse aux conséquences des actions (les rapports de mission de contrôle, les rapports d'audit,...).

Le système de planification des actions spécifie *ce qui doit être fait, par qui, quand, comment et où* (Mintzberg, 1984 : 153). Ce système est un moyen permettant d'assurer l'intégration des décisions et des actions non structurées, surtout lorsque l'organisation est structurée en fonctions, comme c'est généralement le cas pour les services publics. Le système de contrôle de performance régule les *résultats* d'ensemble d'une unité au sein d'une organisation à travers les instruments tels : la définition des objectifs à atteindre, l'élaboration des budgets et des plans opérationnels, la spécification de tous autres standards pertinents pour l'unité. Mintzberg (1984 : 150) fait noter que ce système de contrôle de performance peut avoir deux objectifs : i) *mesurer*, il donne le signal d'une éventuelle détérioration des performances de l'unité et amène la direction à intervenir ; et ii) *motiver,* il sert à susciter l'amélioration des performances.

Ces deux systèmes qui sont généralement conçus dans la technostructure de l'organisation par les analystes spécialisés (inspecteurs à l'inspection générale, planificateur, contrôleur, analystes de système d'information et de gestion, analyste de contrôle-qualité, cellule de suivi auprès des secrétaires généraux de ministères,...) ne sont pas indépendants et sont reliés l'un à l'autre de façon souvent complexe (Mintzberg 1984 : 148-153). Pour ce qui est spécifiquement des organisations publiques, Gortner et al.(1994 : 248) relèvent qu'il existe deux théories importantes de contrôle : la théorie cybernétique et la théorie politique. La théorie cybernétique du contrôle s'intéresse à la mise en application de mécanismes autocorrecteurs[6] permettant d'évaluer l'information sur l'état de l'organisation et de son environnement et d'adapter en conséquence ses activités pour maintenir son équilibre. La théorie politique du contrôle est associée à l'obligation faite aux dirigeants des organisations publiques de rendre

[6] Le système assure sa survie en maintenant de lui-même un point d'équilibre entre ses activités et ses ressources. Le point d'équilibre peut cependant changer dans le temps, si les diverses composantes du système s'adaptent conjointement et en douceur aux changements dans l'environnement (Gortner et al., 1994 : 248).

des comptes à des contrôleurs externes élus ou nommés. Ces contrôles externes viennent ainsi s'ajouter aux contrôles internes dont les organisations publiques sont déjà sujettes comme toute organisation. Ces systèmes de contrôle comprennent en outre, les contrôles intrinsèques qui renvoient « à la capacité des dirigeants d'inculquer aux employés des valeurs qui les incitent à se conformer aux objectifs, aux règles et aux résultats qu'on attend d'eux » (Gortner et al., 1994 : 265). La loyauté personnelle, la socialisation des valeurs professionnelles ou organisationnelles, la sélection du personnel et l'engagement idéologique aux politiques de l'organisation sont les moyens de contrôle intrinsèques auxquels les organisations publiques font souvent recours.

S'agissant de l'évaluation des performances, *l'évaluation des programmes et des politiques publiques,* par exemple, est considérée comme une innovation importante des dernières décennies pour assurer le contrôle de l'administration publique. Elle consiste à utiliser des méthodes et des techniques spécifiques pour mesurer les résultats obtenus par un programme public et à les comparer avec les objectifs visés au moment de leur conception. Elle comporte deux dimensions : le *suivi de gestion* qui vise à suivre l'évolution du programme et apporter les correctifs appropriés, si nécessaires, et l'*évaluation* de programme proprement dit, qui consiste en une démarche systémique à laquelle l'organisation a recours dans le cadre, par exemple, d'une étude de l'impact ou de la pertinence des activités menées ou à mener (Marceau et al., in Parenteau (dir.), 1992 : 483 ; Armit, A et Bourgault, J., 1996). Au cœur de l'approche de l'évaluation de programme se trouvent, aussi bien, le débat sur la nature des rapports entre l'Etat, le secteur privé et la société civile dans le pays concerné (nous reprenons ce thème au chapitre 2), que celui de la responsabilité pour ce qui est des programmes intergouvernementaux. Aujourd'hui, il est courant d'observer de nombreux programmes intergouvernementaux (construction de routes, projets éducatifs, gestion de l'environnement,...) qui impliquent plusieurs types d'institutions au niveau supra-national, et dans chaque pays, au niveau de l'Etat, des Régions (créées à la suite des lois de la décentralisation) et des Municipalités. Alors se posent avec acuité, pour les performances de l'administration publique, les deux problèmes critiques de la prise de décision de l'évaluation des programmes et de l'utilisation des résultats de leur évaluation. L'enjeu majeur réside ici dans le fait que les différents niveaux impliqués ont chacun sa base de légitimité politique et ses systèmes internes de responsabilisation des acteurs : son électorat, ses organes délibérants, les principes régissant le fonctionnement de son administration, son opinion publique, ses mécanismes internes d'équilibre de pouvoirs, son système interne de bonne gouvernance. L'évaluation des programmes engagés doit alors satisfaire les attentes des interlocuteurs de ces différents niveaux. De cette exigence vont naître des sources de tension et de conflit lorsqu'il s'agit notamment de définir la responsabilité des uns et des autres.

Ces débats sur la nature des rapports avec l'Etat et sur la responsabilisation par rapport à l'évaluation impliquent des choix, lesquels portent sur des questions qui se rapportent aux domaines politiques, à la légitimité et aux processus institutionnels. Dans ces différents domaines, les interrogations portent sur des sujets tels que (Armit, A. et Bourgault, J.,1996 : 13 ; Decelles, P., 1996 : 160) :

- *domaine de politiques :* quel est le rôle de l'Etat ? qu'est-ce qui relève de l'Etat, des individus, du marché ? quels programmes et services devrait-on couper ?
- *légitimité :* quels enjeux et intérêts sous-tendent ces domaines de politiques publiques ? comment ces intérêts peuvent-ils correspondre aux perceptions et attentes du public ? qui est le public ? qui sont les citoyens, les usagers, les bénéficiaires ? sont-ils tous incarnés dans la même personne ?
- *processus institutionnels :* quel rôle les mécanismes institutionnels actuels (le Parlement, le Gouvernement, l'administration, les fonctionnaires,...) jouent-ils dans la détermination des enjeux, la documentation du débat et l'atteinte des consensus ? qui procède aux compromis ? comment ?

S'agissant particulièrement de l'évaluation des programmes inter-gouvernementaux, la littérature (Toulemende et Rieper, 1997 : 22) observe que :

> *Among the different kinds of evaluation, inter governmental evaluation appears to be the most vulnerable to high political intrigue. Governments are defined by their autonomy in the use of political resources, inter governmental evaluation implies certain political agreement on agendas terms of reference evaluation methods, intended use of the findings, and so on. But this is not always so.*

Ainsi que le présentent Marceau et al. (in Parenteau (dir.), 1992 : 483), la logique de l'évaluation de programme est fondée, suivant le principe de subsidiarité (qui implique que ceux qui accomplissent effectivement le travail sont autonomes et non dépendants, que le pouvoir est exercé le plus proche possible de l'action), sur la responsabilité des ministères et des organismes publics. Ces derniers doivent à ce titre, prendre toutes les dispositions nécessaires pour :

- veiller à ce que les activités du programme soient systématiquement l'objet de suivi de gestion, d'évaluation et de vérification internes ;
- favoriser le développement et l'intégration des systèmes d'information sur les activités du programme ;
- disposer d'une meilleure information sur la prise de décision, notamment dans le cadre du processus budgétaire ;
- améliorer la qualité de la gestion et l'efficacité des politiques et programmes.

L'évaluation peut se faire de plusieurs points de vue, compte tenu des aspects privilégiés par l'un ou l'autre des intervenants ou bien compte tenu des perspectives retenues dans le processus propre au programme. A titre d'exemple, on peut vérifier si le programme était nécessaire, s'il a atteint ses objectifs, s'il a eu pour effet d'instaurer les réformes qu'on voulait introduire, si le processus a été bien mené ; on peut vérifier les effets et les impacts des résultats obtenus aussi bien sur l'environnement du service public que sur les objets directement visés par la réforme. L'évaluation peut aussi consister en un test de la subsidiarité, en cherchant à établir si dans la réalisation du programme, il n'a été confié au Gouvernement central que les aspects qui ne peuvent être traités en toute justice et efficacité à l'échelle locale. De même, l'évaluation peut consister en un « test de la réforme organisationnelle » (Paquet, G., 1996 : 49) qui consiste à déterminer jusqu'à quel point la réalisation du programme a dépassé le « ré-outillage et la restructuration marginale » pour effectuer un recadrage de la gestion publique ; jusqu'à quel point l'administration publique a été transformée en profondeur dans ses attitudes et dans ses pratiques.

L'efficacité de ces différents systèmes de planification, de contrôle et d'évaluation par rapport à l'objectif d'identification des changements à introduire pour améliorer la performance des organisations est fortement discutée dans la littérature (Morgan, 1989 ; Toulemende et Rieper, 1997). Ainsi, de nombreux problèmes sont soulevés quand à la pertinence de leur utilisation dans l'administration publique et quant à la qualité des systèmes d'information destinés à les alimenter.

S'agissant de la pertinence de leur utilisation, la question est d'ordre technique et le problème le plus sérieux est celui de la mesure, surtout lorsqu'il faut évaluer les pratiques innovantes introduites avec les réformes administratives engagées (Senge et al., 1999 : 341). En outre, les objectifs sociaux que le Gouvernement doit intégrer au système de contrôle ne se prêtent pas à la mesure (Mintzberg, 1984 :373 ; Pollitt, C., 1995 : 206). L'interprétation des données collectées et leur utilisation se heurtent souvent à des problèmes d'ordre politique, comme le font remarquer Gortner et al.(1994 : 259) :

> *Nous pouvons nous interroger, [écrivent-ils], sur la validité des données en raison des problèmes liés à la collecte ou au filtrage des informations et il est souvent difficile d'obtenir un consensus sur ce qui constitue la bonne mesure d'un extrant. Il arrive souvent aussi que les données recueillies pour assurer le contrôle ne soient pas utilisées, en raison des conséquences que leur révélation pourrait avoir sur le plan politique ou professionnel, ou encore en raison du manque de compétences nécessaires pour procéder aux changements qui s'imposeraient dans les activités de l'organisation.*

Guillaume et al. (2002 : 87 et 204) constatent quant à eux que les tentatives de « chaînage » entre les indicateurs de résultats définis au niveau ministériel et ceux définis au niveau des structures d'exécution prennent des formes variables suivant les pays ; en conséquence, la cohérence n'est pas assurée entre les indicateurs d'impact, par exemple, et les indicateurs que les responsables administratifs jugent pertinents pour le pilotage et le contrôle de gestion de leur unité de travail. A ce propos, ces auteurs déplorent l'inexistence d'un schéma conceptuel « idéal » qui fournirait une articulation cohérente entre les résultats de l'évaluation au niveau individuel (performance de l'agent), ceux des structures administratives et l'efficacité des politiques sectorielles.

Quant aux systèmes d'information, Guillaume et al. (2002 : 97-100) observent par exemple que la qualité de l'information nécessaire pour l'implantation d'un système de gestion par la performance au niveau d'un département ministériel dépend fortement de la qualité des instruments utilisés par les ministères dans leur pilotage interne. De nombreux facteurs jouent ici un rôle décisif, dont : le degré d'accoutumance interne à la notion d'indicateurs de résultats, le degré d'investissement du ministère dans la démarche de gestion par la performance, la préexistence d'un appareil statistique fiable, le degré de décentralisation de l'information, le niveau d'amélioration des conditions techniques de la collecte des données sur la performance en exploitant les apports des technologies de l'information et de la communication pour mettre en place des systèmes informatiques permettant de rationaliser cette collecte.

La littérature sur la contribution des systèmes de contrôle et d'évaluation de performance au développement des organisations publiques en particulier relève que les processus de réalisation des programmes publics sont en « état d'expérimentation continue ». Gortner et al.(1994 : 272) précisent à cet égard que « nous ne pouvons pas être certains qu'un programme va vraiment bien et encore moins certains de la bonne façon de « traiter » un problème une fois qu'il a été relevé. […]. Il nous manque simplement de savoir comment modifier à notre avantage la société, l'économie ou les politiques internationales », un défi qui interpelle la « réforme administrative » dans sa fonction de structuration à travers le choix du cadre de référence d'intervention, comme définie plus haut.

En conclusion, les systèmes de contrôle et d'évaluation des performances jouent un rôle important pour le suivi du fonctionnement des administrations publiques et le suivi de gestion des programmes publics, ils ne suffisent pas pour autant à impulser et entretenir une dynamique de changement organisationnel qui conduit l'administration à apprendre de ce qu'elle fait pour accroître sa performance.

2.2. Innovation et apprentissage

L'innovation fait ici référence à des changements qui apportent quelque chose de nouveau par opposition aux changements qui participent de l'amélioration continue de l'existant. Dans ce sens, le concept renvoie à la création, à l'invention de façons de faire qui sont totalement différentes des anciennes. Décrivant un tel processus, Stefan Thomks (2003 : 219) fait observer « qu'il s'agisse de produit ou de procédé, les innovations ne tombent pas du ciel. Elles ont été cultivées dans des laboratoires et des organismes de R&D et sont passées par tout un système d'expérimentation ». L'une des étapes critiques de ce processus, précise Stefan Thomks (2003 : 219), est celle de *l'élaboration du prototype*, celle « où l'idée ou le concept devient un objet fonctionnel, ou prototype, qui peut alors être testé, discuté, montré aux clients, et dont on apprend quelque chose ».

Tenant compte de l'attitude réfractaire des bureaucraties professionnelles face aux problèmes de créativité et d'innovation, Mintzberg (1984 : 377) insiste sur la nécessité pour elles de se placer en rupture des routines établies et décrit en ces termes le comportement d'une organisation qui innove :

> *Innover signifie se placer en rupture avec les routines établies. L'organisation innovatrice ne peut donc s'appuyer sur aucune forme de standardisation pour coordonner ses activités. En d'autres termes, elle doit éviter tous les pièges de la structure bureaucratique, notamment la division poussée du travail, la différentiation marquée entre unités, les comportements très formalisés et l'utilisation intensive des systèmes de planification et de contrôle.*

Suivant cette perspective de l'innovation, l'approche de la réforme administrative est fondée avant tout sur une attitude de doute, de questionnement, d'humilité et d'exigence de rigueur qui incite à *chercher*, en utilisant les outils appropriés, la vérité au-delà des apparences ; les causes profondes des problèmes au-delà des symptômes superficiels. Les objectifs poursuivis par rapport aux enjeux de gestion des performances des services publics se résument alors à :

- questionner en permanence la pertinence des normes et des paramètres usuels de fonctionnement des services publics pour remettre en question les pratiques existantes et en découvrir de nouvelles ;
- analyser et anticiper le changement au sein de l'administration et de son environnement. La portée existentielle d'un phénomène social, écrit Kundera (2005 :144), « est perceptible avec la plus grande acuité non pas au moment de son expansion mais quand il se trouve à ses débuts, incomparablement plus faible qu'il ne le deviendra demain ». Une position de recul par rapport à l'action quotidienne au sein des administrations, permet de percevoir très vite de tels phénomènes ;

- acquérir et développer des capacités de questionner, de provoquer et de modifier les normes de fonctionnement ainsi que leurs postulats ;
- concevoir et mettre en pratique des approches de gestion et des méthodes de travail administratif qui intègrent à la fois les valeurs nationales et qui répondent aux impératifs de compétitivité imposés par l'économie mondiale.

L'intégration des capacités d'apprentissage dans la stratégie de changement s'explique par la nécessité de s'attaquer aux causes profondes des problèmes, aux contraintes qui empêchent aux changements de se produire et de s'enraciner. L'apprentissage, comme décrit dans le modèle des organisations apprenantes, se fait dans le temps et dans le contexte précis d'une organisation. Dans cette conception, comme le relèvent Senge et al. (1999 : 33), l'apprentissage est « indissociable du travail quotidien (par opposition à la formation) qui est généralement épisodique et coupé du contexte dans lequel se produisent les résultats ». Dans cette perspective, la mesure de la performance n'a de sens que lorsqu'elle est accompagnée de l'interprétation et du jugement de ceux qui vont prendre les décisions et vont apprendre en appliquant ces décisions. G. Pelletier et C. Solar (2005 : 3) décrivent ainsi les mécanismes du développement de ces capacités d'apprentissage des organisations qui font intervenir des équipes de prospective, des observatoires, des structures de veilles:

> *Développer leurs capacités d'apprentissage exige des organisations qu'elles accordent une attention constante aux différentes manifestations du changement au sein de leur environnement. A cet effet, elles mettent en place des outils de collecte et d'interprétation des informations susceptibles d'assurer une lecture sans cesse originale et de haute qualité des signaux avant-coureurs du changement et des innovations. C'est souvent au sein d'un tel cadre de fonctionnement que l'on voit apparaître des groupes de prospective, des observatoires, des veilles technologiques.*

Dans la logique de l'introduction de changements profonds, qui sous-tend les thèses de l'école de l'organisation apprenante, l'évaluation pourrait avoir ici une fonction d'apprentissage et permettre aux agents publics, habitués à la pensée convergente, de développer de nouveaux schémas mentaux pour réfléchir à leurs activités et des capacités de remise en question des hypothèses de fonctionnement de leur unité de travail y compris les valeurs et les normes admises. De même, les compétences de travail en équipe, indispensables dans une démarche d'innovation (mais qui n'est pas particulièrement appréciée dans les services publics), permettront aux groupes de bénéficier rapidement de la multiplicité des points de vue d'analyse d'un problème donné.

L'atteinte de ces objectifs impose à l'administration publique de créer en son sein un dispositif qui s'oriente vers l'innovation et qui maîtrise les technologies de pointe pour créer des produits et des services, pour inventer des réponses aux besoins nouveaux des usagers sans cesse plus exigeants. Elle a, pour cela, besoin de spécialistes dans les domaines du développement des administrations publiques, comme c'est le cas des chercheurs et des ingénieurs dans le domaine de l'économie, par exemple.

S'agissant du champ de compétence de la réforme administrative, les activités décrites suivant les deux axes – contrôle et évaluation de performance, et innovation – s'exerceront suivant les lignes directrices d'un *cadre conceptuel* bâti en tenant compte des spécificités de l'administration publique. A titre d'exemple, Tor Hernes (RISA, 71 (1), 2005 : 5-18) propose trois façons de conceptualiser la réforme du secteur public en tenant compte des deux paramètres de l'imputabilité et de la liberté d'action des agents qui sont caractéristiques de la logique du service et de celle de la responsabilité sous-jacente à l'approche managériale des organisations. Il s'agit de la réforme interne, de l'adoption d'une nouvelle approche, et de la reproduction d'une logique organisationnelle particulière s'étendant à l'ensemble des contextes institutionnels. L'auteur explique ces différentes façons et les illustre par un schéma, comme résumé ci-après :

FIGURE 1-1 : UNE CONCEPTUALISATION DE LA REFORME DES SERVICES PUBLICS

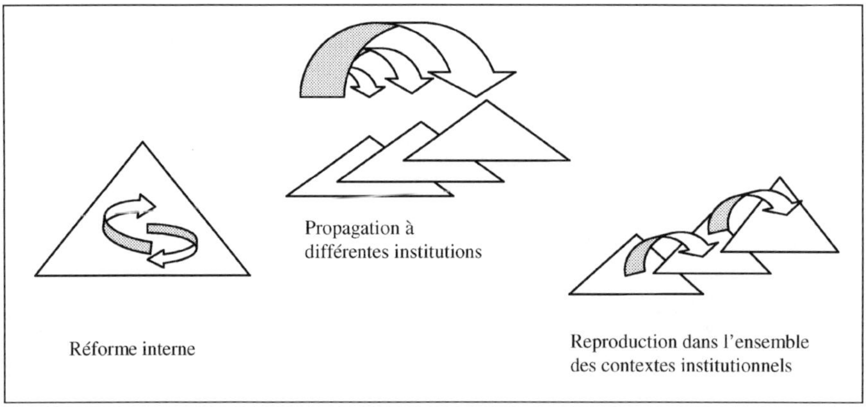

<u>Source</u> : *Tor Hernes (RISA, 71 (1), 2005 : 8)*

- *réforme interne :* la priorité dans un changement organisationnel considéré comme réforme interne est accordée à la façon dont la direction prévoit et met en œuvre les programmes de changement. La perspective de la réforme interne se concentre généralement sur des facteurs propres à l'organisation concernée comme ses antécédents, sa direction, sa culture et l'équilibre du pouvoir. Ici, l'influence des mécanismes culturels existants et le rythme d'introduction des changements peuvent être déterminants pour le succès ou l'échec de la réforme. L'atteinte ou non des résultats attendus s'explique par l'interaction entre la réforme, la direction et l'organisation représentées par les groupes d'influence ou leurs pratiques ancrées.

- *propagation à différentes institutions* : suivant cette conceptualisation de la réforme organisationnelle, les notions d'organisation et de gestion se propagent d'un contexte institutionnel à l'autre pour être adoptées en tout ou en partie. Selon l'auteur, la question de savoir comment et pourquoi les concepts d'organisation et de gestion se diffusent s'explique davantage par les caractéristiques des concepts et par les facteurs de l'environnement de l'institution. L'adoption, quant à elle, est une question de choix stratégique. Le choix est fait ici par des gestionnaires ou des décideurs centraux censés exercer l'autorité pour décider au nom de l'organisation. Comparée à la conceptualisation du type « réforme interne », l'importance des caractéristiques institutionnelles (histoire, culture, leadership, équilibre de pouvoir, ...) est moindre.
- *reproduction dans l'ensemble des contextes institutionnels :* cette approche étudie la dynamique par laquelle les pratiques se reproduisent concrètement dans les institutions. Elle est fondée sur le postulat suivant lequel pour qu'un concept se propage, il doit être capable de se reproduire, c'est-à-dire de se développer de façon récursive dans le temps et dans l'espace. L'auteur cite ici l'exemple typique de la propagation de la bureaucratie au sens de Weber au vingtième siècle. Pour étudier la réforme de ce point de vue, on étudie l'interaction entre un concept général de l'organisation et un environnement institutionnel existant avec ses antécédents, ses acteurs, ses croyances et ses pratiques. Ici, les principes de la réforme et les particularités des institutions concernées sont d'une importance déterminante, l'adoption n'ayant lieu ici que lorsque les concepts se reproduisent au-delà des frontières institutionnelles.

Dans la logique de l'action caractéristique de la perspective managériale retenue pour cet ouvrage, ce qui intéresse le citoyen usager des services publics, ce sont les résultats et non le processus de la réforme. Forger la confiance du public et maintenir la dynamique des initiatives de réforme sont quasiment impossibles sans des résultats ; d'où la nécessité du troisième axe qui s'inscrit, du reste, dans l'optique de l'obligation de rendre compte au Parlement et aux citoyens à laquelle doivent répondre les services publics.

3. REFORME ADMINISTRATIVE : ENJEUX DE L'EFFECTIVITE DES RESULTATS ESCOMPTES

Le principal objectif poursuivi dans cet axe est l'établissement et le renforcement du lien qui doit exister entre les activités des deux précédents axes et les résultats attendus de la réforme. S'il n'existe pas un modèle unique de conceptualisation et de planification de la réforme, un certain nombre d'éléments apparaissent communs à toutes les réformes et dotés d'un caractère critique pour le succès des changements qu'on veut introduire (Guillaume et al., 2002 ; Hernes, T., 2005 ; OCDE, 2001 ; Quême, P., 2002 ; Senge et al., 1999 et 2000).

Guillaume et al. (2002 : 223) concluent leur ouvrage « gestion publique : l'Etat et la performance » en ces termes :

> *La réforme ne devient effective que si elle conjugue un projet politique lisible par l'opinion publique et un pilotage du changement au sein de l'administration...Si le cap n'est pas fixé avec détermination, la réforme managériale n'est pas crédible. Sans une « ingénierie » efficace, l'engagement politique demeure velléitaire.*

Dans la même optique, les conclusions d'un colloque de l'OCDE « Construire aujourd'hui l'administration de demain » (2001 : 13) suggèrent une démarche pour obtenir des résultats dans le cadre des réformes administratives. Ainsi peut-on lire :

> *Les pouvoirs publics doivent relever le défi de passer d'une réforme opportuniste à une réforme stratégique. La réforme stratégique nécessite de donner une vision claire, de gagner l'adhésion du public et de prévoir des tactiques pour obtenir des résultats.*

Pour compléter les développements faits dans les deux axes précédents, trois facteurs apparaissent ainsi critiques pour mieux cerner la réalité de la réforme administrative : le management de la réforme, son organisation et l'expertise nécessaire.

3.1. Le management de la réforme

Comparant une réforme à un grand projet qui doit être géré ou managé ou à une organisation, Quême, P. (2002 : 393-394) nous rappelle que :

> *Une réforme fait intervenir plusieurs métiers : les politiques, sur lesquels repose la lourde responsabilité de décider le lancement de la réforme et de la soutenir pendant toute sa durée ; les stratèges du changement [pour faire le lien, pour créer une vision globale de la réforme, sorte d'intersection improbable entre la société et les politiques] ;les techniciens, chargés de mettre en forme les dispositifs organisationnels, structurels ou informatiques nécessaires à la*

réforme ; les spécialistes, constitutionnalistes, juristes ou fiscalistes ; les formateurs, en charge de diffuser les pratiques issues de la réforme dans les différentes structures, centrales, régionales ou locales ; enfin les évaluateurs, si possible indépendants des concepteurs. [...] Il faudra mettre les clients de la réforme dans la phase de conception, et donc procéder à une immersion dans le milieu à réformer.

Comme pour une organisation, la combinaison de tous ces métiers et la mobilisation des experts concernés nécessitent la mise en œuvre d'une stratégie qui peut se décliner suivant trois axes : approche globale, gestion intégrée et leadership du manager.

- *adoption d'une approche globale de la réforme* : politique et programmes de réforme administrative (vision, planification, schémas directeurs de la réforme, intervention simultanée sur les stratégies, structures, systèmes, d'une part, sur les valeurs, la culture, les modes de management, d'autre part) ;
- *gestion intégrée de la réforme* : coordination, intégration et partage, « verticalement » à l'intérieur d'une institution, et « horizontalement » entre institutions ;
- *production des résultats face aux défis identifiés lors de l'élaboration du plan adopté ou du schéma directeur retenu* : leadership du manager et des politiques, facilitation et accélération des réformes, gestion des enjeux de pouvoir et de toutes les formes de résistance, évaluation des performances.

Dans la dynamique des trois axes de la réforme décrits dans cet ouvrage, tous ces volets vont s'imbriquer et nécessiter des arbitrages multiples pour créer les conditions optimales de l'atteinte des objectifs poursuivis par la réforme. Par exemple, pour le volet « production des résultats face aux défis », la littérature (Grouard, B. et Meston, F., 2005 ; Quême, P., 2002 ; OCDE, 2001 ; Senge et al., 1999, 2000) souligne la nécessité de mobiliser toutes les parties prenantes de la réforme, les partisans comme les adversaires, les passifs comme les constructifs[7]. Grouard et Meston (2005 : 53) parlent du défi de transformation de la compréhension en action, défi par lequel le manager de la réforme doit s'investir personnellement dans la compréhension des processus amplificateurs et régulateurs de changement (Senge, 1999 : 12), des moteurs comportementaux des parties prenantes et dans la construction des coalitions qui soutiendront la

[7] Quême, P. (2002 : 344) utilise une typologie des acteurs regroupés en quatre catégories : les populations directement concernées par la réforme, les représentants syndicaux ou autres de ces populations, les populations non directement concernées, mais pour lesquelles la réforme va avoir des conséquences, l'opinion publique au sens large. Grouard et Meston (2005 : 193) utilisent la typologie : supporters, indécis inquiets, indécis sceptiques et opposants. Senge et al. (1999) parlent de croyants et de non-croyants.

réalisation des plans élaborés. Les arbitrages du manager sont nécessaires parce que la complexité des phénomènes organisationnels conduit souvent les intervenants dans le domaine de la réforme administrative, à se retrouver face à des contradictions ou des dilemmes dont nous parlerons au chapitre 3. A titre d'illustration, on peut citer celui-ci qui met en exergue l'un des enjeux de la réforme de la décentralisation dans les administrations.

> *Les décideurs locaux ont besoin de pouvoir et de moyens pour répondre aux besoins locaux. En même temps, il importe de maintenir l'efficacité du gouvernement central afin de s'adapter aux priorités changeantes et de réduire les inégalités entre les régions (Bourgon, J., 2003 : 42)*

Le Manager d'une structure chargée d'animer la réforme administrative doit également participer à la dynamique de la coopération administrative internationale. Cette activité l'amènera à réunir, faire partager et capitaliser les expériences nationales et internationales en matière de réforme administrative. Il devra également travailler à associer sa structure au développement de cette dynamique par des contributions intellectuelles diverses, fruits des résultats de la composante « recherche » de la fonction « réforme administrative ».

Comme pour tout Manager, le travail essentiel du Manager de la réforme, que ce soit au sein d'une administration ou à la tête de la structure nationale chargée d'animer la réforme administrative, consiste à *faire faire*. Sa responsabilité dans cette compréhension s'analyse suivant quatre axes :

- *la planification* (identifier les bonnes choses à faire) : définition des missions, clarification de la vision, élaboration des plans stratégiques, tactiques et opérationnels, organisation des points d'avancement, procédures de décision ;
- *l'implantation* (répartition convenable des tâches à accomplir pour la réalisation du plan) : initiation et suivi des actions d'accompagnement des collaborateurs, surveillance du bon déroulement des activités planifiées, apport d'idées et d'avis externes aux processus, encouragement au travail en équipe, définition des indicateurs de mesure du degré d'avancement de la réforme, identification des besoins de formation des collaborateurs et satisfaction des besoins identifiés, notamment en matière de conduite de changement ;
- *la mobilisation* (de toutes les ressources pour permettre que les bonnes choses soient effectivement réalisées) : prise en compte des contraintes diverses, y compris la contrainte financière, facilitation et accélération des activités concourant à l'atteinte des résultats, utilisation judicieuse des techniques et outils de management des projets ;
- *l'évaluation* (pour s'assurer que les bonnes choses ont effectivement été faites, dans le respect des règles de l'art) : application des techniques et méthodes de contrôle et d'évaluation de performance, ainsi que celles

propres à l'évaluation de programme à chaque domaine de réforme engagée et compte tenu de toutes les contingences, planification des systèmes de capitalisation des expériences, élaboration des indicateurs d'évaluation des effets et des impacts des résultats.

Le résultat attendu du Manager suivant ces quatre axes est de *prendre des décisions* pour : i) créer un contexte favorable à la réalisation des réformes, ii) faire durer les changements qui ont un impact sur toutes les dimensions des services de son administration ou de tous les services publics, et iii) assumer ses responsabilités pour ce qui est de la performance globale de la structure de coordination de la réforme administrative qu'il dirige. A cet égard, l'efficacité de son *leadership* et sa *capacité à promouvoir l'expérimentation et l'évaluation des pratiques innovantes* au sein de ses services et dans toute l'administration publique sont des facteurs critiques de son succès. Le caractère critique du leadership du Manager découle ici de la complexité de l'objet de la réforme administrative, d'une part, et de l'effet conjugué de l'exigence de changements profonds et des pressions externes considérables qui s'exercent sur les services publics, d'autre part. Le leadership du Manager va alors surtout se traduire par la création d'un « environnement propice qui inspire, soutient et favorise l'émergence et l'initiative » (Senge et al. 1999 : 674). Ce rôle s'exerce de trois façons, selon Senge et al.(1999 : 674) :

- *le manager est concepteur :* il a, à ce titre, la responsabilité exclusive des structures formelles de l'organisation, tels les systèmes de mesures, d'évaluation et de récompenses, les structures de direction et les règles qui soutiennent les groupes d'apprentissage. Si ce rôle n'est pas joué de façon efficace, l'émergence du changement sera limitée et les acteurs du changement seront frustrés ;
- *le manager est pédagogue :* il conseille les autres responsables des unités placées sous sa responsabilité, les guide dans leurs contacts avec les autres parties prenantes qui sont à l'extérieur de sa structure, fait face aux conflits de pouvoir générés dans l'accomplissement des missions de sa structure ;
- *le manager sert de modèle :* il personnifie l'engagement sincère au changement grâce à l'exemple qu'il donne. Il peut ainsi amener l'équipe de direction à tous les niveaux (même à celui des comités ad hoc) au sein de sa structure comme dans toute l'administration publique, à s'engager également sincèrement aux valeurs et à la raison d'être de la réforme administrative. Il joue ainsi, avec tous les membres de son équipe, un rôle emblématique au service du développement des services publics.

Ce thème du leadership est approfondi, au chapitre 3 de cette partie, parmi les défis de développement de la fonction « réforme administrative » au sein de l'administration publique africaine.

S'agissant de l'évaluation en général et des pratiques innovantes en particulier, outre les difficultés d'application dans les services publics de l'approche d'évaluation comme souligné plus haut (§.3.2.1), les administrations publiques ont tellement intériorisé l'optimisation, à court terme, des résultats de l'évaluation des performances que toute démarche dont les résultats prennent du temps pour se concrétiser semble sans intérêt. Ainsi, l'évaluation des performances est plutôt de nature à empêcher l'amplification du changement à se produire (Senge et al., 1999 : 391). En effet, l'évaluation des pratiques traditionnelles peut ne pas concorder avec les pratiques nouvelles ; les résultats des pratiques innovantes peuvent même aller à l'encontre des pratiques traditionnelles. Et si pour optimiser le court terme, l'administration veut satisfaire les pratiques traditionnelles, ellc pourra être amenée à fausser l'innovation voire à la saper. C'est la responsabilité du Manager d'inscrire l'élaboration des instruments de mesure de la performance et la démarche de l'évaluation des pratiques innovantes comme un axe spécifique des résultats attendus de sa structure. Cette approche est indispensable au développement d'une culture d'apprentissage dans la mesure où elle permet de gérer avec professionnalisme les deux phénomènes de « jugements négatifs » et de « l'effet secondaire considéré comme résultat négatif » qui accompagnent les pratiques innovantes et dont la description faite par Senge et al.(1999 : 347) est résumée ainsi qu'il suit :

> *Si les améliorations des résultats professionnels observés sont trop en décalage par rapport aux attentes, des jugements négatifs et une baisse de crédibilité peuvent en résulter. Lorsque les effets secondaires sont considérés comme des résultats négatifs selon les mesures traditionnelles en cours, les nouveaux résultats professionnels sont jugés négativement par ceux qui sont en dehors, en fonction du système de mesure en vigueur. Ce qui entraîne également une baisse de crédibilité.*

Le système de management d'une société, écrit Senge (in Senge et al., 2000 : 651) « détermine le caractère de ses institutions professionnelles, politiques et éducatives. A son tour, la nature de ces instituions façonne le type de société qui en émerge ». C'est dire, combien cette dimension est critique pour le succès de la réforme administrative et surtout pour le degré de l'harmonie des résultats qui en découleront avec la nature des institutions publiques dont elle doit promouvoir le développement.

3.2. L'organisation de la réforme

Le cadre conceptuel de la réforme des services publics proposé par exemple par Tor Hernes et illustré par la figure 1-1 traite des réformes internes, de la propagation des réformes à différentes institutions et de la reproduction des réformes dans l'ensemble des institutions d'un pays. S'il est clair que chaque administration est responsable de l'élaboration et de la mise en œuvre des réformes nécessaires au meilleur accomplissement de sa mission, le problème de l'impulsion, de l'animation et du suivi des deux autres types de réforme se pose. Il est important d'avoir à l'esprit, pour les services publics, que même les réformes internes ne sont pas généralement inscrites dans l'ordre de leurs priorités. En effet, bousculés quotidiennement par les usagers (individus, autres administrations, partenaires au développement,...) qui veulent un service rapide et de qualité, soumis aux contraintes de la planification budgétaire annuelle (et au meilleur des cas triennale), et ne disposant pas de l'expertise nécessaire pour animer les différents métiers requis pour la mise en œuvre d'une réforme, les services publics sont peu enclins à initier des réformes à l'interne. S'ils s'engagent à impulser ceux des changements qu'impose l'évolution des métiers qui concourent directement à la réalisation de leur raison d'être, ils sont moins disposés à s'investir dans les réformes dites administratives. Qui a eu à faire à l'administration publique (généralement décrite comme étant procédurière, opaque, froide, peu soucieuse de l'usager,...), à un titre ou à un autre, a subi certaines conséquences de cette réfraction à la réforme administrative, malgré, du reste, les discours des politiques et des hauts responsables ou les promesses faites à la représentation nationale.

L'appui à l'impulsion des réformes internes à une administration, le soutien à la propagation et à la reproduction des réformes dans une institution ou bien entre plusieurs institutions ne peuvent donc se faire que par une structure nationale chargée de la réforme administrative. Cette structure a pour raison d'être l'impulsion, la coordination, l'animation et le maintien de la dynamique de la réforme administrative au sein de toute l'administration publique d'un pays. L'enjeu est non seulement celui de la performance des systèmes mis en place par le Gouvernement pour moderniser son administration, mais surtout celui de la construction de la *cohérence* de l'ensemble des systèmes qui ont été retenus, et celui des moyens mis en place pour tirer parti des expériences de réformes pour bâtir des organisations apprenantes. Le problème qui se pose dans cette optique est celui du modèle institutionnel qui permet à chaque pays de *conduire* la réforme administrative. Il y a lieu d'ajouter, pour souligner le caractère crucial de cette dimension pour le succès de la réforme, que dans les services publics en général, les réformes ont une portée interministérielle qui nécessite, pour réussir, une coordination unitaire, à la fois holistique et systémique, et aussi en amont que possible.

Une telle structure existe dans plusieurs pays et porte des dénominations variées : Secrétariat Permanent à la Réforme Administrative, Direction Générale à la Réforme Administrative, Direction Générale de la Modernisation,...

Compte tenu de la description de la nature de la réforme administrative à travers les deux axes de changement et des activités spécifiques de la réforme administrative, la structure retenue doit pouvoir permettre à de nombreux experts dans des spécialités diverses, de conjuguer leurs forces dans des équipes multidisciplinaires créées chacune soit pour un secteur de l'administration ou suivant un autre découpage du flux de travail de modernisation, avec un mandat d'amélioration des performances organisationnelles et d'innovation. Quême (2002 : 395) parle de « task force » pluridisciplinaire qui va accompagner toute la conception et la mise en œuvre de la réforme.

Pour le service public, cette structure aura un double rôle. D'abord favoriser le développement d'une culture d'innovation au sein de la bureaucratie administrative fragmentée selon les lignes de clivage fonctionnelles et qui est par nature réfractaire à la pensée divergente d'où la créativité tire sa source. Dans ce rôle, l'accent est mis sur le travail en équipe qui est « un cadre approprié pour la recherche de solutions à des problèmes complexes qui exigent de faire appel à une vaste gamme de compétences et de connaissances qui peuvent stimuler l'innovation et la créativité » (Gortner et al., 1994 : 169). Ensuite créer et veiller au maintien de la cohérence horizontale des réformes entre tous les secteurs de l'administration pour garantir leur uniformisation et leur universalité, quand c'est nécessaire, d'une part, la solidarité entre les acteurs, malgré les multiples pressions sectorielles qu'ils subissent, d'autre part. L'exercice de ce rôle contribuera à pallier à certains dangers relevés dans la littérature et confirmés par la pratique, tel celui du « tuyau de poêle » ou de « silos » suivant lequel la réalisation des réformes suit des processus parallèles sans partage d'information ; ce qui a pour conséquences la duplication des efforts et des ressources déployés, d'une part, l'entretien des intérêts particuliers individuels ou de certains groupes, d'autre part (OCDE, 2001 : 55). De tels dangers, comme on le verra au chapitre 2 de cette partie, sont de nature à hypothéquer toute chance d'intégration des systèmes d'information dans une administration publique donnée. Dans cette optique, la structure nationale chargée de la réforme administrative (SNRA) serait chargée des fonctions suivantes :

- la planification, la programmation et la conduite des projets de réforme administrative, en collaboration avec les administrations concernées ;
- le renforcement des capacités de management des services publics ;
- l'évaluation des mesures gouvernementales prises en matière de réforme administrative avec une orientation prononcée pour l'élaboration des systèmes de mesures adéquates et l'évaluation des pratiques innovantes ;
- l'innovation pour accroître les performances de l'administration publique et anticiper les évolutions de l'environnement national et international pour ce qui est du développement des services publics ;

- l'introduction harmonieuse au sein des services publics, des résultats des progrès en matière des Technologies de l'Information et de la Communication (TIC), pour contribuer à la modernisation de toutes les fonctions organisationnelles des administrations de l'Etat.

Dans ce type de structure, la littérature (Senge et al., 1999) souligne l'importance du rôle que jouent les réseaux internes dans le soutien des équipes de travail face aux défis de lancement et du maintien des réformes. Ceci, entre autres, parce que la plupart des problèmes cruciaux qui déterminent l'issue à long terme des réformes se produisent aux interfaces : entre l'organisation et son environnement, entre les équipes de travail et le reste de l'organisation, à travers les frontières entre les fonctions de l'organisation. A ce sujet, Senge et al.(1999 : 676) écrivent :

> *[Les réseaux internes] agissent comme guides, comme conseillers, prodiguant une aide réelle, notamment pour permettre aux membres des équipes pilotes d'accéder aux ressources dont ils ont besoin en dehors du groupe. Dans les défis de maintien du changement, ils contribuent à mettre les [chefs des équipes opérationnelles] en relation les uns avec les autres, réduisant ainsi l'isolement et les incompréhensions qui alimentent l'animosité entre « croyants et non-croyants » et qui conduisent à des conflits de pouvoir.*

La littérature (Gortner et al., 1994 ; Mintzberg, 1984) propose un modèle de structure type, répondant à ces exigences. Il s'agit d'un modèle qui utilise « à la fois le regroupement par fonction et le regroupement par projet, dans une structure matricielle » (Mintzberg, 1984 : 378). Dans ce modèle, que Mintzberg dénomme « adhocratie », les experts ou spécialistes sont regroupés en unités fonctionnelles pour ce qui concerne le recrutement, la communication professionnelle et sur la base de projets pour le travail d'innovation. La structure peut se spécialiser pour l'innovation et la résolution de problèmes pour d'autres administrations à l'exemple des cabinets conseils ; c'est alors une adhocratie opérationnelle dont les équipes multidisciplinaires d'experts travaillent dans le cadre de contrats ou de mandats bien définis (Mintzberg, 1984 : 379). Elle peut entreprendre et conduire à terme des projets d'innovation pour se servir elle-même des résultats ; c'est une adhocratie administrative[8]. A titre d'exemple, dans l'adhocratie opérationnelle, des rapports étroits se développent entre les activités administratives et les activités opérationnelles (conception, planification, réalisation de projets). Face à un problème posé par un client, qui peut être une administration, Mintzberg (1984 : 380) décrit ainsi le comportement d'une adhocratie opérationnelle et celui d'une bureaucratie professionnelle, comme par exemple un service public :

---

[8] Pour une description approfondie de l'adhocratie comme type de configuration structurelle, voir Mintzberg (1984 : 375-403).

L'adhocratie opérationnelle s'engage dans un effort de création pour trouver une solution nouvelle, alors que la bureaucratie professionnelle le classe parmi les cas connus auxquels elle peut appliquer un programme standard. [...]. Les missions sont les mêmes, mais les structures et les produits sont radicalement différents. Dans les deux cas on a une décentralisation du pouvoir à des spécialistes hautement formés. Mais parce que l'adhocratie opérationnelle cherche à innover, ses spécialistes doivent interagir de façon informelle dans des groupes organiquement structurés ; et la bureaucratie professionnelle, parce qu'elle standardise ses services, se structure comme une bureaucratie dans laquelle chaque spécialiste peut travailler de façon indépendante, la coordination résultant directement de la standardisation des qualifications.

L'adhocratie, observent Peters et Waterman (1983 : 310), répond à de multiples pressions sans entraîner de nouvelle bureaucratie permanente. Toutefois, relèvent-ils, elle peut aussi « devenir anarchique si tout le monde se bat contre les problèmes temporaires, tandis que les principes de base sont ignorés». Un piège qui doit être évité grâce au leadership des Managers de la structure.

Eu égard aux activités de la réforme administrative telles que décrites dans cet ouvrage, nous soutenons ici la thèse qui postule que l'adhocratie opérationnelle est une forme structurelle qui répond aux besoins de coordination, de maintien de la cohérence et de partage de connaissance dont la satisfaction est indispensable à l'effectivité des résultats escomptés. Cette thèse qui s'inscrit dans le courant des solutions préconisées dans la littérature pour la coordination des programmes de réforme (OCDE, 2001 : 56) propose l'institution d'une *structure nationale* chargée *de la réforme administrative (SNRA)*, dont la conception épousera les contours d'une adhocratie opérationnelle, avec les nuances qui conviennent le mieux au modèle de développement adopté par le pays. La localisation de cette structure à compétence transversale, au sein d'un département ministériel ou ailleurs dans l'appareil administratif, pourra varier d'un pays à l'autre, l'essentiel étant qu'elle puisse disposer de moyens humains et financiers nécessaires et de l'autorité suffisante pour accomplir sa mission. Cette solution présente les trois caractéristiques suivantes, qui peuvent être perçues comme des avantages :

1) elle permet de développer et de disséminer à travers l'administration, les aptitudes d'une organisation apprenante, telles : la capacité d'accepter l'erreur, la capacité de tirer avantage des connaissances et des procédés de ceux qui, à tous les niveaux de chaque administration, ont fait face aux problèmes auxquels cette administration est confrontée, la capacité d'associer étroitement la connaissance à l'action. Dans cette perspective, l'adhocratie offre un cadre formel d'exploitation des différents rapports de contrôle de performance et d'évaluation des programmes pour des fins d'amélioration des performances dans les services publics.

2) elle permet de développer et d'encourager une culture d'innovation au sein des services publics. Les fonctionnaires dans l'accomplissement de leur travail quotidien sont soutenus à travers une approche qui favorise le travail en équipe en vue de l'amélioration des services rendus aux publics. Ici, en effet, les rôles et les tâches des acteurs sont définis de manière souple, en mettant l'accent sur les résultats et les approches plus intégrées et participatives (plutôt que sur les règles et les procédures opérationnelles) pour répondre plus directement aux besoins de modernisation des administrations : des centres d'innovation peuvent être créés dans les départements ministériels suivant une démarche qualité, lesquels travaillent en relais avec la structure nationale chargée de la réforme administrative ; les équipes-projets sectorielles de réformes créées au sein des départements ministériels comprennent des membres de la structure nationale qui jouent alors différents rôles suivant la nature des mandats confiés à ces équipes et compte tenu de leur expertise en conduite de changement comme décrite dans le paragraphe suivant.
3) elle permet d'atténuer les effets et les impacts de la quasi absence, dans les administrations publiques, d'un processus d'apprentissage à « double boucle » (apprentissage qui remet en cause les hypothèses profondes sur le développement des services publics). Ce type d'apprentissage, on le sait, est souvent l'occasion de conflits profonds dans les organisations en général et ces conflits sont accentués dans l'administration publique soumise au respect de l'autorité hiérarchique. Par exemple, Senge (1999 : 14) constate que « les projets de changement d'une certaine envergure finissent par se heurter à des problèmes ancrés dans le mode de management ». L'apprentissage en double boucle repose en effet, entre autres, sur l'art de reformuler les situations problématiques et sur l'ouverture à l'autocritique. Les membres de l'organisation, y compris les managers, sont invités à remettre en question leur façon de voir et de concevoir la réalité de leur administration. Un tel exercice peut difficilement être conduit de l'intérieur d'une administration publique, dominée par l'autorité et le pouvoir du chef hiérarchique.

3.3. L'expertise nécessaire pour la réussite de la réforme

Dans la mesure où elles doivent intégrer aussi bien les politiques, les techniciens des différentes administrations concernées, les consultants des cabinets privés, les représentants des populations et ceux de la société civile, les équipes mobilisées sur les projets de réforme sont, par définition, pluridisciplinaires comme relevé ci-haut. Toutefois, et la littérature est formelle à ce sujet, la conduite de changement est une discipline à part entière qui forme des spécialistes qui doivent travailler à temps plein pour la réforme administrative (Quême, 2002 : 412 ; OCDE, 2001 : 52-53 ; Tessier R. et Tellier, Y., (dir.), 1992 : 1-20 et 21-35). L'étude de l'OCDE fait noter, comme nous l'avons déjà relevé, que la plupart du temps les hauts responsables des administrations sont si « accaparés par les problèmes de fonctionnement quotidiens qu'il leur est difficile de trouver le temps de prendre du recul pour réfléchir aux questions concernant la réforme » (OCDE, 2001 : 52). Quême (2002 : 408), quant à lui, attire l'attention sur le fait que la réforme est une maîtresse exigeante qui « ne supporte pas l'amateurisme ni le « temps partiel », encore moins l'incompétence ». La Banque Mondiale (1997 : 55) souligne sur ce point que l'équipe de direction chargée de la réforme « devra être dotée de moyens adéquats et d'une capacité technique suffisante pour organiser le programme de réforme, qui devra être adapté au niveau des capacités ». Parmi les profils de compétence indispensables à la réussite des réformes engagées, Quême (2002 : 408) cite les techniciens de la « chose administrative » qui travaillent quotidiennement en interface entre leur administration et les usagers, les spécialistes de la *matière de réforme* (constitutionnalistes, juristes, fiscalistes, sociologues,...), les spécialistes du *support de la réforme* (organisateurs, informaticiens, formateurs,...) et les stratèges du changement. S'agissant des spécialistes de la matière et du support de la réforme, il précise qu'il faut « s'assurer en particulier de leur capacité à dépasser la technique et les savoir-faire dont ils sont détenteurs, pour se mettre au service d'une équipe et d'une réforme. Ceci implique une aptitude à considérer les autres spécialistes et les généralistes de la réforme comme des « clients », et donc à traduire un savoir complexe en termes opérationnels » (Quême, 2002 : 409). Les stratèges de changement dans l'entendement de Quême, doivent faire la preuve de compétences spécifiques en matière de *conduite de changement.* Leur mission, écrit-il, « c'est l'aller et le retour constants entre les politiques et la société civile, c'est le déplacement permanent de haut en bas et de bas en haut de la hiérarchie, c'est l'exploration de territoires connexes à la réforme, c'est la recherche d'expériences analogues ; bref, ce sont des explorateurs permanents, dans le vaste champ qui existe entre les choix politiques et la réalisation technique» (Quême, 2002 : 195).

Dans le présent ouvrage, nous parlons précisément de cette compétence particulière de conduite de changement comme spécifique et caractéristique du *professionnel* de la réforme administrative. Cette compétence, comme le fait remarquer Quême (2002 : 412), doit exister au sein de la structure chargée de conduire et d'animer la réforme administrative dans tout pays.

Plusieurs termes sont utilisés pour désigner ce professionnel - expert en réforme administrative – tels, par exemple : organisateur, conseiller, expert-conseil, consultant, conseiller en organisation administrative. Ces termes sont toutefois, utilisés dans des contextes bien définis qui leur donnent des sens bien précis.

Travaillant au sein de la structure du type de l'adhocratie opérationnelle retenue dans cet ouvrage comme structure nationale chargée de la réforme administrative, ce professionnel (conseiller externe à l'administration qui utilisera ses services, voir la figure 1-2) joue le rôle du spécialiste du processus de changement. A cet égard, la littérature (Lescarbeau et al., in Tessier et Tellier, 1992 : 7) relève qu'il est appelé à exercer différents rôles, dont les six suivants :

- *rôle de conseiller :* il assiste l'administration, dans la recherche et l'élaboration de processus lui permettant de résoudre un problème de développement de ses services ;
- *rôle de théoricien :* il fournit à l'administration « cliente » un cadre conceptuel ou une information théorique pouvant lui permettre d'appréhender le processus de changement et faire avancer les réformes à introduire ;
- *rôle d'agent de liaison :* il contribue à créer des liens fonctionnels entre l'administration qui bénéficie des réformes et d'autres ressources, soit en orientant cette administration vers ces ressources, soit en établissant lui-même le contact entre l'administration et les ressources disponibles. Ce rôle est abordé plus loin dans le cadre des attributions des leaders de réseaux (chapitre 3 de cette partie) ;
- *rôle d'agent de rétroaction (feedback)* : au cours d'un projet, il utilise des méthodes éprouvées pour recueillir de l'information, pour l'organiser et la retourner à l'administration concernée en vue de la meilleure réalisation de son projet de changement ;
- *rôle d'animateur :* dans une équipe projet, il aide le groupe à prendre des décisions, à procéder à une autorégulation, à s'organiser, à accomplir une tâche particulière ;
- *rôle de formateur :* il intervient comme personne-ressource, dans le cadre d'un groupe d'apprentissage pour planifier et réaliser des activités visant l'acquisition de connaissance ou le développement des habiletés personnelles ou interpersonnelles.

Dans la compréhension de cet ouvrage, ce professionnel pour lequel nous adoptons l'appellation *« conseiller en organisation administrative (COA) »*, adopte la perspective de développement organisationnel pour se comporter comme un guide par rapport aux processus fonctionnels de l'organisation, par opposition aux contenus. Il n'ose pas « dicter la destination de l'organisation (cette dernière sait mieux que lui où elle doit aller). Tout au plus suggère-t-il des moyens pour éclairer l'objectif et les actions à mener pour l'atteindre » écrit Mire-ô Tremblay (in Tessier et Tellier, 1992 : 41). Il est le principal animateur des réseaux internes dont parlent Senge et al. (1999 : 24) et qui agissent comme des guides, comme des conseillers. L'accent est mis ici sur le professionnalisme du Conseiller en Organisation administrative, en matière de *processus* de réforme décrit dans cet ouvrage, à travers les trois axes – changement, processus de création de changement et effectivité des résultats – pour créer les conditions d'optimisation de l'effet de synergie au sein des équipes pluridisciplinaires de la réforme. A ce titre, comme le fait noter Mire-ô Tremblay (in Tessier et Tellier, 1992 : 42), « le conseiller, quelle que soit sa conception d'une organisation en difficulté, demeure d'une certaine façon l'agent de la transformation d'une connaissance en action. [...]. Il possède un certain bagage de connaissances portant sur des contenus particuliers ou sur des processus. Il est avant tout capable de transformer ses connaissances en une pratique fertile ». Il joue le rôle d'immersion nécessaire à la phase de conception des réformes dans une administration donnée. Pour faire le lien avec la typologie utilisée par Quême, le Conseiller en Organisation Administrative est un spécialiste du *support de la réforme* doté d'une solide formation en conduite de changement dont la logique sous-tend la définition du terme professionnel en réforme administrative adoptée dans cet ouvrage.

L'importance de l'aide qu'il apporte aux administrations, en sa qualité de professionnel, conseiller externe, est soulignée abondamment dans la littérature. Ainsi, Senge et al. (1999 : 131) décrivent de la manière suivante, la dynamique sous-jacente aux problèmes de l'aide et du soutien aux projets de changement, en liaison avec le développement des capacités d'apprentissage :

> *Au fur et à mesure que croissent les investissements dans les projets de changement, les besoins d'aide augmentent également. Cette aide inclut le coaching, la formation, le recours à des consultants, à des mentors et à toute autre forme de conseils pour le développement du projet de changement. Si « l'aide disponible » est limitée (peut-être parce qu'il n'y a pas suffisamment de soutien de la part de [l'organisation]), « l'écart d'aide » qui en résulte entraîne la frustration des individus parce qu'ils investissent de leur temps sans recevoir grand-chose en retour : le projet de changement est inefficace et les capacités d'apprentissage ne se développent pas.*

Dans cette dynamique, la contribution des Conseillers en Organisation Administrative peut avoir un effet de levier dans la recherche et la mise à disposition de l'aide souhaitée par l'administration tout entière ou ses différentes composantes, ou même pour certains de ses projets, en tenant compte de la culture dominante propre à chaque service ou groupe. Par exemple, ils peuvent contribuer à développer un climat de confiance dans leurs rapports avec une administration donnée, au point d'en devenir le *partenaire* à qui il est fait entière confiance et avec qui sont partagés les sentiments de crainte et d'anxiété qui accompagnent les prises de décision en général, et les décisions en matière de conduite de changement en particulier ; ceci en vue de les transformer dans un sens créatif, stratégique.

En conclusion de ce sous-titre, et comme nous venons de le démontrer, la réforme administrative est un « système » complexe que Quême (2002 : 413), en s'inspirant de l'exemple de la France, décrit comme un exercice périlleux[9]. Ce qui, conclut-il, « est une bonne raison de lui donner un chef de file. Responsable vis-à-vis du politique, chargé de mobiliser ses troupes de spécialistes, il sera jugé sur sa capacité à mener la réforme à bon port ». A la tête de la structure nationale chargée de la réforme administrative, ce chef de file travaillera avec les professionnels de la réforme administrative, les Conseillers en Organisation Administrative, qui interviendront comme des catalyseurs d'une transformation profonde, pour apporter une aide indispensable à l'entretien de la dynamique de la réforme administrative au sein de chaque administration.

Nous avons voulu insister ici sur la forme type d'une telle structure - dont des exemples existent déjà dans certains pays – compte tenu de la spécificité du flux de travail qu'elle effectue pour accomplir sa mission dans le contexte actuel et futur de développement des administrations publiques. Ce flux de travail, on l'a vu, se subdivise en deux composantes distinctes, l'une relative aux changements qui vont contribuer à l' « amélioration des performances de l'administration » et l'autre centrée sur les changements de rupture, « les innovations », et irrigue aussi bien les institutions publiques prises individuellement, secteur par secteur, que l'ensemble de tous les services publics dans une logique d'intégration. La configuration de ce flux de travail se caractérise ainsi par une rupture profonde avec la conception taylorienne du travail de l'organisateur, conception qui sous-tend la philosophie du SCOM (Service Central d'Organisation et Méthodes), le précurseur de la réforme administrative dans les pays africains. Ainsi, il n'est plus seulement attendu de cette structure nationale qu'elle fasse la preuve de « savoir-faire » (maîtrise de savoir et de gestes techniques du modèle mécaniste de l'ère industrielle), mais en plus qu'elle démontre de grandes capacités de « savoir-être », de « savoir-faire savoir », d'initiative, d'autonomie, de travail en équipe, des capacités relationnelles et par-dessus tout, des capacités pour animer un processus d'apprentissage à « boucle double », notamment à travers la remise en cause des hypothèses profondes sur le développement des services publics. La structure à mettre en place n'est donc pas pour nous un service administratif de plus, avec sa part d'enjeux de pouvoir ou son obstination pour le court terme qui se traduit

[9] Qu'on se rappelle, à titre d'exemple, l'hostilité violente des Français à l'égard de la réforme dite du « CPE -Contrat Premier Emploi » initiée et conduite par le Premier Ministre, Dominique de VILLEPIN, en mars-avril 2006 ; réforme qui a fini par être abandonnée, bien que la loi ai été votée par l'Assemblée nationale et que le Président de la République l'ait promulguée.

généralement par une résolution superficielle des problèmes. Nous examinons les conditions de succès de cette structure au chapitre 3 de cette partie, à travers les enjeux et les défis de développement de la réforme administrative définie comme « fonction organisationnelle ».

4. UN CADRE CONCEPTUEL DE DEFINITION DE LA REFORME ADMINISTRATIVE

La combinaison des analyses faites sur les trois dimensions de la réforme administrative telles que décrites dans cet ouvrage – changement organisationnel, processus de création de changement à introduire, effectivité des résultats escomptés – amène à conclure que dans la dynamique quotidienne des services publics, la réforme administrative reste comme un *observatoire* d'où l'on puisse embrasser l'administration publique comme un tout, par rapport aux attentes des citoyens. Cet outil de cohérence est indispensable dans l'administration publique qui est organisée suivant des critères définis par les acteurs politiques et consignés dans le statut général de la fonction publique de l'Etat ; cette fonction publique qui est elle-même cloisonnée à l'intérieur par de multiples métiers correspondant aux divers corps ou spécialités dont la définition ne correspond pas toujours aux compétences requises pour produire les services évolutifs attendus par les citoyens. Cet observatoire, dont le seul but est de promouvoir le développement de ces services publics afin qu'ils puissent toujours satisfaire à temps et avec pertinence les besoins des citoyens, doit être organisé de façon adéquate compte tenu de sa raison d'être et de la particularité de ses activités. Nous avons proposé comme structure type, le modèle de l'adhocratie opérationnelle qui est par essence tournée vers l'innovation, vers la création, vers la recherche de solutions nouvelles aux problèmes qui se posent à l'administration publique. Cet observatoire doit être géré de façon également adéquate compte tenu des défis de développement de l'administration pour laquelle il est créé et organisé. Cet observatoire doit enfin être doté de ressources nécessaires et surtout de ressources humaines dont le profil correspond, pour la structure nationale, à celui requis pour une adhocratie opérationnelle ; c'est-à-dire, ici, des spécialistes de support de la réforme administrative, faisant la preuve de compétences confirmées en conduite de changement.

La figure 1-2 résume toute la discussion menée dans ce chapitre en s'appuyant sur la description de la nature de la réforme administrative suivant les trois dimensions : i) logique du changement ; ii) processus de création des changements à introduire ; iii) effectivité des résultats escomptés de la réforme. Ces dimensions, complétées par la diagonale représentée sur la figure, constituent les quatre axes de base du cadre conceptuel que nous définissons dans cet ouvrage pour décrire la nature de la réforme administrative et cerner ainsi le domaine de la réalité qu'elle a à éclairer, à explorer, à saisir. Dans sa dynamique, la réforme se traduit par un flux continuel de travail de modernisation entretenu, d'une part, entre les services publics qui se développent en engageant des projets de réformes et, d'autre part, la structure nationale chargée de la réforme administrative qui innove en proposant de nouveaux mécanismes administratifs et qui appuie la réalisation des réformes engagées dans les services publics. Cette dynamique est illustrée sur la figure 1-2 par les mouvements rotatifs autour de la diagonale qui représente tous les enjeux de sa mise en œuvre. Ainsi que nous le rappellent Crozier et Friedberg (1977 : 430) « comme à la guerre ou en amour, tout l'art du changement est dans l'exécution ». La rotation symbolise ici la « boucle », c'est-à-dire le retour d'apprentissage, la perpétuelle remise en question. Chaque axe reflète lui-même une réalité propre qui est résumée ainsi qu'il suit :

- *l'axe du changement organisationnel* : sur cet axe apparaît, aux deux extrémités, les deux caractéristiques de base de cette dimension dans la définition de la réforme administrative, à savoir : i) la fonction de structuration à travers l'adoption d'une démarche de recherche en vue de la définition du cadre de référence de l'intervention à faire dans le service public retenu ; ii) la fonction de conduite de changement qui s'appuie sur l'expertise des Conseillers en Organisation Administrative pour œuvrer à l'atteinte des objectifs de réforme poursuivis, à travers les équipes pluridisciplinaires chargées du projet et les réseaux d'appui à ces équipes au sein des administrations. Entre ces deux pôles, la consolidation du changement est une préoccupation qui doit faire partie intégrante de la stratégie de changement, et à ce titre, être prise en compte dès la conception de tout projet et tout au long de son déroulement. Cette prise en compte se traduit par le souci de modification des comportements et des valeurs pour favoriser l'ancrage des résultats obtenus dans la culture organisationnelle du service public concerné. Une solution considérée comme une condition nécessaire (et même suffisante) proposée par la littérature (Senge 1999, in Senge et al., 1999 : 14-15) pour réussir cet ancrage consiste à faire l'effort de compréhension des processus amplificateurs[10] de réussite de la réforme pour les catalyser et d'identification des forces et des défis qui pourraient empêcher le

[10] Senge et al. (1999 : 53) identifient par exemple, trois processus amplificateurs fondamentaux qui alimentent le changement en s'appuyant les uns sur les autres : la promotion des résultats personnels, la mise au point de réseaux de personnes motivées, l'amélioration des résultats de l'organisation.

changement de se produire (processus régulateur[11]) pour élaborer des stratégies efficaces pour y faire face.

- *l'axe du processus de création des changements à introduire* : les différents mécanismes du volet « contrôle et évaluation de performance » et du volet « innovation et apprentissage » introduisent un continuum dont l'évaluation des performances est le point médian. Cette évaluation permet au service public dans son fonctionnement quotidien, d'identifier les projets de réformes à initier pour améliorer ses performances suivant une logique de changements continus. Le service concerné est maître de l'initiative et de la conduite des réformes à introduire pour accompagner cet effort d'amélioration des performances. L'évaluation permet également, et ceci suivant une logique de changement de rupture avec les pratiques habituelles, d'innover en initiant des projets de réformes profondes soit pour s'adapter à des changements intervenus dans l'environnement social de l'administration, soit pour la doter, au meilleur des hypothèses, d'une capacité d '« auto-organisation » pour promouvoir un véritable développement de l'administration concernée. Cette idée de continuum a été explicitée dans la présentation du système de gestion de la performance en liaison avec le modèle de l'organisation apprenante. Au stade de l'«auto-organisation», il existe une symbiose entre le développement, par les opérationnels, de nouvelles pratiques fondées sur les nouvelles capacités de l'administration, et l'imagination, par les dirigeants, des réformes à entreprendre pour mettre en œuvre de nouveaux mécanismes qui reposent sur ces capacités. Une véritable culture de décentralisation (subsidiarité) caractérise alors la direction des services pour leur permettre de résoudre efficacement et à moindre coût les problèmes là où ils se posent : les « chefs d'unité » managent en créant les conditions permettant aux « chefs opérationnels » d'exercer leur autorité (hiérarchique ou de compétence au sein des équipes-projets) pour assumer leur *responsabilité* par rapport à l'accroissement des performances de leurs services et au développement de leurs collaborateurs. L'apprentissage en boucle double se reflète ici dans les réflexes, les habitudes et la culture de chaque service, à travers, notamment, l'interrogation de la pertinence des lignes de conduite et des normes de fonctionnement, le questionnement du pourquoi de l'écart entre la « théorie adoptée » et la « théorie utilisée », comme nous le verrons au prochain chapitre.
- *l'axe des enjeux de l'effectivité des résultats escomptés* : sur cet axe sont mis en exergue l'enjeu de l'adoption d'une structure nationale chargée de

[11] A titre d'illustration : la culture dominante, les structures, les normes de contrôle et les systèmes de mesure et d'évaluation de performance, système de rémunération, le comportement et la perception des acteurs.

la réforme administrative pour en assurer la cohérence verticale et horizontale des changements introduits, l'enjeu du management de cette structure et l'enjeu du professionnalisme des Conseillers en Organisation Administrative qui vont intervenir au centre opérationnel de cette structure. Cet axe est aussi présenté suivant une logique d'un continuum dont les enjeux de cohérence et du professionnalisme constituent les extrémités et le management, le point médian à travers le leadership du manager et ses capacités à promouvoir les pratiques innovantes. Suivant cet axe, et en appui aux mesures prises dans l'axe de changement dans les administrations pour consolider les changements introduits, l'accent sera, d'un côté, mis sur le soutien aux équipes-projets dans ces administrations et, de l'autre, sur le développement et la dissémination des aptitudes d'une organisation apprenante de façon transversale, dans tous les services publics. Par rapport à l'axe du processus de création du changement à introduire, les conseillers en organisation administrative apportent leur appui suivant la spécificité des projets engagés le long du continuum de cet axe. Ils devront minimalement posséder des compétences avérées dans l'un ou l'autre des deux domaines que sont l'évaluation des performances et la prospective qui fondent les bases théoriques de cet axe. Comme souligné plus haut, Quême (2002) suggère une immersion des Conseillers dans le milieu à réformer dans la phase de conception d'une réforme à introduire. La dynamique de la boucle d'apprentissage inclut cette immersion dont l'un des résultats pour le Conseiller est de contribuer à l'initiation des projets de réformes internes à chaque administration.

- *le champ d'intervention de la réforme* couvre les administrations publiques qui accueillent les réformes et la structure d'animation de la réforme. Toutes deux travaillent suivant les principes de l'adhocratie opérationnelle proposée comme structure type d'animation de la réforme pour produire les résultats qui vont justifier de la raison d'être de la réforme administrative. C'est sur ce terrain et à travers cette dynamique que s'expriment dans toute leur plénitude les enjeux de la mise en œuvre des réformes dans le système d'action concret qu'est une administration publique. Si les administrations bénéficiaires des réformes utilisent des ressources hautement qualifiées, comme c'est généralement le cas, les processus de travail et leurs valeurs dominantes ne sont pas adaptées à l'innovation qui requiert la créativité et les capacités d'apprentissage en boucle double. Aussi, pour l'intérêt de l'amélioration du bien-être du citoyen, et suivant la logique et les principes de la « valeur optimale » telle que décrite dans cet ouvrage, la structure d'animation de la réforme doit travailler en synergie avec les administrations bénéficiaires de la réforme pour réduire les obstacles à l'apprentissage en boucle double. Un peu comme le médecin soigne le maître, pour qu'il puisse dispenser au mieux de ses capacités ses enseignements si utiles pour l'épanouissement du citoyen que chacun de nous est. En retour peut-on devenir médecin, surtout un professionnel de renom, si on n'a pas eu d'excellents maîtres ? Eux aussi des professionnels de renommée dans leurs disciplines respectives ? L'administration (bureaucratie professionnelle) est « cliente » de la structure d'animation de la réforme (adhocratie opérationnelle). Suivant les modèles conceptuels proposés par Hernes Tor (2005), les réformes peuvent être internes à chaque administration, elles peuvent consister en un effort de propagation à différentes institutions de pratiques jugées performantes et reproductibles au sens de la gestion par la performance ou de l'optimisation des valeurs, ou en une reproduction d'un nouveau modèle de conception des services publics dans l'ensemble de toute l'administration publique. Mais on est justement dans le service public et non dans l'entreprise privée (la structure d'animation n'est pas un Cabinet de Consultants privés) ; ni les services publics, ni la structure d'animation des réformes ne travaillent pour un gain financier, mais pour une valeur, la satisfaction du bien-être commun. Tel est le sens des flèches en boucle qui relient les deux zones du plan séparées par la diagonale. L'administration doit investir *pour* le développement de la structure d'animation en engageant des réformes d'amélioration de ses performances et en créant les conditions optimales de réussite des innovations générées par le travail de cette structure. Celle-ci doit s'investir *dans* le développement organisationnel de l'administration en faisant preuve de professionnalisme pour innover et conduire les changements indispensables à sa modernisation.

Ce cadre conceptuel met l'accent, pour chaque axe, sur les points critiques à surveiller pour que la réforme administrative puisse jouer efficacement son rôle en vue du développement des services publics dans la perspective des théories du « Développement Organisationnel (DO) » et de « l'apprentissage organisationnel » dont « l'auto-organisation » est le stade ultime pour nous dans cet ouvrage.

Nous présentons dans les deux chapitres suivants de cette partie, les contextes politique, économique et technologique dans lesquels la réforme administrative va jouer son rôle, ainsi que les défis qu'elle doit affronter pour être efficace. La SNRA trouvera dans ces analyses des éléments pour libérer et canaliser les énergies nécessaires pour mener à bien sa mission et surtout pour développer la capacité de se changer elle-même.

FIGURE 1-2 : UN CADRE CONCEPTUEL DE DEFINITION DE LA NATURE DE LA REFORME ADMINISTRATIVE

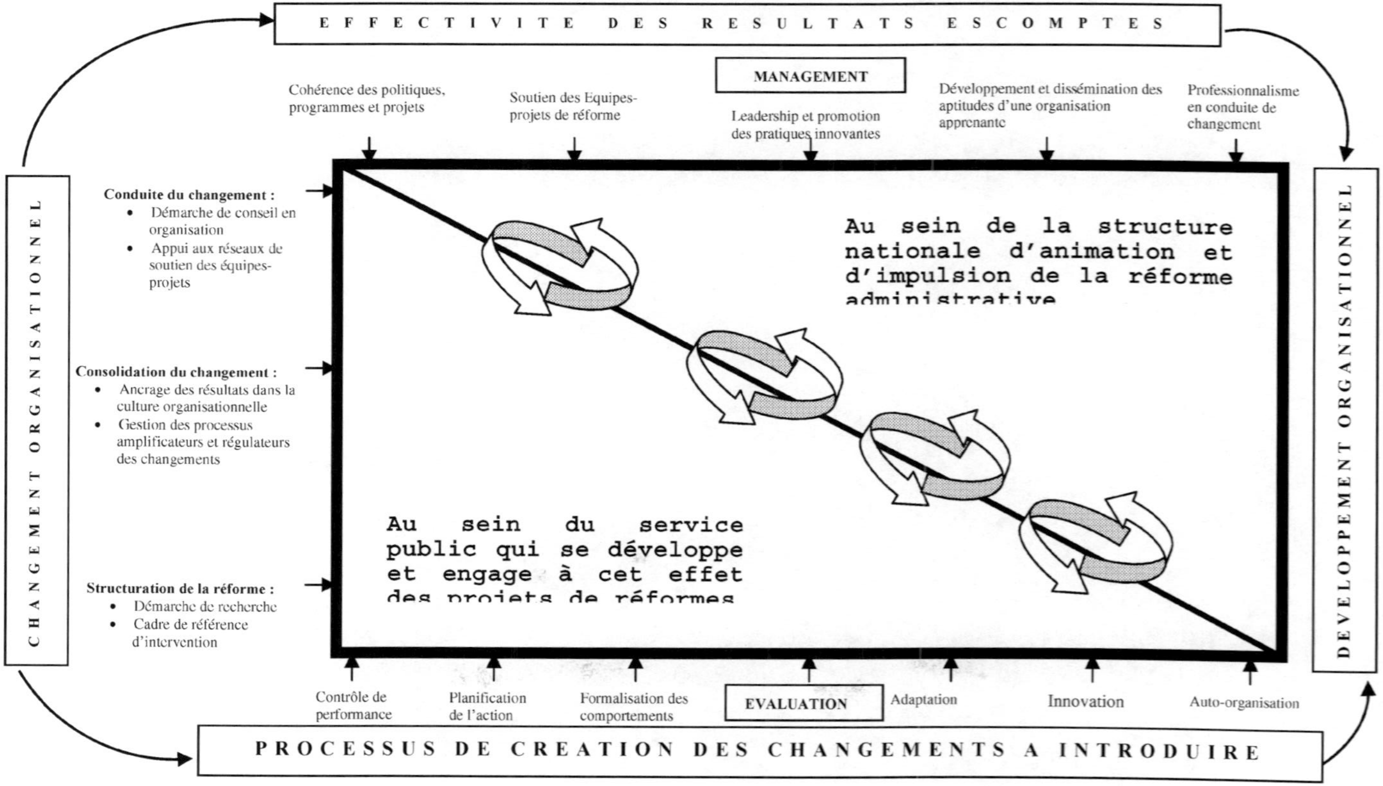

CHAPITRE 2 :
CONTEXTE DU DEVELOPPEMENT DE LA FONCTION « REFORME ADMINISTRATIVE »

Le but poursuivi dans cet ouvrage, rappelons-le, est de contribuer à créer les conditions de l'exercice optimal de la fonction réforme administrative en postulant que celle-ci est intimement liée aux exigences de la performance dans les services publics.

Traitant de l'évaluation des services publics et des politiques publiques, J.L. Quermonne (1991 : 270) illustre ce lien intime en faisant remarquer, à travers un parallélisme avec le marché, qu' « une meilleure connaissance de l'efficacité réelle de l'action de l'administration exerce sur cette dernière une pression analogue à celle que le marché fait peser sur les entreprises ». Ce parallélisme cadre parfaitement avec les orientations de la nouvelle philosophie de gestion adoptée dans le secteur public partout dans le monde, et particulièrement par les pays africains à travers leurs programmes de bonne gouvernance des services publics, comme nous le verrons au chapitre 3 de cette partie.

Mais le concept d'évaluation qui est consubstantiel à toute idée ou volonté de gestion de la performance dans le secteur public, n'est qu'une étape d'un processus managérial qui, non seulement peut prendre plusieurs formes, mais dont le résultat peut également servir à plusieurs fins. Les formes sont déterminées, entre autres, par la conception théorique dominante de la notion d'administration qui est ici, celle de la bureaucratie au sens Wébérien ; tandis que les fins sont influencées par la rationalité qui sous-tend la notion de performance administrative.

Ces notions et toutes celles qui vont servir de base pour cerner la nature et la raison d'être de la réforme administrative sont d'abord précisées dans ce chapitre par rapport aux préoccupations de gestion de la performance organisationnelle. Ensuite sont analysées les implications de l'évolution de l'environnement sur le développement de l'administration publique dans le contexte actuel.

1. LES MODELES DE DEFINITION ET D'ANALYSE DE LA REALITE D'UNE ORGANISATION

Du mot grec *organon* qui signifie outil ou instrument, une organisation est un instrument créé et continuellement amélioré pour accomplir des activités qui concourent à l'atteinte d'un but bien déterminé. Un département dans une faculté ou un service dans un hôpital a pour but de permettre à tous les professionnels du domaine concerné, d'apporter leur contribution aux objectifs d'enseignement ou de soin poursuivis par la faculté ou l'hôpital. Les premières organisations formelles connues sont celles qui sont à l'origine des pyramides, des empires, des églises et des armées.

Au cours des siècles, de nombreuses techniques et méthodes ont été mises au point pour permettre une rationalisation et une gestion efficaces du travail au sein d'une organisation. Des approches scientifiques de l'organisation et de la gestion ont été proposées et ont conduit à l'élaboration au début du XXème siècle d'une théorie générale de l'organisation et de la gestion. De cette théorie générale se dégagent plusieurs modèles d'organisations bureaucratiques auxquels il est implicitement ou explicitement fait référence pour apprécier, comprendre et appliquer les notions renvoyant à la problématique du développement des organisations au sens que nous avons défini plus haut. Nous présentons ici, en plus du modèle bureaucratique de Max Weber, auquel nous sommes si familiers dans les administrations publiques africaines, deux autres modèles qui s'inscrivent dans la logique de l'exercice optimal de la fonction réforme administrative qui est la nôtre dans cet ouvrage. Il s'agit d'abord du modèle des organisations qui excellent suivant les critères définis par Peters et Waterman (Peters et Waterman, 1983 ; voir aussi Gortner et al., 1994) ou qui sont en bonne santé suivant le profil décrit par Richard Beckhard (in Hesselbein et al., dir.,1998 : 220). Il s'agit ensuite du modèle d'organisation apprenante défini par Peter M. Senge et présenté comme une stratégie de gestion des ressources humaines de l'organisation centrée sur les valeurs clés qui aident les individus à construire leur avenir et à retirer un bénéfice de leur engagement (Rosabeth Moss Kanter, in Hesselbein et al, dir., 1998 : 108). Les postulats et les principes de base de ces trois modèles sont résumés ici. Ils sont retenus parce qu'ils reflètent l'existant (pour le modèle de Weber) ou parce que leurs postulats et principes sont sous-jacents aux exigences de performance et de développement des organisations d'aujourd'hui et de demain.

1.1. Le modèle bureaucratique de Max Weber

La conception du « type idéal » de bureaucratie dégagée par Max Weber au début du siècle repose sur la combinaison d'un mode légal et rationnel de contrôle social et d'un mode hiérarchique d'organisation. Observant l'analogie qui peut être faite entre la mécanisation de l'industrie et la prolifération des formes bureaucratiques des organisations, Weber fait remarquer que « la bureaucratie routinise l'administration tout comme la machine routinise la production » (Morgan, 1989 : 16). Il propose alors une définition générale de la bureaucratie comme une organisation qui met l'accent sur la précision, la rapidité, la clarté, la régularité, la fiabilité et l'efficacité auxquelles on parvient, grâce à une division permanente des tâches, au contrôle hiérarchique et au recours à des règlements détaillés.

Selon Weber (in Gortner et al., 1994 : 83), dans la forme la plus pure de la bureaucratie, le personnel administratif par exemple est constitué de fonctionnaires nommés ou recrutés suivant des modalités précisées dans le statut général de la fonction publique de l'Etat et qui doivent se conformer aux principes suivants :

1. *ils sont libres au plan personnel et ne sont soumis à l'autorité de l'organisation qu'en ce qui concerne les obligations officielles liées à leurs fonctions qu'ils remplissent de façon impersonnelle.*
2. *ils sont organisés selon une hiérarchie de fonctions clairement définies.*
3. *chaque fonction a une sphère de compétence clairement établie.*
4. *chaque poste est occupé par une personne qui a librement conclu une entente contractuelle avec l'organisation ; ainsi, en principe, la sélection des personnes pour combler les postes se fait sans entrave.*
5. *les candidats sont choisis selon leurs qualifications techniques. Les qualifications sont vérifiées au moyen d'un examen et/ou attestées par un diplôme. Les candidats choisis sont nommés à des postes et non pas élus.*
6. *ils sont salariés et la plupart du temps ils ont droit à une pension. Les dirigeants n'ont le droit de mettre fin à l'engagement d'un fonctionnaire que dans certaines circonstances bien définies ; le fonctionnaire, par contre, est toujours libre de démissionner. L'échelle salariale est établie en fonction des différentes positions dans la hiérarchie ; cependant, en plus de ce critère, on peut tenir compte du niveau de responsabilité du poste occupé et des exigences liées au statut social de son titulaire.*
7. *le titulaire du poste doit se consacrer en exclusivité à son travail ou à tout le moins, ce doit être son emploi le plus important.*
8. *la bureaucratie offre des possibilités de carrière. La promotion dépend de l'ancienneté, de la performance ou des deux. La promotion est accordée à partir du jugement des supérieurs.*
9. *le fonctionnaire n'est pas propriétaire des moyens de production et ne peut acheter un poste.*
10. *le fonctionnaire est soumis à une discipline stricte et à un contrôle sévère dans l'accomplissement de ses tâches.*

Ce modèle retient le concept de performance comme l'un des critères de la promotion du fonctionnaire, l'ancienneté étant le second. Mais dans la pratique, les modalités d'évaluation de ce critère mettent davantage l'accent sur le respect de l'autorité hiérarchique et sur la conformité aux règlements et procédures que sur la production de résultats conformes aux attentes des usagers des services publics. Aussi, apparaît-il davantage comme un moyen d'exercice de l'autorité, le « moyen le plus rationnel que l'on connaisse pour exercer un contrôle impératif des êtres humains » (Quermonne, 1991 : 17). Retenons bien l'expression « contrôle impératif des êtres humains » pour la suite, en comparaison avec les autres modèles dont la présentation suit, et surtout par rapport aux postulats de la "nouvelle gestion des ressources humaines" présentés au chapitre 3 de cette partie. Ce modèle, soulignent Gortner et al. (1994 : 84), présente « un arrangement de réalités et de relations qui doivent absolument être comprises chaque fois qu'il est question d'organisations complexes ».

La rationalité dominante dans ce modèle n'est pas celle des résultats au coût optimal au profit des usagers, mais plutôt la prévisibilité absolue des comportements, la standardisation des actions, la hiérarchisation des fonctions, la centralisation des décisions, la généralité et l'impersonnalité des règles d'essence juridique. Ainsi, comme l'observe A. Payette (in Parrenteau, dir., 1992 : 7), ce qui importe, ce n'est pas la réalisation effective des objectifs, ce n'est pas non plus que, à la limite, le service public soit rendu, « c'est plutôt que son accomplissement soit conforme aux règlements et aux procédures, qu'il ne lèse aucun droit et n'entraîne aucun abus de pouvoir ».

Il est important de relever ici avec Quermonne (1991 : 16) que, fondamentalement, le mode légal et rationnel de ce modèle s'oppose à la logique patrimoniale selon laquelle la domination domestique du père sur son ménage s'étend au-delà de sa maison et conquiert un espace politique. Pourtant, faut-il le souligner, s'agissant des administrations publiques africaines qui ont hérité du modèle de Weber des anciennes métropoles coloniales, de nombreux auteurs démontrent comment l'application de ce mode légal et rationnel a été dénaturée. Les analyses de ces auteurs sur le caractère plutôt patrimonial des fonctions publiques africaines ont bien souvent été confirmées par les diagnostics posés sur le fonctionnement de ces administrations lors de l'élaboration, à partir des années 1995, des programmes nationaux de gouvernance. Michel Rambourg (1998 : 411) cite Mamadou Dia (1995) qui illustre le caractère patrimonial des administrations africaines par rapport aux enjeux de leur efficacité et de leur productivité en ces termes :

> *La gestion du personnel et le niveau des rémunérations reflètent davantage des critères d'appréciation personnelle que la performance et la productivité. La loyauté politique et personnelle et la docilité sont plus récompensées que le mérite. Du fait que les postes de haut niveau génèrent davantage de pouvoirs bureaucratiques qui peuvent être utilisés comme instrument d'échange pour*

accéder à des possibilités d'enrichissement (licites et même illicites) et à d'autres avantages sociaux, ils constituent le moyen privilégié de sortir du cercle vicieux de la paupérisation résultant de la combinaison des bas salaires et de l'augmentation du coût de la vie.

1.2. Le modèle d'organisations qui excellent ou qui se portent bien

Thomas J. Peters et Robert H. Waterman ont présenté dans leur ouvrage « Le prix de l'excellence » publié en français en 1983, un modèle d'organisation performante défini à partir de pratiques de bonne gestion observées dans les organisations qui excellent. Dans l'ouvrage « L'entreprise de demain » publié par la Fondation Drucker en 1998, Richard Beckhard dans le chapitre intitulé *« qu'est-ce qu'une organisation en bonne santé ? »* constate que malgré l'instabilité et la rapidité des changements qui affectent l'environnement, « certains critères communs aux entreprises et aux individus permettent de mesurer leur état de santé respectif au présent comme à l'avenir » (1998 : 220). Les deux approches mettent en évidence les principaux éléments de la dynamique des organisations dans le contexte d'ouverture et de concurrence qui caractérise l'évolution du monde aujourd'hui. En complément au mode légal de contrôle privilégié par le modèle de Weber, toujours appliqué dans les organisations publiques et privées, ces approches mettent l'accent sur trois idées centrales : i) l'engagement pour l'action ; ii) le respect du service au client (qu'il soit interne ou externe à l'organisation) ; iii) le recours à plusieurs formes de structures à adopter en fonction de la tâche à accomplir et des mécanismes à mettre en œuvre pour sa réalisation.

1.2.1. Le modèle de Peters et Waterman

Le modèle de Peters et Waterman est défini par les huit attributs suivants (Peters et Waterman, 1983 ; Gortner et al., 1994 : 84) :

1. *avoir un parti pris pour l'action* – agir avant tout, pour faire quelque chose, n'importe quoi, plutôt que d'être paralysé par l'analyse et les rapports de comité. Bon nombre d'organisations qui fonctionnent ainsi, sont des maîtres dans l'art de l'expérimentation et suivent le principe « faire, aménager, tester ».

2. *rester à l'écoute du client* – apprendre à connaître les préférences des clients et à les satisfaire. Bon nombre d'organisations qui fonctionnent ainsi ont tiré de meilleures idées de nouveaux produits ou services à partir des suggestions de leurs clients.

3. *favoriser l'autonomie et l'esprit novateur* – diviser l'entreprise en compagnies ou petits groupes et les mettre en compétition pour les inciter à agir de façon autonome. Ces organisations entretiennent de nombreux

leaders et innovateurs à tous les niveaux hiérarchiques. Elles encouragent la prise de risque et soutiennent les bonnes initiatives.

4. *assurer la productivité par la motivation des personnes* – rendre conscients tous les employés que le fait de fournir le meilleur d'eux-mêmes est essentiel au succès de la compagnie et qu'ils vont partager les récompenses liées à ce succès. Chaque individu est considéré comme une source d'idées, le centre opérationnel est traité comme la source maîtresse de la qualité et des gains de productivité.

5. *adopter une gestion inspirée et s'articulant autour d'une ou de quelques valeurs clés* – les dirigeants sont en harmonie avec la philosophie fondamentale de l'entreprise. Chaque entreprise exemplaire définit clairement ce qu'elle défend et prend le processus d'élaboration des valeurs très au sérieux. Les meilleures entreprises se distinguent par l'attention qu'elles portent explicitement aux valeurs, et par la façon dont leurs leaders ont créé des environnements passionnants grâce à leur intérêt personnel, leur persévérance et leur intervention directe à tous les échelons de la hiérarchie.

6. *s'en tenir à ce que l'entreprise sait faire* – à ce qu'elle connaît le mieux. Les meilleures entreprises ne sautent pas à pieds joints dans de nouvelles activités. Les entreprises qui se livrent à une certaine diversification – conçue comme une base de stabilité par le biais de l'adaptation - tout en se tenant à ce qu'elles savent faire, ont tendance à être très performantes. En règle générale, elles ont surtout recours à la diversification engendrée de l'intérieur, par petites étapes.

7. *privilégier une structure simple et légère* – peu de niveaux hiérarchiques et peu de personnes au sommet stratégique de l'entreprise. Chez la plupart des meilleures entreprises, on trouve une forme assez stable qui ne change jamais – l'articulation des divisions autour des produits, par exemple – qui constitue la pierre angulaire que tout le monde comprend et qui permet de faire face aux complexités de la vie courante. Dans ces entreprises, stabilité et simplicité reposent aussi très largement sur la diffusion de valeurs claires.

8. *allier souplesse et rigueur* – favoriser un climat de travail qui concilie l'engagement des personnes pour les valeurs fondamentales de l'entreprise et l'autonomie pour celles qui acceptent de travailler en fonction de ces valeurs. Les meilleures entreprises sont à la fois centralisées, en ce qui concerne les valeurs fondamentales qui leur tiennent à cœur, et décentralisées pour le centre opérationnel et la techno-structure.

Dans les meilleures entreprises, les gestionnaires ont une obsession des principes de base de ces attributs, à savoir : une action rapide, le service à la clientèle, l'innovation pratique, et le fait que rien de tout cela n'est possible sans la participation de tout le personnel (Peters et Waterman, 1983 : 38).

Ces principes qui sont fondés sur les critères financiers retenus pour définir l'excellence dans les entreprises privées de l'échantillon de l'étude menée par Peters et Waterman constituent une source d'inspiration pour le secteur public. Aujourd'hui, en effet, les administrations publiques évoluent dans un environnement mondial qui crée toutes les conditions d'une forte concurrence, comme nous le verrons plus loin (§.2 de ce chapitre et chapitre 3).

Au sujet du degré d'universalité des attributs de ce modèle, Peters et Watermann (1983 : 37) précisent :

> *La plupart de ces huit attributs n'ont rien d'extraordinaire. Certains d'entre eux, sinon la plupart, sont des « lieux communs ». Mais, comme le dit René McPherson, « Pratiquement tout le monde convient de ce que les gens sont notre atout le plus important. Pourtant, presque personne n'agit dans ce sens ». Les meilleures entreprises, elles, vivent pleinement leur engagement à l'égard du personnel ainsi que la priorité qu'elles donnent à l'action (toutes sortes d'actions) plutôt qu'à une kyrielle de comités permanents et à une multitude de rapports volumineux.*

1.2.2. Le profil d'une organisation en bonne santé

Charles Handy (1998 : 234) observe qu'aujourd'hui, « les organisations n'ont plus rien de commun avec l'univers visible, tangible, concret qu'elles représentaient autrefois. Dans le travail, l'unité de temps et l'unité de lieu sont devenues superflues. Les acteurs jouent leur rôle indépendamment de l'une et de l'autre ». Dans ce nouveau contexte et selon Richard Beckhard (1998 : 219), les organisations servent de relais entre les problèmes et les hommes. Comme les hommes qui dépensent une énergie considérable pour analyser et pour tenter de maîtriser leur comportement dans un environnement en perpétuel changement, les organisations suivent aujourd'hui le même exemple, postule Beckhard. Il formule alors les quinze (15) critères suivants qu'il présente comme décrivant le profil d'une organisation jugée en bonne santé à l'approche du troisième millénaire (Beckhard, 1998 : 220) :

1. *une organisation saine se définit elle-même comme un système dont la tâche consiste à prendre en compte des besoins et à recevoir des matières premières qui seront transformées en biens et en services destinés à satisfaire les besoins exprimés. Différents acteurs interviennent dans l'entreprise : son/ses propriétaire(s) et ses salariés, ses fournisseurs, ses clients intermédiaires, les consommateurs finals des produits/services, les médias et la communauté à l'intérieur de laquelle elle exerce son activité.*

2. *l'organisation est dotée d'un système d'information puissant, ou système de réflexion dynamique, qui lui permet de capter les informations et les interactions qui mettent en jeu les acteurs, quels qu'ils soient.*

3. *elle possède un sens élevé de sa mission et est gérée à partir de sa vision de l'avenir.*

4. *dans son mode opératoire, la fonction précède la forme. La tâche à accomplir détermine les structures et les mécanismes utiles à sa réalisation. Elle recourt donc à de multiples structures : la pyramide, les structures horizontales et les équipes, les structures par projet et les structures temporaires (servant par exemple à la conduite d'un changement important).*

5. *son mode de fonctionnement dominant est la gestion par équipes. L'autorité suprême est détenue par une équipe de dirigeants ; assistée d'équipes au niveau des divisions et des fonctions, et d'équipes de projet. Certaines équipes ont des fonctions transversales et les équipes de développement de spécialités sont composées à la fois d'experts et d'utilisateurs de services.*

6. *elle a élevé au rang de principe le respect du service au client, qu'il s'agisse de clients externes ou internes à l'organisation.*

7. *son management est orienté vers l'information. Des flux importants d'information peuvent être reçus et traités en quelques secondes. L'information est accessible à tous, quelle que soient la situation géographique, la fonction occupée ou le niveau hiérarchique.*

8. *elle encourage et autorise la prise de décisions au niveau le plus proche du client, qui constitue une source d'information privilégiée.*

9. *elle s'efforce de promouvoir la transparence de l'information dans tout le système.*

10. *son système de rémunération est conçu en fonction des tâches et pour favoriser le développement individuel. Les managers et les équipes sont évalués selon leurs performances et leurs objectifs d'amélioration.*

11. *c'est une organisation apprenante. L'identification des points d'apprentissage fait partie du processus de prise de décision.*

12. *elle valorise de manière concrète l'innovation et la créativité, elle adopte une attitude généreuse de tolérance vis-à-vis des différentes façons de penser et admet l'ambivalence pour toute chose.*

13. *ses stratégies respectent l'équilibre entre le travail et la vie personnelle. Le travail à domicile est encouragé chaque fois qu'il semble approprié. Le*

partage des tâches est favorisé. Le congé parental et l'accueil des enfants sont considérés comme un devoir de l'entreprise.

14. *c'est une organisation citoyenne. La défense des intérêts communautaires, la protection de l'environnement, le mécénat ne sont pas des activités ponctuelles, ils font partie intégrante de la politique de l'entreprise.*

15. *l'organisation est soucieuse d'efficacité, de qualité et de sûreté dans le déroulement des processus. Elle encourage également l'identification et la conduite des changements porteurs d'avenir.*

Richard Beckhard (1998 : 219) nous situe par rapport aux fondements de ces critères :

> *Tout au long de notre histoire, [écrit-il], le progrès du monde s'est effectué au travers d'institutions et d'organisations. Au moment où la société cherche à combler la différence entre les riches et les pauvres, entre le Nord et le Sud, les pays développés et les pays en voie de développement, entre les préoccupations mondiales et les intérêts locaux, les organisations servent de relais entre les problèmes et les hommes. Mais comme les êtres humains, dotés d'une personnalité liée à leur hérédité et leur environnement, les organismes possèdent des caractéristiques dictées par les mêmes facteurs.*

Dans un monde moderne marqué par l'impact des nouvelles technologies, l'enracinement des valeurs démocratiques, et l'interdépendance ; un monde où l'Etat n'est plus l'unique promoteur du développement et où le « partenariat » est devenu un mode d'intervention accepté et couramment utilisé par les parties prenantes (comme nous le développerons plus loin), le modèle de Beckhard s'applique parfaitement aussi bien au secteur privé lucratif qu'au secteur public. Justement, Beckhard (1998 : 219) observe que « bientôt le secteur privé ne sera plus l'unique créateur de richesse. Le secteur public devra revoir sa mission de service. Le secteur social ou associatif est amené à jouer un rôle d'une importance croissante ». Aujourd'hui, en effet, l'Etat, le secteur privé marchand et le secteur privé non marchand (la société civile comme on le dénomme) doivent conjuguer dans une parfaite synergie, leurs efforts pour soutenir la croissance et le développement durable et réduire efficacement la pauvreté et l'exclusion sociale.

A la suite du modèle de Peters et Watermann, ce modèle met en évidence l'importance de certains éléments critiques de la gestion d'une organisation : la gestion à partir de la vision de l'avenir qu'on s'est définie ; le respect du service au client, valeur élevée au rang de principe d'action ; c'est la tâche à accomplir qui détermine les structures et les mécanismes (et non pas les postes de pouvoir définis par la recherche de l'autorité hiérarchique) ; elle valorise de manière concrète l'innovation et la créativité ; l'organisation est soucieuse de la qualité de ses processus de travail et encourage l'identification et la conduite de changements porteurs d'avenir ; l'organisation est citoyenne et se préoccupe du développement durable.

Le modèle d'organisations qui excellent ou qui se portent bien sert aujourd'hui de modèle de référence aux réponses que les gouvernements apportent à l'exigence de transformation de l'administration publique actuelle pour la rendre efficace et responsable, avec l'appropriation des méthodes et techniques du *« nouveau management public (new public management) »*.

1.3. Le modèle d'organisations apprenantes

L'un des critères de bonne santé d'une organisation, du profil défini par Bekhard, traite du concept *d'organisation apprenante*. Il s'agit d'une autre conception de l'organisation dégagée au début de la décennie 90 par Peter M. Senge pour qui, une organisation apprenante est une :

> *Organisation where people continually expand their capacity to create results they truly desire, where new and expansive patterns of thinking are natured, where collective aspiration is set free, and where people are continually learning how to learn together (1990 :2).*

Pour cet auteur, une organisation apprenante se distingue d'une bureaucratie traditionnelle du type Wébérien par la maîtrise d'un ensemble intégré de cinq principes qu'il dénomme « discipline d'apprentissage » au sens de programmes permanents d'étude et de pratique, « un ensemble de techniques, basé sur quelque théorie sous-jacente ou appréhension du monde, qui doit être étudié et maîtrisé avant d'être mis en pratique » (Senge et al., 2000 : 11).

Les cinq disciplines qui doivent être développées et maîtrisées ensemble pour donner naissance à une organisation apprenante se définissent ainsi qu'il suit (Senge 1990 : 5-16 ; Senge et al., 1999 : 41-42 ; Senge et al., 2000 : 10-11) :

1. ***la pensée systémique** : disposer d'un mode de pensée et d'un langage pour décrire et comprendre les forces et les relations qui façonnent le comportement des systèmes. Cette discipline permet de voir comment changer les systèmes plus efficacement et comment agir davantage en accord avec le mode de fonctionnement du monde économique et de la nature.*

2. ***la maîtrise personnelle :** apprendre à développer notre capacité personnelle à obtenir les résultats que nous désirons le plus et inventer un environnement organisationnel qui encourage tous ses membres à atteindre les buts et les objectifs qu'ils ont choisis.*

3. ***les schémas mentaux :*** *réfléchir, préciser constamment et améliorer notre perception interne du monde et nous rendre compte de la manière dont ces schémas mentaux façonnent nos actions et nos idées.*

4. ***la vision partagée :*** *construire un sens de l'engagement dans le groupe, par la mise au point d'une vision commune de l'avenir que l'on cherche à créer et des pratiques et principes directeurs par lesquels on espère y arriver.*

5. ***l'apprentissage en équipe :*** *transformer les capacités collectives de réflexion et de conversation des groupes qui travaillent ensemble pour qu'ils puissent en confiance développer une intelligence et une compétence plus grandes que la somme des talents individuels.*

Les disciplines de ce modèle s'appliquent à tous les types d'organisations (entreprises privées, organismes publics, collectivités locales, Universités et Institutions de formation, hôpitaux,...), même si des préalables – qui sont présentés plus loin - doivent être satisfaits pour garantir le succès de l'effort dans le secteur public. S'agissant de l'effort de maîtrise de chacune de ces disciplines, Senge et al.(2000 : 11) précisent que « pratiquer l'une de ces disciplines c'est accepter d'être un éternel apprenti engagé sur la voie de développement sans fin » et ajoutent :

> *Nous pensons que ceux qui contribuent le plus à l'organisation sont ceux qui se sont engagés pour eux-mêmes dans la pratique de ces disciplines en augmentant leur propre capacité à rechercher une vision et à s'y tenir, à pratiquer la réflexion et l'investigation à créer les compétences collectives et à comprendre les systèmes.*

Par rapport à la gestion du changement, Senge et al. (2000 : 16) précisent :

> *S'il y a un domaine où une organisation apprenante excelle, c'est dans celui d'aider les salariés à envisager le changement. Dans ces sociétés, les salariés réagissent plus vite aux modifications de leur environnement parce qu'ils savent comment anticiper les changements qui vont se produire [...] et comment provoquer les changements qu'ils souhaitent. Changement et apprentissage ne sont pas exactement synonymes mais ils sont inextricablement liés.*

La théorie sous-jacente à ce modèle est sous-tendue par les quatre postulats suivants formulés par les auteurs (Senge et al., 2000 : 43) :

- les organisations sont les produits de ce que pensent et font les individus.
- pour changer les organisations pour le meilleur, vous devez donner aux individus l'occasion de changer leur façon de penser et d'agir.
- rien ne peut être accompli par plus de formation ou par un modèle hiérarchique de management d'ordre et de contrôle. Nul, pas même l'enseignant ou le dirigeant le plus charismatique, ne peut former ni

donner l'ordre à quelqu'un d'autre de changer son attitude, ses croyances, ses talents, ses capacités, ses perceptions ou son niveau d'engagement.

- en revanche, la pratique de l'apprentissage des organisations comprend le développement d'activités concrètes : de nouvelles conceptions de structures de direction, des innovations dans l'infrastructure, de nouvelles méthodes et de nouveaux outils de management pour modifier la façon qu'ont les individus d'accomplir leur travail. En ayant la possibilité de participer à ces activités, ils développeront une capacité de changement plus durable. Le processus sera payant pour l'organisation grâce à des niveaux accrus de diversité, d'engagement, d'innovation et de talent.

Mais comment créer une organisation apprenante ? Senge (in Senge et al., 2000 : 27-46) nous apprend que le travail de création d'une organisation apprenante s'effectue à l'intérieur d'une architecture qui comprend trois éléments principaux : 1°) des idées directrices ; 2°) la théorie, des méthodes et des outils ; 3°) des innovations en infrastructure :

- *les idées directrices :* elles commencent par une vision, des valeurs et une raison d'être de l'organisation. Une idée directrice puissante se distingue d'abord par sa profondeur philosophique et ensuite par le fait qu'elle considère que le processus est permanent. Leur sens et parfois leur expression évoluent au fur et à mesure que l'on réfléchit, que l'on en parle et qu'elle est appliquée pour guider les décisions et l'action.
- *la théorie, les méthodes et les outils*[12] *:* ces éléments offrent à l'organisation un moyen d'appliquer efficacement les idées directrices qui caractérisent les organisations apprenantes, à savoir : aspiration ; réflexion et conversation ; conceptualisation. Chaque discipline d'apprentissage utilise des outils pratiques qui émanent de ses théories et méthodologies sous-jacentes. Il est important que les outils s'appuient sur des théories, d'abord parce qu'il est improbable qu'un outil sans théorie puisse contribuer de manière significative à une connaissance généralisable ; ensuite parce que, sans fondement théorique, on ne peut pas toujours apprécier les limites d'un outil, ni même les effets négatifs qu'il peut provoquer quand il n'est pas utilisé de manière appropriée.
- *les innovations en infrastructure :* l'infrastructure est le moyen par lequel l'organisation met les ressources (temps, argent, information, contact avec les collègues, soutien du management,...) à la disposition du personnel

[12] Pour l'auteur (2000 : 36): une « théorie » est un ensemble de propositions fondamentales sur la façon dont le monde fonctionne. Une «méthode» est en ensemble de procédures systématiques et de techniques pour résoudre des types particuliers de problèmes ou de questions. Un «outil » est un instrument avec lequel nous faisons, préparons ou réalisons quelque chose. Il existe une synergie entre théorie, méthodes et outils. Cette synergie est au cœur de toute activité humaine qui crée la connaissance.

pour lui permettre d'accomplir son travail. Les infrastructures les plus innovantes vont permettre aux salariés des organisations apprenantes de développer des capacités telles que la pensée systémique et l'investigation collective dans le cadre de leurs fonctions. Ces innovations peuvent, par exemple, entraîner une variété de changements dans les structures organisationnelles (création d'équipes autonomes, nouvelles conceptions des procédures de fonctionnement, nouveaux systèmes de récompense, création de réseaux d'information,...).

Ces trois éléments qui constituent les sommets du triangle de l'architecture organisationnelle d'apprentissage, sont tous indispensables et représentent les efforts les plus tangibles qui participent de la création d'une organisation apprenante :

> *Sans idées directrices, il n'y a pas de passion, pas de direction et pas de raison d'être fédératrice. (ibidem, 2000 : 44)*

> *Sans théorie, méthodes et outils, les salariés ne peuvent pas accéder aux nouvelles capacités indispensables à un apprentissage profond (ibidem, 2000 : 45)*

> *En l'absence d'innovations dans les infrastructures, les idées géniales et les outils puissants manquent de crédibilité parce que les salariés n'ont ni l'occasion ni les moyens de mettre leurs visions en pratique ou d'utiliser les outils. Les changements ne peuvent pas prendre racines, ni s'intégrer à la vie de l'organisation.(ibidem, 2000 : 45)*

Après cette étape, le niveau de maîtrise et d'expertise dans les différentes disciplines va dépendre des limites à la capacité de chaque organisation et de l'engagement des agents à une pratique continue. C'est ici que s'établit le lien avec le cycle d'apprentissage profond qui est l'essence de « l'organisation apprenante». Ce cycle qui est illustré par un cercle, recouvre, lui aussi, trois éléments essentiels : 1°) l'émergence de nouvelles *compétences et capacités* ; 2°) les nouvelles *perceptions et sensibilités* ; 3°) l'émergence de nouvelles *attitudes et croyances* qui vont permettre d'autres capacités.

Senge (in Senge et al., 2000 : 51) illustre la dynamique complète du travail de création des organisations apprenantes par le schéma de la figure 2-1.

FIGURE 2-1 : DYNAMIQUE DU TRAVAIL DE CREATION D'UNE ORGANISATION APPRENANTE

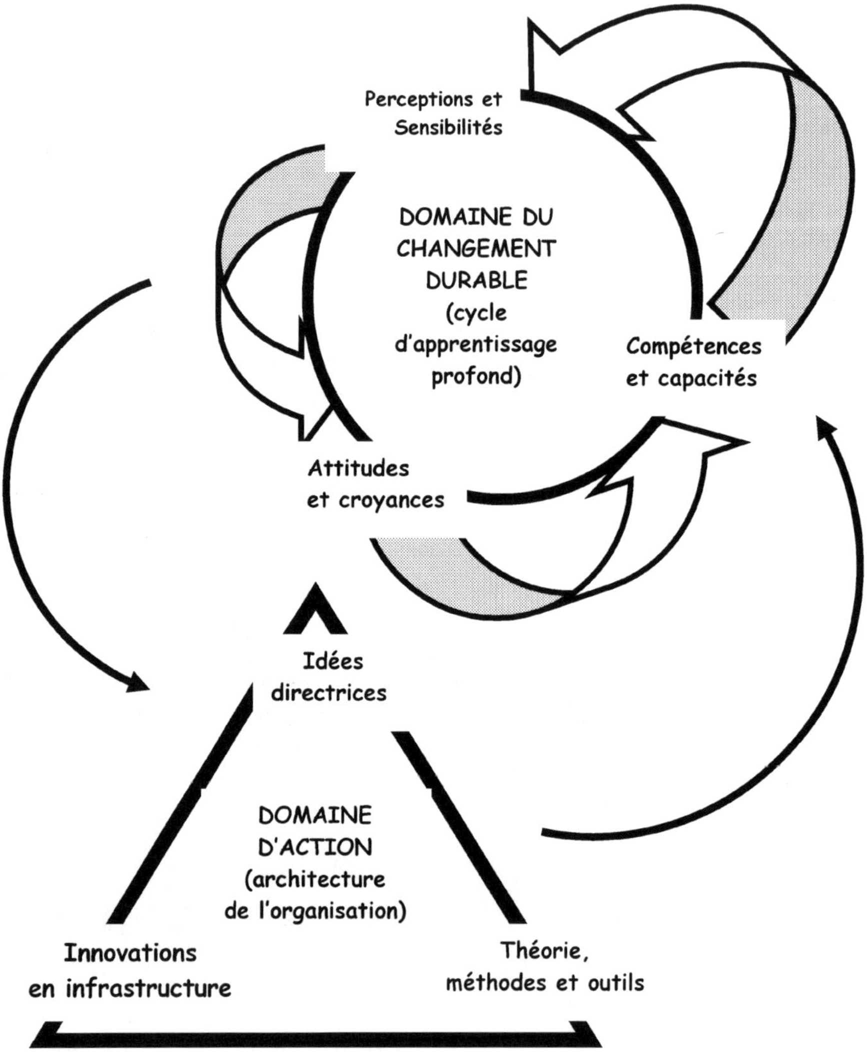

Source : *Senge (in Senge et al., 2000 : 51)*

Un équilibre doit être entretenu entre le triangle et le cercle. Il faut souvent porter l'attention sur le triangle dont les éléments concernent les changements opérationnels qui, grâce à l'énergie et au temps consacrés, peuvent produire des résultats, résultats sans lesquels le cycle profond d'apprentissage n'évoluera pas. De même, les changements profonds vont affecter progressivement le travail sur l'architecture.

1.4. Les modèles présentés et la perspective managériale retenue

La perspective managériale retenue comme modèle de base d'analyse dans cet ouvrage s'appuie sur les postulats des modèles d'organisations qui excellent ou qui se portent bien et ceux du modèle de l'organisation apprenante. Dans la logique de la gestion des performances des services publics, ces deux modèles offrent, à l'observation de l'administration publique d'essence bureaucratique suivant « l'idéal type » Wébérien, de précieux instruments d'analyse. En effet, à la différence fondamentale par rapport au modèle de Weber qui privilégie le mode légal de contrôle et la régulation hiérarchique de l'organisation, ces deux autres modèles mettent l'accent sur la vision, sur les résultats, sur la qualité du service rendu aux clients ou aux usagers, sur les valeurs clés à définir et à partager au sein de l'organisation et sur l'impératif de connaître les préférences des clients et d'innover pour les satisfaire. En outre, et prenant en compte le fait que l'administration (publique ou privée) ne peut produire les résultats attendus et fonder sa légitimité sur la satisfaction des citoyens clients ou usagers sans le profond engagement et la pleine implication des hommes et des femmes qui la composent, ces deux modèles intègrent une *conception culturelle* de l'organisation considérée comme moyen de création de la *réalité organisationnelle.* A cet égard, ces modèles s'inscrivent dans la logique culturelle définie dans l'introduction et suivant laquelle les points d'ancrage des organisations sont autant « dans la tête de leurs membres que dans des ensembles concrets de règles et de relations » (Morgan, 1989 : 144). Ainsi, Morgan (1989 : 145) relève que :

> *Tout comme dans une société tribale où les valeurs, les croyances et les traditions peuvent être enchâssées dans le système de parenté et les autres éléments de la structure sociale, un grand nombre d'aspects d'une culture d'entreprise sont enracinés dans les routines de la vie quotidienne.*

Peters et Watermann, de même que Beckhard et Senge, accordent une place centrale à cette dimension dans leurs modèles respectifs en insistant sur la motivation des personnels, la promotion de la transparence de l'information, la valorisation concrète de l'innovation et la créativité comme facteurs déterminants pour assurer la productivité de l'organisation. Ces valeurs ne peuvent en effet se développer que dans des organisations qui ont une culture favorable à ce développement.

Senge lui consacre l'une des cinq disciplines de l'organisation apprenante : les schémas mentaux, images profondément enracinées qui influencent notre manière d'appréhender la réalité de notre organisation et d'agir pour son développement. De même, l'apprentissage collectif, une autre des disciplines, est le pilier de la stratégie à mettre en œuvre pour cultiver la synergie et promouvoir ce développement à travers, notamment, le dialogue.

Toutefois, ces réalités culturelles ne sont pas identiques dans les administrations publiques et les entreprises privées. Par exemple, Adrien Payette (in Parenteau, dir., 1992 : 14) citant Borgeat et al. (1982), note que :

> *Prendre la direction d'un organe de l'Etat est une toute autre chose que d'accéder à celle d'une entreprise privée, malgré d'indéniables similitudes. C'est d'abord devenir acteur à part entière du processus de production des « biens politiques », un processus politico-administratif par lequel sont fixés et réalisés les objectifs officiels de la collectivité, et qui commence dans le tiraillement social des luttes politiques pour se terminer dans les contraintes techniques des opérations administratives.*

Discutant justement de l'application, dans le secteur public, de la rationalité managériale sous-tendue par les modèles de Peters et Watermann, Beckhard et Senge, Adrien Payette (in Parenteau, dir., 1992 : 21) soulève un ensemble d'interrogations que nous partageons et qui sont au cœur de la problématique de la gestion de la performance comme formulée dans notre postulat de départ dans cet ouvrage. Ces interrogations se résument aux questions suivantes auxquelles s'attaquent déjà les initiatives engagées dans le cadre des projets de "new public management" :

- la rationalité managériale réussira-t-elle dans son alliage avec la rationalité juridique à subordonner la conformité aux règlements à une volonté ferme de produire les résultats ?
- les règles du jeu, dictées par l'environnement spécifique du secteur public et qui ne correspondent pas aux valeurs du management, peuvent-elles être changées ?
- la conjugaison de la rationalité politique aux deux rationalités managériale et juridique favorisera-t-elle l'émergence de nouvelles conceptions et de nouvelles pratiques du métier de politicien et du métier de fonctionnaire ?
- une meilleure compréhension de la fragmentation obligée de la stratégie des organisations publiques peut-elle modifier la conception que les hauts fonctionnaires et les cadres supérieurs se font de leur rôle ?
- le développement des compétences managériales des cadres supérieurs des réseaux parapublics rendra-t-il possible l'invention d'une fiscalité qui assurera une base solide à la décentralisation radicale de ces réseaux ?

Senge et al. (2000 : 570-571), quant à eux, tout en relevant qu'à leur analyse aucune organisation n'a autant besoin de s'adapter à l'évolution que les administrations publiques, identifient des conditions sans lesquelles les chances de succès pour les organisations apprenantes sont très faibles : 1°) la nécessité de faire conduire le projet au plus haut niveau de la hiérarchie organisationnelle ; 2°) la disponibilité du leader à défendre publiquement une orientation et un ensemble de valeurs compatibles avec l'apprentissage ; 3°) le soutien de l'autorité de tutelle, notamment le soutien du Président de la République, du Premier Ministre ou du Ministre, suivant le cas ; 4°) l'engagement du projet lorsque survient une crise, une situation ou un événement qui incite l'organisation à planifier sur une période plus longue que d'habitude ; 5°) une volonté de la part des gestionnaires et des fonctionnaires de l'administration, de se voir comme des « fournisseurs de services » à des « clients » identifiables.

Même si toutes ces conditions sont réunies, ajoutent-ils, il reste encore à affronter le problème de la bureaucratie qui est, où qu'on se trouve (dans le public ou dans le privé), férocement résistante à la flexibilité. Aussi et par rapport aux enjeux de l'organisation apprenante, se posent-ils deux questions majeures qui, du reste, rejoignent celles formulées par A. Payette (1992) :

- les administrations publiques peuvent-elles redéfinir leurs mécanismes de responsabilité et de contrôle afin de devenir plus efficaces ?
- les mécanismes permettant de construire l'unité - tels la vision partagée et les schémas mentaux – pourront-ils aider ces administrations, ou l'obsession politique de l'erreur les inhibe-t-elle complètement ?

Le développement de l'administration, compte tenu de l'évolution de son contexte, est la clé pour vaincre l'obsession de l'erreur, si tel était le cas. Nous avons choisi la perspective de changement organisationnel dans le chapitre précédent pour définir la nature de la réforme administrative et promouvoir le développement des services publics. Ce développement se fait dans un contexte qui présente des caractéristiques dominantes qui doivent être connues et maîtrisées. Gortner et al. (1994 : 516-217) résument en cinq thèmes principaux les buts que poursuit le changement organisationnel tels qu'ils apparaissent couramment dans la littérature. Ces thèmes sont regroupés dans l'encadré 2-1 ci-après. Les auteurs relèvent que ces cinq thèmes doivent être pris en compte dans une démarche de développement qui se veut efficace et efficiente, même si, dépendamment de la situation, tous ne pourront recevoir un traitement égal.

ENCADRE 2-1 : OBJECTIFS GENERAUX DU CHANGEMENT ORGANISATIONNEL par Gortner et al. (1994 : 516-517)

On s'entend généralement pour dire que les organisations publiques devraient être capables de s'adapter aux changements qui surviennent dans leurs environnements politique, économique, ou technologique ; on en déduit, en corollaire, que les organisations publiques doivent être capables de générer de nouvelles connaissances, de nouveaux procédés de travail ou de nouvelles technologies. Pourtant, il est souvent difficile de dire précisément si un procédé est réellement nécessaire ou s'il se justifie seulement du fait de son existence.

On s'entend généralement pour dire aussi que les décisions dans les organisations devraient être prises rationnellement. Pourtant, on peut améliorer la prise de décision de diverses façons. De plus, le sens qu'on donne au concept de rationalité varie selon le type d'organisation à l'étude et selon la philosophie politique et la philosophie de gestion de l'auteur.

Le but des changements proposés aux chapitres de la gestion, des structures et des procédés de travail des organisations publiques est d'en améliorer l'efficience et l'efficacité. Or, les définitions d'efficience et d'efficacité varient même chez les auteurs et praticiens également compétents ; c'est tout de même à partir de ces concepts de base qu'on débattra de « ce qu'il faut faire ».

l'objectif des changements proposés par plusieurs spécialistes des sciences humaines est de corriger les aspects pathologiques de l'organisation. Le mot « pathologie » réfère ici aux « déviations par rapport à un état normal qui correspondent à autant de maladies ou encore qui caractérisent une maladie particulière ». Le mot désigne aussi ce qui dévie de ce qui est approprié ou d'un état qualifié de normal (Webster's New Collegial Dictionary, 1977). Ayant établi ce qu'ils croient être le comportement « normal » dans des groupes, les spécialistes des sciences humaines essaient donc de favoriser le développement de la personne et/ou les relations humaines dans l'organisation pour, en fin de compte, augmenter la motivation et l'engagement des membres, réduire leur niveau d'aliénation et leur permettre d'affirmer leur liberté.

Jusqu'à un certain point, la poursuite des buts que l'on vient d'indiquer contribue également, soit à réduire l'intensité du conflit, soit à l'utiliser de façon constructive. Cela vaut tant pour les conflits internes que pour les conflits entre plusieurs organisations. Certains conflits peuvent être éliminés, mais un bon nombre d'entre eux sont inévitables ; dans certains cas, ils peuvent même être utiles, à la condition d'être contrôlés pour empêcher que les membres de l'organisation négligent ou abandonnent la poursuite des buts organisationnels.

Tous les buts identifiés mettent en évidence l'importance de l'environnement - en tant que la technologie (savoir, connaissance utilisée), la nature des services ou produits, les usagers, les partenaires, la distribution géographique des activités, le climat politique et économique, etc – comme un facteur qui a un impact déterminant sur le développement des organisations en général et particulièrement des organisations publiques dont la conduite et la performance sont si tributaires du contexte politique et économique de ce développement. La maîtrise de ce facteur pour promouvoir le changement dans toute organisation consiste à analyser ceux de ses aspects qui traduisent de façon significative son impact sur le développement de l'organisation puis d'élaborer et mettre en œuvre les stratégies appropriées pour permettre à l'organisation de réaliser sa raison d'être. A cet égard, et s'agissant des administrations publiques, le premier objectif indique clairement que les organisations publiques doivent être capables de s'adapter aux changements qui surviennent dans leurs environnements politique, économique et technologique. Le deuxième soulève le problème de la rationalité des décisions qui sont prises dans les services publics, lesquelles vont influencer la philosophie de gestion autant que les stratégies à développer pour permettre à ces services d'adopter une culture de service axée sur le citoyen usager.

Dans ce chapitre, et suivant la rationalité managériale retenue pour l'ouvrage, l'intérêt est porté sur l'évolution des aspects des environnements politique, économique et technologique des administrations publiques qui ont connu des mutations profondes au cours des deux dernières décennies.

L'évolution des facteurs identifiés a eu des implications sur les politiques et les programmes qui sont actuellement en cours dans différents pays dans le cadre de la modernisation de leurs administrations publiques respectives. Pour chacun des trois facteurs nous analysons ces implications en nous appuyant sur l'une ou l'autre des quatre dimensions suivantes : i) la philosophie de gestion ; ii) les comportements et les valeurs ; iii) les structures ; iv) les procédés de travail et les technologies.

2. L'ENVIRONNEMENT POLITIQUE

L'environnement politique de développement des administrations publiques a été, au cours des deux dernières décennies du vingtième siècle, fortement marqué par des phénomènes dominants dont : la démocratisation de la vie politique particulièrement dans les pays africains, l'évolution du rôle de l'Etat et l'adoption d'une nouvelle philosophie de gestion des affaires publiques.

2.1. La démocratisation de la vie politique

Après la domination du régime de parti unique qui a marqué la vie politique des pays africains aux lendemains des indépendances, suit la restauration du multipartisme concrétisée par des lois adoptées sur la liberté d'association. Ainsi, à partir des années 1990, poussée par le vent de l'Est (comme diront certains) après l'écroulement du mur de Berlin, l'Afrique s'engage à nouveau dans un processus d'élections présidentielle, législative et municipale pluralistes. Ngouo (RISA, 67(1), 1997 : 567) décrit le cas du Cameroun en citant la loi relative aux partis politiques (n° 90/056), la loi portant la liberté d'association (n° 90/053), la loi sur la liberté de communication sociale (n° 90/052), la loi portant régime des réunions et des manifestations publiques (n° 90/055) et le décret portant création du Comité national des droits de l'homme (n° 90/1459). Analysant l'effet de l'adoption de ces textes sur le degré de responsabilité, d'imputabilité et de transparence dans l'administration camerounaise, Ngouo (RISA, 67(1) ,1997 : 567-568) écrit :

> *Ces textes garantissent les libertés minimales favorisant la création d'organisations des citoyens pour défendre leurs intérêts. Leur application a permis d'enregistrer la création de près de 150 partis politiques et de nombreuses associations d'intérêt économique ou socio-culturel. A ce titre, quelques exemples peuvent être cités : associations des Elites d'une localité pour défendre les intérêts économiques et socioculturels de ladite localité, des organisations non gouvernementales (ONG) camerounaises dans les domaines comme l'environnement, la protection de l'enfance, l'appui au développement économique des communautés villageoises. [...]. Aujourd'hui, la presse privée camerounaise compte près d'une vingtaine de publications dont une dizaine à dimension nationale, paraissant régulièrement. Ces publications, sous des styles variés, contribuent à l'amélioration des pratiques administratives dans le sens d'une plus grande équité, justice et transparence. C'est ainsi qu'on y voit publier des correspondances à caractère strictement confidentiel entre le Premier Ministre et certains membres du gouvernement, des rapports fournissant des données sur l'économie nationale qui contredisent les chiffres officiels, des correspondances révélant l'évaluation faite par les bailleurs de fonds bilatéraux et multilatéraux sur la gouvernance des services publics, des articles dénonçant le comportement de certains chefs traditionnels tant vis-à-vis de leurs populations que de l'administration. Sur le plan de la communication audio-visuelle, et grâce à la technologie des antennes paraboliques, ceux des Camerounais qui ont les moyens financiers requis, s'informent librement des problèmes politiques et économiques des divers pays au monde.*[13]

Dans ce contexte politique caractérisé par la concurrence politique et la liberté d'expression, les notions de « qualité de service aux citoyens-usagers » et de « responsabilité » vis-à-vis du public prennent tout leur sens dans un système de contrôle citoyen de l'action publique. A travers les partis politiques, les médias privés et les diverses associations de la société civile, le citoyen peut exprimer son insatisfaction et exercer des pressions à tous les niveaux politiques et administratifs pour être entendu et servi. Les Ministres, pour rendre compte de leur travail, anticiper certaines réactions, ou préparer la société à des décisions à venir communiquent avec les citoyens à travers les médias ou leurs exposés devant les représentants du peuple à l'Assemblée Nationale. Au-delà d'un premier souci de reddition des comptes de la part des responsables publics, ces efforts de communication/éducation visent également à renforcer la

---

[13] En septembre 2004, ce paysage avait énormément changé dans le sens du renforcement de ce dispositif. A cette date, en effet, on comptait au Cameroun :193 partis politiques légalisés, dont quatre siègent à l'Assemblée Nationale; près de 600 organes de presse écrite autorisés ; 70 chaînes de radio et de télévision privées à vocation communautaire thématique, généraliste et commerciale.

confiance, *a posteriori,* des citoyens envers les institutions publiques de leur pays. En effet, on constate aujourd'hui un déclin de leur participation démocratique (hausse des taux d'abstention aux échéances électorales, par exemple) suivi d'une baisse parallèle de leur engagement civique (refus de payer les impôts, destruction des biens publics...), un déclin qui évolue en s'accentuant.

Le rapport administration/citoyen, qui était de domination sous le régime de privation de liberté et de parti unique, se transforme peu à peu en un véritable *rapport de service* prenant en considération les exigences et l'avis des citoyens considérés comme des *Usagers/Clients.* Comme le fait noter Cassese (RISA, 65(3), 1999 : 363), cette tendance se traduit par des pratiques différentes en fonction des contextes. « Les instruments de transparence, de participation, de reconnaissance des attentes des citoyens, écrit-il, conservent un élément structurel commun, mais ils assument des fonctions différentes, selon les traditions de chaque administration, son histoire, ses rapports avec le monde politique ». Ces transformations amènent le citoyen à prendre conscience du rôle qu'il peut jouer en s'impliquant dans la vie politique et en retour de ce qu'il peut attendre en termes d'information et de satisfaction de ses besoins avec sa participation. On parle de plus en plus de l'«administration ouverte »[14] pour relever le fait que les entreprises privées, les organisations de la société civile et les citoyens peuvent obtenir des informations pertinentes et compréhensibles de l'administration et participer à la prise des décisions en son sein (OCDE, Synthèses, juin 2005). Des ouvrages sont consacrés à la question de la confiance du citoyen envers le gouvernement et les institutions publiques, ouvrages qui proposent diverses approches explicatives de ce facteur dans l'analyse et l'évaluation des politiques publiques (Heintzman et Marson, RISA, 71(4), 2005 : 581-582).

Il s'agit cependant d'un processus d'apprentissage et de changement de mentalité qui prend du temps pour s'enraciner véritablement.

Au plan du développement de l'administration publique, cette évolution a un impact sur différents facteurs dont les normes éthiques du service public (Haque, RISA, 65(3), 1999 : 371 ; Heintzman et Marson, RISA, 71(4), 2005 : 581-582). Ici, un accent particulier est porté sur les normes démocratiques telles que : imputabilité, neutralité, réceptivité, représentation, équité, intégrité, responsabilité, impartialité, justice, confiance du citoyen (qualité des services, avantage pour le citoyen, pertinence par rapport aux besoins identifiés).

[14] Le concept recouvre fondamentalement trois éléments principaux : (i) la transparence, c'est-à-dire le fait d'être exposé à l'examen du public ; (ii) l'accessibilité à tout moment et en tout lieu, (iii) la réceptivité aux idées et aux attentes nouvelles (OCDE, Synthèses, juin 2005).

S'inscrivant dans la logique de cette évolution, pour ce qui est des administrations publiques africaines, une charte de la Fonction Publique en Afrique a été adoptée par la troisième Conférence Panafricaine des Ministres de la Fonction Publique à Windhoek (Namibie) en 2001, dont la troisième partie traite des règles qui régissent les rapports entre l'administration et les usagers, en retenant sept critères :

1. proximité et accessibilité des services (art.8) ;
2. participation, consultation et médiation (art. 9) ;
3. qualité et efficience (art.10) ;
4. évaluation des services (art.11) ;
5. transparence et information (art. 12) ;
6. célérité et délais de réponse (art.13) ;
7. fiabilité et confidentialité des informations concernant les citoyens (art.14).

A titre d'exemple, l'article 11 relatif à l' « Evaluation des services » stipule que :

> *L'évaluation de l'efficacité et de la productivité des services doit se fonder sur des objectifs et des programmes d'activités préalablement définis, assortis d'indicateurs et de critères de performance. A cette fin, des mécanismes d'évaluation doivent être mis en place dans l'administration, de façon à procéder à l'évaluation périodique des prestations et services offerts au public. Les résultats de ces évaluations doivent être diffusés, notamment à l'occasion de la publication des rapports annuels d'activités.*

Cette évolution a aussi un impact sur la structuration des services publics avec la forte inclinaison vers la structure adhocratique qu'on observe aujourd'hui à travers les groupes de projets, les commissions mixtes, les comités interministériels élargis au secteur privé et à la société civile. Gortner et al. (1994 : 531) analysent cette tendance ainsi qu'il suit :

> *Pour répondre de ses activités et de ses décisions, une organisation doit se structurer pour permettre aux différents acteurs légitimes de son environnement (clients, législateurs, professionnels,...) d'être associés aux processus décisionnels liés à la réalisation des objectifs de l'organisation. Elle doit par conséquent mettre en place des structures qui permettent à ceux qui sont à l'extérieur de l'organisation de participer à l'établissement des priorités et des procédures ainsi qu'à l'évaluation du succès obtenu quant à l'atteinte desdits objectifs.*

Avec l'émergence des groupes de pressions et d'intérêts qui influencent la conduite de l'action publique, la société dans son ensemble et l'évolution des technologies imposent ainsi aux gouvernants africains d'adopter résolument et de façon irréversible, une autre approche de gestion de la performance de l'administration publique fondée sur le mode de négociation permanente qui caractérise la démocratie des pays industriels. Une approche qui va tenir compte des interrelations, non seulement au sein de l'administration, mais également dans ses relations avec les acteurs politiques, les citoyens/usagers et les citoyens dans leur participation démocratique et leur engagement civique; les avis de ces derniers étant déterminants, *in fine*, dans l'évaluation de la performance globale de l'Etat. L'adoption et la mise en œuvre de cette nouvelle approche de gestion de la performance dans le secteur public africain ne sont pas une tâche aisée, et il faudrait bien s'y préparer, comme nous y invitent les leçons tirées de l'expérience des pays occidentaux (OCDE, mai 2005 ; Peters, G.B., in Peters et Savoie, 1995 : 3). Peters, G.B. (in Peters et Savoie, 1995 :3) note par exemple que :

> *Dans les pays moins développés par exemple, la gouvernance consiste largement à faire face à des exigences et à des besoins socioéconomiques qui dépassent, et de beaucoup, la capacité du gouvernement à les satisfaire. Impuissance qui est généralement aussi flagrante administrativement que financièrement. Ainsi, les pays qui viennent de s'affranchir de la longue domination d'un parti unique, parfois imposée durant des décennies, sont aux prises avec les mêmes difficultés insurmontables, doublées cette fois de l'inexpérience à fonctionner sur le mode de la négociation permanente qui caractérise la démocratie des pays industrialisés. Leur appareil d'Etat s'est le plus souvent compromis avec l'ancien régime, et le nouveau gouvernement dispose à peine de cadres suffisants pour asseoir sa légitimité et mettre en œuvre ses politiques.*

La faiblesse financière des pays africains pour construire un nouveau rapport entre l'administration et les citoyens usagers est accentuée par la crise économique qui frappe tous les pays au monde dans les années 1980 et qui aura pour conséquence une profonde modification du rôle de l'Etat dans la conception et la mise en œuvre des politiques de développement dans chaque pays.

2.2. L'évolution du rôle de l'Etat : de « l'Etat centralisateur » à « l'Etat régulateur »

Dans la perspective systémique organique, l'Etat, défini comme un système d'action sociale construit pour promouvoir le bien-être des citoyens, est inscrit dans le mouvement qui accompagne l'évolution des besoins et des comportements des personnes concernées. Comme on n'enseigne pas de la même façon aux enfants de l'école maternelle, aux élèves des lycées et collèges, aux étudiants de l'enseignement supérieur, aux adultes engagés dans la vie professionnelle, l'Etat ne devrait pas adopter le même comportement lorsque changent les conditions de l'environnement économique, politique, socio-culturel, technologique, démographique d'émergence des besoins des citoyens. Sa Sainteté le Pape Pie XII, dans son discours aux participants au Congrès de l'Institut International des Sciences Administratives (IISA) de 1950, définit la fonction des acteurs du domaine de l'administration (enseignants, politiciens, professionnels de terrain) comme « un incessant appel à la conscience en vue d'adapter la vie de l'Etat aux conditions continuellement variables du temps, de manière qu'elle puisse réaliser les intentions et les plans de la Sagesse du Créateur ».

Déjà à ces premières « heures » de l'après-guerre, et pour souligner l'urgente nécessité de voir ce rôle être efficacement joué, S.S. le Pape Pie XII observe :

> *A toute époque, on a eu à déplorer, ici et là, des excès de la puissance de l'Etat. Mais, à la nôtre, les cas de cette hypertrophie se succèdent presque sans interruption ; avec quelles conséquences, on ne le voit que trop !*
>
> *Naturellement, c'est l'excès que nous visons ici, car personne ne met en doute la nécessité, pour l'Etat, dans l'enchevêtrement des conditions actuelles surtout sociales, d'élargir son champ d'action, d'intensifier aussi sa puissance. Cela pourrait être sans danger, si la claire connaissance et la juste appréciation de l'importance réelle du rôle, de la fin de l'Etat avaient progressé à la même allure. L'Etat y eût trouvé comme un régulateur, un contrôle, qui l'eût empêché d'étendre ses pouvoirs, en vertu de considérations tout autres que celles des besoins économiques et sociaux, à des domaines, spécialement culturels, qu'il eût mieux fait de laisser à la libre initiative des citoyens.*
>
> *Or, qu'est-il arrivé ? Trop souvent cette connaissance, cette appréciation se sont trouvées, au contraire, en raison inverse de l'accroissement des pouvoirs et cela, de la part non seulement de ceux qui, dans l'Etat, ne voient que la source de leurs profits, ou qui souffrent à cause de lui, mais même de la part de ceux qui ont mission de donner à l'Etat sa constitution et sa forme.*

L'encadré 2-2 présente l'intégralité du discours de S.S. le Pape Pie XII, dans lequel apparaît clairement une interpellation pour un recentrage qui évolue d'une conception basée sur l'excès de la puissance de l'Etat, la conception centralisatrice jacobine napoléonienne, vers celle fondée sur une fonction de régulation et basée sur la coopération. Suivant cette compréhension, écrit-il, la fonction « magique » de l'Etat est « plutôt de favoriser, aider, promouvoir l'intime coalition, l'active coopération dans le sens d'une unité plus haute de membres qui, tout en respectant leur subordination à la fin de l'Etat, pourvoient de la meilleure façon au bien de toute la communauté, précisément en tant qu'ils conservent et développent leur caractère particulier et naturel ».

ENCADRE 2-2 : LE VRAI ROLE DE L'ETAT, par Sa Sainteté le Pape Pie XII aux membres du Congrès de l'IISA de 1950 en Italie

Audience privée accordée par S.S. le Pape Pie XII aux congressistes

Le Saint Père a reçu en audience privée au Palais Pontifical de castel Gandolfo les membres du Congrès, le **samedi 5 août 1950** à 10 heures.

A cette occasion, le Saint Père a prononcé le **discours** suivant :

A vous, Messieurs, notre plus chaleureux souhait de bienvenue. Soyez convaincus du très vif intérêt que Nous portons à vos travaux. Il se mesure à l'intérêt même que l'Eglise porte à l'Etat en général. A ses yeux, aucune institution sociale, après la famille, ne s'impose aussi fortement, aussi essentiellement, comme l'Etat. Il a sa racine dans l'ordre de la création et il est lui-même un des éléments constitutifs du droit naturel. Voilà qui donne à la coopération dans la constitution de l'Etat, dans l'organisation de ses fonctions, une importance de premier plan. Cette coopération signifie certainement un spécial et vaste concours au bien de l'humanité ; mieux encore, elle contribue efficacement, si elle est accomplie convenablement et avec bonne intention, à promouvoir l'honneur de Dieu Créateur et ordonnateur de cette humanité. Nous vous félicitons donc des heureux fruits de votre profession. N'est-elle pas un incessant appel à la conscience en vue d'adapter la vie de l'Etat aux conditions continuellement variables du temps, de manière qu'elle puisse réaliser les intentions et les plans de la Sagesse du Créateur ?

Combien, dès lors, apparaît nécessaire votre rôle ! A toute époque, on a eu à déplorer, ici et là, des excès de la puissance de l'Etat. Mais, à la nôtre, les cas de cette hypertrophie se succèdent presque sans interruption ; avec quelles conséquences, on ne le voit que trop !

Naturellement c'est l'excès que Nous visons ici, car personne ne met en doute la nécessité, pour l'Etat, dans l'enchevêtrement des conditions actuelles surtout sociales, d'élargir son champ d'action, d'intensifier aussi sa puissance. Cela pourrait être sans danger, si la claire connaissance et la juste appréciation de l'importance réelle du rôle, de la fin de l'Etat avaient progressé à la même allure. L'Etat y eût trouvé comme un régulateur, un contrôle, qui l'eût empêché d'étendre ses pouvoirs, en vertu de considérations tout autres que celles des besoins économiques et sociaux, à des domaines, spécialement culturels, qu'il eût mieux fait de laisser à la libre initiative des citoyens.

Or, qu'est-il arrivé ? Trop souvent cette connaissance, cette appréciation se sont trouvées, au contraire, en raison inverse de l'accroissement des pouvoirs et cela, de la part non seulement de ceux qui, dans l'Etat, ne voient que la source de leurs profits, ou qui souffrent à cause de lui, mais même de la part de ceux qui ont mission de donner à l'Etat sa constitution et sa forme.

Ceux-ci pourtant, devraient bien vivre dans la juste idée de l'Etat pour s'en inspirer. C'est leur devoir primordial et, pour ainsi dire, leur raison d'être. Quelle est donc la vraie notion de l'Etat, sinon celle d'un organisme moral fondé sur l'ordre moral du monde ? Il n'est pas une omnipotence oppressive de toute légitime autonomie. Sa fonction, sa magnifique fonction, est plutôt de favoriser, aider, promouvoir l'intime coalition, l'active coopération dans le sens d'une unité plus haute de membres qui, tout en respectant leur subordination à la fin de l'Etat, pourvoient de la meilleure façon au bien de toute la communauté, précisément en tant qu'ils conservent et développent leur caractère particulier et naturel. Ni l'individu, ni la famille ne doit être absorbé par l'Etat. Chacun garde et doit garder sa liberté de mouvement dans la mesure où elle ne risque pas de porter préjudice au bien commun. En outre, il y a certains droits et libertés des individus – de chaque individu – ou de la famille, que l'Etat doit toujours protéger et qu'il ne peut violer ou sacrifier à un prétendu bien commun. Nous visons, pour ne citer que quelques exemples, le droit à l'honneur et à la bonne réputation, le droit et la liberté de vénérer le vrai Dieu, le droit originaire des parents sur les enfants et sur leur éducation. Le fait que quelques Constitutions récentes ont adopté cette pensée est d'un heureux augure que Nous saluons avec joie, comme l'aurore d'un renouveau dans le respect des vrais droits de l'homme, tels qu'ils ont été voulus et établis par Dieu.

L'époque présente assiste à une luxuriante floraison de "plans" et d' "unifications". Nous reconnaissons volontiers que, dans de justes limites ils peuvent être désirables et même requis par les circonstances et, encore une fois, ce que Nous rejetons, ce n'est que l'excès d'une mainmise de l'Etat. Mais qui ne voit, dans ces conditions, le dommage qui résulterait du fait que le dernier mot dans les affaires de l'Etat serait réservé aux purs techniciens de l'organisation. Non, le dernier mot appartient à ceux qui voient dans l'Etat une entité vivante, une émanation normale de la nature humaine, à ceux qui administrent, au nom de l'Etat, non pas immédiatement l'homme, mais les affaires du pays, en sorte que les individus ne viennent jamais, ni dans leur vie privée ni dans leur vie sociale, à se trouver étouffés sous le poids de l'administration de l'Etat. Le dernier mot appartient à ceux, pour qui le droit naturel est autre chose qu'une règle purement négative, qu'une frontière fermée aux empiétements de la législation positive, qu'un simple ajustement technique aux circonstances contingentes, mais qui révèrent en lui l'âme de cette législation positive, âme qui lui donne sa forme, son sens, sa vie. Puisse donc le dernier mot, le mot décisif, dans l'administration de la chose publique, être l'apanage de tels hommes.

Plus encore que l'énergie laborieuse, ce qu'il leur faut c'est l'expérience, c'est la fidélité à maintenir l'exacte notion à promouvoir la vraie fin de l'Etat, c'est l'initiative et la persévérance, l'objectivité et le sens courageux de la responsabilité.

Vous avez, illustres représentants de vos nations respectives, traité dans votre Congrès surtout les questions pratiques de l'administration. Nous avons voulu y joindre de Notre côté quelques considérations de principe. Vous tiendrez, nous en sommes certain, à faire passer ces principes dans la vie et dans le fonctionnement de l'administration publique. De grand cœur, Messieurs, Nous vous confions vous-mêmes et votre tâche professionnelle à la Providence et à la grâce du Tout-Puissant, appelant sur vous, sur vos familles, sur tous ceux qui vous sont chers, sa divine et paternelle Bénédiction.

Source : Site Web de l'IISA, www.iiasiisa.be

Dans ce contexte et à la suite de la crise économique des années 1980, l'ensemble des réformes engagées dans différents pays était fondé sur le postulat selon lequel l'Etat centralisateur qui a prévalu jusqu'alors avec sa prétention providentialiste de décider pour les citoyens de tout ce qui les concerne et de faire leur bonheur à partir de la capitale, entraînait un manque d'efficacité aux plans économique et social (Banque Mondiale, 1994 ; Corkery et Ould Daddah (et) al. (dir), 1998 ; CEA, mars 2000 ; Peters et Savoie, 1995). Une première vague de réformes introduites au cours de la décennie 1980 - 1990 dans les administrations publiques africaines dans le cadre des Programmes d'Ajustements Structurels (PAS) ont mis l'accent sur la réduction du rôle moteur que jouait l'Etat dans les sphères économiques et sociales. On a ainsi parlé de « l'Etat minimaliste ». Dans cette perspective, obligation était faite à l'administration publique d'adopter les mécanismes du marché et de fonctionner comme les entreprises privées. C'est alors que les programmes de privatisation et de réduction des effectifs ont été engagés en vue de réduire aussi bien le coût que la taille de l'administration publique.

Mais si on peut essayer de réduire le rôle de l'Etat dans les activités économiques en s'inspirant des règles du marché, les organisations publiques qui sont fondées sur les notions de l' « esprit civique » et du « service public » ne sont pas des entreprises privées, comme il a été clairement établi dans le premier chapitre. Aussi, les politiques d'ajustements qui étaient également engagées dans d'autres pays membres de l'OCDE (Peters, G.B., in Peters et Savoie, 1995 : 3-14) en réaction aux pressions imposées aux économies et aux administrations nationales par la mondialisation (qui sera examinée dans un prochain paragraphe de ce chapitre), n'ont pas produit les effets et les impacts escomptés. Les réductions des effectifs et les privatisations ont eu plutôt pour conséquence, l'affaiblissement des institutions stratégiques de l'Etat, et notamment l'administration publique dans les pays en développement.

A titre illustratif, les effets des réformes mises en œuvre concernant la réduction des effectifs dans certains pays d'Afrique subsaharienne sont résumés dans l'encadré 2-3. Cet exemple montre dans quelle mesure le « moins d'Etat » n'aboutit pas nécessairement au « mieux d'Etat ».

Nzouankeu (2001 : 19) cite quelques erreurs de conception de programmes dans le cadre des PAS. Ainsi, écrit-il : « les politiques de privatisation ont pratiquement échoué, parce qu'elles n'avaient pas été précédées par des aides appropriées aux Etats afin de leur permettre de clarifier leurs missions et de prendre des décisions politiques claires quant au champ et à l'étendue du service public ».

ENCADRE 2-3 : EFFETS DE LA REDUCTION DES EFFECTIFS DANS LE CADRE DES REFORMES DU PAS DANS CERTAINS PAYS D'AFRIQUE AU SUD DU SAHARA

1. Au plan des effectifs, les actions conjuguées des gels dans les recrutements, les départs anticipés à la retraite, volontaires ou ciblés ont abouti à une baisse notable des effectifs dans les fonctions publiques.
2. Au Cameroun, cette baisse a atteint le taux de 12,3 % entre 1990 et 1994 soit en valeur absolue 22 254 personnes déflatées. Dans les principaux ministères de gestion qui sont ceux des finances et de la Fonction Publique, les départs ont concerné plus de 1 000 personnes par département.
3. Au Mali où la question de la taille des effectifs était posée depuis les années 60, des départs ciblés ont concerné les agents subalternes de l'administration. Si au Cameroun la drastique diminution des effectifs s'est traduite par une égale baisse du poids de la masse salariale qui est passée de 300 milliards de Francs CFA en 1990 à seulement 190 milliards en 1995/96, on ne peut en dire autant pour le Mali où le départ de l'administration de personnels peu rémunérés s'est fait à peine sentir au plan des gains budgétaires.

4. Au Bénin, autre pays qui a conduit un programme de départs volontaires assorti d'un gel des recrutements, les effectifs des agents publics ont baissé de façon substantielle.
5. Au Burkina Faso ce sont des départs anticipés à la retraite d'un type nouveau et surprenant qui ont touché les agents publics[15]. S'il est incontestable que l'objectif de la réduction des effectifs a été atteint, on ne peut en dire autant pour ce qui devait en constituer la finalité, c'est-à-dire la répartition des gains budgétaires ainsi réalisés aux agents publics afin d'améliorer leur salaire et donc leur motivation.
6. En effet, ni au Mali, et au Bénin, ni même au Cameroun où la baisse des effectifs a fait gagner 110 milliards de Francs CFA l'on n'a pas enregistré une augmentation de salaire consécutive aux réductions d'effectifs. Bien au contraire, au Cameroun les salaires moyens nominaux ont baissé de l'ordre de 37 % entre 1990 et 1994. Partout ailleurs les avancements sont restés sans incidences financières et la plupart des accessoires de soldes (primes, indemnités) sont restés amputés ou supprimés.
7. Une des conséquences de la compression des effectifs non accompagnée d'une augmentation du salaire de ceux qui restent est, au moins théoriquement, une augmentation de leur charge de travail sans contrepartie. On comprend alors que cette situation ait eu une incidence sur le moral et l'enthousiasme des travailleurs.

Source : *Commission Economique pour l'Afrique, ECA/NADAF/DOC/01/2000, p. 19 et 20.*

D'une manière générale, l'impact de la théorie de « l'Etat minimaliste » sur le développement économique et socioculturel des pays a fait l'objet de nombre de débats critiques qui ont conduit à une position moins extrémiste dont Klitgaad (in Corkery, Ould Daddah et al., 1998 :13) souligne la pertinence en ces termes :

A la suite des réformes libérales qui se sont répandues dans le monde ces quinze dernières années... l'Etat reste un acteur principal dans l'infrastructure de la politique macroéconomique et des programmes sociaux –pour ne pas parler de la défense, de la justice et de la politique étrangère. Les marchés qui réussissent demandent eux-mêmes une gestion publique hautement qualifiée du processus de privatisation, de nouveaux efforts de protection de l'environnement, des politiques de promotion et de protection de la concurrence, la régulation sophistiquée des marchés des capitaux, des systèmes bancaires et la baisse des coûts industriels. Pour que les institutions du marché libre puissent fonctionner, les institutions de l'Etat doivent également fonctionner.

Evaluant le chemin parcouru avec les PAS en Afrique, le rapport de la Banque Mondiale sur les politiques de développement (1994 : 222) conclut :

De manière plus générale, améliorer la gestion du secteur public demeure un objectif majeur pour l'avenir, et les programmes d'ajustements n'y suffiront pas. Peut-être le plus difficile sera-t-il de doter les pays d'une fonction publique plus performante afin de disposer ainsi des éléments nécessaires au bon

[15] En 1992-93 les premiers départs anticipés à la retraite ont été annoncés en décembre avec pour date d'effet le mois de janvier suivant. Et bien que ces retraités aient cessé le service, ils ont gardé le bénéfice de leur salaire entier durant toute l'année qui a suivi leur départ effectif en retraite.

fonctionnement d'une économie de marché – un cadre macroéconomique approprié, des finances publiques bien gérées, un appareil juridique adéquat et un système de prestation des services essentiels aux pauvres de nature à promouvoir la croissance dans l'équité. Il apparaît de plus en plus établi qu'avec leur souci majeur de contenir les coûts de la fonction publique, les programmes d'ajustements ne sont guère parvenus à trouver réponse à des problèmes plus fondamentaux – absence de responsabilisation et de transparence du secteur public, pratiques de recrutement et de rémunération sans rapport avec les compétences techniques et la productivité, systèmes de mobilisation des ressources régressifs, priorités de dépenses contraires aux objectifs du développement et capacité d'analyse des politiques limitée. Mettre en place une capacité institutionnelle à long terme et créer les conditions d'une meilleure gestion des affaires publiques sont des tâches difficiles qu'il faudra aborder dans une perspective plus large.

En Afrique, l'adoption de programmes d'amélioration de la gestion du secteur public doit tenir compte d'un facteur qui prend ici une importance particulière avec les enjeux de la lutte contre la pauvreté : le rôle politique de la fonction publique de l'Etat. A ce sujet, Nzouankeu (2001 : 11) écrit :

En Afrique [...] la faiblesse du tissu économique, la fragilité du tissu social, les antagonismes religieux, ethniques et raciaux, imposeront longtemps à l'Etat des obligations de service public que seule une Fonction publique transcendant ces clivages peut impulser. C'est l'une des raisons pour lesquelles, en Afrique, la réforme de l'administration est inséparable de la réforme de l'Etat. En outre, l'on ne peut pas perdre de vue que l'élite politique africaine est encore largement recrutée dans la Fonction publique qui, de ce fait, reste la cheville ouvrière de l'Etat.

A partir des années 1995 et tirant les leçons des résultats des PAS, une deuxième génération de réformes est engagée par les pays africains. Celle-ci est fondée sur le postulat suivant lequel, en l'absence d'un fonctionnement effectif et efficace des institutions de l'Etat, ses programmes de développement économique, social et culturel, ne peuvent produire les effets et impacts escomptés. Il s'agira désormais à travers les réformes à conduire, de permettre à l'Etat d'être performant dans les domaines dans lesquels il choisira de se concentrer pour faire face aux défis du nouveau millénaire. La notion de *« l'Etat régulateur »* est ainsi substituée à celle de « l'Etat minimaliste ». Dans ce sens, l'Etat n'a pas pour raison d'être de produire des biens et des services sur le marché, mais de réguler ce dernier et de garantir toutes les conditions de la meilleure réalisation des autres activités sociales et politiques. Dans ce cadre et tenant compte de la démocratisation de la vie politique, les réformes de l'administration publique devront mettre un accent tout particulier sur trois critères de performance : l'efficacité, l'efficience et l'obligation de rendre compte. En outre et s'agissant particulièrement des administrations publiques africaines, celles-ci doivent posséder les capacités, les compétences et les équipements nécessaires pour soutenir leur développement et accroître leur performance.

La mise en œuvre des réformes de la deuxième génération des PAS se traduira par l'adoption d'une nouvelle philosophie de gestion dans l'administration publique ; philosophie qui s'inspire abondamment des principes et des postulats des modèles d'organisations qui excellent ou qui se portent bien comme décrit dans le chapitre précédent. Cette nouvelle philosophie adopte également, implicitement, les principes qui sous-tendent les cinq disciplines des organisations apprenantes.

2.3. Une nouvelle philosophie de gestion des affaires publiques

Nous avons relevé que le changement de rôle de l'Etat n'est pas propre aux Etats africains, mais qu'il s'agit d'un phénomène international qui, prenant en compte les impacts de la mondialisation (voir paragraphe suivant), a donné lieu à des reformes importantes mises en œuvre par différents Etats au monde. A titre d'exemple, les réformes dénommées « Fonction Publique 2000 » engagées à partir de 1990 au Canada pour renouveler la Fonction Publique s'inscrivent dans cette perspective (Gortner et al., 1994 : 552-276, Appendice).

La mise en œuvre du système de gestion de performance dans un Etat, thème central de l'ouvrage de Guillaume et al. (2002) a été entreprise au cours des années 1990 par les pays comme le Canada, le Danemark, les États-Unis, la Finlande, l'Italie, les Pays-Bas, le Royaume Uni, la Suède, pour transformer en profondeur l'organisation et le fonctionnement de leur secteur public et en moderniser la gestion. Comme souligné dans l'analyse de la démocratisation de la vie politique et de l'évolution du rôle de l'Etat, ces réformes poursuivent une triple finalité : i) la maîtrise des dépenses et des déficits publics ; ii) l'amélioration de la qualité des services publics et de l'efficacité des politiques publiques ; iii) la volonté de rendre plus transparente l'action des administrations et de renforcer le contrôle démocratique sur la gestion publique (Guillaume et al, 2002 : 23-48).

La deuxième génération des PAS actuellement en cours dans les administrations publiques africaines s'inscrit dans le courant de ces réformes qui visent à moderniser ces administrations suivant la logique de l'approche de la gestion par la performance. La mise en œuvre de ces réformes s'est traduite par l'adoption d'une nouvelle philosophie de gestion sous-tendue par le paradigme managérial et qui tranche avec les principes dominants du type idéal bureaucratique de Weber. Même s'il y a des nuances d'un pays africain à l'autre, cette nouvelle philosophie définie dans divers documents, dont les Programmes Nationaux de Gouvernance (PNG), s'articule en trois axes principaux :

- l'adoption d'un système de gestion axée sur les résultats ;
- l'engagement pour promouvoir l'Etat de droit et un accès équitable à la justice ;
- le développement et la consolidation du partenariat secteur public/secteur privé/ société civile.

En effet, avec la pression de tous ces facteurs, y compris les facteurs économiques qui seront décrits dans le paragraphe suivant, le paradigme de la gouvernance a réapparu avec plus de tonalité et porteur d'une double signification. Une première qui a donné naissance à l'expression « gouvernance démocratique », fait référence aux trois systèmes politico-administratif, économique et société civile. Elle introduit la discussion sur la relation « gouvernance/démocratie/centralisation ». Une deuxième qui porte sur la recherche des manières d'améliorer le fonctionnement du système politico-administratif en vigueur dans le pays concerné et qui englobe les préoccupations de la décentralisation, de la déconcentration et de la lutte contre la corruption. Elle a donné naissance à l'expression *« bonne gouvernance »*. La nouvelle philosophie adoptée englobe ces deux sens de la gouvernance.

Dénonçant la tyrannie bureaucratique de certains techniciens de l'administration partisans de l'excès de la mainmise de l'Etat, S.S. le Pape Pie XII, dans son discours cité plus haut (encadré 2-2), participe au débat sur le contenu de ce concept de « bonne gouvernance » en précisant, s'agissant du comportement attendu des agents publics :

> *Non, le dernier mot appartient à ceux qui voient dans l'Etat une entité vivante, une émanation normale de la nature humaine, à ceux qui administrent, au nom de l'Etat, non pas immédiatement l'homme, mais les affaires du pays, en sorte que les individus ne viennent jamais, ni dans leur vie privée ni dans leur vie sociale, à se trouver étouffés sous le poids de l'administration de l'Etat. Le dernier mot appartient à ceux, pour qui le droit naturel est autre chose qu'une règle purement négative, qu'une frontière fermée aux empiétements de la législation positive, qu'un simple ajustement technique aux circonstances contingentes, mais qui révèrent en lui l'âme de cette législation positive, âme qui lui donne sa forme, son sens, sa vie. Puisse donc le dernier mot, le mot décisif, dans l'administration de la chose publique, être l'apanage de tels hommes.*

2.3.1. Une approche de gestion axée sur les résultats

L'approche axée sur les résultats postule que le préalable à toute amélioration des performances est la *définition précise et la hiérarchisation des résultats en fonction des objectifs poursuivis et des attentes des usagers* bénéficiaires de ces résultats. La définition des objectifs se fait en respectant une hiérarchie. Les résultats, définis comme un *changement d'état* qu'on peut décrire ou mesurer, découlent d'une *relation de cause à effet*, non nécessairement linéaire comme on le verra au chapitre 4. Sur le plan du développement et particulièrement du point de vue du secteur public, un résultat se présente sous forme d'une chaîne à trois niveaux : l'extrant ou le résultat immédiat, l'effet ou le résultat à court terme et l'impact ou le résultat à moyen terme. Cette approche exige, entre autres, des gestionnaires qu'ils donnent la priorité aux seules innovations qui sont indispensables pour atteindre les objectifs retenus. Il s'agit alors de substituer à l'ancienne logique de contrôle des moyens, une logique nouvelle fondée sur le triptyque « objectifs - résultats – évaluation ».

A cet égard, et s'agissant de la planification de l'action publique, les gouvernements de nombreux pays africains ont élaboré, avec l'appui du système des Nations Unies et d'autres partenaires bilatéraux et multilatéraux au développement, des Programmes Nationaux de Gouvernance (PNG), des Documents de Stratégie de Réduction de la Pauvreté (DSRP) et des Stratégies sectorielles ou ministérielles. La démarche qui s'inscrit dans une optique d'appropriation par les Etats, des stratégies de développement de leurs pays respectifs, devrait en outre contribuer à accroître l'efficacité de l'aide publique au développement octroyée par les pays amis ou les institutions financières internationales [16](IFI).

Dans ce contexte international de redéfinition du rôle de l'Etat et sous la pression de la crise économique au plan national, l'élaboration de ces outils de planification devrait être l'occasion de clarifier les objectifs des politiques publiques, de repréciser les missions des organismes publics intervenant dans une logique de décentralisation et de redéfinir des modalités d'action des différentes parties prenantes dans la mise en œuvre des plans adoptés. En outre, et compte tenu de l'amplification des phénomènes de fraudes, de la corruption et des détournements des deniers publics observés dans la gestion des ressources publiques, une stratégie de lutte contre la corruption a été élaborée et est en cours de misc en œuvre.

Les Programmes Nationaux de Gouvernance

A titre d'exemple, le PNG du Cameroun initié en 1995 et adopté en 1999, se propose, dans sa vision, *« d'offrir aux Camerounais un Etat moderne, apte à permettre leur épanouissement et à apporter des solutions durables à leurs problèmes »*. Pour y parvenir, le programme poursuit quatre objectifs stratégiques, à savoir :

---

[16] Il ne s'agit donc pas, comme semblent le laisser entendre certains acteurs ou une certaine littérature, seulement de documents devant servir à l'atteinte du point de décision de l'Initiative « Pays Pauvres Très Endettés (PPTE) ».

- la promotion d'une gestion efficace et transparente de l'Etat ;
- la participation effective des populations à la gestion des affaires publiques et au développement ;
- la consolidation du partenariat secteur public/secteur privé/société civile ;
- l'Etat de droit et un accès équitable à la justice à travers un système judiciaire efficace.

Le programme comporte six domaines d'intervention regroupés autour des quatre thèmes précédents. Il s'agit de :

- la réforme administrative ;
- l'amélioration de la gestion économique et financière ;
- la lutte contre la corruption ;
- la décentralisation et l'amélioration de l'offre des services essentiels ;
- la participation des citoyens du secteur privé et de la société civile à la gestion des affaires publiques ;
- la réforme de la justice.

Chaque domaine comporte des objectifs spécifiques clairement définis et un plan d'action de mise en œuvre. Le volet « administration publique » est placé sous la responsabilité du Ministre de la Fonction Publique et de la Réforme Administrative qui est l'un des Vice-présidents du Comité de pilotage du PNG dont le Premier Ministre, Chef du Gouvernement, est le Président. Le tableau 2-1 présente les objectifs spécifiques poursuivis par les trois domaines retenus pour l'objectif stratégique « Gestion efficace et transparente de l'Etat ».

Les stratégies ministérielles

Les réflexions sur les finalités de l'action publique, menées dans le cadre de l'élaboration des plans quinquennaux jusqu'à la fin des années 80, sont reprises dans une démarche de planification stratégique au niveau d'un secteur de l'action publique (éducation, santé, transport, ...) où interviennent plusieurs ministères et d'un sous-secteur coordonné par un département ministériel. La démarche suit les grands axes du système de gestion par la performance présenté au chapitre 4 (§.1.).

Dans leur architecture générale, les plans d'un sous-secteur s'articulent comme décrit au paragraphe 1.3.1 du chapitre 4. La formulation des objectifs est précédée par une description du diagnostic du sous-secteur qui dégage les problèmes et les opportunités de ce sous-secteur. Les difficultés sont surtout d'ordre technique et liées à la formulation des indicateurs de performance, à l'inexistence d'un cadre conceptuel d'articulation des indicateurs et des résultats, et à l'inefficience des systèmes d'information qui n'ont pas encore adopté l'esprit de la nouvelle approche.

<u>TABLEAU 2-1</u> : LES DOMAINES D'INTERVENTION DU PNG DU CAMEROUN, VOLET «ADMINISTRATION PUBLIQUE »

OBJECTIFS STRATEGIQUES	DOMAINES D'INTERVENTION	OBJECTIFS POURSUIVIS PAR DOMAINE
La gestion efficace et transparente de l'Etat	La Réforme Administrative	– améliorer l'organisation de l'Etat et du travail gouvernemental ; – créer un cadre institutionnel et juridique de gestion des personnels plus flexible, diligente et transparente ; – améliorer le management des services et des relations administrations/citoyens-usagers ; – assurer le respect de la déontologie et de l'éthique professionnelles ; – améliorer le fonctionnement des institutions de contrôle.
	L'amélioration de la gestion économique et financière	– restaurer une vision stratégique et coordonnée de la politique économique et sociale par la maîtrise de l'élaboration, la définition et la coordination des politiques économiques et sociales à court, moyen et long termes ; – maîtriser la gestion opérationnelle ; – systématiser le contrôle et l'évaluation de l'exécution des politiques, programmes et projets économiques, financiers et sociaux ; – réformer en profondeur le système de passation des marchés publics.
	La lutte contre la corruption	– mettre en place un système de transparence et de responsabilité pouvant réduire les opportunités et possibilités de corruption ; – conduire une vaste campagne d'éducation et de moralisation ; – mettre en place des mécanismes d'identification, de prévention et de répression de la corruption ; – adopter des législations spécifiques de répression de la corruption sur le plan pénal ; – faire participer des citoyens du secteur privé et la société civile à la lutte contre la corruption aux côtés des pouvoirs publics.

A titre d'exemple, la stratégie du sous-secteur «Administration Générale des personnels de l'Etat et Organisation de l'Administration Publique Camerounaise», qui relève du Ministère de la Fonction Publique et de la Réforme Administrative, vise à :

- assurer la modernisation de l'Administration Publique Camerounaise ;
- maîtriser, contrôler et réguler les effectifs de la Fonction Publique Camerounaise ;
- renforcer qualitativement et quantitativement les capacités des personnels de l'Etat ;
- suivre la gestion des personnels de l'Etat ;
- contribuer à la réduction du taux de chômage au Cameroun ;
- renforcer la bonne gouvernance et la lutte contre la corruption dans l'Administration Publique.

Le DRSP du Cameroun est élaboré suivant la même approche que le PNG et les stratégies ministérielles. Comme le précise le Président de la République (BIYA, P., communication à TICAD III, 2004 :160), la stratégie de réduction de la pauvreté adoptée par le Cameroun a pour objectif « la promotion d'un ordre macro-économique stable afin de consolider les avantages tirés des programmes d'ajustements structurels des institutions de Bretton Woods, de renforcer la croissance par la diversification de l'économie et de mettre en œuvre une stratégie de croissance fondée sur le soutien aux opérateurs ruraux et le développement des industries et des services ».

La lutte contre la corruption

La crise de confiance du public à l'égard des systèmes politique, économique et administratif, crise due particulièrement au comportement éthique des acteurs est aussi un phénomène frappant caractéristique de cette fin du vingtième siècle. Partout dans le monde, les questions d'éthique suscitent un immense intérêt au sein de la société en général et tout particulièrement au sein des services publics. Les médias en font un très large écho, plus pour présenter des exemples réels ou supposés, de détournements des deniers publics, de cupidité et de cynisme que pour faire l'éloge de quelques exemples de bonne conduite à suivre.

A travers les exemples décrits, on retrouve la typologie classique du phénomène de la corruption. A savoir :

- *détournement des fonds publics* : non application des principes de l'effectivité en matière des dépenses publiques ;
- *monnayage des services publics* : absence de tout esprit civique et manque de sens de l'intérêt général ;

- *incivisme caractériel dans les milieux d'affaires* : attitude complaisante de certains opérateurs économiques vis-à-vis du fisc ; alliance dans le faux et la fraude entre opérateurs économiques et fonctionnaires ; abus d'autorité chez certains acteurs ;
- *implication dans des situations de conflit d'intérêt*[17] : *rapport avec l'argent* (pots-de-vin, cadeaux, avantages directs, relations contractuelles entre le service et un organisme extérieur avec lequel l'agent est associé) ; *rapport avec l'influence* (utilisation des attributions d'un poste pour infléchir une décision ou obtenir un bénéfice à son propre avantage ou à celui d'une tierce personne avec laquelle on est lié) ; *usage discriminatoire des prérogatives de la puissance publique* ;
- *la détérioration du professionnalisme* : l'hétérogénéité du personnel employé (recrutement des agents dépourvus de toute formation, notamment des temporaires) ; l'inadaptation des agents aux mutations de l'environnement.

Nombre d'études, nationales et internationales, ont plus rigoureusement étudié le phénomène, et cela sous différents angles. Un des six domaines de base du PNG du Cameroun porte expressément sur la « lutte contre la corruption », comme mentionné plus haut. Des comités et des associations ont été créés à la suite de ces études pour suivre méthodiquement le développement du phénomène et suivant une problématique bien cernée, en vue de l'endiguer faute de pouvoir l'éradiquer complètement.

Parlant des Comités et des Associations, l'Organisation Non Gouvernementale (ONG) « Transparency International » qui publie régulièrement les classements des pays par degré de corruption, est bien connue en Afrique. De même, on est familier au Cameroun avec certains organes tels : les Cellules ministérielles[18] de lutte contre la corruption, l'Agence Nationale d'Investigation Financière (ANIF) placée sous l'autorité du Ministre de l'Economie et des finances et le Comité ad hoc de suivi de la mise en œuvre du Plan Gouvernemental de la Lutte contre la Corruption[19] qui est présidé par le

[17] Toute situation qui est objectivement de nature à compromettre l'indépendance et l'impartialité nécessaires à l'exercice d'une fonction, ou l'occasion au cours de laquelle une personne utilise sa fonction pour en retirer un avantage indu ou pour procurer un tel avantage indu à une tierce personne.

[18] Ces Cellules sont chargées, au niveau de chaque département ministériel : i) de veiller à la mise en œuvre des mesures prescrites par le Comité ad hoc aux membres du Gouvernement ; ii) de promouvoir l'éthique et le respect des règles de bonne gouvernance au sein des administrations ; iii) de prévenir et réprimer la corruption à leur niveau.

[19] Le suivi et l'évaluation de la mise en œuvre effective des mesures prescrites aux Ministres par le Comité ad hoc sont assurés par l'Observatoire de lutte Contre la corruption qui participe en outre à la prévention et à la répression de la corruption à travers l'exploitation de toutes informations ou tous faits liés à la corruption.

Premier ministre, Chef du Gouvernement. Un autre organe dénommé la Commission nationale anti-corruption (CONAC) et placé directement sous l'autorité du président de la République vient d'être créé le 11 mars 2006. A ces organes il faut ajouter deux institutions : le Contrôle Supérieur de l'Etat et la Chambre des comptes.

La floraison de tous ces organes ne signifie pas qu'ils sont efficaces et que la corruption est un phénomène maîtrisé au Cameroun, loin s'en faut et nous y revenons au chapitre 5.

L'objectif poursuivi avec la mise en œuvre du plan d'action du volet « lutte contre la corruption » du PNG du Cameroun est de transformer le discours sur l'éthique, en actes concrets susceptibles de contribuer au développement d'une véritable culture de l'éthique de responsabilité dans la société camerounaise.

Ces exemples, qui se retrouvent sous différentes formes dans d'autres pays africains, montrent clairement l'engagement des gouvernements dans la voie d'une gestion de la performance axée sur les résultats. Cet engagement se traduit précisément dans les documents, par l'explicitation :

- des objectifs de performance pour chaque programme ou action ;
- des indicateurs de performance ;
- des modalités de suivi, de contrôle et d'évaluation.

Au niveau du sommet de l'Etat, cet engagement se reflète dans les orientations et le style adoptés, par exemple, dans la circulaire du Président de la République adressée à tous les membres du gouvernement et aux Gouverneurs de province, et fixant les orientations générales de la politique budgétaire de chaque exercice budgétaire. Aussi, et pour reprendre l'exemple du Cameroun, peut-on lire dans la circulaire n° 001/CAB/PR du 10 septembre 2005 :

> *Les choix budgétaires du Gouvernement devront être guidés par la recherche d'une plus grande efficacité socio-économique de la dépense et l'amélioration du service public, dans un environnement d'allocation et de gestion efficientes des fonds publics.*
>
> *Il s'agira donc de faire les meilleures combinaisons possibles afin que le bénéfice attendu de l'action de l'Etat soit ressenti dans la réalité économique et sociale du citoyen et des ménages.*
>
> *Pour ce faire, les dépenses à retenir devront découler :*
>
> – *des stratégies sectorielles ;*
> – *de la définition des besoins réels des administrations sur la base d'objectifs clairement définis et assortis d'indicateurs pertinents ;*
> – *d'une programmation rigoureuse.*

L'encadré 2-4 donne, à titre illustratif, les dispositions pratiques préconisées pour l'allocation des crédits dans le cadre de l'application de cette circulaire.

Parmi les modalités de suivi, de contrôle et d'évaluation figurent les rapports d'activités des différents responsables concernés et les audits réalisés par des experts n'appartenant pas à l'administration.

Les partenaires au développement se sont engagés à appuyer cet effort en adoptant lors d'un Forum tenu à Paris en 2005[20] sur l'efficacité de l'aide au développement, une recommandation portant expressément sur la gestion axée sur les résultats et intitulée « gérer les ressources et améliorer les processus de décision en vue d'obtenir des résultats ». La teneur de cette recommandation est résumée dans l'encadré 2-5. A l'annexe 2 sont décrits les indicateurs retenus pour mesurer les progrès réalisés dans le suivi des engagements pris.

L'encadré 2-6 présente un extrait de la déclaration (déclaration de Stellenbosch) adoptée par la quatrième Conférence Pan-africaine des Ministres chargés de la Fonction publique, tenue en mai 2003 en Afrique du Sud. Cette déclaration montre l'engagement des Ministres africains à passer du discours à l'acte et leur volonté d'inscrire cette démarche dans une logique intégrée au niveau du continent africain, à travers le Nouveau Partenariat pour le Développement de l'Afrique (NEPAD), dont nous parlerons plus loin.

ENCADRE 2- 4 : CIRCULAIRE FIXANT LES ORIENTATIONS DE LA POLITIQUE BUDGETAIRE DE L'EXERCICE 2006 AU CAMEROUN : extrait de la circulaire n° 001/CAB/PR du 10 septembre 2005

Chapitre II

De l'allocation des crédits

36. Chaque chef de département ministériel devra élaborer un projet de budget sur la base d'une stratégie sectorielle établissant les priorités du gouvernement dans son domaine d'action. De même, il devra établir, à travers des objectifs clairement définis, un ordre de priorité des dépenses de son ministère conforme aux orientations du document de stratégie de réduction de la pauvreté (DSRP), dans les limites de l'enveloppe indicative communiquée par le premier ministre, chef du gouvernement.

37. Dans le souci de faciliter l'évaluation et le choix des objectifs dans chaque secteur d'activité et de parvenir à un meilleur suivi de leur réalisation, les dépenses devront être présentées par fonctions selon des objectifs justifiés et chiffrés.

[20] Prenaient part à ce forum qui a eu lieu du 28 février au 02 mars 2005, des Ministres de pays développés et de pays en développement chargés de la promotion du développement, et les responsables d'organismes multilatéraux et bilatéraux d'aide au développement : un total de 90 pays dont 28 pays africains, 26 organisations et 14 Organisations Non Gouvernementales. Le thème « Harmonisation et amélioration de l'efficacité de l'aide au développement » était analysé dans la perspective du bilan après cinq ans, de la mise en œuvre de la Déclaration du Millénaire et des Objectifs du Millénaire pour le Développement (OMD). Ces OMD pour la période 2000 à 2015 sont présentés au tableau 2-3 de ce chapitre.

A cet effet, les crédits devront être répartis au sein de chaque département ministériel, entre les unités administratives destinataires de la dépense, qu'elles en aient ou non la gestion.

38. Afin de prévenir le recours abusif aux virements de crédits lors de l'exécution du budget, et d'éviter ainsi la déstructuration du budget voté, les chefs de départements ministériels veilleront à procéder à une bonne prévision de leurs activités et à une évaluation précise de ces dernières, de manière à mettre à la disposition des services des crédits détaillés en natures économiques en rapport avec leur programme d'action de l'année 2006. [...]

B- Dépenses d'investissement public

50. Le document de stratégie de réduction de la pauvreté (DSRP) doit rester le cadre de définition, d'évaluation des programmes et projets de lutte contre la pauvreté, d'amélioration de la gouvernance et de raffermissement de la croissance, que ce soit sur financement interne ou externe. Les observations faites dans les différents rapports de suivi de ce DSRP doivent être prises en compte.

51. Conformément aux pratiques habituelles, la démarche de confection du BIP 2006 suivra les étapes ci-après :

- exploitation des notes de synthèse des politiques et des stratégies sectorielles ;
- exploitation des rapports de développement locaux ;
- exploitation des cadres de dépenses à moyen terme (CDMT) ;
- actualisation du PIP ;
- confection du BIP ;
- confection du journal des projets.

52. Chaque département ministériel devra présenter à l'appui de son projet de PIP 2006-2008 et de BIP 2006, une note de synthèse de la politique et de la stratégie sectorielles, déclinant en termes d'objectifs sectoriels ou ministériels annuels ou pluriannuels, les objectifs globaux à long, moyen et court termes contenus dans les documents de stratégies transversales tels que le DSRP, le programme national de gouvernance, et montrant la cohérence entre les programmes et projets envisagés par le département ministériel et ces stratégies, les moyens à mettre en œuvre pour leur réalisation, et les indicateurs de suivi et d'impact de ces programmes et projets sur le développement national.

ENCADRE 2- 5 : GESTION AXEE SUR LES RESULTATS : extrait de la déclaration de Paris sur l'efficacité de l'aide au développement, mars 2005

Gérer les ressources et améliorer le processus de décision en vue d'obtenir des résultats.

43. Axer la gestion sur les résultats signifie gérer et mettre en œuvre l'aide en se concentrant sur les résultats souhaités et en utilisant les données disponibles en vue d'améliorer le processus de décision.

44. Les **pays partenaires** s'engagent à :

Raccorder plus étroitement les stratégies nationales de développement et le cycle budgétaire, sur une base tant annuelle que pluriannuelle.

S'efforcer de mettre en place des cadres d'évaluation et de notification orientés vers les résultats à l'aide desquels suivre les progrès réalisés dans la mise en œuvre des principaux volets des stratégies nationales et sectorielles de développement. Ces cadres devront permettre de suivre l'évolution d'un nombre raisonnable d'indicateurs pour lesquels il est possible de disposer de données à un coût abordable.

45. Les **donneurs** s'engagent à :

Etablir un lien entre programmation et ressources par pays et résultats et aligner cette programmation et ces ressources sur les cadres efficaces d'évaluation des performances des pays partenaires. Les donneurs doivent s'abstenir de demander l'adoption d'indicateurs de performance qui ne sont pas déjà prévus dans les stratégies nationales de développement.

Travailler avec les pays partenaires de façon à pouvoir recourir autant que possible à leurs cadres de suivi et de notification orientés vers les résultats.

Harmoniser leurs exigences en matière de suivi et de notification. En attendant que les donneurs puissent s'en remettre plus largement aux systèmes statistiques, de suivi et d'évaluation des pays partenaires, ils doivent s'accorder dans toute la mesure du possible avec ces derniers sur les modalités d'élaboration des rapports périodiques.

46. Les **pays partenaires** et les **donneurs** s'engagent conjointement à :

Unir leurs efforts dans le cadre d'une approche participative afin de renforcer les capacités des pays à instaurer une gestion axée sur les résultats et de susciter une demande plus forte à cet effet.

<u>Source</u> : *Déclaration de Paris suite* au *Forum de haut niveau du 28 février au 02 mars 2005 http ://www.oecd.org/datoecd/53/38/34579826.pdf*

Des indicateurs de mesure des progrès réalisés et des objectifs cibles à l'horizon 2010 sont spécifiés pour les trois volets (appropriation, harmonisation et alignement, résultats et responsabilité mutuelle) de la Déclaration. L'indicateur pour la « gestion axée sur les résultats » se définit en termes de cadres ou instruments d'évaluation des performances orientés vers les résultats : « Nombre de pays dotés de cadres d'évaluation des performances, transparents et se prêtant à un suivi, qui permettent d'évaluer les progrès réalisés en ce qui concerne a) les stratégies nationales de développement et b) les programmes sectoriels ». Il s'agira, d'ici 2010, de « réduire d'un tiers la proportion de pays qui n'ont pas de cadres d'évaluation des performances transparents et se prêtant à un suivi » (voir annexe 2).

<u>ENCADRE 2- 6</u> : LA DECLARATION DE STELLENBOSCH (Afrique du Sud) relative au programme de Gouvernance et de la Fonction Publique en Afrique

Nous, Ministres de la Fonction Publique, réunis à l'occasion d'une conférence à Stellenbosch du 04 au 07 mai 2003 sur l'invitation de la République d'Afrique du Sud, organisée sous les auspices du Nouveau Partenariat pour le Développement de l'Afrique (NEPAD), par le gouvernement d'Afrique du Sud et le Centre Africain de Formation et de Recherche Administratives pour le Développement (CAFRAD), et supportée par le Département des Affaires Economiques et Sociales des Nations Unies (UNDESA) et par des bailleurs de fonds spécifiques, acceptons les points suivants :

Considérant que la capacité de l'Etat est essentielle dans la création des conditions de développement, la promotion de la croissance économique et la mise en œuvre des programmes de réduction de la pauvreté,

Rappelant l'engagement du NEPAD de soutenir les initiatives régionales et continentales destinées à « renforcer le cadre politique et administratif » des pays africains,

Affirmant le besoin de voir le travail de gouvernance et de la fonction publique s'établir au sein du NEPAD, qui est le programme social et économique de l'Union Africaine,

Réaffirmant le besoin d'identifier des programmes spécifiques d'action qui donnent corps à l'esprit et à l'intention de la charte de la Fonction Publique en Afrique,

Considérant le programme de Gouvernance et de la Fonction Publique en Afrique tel que présenté et amendé à cette conférence :

1. Acceptons le programme de gouvernance et de la Fonction Publique en Afrique (G & FP) qui :
   - Est construit sur les principes de la coopération régionale, l'identification des besoins communs et l'utilisation des ressources disponibles, dans l'esprit du NEPAD et dans son intention de construire la capacité africaine, afin de relever les défis régionaux.
   - Identifie comme domaines prioritaires d'intervention, le développement de la capacité institutionnelle, l'apprentissage de la connaissance et du politique, la collecte des données et l'échange, l'innovation et l'assistance du partenariat.
   - Crée un cadre pour les organisations régionales, les institutions nationales de développement de la gestion et les partenaires internationaux, de collaborer d'une manière efficace et sans précédent sur le continent.
2. Demandons au président de la conférence et du Comité des Ministres de soumettre le texte du programme au NEPAD pour son incorporation dans le programme détaillé d'action et à l'Union africaine pour son approbation.
3. Proposons que la conférence pan-africaine des Ministres de la Fonction publique, à partir de maintenant devienne une rencontre tenue sous les auspices de l'Union Africaine, et demandons que le président de la conférence et du Comité des Ministres soumette une requête y relative à l'Union Africaine.
4. Demandons que les institutions régionales, sous-régionales et nationales jouent un rôle actif et efficace dans la mise en œuvre du programme, en collaboration avec les partenaires internationaux et qu'elles fassent périodiquement des rapports au comité des Ministres, sur les progrès réalisés.
5. Nous engageons à construire les capacités régionales, sous-régionales et nationales des institutions pour jouer un rôle indispensable dans le succès du programme ;
6. Renforçons l'importance d'un leadership africain fort et le rôle des partenaires internationaux et régionaux, aussi bien que des instituts nationaux de développement de la gestion afin de soutenir les leaders et renforcer leurs capacités.
7. Exhortons les universitaires africains et leaders intellectuels à prendre connaissance du contenu et de l'approche du programme, afin de générer un débat vigoureux, analyser les propositions, enrichir et améliorer le programme.
8. Demandons que les travaux en cours dans les institutions régionales et sous-régionales se focalisant sur la recherche dans le secteur public, la collecte des données et l'analyse, la gestion des connaissances et l'apprentissage soient soutenus et incorporés dans le programme général de gouvernance et de la fonction publique.

9. Demandons aux partenaires internationaux et continentaux de développement de soutenir activement le programme de la G et FP et la conférence des Ministres de la Fonction Publique, en accordant des ressources nécessaires, et la collaboration dans le renforcement des capacités des institutions locales et leurs personnels pour assurer une action durable dans le futur.

10. Exprimons une profonde gratitude au Président de l'Union africaine, Président de la République d'Afrique du Sud, pour sa présence et ses conseils lors de la conférence.

11. Exprimons notre gratitude au gouvernement et au peuple d'Afrique du Sud pour leurs efforts déployés dans les préparatifs et l'organisation d'un si grand événement.

2.3.2. La promotion de l'Etat de droit et d'un accès équitable à la justice

Le diagnostic qui a précédé l'élaboration des programmes nationaux de gouvernance a, entre autres dysfonctionnements de l'administration, stigmatisé le caractère lent et peu scrupuleux de la justice. Tout facteur qui ne pouvait que décourager les opérateurs économiques et compromettre de ce fait le développement de l'investissement et donc de la croissance. Il s'agit alors, pour y faire face, de renforcer le système judiciaire existant en vue de le rendre plus efficace et accessible à tous.

Tous les participants à la Conférence de TOKYO (TICAD III, 2004 : 207) ont relevé que pour assurer la croissance durable de l'Afrique, le secteur privé doit se développer sur des bases solides au sein des économies nationales. Aussi, l'Afrique doit-elle prendre en main cette croissance dans le but d'« améliorer la gouvernance dans le milieu économique de façon à rendre les activités commerciales profitables, y compris les institutions des marchés intérieurs, le secteur financier et le système juridique commercial (par exemple le droit en matière de contrat) ».

Le préambule de la Charte de la Fonction Publique en Afrique souligne la nécessité d'adapter le service public aux mutations de l'environnement en mettant en exergue cet impératif d'un environnement propice à la croissance du secteur privé. On peut ainsi lire dans l'un des « considérants » :

Considérant la nécessité d'adapter les Fonctions Publiques en Afrique aux exigences nouvelles du service public, pour anticiper ou accompagner les mutations profondes que connaissent les pays africains et tenir compte des conditions socio-économiques qui caractérisent l'environnement, notamment :

- *Moderniser les structures administratives, en maîtrisant les nouvelles technologies de communication, de façon à transformer des fonctions fondées sur une base historique et politique en de saines activités managériales ;*
- *S'adapter à la mondialisation croissante de l'économie et instaurer un environnement propice à la croissance du secteur privé ;*
- *Assurer, non seulement la croissance économique et le renforcement des infrastructures de base, mais aussi le développement social et lutter contre les*

> *imparités croissantes en matière de revenus et de chances, pour favoriser la solidarité sociale.*

Les pays africains ne sont pas les seuls à s'engager dans cette voie de clarification du rôle du droit dans l'administration. Harlow (RISA, 71 (2), 2005 : 295) constate en effet que le rôle joué par le droit a également varié en fonction des changements survenus dans le contexte de gouvernance ambiant dans les pays de l'OCDE, par exemple. Citant d'autres auteurs, il précise :

> *L'Etat réglementaire qui nous entoure aujourd'hui s'inscrit dans le cadre d'un processus de « juridification », dans lequel les relations sociales et les pratiques de travail sont réduites à des règles. Ce qui incite à recourir à des tribunaux et à d'autres appareils juridictionnels pour interpréter les ambiguïtés verbales qui caractérisent les règles. Le langage des droits et des obligations ainsi que le discours légaliste prévalant des droits humains ont accentué ce processus, donnant naissance à un cycle de juridification dans lequel la réglementation conduit au jugement, ce dernier favorisant à son tour la formulation de nouvelles règles.*

Harlow (RISA, 71 (2), 2005 : 303) poursuit son analyse en relevant qu'une administration publique « efficace » est aujourd'hui une administration capable de fournir des services « efficacement » et « de façon économique » mais sans enfreindre les droits de l'homme. Comme les administrateurs l'apprendraient à leurs dépens, ajoute-t-il, « il s'avère parfois qu'une prestation de service inefficace ou qu'un refus de fournir un service proprement dit constitue une violation des droits de l'homme ».

En somme, l'« Etat de droit » doit, triompher sur le « droit de l'Etat » dans ce contexte nouveau de pluralismes divers et de globalisation. Un contexte où les Etats, pour des raisons d'équité, sont « tenus » d'adopter parmi les principes de la fonction publique, tous les aspects de la diversité : sexe, âge, attitudes et comportement, religion, langue, race, aptitude ou inaptitude physique, valeurs culturelles, rang social, formation, expérience. Et des groupes de pressions y veillent particulièrement au niveau mondial.

Eu égard aux faiblesses identifiées dans le système judiciaire du Cameroun, par exemple, le PNG vise à en améliorer les capacités en vue :

- de renforcer l'effectivité de l'indépendance de la magistrature ;
- d'améliorer l'accès à la justice et la célérité dans le traitement des affaires ;
- d'assurer une meilleure protection des citoyens et de leurs biens ;
- de renforcer l'Etat de droit par la soumission de l'Etat et de tous les citoyens à la loi et au respect des droits de l'homme ;
- de renforcer les capacités des professions judiciaires et para-judiciaires ;

- de promouvoir le respect de l'éthique et de la déontologie professionnelles ;
- de veiller à une saine exécution des décisions de justice.

Le plan d'action retenu dans ce cadre comprend les principales actions suivantes (PNG, 2000 : 47) :

- la mise en place d'un nouvel appareil judiciaire conforme aux nouvelles dispositions constitutionnelles, et des actions susceptibles de la revitaliser ;
- l'amélioration du statut, de la gestion et des conditions matérielles des magistrats, et personnels para-judiciaires, ainsi que le renforcement de leurs capacités en termes de formation et de documentation ;
- l'amélioration de l'accès à la justice ;
- la célérité dans le traitement des affaires ;
- la mise en place de la Cour Suprême et du conseil Supérieur de la Magistrature ;
- l'élaboration d'un code d'éthique pour chaque profession judiciaire ou para-judiciaire ;
- l'application du traité OHADA (Organisation pour l'Harmonisation du Droit des Affaires en Afrique).

Dans le cadre de la mise en œuvre de ce plan d'action, le Cameroun s'est doté en juillet 2006 d'un nouveau « Code des Procédures Pénales » consacré par la loi n° 2005/007 du 27 juillet 2005. Par rapport à l'objectif du triomphe de « l'Etat de droit » sur le « droit de l'Etat » ce nouveau code présente, entre autres, trois caractéristiques notables : (i) l'harmonisation des règles de procédures pénales dans l'ensemble du territoire national entre le « common law » qui se pratiquait dans les provinces du Nord-Ouest et du Sud-Ouest et le « droit francophone » qui se pratiquait dans les autres huit provinces du pays ; (ii) le renforcement des mécanismes du respect des droits des citoyens et des libertés individuelles ; (iii) la consécration et la consolidation des droits du suspect, du détenu, de l'accusé, du prévenu, de l'inculpé et du condamné.

Du point de vue strictement du lien entre le droit et l'administration publique, la littérature relève la complémentarité et même la symbiose qui existe entre le droit public et la gestion publique suivant le paradigme de la gouvernance. A ce sujet, Harlow (2005 : 303) écrit :

> *La révolution des droits a entraîné une double convergence des valeurs. Horizontalement, au niveau national, les valeurs que sont le droit et l'administration publique ont convergé à mesure que s'est répandue la culture des droits humains. Verticalement, au niveau supranational, il y a eu une convergence inter-culturelle. Les juges et les avocats communiquent désormais régulièrement au niveau transnational. Ils se rencontrent dans le cadre de tribunaux supranationaux, favorisant la croissance d'une culture juridique*

commune, qui se déploie à partir d'une culture des droits de l'homme (McCrudden, 2000). Pour l'administration publique, les normes de « bonne gouvernance » défendues par le FMI et l'OCDE sous la forme de conditions jointes à l'aide et aux prêts visent un objectif similaire (Leftwhich, 1993). Enfin, les processus vertical et horizontal convergent en un processus unique, sélectif, de foisonnement des idées et de reconnaissance mutuelle, puisque les droits humains pénètrent directement le monde de l'administration publique sous forme de « normes de bonne gouvernance » et de « principes de bonne administration ».

Le cadre juridique général dans lequel se développe l'approche de partenariat n'échappera pas à cette évolution du droit administratif.

2.3.3. Le développement du partenariat public/ privé/ société civile

L'approche 3P (Partenariat Public/Privé) n'est pas nouvelle, en tant que telle. Elle s'est développée au sein des administrations publiques à partir des années 1980, et s'étend aujourd'hui à un autre acteur de la dynamique politique, économique et socio-culturelle de chaque pays, la société civile. Nous définissons ici, avec Dionne (1998 : 3) la société civile comme étant « un domaine indépendant où la vie sociale s'exerce librement, à l'abri de la souveraineté tant de l'Etat que du marché ». L'un des objectifs de développement pour le Millénaire adoptés en 2000 par les Etats membres des Nations Unies porte spécifiquement sur la mise en place d'un partenariat mondial pour le développement (voir tableau 2-3 ci-après).

Au plan stratégique, le partenariat public/privé/société civile est défini comme un accord de collaboration reposant sur un engagement mutuel entre une organisation du secteur public et une organisation en dehors de ce secteur, pour contribuer à construire un avantage concurrentiel ou une collaboration, en prévoyant : i) des économies d'échelle dans la fourniture de certains services ou activités ; ii) des économies d'envergure en exploitant les capacités et les compétences complémentaires existant au sein des organisations partenaires, dans la fourniture de certains services ou activités ; iii) des possibilités d'apprentissage mutuelles entre partenaires (Bovaird, RISA, 2004 : 224). Cet accord se traduit par *la signature d'un contrat dont l'importance réside dans la précision des rôles, des responsabilités et des engagements de chaque partie prenante.*

La mise en œuvre de cette approche se préoccupe fondamentalement de la recherche d'un équilibre entre l'exercice des fonctions régaliennes par l'Etat et l'intervention des acteurs des autres secteurs[21]. En effet, la contribution que

[21] Charles Handy (1998 : 234) relève à propos des organisations du 21è siècle que celles-ci n'éprouveront plus « la nécessité d'avoir à demeure et en permanence sous leurs yeux la main-

les partenaires externes du secteur privé, par exemple, apportent au développement des services publics ne doit pas concourir à « gommer la différence irréductible entre la recherche du profit, moteur de toute activité économique, et la satisfaction de l'intérêt général, seul but légitime que doit poursuivre le service public » (Mekhantar, J., 2005 : 9). Aussi, la mise en œuvre de ce mécanisme peut poursuivre différents objectifs (Bovaird, 2004 ; 4ème FORUM Mondial sur la réinvention du rôle de l'Etat, 2002 ; 2ème Conférence Internationale Régionale de l'IISA, 2003 ; 3ème Conférence Internationale Spécialisée de l'IISA, 2005 ; Sadran, 2004), dont :

- *la conception et la planification des politiques :* études diverses pour éclairer la fonction planification à moyen et long termes ;
- *la coordination des politiques :* répartition des attributions pour des politiques déterminées entre des organismes spécifiques ; fixation des priorités ;
- *le contrôle des politiques :* par exemple par la mise en place d'un Comité mixte comprenant les partenaires des trois secteurs ;
- *la mise en œuvre des politiques et la prestation des services :* en interne à l'administration avec des partenaires extérieurs ; en coproduction avec des partenaires extérieurs ; par externalisation totale soit par concession par exemple ;
- *la mobilisation des ressources :* par exemple par la gestion des parrainages ou par la collecte des fonds ;
- *la gestion des ressources :* par exemple dans le cadre des projets de TIC, notamment avec l'émergence de l'administration électronique (voir paragraphe suivant). Le but ici est d'accéder, d'une part, au capital pour les programmes d'investissement massifs nécessaires, et d'autre part, à l'expertise des différents partenaires.

La déclaration de Marrakech qui sanctionne le 4ème Forum Mondial sur la réinvention du Gouvernement souligne la nécessité de créer et de développer de nouvelles formes de partenariat en ces termes :

> *There are nowadays widening prospects for new fields, instruments and actors of fruitful partnerships. Synergy is to be the underlying principle in action ranging from fine arts promotion to waste-water management, from small projects in remote rural villages to worldwide programs. Successful experiences of imaginative partnership that helped solve collective problems and create new enabling environment for people's work and life are numerous. Efforts should be*

---

d'œuvre indispensable à l'exécution du travail. Le partenariat, la sous-traitance, le travail flexible et l'intérim leur offrent les moyens de limiter les risques d'accroître leurs effectifs en période de pointe et d'exporter les ressources inemployées ».

made to disseminate them and share their results, and build on their lessons to conceive new, well-adapted partners of partnership. NGOs, businesses, local communities, and state services are requested to adopt a pro-active approach towards partnership. (declaration III-6)

Pour le cas particulier de l'Afrique, le Forum exprime son soutien au Nouveau Partenariat pour le Développement de l'Afrique (NEPAD) en relevant que :

> *Africa can be break free of poverty and overcome the development traps that confine it to a vicious circle of underdevelopment, conflict, and suffering. The New Partnership for Africa's Development (NEPAD) is indeed a bold initiative towards this goal. It success will require a very strong, worldwide solidarity. Towards this end, unrestricted access to international market, free mobility of capital and technology, and an appropriate management of financial debts are solutions to be considered.* (declaration III-8)

En effet, le NEPAD a pour objectifs principaux de :i) supprimer la pauvreté ; ii) placer les pays africains, tant individuellement que collectivement, sur la voie d'une croissance et d'un développement durables ; iii) mettre fin à la marginalisation de l'Afrique dans le processus de mondialisation et renforcer son intégration complète et avantageuse dans l'économie mondiale ; iv) accélérer l'émergence de la femme. Au nombre des principes du NEPAD figurent : le partenariat avec et entre Africains, l'ancrage du développement de l'Afrique sur ses ressources et celles de ses populations, l'accélération de l'intégration régionale et continentale. Le tableau 2-2 présente les priorités du programme suivant trois axes principaux : les conditions favorables au développement, la politique des investissements dans certains secteurs prioritaires, la mobilisation des ressources.

L'un des résultats immédiatement escomptés du NEPAD, par rapport à la philosophie de gestion, porte sur l'adoption et la mise en œuvre des *principes de bonne gouvernance économique et politique*. A cet égard, le NEPAD a innové en adoptant un mécanisme de contrôle des progrès réalisés dans cette voie, le « Mécanisme africain d'évaluation par les pairs, APRM, pour African Peer Review Mechanism ». L'APRM a pour objectif de favoriser l'adoption par les pays africains, de politiques, de normes et de pratiques qui contribuent à la stabilité politique, à un taux de croissance économique élevé, au développement durable et à l'accélération de l'intégration économique sous-régionale et au niveau continental. Entre autres résultats attendus de ce mécanisme figurent, le partage des expériences pour renforcer les pratiques les meilleures de réussite et le recensement des lacunes et des besoins en matière de renforcement des capacités.

TABLEAU 2-2 : LES DOMAINES PRIORITAIRES D'INTERVENTION DU NEPAD

Domaines d'intervention prioritaires	Objectifs poursuivis
a. Gouvernance politique et économique	***Etablir des conditions favorables au développement en assurant :*** – Paix et sécurité ; – Démocratie, bonne gouvernance politique, économique et d'entreprise, avec accent sur la gestion financière publique ; – Coopération et intégration sous-régionales ; – Renforcement des capacités.
b. Infrastructure	***Changer les politiques et renforcer les investissements dans les secteurs prioritaires suivants :*** – Agriculture ; – Développement humain particulièrement en matière de santé, éducation, sciences et technologies et développement de compétences ; – Renforcement et amélioration des infrastructures, y compris les Nouvelles Technologies de l'Information et de la Communication (NTIC), l'Energie, le Transport, l'Eau et la Sanitation ; – Promotion de la diversification de la production et des exportations, surtout en matière d'agro-industrie, des usines, des mines, des produits minéraux et du tourisme ; – Accélération du commerce intra-africain et amélioration de l'accès aux marchés des pays développés ; – Environnement.
Mobilisation des ressources	***Mobiliser les ressources par le/la :*** – Renforcement de l'épargne et des investissements nationaux ; – Amélioration de la gestion des revenus et dépenses publics ; – Renforcement de la participation de l'Afrique dans le commerce mondial ; – Investissement étranger direct ; – Consolidation du flux de capitaux par plus de réduction de dettes, renforcement de l'Aide Publique au Développement (APD).

Dans le cadre de l'APRM, les Gouvernements sont politiquement responsables de la gestion des ressources publiques et du choix de leurs politiques. Les partenaires au développement internationaux considèrent la mise en œuvre de ce mécanisme de l'APRM, comme une condition *sine qua non* du développement durable effectif de l'Afrique et la preuve que les dirigeants africains sont résolus à appliquer les règles de bonne gouvernance. Toutefois, il ne s'agit pas d'un moyen par lequel les pays africains sont obligés de rendre des comptes aux partenaires extérieurs ; c'est plutôt un mécanisme positif de responsabilisation individuelle et collective des Africains face à l'avenir de leur continent[22].

Le Cameroun, à travers son PNG, fait partie des pays ayant déjà adhéré à ce mécanisme de l'APRM du NEPAD[23]. Tenant compte de l'évolution du rôle de l'Etat, l'approche du partenariat « public/Privé/société civile » constitue l'un des axes stratégiques du PNG. Ainsi, des cadres et structures de concertation ont déjà été créés pour promouvoir et consolider une gestion économique et sociale concertée à travers ce partenariat. On peut citer :

- le *Comité Interministériel Elargi au secteur Privé (CIESP)* : forum permettant aux milieux d'affaires d'échanger avec le gouvernement sur les grandes orientations de la politique économique et sociale ;
- le *Comité de Compétitivité* : structure permanente ayant pour mission de réguler les rapports entre le secteur public et le secteur privé avec pour objectif de renforcer le partenariat avec le secteur privé et de poursuivre les réformes macro-économiques et structurelles visant à améliorer l'environnement des affaires ;
- les *Agences de Régulation* : au service de la politique sociale de l'Etat, ces agences sont chargées de réguler les relations entre le secteur privé et les pouvoirs publics avec pour souci premier de préserver les intérêts des populations face aux pressions des règles et principes de l'économie du marché. Six agences de régulation ont été déjà créées (Agence de Régulation des Marchés Publics (ARMP), Agence de Régulation des Télécommunications (ART), Agence de Régulation du Secteur de l'électricité Rurale (AER), Agence de Régulation de l'Electricité (ARSEL), Autorité Portuaire, Autorité Aéronautique) ;
- le *Conseil du Partenariat Industriel* ;
- les *Cellules de gestion des ressources PPTE* ;
- les *Cellules de gestion des structures scolaires et hospitalières* ;
- les *Comités et Cellules de Lutte contre la Corruption* ;
- le *Comité National des Droits de l'Homme et des Libertés (CNDHL)* : dont les activités sont élaborées et menées, entre autres, en fonction des orientations de la Décennie des Nations Unies pour l'éducation dans le domaine des droits de l'homme.

La mise en œuvre de tous ces cadres et structures de concertation rejoint les différents objectifs poursuivis par l'approche du « partenariat

[22] Convient-il ici de préciser que les pays de l'OCDE ont un mécanisme pareil. Voir à titre d'exemple le rapport de l'examen par les pairs pour la France de 2004 du Comité d'Aide au Développement (CAD), http://oecd.org/dataoecd/30/53/32563815. pdf

[23] En 2004, dix-sept pays avaient déjà adhéré à ce mécanisme : Afrique du Sud, Algérie, Angola, Burkina-Faso, Cameroun, Ethiopie, Gabon, Ghana, Ile Maurice, Kenya, Mali, Mozambique, Nigéria, Ouganda, République du Congo, Rwanda, Sénégal.

public/privé/société civile » tels que décrits plus haut. Cette mise en œuvre ne se fait pas sans difficulté, loin s'en faut. Ngambo (2001) qui analyse particulièrement le cas des organisations de la société civile au Cameroun recense à la suite d'une enquête, quelques problèmes, dont des problèmes : de gestion des ressources humaines (difficultés de cohabitation entre salariés et bénévoles, rapide rotation de personnel,...) ; de communication interne (sens critique et remise en cause non encouragés, faible fluidité et manque de transparence dans le traitement de l'information,...) ; de financement des activités (ces organisations n'ont pas de fonds propres, les subventions n'arrivent pas à temps, lorsqu'elles finissent par être débloquées ; les fonds disponibles sont souvent utilisés pour des activités hors programmation, velléités de détournement de fonds,...).

Même si la participation du secteur privé au développement du service public ne date pas de l'époque des programmes d'ajustements structurels, la littérature relève que cette approche du « partenariat » est encore dans sa phase d'introduction dans les administrations, même dans les pays développés (où elle effectue un retour dans un contexte qui a énormément changé). Elle peut aujourd'hui apporter une valeur ajoutée significative dans la stratégie de mise en œuvre du paradigme managérial dans l'administration publique ; mais seulement dans des circonstances bien définies et suivant des modalités clairement explicitées dans des contextes spécifiques, comme analysé par exemple par Tor Hermes dans le cas des réformes internes (voir chapitre I, §.2.2). Les types de partenariat, les rôles du partenariat et la façon dont les partenariats seront gérés sont autant de paramètres qui doivent être pris en compte dans une démarche qui vise à développer les outils et à mettre en place l'infrastructure organisationnelle nécessaire pour faire face au défi d'appropriation de cette approche. La philosophie sous-jacente doit reposer sur la création et l'entretien de relations à long terme, basées sur une confiance mutuelle soigneusement cultivée et une volonté de chacune des parties de répondre aux besoins de l'autre de façon innovatrice.

Dans cette démarche, et à titre d'exemple, les points suivants doivent faire l'objet d'une attention toute particulière (Bovaird, 2004 : 225 ; Du Marais, 2005 : 9) :

- *l'imputabilité et la prise de décision doivent être partagées* dans le cadre de partenariats et de réseaux. D'importantes mesures de renforcement de la confiance et de la capacité doivent alors être prises afin que les différents membres du partenariat et du réseau puissent remplir la fonction qui est la leur, de façon rapide et flexible, en ne transgressant pas leur domaine de compétence.
- *les objectifs et les plans doivent être coordonnés et intégrés :* ainsi, les partenaires sont obligés de présenter des qualités telles que l'adaptation

mutuelle à des objectifs communs, qui ne sont parfois que partiels ou temporaires.

- *la gestion du processus de changement stratégique doit être conjointe :* gestion qui se fait généralement sous forme d'équipes de projets faisant intervenir les différents organismes, qui sont alors tenus de remplir les fonctions conjointes de conception du processus global de changement dans le partenariat ou le réseau et de diriger les changements majeurs au sein de leur propre organisation.
- *l'exercice de la régulation par le régulateur doit tenir compte de trois paramètres :* la dimension financière, les données techniques et économiques propres au secteur régulé, le cadre légal et institutionnel général. Le régulateur doit évaluer constamment les effets de toute décision à l'aide de ces trois paramètres qui définissent les sommets du « triangle d'or de la régulation »[24] défini par Du Marais (2005 : 9).

Le chemin est balisé pour le développement d'une administration publique africaine qui s'investit effectivement pour l'amélioration du bien-être des citoyens dans un contexte de mondialisation des économies ; une administration dont la légitimité ne peut plus être fondée que sur les résultats qu'elle obtient dans la lutte contre la pauvreté, la misère et les exclusions sous toutes leurs formes. Le passage à l'application rigoureuse de la nouvelle philosophie adoptée est encore lent, les pesanteurs de la bureaucratie du type wébérien étant encore énormes. Il est pourtant urgent que chacun s'y engage, car les mutations aux plans économique et technologique sont profondes comme on va le voir dans les deux prochains paragraphes, et l'Afrique n'échappe pas à leurs impacts.

3. L'ENVIRONNEMENT ECONOMIQUE

Le contexte économique contemporain de développement des organisations est fortement influencé par différents phénomènes qui remettent fondamentalement en question certains principes d'organisation dont l'hypothèse de stabilité de l'environnement économique formulée par Taylor et les membres de l'école scientifique du management à la fin du XIXè siècle. Ainsi, l'environnement économique dans lequel se déploient les organisations

---

[24] L'auteur définit les trois paramètres ainsi qu'il suit : *dimension financière* (nature du capital (public/privé), structure financière (ex. ratio fonds propres/dette à long terme), construction du capital) ; *données techniques et économiques du secteur* (structure du secteur (degré d'intégration), fonction de production du secteur (existence d'économie d'échelle, d'envergure, de rendements croissants, progrès technique, volatilité des coûts des intrants et des prix) ; *cadre légal et institutionnel général* (réglementation générale applicable ou en préparation, régissant les aspects non directement liés au secteur, environnement, droit du travail, garanties des consommateurs, etc.).

en général a connu des mutations profondes au cours des deux dernières décennies, lesquelles vont en s'amplifiant. Dans la perspective de la maîtrise de la performance des administrations publiques en intégrant entre autres, le principe de l'éthique de la responsabilité (Ngouo, 2000 : 127-129), l'impact de ces mutations est résumé ici à travers deux évolutions majeures :

- l'avènement de la mondialisation qui pose le problème de développement des administrations à l'intérieur des frontières qui ne se définissent plus en fonction de celles de l'Etat-Nation et celui de la compétitivité du secteur privé national ;
- l'émergence de l'approche du « développement durable » (« Sustainable development ») qui suggère une approche globale de la relation entre une organisation et ses parties prenantes en mettant en exergue la nécessité d'offrir aujourd'hui, les possibilités pour les générations futures de répondre à leurs propres besoins.

3.1. La mondialisation

Toutes les économies sont aujourd'hui inscrites dans un processus de globalisation dont certains enjeux essentiels semblent être l'intégration régionale, le dépassement des frontières des nations et l'adoption d'une approche globalisée des différentiations existantes, l'évolution du travail consécutive à l'intensification de l'interdépendance des économies. Pour les entreprises, les territoires ne sont plus substituables, parce que c'est la nature des compétences produites localement, le fonctionnement des marchés locaux et la nature des apprentissages collectifs qu'ils autorisent, l'information qu'ils véhiculent qui dictent leurs choix stratégiques (Longhi et Spindler, 2000 : 19). Elles doivent faire face au défi de la compétitivité.

Traditionnellement, l'espace économique d'un pays se définit en fonction des frontières de l'Etat-Nation. Mais aujourd'hui, avec l'avènement de la mondialisation, l'espace économique s'est agrandi pour devenir mondial. Ainsi, par exemple, les paramètres financiers ne sont plus liés principalement à des décisions prises à l'échelle nationale, mais se rattachent plutôt aux relations économiques que le pays entretient avec la communauté internationale (Adeler, 1994 : 5 ; Bertucci et Alberti, 2002 : 139-144 ; TICAD III, 2004 : 175 ; Longhi et Spindler, 2000 : 13-20). Dans ce contexte, constate Adeler (1994 : 4) « le bien-être économique d'un pays ne peut être maintenu en régissant les conditions à l'intérieur de ses frontières, mais plutôt en édifiant des infrastructures économiques plus attrayantes que celles qui sont offertes par les autres pays ». La norme s'établit alors en cherchant à aller au-delà de ce qu'il y a de mieux dans le monde. S'agissant justement des dépenses d'infrastructures, la littérature relève qu'il existe une corrélation positive entre investissement privé et dépenses d'infrastructures publiques (Longhi et Spindler, 2000 : 52).

Cette évolution a des conséquences notables sur le développement économique de l'Afrique. Les travaux de TICAD III en donnent une illustration :

> *Les défis lancés par la mondialisation, la libéralisation des échanges et les changements technologiques rapides ont lourdement pesé sur la compétitivité des sociétés et des économies africaines, en particulier les sociétés d'exportation dans les secteurs de l'agriculture et de l'industrie. En réalité, les exportateurs africains doivent faire face à un cycle plus court de développement des produits, à des délais plus rapides pour les écouler et aux pressions exercées pour réduire les coûts et les prix. Il faut encore y ajouter le défi que représente la nécessité de se tenir au courant des technologies de l'information et de la communication alimentées par l'Internet qui a changé les pratiques commerciales dans le monde et fourni aux sociétés de nouvelles méthodes de collaboration et de concurrence. Enfin l'Afrique paie un lourd tribut pour son infrastructure inadéquate qui lui fait perdre des occasions de croissance, de réduction de la pauvreté et d'accès aux services qui pourraient améliorer les conditions de vie de ses populations. En fait, l'infrastructure n'est plus traitée isolément mais en étroite relation avec la croissance, le commerce et l'investissement, la mise à disposition de services sociaux et les efforts destinés à réduire la pauvreté. (TICAD III, 2004 : 175-176).*

Une tendance lourde de cette évolution est aussi celle de l'internationalisation (Braibant, 2002 ; Ngouo, 2002) que nous avons relevée à l'introduction de cet ouvrage. Il s'agit comme nous l'observons autour de nous, du rôle croissant des organisations mondiales à vocation générale comme les Nations Unies, ou sectorielles comme celles qui sont chargées de la santé (OMS), de l'éducation et de la Culture (UNESCO), de l'agriculture (FAO), ou du Haut Commissariat des Nations Unies pour les Réfugiés (UNHCR), pour citer quelques exemples. Ces institutions reçoivent, par délégation des Etats, d'importants pouvoirs qu'elles exercent à la place des administrations nationales. Il s'agit également du développement d'organisations internationales à caractère régional ou sous-régional[25]. L'Union Africaine (UA), la Communauté Economique et Monétaire de l'Afrique Centrale (CEMAC), la Communauté des Etats de l'Afrique de l'Ouest (CEEAO), l'Union Economique et Monétaire de l'Afrique de l'Ouest (UEMOA) en sont des exemples bien connus en Afrique. L'administration de ces organisations constitue, pour les

---

[25] Par exemple, membre de l'UA, le Cameroun est aussi membre du Bassin du Lac Tchad, de la Commission des forêts d'Afrique centrale (COMIFA), de l'Agence internationale pour le développement de l'information environnementale (ADIE), de la Communauté Economique des Etats de l'Afrique centrale (CEEAC), de la Communauté économique et Monétaire de l'Afrique centrale (CEMAC)

pays qui en sont membres, un niveau supplémentaire d'administration au-dessus des Etats. Ceux-ci sont ainsi écartelés entre les tendances de la décentralisation/déconcentration (qui entraînent une diffusion du pouvoir au sein de l'Etat) et les besoins de concentration résultant de la nécessité de coordination au niveau international, lesquels poussent à la centralisation.

La construction des regroupements sous-régionaux et régionaux se conjugue avec les lois nationales de décentralisation pour faire émerger de nouvelles légitimités et de nouvelles logiques de développement local. Il s'ensuit la nécessité de mettre en place de nouvelles stratégies organisationnelles que Bertucci et Alberti (2002 : 162) décrivent en ces termes :

> *In the light of current trends, bureaucratic structures no longer work effectively. Debureaucratization and decentralization must go in tandem with new approaches to management, exemplifying openness, adaptability, participation, flexibility, diversity and responsiveness. Many new tasks of governance require public authorities to act as mediators, advocates or promoters, actively seeking partnerships with business and non-governmental organizations, or otherwise endeavouring to engage civil society in the pursuit of developmental objectives. Focal points in departments of government to interface with outside agencies and with the public should also be set up.*

Le contexte local autrefois perçu d'en haut, de l'administration centrale, devient le point de départ de l'analyse des problèmes concrets de gestion publique. Cependant et dans un contexte de globalisation, cette nouvelle approche implique le recours à des points de référence internationaux pour produire des solutions locales tenant compte des spécificités nationales. Cette dynamique est résumée par la formule *« penser globalement et agir localement »*. Le texte de l'encadré 2-7 qui est tiré de l'ouvrage de Stiglitz (2002 : 34-35) « la grande désillusion » illustre ces différents aspects de la mondialisation avec un éclairage sur le rôle joué par les institutions financières internationales et leur influence sur les choix des politiques locales de développement.

Toutefois l'insertion dynamique des pays en développement dans ce mouvement mondial est fortement entravée par le dysfonctionnement des institutions, l'infrastructure et le manque de stimulants dont les entreprises nationales ont besoin pour être compétitives (TICAD III, 2004 :188). La 3ème Conférence Internationale de Tokyo sur le développement de l'Afrique relève à cet égard qu'au nombre des facteurs les plus importants qui favoriseront le développement du secteur privé africain figurent la stabilité macro-économique, un système financier efficace, des marchés compétitifs, la stabilité politique et sociale, un cadre juridique et un cadre politique. Tous des facteurs à bâtir et dont la mise en place incombe à l'Etat et à l'administration publique de chaque pays.

ENCADRE 2-7 : QU'EST-CE QUE LA MONDIALISATION, une analyse de Stiglitz, Prix Nobel d'économie

> Qu'est ce que cette mondialisation qui inspire simultanément tant de critiques et tant d'éloges ? Fondamentalement, c'est l'intégration plus étroite des pays et des peuples du monde qu'ont réalisée d'une part, la réduction considérable des coûts du transports et des communications, et, d'autre part, la destruction des barrières artificielles à la circulation transfrontière des biens, des services, des capitaux, des connaissances et (dans une moindre mesure) des personnes. La mondialisation s'est accompagnée de la création d'institutions nouvelles, qui se sont unies à d'autres, préexistantes, pour coopérer par-delà les frontières. Dans la société civile internationale, de nouveaux regroupements, tel le mouvement du Jubilé, qui fait campagne pour une remise des dettes aux pays les plus pauvres, établissent des fronts communs avec des organisations aussi bien établies que la Croix-Rouge Internationale. La mondialisation est énergiquement propulsée par les firmes transnationales, qui font circuler par-dessus les frontières non seulement des capitaux et des produits mais aussi des technologies. Et elle conduit à regarder d'un œil neuf des institutions internationales intergouvernementales qui existent depuis longtemps : les Nations Unies, qui s'efforcent de maintenir la paix ; l'Organisation Internationale du Travail, qui fait avancer dans le monde entier le programme que résume son mot d'ordre : "Un travail décent" ; l'Organisation Mondiale de la Santé, qui s'est particulièrement préoccupée d'améliorer la situation sanitaire du monde en développement.
> Beaucoup de ces aspects de la mondialisation – la plupart, peut-être – ont été bien accueillis : personne ne veut voir mourir ses enfants quand le savoir et les médicaments pour les sauver existent ailleurs. Ce qui a déchaîné les controverses, ce sont ses aspects strictement économiques, et les institutions internationales qui ont fixé des règles de nature à imposer ou promouvoir, par exemple, la libération des marchés financiers (l'élimination des réglementations stabilisatrices que de nombreux pays en développement avaient conçues pour contrecarrer la volatilité des flux de capitaux, entrants et sortants).
>
> Pour comprendre ce qui ne va pas, tournons-nous vers les trois grandes institutions qui gouvernent la mondialisation : le FMI, la Banque Mondiale et l'OMC. Certes, un grand nombre d'autres institutions jouent aussi un rôle dans le système économique international : plusieurs banques régionales, petites sœurs plus jeunes de la Banque Mondiale, et un grand nombre d'organisations de l'ONU, tels le Programme des Nations pour le Développement (PNUD) ou la Conférence des Nations Unies pour le Commerce et le Développement (CNUCED). Ces institutions ont souvent des idées tout à fait distinctes de celles du FMI et de la Banque Mondiale ? L'Organisation Internationale du Travail, par exemple, regrette que le FMI accorde si peu d'attention aux droits des travailleurs : la Banque de Développement Asiatique préconise, de son côté, un "pluralisme concurrentiel" qui consisterait à indiquer à un pays plusieurs stratégies de développement alternatives, en particulier le "modèle asiatique" dans lequel l'Etat, tout en prenant appui sur les marchés, intervient très activement pour les créer, les façonner, les guider, se faisant même le promoteur de technologies nouvelles, tandis que les entreprises assument de très importantes responsabilités de soutien social à leurs salariés : ce modèle est nettement différent du modèle américain cher aux institutions basées à Washington.

Source : Stiglitz, Joseph E. (2002 : 34-35)

Le défi à cet égard est énorme et interpelle tous les acteurs. L'Administrateur du Programme des Nations Unies pour le Développement observe par exemple que l'objectif du millénaire de réduire la pauvreté de moitié d'ici 2015 (tableau 2-3) ne pourra pas être atteint avant ***2147*** en Afrique si les tendances actuelles du développement de ce continent se poursuivaient (TICAD III, 2004 : 227). Il résume ces tendances à l'aide des données suivantes :

> *Pratiquement un enfant africain sur six meurt avant l'âge de cinq ans ; le taux d'inscription au niveau primaire reste globalement inférieur à 60%. L'Afrique a 10% de la population mondiale mais elle soufre de la moitié des problèmes fondamentaux de santé du monde, plus particulièrement des épidémies dévastatrices de VIH/SIDA et de paludisme.*

Face à une telle réalité, une approche globale du développement devient un impératif, particulièrement pour l'administration publique dont la raison d'être est de promouvoir le bien-être des citoyens. En effet, à ce sujet, les économistes nous rappellent que le développement entraîne de nombreuses évolutions, et l'évaluation de son incidence sur le bien-être dépend de l'importance attachée à chaque type d'évolution. Gillis et al. (1998 : 103) précisent :

> *La priorité variable que l'on donne à la croissance, aux inégalités et à la misère débouche sur des estimations différentes. Une technique de mesure donnée peut refléter les valeurs de celui qui effectue l'évaluation, d'autres observateurs pouvant sûrement défendre des valeurs différentes. Cependant, tous sont généralement d'accord pour estimer que le succès du développement - quant au bien-être - passe par la hausse de la production individuelle, la réduction de la misère, l'amélioration de la santé et l'allongement de la vie et exclut, en tout cas, une aggravation importante des inégalités.*

Un aspect important à intégrer désormais dans le choix des modèles de croissance ou de développement à retenir, eu égard aux conséquences et aux impacts des évolutions observées dans tous les domaines, est celui de la durabilité et de l'éthique de la responsabilité qui renvoie à la prise en compte aujourd'hui, des besoins des générations futures.

3.2. L'approche du développement durable

Aucun système de gestion de développement – qu'il soit capitaliste (économie de marché) ou socialiste (propriété et contrôle publics des moyens de production) pour reprendre les termes de cette dichotomie qui marque le monde d'aujourd'hui– n'est en soit parfait. Dans la recherche de la solution qui permettra de tenir compte des générations futures, le modèle de développement durable est en construction.

Le but poursuivi par le développement durable est d'améliorer progressivement le bien-être des citoyens en ayant à l'esprit que pour pouvoir assurer un niveau de bien-être constant ou croissant aux générations futures, « il importe de maintenir certaines ressources en quantités suffisantes, surtout lorsque leur raréfaction ou leur dégradation entraînerait des pertes irréversibles et lorsque ces ressources sont directement impliquées dans leur bien-être » (Banque Mondiale, 2003 : 17). Bien-être qui signifie, suivant la définition de la Banque Mondiale (2003 : 15) : avoir la capacité et la possibilité de construire sa propre vie ; avoir le sentiment de sa propre valeur, sentiment renforcé par des liens familiaux et sociaux, par l'intégration et par la participation à la société ; avoir la sécurité physique et les libertés civiques et politiques fondamentales ; pouvoir apprécier l'environnement et en jouir, sans compromettre irrévocablement les processus naturels qui le produisent et le renouvellent.

La résolution 50/225 de l'Assemblée Générale des Nations Unies (ONU, 1996, A/RES/50/225, par. 8), résolution adoptée par voie de consensus (Bertucci et Alberti, 2005 : 365) réaffirme que :

> *Les gouvernements de tous les pays devraient promouvoir et protéger tous les droits de l'homme et toutes les libertés fondamentales, y compris le droit au développement, en ayant à l'esprit que la démocratie, le développement et le respect des droits de l'homme sont interdépendants et se renforcent mutuellement, et faire en sorte que les institutions publiques soient plus attentives aux besoins de la population.*

Nous choisissons cette résolution pour introduire l'approche de développement durable, non seulement pour en situer le degré d'importance telle que déclarée par les acteurs politiques au niveau le plus élevé, mais également pour pointer du doigt son caractère *structurant* dans l'analyse et l'évaluation des politiques de développement telles qu'admises par les économistes du développement et la communauté internationale en cette aube du troisième millénaire.

La définition de cette approche adoptée par la Banque Mondiale depuis 1987 (Commission Brundtland), retient qu'il s'agit d'un *« progrès qui permet de répondre aux besoins du présent, sans compromettre la possibilité pour les générations futures de répondre à leurs propres besoins »*[26]. La nécessité de cette approche dans une perspective économique se justifie par l'intégration dans les analyses économiques, des facteurs qui entraînent l'échec du jeu du marché en amenant les agents privés à prendre des décisions qui maximisent leurs gains, mais causent à d'autres, et à la société dans son ensemble, des pertes qui ne sont pas compensées. A titre d'illustration, Gillis et al. (1998 : 203) décrivent le phénomène de l'insuffisance du marché dans le cas du milieu naturel, phénomène auquel nous sommes si familiers :

> *L'accès au milieu naturel est libre. Les industriels et les agriculteurs qui rejettent leurs déchets dans l'air ou dans l'eau ou créent des décharges terrestres toxiques causent des problèmes de santé à la population concernée,*

---

[26] www.wordbank.org/depweb/english/sd.html

diminuent la valeur du sol dans la région en cause, détruisent le potentiel de loisirs et, sur un plan général, réduisent le bien-être des gens qui attachent de l'importance à la pureté du cadre naturel. Les sociétés d'exploitation forestière qui procèdent à la coupe d'une forêt ombrophile détruisent l'habitat d'espèces végétales et animales précieuses pour d'autres, et notamment pour les autochtones qui peuvent en tirer parti ou les touristes écologiques qui apprécient simplement de les voir.

Outre son impact sur la conception et l'élaboration des politiques publiques, l'enjeu du développement durable dans le cadre d'une organisation est triple (Calisti et Karole Wicz, 2005 : 14) et consiste à : 1°) accroître sa propre performance ; 2°) développer son efficacité environnementale au sens d'une organisation éthique et citoyenne ; 3°) favoriser le développement social à travers l'adoption d'un système de management qui vise le développement durable des ressources humaines.

Nous dégagerons ici les principales articulations de cette approche et leurs impacts sur l'administration publique.

3.2.1. Les aspects fondamentaux du développement durable

La Banque Mondiale a consacré son rapport annuel sur le développement dans le monde de 2003 sur le thème « Développement durable dans un monde dynamique : améliorer les institutions, la croissance et la qualité de vie ». Comme le souligne la Banque dans ce rapport, pour assurer le développement durable, il est nécessaire de s'attacher à trois aspects fondamentaux de la durabilité que sont : *l'aspect économique, l'aspect écologique* et *l'aspect social.* Le rapport précise (Banque Mondiale, 2003 : 4) :

Le processus du développement doit pouvoir changer et se transformer. Les économies évoluent, les sociétés et les cultures évoluent, la nature évolue, mais elles évoluent à des vitesses différentes, ce qui provoque des tensions dont il convient de se préoccuper et qu'il faut gérer. Par ailleurs, dans un contexte de mondialisation, l'ampleur et la vitesse croissante des changements affectant les activités humaines dépassent parfois le rythme auquel les processus naturels et les écosystèmes seraient susceptibles de s'adapter. La mondialisation et l'évolution technologique de plus en plus rapide altèrent aussi la nature des interactions sociales et l'efficacité des institutions existantes. Si la mondialisation et l'évolution technologique présentent un certain nombre d'avantages, elles peuvent avoir des effets pervers et délétères si les institutions, aux niveaux local, national et international, n'évoluent pas assez rapidement pour affronter les retombées négatives. Par ailleurs les effets des caractéristiques passées du développement commencent à se faire sentir, certains sentiers de la croissance s'en trouvant plus limités ou plus coûteux.

Les économistes sont formels. Pour eux, si par exemple, le rythme d'épuisement des ressources naturelles « est supérieur à celui de leur reconstitution ou de leur remplacement par un capital d'origine humaine, le maintien d'un développement durable à l'échelle d'un pays ou de l'univers sera impossible » (Gillis et al., 1998 : 202).

Au plan économique, des avancées considérables ont été enregistrées au cours des 30 dernières années. Cependant, ces avancées ont été accompagnées d'effets négatifs au double plan social et écologique qu'il faudrait éviter de reproduire au cours des prochaines années si l'on veut atteindre l'objectif du Développement Durable. A titre d'exemple, ces effets ont trait aux points suivants (Banque Mondiale, 2003 : 2-3) :

- *la pauvreté* qui représente toujours un défi à relever, notamment dans les pays africains où le nombre d'individus très pauvres est plutôt en progression régulière ;
- *les inégalités* qui sont en aggravation, principalement à cause de la croissance insuffisante des pays les plus pauvres ;
- *les conflits* qui constituent une dévastation de par leurs coûts élevés, leur annihilation des effets positifs du développement passé et le climat de défiance qu'ils laissent en héritage aux générations futures ;
- *l'atmosphère* qui est de plus en plus polluée. Ainsi par exemple, au cours des 50 dernières années, le surplus de nitrate provenant principalement des engrais chimiques, des effluents humains et de l'utilisation des combustibles fossiles dans la production de l'énergie, a commencé à bouleverser le cycle planétaire de l'azote et à provoquer toute une série de perturbations allant de la perte de fertilité des sols à des substances organiques en excès dans les lacs, les fleuves et les eaux côtières ;
- *l'eau douce* de plus en plus rare, dans certaines régions, la disponibilité en eau deviendra l'un des problèmes les plus pressants du 21e siècle ;
- *les sols* qui sont dégradés, entraînant des pertes de productivité importantes dans certaines zones ;
- *les forêts* qui sont détruites, notamment dans les pays en développement où la déforestation progresse à un rythme inquiétant ;
- *la biodiversité* qui est en train de disparaître, des statistiques révèlent que 20 % de l'ensemble des espèces animales et végétales en danger sont menacées par d'autres espèces introduites par l'activité humaine et qui sont étrangères à la région concernée ;
- *les ressources halieutiques* qui sont en déclin ; ainsi les statistiques révèlent également que les activités humaines menacent environ 58 % des récifs coralliens et 34 % des espèces de poissons de la planète. Globalement, sur l'ensemble des réserves halieutiques exploitables dans le monde, 70 % font l'objet d'une exploitation intensive ou d'une surexploitation et d'une diminution de rendement.

Aussi, l'approche de développement durable est-elle au centre des Objectifs du Millénaire pour le Développement (OMD) adoptés en 2000 par les 189 Etats membres des Nations Unies pour la période 2000-2015, et qui sont de :

- réduire l'extrême pauvreté et la faim ;
- assurer l'éducation primaire pour tous ;
- promouvoir l'égalité des sexes et l'autonomisation des femmes ;
- réduire la mortalité infantile ;
- améliorer la santé maternelle ;
- combattre le VIH/SIDA, le paludisme et d'autres maladies ;
- assurer un environnement durable ;
- mettre en place un partenariat mondial pour le développement.

Le tableau 2-3 présente les résultats attendus et les indicateurs de mesure de la performance à réaliser dans la poursuite de ces objectifs. Qu'on ne s'y trompe pas, 2015 est déjà à la porte et on peut craindre qu'au bilan, aucun résultat significatif ne soit enregistré, du fait de notre refus de changer nos systèmes bureaucratiques.

Pour bien circonscrire la notion de durabilité (notion qui est appelée à évoluer dans le temps) et pouvoir mesurer les progrès accomplis, l'appropriation de l'approche du développement durable nécessite, entre autres, une révision de la structure des trois facteurs que sont : i) les préférences individuelles ; ii) l'intensité en ressources requises par les technologies ; et iii) l'horizon temporel à retenir pour les différentes décisions prises dans le présent et dans la perspective d'une vision dynamique à long terme de la durabilité.

TABLEAU 2-3 : LES OBJECTIFS DU MILLENAIRE POUR LE DEVELOPPEMENT, 2000-2015

Les 189 Etats membres de l'Organisation des Nations Unies se sont engagés à réaliser de 2000 à 2015, les objectifs suivants :

1. Réduire l'extrême pauvreté et la faim

- Réduire de moitié la proportion de la population dont le revenu est inférieur à un dollar par jour.
- Réduire de moitié la proportion de population qui souffre de la faim.

2. Assurer l'éducation primaire pour tous

- Donner à tous les enfants, garçons et filles, les moyens d'achever un cycle complet d'études primaires.

3. Promouvoir l'égalité des sexes et l'autonomisation des femmes

- Eliminer les disparités entre les sexes dans les enseignements primaires et secondaires d'ici à 2005, si possible, et à tous les niveaux de l'enseignement en 2015 au plus tard.

4. Réduire la mortalité infantile

- Réduire de deux tiers le taux de mortalité des enfants de moins de 5 ans.

5. Améliorer la santé maternelle

- Réduire de trois quarts le taux de mortalité maternelle.

6. Combattre le VIH/SIDA, le paludisme et d'autres maladies

- Stopper la propagation du VIH/SIDA et commencer à inverser la tendance actuelle.
- Maîtriser le paludisme et d'autres grandes maladies et commencer à inverser la tendance actuelle.

7. Assurer un environnement durable

- Intégrer les principes du développement durable dans les politiques nationales, inverser la tendance actuelle à la déperdition des ressources environnementales.
- Réduire de moitié le pourcentage de la population qui n'a pas accès de façon durable à un approvisionnement en eau potable.
- Améliorer sensiblement la vie d'au moins 100 millions d'habitants de taudis d'ici à 2020.

8. Mettre en place un partenariat mondial pour le développement

- Poursuivre la mise en place d'un système commercial et financier multilatéral ouvert.
- S'attaquer aux besoins particuliers des pays les moins avancés.
- Répondre aux besoins particuliers des Etats enclavés et des petits Etats insulaires en développement.
- Traiter globalement le problème de la dette des pays en développement.
- En coopération avec les pays en développement, créer des emplois décents et productifs pour les jeunes.
- En coopération avec l'industrie pharmaceutique, rendre les médicaments essentiels disponibles et abordables dans les pays en développement.
- En coopération avec le secteur privé, mettre les avantages des nouvelles technologies de l'information et de la communication à la portée de tous.

Suivant l'aspect social de la durabilité, par exemple, les auteurs du rapport de la Banque Mondiale sur le développement dans le monde de 2003 relèvent avec pertinence que des conflits sociaux pourraient conduire à une rupture du processus d'accumulation ou de préservation de toutes les ressources, et de ce fait, compromettre le bien-être des générations futures (Banque mondiale, 2003 : 16).

Dans l'optique, non pas de mesurer la durabilité à l'aide d'indicateurs précis (qui sont d'ailleurs encore en cours d'élaboration, notamment pour l'aspect social), mais plutôt de diagnostiquer à temps des problèmes spécifiques et initier les réformes nécessaires aux changements requis pour améliorer le système de gestion des ressources, par exemple, il apparaît important de cerner la typologie des ressources nécessaires et leurs différentes interactions en vue de la satisfaction du bien-être humain. A ce sujet, le rapport de la Banque sur le développement dans le monde de 2003, identifie cinq types de ressources dont la qualité et la quantité peuvent influencer de façon déterminante le niveau de satisfaction des exigences du bien-être des individus dans un pays : les ressources humaines, les ressources naturelles, les ressources fabriquées, les ressources de la connaissance et les ressources sociales ou relationnelles. Les auteurs du rapport décrivent ces ressources et schématisent (figure 2-2) la dynamique de leur interaction comme suit (Banque mondiale, 2003 : 21-22) :

- *ressources humaines* : les dispositions innées, talents, compétences et aptitudes des individus, ainsi que les effets de l'éducation et de la santé.
- *ressources naturelles :* renouvelables ou non. Leurs fonctions sources entrent dans la production et dans l'utilité en tant qu'inputs – forêts, ressources halieutiques, gisements et forces naturelles (comme les vents et les courants). Elles ont aussi la fonction de recevoir et de recycler les outputs inutilisables de la production et de la consommation – l'air, l'eau et les sols absorbent la pollution et les déchets engendrés par les activités humaines. De manière plus fondamentale, la nature assure des services indispensables à la vie, des services dont dépendent le bien-être et la vie elle-même. A ce jour, malgré tous les progrès de la technologie, on n'a trouvé aucun moyen de remplacer en totalité ces services par des alternatives artificielles.
- *les ressources fabriquées :* les produits créés et fabriqués, en particulier ceux utilisés dans la production : machines, équipements, constructions et réseaux physiques, ainsi que les ressources financières.
- *les ressources de la connaissance :* « la connaissance codifiée », qui est facilement transférable dans l'espace et dans le temps (contrairement à la connaissance « tacite », qui concerne l'expérience individuelle et le jugement acquis et ne peut donc pas être facilement transférée, tant qu'elle n'a pas été codifiée).
- *les ressources sociales (ou relationnelles) :* la confiance et les réseaux interpersonnels, ainsi que les valeurs comprises et partagées qui en procèdent – qui facilitent la coopération au sein d'une collectivité ainsi qu'entre les collectivités.

FIGURE 2-2 : LIEN ENTRE LES RESSOURCES NATURELLES ET LE BIEN-ÊTRE HUMAIN

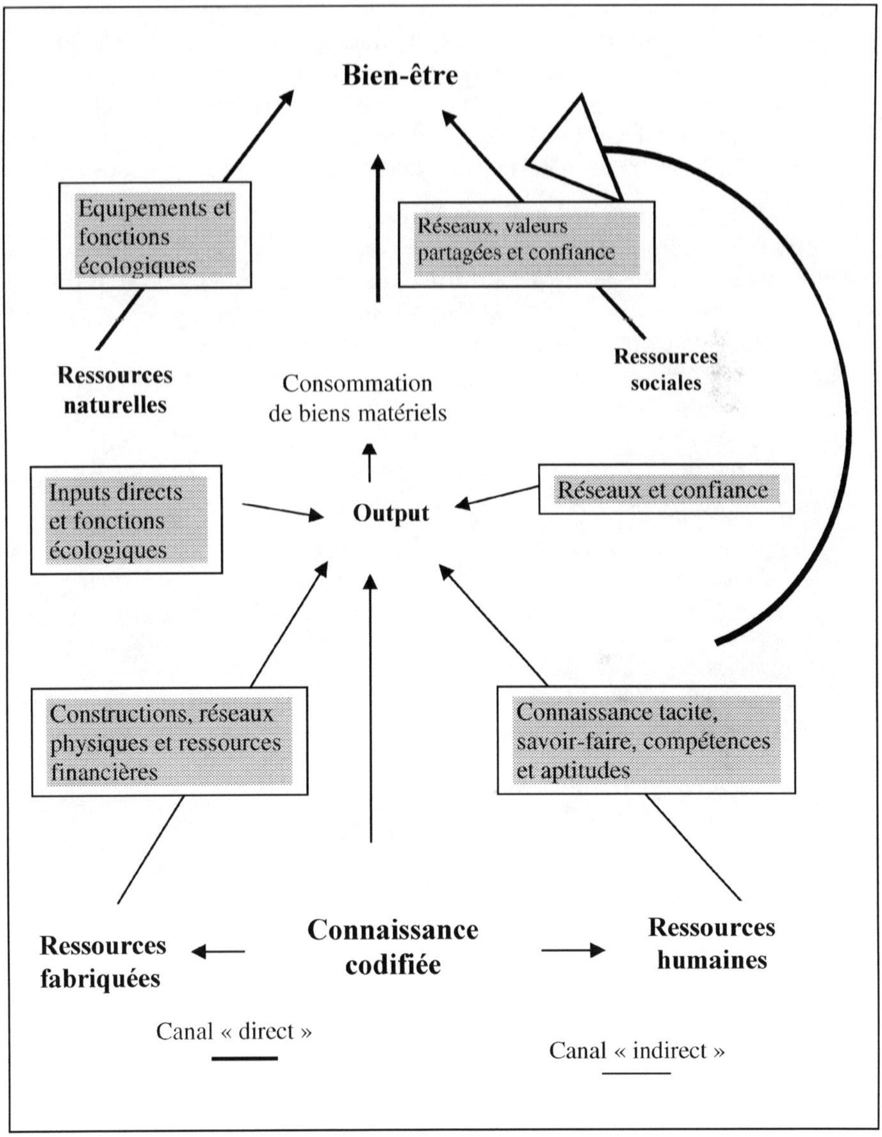

Source *: Banque Mondiale, rapport 2003, (2003 :21)*

Les ressources sociales et environnementales améliorent le bien-être humain *directement* de par leur existence même (par exemple la disponibilité d'avoir confiance en quelqu'un ou d'apprécier un cadre naturel). Elles l'améliorent aussi *indirectement* à travers leur contribution à la production et au bien-être matériel. Une forêt tropicale peut fournir le bois qui servira d'input à la production de meubles et de maisons. Les services écologiques que rend une forêt sur pied – comme le contrôle du flot aquatique et la protection contre les tempêtes – peuvent aussi inclure l'amélioration de la production agricole. Et les fonctions écologiques complexes de la forêt sont fondamentales pour la vie d'un certain nombre d'espèces qui sont importantes pour le fonctionnement et la survie de la forêt, laquelle apporte aux humains des avantages matériels et des plaisirs esthétiques.

Dans le cadre de la réalisation de sa raison d'être, et suivant une démarche de la gestion par la performance, chaque administration doit intégrer les implications de ces liens et inclure une dimension « développement durable » dans son plan stratégique pour pouvoir véritablement en tenir compte. En Afrique, l'exemple suivant montre que le risque de la surexploitation des ressources halieutiques n'est pas théorique. Cet exemple qui traite du cas d'un pêcheur sur un lac d'Afrique, peut servir de modèle pour l'analyse des mécanismes d'exploitation des ressources naturelles renouvelables en général. Les auteurs du cas (Gillis et al., 1998 : 208) écrivent :

> *Une fois que [le pêcheur] est en possession d'un bateau et d'un filet, sa pêche lui coûte simplement le coût d'opportunité de son temps, lequel est probablement très faible, alors que son retrait ne lui rapporte rien, mais bénéficie aux autres pêcheurs. Dés lors, l'incitation à quitter ce secteur d'activité est faible. [Ce comportement] explique l'épuisement des zones de pêches de l'Atlantique septentrional, de la région du courant de Humbolt le long des côtes péruviennes, et de certains lacs d'Afrique.*

3.2.2. L'impact du développement durable sur l'administration publique

L'appropriation de cette nouvelle approche par l'administration publique nécessite qu'elle passe rapidement à l'étape d'application de la nouvelle philosophie déjà adoptée pour se revitaliser. Elle pourra ainsi tirer profit des avantages (en termes de données d'expérience, de connaissances, de compétences et ressources) des partenariats entre les divers acteurs pour répondre aux besoins diversifiés du public (Banque mondiale, 2003 : 16-22, 215-232 ; Bertucci et Alberti, 2005 : 371). L'instauration d'un mécanisme approprié de suivi des performances constitue aussi un moyen identifié comme étant utile pour aider les Gouvernements, les entreprises et les autres organisations à comprendre l'importance des impacts de leur propre activité dans la dynamique de la synergie créée. L'application rigoureuse des approches de gestion par la performance et de la valeur optimale serait ici d'un grand apport, grâce notamment à leur caractère systémique.

Par rapport à l'éthique de responsabilité qui est consubstantielle ici à la notion de durabilité (éthique de l'équité entre générations), elle concerne, d'une part, l'avenir des administrations publiques et la solidarité dans le développement des synergies nécessaires et, d'autre part, la congruence de chaque acteur (Atangana Mebara, 2001 : 57-66 ; Bourgeault, 1990 : 97-117 ; Ngouo, 1997 : 558-561 ; 2000 : 127-129).

S'agissant des ressources sociales comme présentées ci-haut, le contexte culturel africain est caractérisé par un univers cosmogonique riche et diversifié consistant entre autres en : i) l'adoption de l'approche existentielle des problèmes (les valeurs liées à la vie et à l'épanouissement de l'individu sont privilégiées) ; ii) la richesse et la diversité de l'univers cosmogonique (à chaque fait social, à chaque comportement humain, une signification originelle et parfois métaphysique est attribuée) ; iii) la prépondérance des valeurs communautaires (l'individu est inséré dans un tissu social dont il ne peut difficilement sortir, au risque d'être isolé par le groupe). Ces réalités en ajoutent à la complexité des problèmes à résoudre, notamment au plan de l'éthique, pour relever le défi de la revitalisation de l'administration publique. A ces considérations cosmogoniques, il faut ajouter l'urgence de l'instauration d'une paix durable en Afrique, conditions préalables à un développement durable dans ce continent (Nations Unies, 2002 : TICAD III, 2004).

Du point de vue de la réforme administrative, la responsabilité des intervenants qui doivent revitaliser les administrations publiques se traduit par la capacité à élaborer *une méthodologie claire de formulation et d'analyse de problèmes et d'implantation des solutions qu'ils seront amenés à préconiser*. Ici apparaissent trois ordres de difficultés à surmonter : i) *l'adoption d'une représentation commune* et partagée de la réalité de la situation problématique. C'est ici que les éléments de la diversité de perceptions du problème au sein de l'organisation (dimension épistémologique de la complexité des problèmes) sont abordés. Au plan de l'éthique, comment choisir les modèles qui intègrent les enjeux de l'avenir de l'organisation ? ii) *la clarification du mandat des intervenants*. La littérature (Landry et Malouin, 1983 ; Tessier, R. et Tellier, Y. 1992) souligne avec insistance à quel point la relation d'intervention en développement des organisations est source d'ambiguïtés : disparités entre les attentes du client et son comportement dans les faits ; écarts entre les attentes du client et celles des autres intervenants ; disparités entre les attentes elles-mêmes, certaines étant inavouées. Si l'ambiguïté qui caractérise certaines de ces situations d'intervention est probablement inévitable, il est cependant de la responsabilité éthique/professionnelle des spécialistes en gestion du changement de faire, au début de la relation d'intervention, l'exercice de différenciation requis en fonction des situations ; iii) *l'utilisation optimale des ressources* de l'organisation. Il s'agit ici de faire le lien indissociable (sous peine d'inefficacité) entre le contenu et le processus du programme de réforme à implanter. L'enracinement des changements à effectuer est à ce prix. Le défi consiste pour chaque intervenant à bien identifier les principaux acteurs impliqués dans la démarche et de prendre ses propres responsabilités vis-à-vis de chacun d'eux, dans le cadre des différents rôles que la réalisation de son mandat pourra l'amener à jouer (chapitre 1) : Conseiller, théoricien, animateur, formateur, ...

La complexité aussi bien de la réalité des administrations publiques en général que des problèmes abordés sous l'angle du développement durable, de même que l'ambiguïté de la relation d'intervention en matière de réforme administrative contribuent tous à confirmer l'hypothèse qui pose que le succès des réformes à introduire passe inéluctablement par une *responsabilité commune et différenciée.* L'éthique de la responsabilité sur ce plan, souligne Bourgeault, « cherche à articuler dans la complémentarité les droits et les responsabilités-entrant éventuellement en conflit les uns avec les autres- de partenaires égaux ». A cet égard, Tessier (in Tessier, R., Tellier, Y., 1992 : 32) suggère qu'il soit inventé des modèles autonomistes de relation d'intervention en matière de réforme administrative. A l'intérieur d'un tel modèle, écrit-il : *« la dépendance comme la contre-dépendance seraient à dépasser progressivement dans l'ascension à une relation d'interdépendance fonctionnelle où le client demeure « l'expert du dedans », [...] pendant que le Consultant tient le rôle de « l'expert du dehors », [...] le particularisme du coup d'œil de l'intérieur étant complété par la généralité du point de vue de l'extérieur ».*

En même temps devrait-on être conscient des limites de ces deux perspectives à suffire à la résolution des problèmes abordés. Il s'ensuit alors la deuxième dimension de l'éthique de responsabilité, la solidarité, qui doit se traduire par la *vigilance constante.* Cette nécessaire vigilance constante invite, au plan de l'éthique, à faire appel à un *contrôle social* du processus de réforme en cours d'implantation : débats sur les grands enjeux des réformes, représentation des usagers des services publics dans les organes de décisions relatives aux réformes, etc.

J. de Rosnay (2007 : 132-133) résume les bases du développement durable en dix commandements dont les deux suivants qui sont relatifs aux notions d'écoéthique et d'écocitoyen et qui s'inscrivent dans la logique de ces deux dimensions de l'éthique de responsabilité :

- *mettre en œuvre l'écoéthique, c'est-à-dire une éthique de l'environnement qui permettra de transmettre aux générations futures la planète telle qu'on aurait aimé la trouver en arrivant ;*

- *envisager chacun de ces actes [les dix commandements du développement durable] dans un contexte systémique, en le situant dans l'écosystème, c'est-à-dire en insistant sur l'importance des écocitoyens (et non plus des égocitoyens) ainsi que sur celle de l'organisation collective. Chacun doit savoir que son petit geste, multiplié par des millions, contribue à mieux gérer la planète et à la rendre « sustainable ».*

L'atteinte durable des objectifs du développement durable nécessite, comme on peut ainsi le comprendre, des modifications de comportements des acteurs, beaucoup plus que l'élaboration de procédures nouvelles ou l'adoption de modalités d'organisation et de gestion différentes. Aussi, est-il critique que les principaux acteurs de ce changement *prêchent par l'exemple*. Et c'est ici qu'il s'avère indispensable pour eux de relever les défis de la congruence. Ce qui revient à fournir constamment l'effort nécessaire d'unification de ce qui est pensé, ce qui est dit et ce qui est fait. Comme le relève Tremblay (in Tessier, R., Tellier, Y., 1992 : 42), *« les comportements véhiculent les attitudes et le vécu, bien avant d'exprimer la pensée, surtout lorsque ces deux derniers niveaux sont en désaccord ».*

Au plan de l'éthique de la responsabilité, le principe de la congruence pose, entre autres, le problème de la crédibilité des intervenants. Cette crédibilité est au cœur du principe même de *l'éthique professionnelle* entendue au sens de : l'intégrité professionnelle, la coïncidence des valeurs exprimées et des conduites quotidiennes ; la loyauté ultime (respect de la constitution, des lois, des valeurs organisationnelles...) ; la responsabilité (voir par exemple la charte de la Fonction Publique africaine).

Selon les économistes, même dans une économie de marché satisfaisante, les pouvoirs publics doivent intervenir pour remédier aux facteurs externes et assurer le jeu rationnel des forces du marché (Gillis et al., 1998 : 212). Malheureusement cette intervention peut s'accompagner des effets pervers qui vont amener la croissance économique à se faire au détriment de la durabilité. Une politique peut favoriser le gaspillage des ressources et la dégradation du milieu naturel, telle par exemple la subvention de la production de produits de base qui dégradent les ressources naturelles ou la violation des droits de propriété par des moyens qui favorisent une exploitation cupide. Toutes ces mesures et les risques qui les accompagnent interpellent chaque acteur à réfléchir à ses responsabilités face à l'avenir et aux actions qu'il doit engager pour en assumer les conséquences, le moment venu. Il ne s'agit pas de la quadrature du cercle, car nous rassure la littérature, pour tout pays dont *l'économie et les ressources sont gérées par une politique appropriée*, le développement économique peut être durable, ce pays pouvant faire appel aux ressources, à l'épargne et aux techniques d'autres pays (Gillis et al., 1998 :

234). Mais quelle politique appropriée pourrait-on adopter pour les pays pauvres ? Les économistes observent la tendance suivante face à cette préoccupation (Gillis et al., 1998 : 239) :

L'extrême pauvreté accroît les difficultés de la conservation des ressources naturelles, mais les principes de la politique à suivre dans ce domaine apparaissent également applicables aux producteurs et aux consommateurs, tant démunis que riches. Là où les paysans, les forestiers ou les pêcheurs économiquement défavorisés seront titulaires de titres de propriété garantis, ils agiront dans leur intérêt propre pour exploiter les ressources naturelles dans une perspective durable. Là où les nomades, les migrants et les paysans sans terre n'auront pas de biens à protéger, ils risqueront davantage de dégrader le milieu naturel.

Face à tous ces défis, le continent africain apparaît être particulièrement interpellé par cette leçon de l'Histoire reprise dans le rapport de la Banque mondiale sur le développement dans le monde en 2003 (2003 : 225) :

Aujourd'hui, les leçons de l'Histoire sont plus évidentes que jamais, ainsi par exemple :i) la prospérité et le bien-être, comme la paix, sont indivisibles et doivent être partagés pour pouvoir durer ; ii) deux générations – soit cinquante ans – suffisent pour éradiquer la pauvreté et pour s'orienter vers un développement durable.

Cependant, négocier cette grande transformation au cours des 20 à 50 prochaines années suppose un engagement renouvelé de la part de tous les pays – pays développés et pays en développement – par rapport à cette vision commune globale. C'est un projet ambitieux mais réalisable. Un certain nombre de petits pays initialement pauvres comme le Danemark, l'Irlande, le Japon, la Malaisie, la Norvège et la Corée du Sud ont su, à un moment ou à un autre de l'Histoire, passer en l'espace de deux générations d'une situation caractérisée par l'analphabétisme et la pauvreté en masse à l'alphabétisation et à l'affluence. Ces pays se sont industrialisés après les autres, dans une économie mondiale déjà dominée par des géants. L'exemple de l'Union Européenne montre comment la perspective d'une intégration mutuellement profitable peut entraîner les pays les plus pauvres à adopter des normes plus strictes en matière de gestion de l'environnement et de l'économie tandis que les pays les plus riches apportent les ressources nécessaires et les aident à augmenter leurs capacités. L'expérience du Dust Bowl, aux Etats-Unis, montre que des petits Etats n'ont pu résoudre leurs problèmes que grâce aux possibilités de migration offertes par les autres Etats, et que c'est une chaîne de connaissances et de ressources financières des autres Etats qui leur a permis de retrouver la santé pour plusieurs décennies.

L'Afrique saura-t-elle saisir l'opportunité qu'offrent les mutations qui accompagnent l'émergence de la société de l'information pour appliquer cette leçon de l'Histoire ?

4. L'ENVIRONNEMENT TECHNOLOGIQUE

L'environnement technologique est caractérisé, en cette fin du vingtième siècle, par une accélération du rythme de l'innovation technologique, notamment dans le domaine de l'électronique, suite à la révolution de la société industrielle qui a donné naissance à la *société de l'information*. Cette évolution résulte elle-même d'une révolution des approches et méthodes dans le domaine des Technologies de l'Information et de la Communication (TIC). L'ampleur de la révolution est telle qu'il est généralement accepté aujourd'hui que « *l'Etat et l'administration publique ne peuvent pas influencer l'existence et la qualité de nouveaux médias, mais ces derniers modifient considérablement l'Etat et l'administration publique* » (Gudrun, 2002 ; Kernaghan, 2005 ; Kim, 2005) (c'est nous qui soulignons).

Ainsi, parmi les logiques et les techniques nouvelles qui influencent la conception, l'organisation et la conduite de l'action publique en ce troisième millénaire, figurent dans une *position centrale*, celles qui sous-tendent le développement des technologies informatique et bureautique et plus généralement celui, englobant, des Technologies de l'Information et de la Communication (TIC). Cette influence s'observe aussi bien sur l'organisation du travail au sein des administrations que sur les méthodes et les techniques de prestation des services du secteur public et d'interaction avec les différents acteurs de la vie économique, politique, sociale et culturelle nationale (Kim, 2005 :108). Du point de vue des services publics, les TIC sont aujourd'hui appréhendées par les Etats, dans un double rôle de levier de modernisation de l'administration et d'aménagement du territoire.

S'agissant de la modernisation de l'administration, la technologie bureautique[27] est présente dans les organisations depuis la fin des années 80 à travers l'utilisation du micro-ordinateur et l'implantation de systèmes de traitement des données (traitement de texte, calcul, graphique, base de données), de courrier électronique ou d'archivage et de classement électronique. L'introduction de ces technologies nouvelles a eu un impact sur les aspects politiques, organisationnels et humains des administrations. Par exemple, il en a résulté les systèmes d'information en « silo » dont on parlera plus loin.

Dans la mouvance de l'émergence du concept de gouvernance comme décrit plus haut dans l'environnement politique, un nouveau concept a vu le jour, celui de «e-Gouvernement » (traduction du terme anglais « e-

---

[27] Les technologies bureautiques comprennent : la *numérisation* (processus par lequel l'information est codifiée pour pouvoir servir dans un traitement) ; les *communications électroniques* (échange d'information à l'aide des médias de télécommunication entre appareils de traitement informatique); les *réseaux locaux et autocommutateurs* (interconnexion physique et local, géographiquement limitée à quelques kilomètres, entre appareils de traitement informatique).

Governance »). Ce nouveau concept désigne les diverses utilisations de ces technologies, pour atteindre les objectifs de la bonne gouvernance des services publics, dans un contexte caractérisé par un contrôle politique et médiatique toujours plus grand et une forte pression multiforme de la population qui souhaite davantage de services de meilleure qualité, plus de réceptivité, un plus grand sens de responsabilité, d'éthique et de transparence. La littérature s'accorde pour donner à ce terme de « e-Gouvernement », un contenu que reflète l'acceptation suivante adoptée dans cet ouvrage :

> *Le « e-gouvernement » est l'adoption par l'administration aux niveaux local, provincial et national, de l'utilisation la plus large des technologies de l'information et de la communication dans les services administratifs au niveau le plus vaste possible de la population et de la géographie. Son premier objectif est de rendre la gouvernance plus rentable, plus sensible aux désirs et besoins des citoyens, plus accessible et plus abordable. Son raisonnement irréfutable est de surmonter le handicap de l'insuffisance de l'infrastructure et des contraintes financières qui ensemble limitent les capacités du gouvernement à atteindre la plupart des citoyens et à répondre à leurs demandes de service (CAFRAD, programme sur la e-gouvernance dans le cadre de l'initiative e-Africa, octobre 2003).*

L'analyse de l'implication de cette évolution sur le développement de l'administration publique a pour objectif ici de présenter la stratégie d'appropriation de ces technologies pour œuvrer à la modernisation de l'administration publique dans le nouveau contexte de la gouvernance administrative. Dans cette perspective, et pour revenir au cadre de référence retenu dans cet ouvrage pour définir la nature de la réforme administrative, nous nous intéresserons plus précisément au concept « d'administration électronique » (e-administration) qui signifie, dans une administration donnée, *l'utilisation des TIC, et notamment l'Internet, pour améliorer l'ensemble des processus internes et externes, ainsi que les mécanismes et systèmes de gestion des services publics.* Dans le prolongement de ce concept, et pour nous centrer sur la perspective de développement des services publics, l'analyse faite ici s'appuie sur l'approche de *« prestation Intégrée des services ».* Celle-ci adopte une stratégie de gestion de la relation entre l'administration et le citoyen/usager qui consiste à développer une attitude concertée et résolue d'intégration des services offerts et des modes de leur prestation.

Cette analyse sera présentée ici en quatre points : la nature et l'impact de l'évolution du concept de l'« administration électronique » sur les performances de l'administration publique (1), l'impulsion donnée par cette évolution au développement d'une culture « axée sur les résultats » dans l'administration publique (2), les facteurs clés de succès de l'implantation des projets des TIC dans l'administration publique (3) et les perspectives de développement de la « e-administration » en Afrique (4).

4.1 Nature et impacts de l'évolution de la « e-administration » sur le développement d'une administration publique

Pour mieux cerner la portée des impacts des technologies de l'information et de la communication sur une administration publique, il est important d'avoir constamment à l'idée, certaines de ses caractéristiques, dont : l'universalité d'accès du service rendu, le respect d'un cadre légal et normatif spécifique, la responsabilité envers les citoyens quant à la qualité de l'information fournie et l'utilisation faite des deniers publics, la présence d'une multiplicité d'acteurs et la stratification de certains processus. Parmi les acteurs il convient de souligner, comme relevé plus haut, le rôle d'une sorte de « chien de garde ou de voix du peuple » que jouent aujourd'hui, les médias (tous types confondus), même - et surtout - dans les pays africains[28].

4.1.1 Une approche d'analyse de l'évolution de la « e-administration » dans une administration

La littérature (Kernaghan, 2005, St-Amand, 2004) suggère plusieurs approches d'analyse de l'évolution du concept d'administration électronique dans une administration. Nous retenons ici, guidé par un souci didactique, celle présentée par Gilles St-Amand (janvier, 2004) qui identifie quatre phases d'évolution.

1. *la phase d'information (présence en ligne)* : première étape de développement de l'administration électronique ayant pour but de disposer d'une présence en ligne sur *Internet* en complément aux autres canaux d'informations existants (dépliants, Fax, téléphone). L'administration offre alors, dans une logique *unidirectionnelle,* des informations aux usagers : localisation des centres de services, horaires de service, différentes procédures administratives à suivre, formulaires téléchargeables, diffusion en masse d'informations officielles par courriel (e-mail). Le principal défi de l'organisation à cette phase est de mettre en place les mécanismes de mise à jour de l'information ainsi que les processus de gestion du contenu et de maintenance technique.

2. *la phase d'interaction* : l'administration propose un lien de communication plus personnel avec les citoyens en utilisant : la messagerie électronique, un moteur de recherche, des fora publics, des listes d'envoi et le téléchargement de formulaires. Le site permet la

[28] Comment ne pas citer, à titre illustratif, l'exemple de ce Maire d'une commune camerounaise qui au journal parler du 20h30 le 21 août 2005, à la Télévision nationale, prend tout le monde entier à témoin, en montrant une route qui sera réceptionnée le mardi suivant, alors que les ponts ne sont pas construits là où ils étaient prévus, et que les canalisations des eaux de pluie n'ont pas été aménagées selon les règles de l'art. Détail important, ce Maire n'est pas de l'opposition.

recherche d'informations et de documents. Il permet également d'accueillir électroniquement les demandes d'information de chaque citoyen et d'y répondre électroniquement. C'est le début d'une communication électronique *bidirectionnelle* avec le citoyen à travers une sorte de guichet « virtuel » d'information personnalisée visant à offrir les mêmes services de contact avec le citoyen que les guichets physiques. L'administration commence à développer une culture organisationnelle et des pratiques centrées sur le *client*.

3. *la phase de transaction* : les téléprocédures permettant de soumettre des documents électroniques et le paiement en ligne afin de réaliser une transaction complète sont ajoutées aux avancées de la phase précédente. Au potentiel de communication est intégré celui du traitement de l'information. Pour y parvenir, on procède à une *simplification et à une automatisation des procédures administratives* entre l'administration et ses partenaires. Le citoyen peut *interagir électroniquement à tout moment* avec une administration. De son côté l'administration, confrontée au défi de simplifier ses procédures et d'offrir un service de qualité, doit être équipée de logiciels et d'outils de gestion appropriés et performants.

4. *la phase d'intégration* : elle est fondée sur la recherche d'une *gestion efficace de la relation* entre l'administration et le citoyen. Cette phase préconise des changements importants dans le processus de prestations de service ainsi que dans les structures organisationnelles et bureaucratiques. Les projets ici sont liés à l'implantation d'une organisation *structurée en réseau* et à l'utilisation *stratégique des TIC* qui sont déjà en place depuis la phase de transaction. Il s'agit de mettre sur pied une organisation extrêmement flexible qui s'adapte dynamiquement aux besoins personnalisés de chaque client, en utilisant des processus et des infrastructures ouvertes, flexibles et connectées grâce à des réseaux de communication. La production d'un service peut nécessiter, dans certains cas, l'intervention d'une ou de plusieurs administrations. Comme le remarque St-Amand (2004 : 29) cette phase nécessite, entre autres, « une culture de l'innovation et de nouveaux modes de gestion dans l'administration publique ». On peut avoir ici des services intégrés intra-organisationnels (guichet unique de l'organisation ou « centre de service one-stop ») et des services intégrés inter-organisationnels (portail de service inter-organisationnel « one stop shopping »).

La dynamique de transformation de l'administration avec l'introduction de ces technologies, telle que décrite par St-Amand, est résumée à la figure 2-3.

FIGURE 2-3 : DYNAMIQUE DE TRANSFORMATION DE L'ADMINISTRATION AVEC L'INTRODUCTION DES TIC

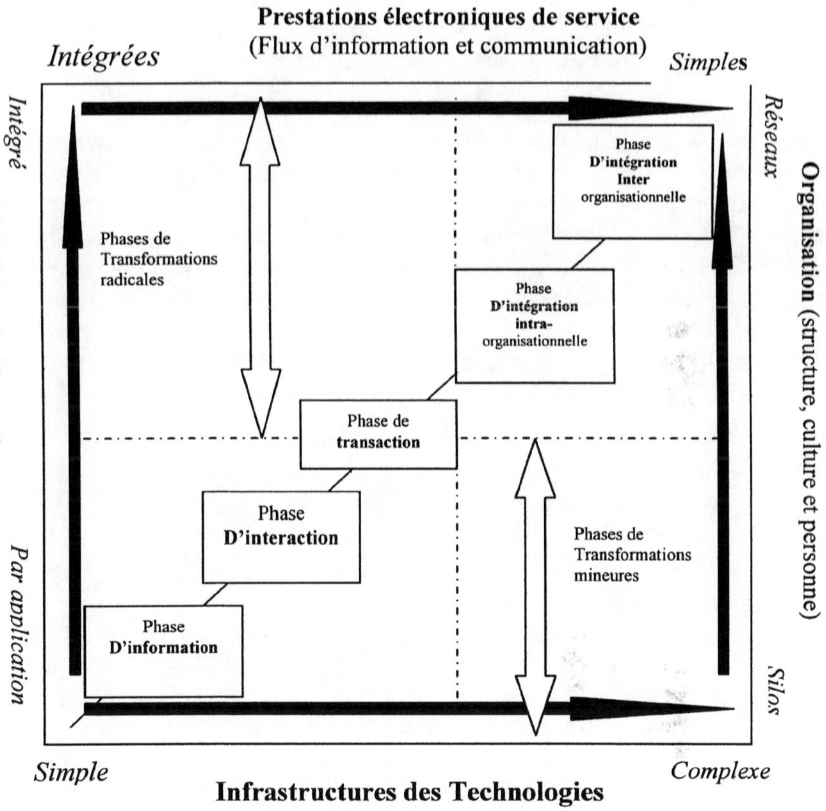

__Source__ : *Gilles St-Amand, cahier de recherche de l'ESG : 01-2004, p. 18*

On notera que cette figure comprend les quatre axes suivants : 1) les prestations électroniques de service (flux d'information et communication) ; 2) les impacts organisationnels (structure, culture et personne) ; 3) l'évolution des systèmes d'information de l'organisation ; 4) l'évolution de l'infrastructure des technologies de l'information. Suivant cette dynamique d'évolution, l'objectif d'accroissement de la performance de l'administration telle que définie dans le chapitre précédent serait atteint si (St-Amand, 2004 : 29) :

- la prestation électronique de service évolue d'un portail d'information vers un portail fortement intégré inter-juridictions, inter-paliers gouvernementaux et autres partenaires ;

- les structures organisationnelles et les mécanismes de gestion qui sont actuellement en silo (dominante hiérarchique) se modifient pour tenir compte des activités en réseaux (création des hyper-hiérarchies) ;
- les systèmes d'information et de communication et l'infrastructure des TIC sont fortement intégrés pour supporter l'intégration des prestations de services et les nouvelles structures organisationnelles.

Différents critères sont proposés dans la littérature (Gurdun, 2002 ; Kernaghan, 2005) pour apprécier le rythme d'évolution d'une administration vers cet objectif. Kernaghan (2005 : 132) applique par exemple trois critères au concept de prestation intégrée des services (PIS), à savoir : i) le nombre d'acteurs/de prestataires de services concernés par la prestation de service ; ii) le nombre de services offerts ; iii) le nombre de canaux de prestation utilisés. Pour cet auteur, Internet, comme canal, constitue le fondement, l'épine dorsale, d'une utilisation efficace des autres canaux que sont le téléphone et le service au guichet, et de leur intégration (Kernaghan, 2005 :140). Appliquant ces critères, il propose un modèle idéal de prestation hautement intégrée de services aux citoyens. Ce modèle possède les caractéristiques résumées dans le tableau 2-4 suivant.

S'agissant par exemple de l'impact de cette évolution sur les valeurs et les comportements qui vont se développer dans les services publics, Gortner et al. (1994 : 537) notent que les styles de gestion et les techniques de motivation seront affectés. En effet, écrivent-ils :

> *A l'avenir, la déférence à l'égard des supérieurs risque d'être davantage basée sur une démonstration de performance telle que perçue par des subordonnés qui sont relativement bien informés, tant au sujet de la situation interne de l'organisation qu'au sujet des relations qu'elle entretient à l'externe. Les styles de gestion autoritaires peuvent s'avérer beaucoup plus difficiles à camoufler et à justifier parce que l'information sur laquelle les décisions sont basées sera de plus en plus rapidement mise à la disposition de tous les membres de l'organisation.*

<u>TABLEAU 2-4</u> : MODELE IDEAL DE PRESTATION INTEGREE DE SERVICES

Un modèle de prestation de services publics hautement intégrée devrait posséder les caractéristiques suivantes :
1. Un portail à accès unique offre un accès aux services de tous les niveaux de l'Etat. Il existe un portail à accès unique pour chaque canal de prestation.
2. Chaque portail est organisé sur une base claire et cohérente du point de vue du citoyen.
3. La prestation de service est fluide, quel que soit le gouvernement (ou l'administration) responsable du service et le nombre de services, de prestataires de services et de canaux de services concernés.

4.	La prestation de service est fortement intégrée, tant à l'entrée qu'à la sortie du système.
5.	Les citoyens peuvent recevoir un service (personnalisé) adapté à leurs désirs et à leurs besoins particuliers.
6.	Le respect de la vie et la sécurité du système sont assurés.
7.	Les citoyens peuvent obtenir des services via chacun des principaux canaux de prestation.
8.	Les citoyens peuvent obtenir via chaque canal de prestation le niveau de service dont ils ont besoin.

Source : Kernaghan Kenneth, Vers l'Etat virtuel, RISA 71 (1), 2005 :133

Les impacts de ces changements sont également observables sur les procédés de travail, notamment à travers la rationalisation et la simplification des procédures administratives indispensables pour que les résultats escomptés de la phase de transaction (figure 2-3) puissent être effectifs, ainsi que l'adoption de nouvelles réglementations au plan juridique ; toutes activités qui participent de la réforme administrative dans le continuum « contrôle/auto-organisation » de l'axe « processus de création des changements à introduire » (figure 1-2). Le formulaire électronique qui est le premier niveau d'application de la phase d'interaction permet de ne plus ressaisir des informations que l'administration possède déjà sur un usager ; son élaboration exige une rationalisation des traitements des dossiers dans le sens de mettre en communication des systèmes d'information qui sont actuellement en « silo ».

Pour ce qui est des dispositions à prendre au plan juridique, il est relevé que de nouvelles dispositions réglementaires ou des dispositions adaptées au niveau national et international sont nécessaires, notamment dans le domaine de la protection des données, de la cryptographie, des signatures, du trafic juridique et de l'accès de tous aux TIC à garantir fondamentalement (Gudrun, 2002 : 35 ; Kim, 2005 : 109-110). Ainsi, Kim (2005 : 110) observe par exemple que « la fixation de normes en matière de protection de la vie privée est une priorité essentielle pour la nouvelle économie des TIC ». A cet égard, Astier (2005 : 144) fait le constat suivant qui témoigne de l'ampleur des changements à effectuer pour s'adapter aux conséquences des évolutions notées :

> *Avec l'entrée dans la société de l'information, se met indéniablement en place une nouvelle manière de pratiquer le Droit et la régulation car, même adaptée et assouplie, la réglementation étatique est, dans certains domaines, inefficace dans le cyberespace. En effet, les règles trop contraignantes engendrent une délocalisation à l'étranger facilitée par l'aspect international du réseau. La fugacité et la volatilité des contenus rendent les infractions plus aisées et remettent en cause par leur caractère transnational, le pouvoir des Etats qui, lui, reste cantonné par principe à son territoire. Au surplus, la grande diversité des acteurs et la multitude d'activités rendent vaine toute élaboration d'une réglementation étatique devant prendre en compte une variété infinie de*

situations. De la même manière, il est tout à fait inconcevable d'imaginer que l'ensemble des législations nationales trouve à s'appliquer pour une situation donnée.

Ainsi par exemple, Astier (2005 : 145), citant P. Trudel (*in* « les effets juridiques de l'autoréglementation », Revue de droit de l'Université de Sherbrooke, 1989, vol 19, n°2, p.251), fait relever que le lien entre souveraineté étatique, territorialité et droit semble perdre de sa pertinence voire de sa légitimité dans un espace ouvert, transnational où coexistent de multiples systèmes de valeurs comme le cyberespace.

4.1.2. Une impulsion au développement d'une culture « axée sur les résultats »

En somme, le principe de base de la dynamique de transformation de l'administration avec l'introduction des TIC est la recherche d'une forte intégration des processus intra et inter-organisationnels, par le développement d'une *culture « orientée client »*. Cette culture est alors supportée par de nouvelles structures organisationnelles en réseaux, des systèmes d'information fortement intégrés et une infrastructure des TIC de plus en plus complexe. Cette approche vient renforcer et donner une impulsion soutenue à celle « axée sur les résultats » présentée plus haut (§ 2.3. nouvelle philosophie de gestion des affaires publiques) et qui caractérise la nouvelle philosophie de gestion qualifiée de managériale qui est en cours de développement dans les services publics. Avec l'adoption de cette culture nouvelle, la relation de l'usager avec l'Etat passe d'une logique unilatérale à une logique interactive. Dans une optique opérationnelle, la littérature regroupe ces relations en trois catégories (Arthur Anderson, octobre 2000) :

- *Administration-Administré* : l'administré est client des services de l'Etat ou débiteur de ce dernier.
- *Administration-Partenaires* : cette relation couvre les partenaires de l'Etat en tant que entreprises clientes ou fournisseurs et entités subventionnées.
- *Administration-Administration* : relation entre les administrations (départements ministériels, divers paliers de la même administration ou services de divers Etats).

Le développement de la culture « orientée client » en s'appuyant sur les TIC va contribuer essentiellement à améliorer l'ensemble des relations qui se tissent entre l'Etat et les autres parties prenantes de l'action publique. A cet égard, et pour faciliter l'élaboration des indicateurs de performance sur ce plan en tenant compte de la logique de l'approche de prestation intégrée de services (PIS), quatre domaines de l'efficacité et de l'effectivité des offres de services bénéficiant des impacts des TICs sont résumés ici (Arthur Anderson, 2000 : 6) :

- ***accessibilité de l'information :*** l'accès à l'information est facilité. Les informations sont rendues disponibles, en un seul lieu que les personnes intéressées peuvent choisir de consulter selon leurs *besoins*.
- ***souplesse :*** le guichet électronique est à la disposition de l'administré et du citoyen où qu'il se trouve. Il n'occasionne pas d'attente et la majorité de ses fonctionnalités est accessible à toute heure de la journée.
- ***personnalisation :*** Internet offre la possibilité à l'administration comme au citoyen de personnaliser l'accès aux prestations et services de l'Etat.
- ***communauté :*** les TIC favorisent, à travers des communautés d'intérêts virtuels qui se créent pour débattre de préoccupations communes, le renforcement de l'esprit civique.

Au plan interne à l'administration, les TIC contribuent à l'amélioration de la coordination et de la circulation de l'information entre les services, les unités déconcentrées, les paliers du gouvernement, tout en réduisant les coûts administratifs (papier, impression, frais divers, …). Les compétences opérationnelles sont optimisées à travers, entre autres, le partage d'expérience ou de meilleures pratiques qui est devenu aisé.

Dans ce contexte, et suivant la perspective de la fonction « Réforme administrative », les objectifs poursuivis par l'appropriation de ces technologies pour le développement de l'administration publique reposent sur trois axes : 1) améliorer les rapports avec les citoyens-usagers et les performances des services publics ; 2) assurer la mise en cohérence des actions ; 3) susciter les initiatives et faire émerger des pratiques transférables.

4.1.3. Le défi d'amélioration des rapports avec les citoyens-usagers et des performances des services publics

Profiter de la révolution informatique pour rendre accessibles aux usagers les services rendus par les administrations publiques aux plans de leur coût, leur qualité et leur proximité, constitue un défi de tout premier ordre qui doit être relevé dans le cadre de la mise en œuvre des programmes nationaux de Gouvernance. Ce défi est sous-jacent au développement du concept d'administration électronique dans toutes les administrations modernes.

Il s'agit en pratique d'élaborer et de mettre en œuvre des projets novateurs orientés vers les citoyens bénéficiaires des services publics et s'appuyant sur les TIC, et particulièrement l'Internet, pour développer une administration simple et efficace dans toutes ses dimensions : information efficace et efficiente des usagers ; gestion optimale des ressources de l'administration ; élaboration, implantation et évaluation des politiques et programmes publics ; gestion du changement pour optimiser les investissements de modernisation de l'administration, ….

Ces projets qui peuvent se regrouper en deux principales composantes – *l'informatisation des échanges entre l'administration, les citoyens et les entreprises* et *l'informatisation des procédures du travail administratif*- vont traduire en résultats concrets, les profonds changements dans la conception qu'une société et les agents publics du pays concerné ont eux-mêmes de l'administration publique.

Suivant les principes de l'approche de l'organisation apprenante, ces apports des TIC vont contribuer, d'une part, à une restructuration des services publics, et d'autre part, à l'enrichissement de la masse commune de biens incorporels disponibles dans l'administration, à savoir, et entre autres : les connaissances des préférences des citoyens ; l'accès à des bases de données mondiales ; les tables de concordance des politiques gouvernementales.

4.1.4. L'émergence de l'organisation « transversale »

Le mode « d'organisation horizontale ou transversale» est fondé sur le principe du travail en équipe, en groupe de projet et sur la polyvalence des agents impliqués. Nous l'avons vu au chapitre premier, cette approche fonde l'un des cinq principes du modèle de l'organisation apprenante défini par Senge, à savoir, l'apprentissage en groupe qui se matérialise par la création des « réseaux d'apprentissage ». Les réseaux d'apprentissage marquent une rupture avec la logique de la structure hiérarchique traditionnelle dans le traitement des dossiers, pour adopter une approche de fonctionnement horizontal à travers des réseaux électroniques au sein d'une même administration ou entre administrations. Ces réseaux participent de la mise en place des « hyper-hiérarchies » identifiées dans la phase d'intégration du modèle d'évolution des TIC de ST-Amand (figure 2-3).

La structuration suivant le modèle de l'organisation horizontale se fait par la réduction du nombre de niveaux hiérarchiques afin d'améliorer la circulation de l'information et le degré de réactivité du service. Les oppositions « culturelles » traditionnelles entre fonctions sont réduites et la créativité améliorée pour accroître les performances de l'organisation à travers un souci constant du « client/usager », que traduit par exemple, l'adoption de l'approche de la prestation intégrée de services (PIS). A ce sujet, Jokung-Nguéna et al. (2001 : 12) constatent que ce faisant, la connaissance nécessaire à la conduite de l'action est répartie dans l'ensemble des membres de l'organisation, à différents niveaux de la hiérarchie organisationnelle qui tend alors à s'aplatir, et il *est de moins en moins possible de séparer les tâches de conception des tâches d'exécution.* Senge et al. (1999 : 51) relèvent quant à eux que dans les organisations *« où toute l'information monte et descend la filière hiérarchique, les patrons peuvent contrôler l'apprentissage de leurs subordonnés en contrôlant l'information à laquelle ils ont accès. Mais, avec l'Intranet, la messagerie électronique et l'Internet, cela est de moins en moins possible dans le monde d'aujourd'hui et deviendra de plus en plus difficile dans une organisation qui investira réellement dans l'infrastructure de partage global du savoir».* Toutefois, il faut le préciser, l'évolution de la technologie permet aujourd'hui de contrôler le travail de tout usager d'un système Internet, qu'il soit privé ou public. Cette possibilité technologique invite à soutenir les efforts d'investissement dans la logique de partage des connaissances, par exemple, à travers une démarche de « gestion par les connaissances » décrite au chapitre 8.

Cette tendance à l'aplatissement de la structure qui va aller en s'accentuant, n'est pas seulement le fait de l'évolution des TIC. Elle était déjà observée par Peters et Waterman (1983 : 307) comme une caractéristique des entreprises exemplaires. Pour eux, en effet, une équipe dirigeante réduite et qui tend à se trouver sur le terrain pour résoudre les problèmes plutôt que dans des bureaux pour contrôler les choses est un corollaire primordial de la forme structurelle simple. On se souvient ici du quatrième des quinze critères de bonne santé d'une organisation formulés par Beckhard (§.1.2.2. ci-haut), à savoir que dans le mode opératoire d'une telle organisation, *« la fonction précède la forme. La tâche à accomplir détermine les structures et les mécanismes utiles à sa réalisation. Elle recourt donc à de multiples structures : la pyramide, les structures horizontales et les équipes, les structures par projet et les structures temporaires (servant par exemple à la conduite d'un changement important) ».*

4.1.5. La mise en cohérence des actions

Le cadre de référence de description de la nature de la réforme administrative adopté dans cet ouvrage retient la recherche et le maintien de la cohérence des actions en matière de modernisation comme un facteur critique du succès de la gestion de la réforme administrative, ainsi que de la politique gouvernementale de modernisation des services publics.

Dans cette optique, les actions qui vont concourir à l'atteinte de l'objectif d'appropriation des TIC devront être menées aussi bien au niveau global concernant l'ensemble des administrations et visant la mise en œuvre des applications de type interministériel ou intra ministériel, qu'au niveau interne à chaque administration et portant sur le développement des projets de « e-administration » spécifiques au secteur concerné ou à l'établissement de réseaux d'acteurs stratégiques pour le développement dudit secteur. Il sera alors indispensable d'assurer une *mise en cohérence* de toutes ces actions, notamment pour la mise en œuvre de projets d'infrastructure à haut débit, et pour permettre la fluidité de la circulation des informations entre les différents niveaux de l'administration, au sein de la même administration, entre l'administration et les autres partenaires au développement économique social et culturel du pays.

L'approche de prestation intégrée de services (PIS), si elle est adoptée, s'inscrit dans cette logique de recherche de la cohérence.

Pour illustrer la nécessité de cette exigence de cohérence en vue d'une meilleure rationalisation et intégration des services rendus aux citoyens, la littérature (Rapport Pierre de La Coste, 2003) cite des exemples de nombreux cas de services techniques qui pourraient être mutualisés, mais qui ne le sont pas. Ainsi, pour ce qui est de l'hébergement par exemple, on observe aujourd'hui que dans certains pays, chaque administration héberge son site selon des standards hétérogènes, alors qu'il serait utile de procéder à des regroupements pour bénéficier des économies d'échelle (économie de serveur, économie des coûts administratifs,...). Il arrive même qu'au sein d'une administration, se réalisent plusieurs projets de « e-administration » conduits par des services différents et faisant recours à des infrastructures techniques différentes et bien souvent incompatibles.

4.1.6. Initiative et encouragement des pratiques transférables

Les TIC ont un fort potentiel de transformation des façons de faire et de penser dans les administrations (Kim, 2005 : 105-115), donc d'innovation au sens retenu dans la définition du concept de la performance dans cet ouvrage. Elles peuvent contribuer à rendre l'action publique plus transparente et plus proactive. De même et comme outil d'aménagement du territoire, elles sont susceptibles de concourir au maintien des populations et des services publics dans les régions reculées grâce aux solutions de télétravail et de télé-guichets. A cet égard, et comme le relève si pertinemment le rapport de la mission Baquiast, Internet fait partie de la catégorie des outils de questionnement et d'invention dans la mesure où il permet d'apporter des réponses à des interrogations telles : i) existe-t-il quelque part quelqu'un qui a trouvé la réponse à une difficulté à laquelle je fais face et à qui je pourrais l'emprunter ? ii) si tel n'est pas le cas, existe-t-il des gens éprouvant la même difficulté et avec qui je peux m'associer pour rechercher la solution idoine (Forum de discussion,...).

Mais ces apports ne peuvent être effectifs que si des actions novatrices sont engagées et si celles qui sont reproductibles au sens des modèles de Tor Hernes (chap.1) ou transférables à d'autres administrations ou secteurs, le sont. Il faut pour cela, deux éléments dont nous avons déjà parlé en traitant de « l'axe de l'effectivité des réformes engagées » au chapitre1 : le leadership et le professionnalisme.

Le leadership pour *créer une vision globale* de la « e-administration », *la traduire en actions et la maintenir*, ceci, pour modifier les pratiques organisationnelles actuelles de l'administration et adapter cette dernière aux changements qui s'imposent. Ce défi du leadership, notamment aux niveaux politique et administratif les plus élevés, doit être relevé pour que les facteurs d'ordre institutionnel qui existent nombreux, combinés aux forces de changement impulsées par l'environnement international produisent les résultats escomptés. L'enjeu est énorme, parce que l'ampleur des transformations est considérable ; décloisonner une bureaucratie administrative est une véritable entreprise de refonte de l'administration publique dans ses paradigmes, sa culture et ses sous-cultures.

La valeur du professionnalisme mise en exergue ici interpelle l'agent public qui doit développer de véritables aptitude et attitude de service au public en combinant efficacement les présupposés juridiques et réglementaires de la conception wébérienne de la bureaucratie fondés sur la hiérarchie, les règlements et le pouvoir avec les principes de la rationalité managériale qui valorisent l'action, les résultats et les réalités concrètes du citoyen, rationalité sous-jacente à l'approche de la gouvernance. Il sera alors amené à remettre continuellement en cause ses expériences (apprentissage organisationnel) pour générer du savoir au sens de la capacité d'agir efficacement. Ainsi, pourra-t-il imaginer des solutions novatrices aux problèmes de productivité de son service, de sa direction, de son administration, du secteur d'intervention de son administration…

Cet élément est extrêmement important dans le contexte des administrations publiques africaines qui est si fortement influencé par des groupes de pressions divers et surtout par la rationalité ethnocentrique dont les manifestations, rappelées dans l'introduction de cet ouvrage, nous sont si familières : détournement de l'intérêt général au profit de celui du groupe ethnique ; influence du processus décisionnel à tous les niveaux pour permettre aux ressortissants de l'ethnie de profiter des investissements publics et autres avantages administratifs ; …

Nous relevons cet aspect avec insistance pour souligner l'importance de l'enjeu d'appropriation des TIC dans les administrations africaines qui ne sont pas condamnées aux pratiques préhistoriques du fait des phénomènes culturels tels la tribu ou l'ethnie. A ce sujet, Kamdem (2002 : 263) confirme qu'il est possible en Afrique :

> *De développer un modèle authentique d'organisation, fonctionnant suivant les principes d'accumulation matérielle et symbolique, d'efficacité productive, de compétitivité, de rentabilité financière, de solidarité de groupe et d'épanouissement de l'individu.*

Contrairement aux idées que véhiculent certains discours sur la culture africaine, Kamdem (2002 : 263) ajoute que quelques-uns de ces principes, par exemple l'efficacité productive et la compétitivité individuelle, ne sont pas totalement inconnus du milieu culturel africain traditionnel.

Avant de passer à l'examen des facteurs clés de succès de l'introduction des TIC dans l'administration, il apparaît méthodologiquement nécessaire d'attirer l'attention sur le fait que ces technologies sont en développement et qu'il n'est pas possible d'être exhaustif quand on analyse leurs impacts sur l'administration publique. Le 26ème Congrès international des sciences administratives tenu sur le thème « l'e-gouvernance : défis et opportunités pour la démocratie, l'administration et le droit », conclut en effet que (Kim, 2005 : 113) :

Les TIC n'en sont qu'au début de leur croissance et elles peuvent encore se développer à l'avenir. Les technologies n'apportent pas les améliorations définitives dans la rationalité. Ce que l'on peut espérer d'un usage intelligent des technologies est le développement de disciplines, d'occasions et de possibilités de poser plus de questions qui soient pertinentes et d'interroger les informations de façon plus constructive.

4.2 Facteurs clés de succès de l'introduction des TIC dans l'administration publique

La littérature fournit de nombreux exemples d'application de la « e-administration » dans les services publics, en l'état actuel du développement du concept. La pratique dans nos administrations nous donne également des illustrations qui tiennent compte des contextes environnementaux et organisationnels de développement de ces administrations.

Il y a lieu ici de garder à l'esprit que le découpage linéaire par phases séquentielles du modèle de St-Amand, par exemple, ne traduit pas complètement la réalité des pratiques organisationnelles. Ainsi, et suivant une approche systémique, une administration peut initier un projet d'intégration correspondant à la phase 4, sans avoir au préalable mis en place des services du type transactionnel (phase 3). Toujours dans cette logique systémique appliquée suivant les principes et les règles de l'art en matière de gestion de changement, une administration peut conduire simultanément, et dans le cadre de la mise en œuvre d'un *plan directeur* préalablement adopté, plusieurs projets de TIC. L'élaboration du plan directeur commencerait, en effet, par un état rigoureux et précis des lieux en matière des TIC prenant comme ligne directrice principale, la cohérence et l'intégration des projets déjà engagés ou à réaliser.

A partir de l'expérience tirée de la conduite et de la réalisation de différents projets des TIC, telle qu'elle se dégage aujourd'hui aussi bien de notre vécu que de la littérature, nous avons pu identifier cinq facteurs clés de succès à maîtriser pour garantir un développement intégré et cohérent de la « e-administration ». Il s'agit des facteurs politique, technique/technologique, culturel, juridique et managerial. Le tableau 2-5 présente pour chacun de ces facteurs, les dimensions à surveiller et les manifestations les plus courantes de chacune d'elles.

Pour le facteur politique, par exemple, et dans le contexte des administrations publiques africaines, trois dimensions sont à surveiller particulièrement : l'inclusivité sociale, la collaboration entre ministères, le changement imprévisible d'un ou de plusieurs partenaires. L'inclusivité sociale concerne la politique de l'accès du citoyen aux TIC et la réduction du « fossé numérique ». Pour cette dimension, une étude récente (ENDA, 2005) basée sur un indicateur synthétique de la fracture numérique construit à partir de quatre composantes (contrôle, contenus, capacités et connectivité) met en lumière, le degré préoccupant de la marginalisation de la femme africaine. Suivant cette étude, la valeur globale de cet indicateur atteste qu'actuellement, « les femmes ont 35% moins de chances que les hommes de bénéficier dc la société africaine de l'information. » (ENDA, 2005 : 43).

TABLEAU 2-5 : FACTEURS CLES DE SUCCES D'UN PROJET DE « E-ADMINISTRATION »

FACTEURS	DIMENSIONS A SURVEILLER	MANIFESTATIONS
POLITIQUE	1. Inclusivité sociale : politique de l'accès du citoyen aux TIC et de la réduction du « fossé numérique »	• Absence de participation des citoyens/usagers utilisateurs des services publics • Faible accès du citoyen aux canaux (Internet et téléphone) • Absence de mécanisme permettant d'identifier les besoins des citoyens et de les habileter à représenter leurs propres besoins • Insuffisance de l'infrastructure de télécommunication pour permettre des connexions avec les canaux (Internet, téléphone) • Marginalisation économique et sociale des populations (niveau de revenus et d'instruction, chômage …) • Coût de l'accès aux services (Internet, téléphone …)
	2. Collaboration entre ministères et avec d'autres gouvernements dans la sous-région ou au plan international	• Equité dans le partage du fruit de l'amélioration des performances • Concurrence entre les administrations • Perte éventuelle de visibilité ou de notoriété par certaines administrations ou certains acteurs
	3. Changement imprévisible d'un ou de plusieurs partenaires	• Changement de priorité • Réduction de ressources entraînant la suppression de certains volets du projet
TECHNIQUE/ TECHNOLOGIQUE	1. Interopérabilité des systèmes	• Incompatibilité des technologies utilisées par les différents ministères • Différences au niveau des politiques, normes et règles
	2. Rationalisation et convergence des canaux	• Les canaux de prestation des services sont organisés en « silo » (Internet, centres d'appel téléphonique…)
	3. Existence de connaissances, compétences et contenus pertinents	• Absence de ressources professionnelles compétentes • Faible capacité de développement de contenus répondant aux besoins

	au niveau de développement et aux besoins des citoyens	des citoyens • Absence de soutien technique dans le milieu rural et de partisans des TIC qui ont le savoir-faire informatique nécessaire
CULTUREL	1. Degré d'attachement de la société aux valeurs de services axés sur le client, de travail en équipe, de responsabilité…	• Difficulté de combinaison d'une culture de type managériale avec une culture de type wébérien axée sur la prééminence de l'autorité
	2. Les différentes cultures administratives des services publics impliqués dans un processus de prestation intégrée de services	• Tensions et difficultés qui émaillent les relations entre départements ministériels au plan horizontal, entre ces derniers et les instances supérieures au plan vertical • Résistance aux modifications de structure requise notamment par l'introduction de l' « organisation horizontale »
JURIDIQUE	1. Existence d'une réglementation offrant une valeur ajoutée par rapport aux interventions étatiques traditionnelles	• Contournement des normes imposées par les Etats et devenues inopérationnelles à cause du caractère global de l'Internet et de la décentralisation
	2. Adéquation de l'organe juridique d'intervention avec le niveau d'efficacité requis	• Effectivité des systèmes de contrôle et de sanction • Caractère transfrontalier de l'Internet • Ampleur et diversité des questions juridiques posées par les TIC
	3. Promotion d'une utilisation effective des TIC par l'ensemble des citoyens, y compris les plus défavorisés : droits fondamentaux des citoyens en matière de TIC	• Divergence entre les personnes, les ménages, les entreprises, les zones géographiques de différents niveaux socio-économiques quant à leurs possibilités d'accès aux TIC et l'utilisation de l'Internet dans leurs activités • Marginalisation de certaines tranches de la population
MANAGERIAL	1. Utilisation stratégique des TIC au profit des citoyens et de la société	• Absence d'un plan directeur de la « e-administration » avec pour conséquence qu'on se contente d'automatiser la pratique administrative existante

		• Les initiatives des projets de la « e-administration » ne sont pas des priorités pour les ministères • Les systèmes de rémunération, de récompense et de reconnaissance adoptés par les administrations diffèrent d'une administration à l'autre et n'encouragent pas ceux qui ont moins à contribuer efficacement au système de prestation intégrée de services • Les mesures d'incitation au développement des projets n'existent pas et quand c'est le cas, elles sont inefficaces • Les financements des projets ne sont pas budgétisés
	2. La coordination interministérielle et intersectorielle	• Inexistence d'un centre visible, connu et crédible de coordination tenant compte du caractère pluridisciplinaire et plurisectoriel de tout projet de la « e-administration » • Absence de vision, de leadership et de compétence managériale nécessaires pour mobiliser tous les partenariats requis
	Stratégie d'IEC (Information, Education, Communication) en direction des acteurs politiques, du public, des agents publics et des autres partenaires	• L'organisation horizontale axée sur le client est une nouvelle approche dont les avantages ne sont pas connus, même pas par les citoyens bénéficiaires • Le faible soutien politique qui se traduit par l'inadéquation des modalités structurelles et financières peut résulter d'un manque d'information et de sensibilisation

L'étude susmentionnée note que c'est dans les domaines du contrôle, des contenus et des capacités que les disparités de genre sont les plus sérieuses (ENDA, 2005 : 44).

La collaboration entre institutions est une autre dimension critique du facteur politique, surtout lorsqu'on veut instaurer une culture de prestation intégrée de services (PIS). Malgré les différentes instructions relatives à l'organisation du travail gouvernemental mettant en exergue la nécessaire concertation et collaboration au sein de l'Exécutif, c'est plutôt la concurrence et le souci de contrôle de son « territoire » qu'on observe dans le comportement de la plupart des administrations, sous l'impulsion non dissimulée de leurs chefs. Ici, peut-être plus qu'ailleurs, l'administration publique est davantage une « puissance publique », qu'une institution au service du public. La nécessité de bien contrôler cette dimension est reprise dans l'une des dimensions du facteur managérial ; la coordination interministérielle et intersectorielle. Une des manifestations dont les conséquences sont lourdement préjudiciables est l'inexistence d'un centre visible, connu et crédible de coordination qui tienne compte du caractère pluridisciplinaire et plurisectoriel de tout projet de la « e-administration ». Et si un tel centre existe, sa capacité réelle à pouvoir effectivement réaliser sa raison d'être doit faire l'objet d'une attention particulière.

La surveillance de ces facteurs critiques de succès et les efforts de leur maîtrise doivent s'organiser et s'effectuer dans un cadre institutionnel précis et clairement articulé. La réforme administrative, telle que décrite dans cet ouvrage, est au cœur d'un tel dispositif institutionnel.

Gudrun (2002 : 29) fait en effet observer que la réforme administrative et l'administration électronique se conditionnent et se complètent aujourd'hui. Il précise que « les thèmes habituels de la réforme administrative se mélangent avec l'utilisation des TIC modernes dans l'administration publique. Les préoccupations de la réforme administrative ne peuvent plus aujourd'hui être judicieusement abordées que dans le cadre des possibilités et des nécessités des TIC ». Observant ce qui se passe actuellement dans l'administration française, le Rapport de Pierre de La Coste (2003 : 7) conclut que « le mouvement vers la « e-administration » est un mouvement de fond, qu'il faut accompagner et canaliser, éventuellement réorienter, plutôt que réinventer à partir de zéro ».

En somme, et comme nous venons de le montrer plus haut, l'administration électronique, parce qu'elle entraîne la simplification, l'intégration, la cohérence, la transparence, la modification des styles de gestion et des techniques de motivation et l'adoption de nouvelles dispositions réglementaires s'avère être fortement *structurante* de la réforme administrative. Les théories sous-jacentes au développement des TIC, les méthodes et les outils qui les accompagnent vont fortement influencer les approches méthodologiques à retenir pour les différentes composantes de la réforme administrative. Combinée avec les exigences du développement durable, cette influence de l'administration électronique contribuera dans les administrations publiques, à renforcer l'engagement accru à l'innovation, à la réduction du gaspillage et à l'amélioration du moral des agents publics.

Comment se comporte l'Afrique face à ce mouvement ?

4.3. Perspectives du développement de la « e-administration » en Afrique

Nous présentons ici l'état des lieux en cette matière tel qu'il se présente en 2005 en nous appuyant sur l'exemple du Cameroun. Nous décrivons ensuite les principales articulations du projet de l'initiative « e-africa » élaboré dans le cadre du programme du NEPAD.

4.3.1. Etat des lieux

Au Cameroun par exemple, le Président de la République a créé par décret n° 2002/092 du 08 avril 2002, l'Agence Nationale des Technologies de l'Information et de la Communication (ANTIC) pour permettre de progresser avec méthode et responsabilité dans ce domaine et en tirer le meilleur parti pour promouvoir le développement économique et social du pays. Les organes de cette institution qui participe de la maîtrise du facteur managérial des conditions de succès décrites ci-haut, et qui devrait jouer un rôle essentiel pour ce qui est de l'impulsion, de la coordination et de l'intégration des actions, viennent d'être mis en place par acte du Chef de l'Etat du mois de février 2006. Au sein des départements ministériels, des projets divers sont initiés. L'étude de cas traité dans la troisième partie en donne une illustration avec le projet SIGIPES (Système Informatique de Gestion Intégrée des Personnels de l'Etat et de la Solde) et ses outils connexes.

L'encadré 2-8 présente, à titre d'exemple, l'état des lieux des télécommunications et des TIC au Cameroun, tel que décrit dans le document de la stratégie de réduction de la pauvreté en mars 2005. Entre autres constats faits, il est relevé l'insuffisance de la culture Internet aussi bien au sein de l'administration publique, de l'administration privée que du grand public ; l'absence de contenus camerounais en ligne ; l'absence de culture de codification du savoir ; l'absence de prise en compte des services électroniques dans l'élaboration des stratégies sectorielles ; et l'absence d'un cadre spécifique de concertation autour des TIC. Sur la base du diagnostic posé, le Gouvernement envisage la mise en œuvre d'un certain nombre de programmes pour la période 2005-2010. Ces programmes sont résumés dans le paragraphe 7 de l'encadré. On peut y relever particulièrement les actions suivantes qui s'inscrivent dans la logique de la maîtrise des facteurs politique et juridique décrits dans le tableau 2-5 :

- la mise en cohérence des actions TIC sectorielles par la promotion des e-services et la création d'un portail national ;
- la mise en ligne de tous les services dans les administrations publiques par la construction du réseau interministériel ; la disposition d'une plate-forme de sécurisation des transactions gouvernementales ; la mise en place d'un cadre réglementaire de confiance et d'éthique pour les TIC ; et la coordination des investissements TIC ;
- la réduction de la fracture numérique dans les zones rurales en déployant les télé-centres communautaires polyvalents dans les villages et les zones périurbaines, et en assurant leur pérennisation.

ENCADRE 2-8 : ETAT DES LIEUX DES TELECOMMUNICATIONS ET DES TICS AU CAMEROUN, MARS 2005

Les principaux produits dans ce secteur sont la téléphonie fixe, la téléphonie mobile, l'Internet et les services audiovisuels. En matière de téléphonie fixe, la télédensité au 31 mars 2005 est évaluée à 0.6 pour 100 habitants ce qui correspond à environ 120 000 abonnés actifs pour une population d'à peu près 17 millions d'habitants. Pour les pays comparables en termes de revenu et de population, la télédensité est de 2.5. Ce qui représente une différence d'environ 200 000 lignes. Les causes de ce retard sont nombreuses et on peut citer : (i) la vétusté et l'insuffisance des infrastructures de CAMTEL ; (ii) l'offre insuffisante des services ; (iii) l'absence d'un backbone national ; (v) le coût assez élevé des communications.

S'agissant de la téléphonie mobile, le Gouvernement a octroyé deux licences à deux opérateurs privés Orange et MTN. La télédensité correspondante au 31 mars 2005 s'élève à près de 12 lignes pour 100 habitants, ce qui correspond à environ 2 000 000 de lignes actives. Cela représente un accroissement de 1,6 millions de lignes par rapport aux chiffres de 2001. Malgré cette progression encourageante, l'accès des populations aux réseaux de téléphonie mobile est encore difficile en raison des coûts élevés des communications et de la couverture partielle du territoire.

S'agissant de l'Internet, le secteur est complètement libéralisé et compte une quarantaine de titulaires de licences, avec un nombre indéterminé de propriétaires de VSAT. Le nombre d'utilisateurs est évalué actuellement environ à 1 000 000 pour un nombre d'abonnés d'environ 10 000. Le nombre de cybercafés est d'environ 450, dont 400 à Douala et à Yaoundé. Cependant le développement des services Internet reste confronté à un certain nombre de difficultés. L'offre Internet restreinte à l'Internet bande étroite est insuffisante en termes de qualité de service. De même, l'offre Internet haut débit limitée aux professionnels n'existe pas pour le grand public. On peut aussi noter l'absence d'une vision stratégique de développement de l'Internet, les tarifs élevés, l'absence de mécanismes de financement.

S'agissant de l'audiovisuel, le secteur est libéralisé. Au 31 mars 2005, il y a 6 opérateurs de télévision dont 1 opérateur public ; 69 opérateurs de radiodiffusion dont 1 opérateur public et 24 opérateurs de radios communautaires. Le secteur de la télédistribution compte aussi 2 opérateurs autorisés provisoirement pour une quarantaine de dossiers en instance. Le nombre de télédistributeurs clandestins est évalué à 400. Le nombre de postes de télévision rapporté à la population est de 23 pour 100 habitants et le nombre de radios 62,5 pour 100 habitants ;

cependant ce sous-secteur se caractérise par : une faible pénétration de l'audiovisuel analogique dans les zones rurales, une couverture analogique partielle du territoire, l'absence d'intégration entre l'audiovisuel et l'Internet et une infrastructure obsolète.

Au plan transversal on peut dire que les textes actuels qui régissent les aspects de télécommunications et communication n'ont pas pris en compte le souci de convergence. On peut relever l'insuffisance de la culture Internet (administration publique, administration privée, grand public...), l'absence de contenus camerounais en ligne, l'absence de culture de codification du savoir, l'absence de prise en compte des services électroniques dans l'élaboration des stratégies sectorielles et l'absence d'un cadre spécifique de concertation autour des TIC.

Sur la base du diagnostic qui précède, le Gouvernement envisage le développement d'un système de production et de diffusion du savoir, capable de permettre à chaque secteur de l'économie de disposer en tout temps et en tout lieu, des informations nécessaires à la transformation des opportunités de son environnement en biens et services économiquement viables. Pour chaque secteur de l'économie camerounaise, le système devra : (i) assurer la codification et la conservation des savoirs, ainsi que leur valorisation et leur diffusion ; (ii) accélérer la réduction des coûts grâce à l'accès aux savoirs et, (iii) rechercher l'amélioration de la qualité de la production.

6. A cet effet, un certain nombre d'axes stratégiques ont été identifiés ainsi que les actions ou programmes à mettre en œuvre dans chaque axe. Il s'agit de :

- définir un cadre légal et réglementaire convergent pour le développement des TIC à travers la mise en place d'un cadre légal et réglementaire de l'Internet ; l'incitation à la recherche et au développement dans les TIC ; l'industrialisation des TIC ; la mise sur pied des mécanismes de financement ; et la mise en place d'un cadre légal de confiance dans l'économie du savoir.
- développer les capacités des réseaux de communication et de diffusion de savoir à travers : la construction d'un réseau (backbone) national en fibre optique de l'opérateur fixe ; la finalisation du réseau de diffusion de l'opérateur audiovisuel ; la mise en place du réseau des radios communautaires ; la formation aux métiers réseaux des TIC.
- développer une culture de collecte, de codification et d'usage des savoirs en ligne par : la construction de sites Internet à contenus locaux ; la construction de bases de données des experts nationaux ; le développement des bases de données sectorielles ; la mise en lace de programmes de formation des utilisateurs ; la formation aux métiers de production des contenus des TIC.
- mettre en cohérence des actions TIC sectorielles par la promotion des e-services et la création d'un portail national.
- contribuer à l'intégration sous-régionale par : l'interconnexion des opérateurs télécoms de la sous-région, et le bouquet numérique des chaînes de télévision sous-régionales.
- accroître l'accessibilité et la disponibilité de l'offre large bande pour les grands comptes avec : la construction du backbone national de l'opérateur historique ; la numérisation de toutes les artères de transmission reliant tous les chefs-lieux de département et des nœuds de commutation y relatifs ; l'intégration des technologies innovantes de l'heure ; le renforcement des capacités en ressources humaines ; le développement de l'Internet ; et la mise en place d'un portail national.
- mettre en ligne tous les services dans les administrations publiques par la construction du réseau interministériel ; la disposition d'une plateforme de sécurisation des transactions gouvernementales ; la mise en place d'un cadre de réglementation de confiance et d'éthique pour les TIC ; et la coordination des investissements TIC.
- réduire la fracture numérique dans les zones rurales en déployant les télé-centres communautaires polyvalents dans les villages et les zones périurbaines ; et en assurant leur pérennisation.
- accroître l'accessibilité et la disponibilité des signaux de radiodiffusion, télévisuel et sonore, analogique et numérique sur tout le territoire national à travers la finalisation de la couverture radio et TV de l'opérateur national.

• assurer le relais de l'Internet vers les zones les plus enclavées à travers la poursuite du programme des radios communautaires, et le développement des programmes radio surf. vulgariser les techniques de collecte et de diffusion de l'information en créant des sites Internet à contenus locaux.

<u>Source</u> : *République du Cameroun, DSRP, document transitoire, mars 2005.*

4.3.2. L'initiative « e-Africa : initiative pour la bonne gouvernance »

Parmi les priorités du NEPAD présentées plus haut (tableau 2-2), figurent le renforcement et l'amélioration des infrastructures, y compris les TIC. A cet égard, à court terme, le programme vise à faciliter et à appuyer la mise en œuvre des programmes d'infrastructures régionaux et à réduire l'écart numérique aux quatre niveaux suivants :

- réduire l'écart numérique entre les zones rurales et les zones urbaines d'un pays donné ;
- réduire le fossé numérique entre des pays d'une sous-région donnée ;
- réduire le fossé numérique entre des régions et ;
- réduire le fossé numérique entre l'Afrique et le reste du monde.

Trois grands axes d'actions sont actuellement engagés pour poursuivre cet objectif : i) des projets de développement d'infrastructure des TIC ; ii) des projets de facilitation du développement d'infrastructure des TIC ; et iii) des initiations à l'exportation et à l'utilisation des infrastructures des TIC. A titre d'exemple, le tableau 2-6 résume les projets en cours dans le deuxième axe.

<u>TABLEAU 2-6 :</u> RESUME DU PLAN D'ACTION A COURT TERME DU NEPAD : PROJETS DE FACILITATION DU DEVELOPPEMENT DES INFRASTRUCTURES DES TIC

Projets	Région (s)	Sponsors
Fabrication des équipements dans des Etats Africains	Tout le continent	Les régions africaines
Harmonisation des politiques et des règlements des TIC	Tout le continent	ATU, RECs
Renforcement des capacités des institutions africaines des Télécommunications et des TIC	Tout le continent	Institutions identifiées
Programme pour accroître la participation de l'Afrique dans l'élaboration de la politique globale des TIC et dans des fora de prise de décision	Tout le continent	ATU, RECs, NTOs
L'initiative du développement des capacités des ressources humaines en matière des TIC (SRII)	Tout le continent	ATU/ITU- Région Afrique
L'initiative d'infrastructure régionale du SADC (SRII)	Sud	SADC

Le Projet RASCOM	Tout le continent	RASCOM
SAT-/WASC/SAFE- Utilisation pour améliorer l'inter connectivité	Sud, Centre, Ouest, Est	SAT3/WASC/SAFE

Source *: Initial Action Plan, July 2002 : 32, traduction libre*

Le Centre Africain de Formation et de Recherche Administratives pour le Développement (CAFRAD) a élaboré, dans le cadre de ce programme du NEPAD, un programme sur la « e-gouvernance pour l'amélioration de l'administration publique et la bonne gouvernance dans les pays africains ».

Ce programme s'inscrit dans le cadre de l'initiative « e-Africa : initiative pour la bonne gouvernance » qui a pour but de mobiliser l'administration publique africaine et mondiale ainsi que les communautés des TIC, en faveur de la « e-gouvernance » en Afrique. Le document stratégique de cette initiative s'articule autour de cinq domaines principaux :

- e-disponibilité « e-readiness » ;
- environnement favorable ;
- participation publique et engagement du secteur privé ;
- développement des capacités institutionnelles ;
- suivi, apprentissage et gestion des connaissances.

Ce cadre stratégique relève qu'une approche régionale de développement de la « e-gouvernance », mise en œuvre d'une manière graduelle, doit chercher à réduire les disparités observées sur certains facteurs critiques de succès tels que les politiques, les lois, les règlements, les investissements publics stratégiques, l'éducation, l'enseignement des TICs, la connectivité. Aussi, le renforcement de la capacité des pays les moins avancés numériquement devrait être une priorité, pour permettre une transition plus souple, plus cohérente et plus équitable de l'Afrique vers une société de savoir. A cet égard, ce cadre retient, entre autres, qu'un programme régional de la « e-gouvernance » doit s'inscrire dans l'optique du NEPAD et poursuivre les objectifs de gouvernance définis par la Charte Africaine de la Fonction Publique et repris aussi bien dans les programmes nationaux de gouvernance que dans les DSRP nationaux.

La mission poursuivie par l'initiative « e-Africa » dans ce contexte, est ainsi formulée dans le document cadre :

> *Renforcer la capacité institutionnelle du système de gouvernance africain et celui des institutions gouvernementales régionales, centrales et locales, en particulier, afin d'améliorer les prises de décisions politiques, la coordination et la distribution des biens et services publics grâce à l'utilisation des TIC, en partenariat avec tous les dépositaires d'enjeux, et conformément aux normes d'intégrité, d'efficacité, de transparence, de responsabilité, et en répondant aux besoins exprimés par les électeurs.*

Traitant des réformes administratives et la « e-gouvernance », le plan d'action pour la *« e-Africa : initiative pour la bonne gouvernance »* adopté en octobre 2003 à Tanger à la suite de la réunion consultative sur la « e-gouvernance », tenue par le CAFRAD en partenariat avec l'UNDESA/DPADM, annonce clairement que l'utilisation des TIC peut résoudre une grande partie des problèmes auxquels font face l'administration publique et la gouvernance dans les pays africains. Aussi, et tenant compte des particularités de la situation africaine, le plan d'action adopté part de l'hypothèse que « la capacité humaine, les initiatives et la sagesse sont indispensables dans l'utilisation des TIC. Cela implique que l'e-gouvernance représente plus que l'utilisation des TIC dans la gestion des problèmes de l'administration publique et la gouvernance. C'est une combinaison de connaissances humaines, capacités humaines et outils électroniques ». Les objectifs du programme et les principales activités envisagées sont résumés dans l'encadré 2-9.

Le plan d'action adopté sera mis en œuvre de manière participative. Le CAFRAD, en collaboration avec les institutions partenaires, assistera les pays à développer leurs capacités en « e-gouvernance » par l'organisation d'activités dans chaque pays. Les experts et professionnels nationaux travailleront en étroite collaboration avec les experts du CAFRAD pour réviser les règlements, restaurer les procédures et les services, créer des bases de données, des pages Web et des réseaux de logiciel. Les activités seront décentralisées vers chaque pays, mais seront virtuellement liées au CAFRAD[29].

Les participants à la Conférence TICAD III, à Tokyo en octobre 2003 ont reconnu l'importance des TIC pour l'établissement de réseaux intercommunautaires capables de surmonter les obstacles géographiques et pour le lancement de divers projets qui contribuent au développement, comme par exemple, le télé-enseignement. La conférence a, à l'occasion, pris note des attentes concernant l'initiative « e-Africa » considérée comme un programme du NEPAD (TICAD III, 2004 : 206).

5. QUELLES LEÇONS POUR LA REFORME ADMINISTRATIVE ?

Les leçons qui se dégagent des évolutions ainsi observées aux trois niveaux politique, économique et technologique analysés, mettent en évidence la nécessité pour les services publics de se transformer pour prendre en compte les attentes d'un environnement résolument mondial et marqué par une approche économique plutôt à tendance libérale que sociale. Par rapport à la révolution technologique, et son impact sur la productivité des administrations,

[29] Le programme précise à ce sujet que le CAFRAD travaillera en étroite collaboration avec l'UNDESA/DPADM dans le cadre des activités en cours de l'UNPAN, et du NEPAD.

Dertouzos (1999 : 276) nous apprend que l'informatique agit comme une loupe : elle amplifie les qualités du management et ses faiblesses.

> *Entre les mains d'un expert, [écrit-il], une sarcleuse ou un scalpel peut accomplir des exploits, et de sérieux dégâts entre les mains d'un charlatan. Il en va de même avec les technologies de l'information. Nul doute que les bulldozers électroniques contribueront à augmenter la productivité, mais le processus sera lent. Il faut du temps pour changer ses habitudes et apprendre de nouvelles façons de travailler. Ce fut le cas de la révolution industrielle qui a triplé la productivité des ouvriers, mais en un siècle...*

Un tournant décisif est ainsi pris dans la façon de concevoir le modèle d'administration publique à adopter par chaque pays pour répondre à ces attentes, et conséquemment, l'approche de la « réforme administrative » à retenir pour en promouvoir le développement.

<u>ENCADRE 2-9 :</u> E-AFRICA : plan d'action pour la e-gouvernance

Les principaux objectifs poursuivis sont les suivants :

- Améliorer les prises de décisions, la visibilité et la planification stratégiques ;
- Améliorer la gestion et les opérations du secteur public et de la gouvernance ;
- Faciliter l'accès et l'utilisation du service public et de l'information ;
- Améliorer la gestion des connaissances et le partage de l'information dans le secteur public ;
- Encourager la participation et le partenariat entre les principaux décideurs de la fonction publique et de la gouvernance (Etat, société civile et secteur privé) ;
- Promouvoir la formation à distance dans le secteur public ;
- Soutenir des programmes de réforme, d'innovation et de modernisation du secteur public et de la gouvernance ;
- Encourager la démocratie et l'éthique par la transparence, la responsabilité et la justice.

Les principales activités du programme comprennent :

i. Création d'un Réseau Africain sur la e-Gouvernance (ANEG). Le réseau regroupera non seulement les institutions gouvernementales mais également académiques, nationales et régionales intéressées et impliquées dans le e-gouvernance. L'objectif est de rassembler les énergies et les ressources, partager les connaissances et les expériences, et promouvoir également les activités en e-gouvernance dans les pays africains.
ii. Révision des textes juridiques, règlements, structures, procédures, équipements, environnement de travail et leur adaptation à une utilisation efficace des TICs pour une meilleure productivité et performance.
iii. Assurer la formation en e-gouvernance (e-gouvernance centrale et locale).
iv. Promouvoir et assurer la formation à distance en administration publique et gouvernance.

Les tâches et responsabilités du réseau comprennent :

i. La conduite d'études sur la e-disponibilité "e-readiness" (ce qui existe, quel fonctionnement, les défis, démarches à suivre, etc.) ;
ii. La mise en place d'un réseau des pages web gouvernementales : concertation sur les activités et partage de l'information et des connaissances ;
iii. La mise en place d'un portail sur l'administration publique et la gouvernance.

<u>Source</u> *: extrait du programme élaboré en octobre 2003 à Tanger à la suite de la réunion consultative des experts, à laquelle nous avions pris part.*

S'agissant spécifiquement de l'Afrique, M. Yoshiro Mori, ancien premier ministre du Japon et Président de la 3ème Conférence Internationale de Tokyo sur le développement de l'Afrique (TICAD III) attire l'attention du monde entier sur le fait qu'en cette aube du 21ème siècle, les problèmes auxquels l'Afrique est confrontée sont ceux qui représentent une menace pour l'existence même de l'humanité (TICAD III, 2004 : 218). Dans la logique de l'éthique de responsabilité, tout le monde est interpellé par ce constat qui traduit une vision nouvelle en matière de coopération internationale et de partenariat.

Dans le contexte nouveau résultant de ces évolutions, et pour mieux appuyer l'Etat dans son rôle de régulation, l'administration publique apparaît devoir jouer le rôle d'un acteur central qui assimile les enseignements utiles, les modalités et techniques d'amélioration des performances des services publics et d'innovation « issus du nouveau management public, tout en intégrant les valeurs qui font partie des théories sur la gouvernance en s'ouvrant davantage aux propositions de la vie civile » (Bertucci et Alberti, 2005 : 372).

En somme, il s'agit, pour chaque pays africain, de choisir un cap de développement de l'administration publique qui s'inscrit dans la perspective de l'approche du développement durable et poursuit, à cet égard, les objectifs du millénaire pour le développement et ceux définis spécifiquement pour l'Afrique dans le cadre du NEPAD (par exemple), en tirant les leçons propres à l'histoire de chaque administration. A cet égard, comme le relèvent Bertucci et Alberti (2005 : 373) qui citent le rapport du Projet du Millénaire des Nations Unies (2005 : 134) :

> *Pour parvenir à augmenter l'échelle des stratégies d'investissement nécessaires pour réaliser les objectifs du Millénaire pour le développement, il faut s'engager à bien gouverner le pays. Il faut assurer le respect de la légalité à tous les niveaux : administration et fonction publique [...] et institutions légales et judiciaires. Il faut promouvoir les droits de l'homme, en particulier les libertés civiles et politiques. [...] Ces éléments essentiels de ce qu'on appelle la gouvernance servent de compléments indispensables à l'augmentation d'échelle de la capacité pour la gestion du secteur public.*

La littérature s'accorde pour reconnaître que l'un des principaux défis que chaque pays doit relever pour faciliter, entre autres, l'apport des ressources extérieures nécessaires à la réalisation de ces objectifs et garantir l'effectivité des impacts attendus sur le développement du pays, consiste à instaurer et renforcer, entre autres : i) des stratégies de lutte contre la corruption incluant des mécanismes de marchés publics transparents et équitables et des mécanismes de gestion transparente des finances publiques ; ii) des stratégies de développement des ressources humaines, notamment en Afrique (investissement dans l'enseignement, développement des compétences en rapport avec les priorités du pays pour assurer le développement de la croissance économique,...) ;

iii) des stratégies de promotion, d'utilisation et d'appropriation des TIC pour soutenir le développement des administrations.

En Afrique, et s'agissant de la lutte contre la corruption, le tournant décisif dans la façon de concevoir le modèle d'administration publique à adopter par chaque pays est aussi marqué par l'insistance de la communauté internationale pour que soit appliqué un système rigoureux de bonne gouvernance au niveau de chaque pays et que le mécanisme africain d'évaluation par les pairs (APRM) conçu et adopté par les dirigeants africains dans le cadre du NEPAD soit effectivement mis en œuvre.

L'approche du développement durable traité dans ce chapitre, fait référence au facteur temps dans sa compréhension de prise en compte des enjeux de l'avenir. Les économistes l'appréhendent à l'aide de la théorie de « l'actualisation ». Nous traiterons de ce facteur dans le prochain chapitre et suivant la perspective managériale, comme une des dimensions essentielles à intégrer dans les stratégies de développement des administrations publiques à adopter, eu égard notamment, à la charge culturelle et ritualiste qui l'accompagne dans un monde qui ne ressemblera pas à celui que nous connaissons aujourd'hui. Un monde où la télévision a ouvert les yeux du public sur les problèmes de la planète, un monde qui est entrain de suivre le chemin tracé par le marché de l'information, écrit Dertouzos (1999 : 287), qui précise :

> *Que les nations restent centrées sur des territoires ou qu'elles se dispersent, la proximité électronique resserrera leurs liens culturels. [...]La télévision a densifié la communication globale. Avec des chaînes d'information vingt-quatre heures sur vingt-quatre, il devient difficile de dissimuler au reste du monde des événements importants. A son tour, le marché de l'information exercera une action de brassage et de nivellement sur les cultures globales et locales, quand les habitants des villages reculés comme des métropoles se retrouveront dans un espace commun consacré aux loisirs, au commerce, à l'enseignement, à la médecine, etc.*

Dans cet environnement globalement caractérisé par une évolution constante, rapide et irréversible, la réforme administrative doit se regarder et s'interroger sur les défis qu'elle doit elle-même relever avec efficacité pour pouvoir apporter aux administrations publiques l'appui qu'elles attendent d'elle.

Les partenaires au développement de l'Afrique soulignent l'importance de cette contribution de la réforme administrative en concluant quant à eux, que les voies principales dans lesquelles peuvent s'engager les pays africains pour atteindre déjà les objectifs du millénaire pour le développement « consistent à mettre en place des appareils d'Etat honnêtes et capables en procédant à des réformes de la gouvernance ; à accélérer leur croissance ; et à permettre aux groupes de population pauvres et aux femmes de participer à la croissance et d'en bénéficier » (Banque mondiale, Région Afrique, 2005 : 3).

CHAPITRE 3 :
ENJEUX ET DEFIS DE DEVELOPEMENT DE LA FONCTION « REFORME ADMINISTRATIVE »

Les mutations de l'environnement décrites dans le chapitre précédent vont entraîner des changements dont la prise en compte dans les services publics se traduira par l'introduction de nouvelles générations de réformes administratives. Ces changements s'observent déjà dans les administrations publiques africaines avec l'adoption d'une nouvelle philosophie de gestion comme illustrée au chapitre 2. Elles vont se poursuivre et prendre diverses formes pour permettre à l'administration publique de s'adapter aux évolutions décrites, en cherchant à anticiper les effets et les impacts qui sont susceptibles de compromettre l'accomplissement de son but ultime qui est la satisfaction du bien-être du citoyen, telle que défini, par exemple, dans la logique du développement durable.

Eu égard au rôle structurant que les services publics ont en matière de cohésion sociale, de croissance de la production, de création d'emplois, d'aménagement du territoire et d'une manière générale en matière de régulation de l'activité économique nationale, la « réforme administrative » en tant que fonction organisationnelle est mise au défi d'être elle-même performante pour permettre aux autres fonctions de produire les résultats qui sont attendus d'elles et cela de façon optimale.

Suivant le principe de la division du travail défini par les auteurs de l'Ecole classique (Fayol et Taylor), la « fonction réforme administrative » qui est l'objet principal d'attention dans ce chapitre se conçoit comme un « art régi par des lois aussi précises et aussi clairement définies que les principes fondamentaux de l'art de l'ingénieur ou du médecin ». Nous avons esquissé quelques éléments des principes fondamentaux de la réforme administrative au chapitre 1.

Le développement de cette fonction qui est du type « conseil », par opposition aux tâches fonctionnelles orientées vers la production des biens et services fondant la raison d'être de l'organisation, se justifie par le caractère permanent (et non erratique) de la réforme du service public, permanence qui se traduit par les stratégies de modernisation de l'administration publique adoptées par chaque pays. Aussi, Metzger (2000 : 8) observe que « si le thème de la modernisation de l'administration est récurrent, au point de paraître indissociable de l'Administration elle-même, c'est qu'il manifeste l'existence d'enjeux fondamentaux jamais stabilisés, comme le rôle de l'Etat ou le mode privilégié de son action ». Poursuivant son raisonnement, Metzger (2000 : 227) soutient que la croyance dans l'efficacité de la réforme permanente « s'appuie sur un ensemble de conceptions, socialement partagées, dépassant le cadre de l'organisation étudiée, que la mise en œuvre des réformes renforce, comme s'il s'agissait d'un phénomène auto-entretenu ». Chaque projet de réforme est en fait comme l'indique Alain Claisse (1998 : 363), un élément partiel mais décisif d'un processus générateur de modernisation de l'Administration.

Dans ce processus générateur de modernisation, la réforme administrative, comme nous l'avons décrit au chapitre premier, « structure », donc modifie légèrement (amélioration des performances) ou profondément (innovation) l'administration. C'est une lourde responsabilité, qui, pour être pleinement assumée, nécessite une excellente connaissance de « l'anatomie » de son objet et les paradigmes émergents en matière de développement des organisations en général, des administrations publiques en particulier. De ces éléments vont se dégager des défis que doit relever la réforme administrative pour être elle-même performante. Ces éléments sont présentés ici suivant trois axes : 1°) les problèmes qui reflètent la spécificité de « l'anatomie » de l'objet de la réforme administrative ; 2°) les enjeux qui découlent de ces problèmes pour le développement de la fonction « réforme administrative » ; 3°) les défis que la fonction réforme administrative doit relever pour être elle-même efficace.

1. LES PROBLEMES QUI SE POSENT

Frederick G. Harmon (1998 : 178) conclut son texte sur l' « avenir au présent » en ces termes :

> *La rapidité du changement nous a projetés dans une nouvelle dimension inconfortable, à mi-chemin entre le présent et l'avenir. Les hommes qui travaillent actuellement dans nos entreprises bâtissent déjà, jour après jour, l'organisation du 21e siècle. Le détail des plans n'est pas encore disponible, bien que l'esquisse soit déjà fort avancée. Mais les architectes du futur ne se contentent pas d'ébaucher l'esquisse, ils la concrétisent dès maintenant.*

Du point de vue de la « fonction réforme administrative », et compte tenu des mutations décrites et de bien d'autres facteurs qui caractérisent la rapidité du changement dont parle Harmon, ce paragraphe analyse au plan théorique, les questions qui doivent être nécessairement abordées tant pour améliorer la performance des administrations publiques que pour innover et permettre *d'esquisser et de concrétiser dès à présent l'architecture du service public africain de demain.*

Ces questions sont présentées sous la forme de cinq ordres de problèmes qui tentent de cerner certaines questions clés qui caractérisent la réalité (« l'anatomie ») des organisations en général et particulièrement les services publics qui nous intéressent dans cet ouvrage. Ceux-ci ont trait au choix de la stratégie de changement à adopter, aux paradoxes à traiter, à la nouvelle gestion des ressources humaines à intégrer, à la transition structurelle à gérer, à l'impératif de la gestion stratégique du temps à prendre en compte dans les organisations publiques.

1.1. Le choix de la stratégie de changement à adopter

En matière de gestion de changement dans une organisation, la littérature s'accorde pour soutenir que la stratégie d'intervention retenue doit accorder une place centrale aux membres de cette organisation, ceux-là mêmes qui disposent d'un « stock de connaissances sociales pré et quasi scientifiques » (Wacheux, 1996 :17) de leur milieu de travail. Giddens[30] (1987, in Wacheux, 1996 : 17) propose trois postulats de légitimation d'une stratégie dans ce sens : 1) remettre l'acteur interne au centre du projet d'intervention, et le redéfinir par ses actes ; 2) explorer les structures, comme une invention permanente des acteurs internes, et comme une « routinisation » du social ; 3) accepter l'intelligence de ces acteurs internes, et leur savoir pratique dans le milieu.

Ces postulats vont dans le sens des objectifs poursuivis par le changement dans les organisations publiques que Gortner et al. (1994 : 516) ont résumé en cinq thèmes (voir chapitre 2, Encadré 2-1). Dans la présentation de ces objectifs, les auteurs dégagent pour chacun d'eux, des difficultés de mise en œuvre qui sont sources d'ambiguïtés et qui illustrent la complexité de la réalité des organisations pour ce qui est des administrations publiques.

Ainsi, et pour le premier objectif, si on s'entend pour dire que les administrations publiques doivent s'adapter aux changements qui surviennent dans leurs environnements politique, économique et technologique, il est souvent difficile, relèvent les auteurs, de « dire précisément si un procédé utilisé est réellement nécessaire ou s'il se justifie seulement du fait de son existence ». Par exemple, pour les administrations publiques africaines, la réduction de la taille d'une administration est-elle la solution idoine pour résoudre le problème de l'efficacité et de l'efficience de ces administrations, ou bien, s'agit-il seulement d'appliquer un procédé qui a déjà été conçu dans un autre cadre et un autre contexte.

Le deuxième objectif postule, comme on l'accepte généralement, que les décisions dans les administrations doivent être prises *rationnellement*. Mais de quelle rationalité s'agit-il ? Celle du politique ou celle du responsable administratif (Secrétaire Général, Directeur, Chef de Service) ou celle de l'agent public qui se consacre à l'exécution de la tâche qui concourt à la réalisation de la raison d'être de son unité de travail ou celle du bénéficiaire des services

---

[30] Giddens, A. (1987). *La construction de la société*. Paris, PUF

publics rendus, le citoyen à qui les autres intervenants doivent rendre des comptes ? A ce propos, Gortner et al. (1994 : 517) relèvent avec pertinence que « le sens qu'on donne au concept de la rationalité varie selon le type d'organisation à l'étude et selon la philosophie politique et la philosophie de gestion de l'auteur ».

Pour se fixer les idées sur ce problème important de choix de rationalité et illustrer son degré de complexité, il y a lieu de relever que March J.G (1991 : 133-161) dégage deux grandes familles de rationalité dans la littérature. Une famille dite de *rationalité contrôlée ou calculée,* et suivant laquelle l'action de chaque agent est supposée être logique, parce que liée de façon consciente et sensée à sa connaissance des objectifs et des résultats et contrôlée par ses intentions. Cette famille regroupe les notions de rationalité limitée, rationalité contextuelle, rationalité des jeux et rationalité de processus (March, J.G., 1991 : 139).

Une autre famille dite de *rationalité systémique,* et suivant laquelle les personnes agissent de façon sensée sans comprendre la pleine justification de leurs actes. Comme le décrit March (1991 : 140) on se trouve ici dans un contexte où « la connaissance sous la forme de préceptes de comportement, se transforme avec le temps en système et s'accumule à travers le temps, les personnes et les organisations sans conscience de son histoire. Alors, les acteurs agissent de façon sensée, sans comprendre la pleine justification de leurs actes ». Cette famille regroupe les notions de rationalité adaptative, de rationalité sélective et de rationalité *a priori*. D'une façon générale March (1991 : 141) constate que :

> *Le fait de considérer les comportements courants comme des formes de rationalité a considérablement éclairé et élargi notre connaissance des mécanismes de choix. L'exploration des divers aspects de la rationalité que nous venons d'évoquer (limitée, contextuelle, adaptative, etc.), fait pleinement partie de la théorie comportementale des choix. Mais, en même temps, cette mise en évidence de l'intelligence des comportements habituels est une invitation implicite à reconstruire nos théories normatives des choix ; l'argument avancé est, en effet, que les comportements observés sont non seulement compréhensibles en tant que phénomènes humains mais, dans une grande mesure, intelligents. Si un comportement qui s'écarte des procédures classiques de la rationalité calculée se révèle intelligent, on peut en déduire que les modèles de rationalité calculée ne sont ni des descriptions fidèles du comportement humain ni des guides fiables pour des choix intelligents.*

Le troisième objectif décrit par Gortner et al. et qui est relatif aux changements en matière de gestion, de structure et de procédés de travail au sein des services publics soulève un problème central dans une démarche de gestion de la performance. C'est celui des définitions de concepts d'efficience et d'efficacité qui varient aussi bien chez les auteurs théoriciens ou spécialistes en développement organisationnel que chez les acteurs publics (politique, administratif, secteur économique, secteur associatif) qui travaillent au développement de l'administration publique. Ce problème est au cœur des deux approches de la « la gestion par la performance » et de la « valeur optimale » qui sont présentées au chapitre 4 de la deuxième partie.

Dans les services publics réputés être d'intérêt public, ce problème prend une importance toute particulière pour au moins trois raisons qui interpellent la fonction « réforme administrative » :

1) les instruments et techniques de mesure de la performance à adopter en fonction des définitions qui varient avec les acteurs et les contextes ;
2) l'accès à l'information pertinente pour apprécier le degré de satisfaction des différents indicateurs de mesure de la performance tels que retenus dans une définition donnée ;
3) l'élaboration d'un cadre théorique qui permettra d'opérationnaliser l'exploitation des mesures effectuées dans la logique de la bonne gouvernance des services publics.

Ce sont des problèmes fondamentaux de responsabilisation politique et de l'efficacité de l'appareil administratif de l'Etat qui sont ainsi soulevés, et que la littérature illustre à travers un questionnement interpellatif du genre (Pollitt, 1995 : 206-207) :

> *Comment déterminer et concilier les valeurs divergentes des usagers de services et des contribuables, des jeunes et des personnes âgées, des sociaux démocrates et des conservateurs, des chômeurs et des entrepreneurs, etc. ? Comment devrait-on évaluer des normes hautement éthiques en fonction de l'efficience ? Quel niveau de corruption supplémentaire pourrait-on tolérer pour stimuler un niveau d'innovation et d'entreprenariat qui reste à déterminer ? Combien d'erreurs et d'inexactitudes pourrait-on considérer comme acceptables dans le but de fournir un service plus rapide ? Quel niveau d'injustice pourrait-on accepter au nom de la liberté d'action locale ?*

Ces différents problèmes (pertinence des procédés, rationalité des décisions, mesure de la performance,...) qui résultent des ambiguïtés qui sont sous-jacentes à la formulation et à l'adoption des objectifs poursuivis par les changements au sein des services publics ont des conséquences sur la définition de la *stratégie à adopter pour conduire la modernisation* d'un service public. Il devient, en effet, quasiment impossible de retenir une seule et unique compréhension des termes du continuum « valeur – vision – stratégie – objectif – résultats – évaluation », pour les différentes parties prenantes. Et même si une stratégie est élaborée et adoptée, les décisions prises aux niveaux tactique et opérationnel lors de sa mise en œuvre étant sous-tendues par diverses rationalités, la difficulté de la conduite du changement apparaît de tout son poids et de toute sa profondeur.

La question se pose encore avec plus d'acuité dans les administrations publiques africaines caractérisées par la diversité, diversité dont celle des écoles de formation des Elites administratives n'est pas la moindre ; l'école étant comprise ici à la fois comme instrument de modèlement des formes de raisonnement, instrument de sélection et comme réseau d'influences multiformes.

1.2. Les paradoxes à traiter

Les paradoxes, les dilemmes et les contradictions constituent un autre aspect de la complexité des organisations en général (Morgan, 1989 ; Handy, 1995) et des administrations publiques en particulier. A notre époque, écrit Handy (1995 : 8), « nombre de situations recèlent leurs propres contradictions : les bonnes intentions qui ont des conséquences inattendues, les nombreuses recettes pour le succès, dont l'alchimie peut se transformer en poison. Le paradoxe est presque devenu un cliché ». Morgan (1989 : 308) donne une illustration de la contradiction dans la dynamique fondamentale par laquelle le monde se change lui-même. « Nous pouvons, écrit-il, voir comment la domination de la nature par l'être humain finit par nuire à ce dernier, à mesure que des problèmes comme la pollution, l'épuisement des ressources et la dégradation générale de l'environnement menacent de dominer l'humain à son tour. »

Analysant les conséquences de l'évolution de l'économie mondiale, Handy (1995) dégage dans son ouvrage « le temps des paradoxes » neuf exemples[31] de paradoxes caractéristiques de la dynamique des changements observés dans la société. L'un de ces paradoxes est celui de l'organisation que Handy (1995 : 41) décrit en ces termes :

> *Plus que jamais, [les organisations] ont besoin d'être à la fois globale et locale, d'être importantes sous certains aspects et réduites pour d'autres raisons, d'être centralisées à certains moments, et décentralisées la plupart du temps. Elles requièrent de leurs collaborateurs d'être à la fois autonomes et de travailler davantage en équipe ; elles exigent de leurs managers un plus grand effort de délégation, et aussi de contrôle.*

Face à ce paradoxe, Handy (1995 : 42) cite les résultats d'une étude qui a montré que les entreprises qui étaient performantes dans l'échantillon retenu, étaient celles qui s'accommodaient des dilemmes, en trouvant des moyens de

[31] Il s'agit des paradoxes de l'intelligence (pp.28-30), du travail (pp.30-33), de la productivité (pp.33-36), du temps (pp.36-37), des riches (pp.40-41), des organisations (pp.41-43), de l'âge (p.p43-44), de l'individu (pp.44-46), de la justice (pp.46-47).

les convertir plutôt que de choisir entre l'un et l'autre[32]. Peter et Waterman étaient parvenus à la même conclusion dans leur étude sur les secrets des meilleures entreprises, à savoir que « les meilleures entreprises savent, avant tout, manier le paradoxe » (1983 : 109). Ainsi, explicite Handy (1995 : 42) :

> *Elles doivent planifier leurs stratégies, mais rester souples, être à la fois différenciées et intégrées, être capables d'un marketing de grande consommation, tout en servant de très nombreuses niches, introduire des nouvelles technologies, mais permettre à leurs collaborateurs d'être les maîtres de leurs propres destins, trouver des moyens pour que leurs produits expriment la variété, la qualité et la mode, tout en maintenant des prix compétitifs.*

S'agissant particulièrement de l'administration publique, Baier et al. (in Mach, 1991 : 67-83) illustrent dans un article intitulé « décision et mise en œuvre : une série d'ambiguïtés », le paradoxe de la *nécessaire ambiguïté des décisions stratégiques* dans l'administration publique. L'ambiguïté est entretenue ici pour obtenir le soutien de plusieurs groupes ou personnes, chacun pour les raisons qui lui sont propres et avec des attentes diverses quant aux conséquences administratives de la mise en œuvre de ces décisions. Ces auteurs (Baier et al., 1991 : 78) écrivent, en effet :

> *Tous ceux qui ont étudié le processus législatif savent que l'on « règle » les questions épineuses en évitant de les résoudre ou en leur donnant une forme sujette à des interprétations ultérieures. Il en est de même pour les stratégies adoptées par l'armée, les hôpitaux, les universités ou les entreprises. Plus le débat est serré sur une question, plus on aura de chance de faire voter un projet ou une stratégie en augmentant son ambiguïté et, non pas en la réduisant. [...]. Les stratégies officielles ont donc toutes les chances d'être vagues, contradictoires ou de ne faire l'unanimité ni sur leur signification ni sur leur mise en œuvre.*

Ainsi et généralement, dans l'administration publique, les décideurs augmentent « stratégiquement » le degré d'ambiguïté de leurs stratégies pour permettre son soutien par plusieurs groupes ou personnes qui ne poursuivent pas le même objectif. Mais de l'autre côté, cette ambiguïté stratégique encourage l'autonomie administrative, qui encourage à son tour une plus grande ambiguïté. Baier et al. (1991 : 80) concluent qu'il n'est donc pas « étonnant de voir des organisations fonctionner avec des liens très lâches entre les stratégies et les actions, les projets et les comportements, les décideurs et les gestionnaires ». Un paradoxe dont l'approche de la gestion par la performance dans l'administration publique doit tenir compte.

---

[32] L'auteur (p.42) relève la nature à la fois rigide et flexible de toutes les organisations : la rigidité venant de ce qui a trait aux structures et aux systèmes de contrôle, et qui émane de notre hémisphère gauche ; la souplesse venant de la capacité à s'adapter et de la sensibilité, toutes facultés qui émanent de notre hémisphère droit ; l'une et l'autre étant indispensables pour réussir.

Handy (1995 : 43) conclut la présentation du paradoxe de l'organisation en des termes fortement interpellatifs pour la « fonction réforme administrative » pour ce qui est des services publics. Il écrit, en effet, que « le défi des leaders de demain sera de diriger des organisations dont l'existence ne se manifestera par aucune des caractéristiques auxquelles nous sommes habitués ». Les organisations seront pourtant les chevilles ouvrières de notre monde moderne, ajoute-t-il, pour souligner le caractère urgent et préoccupant de ce défi.

Le paradoxe n'a pas besoin d'être résolu, mais seulement d'être géré en lui donnant un sens dans le contexte organisationnel concerné et en tirant profit de sa signification pour construire le développement de cette organisation (Handy, 1995 : 8 ; Morgan, 1989 : 296-310 ; Peter et Waterman, 1983 : 107-133). Dans ce sens de la gestion des paradoxes, Crozier et Friendberg (1977 : 111) écrivent :

> *Nous connaissons tous, pour en avoir éventuellement fait l'expérience, le caractère contraignant de certaines situations ou certaines positions organisationnelles pour le comportement de ceux qui s'y trouvent. Mais le problème est de comprendre comment cette contrainte opère et comment, dès lors, on peut l'intégrer dans l'analyse.*

Morgan (1989 : 310) observe que l'analyse dialectique montre que la gestion de l'organisation, de la société aussi bien que de sa vie personnelle exige, en fin de compte de gérer la contradiction. Il conclut :

> *Bien que beaucoup rêvent d'une existence où le conflit n'existerait pas, c'est là une idée qui manque de réalisme. Une vision dialectique de la réalité indique que la tension et la contradiction seront toujours présentes, bien qu'elles puissent être plus ou moins explicites et prendre différentes formes selon les oppositions qui se manifestent. Le choix qui s'offre aux individus et aux sociétés est, en fin de compte, un choix qui concerne la sorte de contradiction qui va déterminer le modèle de leur vie quotidienne.*

C'est la responsabilité de la « fonction réforme administrative » d'amener les services publics à bien conduire ce nécessaire effort de compréhension du fonctionnement des paradoxes et de leur intégration dans leurs stratégies de développement. Une fois de plus, c'est la dimension « recherche » de la « fonction réforme administrative » qui est interpellée ici, vue sous l'angle de l'apprentissage organisationnel.

1.3. La nouvelle gestion des ressources humaines à intégrer

Le quatrième objectif du changement dans les services publics identifié par Gortner et al. (1999 : 54) concerne le « développement de la personne et/ou les relations humaines dans l'organisation ». L'objectif poursuivi ici est d'augmenter la motivation et l'engagement des membres de l'organisation, de « réduire leur niveau d'aliénation et de leur permettre d'affirmer leur liberté », suivant la perspective des spécialistes des sciences humaines au sein des services publics.

En effet, dans le contexte des profondes mutations des environnements politique, économique et technologique présenté au chapitre précédent, la problématique de la gestion des personnels au sein des administrations, tout secteur confondu, a évolué de la pratique traditionnelle de la « fonction personnel », vers une approche nouvelle qui concilie la compréhension traditionnelle avec les exigences de développement des organisations modernes. Parmi les postulats qui sous-tendent le développement de cette approche nouvelle de la gestion des ressources humaines (GRH), les quatre qui sont définis dans le tableau 3-1 sont particulièrement pertinents aux objectifs poursuivis par les programmes nationaux de gouvernance en Afrique, ainsi que par la mise en œuvre des approches du développement durable et de la gestion par les compétences (chapitre 8, §.2).

Ainsi qu'il ressort de ces postulats, la « fonction Ressource humaine » a désormais pour mission dans les administrations modernes, y compris dans les services publics, de penser, de planifier, de coordonner, d'intégrer, de diriger et de contrôler les activités qui visent *à doter l'organisation d'un personnel* compétent, de le *conserver*, de l'*utiliser* et de le *développer* en vue de l'atteinte des objectifs organisationnels.

TABLEAU 3-1 : QUELQUES POSTULATS DE LA NOUVELLE GRH

Postulat 1
Le personnel est une ressource stratégique importante. Elle est la ressource principale qui influence la productivité, particulièrement dans le secteur public, para-public et péri-public.
Postulat 2
Toute personne est une ressource complexe, à la différence des autres ressources organisationnelles. Une complexité qui s'analyse au plan ontologique à partir de trois forces : le pouvoir, le savoir et le vouloir ; et au plan épistémologique à partir des facteurs socio-culturels, des schémas théoriques d'analyse des trois forces (pouvoir, savoir et vouloir).
Postulat 3
Tous les personnels des organisations modernes sont des travailleurs du savoir. Chacun doit apporter une valeur ajoutée en termes de savoir et par les informations qu'il peut donner. Analyser, gérer et exploiter les connaissances de chacun est devenu un facteur-clé de succès des organisations.
Postulat 4
L'apprentissage organisationnel, en permettant aux gestionnaires de capitaliser les enseignements des actions menées, renforce le retour d'expérience au sein de l'organisation et son suivi stratégique. Un retour d'expérience qui est capital aux gestionnaires pour affiner la stratégie de développement de leur organisation dans un environnement aussi turbulent, en cette ère de l'information. Le degré d'implication de tous les agents au développement de l'organisation est fortement conditionné par cet apprentissage.

Gilles Guérin et Thierry Wils (1993) décrivent « sept tendances clés de cette « nouvelle » GRH »[33] ; à savoir que la GRH devient :

- *plus stratégique* : planification stratégique et mobilisation des ressources humaines en vue de l'atteinte des cibles stratégiques de l'organisation ;
- *plus culturelle* : la GRH contribue à façonner la culture des organisations, identifiée comme facteur de performance, à travers la mobilisation des énergies et la canalisation des comportements ;
- *plus participative* : en favorisant une organisation du travail flexible et organique qui rend possibles les initiatives s'accordant avec une prise de conscience intelligente de la situation globale ;
- *plus individualisée* : par le remodelage du travail (emploi, conditions de travail, évolution de la carrière) pour l'adapter aux caractéristiques particulières de chaque employé (connaissances, aptitudes, aspirations). Sont également concernés ici les avantages sociaux, le design du poste de travail, l'aménagement du temps de travail ;
- *plus anthropocentrique* : en étant plus préoccupée des besoins et problèmes des agents et en s'impliquant davantage pour favoriser leur développement et leur épanouissement ;
- *plus évaluative :* en s'efforçant de se mettre au diapason des autres fonctions organisationnelles (production, finance, matériel, planification...) et de prouver l'effet positif de sa contribution à l'atteinte des objectifs organisationnels ;
- *plus informatisée :* à travers l'informatisation des systèmes d'information sur les ressources humaines. La Direction des Ressources Humaines et ses services se dégagent ainsi de la tutelle des services informatiques de toute l'organisation pour se développer de manière autonome en fonction de leurs besoins spécifiques.

De la description que Handy (1995 : 28) fait du « paradoxe de l'intelligence » se dégagent des éléments qui illustrent l'irréversibilité de cette évolution. Ainsi, et selon lui :

> *Peter Drucker souligne que les « moyens de production » - fondement traditionnel du capitalisme – sont aujourd'hui littéralement la propriété des salariés, car ces moyens se trouvent dans leurs cerveaux et au bout de leurs doigts. Ce dont Marx avait un jour rêvé est devenu une réalité, mais d'une manière qu'il n'avait pas imaginée.*
>
> *L'intelligence « convergente », celle qui s'exprime à travers la capacité à acquérir des connaissances et du savoir-faire, et à les mettre en application, constitue une nouvelle source de richesse. Singapour qui se fait l'Ile intelligente constate, dans son dernier plan économique, que les sources traditionnelles de*

[33] Publié dans la Revue Gestion, février 1993, p. 22-33

prospérité et d'avantages concurrentiels – la terre, les matières premières, l'argent, la technologie – peuvent toutes être importées quand et si l'on en a besoin, pourvu que l'on dispose des personnes ayant l'intelligence et le savoir-faire pour les mettre en valeur. Singapour, à l'instar de Hong Kong, a exporté toutes ses activités manufacturières vers des régions moins coûteuses comme Sumatra, les Philippines ou Guandong en Chine, mais a conservé toutes les fonctions requérant un quotient intellectuel élevé – le contrôle managerial, la création et la distribution.

Dans un tel contexte, Kanter (1998 : 106) suggère que pour maintenir la productivité, la qualité et l'innovation dans les organisations, tous facteurs qui procèdent de l'engagement mutuel de l'employé et de l'employeur, la nouvelle gestion des ressources humaines doit, par exemple, concevoir la sécurité en termes *« d'employabilité »*. L'employabilité est la possibilité d'accumuler des savoir-faire et une notoriété, qui seront investis en fonction des occasions (Kanter, 1998 : 107). Selon Kanter (1998 : 107) :

L'employabilité des salariés, ce gage de sécurité, repose sur l'accroissement de leurs talents et l'amélioration de leurs capacités. En ce sens, il est plus important de leur proposer des objectifs valorisants dans le cadre de projets ambitieux que de leur promettre des avantages de carrière à long terme ou de leur faire miroiter des perspectives pour l'avenir.

Pour le développement des organisations engagées dans cette logique de la nouvelle GRH, il s'agira désormais de définir les postes de travail et les profils de carrière en se basant sur la flexibilité des emplois. « L'innovation et la réactivité, qui constituent les deux impératifs d'aujourd'hui, écrit Kanter, impliquent que les dirigeants ne considèrent plus l'entreprise comme une structure immuable mais comme un réseau d'activités» (1998 : 110). Pour Kanter (1998 : 112) le défi à relever par les gestionnaires suivant cette approche nouvelle de la GRH revient à se donner les moyens d'utiliser et d'évaluer le capital humain, ses talents, ses aptitudes, ses connaissances.

Les administrations publiques africaines qui ont adopté une nouvelle philosophie de gestion axée sur les résultats et qui ont pris l'engagement, à travers leurs programmes de bonne gouvernance, de promouvoir le développement des services publics par l'accroissement de leur performance ne peuvent rester en marge de cette évolution. La fonction « réforme administrative » doit leur apporter l'appui requis pour relever ce défi de rénovation de la gestion des ressources humaines, lors notamment, de l'élaboration des cadres organiques des services publics, lors de la mise en œuvre des plans d'organisation et d'effectifs (POE) qui découlent des cadres organiques, lors de l'élaboration des cadres méthodologiques et des outils de mise en œuvre des systèmes d'évaluation des performances organisationnelles à partir des résultats obtenus. Déjà, faudrait-il, redéfinir le cadre juridique du développement des agents publics en intégrant dans le statut général les éléments qui fourniront la preuve tangible des intentions de l'Etat, employeur, à l'égard de ses employés et de leur avenir. Ces éléments pourront, entre autres, porter sur la clarification du système de recrutement et de gestion des carrières dans la perspective d'une gestion prévisionnelle des compétences et des emplois publics définie autour du concept de « l'employabilité ». De même pourrait-il s'agir de la définition et de la mise en place d'un système transparent de valorisation de la réussite professionnelle à travers par exemple, l'établissement de liens entre performance et rémunération, entre compétence et promotion.

La réforme administrative dont les activités de l'un des axes de définition sont regroupées autour de deux logiques (logique sous-jacente aux activités traditionnelles de contrôle et d'évaluation des performances et logique sous-jacente aux activités d'innovation et d'apprentissage organisationnel) est fortement interpellée dans cette dynamique. C'est à ce prix en effet, que le discours sur l'effectivité des résultats escomptés des différentes réformes engagées peut se concrétiser par des projets palpables.

1.4. Les transitions structurelles à gérer

La revitalisation des services publics concerne également l'organisation du travail administratif et la définition de nouvelles structures organisationnelles. En effet, avec l'introduction de la nouvelle approche de la GRH, l'adoption de l'approche du partenariat public/privé/société civile et la mise en œuvre d'un système d'évaluation des performances des services publics centré sur les résultats, on débouchera inéluctablement sur un nouveau style d'organisation, dont Handy (1998 : 235) décrit les traits caractéristiques en ces termes :

> *Les nouvelles organisations doivent être envisagées comme des schémas de relations, comme une association en perpétuelle évolution de particules (les hommes) et d'ondes (les échanges). Les physiciens désignent les particules sous le terme de « faisceaux de potentialité ». A mon sens, cette expression correspond tout à fait au type d'individus que nous voulons dans les nouvelles organisations. Ce ne sont plus des personnages figés dans des fonctions immobiles mais des papillons, tels ceux de la théorie du char, dont le battement d'ailes provoque une tornade à l'autre bout du monde.*

Pour leur part, et suivant cette même logique d'adaptation à un environnement dynamique (et non stable dans l'hypothèse de Weber), Gortner et al. (1994 : 253) dégagent des recherches développées en la matière, la même nécessité d'une approche différente de la structuration des organisations. Ils écrivent, en effet : « un nouveau type idéal d'organisation est devenu nécessaire pour servir de contexte favorable à un processus de travail hautement technicisé et pour fournir la possibilité et les conditions de créativité professionnelle nécessaires au maintien des capacités d'adaptation de l'organisation aux changements rapides des marchés et l'accroissement des connaissances ».

Comme on l'a vu au chapitre précédent (§.3.2), dans une telle organisation, il ne sera plus possible, par exemple, de séparer les tâches de conception des tâches d'exécution. De même, avec l'émergence des réseaux et l'adoption de l'approche de prestation intégrée de services (PIS), les principes d'unité de commandement ou de surface de contrôle perdront à la fois leur sens et leur pertinence. (C'est difficile à accepter pour ceux qui sont au commandement aujourd'hui, mais il s'agit d'une tendance lourde...qui peut écraser si on résiste beaucoup). Cette observation interpelle la « fonction réforme administrative » qui, plus que sur tout autre plan, est régulièrement sollicitée pour élaborer les textes organiques et les organigrammes des départements ministériels.

Gortner et al. (1994 : 153) notent à propos de l'évolution des recherches dans le domaine de la conception des structures organisationnelles que *« les théoriciens des nouveaux systèmes organisationnels considèrent les structures comme un réseau d'échanges favorable aux communications ouvertes et latérales et à la consultation à tous les niveaux plutôt qu'une hiérarchie de relations de contrôle et d'autorité du haut vers le bas ».*

Ainsi, nous vivons actuellement la période transitoire entre l'époque des structures traditionnelles bâties suivant les principes de l'idéal type bureaucratique de Max Weber et celle des structures qui définissent l'organisation de demain et dont on voit les premiers signes avec le développement du travail en réseau et l'expansion des structures matricielles. Dans une équipe-projet par exemple, ou bien dans un comité interministériel élargi au secteur économique et à la société civile, qui est finalement le chef hiérarchique, sinon l'objectif poursuivi dans le cadre très précis ayant conduit à la mise en place de cette organisation ? Et quand les résultats seront atteints qu'est-ce qui pourrait justifier le maintien de cette organisation avec les coûts que cela entraîne ?

C'est une réalité que nous vivons déjà, et les exemples de travail en réseau par le biais de l'Internet avec divers organismes nationaux et internationaux (IISA, CAFRAD, OFPA, UNDESA, pour citer quelques-uns) sont là pour l'illustrer.

L'approche d'organisation par les « Comités » qui est dominante dans les nouveaux types de structures adoptés et qui rentre progressivement dans les habitudes au sein des services publics épouse les contours du type de structure dénommée « adhocratie » et dont nous avons parlé au chapitre premier, à propos de l'organisation de la réforme administrative (Chapitre 1, §.3.2).

Mintzberg (1984 : 376 ; 1989 : 292) décrit ses paramètres de conception en ces termes :

> *Dans l'Adhocratie nous avons une cinquième configuration distincte : une structure très organique avec peu de formalisation du comportement ; une spécialisation horizontale poussée basée sur la formation ; une tendance à regrouper les spécialistes en unités fonctionnelles pour la gestion du personnel, et à les déployer en petites unités (groupes de projets) pour la réalisation du travail ; une utilisation importante des mécanismes de liaison pour encourager l'ajustement mutuel (qui est le mécanisme de coordination principal) à l'intérieur des équipes et entre les équipes ; et une décentralisation sélective vers ces équipes et à l'intérieur de ces équipes, qui sont situées à divers endroits de l'organisation et regroupent divers « assortiments » de cadres hiérarchiques et d'experts opérationnels.*

Au sujet des adhocraties, Peter et Waterman (1983 : 143) font remarquer que le niveau hiérarchique devant lequel un Comité est responsable et l'expérience de ses membres sont proportionnels à l'importance du problème qui est abordé.

Ce type de structure approprié dans un environnement complexe et dynamique, met l'accent sur l'innovation qu'elle doit promouvoir en débordant, lorsque c'est nécessaire, la structure d'autorité. Ce n'est qu'un exemple qui a l'avantage de servir de cadre théorique d'analyse des différents comités et commissions ad hoc auxquels nous sommes familiers aujourd'hui. Sa description théorique bien développée dans la littérature constitue une base pour bien analyser les problèmes liés à sa généralisation ou pour soutenir une démarche comparative. Mintzberg (1984 : 403) conclut son ouvrage « structure et dynamique des organisations » en relevant du reste qu'en « général il n'y a pas de structure optimale ; en particulier, il peut y en avoir une, tant que les paramètres de conception sont cohérents entre eux et qu'ils forment avec les facteurs de contingence une configuration structurelle ». Mintzberg décrit dans cet ouvrage, cinq exemples types de configurations structurelles en fonction des paramètres de conception retenus.

Le tableau 3-2 résume ces cinq configurations structurelles en indiquant pour chacun d'eux, les paramètres de conception dominants et les facteurs de contingence. Ce tableau nous semble utile comme outil d'analyse qui souligne et illustre l'importance de partir du « flux de travail » pour structurer et non du « flux de l'autorité hiérarchique », approche qui est rentrée dans les mœurs, au point de devenir le premier réflexe de certains organisateurs.

Pour traiter ce problème de conception des formes d'organisations qui s'adaptent aux changements dans l'environnement, Gortner et al. (1994 : 136-163) présentent l'approche de l'école du *design organisationnel.*

Selon les théoriciens de cette école, au lieu d'offrir une seule option pour toutes les organisations publiques, il faut utiliser différentes formes structurelles en fonction des exigences de trois paramètres que sont l'environnement, la technologie et les programmes, tout en tenant compte des facteurs politiques et légaux. Gortner et al décrivent trois approches de design organisationnel telles qu'elles se dégagent des recherches qui se font actuellement : les modèles axés sur la technologie utilisée par les organisations ; les modèles axés sur l'environnement ; et les modèles d'autodesign des structures qui « permettent le réexamen continu des arrangements actuels et qui encouragent l'apprentissage organisationnel » (Gortner et al., 1994 : 137).

Ainsi, par exemple, et s'agissant du modèle de l'autodesign des structures, Gortner et al. (1994 : 156) présentent la thèse développée par Hedberg, Nystrom et Strabuck[34] et suivant laquelle, les processus créent les structures ; thèse diamétralement opposée à celle de l'approche classique selon laquelle les structures contrôlent les processus. Pour appliquer leur thèse, ces auteurs se concentrent sur la satisfaction au travail et sur des structures non hiérarchiques complexes pour encourager et récompenser l'émergence de nouvelles idées (Gortner et al., 1994 : 158).

Tout en reconnaissant que les théories sous-jacentes aux trois modèles d'approche de design organisationnel décrits sont en développement et n'ont aucun caractère achevé, Gortner et al. (1994 : 158) concluent leur analyse en ces termes :

> *Selon les hypothèses traditionnelles sur la restructuration, celle-ci change les processus internes des organisations et elle est une solution acceptable à divers problèmes dans le développement et la gestion des programmes : la revue de la littérature sur le design organisationnel que nous avons faite [...] soulève de sérieuses questions quant à la justesse de cette hypothèse. Dans le contexte spécifique de l'examen du lien structure-technologie, nous sommes forcés d'admettre que les structures peuvent favoriser ou empêcher la coordination efficace des processus de travail mais qu'elles ne définissent pas ces processus. Par ailleurs, les efforts en vue d'adapter les structures à la technologie, à l'environnement et au développement de programmes peuvent aider à concevoir des structures qui renforcent la gestion des programmes au lieu de la contrecarrer.*
>
> *La revue de littérature sur le design organisationnel donne une nouvelle perspective des structures et de leurs limites, en même temps qu'elle nous offre des guides analytiques utiles pour concevoir des structures efficaces.*

---

[34] HEDBERG, Bo, Paul NYSTROM et William STARBUCK (1976). « Camping on seesaws: Presciptions for a Self-Designing Organization», *Administrative Science Quarterly*, vol.21, pp. 41-65

Cette conclusion interpelle tous les intervenants en développement des organisations, notamment pour ce qui est des administrations publiques africaines qui sont en cours de restructuration dans le cadre des programmes nationaux de gouvernance, et dont la décentralisation est l'un des axes principaux. La complexité de l'environnement est renforcée ici, faut-il le rappeler, par la présence de l'institution « chefferie traditionnelle » dont le rôle social est central dans certaines tribus africaines.

<u>TABLEAU 3-2 :</u> CINQ CONFIGURATIONS STRUCTURELLES DEFINIES PAR MINTZBERG

	Structure Simple	**Bureaucratie Mécaniste**	**Bureaucratie Professionnelle**	**Structure Divisionnalisée**	**Adhocratie**
Paramètres de conception					
Spécialisation des postes de travail	Peu de spécialisation	*Spécialisations horizontale et verticale importantes*	*Spécialisation horizontale importante*	Spécialisations horizontale et verticale modérées (entre le siège et les divisions)	*Beaucoup de spécialisation horizontale*
Formation et socialisation	Peu de formation et de socialisation	Peu de formation et de socialisation	Beaucoup de formation et de socialisation	Formation et socialisation modérées (des directeurs de divisions)	Beaucoup de formation
Formalisation du comportement	Peu de formalisation	Formalisation importante	Peu de formalisation	Beaucoup de formalisation (à l'intérieur des divisions)	Peu de formalisation
Bureaucratique/ organique regroupement en unités	Organique généralement par fonctions	*Bureaucratique généralement par fonctions*	*Bureaucratique par fonctions et par marché*	Bureaucratique par marché	*Organique par fonctions et par marché*
Taille des Unités	Grande	Grande à la base, petite ailleurs	Grande à la base, petite ailleurs	Large (au sommet)	Petite partout
Système de planification	Peu de planification et de contrôle	Planification des actions	Peu de planification et de contrôle	*Beaucoup de planification et de contrôle*	Planification des actions limitée (particulièrement dans l'adhocratie administrative)
Mécanisme de liaison	Peu de mécanismes de liaison	Peu de mécanismes de liaison	Mécanisme de liaison dans la partie administrative de l'organisation	Peu de mécanismes de liaison	Beaucoup de mécanismes de liaison partout

Décentralisation	Centralisation	*Décentralisation horizontale limitée*	*Décentralisations horizontale et verticale*	*Décentralisation verticale limitée*	Décentralisation sélective
Facteurs de Contingence					
Age et taille	Typiquement jeune (première étape)	Typiquement vieille et grande (seconde étape)	Ça dépend	Typiquement vieille et très grande (troisième étape)	Typiquement jeune (Adhocratie Opérationnelle)
Système Technique	Simple, non régulateur	Régulateur mais pas automatisé, pas très sophistiqué	Ni régulateur, ni sophistiqué	Divisible, sinon typiquement comme la Bureaucratie Mécaniste	Très sophistiqué, souvent automatisé (dans l'Adhocratie Administrative) ; ni régulateur ni sophistiqué (dans l'Adhocratie Opérationnelle)
Environnement	Simple et dynamique ; parfois hostile	Simple et stable	Complexe et stable	Relativement simple et stable ; marchés diversifiés (spécialement en ce qui concerne les produits et les services)	Complexe et dynamique parfois disparate (dans l'Adhocratie Administrative)
Pouvoir	Contrôle par le directeur général ; souvent entreprise individuelle ; structure démodée	Contrôle technocratique et externe ; structure démodée	Contrôle par les opérateurs professionnels ; structure à la mode	Contrôle par la ligne hiérarchique ; structure à la mode (particulièrement dans l'industrie)	Contrôle par les experts ; très en vogue

* Les caractères en italique signalent les paramètres clés de conception

Source : *Mintzberg (1984 :404), extrait.*

Peter et Waterman (1983 : 148) observent en outre que tous les morcellements et tous les dispositifs structurels possibles ne fonctionnent pas si le contexte - attitude, climat, culture - n'est pas le bon. Ils ajoutent que « les environnements libres dans lesquels s'épanouit le comportement ad hoc ne sont que superficiellement non structurés et anarchiques. Sous l'absence de formalisme, se trouvent des objectifs partagés, de même qu'une tension interne et une compétitivité qui en font des cultures impitoyables». Ces phénomènes sont illustrés au chapitre 7 (§.4) avec la description de la dynamique du travail en groupe ou en équipe.

Dans le contexte africain où la fonction symbolique du *pouvoir* conféré par un poste de nomination prend incontestablement le pas sur les considérations liées au flux du travail qui concourt à l'efficacité des services publics, les spécialistes en réforme administrative doivent jouer un rôle doublement déterminant :

1. parce qu'ils peuvent, plus que d'autres tenir compte des problèmes de pouvoir et leurs effets sur le développement des services publics, ils doivent, par les résultats de leurs recherches, éclairer les décideurs sur les paramètres à retenir pour définir le modèle structurel qui répond le mieux aux exigences de plus en plus complexes des programmes qu'ils adoptent pour le développement de leur pays. Leurs contributions permettront de développer des stratégies non pas pour éviter les crises, mais pour faire en sorte que les ruptures nécessaires puissent apporter effectivement des innovations durables (Crozier et Friedberg, 1977 : 420) ;

2. parce qu'ils sont eux-mêmes en fonction au sein des services publics, ils doivent donner l'exemple, en appliquant les idées novatrices qu'ils avancent dans leur propre unité de travail ou bien lorsqu'ils sont amenés à élaborer le texte organique d'un département ministériel. Ce comportement d'exemplarité doit également s'observer lors de l'élaboration et de la mise en œuvre des plans d'organisation et d'effectifs (POE) des services publics, dont la charge leur incombe dans la plupart des cas.

Dans cet environnement en constante évolution, le temps devient un facteur stratégique à maîtriser dans la mesure où il intervient aussi bien dans le calcul de la charge du travail, dans l'appréciation du délai de traitement des dossiers, dans la gestion du temps de travail au sein des services publics, que dans la détermination de l'horizon temporel des politiques et programmes qui poursuivent les objectifs du développement durable.

1.5. Le temps, un axe stratégique de développement des organisations à maîtriser

S.E.M. SYD MADDICOTT, Haut Commissaire de Grande-Bretagne au Cameroun depuis le mois de mars 2006 est interviewé par le journal « Le Messager » pour son édition du 19 juillet 2006. Pour conclure l'entretien, le journaliste lui pose la question de savoir s'il a déjà connu « une déception ou une frustration particulière depuis son arrivée au Cameroun». Et la réponse du diplomate qui est au Cameroun depuis cinq mois (seulement !) est la suivante :

> *Peut-être une seule ! J'ai remarqué que les cérémonies, même officielles, ne commencent pas très souvent à temps et ne se terminent par conséquent pas toujours à l'heure indiquée*[35].

En ce siècle de la mondialisation, le temps se confirme ainsi comme un des principaux critères de mesure de la performance qui frappent l'observateur et dont on ne tarde pas à évaluer le degré de maîtrise dans un contexte économique et socioculturel donné. Mais, le temps, avec ses rituels, est tellement associé à toutes les activités humaines, organisationnelles et individuelles, qu'on n'en prend pas la distance nécessaire pour le gérer efficacement comme les autres ressources qui concourent à l'atteinte des objectifs que nous poursuivons. L'observation du Haut Commissaire citée plus haut illustre l'image qui peut en découler pour une administration.

Pourtant, aussi bien dans la perspective du développement durable que du point de vue de la coordination du travail au sein d'une administration, le temps est un paramètre dont l'importance et la complexité n'ont cessé de croître, comme le relève Handy (1995 : 39) qui écrit :

> *Le temps devient une denrée complexe. Certains vont dépenser de l'argent pour gagner du temps, d'autres vont passer du temps pour économiser de l'argent. D'autres encore vont échanger de l'argent contre du temps à certaines époques de leurs vies, en préférant travailler moins longtemps pour moins d'argent. En dépit de ces aspects contradictoires, le temps est une denrée qui prendra de plus en plus d'importance dans nos sociétés.*

La complexité de ce critère de mesure de la performance s'explique, entre autres, par l'importance que prend le facteur culturel dans le rapport de chaque individu au temps et particulièrement dans le contexte africain comme l'illustre Kamdem (2002 : 375-401) dans le chapitre X « LE TEMPS DIFFERENCIEL » de son ouvrage « *Management et Interculturalité en Afrique : expérience camerounaise* ».

En outre, comme le soulignent nombre d'auteurs, les questions liées au changement, à l'instabilité de l'environnement, à l'ensemble de la théorie de la

[35] Journal Le Messager au Cameroun, n° 2172 du 19 juillet 2006, p. 11

décision, à l'enracinement des résultats obtenus avec l'introduction des réformes, à l'apprentissage sont largement sous-tendues par la problématique du temps (Bourgeon, 2004 ; Démeil et al., 2001 ; Jardel et Loridon, 2000 ; Kamdem, 2002 ; Meric, 2001 ; Toroudeau et Naccache, 2001 ; Senge et al., 1999). Senge et al. (1999) retiennent la maîtrise du temps par ceux qui sont engagés dans un projet d'apprentissage organisationnel comme un processus régulateur qui façonne le changement profond au sein d'une organisation. « Si on ne dispose pas d'assez de temps pour s'entraîner régulièrement à l'art de la maïeutique et de la systémique, écrivent-ils, aucun changement profond ne peut intervenir, même s'il existe un réel intérêt » (Senge et al., 1999 : 84). A cet égard, Kamdem (2002 : 388) observe que la réhabilitation et le culte du temps comme facteurs de performance révèlent la crise profonde actuelle des valeurs et des pratiques de gestion. Jardel et Loridon (2000 : 246) observent pour leur part, par exemple, que :

> *Le temps du travail ordinaire, basé sur l'heure, qui nous a servi de temps de référence ou de temps à partir duquel nous avons organisé nos autres temps de vivre, est en plein bouleversement. La publication récente de William Gossin pour une science des temps propose une relecture des transformations de l'organisation du travail en fonction des accords et des désaccords entre temps de la machine et temps des ouvriers. Il convient aussi pour cet auteur, de considérer que le temps est une contrainte sociale et que chaque société organise ses pratiques et ses représentations à partir d'un temps dominant, qui est le temps de travail [dans les sociétés occidentales], actuellement en pleine évolution. Or c'est ce temps de travail qui subordonne, jusqu'à maintenant, les autres temps sociaux et le temps personnel.*

Face à ces considérations relatives à la science des temps en Occident, Kamdem (2002 : 392) observe que « l'Afrique quant à elle, se trouve dans une situation assez paradoxale où se confrontent au moins deux modèles de représentation du temps, le temps traditionnel « original » et le temps industriel « greffé » ».

Dans la perspective de la gestion de la performance, Stalk et Hout (1992 : 206) suggèrent que le meilleur moyen d'analyser les caractéristiques d'une organisation qui s'applique à maîtriser le temps est de la classer en répondant aux trois questions suivantes qui sont intimement liées aux préoccupations de la fonction « réforme administrative », à savoir : 1°) comment le travail est-il structuré ? 2°) comment l'information est-elle créée et partagée ? 3°) comment la performance est-elle mesurée ?

L'importance pour la fonction « réforme administrative » de s'intéresser à la dimension stratégique du temps tient à deux autres raisons. D'une part, la nécessité théorique de connaître les différentes temporalités dominantes dans les services publics pour contribuer efficacement à la mesure de la performance, notamment dans le contexte rituel africain. D'autre part, l'impact de ces différentes temporalités sur le développement des services publics à travers leurs différentes cultures administratives et particulièrement à travers la stratégie de gestion des ressources humaines.

Au plan théorique et s'agissant des temporalités, la littérature distingue trois types de temps qu'on retrouve dans toutes les organisations avec des différences qu'explique la notion de culture organisationnelle. Il s'agit : 1) du *temps quantitatif* (ou newtonien), encore appelé durée qui existe par lui-même et a pour fonction de mesurer le moment ou la durée entre deux évènements ; 2) du *temps qualitatif subjectif* qui est la représentation par les consciences individuelles de la notion du temps ; 3) du *temps qualitatif socialement construit* qui est cyclique et réversible et dont les fêtes et les rituels de groupe constituent les repères. Chaque société ayant ses fêtes et ses rites a donc sa propre représentation du temps qui n'est plus une loi de la nature comme le temps newtonien (Kamdem, 2002 : 378-383 ; Torondeau et Naccache, 2001 : 59).

Le tableau 3-3 adapté de Torondeau et Naccache (2001 : 51) résume tous ces différents types de temps en indiquant des exemples illustratifs pour le temps quantitatif et le temps qualitatif en général.

Dans cette logique illustrative des différentes temporalités du temps dans une organisation, Jardel et Loridon (2000 : 42) observent que « si l'on s'intéresse au temps associé au monde du travail, si l'on veut comprendre comment les acteurs l'appréhendent et le vivent dans les entreprises, il convient non seulement de s'intéresser au temps linéaire et mesuré de l'action mais à d'autres types de temps marqués par la ritualisation. »

A titre d'exemple, nous résumons ici deux caractéristiques remarquables de la représentation sociale du temps en Afrique décrites par Kamdem (2002 : 381 et 383) :

- *l'évaluation du temps* dans le milieu traditionnel est déterminée par la succession des différentes activités journalières et non le contraire comme dans le milieu industriel : la précision de l'heure, la ponctualité ne constituent pas des normes sociales relatives aux comportements à l'égard du temps chez les populations vivant en milieu traditionnel et même chez celles vivant en milieu urbain, mais fortement marquées par les valeurs et les pratiques du milieu industriel.
- *l'expérience du temps* se caractérise par un culte, une exaltation du passé. Le temps c'est d'abord le passé et il continue à le demeurer afin de permettre la survivance et la pérennité des valeurs, des symboles qui constituent le ciment de la cohésion sociale.

<u>TABLEAU 3-3 :</u> LES DIFFERENTS TYPES DE TEMPS DANS UNE ORGANISATION

Temps objectif	Temps subjectif	Temps socialement construit
Temps quantitatif : le temps de l'horloge	**Temps qualitatif : un temps de la psyché**	**Temps qualitatif : un temps de l'évènement**
Linéaire/historique/ irréversible	Écoulement linéaire	Cyclique/traditionnel/réversible, répétitif
Décontextualisé	Propre à l'individu	Encastré socialement
Mesure abstraite/instant/délai	Mesure relative/présent	Mesure fondée sur la nature/événement, permet d'anticiper les évènements futurs
ILLUSTRATION DANS UNE ORGANISATION		
– plan d'action – plan stratégique – budget – contrôle du flux continu du travail – utilisation des indicateurs basés sur le temps pour suivre la performance de l'ensemble de l'organisation – durée de l'apprentissage individuel – durée d'un projet	– Activité de veille – Coordination des stratégies par des institutions temporelles stables : Journée du service public le 23 juin ; Prix d'Excellence des Nations Unies du service public – conciliation du présent et de l'avenir – Rituels formalisés : anniversaires, arbre de Noël, vœux de fin d'année, fêtes internes à l'organisation, promotion, départ en retraite, rentrée scolaire, rentrée parlementaire – vision partagée, par les membres d'une équipe-projet, des délais fixés pour le projet – Développement des apprentissages collectifs dans le cadre du projet	

<u>Source</u> : adapté de Torondeau et Naccache (2001 : 59)

A propos de l'utilité du temps comme outil de management, Stalk et Hout (1992 : 231) écrivent :

Le grand avantage du temps comme outil de management est qu'il oblige à pousser l'analyse jusqu'au niveau de l'activité concrète. Etablir l'échéancier d'une activité avec un graphique donnant heure par heure ou jour par jour le déroulement d'une commande ou d'un projet, permet de détailler le fonctionnement réel d'une entreprise. Une fois le fonctionnement mis à plat, les bonnes questions peuvent être posées : pourquoi recommencer telle étape deux fois ? Pourquoi ces tâches sont-elles accomplies à la suite les unes des autres et non en parallèle ? Pourquoi ce processus ne fonctionne-t-il que la moitié du temps ? Pourquoi investir dans l'accélération d'un processus et laisser le produit attendre inutilement à l'étape suivante ? Les réponses à ces questions conduisent les responsables à l'endroit même où se situent les réels problèmes de qualité et de coût de leur entreprise.

Cette façon concrète d'analyser et de décomposer les flux donne au management la possibilité d'améliorer les résultats de l'entreprise, bien mieux qu'une analyse classique des coûts.

L'exploration de cette approche d'analyse mise en œuvre suivant une démarche de développement organisationnel donnerait à la réforme administrative d'approfondir non seulement la compréhension des enjeux de ressources humaines mais aussi celle des pratiques ritualisées qui se manifestent dans les services publics (Jardel et Loridon, 2000 : 48). Ceci pourrait être l'occasion d'établir un lien avec la théorie comportementale du choix, dans la perspective de construire un cadre de définition et d'analyse des rationalités dominantes sous-jacentes aux décisions prises dans les services publics en Afrique.

A cet égard, une approche globale de la gestion du temps centrée sur un épanouissement véritable de l'individu au travail pourrait consister, selon Kamdem (2002 : 389) à apporter constamment des ajustements sur les plans : i) de la délégation et de l'organisation du travail ; ii) des besoins et motivations personnels du dirigeant ; iii) des besoins et motivations personnels de ses collaborateurs ; iv) des projets et plans d'action du dirigeant ainsi que de ceux de son entourage (famille, collègues de travail,...) ; v) d'une meilleure maîtrise de ses mandants, de ses priorités et de ses objectifs par le dirigeant ; vi) du sentiment pour le dirigeant d'un meilleur contrôle des choses importantes dans sa propre vie et de la possibilité d'atteindre un meilleur équilibre au niveau de son mieux-être et bien-être physique, psychique et moral. Une telle approche bien appliquée dans les administrations publiques africaines contribuerait à la nécessaire rupture avec la vision traditionnelle du temps pour mieux s'insérer dans la dynamique de la mondialisation.

Notre optimisme se justifie ici par l'observation de certains faits sociaux au Cameroun, par exemple, et qui participent d'une prise en compte des exigences du temps industriel dans l'organisation de certaines activités telles les réunions familiales, les funérailles et les travaux agricoles. Les réunions familiales, les obsèques et les funérailles se tiennent les vendredis et samedis pour permettre à ceux qui sont venus de la ville de retourner au plus tard le dimanche et être à leur poste de travail le lundi matin. Nombre de villages ont des Comités de développement qui sensibilisent les populations aux enjeux de la rationalité managériale qui traite le temps comme un facteur de performance ; ici, les récoltes suivent un cycle économique parce que de nombreuses coopératives existent ici et là pour collecter les produits et les revendre sur les marchés sous régionaux, voire européens. Des Organisations Non Gouvernementales travaillant dans divers projets avec les populations participent (parfois indirectement avec des supports comme des agendas, des plans d'action, des calendriers) à cet effort de redéfinition de la notion du temps.

Les cinq ordres de problèmes retenus dans ce paragraphe constituent pour cet ouvrage, des points de repère de base autour desquels des efforts doivent être déployés pour amener la fonction « réforme administrative » à produire des résultats utiles dans le contexte des mutations du monde moderne. La façon dont les problèmes fondamentaux sont formulés détermine de façon critique la manière dont on va les résoudre, comme nous le savons tous. La réforme administrative, comme stratégie de modernisation des administrations publiques ne peut prétendre être utile et performante si, à chaque étape de sa démarche, elle n'est consciente de l'existence de ces différents problèmes et de leur impact sur les solutions qu'elle aura à proposer pour contribuer au développement de ces administrations. Les cinq types de problèmes décrits nous fournissent des façons d'approfondir notre compréhension du processus et de la logique de fonctionnement des administrations publiques. Nous pourrions ainsi mieux contribuer à l'accroissement de leur performance, par exemple, en essayant de mieux comprendre les contradictions génératrices de changement qui amènent les administrations publiques à s'adapter ou à se transformer et mieux gérer ce changement en agissant sur les contradictions.

2. LES ENJEUX DE DEVELOPPEMENT DE LA FONCTION « REFORME ADMINISTRATIVE »

La revitalisation de l'administration publique dans le monde et particulièrement en Afrique est au cœur des projets de réforme administrative qui sont en cours dans tous les pays. Pour l'Afrique, elle offre l'opportunité d'accroître la performance de l'administration publique correspondant à la fois aux attentes des citoyens et usagers, aux souhaits des agents publics eux-mêmes et, à l'évolution des techniques et des technologies utilisées pour la prestation des services attendus. Le contexte et les problèmes décrits dans les chapitres précédents illustrent la nécessité de l'effort qui doit être entrepris pour parvenir à cette revitalisation qui amènera à repenser aussi bien le management des services, l'organisation du travail, le fonctionnement des unités de travail, que les stratégies de développement des ressources humaines. D'autres facteurs découlant des exigences d'un monde démocratique et global devront être pris en compte. Par exemple : i°) l'imputabilité des services publics vis-à-vis des citoyens et de leurs représentants dans les Assemblées Nationales et ceci conformément aux principes de bonne gouvernance des services publics ; ii°) l'influence d'autres niveaux d'administration (sous-régionale, continentale et mondiale) sur les administrations nationales ; iii°) la sensibilité au futur à travers l'adoption résolue d'une approche de développement durable qui insiste sur les valeurs de la démocratie, de la justice économique, de la protection de l'environnement et des droits humains, qui prédominent ici sur une logique strictement économique.

La combinaison de tous ces facteurs avec l'épreuve de la réélection qui est sous-jacente aux pratiques démocratiques exerce sur l'administration publique des pressions externes qui l'amènent à se placer dans la logique de la concurrence comme dans le secteur privé. Aucune administration publique au monde n'échappe à cette logique aujourd'hui ; et le développement des organisations de la société civile capables de suppléer aux éventuelles inefficacités de l'opposition politique dans leurs domaines respectifs indique une évolution positive et rapide de cette tendance[36].

Dans ce paragraphe nous tentons de cerner les enjeux auxquels la fonction « réforme administrative » devra faire face pour contribuer efficacement à cet effort, en vue d'une gestion dynamique et performante des services publics en Afrique. Il s'agit pour nous, compte tenu de l'urgence de bâtir une administration publique africaine du 21ème siècle, de circonscrire à travers ces enjeux, le cadre de l'évolution de cette fonction pour les quinze à vingt prochaines années.

Ainsi, les enjeux les plus significatifs pour nous dans cet horizon temporel, concernent la définition de ce que pourra être l'administration publique africaine du 21ème siècle, d'une part, le développement des ressources humaines et l'exercice d'un leadership efficace pour la « fonction réforme administrative », d'autre part.

2.1. Bâtir l'administration publique africaine du 21ème siècle

La fonction régulatrice de l'Etat, les permanences qu'elle assure et les changements qu'elle prépare, sont particulièrement nécessaires lorsque les mutations économiques, technologiques et culturelles fragilisent le tissu social, conclut François de Closets (1989 : 106). C'est en des termes identiques que se pose pour nous le principal enjeu de construction et de consolidation de l'administration publique africaine. Il s'agit alors d'élaborer une véritable stratégie de modernisation qui concourt à la mise en œuvre de la nouvelle philosophie de gestion déjà adoptée et qui est résumée au chapitre 2 (§.3). Le niveau actuel de mise en œuvre de cette nouvelle philosophie de gestion, notamment à travers le Programme National de Gouvernance (PNG) et l'évaluation qui en est faite dans plusieurs pays, amène ici à décliner cet enjeu en trois axes : la construction de l'image de cette administration, la consolidation des valeurs d'ouverture et de participation, l'accélération du processus de la décentralisation.

---

[36] L'exemple offert en ce début de l'année 2007 par la République de Guinée (Guinée Conakry) où une forte pression du peuple, sous l'impulsion de leaders syndicalistes a amené le Président de la République à nommer un Premier Ministre, puis à revenir sur sa décision pour nommer une autre personne répondant aux critères présentés par ces leaders.

2.1.1. L'image de l'administration publique africaine

Avec l'adoption d'une nouvelle philosophie de gestion fondée notamment sur l'application des principes de bonne gouvernance et la mise en œuvre de l'approche du partenariat public/privé/société civile, l'administration publique africaine dispose déjà d'un atout majeur.

Toutefois, et au vu des problèmes de lenteur et des problèmes d'éthique qui continuent à se poser, l'administration publique africaine doit travailler à soigner son image. Les conséquences des tracasseries administratives et de la corruption, par exemple, sur la perception qui se développe d'elle à l'extérieur et à leurs impacts sur la compétitivité des économies nationales contribuent à assombrir dangereusement cette image et de ce fait, à compromettre les chances d'un développement soutenu du continent. Certes, il existe déjà une Charte de la Fonction Publique africaine qui trace clairement les contours d'une administration publique africaine qui prend en compte certains problèmes décrits au paragraphe 1 ci-haut (voir par exemple §. 1.3 et 1.4) ; mais jusqu'à quel degré est-elle appliquée, pour prendre cet exemple ?

Il s'agit pour les pays africains et à partir des atouts de leurs administrations en l'état actuel, de construire les bases d'une *réputation et d'une considération* dont elles ne jouissent pas encore à l'extérieur des frontières du continent. Ceci se fera en adoptant une démarche visant à modifier la réalité perçue du champ d'activités de l'administration publique africaine, pour permettre d'inventer de nouvelles solutions pertinentes aux problèmes de performance qui se posent à elle dans son nouveau contexte de développement. Il est urgent de s'y atteler comme nous y interpellent, par exemple, les rangs qu'occupent les pays africains dans le classement effectué par l'ONG Transparency chaque année selon l'indice de perception de la corruption[37]. Puisant aussi bien dans les expériences de la période coloniale que dans les traditions locales, et tirant les leçons des générations des programmes d'ajustements structurels déjà essayés, l'administration publique africaine devrait devenir au 21ème siècle une référence au-delà des frontières du continent. Un indicateur stimulant pour travailler dans ce sens pourrait être le nombre de prix obtenus par le continent chaque année dans le cadre du « Prix d'Excellence des Nations Unies pour le Service Public » qui est remis le 23 juin, lors de la journée du service public. Dans cet ordre d'idée, le mécanisme de l'APRM (African Peer Review Mechanism) adopté par le NEPAD est une approche qui plonge ses racines dans les fondements de la démarche du « benchmarking » qu'il conviendrait de développer pour construire les bases de cette référence. Les benchmarking qui seront ainsi réalisés pourront être utilisés à l'interne pour

---

[37] En 2004 par exemple, le Cameroun se plaçait au 129ème rang sur 145 pays avec une note de 2.1 sur 10 (10 équivalent à une absence de corruption).

créer un environnement favorable à l'implantation des réformes administratives et surtout à l'instauration de la confiance entre administration et administré. *Créer la confiance* pour établir un nouveau contrat entre l'administration publique africaine et ses clients/usagers est en effet l'élément clé de cet enjeu.

L'évidence des signes annonciateurs d'un processus d'explosion montre à quel point la situation est grave, très grave : extrême pauvreté des populations, chômage des jeunes scolarisés, tracasseries administrative et policière à la limite de la provocation des usagers des services publics, insolente corruption des agents publics, tout niveau hiérarchique confondu,... Il est par conséquent urgent d'agir et l'inaction de la génération actuelle ne pourrait être tolérée par le verdict de l'histoire, tant la réalité d'aujourd'hui est poignante et invite tous les acteurs africains, en premier lieu, à un sursaut d'engagement et de prise de mesures concrètes, comme l'illustre ce tableau de Stephen Smith (2003 : 61).

> *L'injustice sociale en Afrique, de même que la gabegie et les erreurs de gestion, creusent le « fossé Nord-Sud ». Contrairement à d'autres régions du monde en développement, qui se sont rapprochées du niveau de vie occidental, la dérive des continents s'est accentuée par rapport à l'Afrique : si, en 1820, le revenu par habitant en Europe de l'Ouest était 2,9 fois supérieur à celui de l'Afrique, ce rapport était de 13,2 en 1992 ; en sens inverse, il y a trente ans, le revenu moyen africain représentait 14 % du revenu* ***per capita*** *des pays industrialisés, contre 7 % en 2002. Qui faut-il en blâmer, les Occidentaux « égoïstes » ou les Africains « incapables » ? Les deux causes se plaident et, d'ailleurs, se conjuguent.*

Dans cette logique, et au plan individuel, la disposition constitutionnelle dans différents pays, qui est relative à la déclaration des biens avec l'entrée à des hautes fonctions devrait être rigoureusement appliquée. Par exemple au Cameroun, la loi n° 96/06 du 18 janvier 1996 portant révision de la constitution du 2 juin 1972 dispose en son article 66 que :

> *[...], tout détenteur d'un mandat électif, les secrétaires généraux des ministères et assimilés, les directeurs des administrations centrales, les directeurs généraux des entreprises publiques et para-publiqucs, les magistrats, les personnels des administrations chargées de l'assiette, du recouvrement et du maniement des recettes publiques, tout gestionnaire de crédits et des biens publics, doivent faire une déclaration de leurs biens et avoirs au début et à la fin de leur mandat ou de leur fonction.*

Rappelons que l'image d'une administration est un élément de la vision à long terme (dix à trente ans) de cette administration, laquelle vision sera déclinée en objectifs à moyen terme, puis en plans stratégiques et en programmes à réaliser pour promouvoir son développement. Précisons à cet égard, qu'une vision bien conçue comprend deux éléments majeurs qui sont distincts (Schaffer et Thompson, 2003) : *l'idéologie fondamentale* et une *image du futur*. L'idéologie fondamentale est ce à quoi nous tenons et ce pourquoi nous existons ; en somme, les valeurs auxquelles nous sommes sincèrement et passionnément attachés ; des valeurs authentiquement essentielles à l'administration publique africaine. L'image du futur est ce que nous voulons devenir, ce que nous voulons réaliser, ce que nous voulons créer ; ce sont des objectifs audacieux dont la formulation respecte la règle des « 3A :Ambition, Audace, Aventure » (Schaffer et Thompson, 2003 : 21). C'est quelque chose qui implique une transformation et un progrès importants, qui tranche avec la pratique des ajustements de surface reflétant la réactivité (et non la pro-activité) qu'on observe aujourd'hui. Cette transformation va se traduire par la mise en œuvre d'une démarche rigoureuse et systémique d'amélioration de la performance et d'innovation au sein de l'administration publique en vue de produire des changements réels, durables, reproductibles, institutionnalisés. Si le NEPAD au niveau africain, les programmes nationaux de gouvernance et les documents de stratégie de réduction de la pauvreté dans chaque pays, peuvent être considérés comme les premières ébauches de cette vision, celles-ci doivent être revues dans le but de les inscrire dans le long terme et pour bien faire ressortir la dimension idéologique. L'idéologie joue ici le rôle fondateur de *l'identité cohérente* de l'administration publique africaine au fur et à mesure de ses décentralisations, de ses diversifications, de ses globalisations, et doit alors transcender les cycles de vie des programmes ou des projets, les ruptures technologiques, les modes managériaux et la personnalité des dirigeants (Schaffer et Thompson, 2003). A propos des valeurs essentielles Schaffer et Thompson (2003 : 9) citent quelques-unes des questions préalables qui se posent aux responsables chargés de leur identification, telles :

> *Quelles sont les valeurs fondamentales que j'apporte personnellement à mon travail, et auxquelles je me tiendrai que j'en sois ou non récompensé ? Quelles sont les valeurs dont je dirai à mes enfants qu'elles sont les miennes au travail et dont je souhaite qu'elles soient aussi les leurs quand viendra leur tour ? Si, demain, je me réveillais suffisamment riche pour m'offrir une retraite anticipée, ces valeurs auraient-elles encore un sens pour moi ? Si je vivais assez longtemps, auraient-elles toujours autant d'importance pour moi ? Voudrais-je encore les défendre si, d'une manière ou d'une autre, elles devraient devenir un désavantage [pour moi et mon administration] ?*

Dans le contexte des administrations publiques africaines (comme sans doute ailleurs), le désavantage dont il est question ici peut résulter d'un refus de compromission et peut entraîner des sanctions diverses : on est relevé ou suspendu de ses fonctions et traîné devant des instances judiciaires ; on est rejeté par sa tribu pour n'avoir rien fait pour elle, soit disant,…

Les auteurs précisent que les deux dernières questions sont très importantes dans la mesure où elles établissent une différence cruciale entre les valeurs durables qui ne sont pas vouées à changer, et les pratiques et stratégies qui peuvent évoluer à tout moment.

Quelques exemples de valeurs essentielles définies pour des organisations bien ciblées, sont cités (Schaffer et Thompson, 2003 : 27-29) :

- responsabilité sociale de l'entreprise ;
- excellence de l'entreprise à tous les niveaux ;
- mettre au-dessus de tout le service au client ;
- excellente réputation ;
- encourager l'initiative individuelle ;
- agir en pionnier, ne pas suivre les autres ;
- réaliser l'impossible ;
- favoriser la créativité, le rêve et l'imagination ;
- porter une attention systématique au détail et à la cohérence.

L'entreprise ayant défini les valeurs essentielles « encourager l'initiative individuelle » et « agir en pionnier, ne pas suivre les autres ; réaliser l'impossible » a retenu pour finalité « avoir le plaisir de progresser et d'appliquer des technologies pour le plus grand bien du public » et pour objectif 3A, « devenir l'entreprise connue pour avoir changé la désastreuse image des produits [du pays] dans le monde ».

Préserver le fond et stimuler le progrès sont la dynamique de base des administrations visionnaires, et c'est cette dynamique qui est le vrai moteur (Schaffer et Thompson, 2003 : 27). La vision fournit seulement le contexte de développement de ce moteur dont la nécessité est mise en évidence ici par le fait qu'il s'agira pour l'administration publique africaine, de remettre en cause les habitudes, les façons de procéder et les représentations habituelles de la réalité organisationnelle au sein des services publics.

2.1.2. Les valeurs d'ouverture et de participation

La transformation de l'administration publique africaine compte tenu du rôle régulateur que l'Etat doit désormais jouer passe inéluctablement par son ouverture et le développement d'une réelle approche de participation. Les citoyens, les Chefs traditionnels, les Maires, les Autorités religieuses, les Autorités administratives, les Opérateurs économiques, les membres des Comités de développement par localité (village, district, arrondissement, département,...) doivent tous s'impliquer véritablement, en se mouillant le maillot, pour prendre la métaphore footballistique. Tout le monde, dans un effort soutenu de synergie, doit contribuer à « marquer le but », sinon la défaite est assurée. C'est le prix à payer pour préserver le fond de l'image redorée et pour stimuler le progrès. L'approche de participation est, on le sait, une valeur durable qui peut s'inscrire dans l'ordre de l'idéologie comme décrit ci-haut. En effet, la littérature (François de Closets, 1989 : 116) confirme que :

L'écoute de la société caractérisera la nouvelle culture du service public. [Et que] cette capacité d'attention attestera la confiance des fonctionnaires dans leurs propres valeurs et prouvera que ces valeurs incitent effectivement à rapprocher les administrations, entreprises et citoyens.

BEN AISSA (1998) conclut le rapport préliminaire du sous-thème *« participation des citoyens à l'administration et l'exercice de la fonction administrative »* du XXIVème congrès de l'IISA, en observant que la participation reste nécessaire au cœur de la Citoyenneté.

Elle en constitue, écrit-il, l'instrument de mesure le plus fiable. En ce domaine, l'administration n'a pas encore fait toutes les concessions. La participation qu'elle tolère sert, souvent, à l'informer des désirs du public qu'à partager, avec ce dernier, le pouvoir de décision qu'elle continue, en dernière analyse, et dans une très large mesure, à maîtriser. Ceci ne peut que légitimer davantage la revendication d'un approfondissement supplémentaire de la participation que justifient encore les nouveaux défis de la mondialisation. (1998 : 14)

Pour les organisations publiques, Gortner et al. (1994 : 43) soulignent que le développement des politiques et la prise des décisions exigent la participation directe d'acteurs politiques externes et, éventuellement l'ascendance de certains d'entre eux.

Par rapport au citoyen, le débat de la participation va au-delà d'un choix de statut entre « citoyen-client » et « citoyen-usager » pour devenir un enjeu d'essence politique et toucher aux valeurs qui fondent les rapports sociaux (BEN AISSA, 1998).

L'ouverture ici se traduira par la consolidation des conditions et des cadres de concertation avec les différents partenaires et par leur implication effective et engagée à la construction et la défense de l'image projetée (le rêve) de l'administration publique africaine. A cet égard, le rapport de la TICAD III (2004 : 200) note que :

Réaliser, en Afrique, un développement équilibré et durable, qui profite véritablement et directement aux Africains est un défi trop gigantesque pour être relevé dans le cadre d'une approche unique. Le meilleur moyen d'y faire face est d'assurer deux approches qui se renforcent mutuellement : d'une part, un développement dirigé par l'Etat, fondé sur un leadership et une gouvernance démocratique et, d'autre part, un développement communautaire reposant sur la responsabilisation des individus. Il est essentiel que les responsables politiques et leurs peuples partagent des valeurs communes et œuvrent ensemble pour atteindre leurs objectifs de développement. Un tel engagement national soutenu par un pouvoir solide et par la participation populaire sera le garant d'un développement réussi et durable.

Le problème est, en effet, crucial en Afrique où les solidarités fondées sur le sang et l'appartenance tribale semblent supplanter la « solidarité territoriale » qui fonde la décentralisation dans les pays occidentaux et qui se veut porteuse de « modernité politique et administrative », selon la formule de BEN AISSA (1998 : 7). L'auteur observe que l'une des spécificités de la problématique de la participation dans certaines sociétés africaines est le manque d'adhésion des populations au principe d'une participation responsable à la gestion des affaires locales, pour conclure que :

> *Selon les traditions historiques et politiques et le « tempérament national » de chaque Etat, peuvent s'engager des débats féconds qui permettront d'approfondir la confrontation (le conflit ?) entre le modèle institutionnel occidental moderniste et le dynamisme des solidarités tribales, sanguine et communautaires qui continuent à travailler, en profondeur, la logique participationniste dans de nombreux Etats en développement. (1998 : 8)*

Du point de vue de la réforme administrative, et dans la perspective du développement organisationnel, la participation est considérée comme un mécanisme d'implication et d'adhésion des agents publics dans le processus de changement pour en assurer le plein succès et la pérennité. Elle peut ainsi avoir plusieurs fonctions. Elle peut être un moyen de contrôle, elle peut poursuivre un objectif d'amélioration de l'efficacité, de l'efficience et de l'éthique de l'unité de travail, elle peut être un moyen pour augmenter le niveau d'appartenance à son administration.

Toujours dans cette perspective du développement des services publics, l'approche de participation consiste, pour prendre le modèle du système d'action concret de Crozier et Friedberg (1977), à créer de nouveaux jeux qui coordonnent les actions des participants et qui viennent se substituer aux jeux existants. Il s'agit ici de souligner la nécessité d'impliquer les individus dans le processus de changement introduit, non pas pour des raisons morales, mais tout simplement parce qu'il ne peut y avoir changement dans une organisation sans une transformation des individus acteurs et porteurs des jeux sociaux qui constituent l'essence même de ce qu'est l'organisation dans ce modèle, comme le relève Alain Bernard (1992 : 164). Les logiques culturelles qui animent les acteurs, de même que la structure culturelle des processus de transformation sont ainsi prises en compte.

Dans la fonction de contrôle par exemple, la participation est un mécanisme qui permet aux membres de l'organisation, directement ou par l'intermédiaire de leurs représentants, de prendre une part active à la conception des normes de travail et à la surveillance de leur application. Elle peut être utilisée comme moyen d'enrichissement des tâches de certains postes de travail par l'ajout de la responsabilité du contrôle de la qualité et même l'ajout de certaines fonctions de gestion telles la planification et l'évaluation (Gortner et al., 1994 : 263).

L'adoption de l'approche participative se traduit par un impact sur la structure de l'organisation. Gortner et al. (1994 : 540) donnent la description suivante d'un tel impact :

> *Chacune des approches dites participatives donne lieu à des structures différentes. Si l'appartenance à l'organisation est importante et si on encourage la participation et l'établissement des politiques et des procédures, alors l'organisation créera des canaux solides de communication qui fonctionneront non seulement du haut de la hiérarchie vers le bas, mais tout autant du bas vers le haut. La structure de l'organisation, dès lors, reflétera l'existence de tels canaux et on protégera de manière toute particulière les unités administratives qui jouent un rôle important au chapitre de la communication, de telle sorte que ces dernières ne soient pas menacées par des acteurs qui, à l'interne ou à l'externe, ne seraient pas sympathiques à cette philosophie de l'organisation. Il y a de fortes chances qu'une telle organisation ait une structure hiérarchique « aplatie », c'est-à-dire qu'elle compte relativement peu de niveaux hiérarchiques. D'un autre côté, si l'objectif premier de l'organisation est d'exercer du contrôle et ce, nonobstant le degré de participation qu'on encourage, elle aura relativement plus de niveaux hiérarchiques. Des différences du genre peuvent être observées dans presque tout type de structure et à l'égard des processus qui s'y déroulent.*

Enfin, et dans la logique du développement durable, l'ouverture et la participation auront une fonction de responsabilisation de toutes les parties prenantes dans la mise en œuvre des décisions qui auront sanctionné les négociations entre les fins et les moyens qui ont cours lors de la définition des politiques et des programmes publics. Cette responsabilisation va se traduire par un engagement sur le long terme pour la conduite de réformes durables et reproductibles, dans le cadre de la mise en œuvre des politiques et programmes adoptés et ceci, nonobstant des événements ou des obstacles qui pourront survenir et remettre en cause les plans arrêtés.

L'enjeu sous-jacent à l'ouverture et à la participation ainsi décrites pour l'administration publique africaine est celui d'une révolution de comportement pour répondre aux nouvelles attentes de la société. Comme l'a noté François de Closets (1989 : 81) :

> *Sous peine d'être boudées ou, pour certaines, vouées à disparaître, les administrations sont condamnées à épouser leur temps et à assumer leur vocation : être en permanence au service des citoyens. Cette obligation exige qu'elles procèdent à une révolution de leur comportement, que leurs agents soient formés autrement, que leur organisation prenne en compte les attentes individuelles et collectives, exprimées localement, et les gère au plus près de la réalité rencontrée.*

2.1.3. L'accélération du processus de la décentralisation

L'exigence démocratique apparaît aujourd'hui être l'un des principaux critères de l'efficacité de l'Etat. Dans ce contexte, l'accélération du renouveau politique dans le monde en général et en Afrique en particulier crée des attentes qui font du processus de la décentralisation un enjeu majeur de la revitalisation des services publics, dans la mesure où elle touche, à travers la restauration des pouvoirs des collectivités locales par exemple, la répartition du pouvoir dans la gestion de chaque pays. En effet, la décentralisation est à la fois un mécanisme d'équilibre des relations entre les gouvernements et les gouvernés et un paramètre de conception des structures des organisations.

Du point de vue de la réforme administrative, l'enjeu de la décentralisation est essentiellement celui de l'impulsion du développement local et de la gestion de proximité aux plans économique, social, sanitaire, éducatif, culturel et sportif. Alain Peyrefitte en donne une description dans la préface de l'ouvrage « le mal administratif : la fonction publique est-elle ingouvernable ? » de Pierre Milloz (1987). En effet, prenant acte de ce que « malgré des améliorations sensibles pour le citoyen qui a cessé d'être un sujet désarmé devant des bureaux tout-puissants, l'administration française n'a cessé de se bureaucratiser, donc de se pervertir », Alain Peyrefitte (1987 : IX) conclut que pour « démocratiser l'administration, il faudra plus que la contrôler ». Il faudrait selon lui, remplacer la conception hiérarchique et centralisée des hommes et des choses, par une conception décentralisée et démocratique. Un système où les fonctionnaires « cesseraient de s'asphyxier, et de nous étouffer sous leur propre masse ». Pour Peyrefitte, il s'agit d'une « humanisation » et d'une « simplification » de l'administration qui se traduiraient par :

> *Des effectifs à taille humaine, des circuits plus courts entre le problème et la décision, entre la question et la réponse, entre la faute et la sanction, entre le mérite et la promotion. Des hommes qui se connaissent entre eux. Des chefs accessibles, placés sous le contrôle des électeurs, et soumis à l'épreuve de la réélection, c'est-à-dire de la concurrence. Des fonctionnaires protégés contre la tentation de devenir des « petits chefs », par leur subordination à des chefs élus, et proches d'eux.*

Il s'agit en somme, et du point de vue de la doctrine du droit administratif, de soumettre les structures administratives conçues avec des tailles réduites et plus accessibles, à l'influence des citoyens qui sont devenus tout proches et des responsables locaux élus (Milloz, 1982 : 205). Dans la compréhension du principe de subsidiarité, elle implique qu'un échelon élevé de la hiérarchie ne doit pas prendre de décision pour un niveau inférieur si ce dernier est capable de la prendre lui-même. Ainsi, ceux qui accomplissent effectivement le travail sont autonomes et non dépendants. En somme, le pouvoir est exercé le plus proche possible de l'action.

En effet, l'enjeu principal de la décentralisation est celui de la *distribution du pouvoir,* principalement au sommet de l'Etat et à l'intérieur des organisations publiques. La question est alors de savoir si l'autorité de prise de décision est assignée aux postes de travail situés aux échelons supérieurs ou aux échelons inférieurs. La décentralisation correspond au cas où l'autorité de décision est partagée à différents échelons (et non centralisée en un point de l'organisation ou entre les mains d'une seule personne).

Alain Peyrefitte ajoute ce commentaire fortement interpellatif pour la fonction réforme administrative. « A défaut de casser le cadre, écrit-il, la réforme administrative n'aboutira jamais qu'à réduire à douze pages les formulaires qui en comptent quinze, et à remplacer les huissiers à chaîne par des hôtesses en tailleur postel. C'est déjà mieux. Ce n'est pas assez. La routine reprendra vite le dessus. Car, une fois de plus, on aura soigné les symptômes, non les causes » (1987 : X).

C'est en ce sens que la décentralisation est considérée dans cet ouvrage comme un enjeu de l'administration publique africaine du 21ème siècle. Une décentralisation réussie contribuerait à alléger l'appareil de l'Etat et lui offrirait l'exemple de structures réduites, où l'implantation des réformes portant sur les comportements, sur l'organisation, sur les méthodes et sur les procédures se ferait avec des résultats plus significatifs et utiles aux citoyens. Ce faisant, elle contribuerait à la réduction de la pauvreté et à l'amélioration des conditions de vie locales.

Avec l'adoption de l'approche de gestion axée sur les citoyens/usagers et sur la participation, l'option pour la décentralisation devient un impératif dans la logique de la gestion de la performance des services publics. Trois raisons dégagées par Mintzberg (1994 : 174) expliquent le caractère impératif de cette option pour la décentralisation :

1. avec la diversité des rationalités et les ambiguïtés qui renforcent la complexité des problèmes organisationnels et surtout dans les services publics comme analysé au paragraphe précédent, un seul centre, un seul cerveau ne peut comprendre les décisions organisationnelles. Il faut donc placer les pouvoirs de décision là où les individus peuvent comprendre la situation et y répondre intelligemment. Le pouvoir est ainsi « placé là où il y a le savoir », écrit Mintzberg (1994 : 175).
2. pour répondre rapidement aux conditions locales dans le contexte actuel de la diversité des demandes et de l'exigence pour des services de qualité et personnalisés, il faut avoir quelqu'un qui **peut décider** sur place. D'où l'importance du renforcement des capacités des municipalités, par exemple.

3. la décentralisation est un moyen de motivation des personnels. Une organisation, y compris les services publics, ne peut attirer, garder et utiliser de façon optimale les initiatives de personnes créatrices et intelligentes dont elle a besoin que si elle leur donne des pouvoirs de décision très importants. Cette motivation est même un facteur clé pour les postes de travail d'encadrement situés sur la ligne hiérarchique.

Pour des raisons tant conceptuelles que pratiques, l'adoption et l'application de cette option ne sont pas une démarche aisée ; et c'est en cela que la réforme administrative se trouve au centre de cet enjeu.

Au plan théorique, le concept de décentralisation est analysé et comparé dans la littérature avec des notions porteuses d'autonomie, telles : le fédéralisme, la libre administration, avec cependant des nuances parfois très profondes. Les réformes engagées dans cette optique prennent la forme d'une reprise progressive des compétences administratives par les collectivités ou par les administrés eux-mêmes. Or dans les systèmes humains, dont les administrations publiques, le besoin de pouvoir des membres conduit à avoir des structures plutôt centralisées. On observe également ce phénomène au niveau de l'Etat où la centralisation est un moyen d'expression de la puissance et *a contrario* la décentralisation est perçue comme une source de fragilité et de perte de puissance[38]. Et nous voilà au cœur du paradoxe des organisations qui veulent être centralisées à certains moments et décentralisées la plupart du temps, comme décrit au paragraphe précédent (§.1.2. ci-avant).

Il se pose ici le problème soulevé par Crozier et Friedberg (1977) qui est celui de l'intégration des stratégies autonomes des membres d'une organisation qui gardent leur liberté. Dans cette perspective, la codification de la décentralisation constitue un enjeu majeur dans les conflits de pouvoir qui opposent les membres de cette organisation. Tout changement dans cette perspective, décrivent Crozier et Friedberg (1977 : 108) est « beaucoup plus que changer quelques cases sur un organigramme ou même « adapter » les [agents] aux exigences d'une nouvelle technologie ». Ils précisent :

> *C'est en fait, structurer un système d'action en redistribuant les zones d'incertitudes cruciales, et, de ce fait, une grande partie des atouts et ressources que les différents groupes au sein de l'organisation peuvent mobiliser dans leurs marchandages. Et par là, on peut affecter très directement - ceci étant beaucoup plus important que le « coût psychologique » du changement dont on parle tant – la capacité qu'ont les membres de l'organisation à négocier leur participation et donc, finalement à jouer le rôle que l'on attend d'eux.*

[38] De ce dernier point de vue, deux types de problèmes sont soulevés : le problème du pouvoir local et celui du contrôle et de la gestion des ressources. Le problème du contrôle et de la gestion des ressources naturelles apparaît être la manifestation la plus importante des obstacles à franchir dans les pays africains, par exemple. En effet, l'expression politique du pouvoir local trouve ici un champ important de développement.

En Afrique, et suivant cette perspective de redistribution des « zones d'incertitudes cruciales », les Chefs traditionnels et leurs notables constituent un groupe stratégique dans le champ de la participation démocratique et de l'implication de leurs populations pour définir et résoudre les problèmes, de même que dans celui de la répartition des pouvoirs découlant de la décentralisation en mettant ici l'accent sur l'engagement civique desdites populations. Définir un problème, nous rappellent Crozier et Friedberg (1977 : 24), c'est aussi, en effet, circonscrire « la structure de pouvoir du construit humain qui devra le traiter ». Que deviendrait, dans ce nouveau contexte où l'Etat est régulateur du développement, l'autorité du Chef traditionnel face à celle du Sous-préfet qui représente l'Etat ? Aujourd'hui, et dans la logique bureaucratique type idéal de Weber héritée de l'époque coloniale, les Chefs traditionnels sont considérés comme des *auxiliaires* de l'administration. Le dictionnaire nous apprend que le mot auxiliaire vient du mot latin « auxilium » qui signifie « secours ». Ainsi, les Chefs traditionnels sont dans un rôle de secours à l'administration qui a la pleine responsabilité du développement économique et socioculturel des individus et des collectivités lorsque l'Etat était le moteur de ce développement. Mais le terrain du développement n'est ni exclusivement administratif, ni exclusivement traditionnel. C'est un terrain où ne peut s'appliquer qu'un modèle du contrôle croisé dans lequel sont engagées plusieurs hiérarchies, dont : la hiérarchie administrative, la hiérarchie municipale issue des urnes, la hiérarchie traditionnelle, la hiérarchie de production exercée par les Comités de développement et diverses organisations de la société civile au sein desquels se déploient les Elites (Ministres, Hauts fonctionnaires, Hommes d'affaires, Artistes,...) de la localité concernée, et même des partenaires étrangers à travers des appuis divers.

Nous résumons cette dynamique du développement dans le contexte africain par le schéma de la figure 3-1 qui illustre, telle que nous la concevons, la cartographie générale des processus du développement local en distinguant, comme nous le verrons au chapitre 7 (§.2. la gestion de la qualité totale), trois sous-processus[39] : stratégique et de régulation, production, support. Dans ce schéma, l'analyse des problèmes de développement de chaque localité doit tenir compte des valeurs culturelles existantes. S'agissant par exemple de la confiance des citoyens, il est observé que « ce que l'on prend quelquefois pour les « causes » d'une confiance faible, ou en baisse est quelquefois l'«expression » d'une culture sous-jacente et préexistante de la méfiance » (Heintzman et Marson, RISA, 71(4), 2005 :603).

[39] Les abréviations utilisées dans cette figure ont leur signification dans la liste des sigles et acronymes en début du livre.

FIGURE 3-1 : CARTOGRAPHIE GENERALE DES PROCESSUS DU DEVELOPPEMENT LOCAL

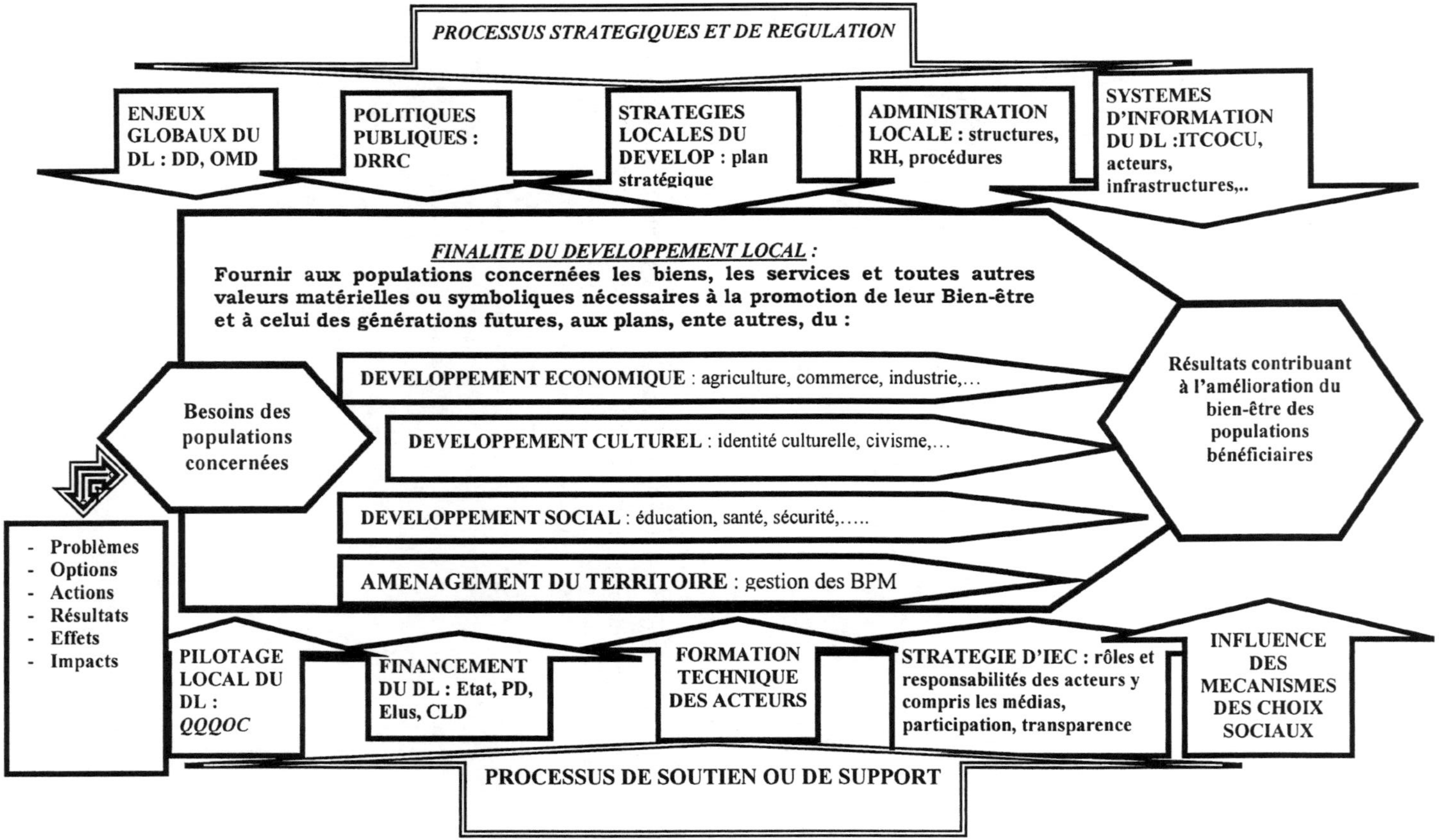

Toujours au plan théorique, une explication de la difficulté à appliquer le processus de décentralisation réside dans le fait que sous le terme « décentralisation » existent, dans la logique managériale, plusieurs autres concepts différents dont les trois suivants (Mintzberg, 1984 : 174) i°) *la décentralisation verticale* (dispersion du pouvoir formel vers le bas de la ligne hiérarchique) ; ii°) *la décentralisation horizontale* (le contrôle du processus décisionnel est confié à des personnes situées en dehors de la ligne hiérarchique) ; iii°) *la déconcentration* (dispersion physique des services et des activités, transfert d'un pouvoir de décision ou d'une responsabilité d'exécution à une entité administrative au sein de la même administration, transfert d'attribution du centre vers les services périphériques, le pouvoir appartenant, en dernier ressort, aux autorités supérieures).

Au plan pratique, la mise en œuvre de la décentralisation va se heurter à de nombreux obstacles. On peut citer : i°) la difficulté de faire correspondre les ressources (notamment humaines et financières) et les charges transférées aux collectivités décentralisées ; ii°) l'alourdissement des organes administratifs dû à la superposition de plusieurs niveaux de compétence (Communes, Régions, Etat,...) ; iii°) les difficultés pour délimiter les frontières de pouvoirs entre les représentants de l'Etat et les responsables locaux ; iv°) l'inconfort de la position des chefs de services extérieurs relevant de plusieurs autorités ; v°) l'incertitude sur la qualité de la gestion des élus locaux ; vi°) la difficulté de préserver l'intérêt général et de consolider l'unité nationale face à une perspective locale beaucoup plus étroite ; vii°) la difficulté d'adapter le contenu des principes de la décentralisation aux exigences spécifiques propres à chaque contexte national (autorité des chefs traditionnels en Afrique, protection des minorités, pluralisme culturel,...) ; viii°) l'amplification des conflits en matière foncière, pastorale et forestière dans certains pays africains.

L'Afrique doit pourtant surmonter tous ces obstacles et s'engager résolument pour mettre en œuvre la décentralisation que plusieurs pays ont déjà adoptée dans leur Constitution. Suivant une approche comparative, l'encadré 3-1 résume quelques opportunités et risques de la décentralisation tirés des expériences d'autres pays en développement. L'auteur de cette contribution conclut son analyse en relevant que les aspects identifiés n'invalident pas les promesses de la décentralisation. Pour saisir les opportunités offertes, ajoute cet auteur, « il faut explicitement identifier et affronter des risques tels que ceux évoqués » (Kliksberg, RISA, 66(2), 2000 : 297).

ENCADRE 3-1 : UNE ILLUSTRATION DES OPPORTUNITES ET DES RISQUES DE LA DECENTRALISATION DANS LE DOMAINE SOCIAL

La décentralisation des services sociaux, qui seraient confiés aux régions et aux municipalités, offre une opportunité d'apporter des changements positifs dans les politiques sociales des pays en développement. Une telle décentralisation comporte de nombreux avantages. Sur le plan de l'efficacité, les programmes sociaux pourraient être mieux adaptés aux vrais besoins de la population ciblée. Sur le plan de la gestion proprement dite, la décentralisation autoriserait une plus grande efficacité en offrant la possibilité de réagir de manière dynamique, flexible et rapide. Quant à la viabilité à moyen et à long termes des programmes, la décentralisation encouragerait les populations bénéficiaires à exprimer leurs besoins, ce qui les encouragerait à poursuivre leurs efforts. La décentralisation contribuerait également à la mise en place de politiques économiques et sociales complémentaires au niveau régional.

La plupart des pays procèdent à une décentralisation des matières sociales et cette démarche s'inscrit résolument dans une perspective d'avenir. Des efforts sont consentis pour décentraliser des matières comme l'éducation primaire et secondaire, les soins de santé primaires et les services hospitaliers, le logement, les installations sanitaires (y compris la gestion des conduites d'eau, des égouts, du drainage et des systèmes d'évacuation des déchets solides), l'alimentation, la sécurité sociale, le transport, la culture, etc.. Toutefois, il convient de prêter une attention toute particulière à l'expérience passée afin d'être conscient des difficultés et des risques qui peuvent survenir et afin de concevoir des stratégies pour les affronter et les résoudre.

L'un de ces problèmes porte sur le degré de transparence institutionnelle de la décentralisation. Dans certains cas, les responsabilités qui incombent au gouvernement central, aux régions et aux municipalités suite à une décentralisation, n'ont pas été clairement définies, laissant ainsi de nombreuses zones floues, qui deviennent des sources constantes de frictions et de conflits.

Le financement est aussi un aspect essentiel. Si la décentralisation des services s'effectue sans la mise en place des mécanismes permettant aux organismes régionaux et municipaux qui prennent ces services en charge de disposer des ressources nécessaires, le processus peut être régressif. Comme l'affirmait Stahl (1994), appliquer une politique de décentralisation sans s'assurer que les municipalités disposent de revenus et sans restaurer l'équilibre financier entre les régions riches et les régions pauvres, peut exacerber les inégalités régionales et donc les inégalités sociales, minant ainsi un peu plus encore le système des services sociaux de l'Etat, en particulier dans les municipalités les plus pauvres.

La capacité institutionnelle et la capacité de gestion des organismes qui prennent en charge ces services sont également un aspect important. Si ces capacités ne sont pas développées, ce qui est fort probable au début, et que rien n'est entrepris pour les renforcer, les services seront sérieusement menacés.

Sur la base d'études menées sur le terrain, Raczynski (1995) met en garde contre un autre problème. Elle affirme que son analyse de la situation en Argentine et, en partie, au Brésil montre que les pressions et les pratiques de groupes défendant leurs intérêts propres sont souvent plus fortes au niveau régional, provincial ou local qu'au niveau national. Cette mise en garde peut être étendue à d'autres domaines. Les potentats locaux dans les régions et les municipalités peuvent chercher à détourner les ressources décentralisées qui seront utilisées pour servir leurs propres intérêts économiques et politiques. A ces niveaux, les processus peuvent être considérablement dénaturés.

Ces aspects, comme d'autres, n'invalident pas les promesses de la décentralisation. Pour saisir les opportunités offertes par la décentralisation, il faut explicitement identifier et affronter des risques tels que ceux évoqués ci-dessus. Il faut éviter les zones floues, créer les conditions qui permettront aux régions et aux municipalités de financer efficacement les services, renforcer substantiellement les capacités de gestion de ces régions et de ces municipalités et s'assurer que les divers organismes ne sont pas cooptés par des groupes appartenant à l'élite.

***Source** : Kliksberg, Bernardo (RISA, 66(2), 2000 : 296-297)*

Au Cameroun, par exemple la décentralisation a été instaurée depuis 1996 par la loi n°96/06 du 18 janvier 1996 portant révision de la Constitution. Il a fallu attendre l'année 2004 pour que l'Assemblée Nationale examine et adopte la loi sur l'orientation de la décentralisation, la loi fixant les règles applicables aux Communes et la loi fixant les règles applicables aux régions. Mais malgré l'adoption et la promulgation de ces textes, la décentralisation tarde à se traduire en réalité concrète telle que définie dans la Constitution. Cet exercice conduirait pourtant le Cameroun à apporter ses solutions spécifiques aux difficultés énumérées ci-haut et bien d'autres, affrontant ainsi la réalité du processus de la décentralisation dans toute sa dynamique.

En résumé et suivant la perspective managériale, l'administration publique africaine du 21ème siècle à mettre en place devra être une administration ouverte qui fonctionne quasiment en réseau de services souples et rapides et qui s'appuie sur des unités proches des citoyens et dotées de pouvoirs nécessaires pour répondre aux besoins réels et anticiper les problèmes d'avenir (voir Figure 3-1). Une administration au sein de laquelle les acteurs sont conscients de leurs capacités à jouer autrement leur rôle que selon les stratégies routinières auxquelles ils ont été habitués par une tradition bureaucratique aujourd'hui dépassée. Cette administration devra adopter une philosophie conséquente de gestion des ressources humaines pour jouer son rôle d'employeur, et développer un nouveau style de leadership pour garantir l'enracinement des résultats obtenus dans la culture des services publics.

2.2. Des ressources humaines crédibles et un nouveau leadership pour la revitalisation de l'Administration publique africaine

Plus encore que l'énergie laborieuse, nous rappelle S.S. le Pape Pie XII (encadré 2-1), ce qu'il faut à ceux pour qui, dans l'administration de la chose publique, le droit naturel est autre chose qu'un simple ajustement technique aux circonstances contingentes, « c'est la fidélité à maintenir l'exacte notion à promouvoir la vraie fin de l'Etat, c'est l'initiative et la persévérance, l'objectivité et le sens courageux de la responsabilité ».

L'enjeu pour les administrations publiques africaines repose ici sur la réponse qui sera donnée à la question de savoir si *la réforme administrative aura la crédibilité nécessaire pour jouer pleinement son rôle dans cette transformation de l'administration publique africaine ?* La crédibilité ici est un trait comportemental fondé sur six qualités « les six C » (Smith et Kelly, 1998 : 161) : la conviction, le caractère, la considération, le courage, le calme et la compétence.

Quelle que soit la réponse qui peut être donnée aujourd'hui à cette question, deux éléments apparaissent au centre de la discussion en liaison avec l'axe de l'effectivité des réformes entreprises tel que défini au chapitre premier : la ressource humaine pour revitaliser l'administration et la capacité de mobiliser les énergies de celle de ces ressources humaines qui s'investissent dans la « fonction réforme administrative », en vue de l'atteinte des objectifs poursuivis.

En effet, et dans la compréhension de la crédibilité retenue ici, pour posséder du *caractère,* les acteurs impliqués dans le processus de modernisation des services publics (responsables et agents internes à chaque administration, intervenants externes y compris les conseillers en organisation) devront faire preuve d'un haut degré de professionnalisme et s'engager de façon soutenue dans la voie de l'excellence. Ils doivent également faire preuve de *considération* à l'égard des administrations qu'ils appuient, à l'égard de leurs usagers et de toute la communauté nationale et internationale, notamment dans le contexte actuel de la promotion de la bonne gouvernance des services publics. En retour, ils seront l'objet de considération de la part de tous ces acteurs. Cette recherche mutuelle de considération peut par exemple, amener un Conseiller en Organisation administrative à s'investir pour acquérir une expertise dans le domaine d'activités d'une administration donnée, ceci pour renforcer sa crédibilité auprès des responsables de cette administration.

Les postulats de la nouvelle gestion des ressources humaines présentés dans le tableau 1 de ce chapitre montrent clairement que le capital humain occupe une place décisive au cœur du noyau autour duquel s'ajustera le développement des administrations de demain. A ce sujet, Smith et Kelly (1998 : 164) observent que « l'avantage économique et stratégique sera l'apanage des organisations qui sauront attirer, développer et retenir les talents les plus brillants ».

2.2.1. Attirer et retenir les meilleurs

Sans valorisation du rôle et des responsabilités des agents publics, la modernisation ne se fera pas, observe François de Closets (1989 : 199).

Attirer et retenir les meilleurs dans les administrations publiques africaines pour assurer la fonction « réforme administrative » est un redoutable enjeu eu égard à la réalité actuelle de la perception des rôles au sein des services publics. Sous l'influence du paradigme bureaucratique du type idéal de Weber accentué par le comportement du colonisateur qui l'a introduit, plus de considération et de prestige sont, en effet, accordés au sein de ces administrations, aux fonctions de gestion au détriment des fonctions de conseil. Dans l'administration publique camerounaise, Roger Nlep (2003 : 194) décrit le phénomène de la manière suivante :

> *Les réformes nécessaires pour moderniser l'administration auront plus de chance d'être pertinentes et efficaces si les fonctions de conception sont valorisées de telle sorte que le « brain trust » de la Présidence de la République ou de la Primature (Conseillers Techniques, Chargés de mission, Attachés et Chargés d'Etudes) et celui des ministères (Conseillers en organisation, Conseillers Techniques, Chefs de division ou de cellule, Chargés d'Etudes) aient peu de raisons de convoiter des postes de gestion, y compris ceux qui sont d'un rang inférieur à ceux qu'ils occupent.*

L'auteur conclut son analyse en relevant comme l'ont fait également Smith et Kelly (1998) que « le développement n'est pas envisageable aujourd'hui sans promouvoir l'intelligence, car, la richesse future, c'est moins les ressources du sous-sol que les ressources humaines, c'est davantage la matière grise que la matière première. » (NLEP, 2003 : 194).

Stanford (in Peter et Savoie, dir., 1995 : 239-264) identifie dans le contexte actuel de mutation du monde de l'administration publique, trois forces irréversibles que les gestionnaires des administrations publiques doivent apprendre à maîtriser, à savoir : la technologie de l'information, la crise financière de l'Etat et l'évolution de la main-d'œuvre. Ces trois facteurs, précise-t-il, contribuent aujourd'hui à bouleverser la bureaucratie administrative traditionnelle. L'évolution de la main-d'œuvre qui se traduit selon lui (Stanford, in Peter et Savoie, dir., 1995 : 242) par des changements d'ordre démographique (diversité ethnique, raciale et sexuelle), entre autres, remet en question les anciennes méthodes de gestion des ressources humaines et impose aux gestionnaires des administrations publiques d'adopter des politiques mieux adaptées à la multiplicité des circonstances. Il décrit l'impact de cette évolution de la main-d'œuvre en ces termes :

> *Le jeu des comparaisons n'a pas épargné le secteur public : de même que les citoyens comparent les services offerts par le secteur privé à ceux du secteur public, que les chefs d'entreprise comparent les taux de taxation d'un gouvernement à l'autre, les employés du secteur public comparent leur salaire et leurs conditions de travail à leur équivalent dans le secteur privé. Les plus compétents évaluent leur situation à l'aune des meilleures corporations privées. Le secteur public devra relever ce défi : attirer et retenir chez lui une main-d'œuvre compétente et motivée. [...].Il est de moins en moins probable que des employés du secteur public accepteront, au nom de quelque sentiment d'appartenance, de servir un Etat qui ne leur accorderait pas un salaire et des conditions de travail comparables à ceux du secteur privé et une occupation qui puisse les motiver. Il incombe au secteur public, dès lors, de demeurer concurrentiel sur tous ces plans.*

Alain Lebaube (1997 : 91), dans la même logique d'analyse des impacts des mutations actuelles sur le travail, relève que « le travail est éclaté [et] l'emploi est éclaté. L'entreprise de façon décisive est entrain d'éclater», et nous interpelle tous pour un changement de paradigme de conception du travail en ces termes :

> *Une révolution est en marche, ou une métamorphose, comme on voudra, qui n'a pas fini de produire ses effets et qui implique la mutation de la société. Une impérieuse nécessité pour elle, sauf à périr sous le poids d'anciens dogmes de plus en plus inadaptés ou, ce qui revient au même, à se laisser guider par le cours des choses sans agir pour tenter de les maîtriser.*

D'une manière générale, et comme le relève Bernard Cientat (2000 : 48) « faute de perspective de carrière et d'éléments d'incitation pour les meilleurs, la fonction publique cesserait d'être attractive et pourrait perdre une partie de ses ressources humaines les plus qualifiées ». A cet égard, et en se plaçant sur le marché international du travail, l'Afrique sera lourdement pénalisée face à la politique d'immigration sélective que pratiquent déjà aujourd'hui nombre de pays occidentaux, ses meilleurs cerveaux et sa main-d'œuvre de qualité se trouvant dans l'obligation d'aller là où l'offre est la mieux disante.

Face à ce problème qui, dans le contexte actuel interpelle particulièrement les systèmes de reconnaissance et de rétribution des contributions des employés adoptés par l'organisation, Smith et Kelly (1998 : 156) observent que « les organisations qui auront mis en place un système de rétribution fondé sur les performances seront mieux placées pour attirer et retenir les individus de talent ».

Comment appliquer un tel système dans la fonction publique dont les principes sont définis par un statut général qui, d'une manière générale, s'appuie sur une conception du fonctionnaire perçu comme un simple exécutant dévoué à la puissance centrale ?

Aujourd'hui déjà, la difficulté de la fonction publique à recruter et à conserver des ressources très compétentes dans certains domaines tel celui des technologies de l'information et de la communication (TIC) est une réalité fortement préoccupante qui est illustrée au chapitre 12 par l'exemple du CENADI au Cameroun.

Dans l'administration publique africaine, une véritable révolution doit être opérée à travers un enrichissement des tâches et des profils de carrière des agents publics, toutes catégories professionnelles comprises. Cette révolution qu'on pourrait qualifier de culturelle au sens de la modification du système de connaissance de l'administration publique, de son idéologie, de ses valeurs, de ses lois et de ses rituels, doit passer, entre autres, par l'adoption d'une approche rigoureuse de gestion prévisionnelle des métiers, des fonctions, des emplois et des compétences dans le service public. La nécessité de procéder rigoureusement à cette démarche de gestion prévisionnelle est fortement soulignée dans la littérature, notamment dans le contexte actuel de profondes mutations tant au plan technologique qu'à celui de la redistribution des pouvoirs avec la décentralisation. Ainsi, François de Closets (1998 : 203) écrit :

> *L'objectif de prévision doit, dépasser l'analyse des évolutions spontanées de la population des agents publics pour prendre en compte les évolutions délibérées. Il s'agit de prévoir, selon des méthodes à définir, l'apparition et les effets des divers facteurs qui agissent sur l'évolution réelle : introduction de technologies nouvelles ; modification de qualifications utiles pour faire face aux nouvelles tâches ; changements dans la législation et les missions de services liés, par exemple, aux conséquences de la décentralisation. La gestion prévisionnelle doit progressivement s'intégrer à la stratégie de modernisation qu'engagera chaque ministère ; des bilans prévisionnels évolutifs et tenus à jour permettront de tenir compte de ces divers facteurs de transformation et d'adapter constamment les effectifs existants aux nouveaux besoins d'emplois. [...]*
>
> *De nouvelles exigences de mobilité, de reconversion et de formation naîtront de cette prévision raisonnée et ordonnée des besoins. Il faut les anticiper pour ne pas acculer brusquement les personnels à des changements non préparés. L'effort de prévision permettra d'engager en temps utile la négociation avec les représentants des personnels.*

La formation des agents publics dans les écoles professionnelles doit également intégrer les exigences de modernisation de l'appareil administratif de l'Etat. Elle doit briser la tendance au conformisme administratif et favoriser l'innovation. Ces formations, suggère François de Closets (1998 : 230), doivent aussi accueillir « les disciplines et les approches que cultivent les professionnels avec lesquels les hauts fonctionnaires auront à travailler pour permettre une « fertilisation croisée » ». En effet, et s'agissant spécifiquement des aptitudes d'innovation, trois facteurs apparaissent déterminants quant à la capacité d'innovation d'une organisation (Clayton et Overdorf, 2003) : 1°) les ressources et en particulier les ressources humaines ; 2°) les processus par lesquels l'organisation transforme les ressources en produits de plus grande valeur ; 3°) les normes et les standards à partir desquels les ressources humaines fixent les priorités et accordent de la valeur à une idée nouvelle de produit ou de service au profit des usagers. Il se trouve dans la pratique qu'en même temps qu'un processus donne la capacité d'exécuter une tâche, il définit des inaptitudes à en réaliser d'autres. Les professionnels vivent ces réalités au quotidien. Chacun, dans son milieu organisationnel a pu développer des stratégies pour gérer ce dilemme qui est consubstantiel aux processus relatifs aux capacités d'innovation (Clayton et Overdorf, 2003 : 132). Le processus de « fertilisation croisée » appliqué ici à la réforme administrative (perçue comme un investissement stratégique de l'administration publique pour promouvoir son développement), contribuera à construire des liens solides avec d'autres partenaires, dont la communauté des Enseignants des Ecoles de formation professionnelle et d'une manière générale la communauté universitaire. Les programmes de formation pourront ainsi intégrer des activités centrées sur des résultats mesurables et traduisant des changements significatifs en termes de nouveaux services ou produits, de nouvelles solutions à des problèmes identifiés, de nouvelles opportunités de développement. La communauté universitaire en tirera des « cas » qui constitueront l'ossature des études de cas présentant la réforme administrative en action dans les services publics à différents niveaux (local, départemental, provincial, central, sous-régional, régional,...). Les enseignants pourront tirer profit de ces enrichissements pour mettre l'accent sur la conduite du changement et non plus seulement, et de façon cloisonnée, sur les techniques et les méthodes d'organisation administrative. Les professionnels en tireront de nouvelles approches pour accroître leurs capacités et accompagner le processus de développement de leurs administrations respectives. Cette démarche de « fertilisation croisée » s'inscrit ainsi dans une optique de contextualisation et de globalisation caractéristique de l'évolution du monde moderne que Edgar Morin (1999 : 13) résume en ces termes :

> *Il s'agit de favoriser l'aptitude naturelle de l'esprit à contextualiser et à globaliser, c'est-à-dire à inscrire toute information ou toute connaissance dans*

son contexte et son ensemble. Il s'agit de fortifier l'aptitude à interroger et de lier savoir au doute, de développer l'aptitude à intégrer le savoir particulier non seulement dans son contexte global, mais aussi dans sa propre vie, l'aptitude à se poser les problèmes fondamentaux de sa propre condition et de son propre temps.

La *compétence* est l'une des six qualités de la *crédibilité* telle que définie plus haut. La compétence est ici, la capacité d'une personne à entrer efficacement en interaction avec son environnement. Selon Crozier et Friedberg (1977 : 84), elle tient à la possession d'une spécialisation fonctionnelle difficilement remplaçable et renvoie à la notion « d'expert ». Dans tous les cas, elle est sous-tendue par une forte motivation qui conduit la personne à s'exprimer dans les activités d'exploration, d'expérimentation et de test de ses limites (Alain Bernard, 1992 : 174). Le concept peut s'analyser sous plusieurs angles, par exemple, pour Argyris (1970, in Alain Bernard, 1992 : 174), une personne compétente manifeste quatre traits de caractère significatifs :

- elle connaît ses forces et ses limites et s'accepte telle qu'elle est ;
- elle est consciente des composantes qui entrent dans la définition de son identité et apprécie les occasions qui lui permettent d'éprouver et de confirmer cette identité ;
- elle peut communiquer à autrui un sens exact et réfléchi des missions qui lui sont confiées et la raison d'être de son action dans l'organisation ;
- elle communique aux autres, dans l'échange, des informations valides (c'est-à-dire publiquement vérifiables), non empreintes d'évaluation, permettant de faire des prédictions et contribuent à permettre à celui qui les détient de maîtriser sa conduite.

On peut aussi étudier et définir les diverses compétences exigées d'une personne pour un travail qu'on lui confie. Ainsi, par exemple, la littérature (Ethier, 1992) détaille suivant différents modèles, les compétences attendues des gestionnaires publics, ceux qui exercent une fonction de management. Un modèle qui met un accent particulier sur la relation entre la compétence du gestionnaire public et la performance que la société attend de l'administration publique et de ses agents, est celui qui résulte des travaux de l'American Society for Public Administration (ASPA) qui est résumé dans le tableau 3-4.

<u>TABLEAU 3-4 :</u> COMPETENCES ATTENDUES AUJOURD'HUI D'UN GESTIONNAIRE PUBLIC

	Le gestionnaire public :
1.	n'est pas un simple « technicien » de la gestion. Il perçoit les problèmes dans leur ensemble et a une vision globale de la gestion.
2.	assume plus de responsabilité et devient plus imputable de ses actions dans un système qui devrait être décentralisé et débureaucratisé.
3.	a une vision de la mission de son organisation et y est dévoué.

4.	soigne au plus haut point la fonction de communication sous toutes ses formes, en insistant plus sur le contenu de l'information que sur les techniques de communication.
5.	évalue continuellement la performance de son organisation et de son personnel avec le seul souci d'assurer la plus grande qualité de service.
6.	possède toutes les capacités de régler les problèmes et non de vivre en simple bureaucrate.
7.	montre de la fierté dans son travail, pour son organisation et pour sa mission.
8.	est capable de travailler en groupe et est assez autonome pour fonctionner seul quand il le faut.
9.	se préoccupe de la qualité de vie au travail de tous ses employés.
10.	est ouvert au changement et sait le gérer.
11.	peut faire face aux problèmes posés par le multiculturalisme.
12.	relève le défi de la gestion posé par la décroissance des ressources, surtout financières. Il amène son organisation à faire plus avec moins.

Source : tiré de G. Ethier (1992 : 186-187). « Que font les gestionnaires publics »

Malheureusement le statut général de la fonction publique bâti, comme il est, autour du concept de « qualification[40] », ne traite pas de cette notion. On peut prendre à titre d'exemple le décret n°94/99 du 07 octobre 1994 portant statut général de la Fonction Publique de l'Etat au Cameroun modifié et complété par le décret n° 2000/287 du 12 octobre 2000 (voir Jean Georges TEKAM, 20002 :9-54). Dans ce texte, l'article 4 définit le poste de travail comme « l'ensemble des tâches, attributions et responsabilités, exigeant des connaissances et aptitudes particulières ». Cette définition n'intègre pas la dimension de la « compétence » de l'individu qui va occuper le poste de travail. Même l'énumération des critères d'évaluation et des qualités exigées du fonctionnaire à son poste de travail telle que faite dans le décret n° 2001/108/PM du 20 mars 2001 fixant les modalités d'évaluation des performances des fonctionnaires (voir Jean Georges TEKAM, 20002 : 147-155), ne retient pas cette qualité de la crédibilité du fonctionnaire. Il faudrait par conséquent l'intégrer dans la démarche rigoureuse de gestion prévisionnelle à mettre en place. La tâche ne sera pas aisée et ici comme pour les autres aspects soulevés, la contribution de la réforme administrative sera déterminante. En effet, faut-il le rappeler, à la différence des qualifications qui reposent sur des connaissances, des savoirs et savoir-faire disciplinaires, la compétence s'apprécie dans *une pratique* qui dépend non seulement de l'agent mais également de l'environnement du travail, de l'étendue de la responsabilité qui lui a été confiée et des finalités du travail. En outre, la compétence évolue dans le temps comme relevé dans le rapport de la commission présidée par Jean

---

[40] Alain Lebaube (1997: 36) observe que la qualification renvoie à des schémas qui sont déterminés, voire influencés par la référence au modèle industriel et donc taylorien que nous utilisons. Or, conclut-il, cette notion est à la fois limitative et connotée et empêche d'explorer d'autres univers potentiellement porteurs d'emplois.

BOISSONNAT (1995 : 252) sur le « travail dans vingt ans », qui observe que « chacun dans sa vie aura sans cesse à participer à l'invention des nouvelles formes de développement social et économique et à construire son propre itinéraire et ses propres *compétences* au sein de milieux, de situations et d'activités très variés. » (C'est nous qui soulignons).

Dans cette perspective de construction progressive et permanente des compétences, perspective qui s'inscrit dans la logique de l'école de l'apprentissage organisationnel de Senge, la « fonction réforme administrative » devrait contribuer ici à bâtir et à mettre en œuvre un système national, voire africain de validation et de reconnaissance des compétences pour le développement de l'administration publique. Un tel système s'inscrirait dans le cadre des politiques de gestion du concept de l'employabilité, politiques adoptées pour favoriser une meilleure performance des agents publics comme décrit au paragraphe précédent relatif à la « nouvelle gestion des ressources humaines à intégrer ». La littérature (Caliste et Karolweiz, 2005 : 127) propose à ce sujet, la « validation et la reconnaissance des acquis d'expériences » comme outils de certification professionnelle permettant à chaque agent de faire reconnaître ses compétences métiers et d'obtenir le diplôme correspondant ; une piste que la réforme administrative pourrait explorer et approfondir dans chaque pays et développer des solutions innovantes adaptées aux spécificités de chaque contexte institutionnel car, et c'est notre profonde conviction, la fonction publique africaine n'est pas condamnée à l'immobilisme ou seulement à la reproduction des pratiques dépassées ailleurs.

2.2.2. Un nouveau style de leadership : le pari de l'action

L'un des axes que nous avons retenus pour définir la nature de la réforme administrative porte explicitement sur « l'enjeu de l'effectivité des résultats escomptés » des changements introduits. S'appuyant sur l'expérience de la France, Quême (2002) nous a fait noter que la réforme est un exercice périlleux. C'est dire qu'on prend des risques lorsqu'on engage des réformes, des risques dont on devrait être prêt à en assumer les conséquences positives ou négatives. C'est à la fois le *courage* et le *caractère*, deux autres qualités de la crédibilité, qui s'expriment ici.

La perspective managériale retenue pour cet ouvrage, se caractérise par l'engagement à l'action, la mise en œuvre effective des programmes élaborés pour améliorer la performance des services publics. Il n'est plus besoin de démontrer ici l'importance de ce nouveau paradigme adopté par les Programmes Nationaux de Gouvernance des pays africains et qui vient suppléer aux lacunes du paradigme bureaucratique du type wébérien dominant, avec des conséquences lourdement préjudiciables au développement de l'Afrique, dont les effets ont été relevés de maintes manières. Les diagnostics posés lors de l'élaboration des Programmes Nationaux de Gouvernance dans chaque pays en sont de brillantes illustrations ; surtout lorsqu'ils ont été réalisés avec la participation des populations concernées et de certains acteurs clés du développement économique, social et culturel dans les contextes politique, économique et technologique d'aujourd'hui. Il faut maintenant du courage aux différents acteurs impliqués pour passer à l'acte et promouvoir les changements nécessaires, en ayant toujours à l'esprit ce vieil adage qui nous rappelle que l'art est difficile, la critique aisée.

L'enjeu ici est donc de transformer le rêve, la vision, l'image construite de l'administration publique africaine du 21ème siècle en résultats dont les impacts positifs sur la vie des populations africaines s'observent tous les jours, bien entendu dans leur évolution également positive et avec leur part de paradoxes. Il faut passer de l'effet d'annonce ou d'affichage à la concrétisation des promesses faites ou des engagements pris. Cet exercice a un prix qui doit être payé. C'est le sens donné ici au *« pari de l'action »*. Pour la réforme administrative, le développement, à tous les niveaux dans l'administration publique africaine, d'un style de leadership qui est compatible avec les exigences du contenu de cette fonction est une condition nécessaire et incontournable pour que ce pari puisse être gagné. Comme nous l'avons déjà introduit en décrivant les rôles et les responsabilités des managers des réformes administratives au chapitre premier de cette partie, cet enjeu qui porte sur la stimulation du progrès, est central dans la dynamique de base qui est le moteur de toute administration visionnaire. En effet, ce qui intéresse le citoyen contribuable et électeur, c'est l'amélioration de ses conditions de vie, c'est-à-dire le résultat et non les processus (fût-il législatif, administratif, juridique et autre,...) qui conduisent à ce résultat.

Les contours de l'organisation de l'avenir sont en train de se dessiner, observe Harmon (1998 : 176) qui précise, s'agissant de l'évolution du profil des dirigeants :

> *Il n'existe plus dans les nouvelles entreprises de centre de décision* ***stricto sensu****, dans la mesure où la technologie, la concurrence et la responsabilisation à tous les échelons ont pour effet de multiplier les axes de pouvoir. Les dirigeants ont compris qu'il est préférable d'accélérer l'évolution au lieu de se réfugier dans un combat d'arrière-garde. Etre capable de promouvoir le changement est d'ailleurs l'une des définitions possibles du véritable leadership. Les dirigeants qui entendent faire évoluer leur entreprise doivent intervenir prioritairement dans trois domaines : les attitudes, les valeurs et les stratégies d'action.*

Dans la même logique qui voit en la capacité de promouvoir le changement, l'une des définitions possibles du leadership, Senge et al. (1999), adoptant la perspective de l'« apprentissage organisationnel » qui est la leur, nous permettent de mieux comprendre les mécanismes et les enjeux de ce concept de leadership. Se refusant de confondre le leadership avec une position dans la hiérarchie et de considérer que les mots « leader » et « dirigeant » sont synonymes, Senge (in Senge et al., 1999 : 22) définit le leadership comme *« la capacité d'une communauté humaine à se forger un destin et plus particulièrement à alimenter les processus de changements nécessaires pour le faire ».* Suivant cette définition, c'est une communauté qui exerce le leadership comme le précise l'auteur, « une même structure a plusieurs leaders parce qu'il y a de nombreuses personnes à différents niveaux de la hiérarchie, qui jouent des rôles clés pour générer et maintenir la tension créatrice » (in Senge et al., 1999 : 23).

Cette compréhension du concept de leadership est centrale dans la conception de la « réforme administrative » retenue dans cet ouvrage. Suivant notre définition, de la réforme administrative, en effet, la « communauté de leader » se retrouve aussi bien au sein des services publics qui doivent relever le défi de la performance, au sein de la structure nationale chargée de la réforme administrative, qu'au sein des organisations partenaires des secteurs privés et de la société civile associées à la réalisation des projets de modernisation de l'administration publique. Cette compréhension permet d'apporter une précision supplémentaire à la notion de responsabilité partagée à travers les mécanismes de participation ou de décentralisation dont l'importance à été développée dans ce chapitre.

Senge (in Senge et al., 1999 : 23 et 672-676) distingue trois types de leaders qui ont besoin les uns des autres :

- *les leaders opérationnels :* des personnes ayant une responsabilité dans les résultats et suffisamment d'autorité pour entreprendre des changements dans la manière dont le travail est organisé et mené à leur niveau ;
- *les leaders de réseaux ou les « bâtisseurs de communautés » :* des personnes œuvrant dans la techno-structure ou au niveau du support logistique. Il peut s'agir des responsables de l'Inspection Générale ou des Cellules de suivi, les responsables chargés des unités de coopération, de planification ou de la formation, les Conseillers en Organisation Administrative. Les réseaux informels sont très importants dans la diffusion et la propagation d'idées nouvelles et de pratiques novatrices aussi bien à l'intérieur de l'organisation qu'à l'extérieur d'une unité de travail. Ils jouent un rôle primordial de liaison et de soutien aux équipes pilotes au sein des administrations lors du lancement des réformes et de la consolidation des impacts positifs des résultats obtenus. La force des leaders de réseaux tient aussi à leur capacité à se mouvoir dans les différentes unités au sein d'un ministère ou de toute une administration, à participer à d'autres réseaux, à aider les leaders opérationnels en les

conseillant directement ou en les mettant en contact avec d'autres personnes de qui ils peuvent apprendre ;

- *les leaders de direction :* des personnes situées au sommet stratégique qui ont à la fois une responsabilité dans la performance globale de l'organisation et une moindre capacité à influencer directement les processus de fonctionnement. Il peut s'agir : du Responsable chargé de la « réforme administrative » au niveau national, des Présidents des Conseils d'administration des établissements publics, des Recteurs d'universités, les Secrétaires généraux des ministères, des Directeurs Généraux et Directeurs de société d'Etat, ... Ils sont indispensables à la réussite des changements à introduire en raison des efforts qu'ils doivent fournir pour créer un environnement favorable à l'innovation continue et à l'émergence du savoir.

Senge (in Senge et al., 1999 : 25) relève, dans le même sens que Harmon ci-avant, qu'un « leadership de direction efficace constitue probablement un plus grand enjeu aujourd'hui que par le passé en raison notamment de l'effort conjugué de l'exigence de changement profond et de considérables pressions externes ».[41]

Dans le nouveau contexte décrit, les leaders de demain doivent intervenir prioritairement dans les trois domaines des attitudes, des valeurs et des stratégies d'action pour faire évoluer leur organisation, précise Harmon (1998 : 176).

Senge (in Senge et al., 1999) partage et renforce cette option prononcée pour l'innovation considérée comme une valeur dominante de la société actuelle confrontée au défi d'effectuer un changement radical dans tous les secteurs, y compris dans l'administration publique qui doit appuyer l'Etat dans son nouveau rôle de régulation des activités économiques nationales. Il décrit le processus d'implication des trois types de leaders pour l'atteinte de cet objectif d'innovation en ces termes :

> *Les leaders opérationnels peuvent se heurter aux systèmes de mesures de l'organisation et aux tabous culturels. Ils ne tiennent souvent pas compte de la façon dont leurs innovations affectent d'autres groupes. Tout seuls, ils ne peuvent pas faire grand-chose pour relever le défi de la reconception. Ils dépendent des leaders de réseaux internes pour les conseiller et les mettre en relation avec d'autres leaders qui pensent comme eux dans l'organisation [ou hors de l'organisation, cette extension est de nous]. Ils sont tributaires des leaders de direction dans la mise en place d'un environnement favorable à*

[41] Il précise cependant qu'alors qu'un quelconque des trois types de leaders peut suffire à apporter quelques changements significatifs, à long terme, la diversité des forces en présence nécessite la participation des deux autres types, car une faiblesse de l'un d'eux limitera finalement l'efficacité des autres (in Senge et al., 1999 : 27).

l'innovation et souvent pour d'autres types de conseils. (Senge, in Senge et al., 1999 : 673)

Senge (in Senge et al., 1999 : 26) précise que les leaders de direction jouent leurs rôles de plusieurs manières :

> *En investissant dans de nouvelles infrastructures pour l'apprentissage, par leurs conseils et leurs questions et finalement grâce au « leadership par l'exemple » en établissant de nouveaux comportements et de nouvelles normes au sein de leurs propres équipes. Ils deviennent des mentors, des coaches ou se mettent au service des autres. Ils se concentrent davantage sur la conception que sur la prise de décisions clés. Ils s'attachent à déléguer la décision à des niveaux plus proches du terrain, à moins qu'ils ne soient les seuls à pouvoir les prendre.*

Un programme de développement des dirigeants (entendre ici « leaders de direction ») des organisations cité dans la littérature (Brocksmith Jr., 1998 : 183) dégage neuf (09) traits caractéristiques perçus comme étant décisifs dans le monde actuel et dans l'organisation du futur. Ces traits sont repris dans le tableau 3-5 suivant.

Certains concepts déjà relevés dans les analyses précédentes (voir par exemple le tableau 3-4 pour les compétences attendues aujourd'hui du gestionnaire public) reviennent dans cette description du profil type du leader dans les organisations de demain, tels : la *vision*, la *stratégie pour agir* (conduire les réformes, mobiliser l'organisation, gérer les conflits, prendre des décisions clés,...), la *communication* pour informer et rassurer, les *hommes* (y compris le responsable lui-même). Grouard et Meston (2005 : 195) font en effet remarquer qu'au cours de la réalisation de tout projet de changement, la vision est enrichie d'éléments nouveaux apportés par les équipes de travail impliquées. De même, ajoutent-ils, l'effort de mobilisation de l'organisation se prolonge au-delà de la constitution des équipes et d'une restructuration de l'unité de travail pour prendre en compte l'indispensable *entretien de l'énergie et de la motivation* nécessaires à la poursuite et à la consolidation du changement en vue de l'enracinement de ses impacts positifs dans la culture administrative de l'organisation.

<u>TABLEAU 3-5 :</u> QUELQUES TRAITS CARACTERISTIQUES DU NOUVEAU LEADERSHIP

1. *Les valeurs :* établir et défendre les valeurs
2. *La vision :* posséder l'aptitude à forger une vision
3. *La perspective* : incarner le leadership investi d'une autorité globale
4. *La communication :* délivrer un message fort
5. *La stratégie :* penser et agir en termes de stratégie

6. *Les décisions :* prendre des décisions éclairées
7. *La connaissance :* élargir les fondements du savoir
8. *Les hommes :* assumer la maîtrise d'œuvre des ressources humaines
9. *Soi-même :* se connaître soi-même

Source : Brocksmith Jr. (1998 : 183)

Par rapport à la réforme administrative et dans le contexte actuel des administrations publiques africaines, le développement d'un tel leadership passe nécessairement par une maîtrise des compétences spécifiques à la conduite de changement en mettant l'accent sur la création d'une culture qui encourage la prise de risque (par opposition à la conformité à la réglementation bureaucratique) pour agir. C'est ici que la structure nationale chargée de la réforme administrative sera appelée à apporter un appui déterminant, d'abord en jouant un rôle de « coaching » auprès des leaders de direction dans toutes les autres administrations, puis en développant ou animant des sessions de formation en leadership destinées aux autres communautés de leaders en fonction de leurs rôles et responsabilités dans le processus de mise en œuvre des réformes engagées.

S'agissant des hommes et des femmes pour le développement de la nouvelle administration publique africaine à mettre en œuvre, un facteur critique mérite d'être surveillé : l'introduction de l'approche de partenariat public/privé/société civile qui est déjà adoptée dans les Programmes Nationaux de Gouvernance. Cette approche est un facteur critique pour le repositionnement de l'administration publique dans la dynamique de la concurrence dont les contours pour le secteur public ont été rappelés à l'introduction de ce paragraphe et qui sous-tend par définition l'élaboration des stratégies de développement dans l'entreprise privée. Sa mise en place dans le secteur public entraînera inévitablement des changements dans la représentation que les agents publics se font de leur travail et de leur positionnement hiérarchique face aux autres partenaires. Les leaders de direction (et particulièrement les secrétaires généraux de ministères en tant que leader ou personne) devront être particulièrement vigilants sur ce point car il peut générer de l'incompréhension, de l'inquiétude, des déceptions et des réactions de rejet de la part des uns et des autres et surtout de la part des agents publics qui agissent au nom de l'Etat et à ce titre, se considèrent comme représentants de la puissance publique. A cet égard, Senge et al. (1999 : 19) attirent l'attention sur le fait que « les changements profonds qui ont une résonance sur ce que pensent les individus, ce à quoi ils croient, la façon qu'ils ont de voir le monde, sont difficiles voire impossibles à obtenir par le suivisme ». Crozier et Friedberg (1977 : 420) nous rappellent, en effet, qu'en cherchant ainsi à connaître la réalité des systèmes administratifs avec leurs conflits et leurs contradictions dans un contexte spécifique (comme celui de l'Afrique pour ce qui nous concerne), on parvient à « développer des stratégies non pas pour éviter les crises, mais pour faire en sorte que les ruptures nécessaires puissent apporter effectivement des innovations durables, à travers l'expérimentation et l'apprentissage de nouveaux jeux et de nouveaux modes de gouvernement ».

Les enjeux de développement de la fonction « réforme administrative » en Afrique tels que nous les avons analysés dans ce paragraphe se résument à la mobilisation des ressources humaines compétentes et à l'exercice d'un leadership de l'action pour concrétiser le projet d'une administration publique africaine du 21ème siècle nouvelle, créditée d'une excellente réputation mondiale. De ces enjeux découlent plusieurs défis que la fonction doit relever pour combler les attentes des services publics et en conséquence des citoyens qui bénéficieront alors d'une qualité toujours améliorée de service.

3. LES DEFIS DE DEVELOPPEMENT DE LA REFORME ADMINISTRATIVE DANS LE NOUVEAU CONTEXTE

Les descriptions faites des quatre axes qui définissent la nature de la réforme administrative dans cet ouvrage, les enjeux que nous venons de présenter et les contributions théoriques qui accompagnent les mutations observées dans l'environnement, nous amènent à retenir ici trois défis qui nous apparaissent clés pour l'affirmation de la réforme administrative comme fonction organisationnelle performante au sein des services publics en Afrique : 1°) la construction de la légitimité de la fonction, tant par rapport aux administrations publiques qu'au plan épistémologique ; 2°) la créativité et ; 3°) l'apprentissage en boucle double.

3.1. Le défi de la légitimité professionnelle et épistémologique

Nous avons identifié au chapitre premier quelques approches d'intervention, dont celle du « développement organisationnel (DO) », susceptibles de soutenir, au plan théorique, le développement de la fonction « la réforme administrative » suivant une démarche qui marque une rupture avec l'approche classique de l'organisation et Méthode (O&M). Pour être un métier à part entière et convaincre les administrations qu'elle appuie aussi bien que la communauté académique et scientifique, la réforme administrative, comme il est du « DO » (Alain Bernard, 1992), doit affirmer et confirmer sans cesse une double revendication de légitimité que nous qualifions ici de professionnelle, d'une part, et d'épistémologique, d'autre part.

Dans l'une et l'autre revendications, la réforme doit s'attacher à ne pas se contenter de résoudre les problèmes particuliers et immédiats qui se posent tout de suite en utilisant une collection de recettes qui seraient vite dépassées et inutilisables. Les leçons de l'expérience des PAS nous ont convaincus des limites d'une telle démarche et surtout des préjudices qu'elle porte à la gestion de la performance administrative en se focalisant sur les symptômes sans chercher à identifier les causes profondes des dysfonctionnements. Parce qu'elle doit conduire l'administration au stade de l'«auto-organisation », elle doit être une « réflexion, une manière d'aborder les questions, de portée plus vaste et qui pourra s'appliquer même quand la nature du problème aura changé », suivant la formule du professeur Pierre Lassègue (1992 : XXI) qui l'applique au management. C'est suivant cette logique que se pose ici, pour nous, le problème de la double légitimité de la fonction réforme administrative.

Pour appliquer le cadre conceptuel de la réforme administrative proposé dans cet ouvrage, il va se poser fondamentalement un problème de choix de la *posture épistémologique* à adopter pour accroître le degré de réussite des interventions. En effet, tel que nous l'avons décrit au chapitre premier, tout projet de réforme administrative est à la fois un projet de recherche qui produit la *connaissance* (compréhension des logiques organisationnelles) et un projet d'*action* (à travers l'aide apportée aux acteurs dans l'administration pour améliorer leurs pratiques). D'où l'importance, notamment pour le spécialiste en développement des organisations, de bien définir son attitude épistémologique et de veiller à la cohérence de sa contribution compte tenu de l'attitude choisie. Il s'agit pour lui de répondre à chaque étape de sa démarche à la question *« Qu'est-ce qui m'autorise à écrire ou à dire ce que je fais et à communiquer mes résultats ? »* (Wacheux, 1996 : 38).

A cet égard, et suivant l'objectif de production de la connaissance par la fonction « réforme administrative », Wacheux (1996 : 32) rappelle avec pertinence que « l'activité de recherche nécessite une habileté et une conscience irréductibles à un ensemble de techniques[42] ». Cette attitude, voudrions-nous affirmer avec force, permet d'aller au fond des choses pour créer les conditions de l'enracinement des réformes proposées dans les cultures administratives des services publics concernés.

Par exemple, comme le décrit Metzger (2000 : 15), la recherche s'effectue dans cette optique, suivant deux axes :

> *D'une part, il faut accéder à l'arrière-plan qui structure les pratiques des salariés, lors de la mise en œuvre des réformes, et analyser les conséquences sociales des réformes sur cet arrière-plan. Il faut, d'autre part, effectuer le même*

[42] Wacheux (1996 : 38) tout en précisant que la position épistémologique ne détermine pas le chercheur, ajoute qu'adopter une épistémologie, donc des guides pour l'action de recherche, permet de se démarquer « des consultants, des dirigeants ou des journalistes qui parlent sur l'entreprise [pour nous ici sur une organisation ou un service public] au seul titre de leur praxis ou de leurs expériences ».

travail dans le cas des concepteurs de projets de changement. Dans cette perspective, il convient d'examiner les apprentissages dont ils font preuve, mais également ce qui dans leur culture explique leur conception du changement et leur capacité d'apprentissage.

Suivant cette optique, la recherche menée comme activité de la réforme administrative peut poursuivre l'une des cinq catégories d'objectifs suivantes (Wacheux, 1996 : 19) :

- *décrire* un phénomène, une relation, une histoire par l'observation précise d'un contexte.
- *expliquer* des relations, des causalités, des processus à l'œuvre dans les situations observées. L'explication aboutit à une formulation signifiante entre une réalité sociale et un questionnement théorique.
- *prédire* sur la base de construction ou de vérification des théories, en simulant le réel pour anticiper ses évolutions.
- *changer* les réalités sociales par une action de recherche expérimentale ou de recherche action.
- *maîtriser,* au sens de comprendre les situations pour proposer des interprétations théoriques globales de la complexité d'un phénomène.

Dans la poursuite de cet objectif, le Conseiller en Organisation Administrative, spécialiste en réforme administrative, doit se distinguer de certains « Consultants » qui mettent en forme une praxis fondée sur l'expérience et proposent souvent des outils d'intervention sur le réel sans s'appuyer sur des bases et des référents théoriques qu'ils peuvent ne pas connaître (Wacheux, 1996 : 21). Il s'agit pour le spécialiste en réforme administrative (qui se veut être un métier), de travailler pour réduire l'impact de certaines contradictions, pour minimiser les incohérences et pour proposer un cadre qui permettra de mieux comprendre les paradoxes et mieux les accepter, les assumer et les gérer. Ici, la mise en garde suivante faite par Crozier et Friedberg (1977 : 248), sonne comme une interpellation des Conseillers en organisation administrative qui travaillent sur des objets fortement influencés par les phénomènes culturels, pour plus de professionnalisme :

> *Il est dangereux, écrivent-ils, parce que trop facile et presque inéluctable, de se laisser enfermer dans des catégories préalables que l'on a utilisées comme point de départ parce qu'elles étaient convenables ou surtout correspondaient aux idées reçues.*

Suivant l'approche du « Développement Organisationnel » bien maîtrisée, l'appui de la réforme administrative, en cette période de revitalisation des services publics pourrait être déterminant pour la généralisation des méthodes de gestion axées sur le client/usager, pour la mise en place d'un système d'évaluation des agents publics centré sur les résultats, pour l'élaboration des méthodes et outils de mise en œuvre d'un système d'évaluation des performances des services publics prenant en compte les principes de bonne gouvernance et l'influence de la culture nationale sur la gestion.

Dans leur contribution à la consolidation de la légitimité épistémologique de la fonction « réforme administrative », les spécialistes devront être bien avisés des forces et des limites de la démarche scientifique qu'ils adoptent. Par exemple, la méthode comparative adoptée comme stratégie d'accès au réel pour mettre en évidence et expliquer les similitudes et les différences entre des environnements, des logiques d'action ou des configurations structurelles (Wacheux, 1996 : 100), est très souvent utilisée et nous traitons au chapitre 7 l'approche de benchmarking.

Tous ces exemples ont pour but de montrer la nécessité de l'investissement requis pour construire la crédibilité professionnelle et académique de la réforme administrative. Si on devait dégager de ces analyses quelques invariants autour desquels cet investissement pourrait être concentré, nous proposerions les trois suivants :

- *la réforme administrative est une démarche orientée vers l'action, une praxéologie*, visant à soutenir le développement des administrations publiques par l'accroissement de leurs performances ;
- *les apports de la réforme administrative portent sur les stratégies concrètes* à mettre en œuvre pour transformer les administrations publiques en tenant compte de sa spécificité comme système d'action concret et sur les principes et les critères de mesure de leurs performances ; en ce dernier sens, la réforme administrative est normative ;
- *la réforme administrative, parce qu'elle affronte la complexité des services publics avec leurs jeux de pouvoirs et leurs paradoxes, doit par essence, intégrer le paradoxe et la contradiction dans sa démarche* : elle doit conserver les acquis des précédentes réformes et les remettre en question pour transformer l'administration dans un contexte qui évolue ; elle doit imaginer de nouvelles façons de faire et mettre en œuvre les résultats de cette imagination, tout en étant tournée vers l'action profitant à une administration bien ciblée,...

La réforme doit également relever un autre défi intimement lié au défi de la légitimité dans la mesure où il est caractéristique de la dimension de « l'innovation » de notre définition de la réforme administrative dans cet ouvrage, la créativité.

3.2. Le défi de la créativité

Parmi les exemples de valeurs axées sur l'avenir que cite Harmon (1998 : 177) figure la *créativité* qui « mobilise l'imagination des individus et favorise l'esprit d'innovation indispensable dans un univers concurrentiel et incertain ». Créer et entretenir un environnement favorable à l'innovation dans l'administration publique africaine vont donc être l'un des défis que devront relever les leaders.

La créativité selon les théoriciens (Bacus et Romain, 1992 ; Senge et al., 1999, 2000) est la conséquence de la « dissociation » mentale qui permet de se dégager des façons routinières de penser et de « l'association » mentale qui entraîne la création de nouvelles relations entre des faits habituellement éloignés. L'esprit créatif, écrivent Bacus et Romain (1992 : 42) est « celui qui est capable de se dégager des structures acquises pour prendre le risque de recombiner et de rapprocher ce que l'habitude sépare ».

Dans la définition que nous avons donnée de la réforme administrative, la créativité qui est le point de départ de l'innovation, forme avec elle, l'une des conditions structurales nécessaires au développement des administrations publiques. Cette condition est absolument nécessaire dans le contexte des administrations publiques africaines pour une raison principale qui est une explication et non une justification. Le poids de la tradition bureaucratique héritée de la colonisation, caractérisé ici par le comportement autocratique des responsables administratifs et la culture des valeurs d'obéissance et de loyauté. Ce facteur n'encourage pas le développement et l'expression de l'aptitude à créer de nouvelles façons de faire dans l'administration publique africaine. Pour innover, il faut créer, pour créer, il faut rompre avec les habitudes, il faut transgresser les normes et les pratiques déjà incrustées dans les cultures administratives. Il faut du courage, et peut-être même de la témérité pour oser, surtout lorsqu'on observe certains administrateurs publics à l'ouvrage ou bien lorsqu'on les voit agir en opposition diamétrale avec le discours qu'ils tiennent, discours qui est toujours d'une très haute tenue managériale moderne.

La capacité créative regroupe les capacités à se représenter les situations et les problèmes, à prévoir et à produire les idées. Toutes des capacités dont l'administration publique africaine est pourtant fortement dotée. L'individu créatif « voit les mêmes choses que tout le monde. Il a à sa disposition les mêmes informations. Mais il en fait autre chose, car il pense autrement » précisent Bacus et Romain (1992 : 40). Il faut donc le courage de la distanciation, de l'affranchissement de toutes sortes de contraintes socio-culturelles qui inhibent notre capacité de penser autrement et rendent impossible le passage à l'étape de modification et de proposition des façons différentes de faire. Comme le décrivent Bacus et Romain (19992 : 51), en effet :

> *Le créatif cherche, cherche encore, modifie, avance, améliore, prévoit. Il se met dans les conditions mentales propices à la survenue de « l'illumination ». Il doit pour retrouver la fraîcheur d'âme et la spontanéité de l'enfance apprendre à*

s'affranchir de ses connaissances et, plus encore, de ses répressions et refoulements ; accepter d'être soi, c'est-à-dire différent des autres.

Hargadon et Sutton[43] (2003) ajoutent les conseils suivants qui peuvent inspirer les leaders opérationnels et les leaders de direction aussi bien au sein des administrations publiques qui accueillent les réformes qu'au sein de la structure nationale chargée de la coordination de la réforme administrative :

Les meilleurs innovateurs réutilisent systématiquement de vieilles idées comme matière première d'où ils tirent l'une après l'autre des idées nouvelles (Hargadon et Sutton, 2003 : 67)

Pour développer des réponses créatives à des problèmes difficiles, il faut qu'au sein de l'organisation les individus parlent beaucoup de leur travail, mais aussi des personnes susceptibles de les aider à mieux le réaliser (Hargadon et Sutton, 2003 : 77)

La réforme administrative en Afrique, doit relever ce défi, au risque de continuer à se cantonner dans les opérations de restructuration des administrations dans le strict respect des principes de Fayol, ou d'accompagner de façon passive les différentes générations des réformes préconisées par les bailleurs de fonds dans le cadre des accords signés avec l'Etat.

En fait, nous sommes tous plus ou moins créatifs et les plus créatifs d'entre nous sont ceux qui « savent à la fois lâcher la bride à leur imagination la plus vaste et tenir compte des impératifs de la réalité » (Bacus et Romain, 1992 : 39). Il y a dans l'innovation et la créativité, ajoutent Hargadon et Sutton (2003 : 87) beaucoup moins de mystère que l'image du génie solitaire qui invente à partir de zéro, ne donnerait à penser. « Tout consiste en fait à prendre des idées déjà développées et à les appliquer à de nouvelles situations ».

Au fur et à mesure que la réforme administrative va se confronter à ce défi en Afrique, il deviendra un fait normal de la vie des administrations publiques, comme il en est de nos vies personnelles, individuelles, un fait qui renforce et fortifie l'engagement à relever le troisième défi, celui de l'apprentissage en boucle double.

3.3. Le défi de l'apprentissage en boucle double

Notre définition de la nature de la réforme administrative admet, dans l'axe du « processus de création des changements à introduire », que les administrations publiques peuvent apprendre de façon continue.

---

[43] Pour ces auteurs, la démarche consistant à faire le saut pour appliquer les nouvelles « vieilles » idées comporte quatre pratiques qui s'entrecroisent : la collecte des bonnes idées, leur maintien en vie, la recherche de nouvelles utilisations pour les idées anciennes, et la mise à l'épreuve des concepts les plus prometteurs (2003 : 68).

La première partie du continuum qui va du « contrôle des performances » à « l'évaluation » qui est le point médian, met en exergue la capacité de découvrir et de corriger des erreurs par rapport à un ensemble de normes de fonctionnement données (plan d'action, budget, systèmes d'information existant conçus pour l'atteinte des objectifs poursuivis, rapport de mission de contrôle des inspections diverses,...). Les activités de cette première partie du continuum ne conduisent pas à remettre en question le bien-fondé de ce qui est fait tant pour ce qui est des objectifs (leur pertinence, par exemple), que des processus et des normes de fonctionnement. On les qualifie de compétences d'apprentissage en boucle simple. L'organisation apprend ici en détectant et en corrigeant les déviations à des normes prédéterminées, mais elle ne peut mettre en question le bien-fondé de ces normes.

La deuxième partie du continuum qui va du point médian « évaluation », à l'extrémité droite qui est « l'auto-organisation » nécessite d'autres types de capacités, celles qui consistent à se remettre en question et qui sous-tendent les activités qui vont conduire l'administration à s'organiser elle-même, à « s'auto-organiser ». Ce sont les compétences d'apprentissage en boucle double. L'organisation apprend ici à apprendre en mettant en jeu sa mémoire et ses processus de sélection et de reproduction pour s'opposer à l'entropie désorganisatrice. Comme le cerveau humain, elle a alors la capacité de détecter et de corriger des erreurs dans les normes de fonctionnement et d'influencer les règles qui guident son propre fonctionnement. La littérature (Crozier et Friedberg, 1977 : 430) relève justement qu'une leçon générale de l'expérience humaine admet que les changements qui réussissent sont généralement ceux dont la mise en œuvre a abouti à remettre en question les objectifs premiers.

La capacité « d'auto-organisation » est fondée sur le principe suivant lequel *la structure interne et le fonctionnement* d'une administration peuvent évoluer avec les circonstances afin de composer avec les contingences auxquelles elle doit faire face (Morgan, 1989 : 93-118). Les compétences d'apprentissage en boucle double reposent sur la capacité de demeurer ouvert aux changements qui se produisent dans l'environnement et sur la capacité de remettre en question les hypothèses de fonctionnement de la façon la plus fondamentale. L'organisation n'est plus nécessairement caractérisée par la rationalité limitée prédominante dans les bureaucraties. Elle peut transcender cette contrainte. Morgan (1989 : 96) précise, en effet, que « l'apprentissage en boucle double exige que nous supprimions [le] fossé entre théorie et réalité de façon à pouvoir remettre en question les valeurs et les normes inscrites dans les « théories utilisées » aussi bien que dans les « théories adoptées » ».

Pour atteindre ce stade de développement dans les bureaucraties, les obstacles à surmonter sont nombreux. Outre les querelles de pouvoirs, la concurrence interne et les mauvais systèmes incitatifs qu'on observe généralement, on peut citer de façon spécifique dans les administrations publiques (Morgan, 1989), les obstacles suivants dans lesquels chacun de nous, agent public, se retrouve sûrement :

- *la prédominance des structures de pensée fragmentaires :* les systèmes d'information sont en « silo », les objectifs sectoriels des administrations, du fait de cette fragmentation, sont considérés comme des fins en soi, par exemple ;
- *le personnel est généralement encouragé à occuper une place prédéterminée dans l'ensemble et à s'y tenir :* les situations où l'on remet en question les lignes de conduite et les normes de fonctionnement sont l'exception plus que la règle, les systèmes de contrôle sont plus souvent utilisés pour diriger et surveiller les agents ;
- *le principe d'imputabilité bureaucratique encourage le personnel à se mettre sur la défensive et encourage la ruse :* les agents étant invités à rendre compte de leur performance dans un système qui récompense le succès et punit l'échec, ils cherchent à ruser pour se protéger en trouvant le moyen d'embrouiller les situations dans lesquelles il ne figure pas à leur avantage et à camoufler les erreurs pour montrer seulement les situations dont ils sont responsables sous un jour plus favorable que ce n'est le cas en réalité ;
- *les problèmes complexes sont évités :* ils sont traités de façon à diminuer leur importance, afin de donner le temps à la solution d'apparaître ou dans l'espoir que ces problèmes disparaîtront d'eux-mêmes ;
- *il existe un fossé entre ce que les gens disent et ce qu'ils font :* il y a une différence entre « théorie adoptée » et « théorie utilisée ». La rationalité utilisée donne l'impression qu'on sait ce qu'on fait, soit pour impressionner les autres, soit pour se convaincre soi-même que tout va bien et qu'on maîtrise la situation. On peut aussi faire diversion (consciemment ou non), en tentant de faire porter les conséquences d'une menace ailleurs et en maintenant fermement encore ses pratiques au lieu de remettre en question la nature et les effets de ses pratiques.

Pour être efficace, la réforme administrative doit relever le défi de surmonter ces obstacles en encourageant une façon d'analyser et de résoudre des problèmes complexes qui reconnaît l'importance d'explorer différents points de vue, c'est le sens du défi de l'apprentissage en boucle double dans cet ouvrage. Ce défi est central dans toute conception de développement des organisations, car, comme le relève Morgan (1989 : 114), « à moins qu'une organisation ne soit capable de se changer elle-même pour modifier les idées qu'elle produit et ses valeurs, elle finira probablement par entraver ses propres innovations ». Les moyens existent pour appuyer la réforme administrative dans cette voie. A ce propos, Morgan (1989 : 117) écrit :

La recherche contemporaine sur le cerveau montre qu'il existe une facette des capacités cognitives : les capacités holistiques, analogiques, intuitives et créatrices de l'hémisphère droit du cerveau. Si les nouvelles conceptions de l'organisation peuvent explorer ces possibilités créatrices, elles offriront d'autres moyens d'étendre et de transformer les capacités qu'a l'organisation d'agir de façon rationnelle.

La réforme administrative en Afrique doit avoir le courage d'explorer ces possibilités créatrices comme on le fait ailleurs dans d'autres administrations au monde : gestion stratégique adoptant une approche participative de la planification à travers laquelle les agents apprennent de l'expérience à mesure qu'elle se produit, développement des systèmes d'information organisationnel en adoptant l'approche des prestations intégrées des services (PIS) (voir le chapitre 2 de cette première partie du livre), élaboration des structures des organisations à partir du flux du travail à faire et non plus des enjeux du pouvoir, interrogation continue de la pertinence des résultats de l'action, adoption d'un mode de gestion qui met l'accent sur l'étude et la définition des limites ou des valeurs appropriées pour le développement de l'administration publique.

CONCLUSION

En conclusion pour cette première partie, si on postule que le niveau « d'auto-organisation » est le stade d'accomplissement des organisations, comparativement au stade d'accomplissement des humains sur l'échelle de motivation de Maslow (par exemple), il est difficile d'admettre que les administrations publiques laissées à elles-mêmes, peuvent atteindre ce stade. C'est pourquoi dans ce livre, nous traitons du développement de ces administrations en postulant que celui-ci peut se faire avec la contribution de la réforme Administrative, à travers une démarche de gestion de leur performance.

Le développement harmonieux de cette fonction « Réforme Administrative » au sein de l'administration publique africaine en son état actuel est, toutefois, tributaire de deux facteurs essentiels. La définition de la vision de cette administration dans son évolution future au regard du contexte mondial qui est en pleine mutation. La distinction à faire, et à faire accepter, entre les *capacités* requises pour l'amélioration continue des performances d'une administration, d'une part, et d'autre part, celles requises pour l'élaboration et l'introduction des réformes en profondeur qui permettront de répondre au défi de changement radical résultant de la mise en œuvre de la vision adoptée.

Au regard du chemin déjà parcouru dans différents pays africains dans cette voie pour définir une nouvelle identité pour leurs administrations publiques respectives, le deuxième facteur devient un critère déterminant pour gagner le pari de l'action et rendre effectives les réformes engagées. Aujourd'hui, et à la suite des plans quinquennaux d'hier, les programmes nationaux de gouvernance, les documents de stratégie de réduction de la pauvreté et le programme du nouveau partenariat pour le développement de l'Afrique (NEPAD) donnent des indications significatives de l'image de l'administration publique africaine qui se dessine à l'horizon ; même s'il faut actualiser ces documents en revoyant, entre autres, l'amplitude de cet horizon.

Aujourd'hui, en effet, les Secrétaires Généraux, les Inspecteurs Généraux et les Inspecteurs, les Directeurs techniques et les Chefs de service opérationnels exercent au sein de leur administration une fonction d'organisation et de contrôle qui contribue certes à une amélioration continue de la performance de leur administration. Toutefois, ils n'engagent pas et ne peuvent pas engager (occupés qu'ils sont pour satisfaire les usagers de leurs services respectifs au quotidien) des changements qui exigent un déséquilibre profond de la situation existante. En outre, à la différence des plans quinquennaux qui s'inscrivaient dans un horizon temporel de 15 à 20 ans, les programmes nationaux de gouvernance ont adopté une perspective de court terme (2 à 3 ans) contraignant ainsi les administrations à fonctionner comme des « sapeurs pompiers » dont le rôle est « d'essayer » d'éteindre le feu qui est déjà éclaté. Aussi, l'évolution de l'administration suivant cette optique est très lente pour intégrer des transformations profondes imposées par les mutations de l'environnement, sachant par ailleurs que certains changements à introduire vont exiger beaucoup du temps pour s'enraciner.

Les Institutions Financières Internationales (IFI) qu'on accuse souvent d'être à l'origine de cette focalisation de l'attention sur le court terme au détriment du long terme s'en défendent en adoptant par exemple les OMD qui couvrent un horizon de quinze ans. A cet égard, le Plan d'action du Groupe de la Banque mondiale pour l'Afrique adopté en 2005, présente une série de mesures concrètes qui permettront au Groupe et à la communauté du développement dans son ensemble d'« accroître leurs capacités à aider chacun des pays africains à accélérer son rythme de croissance, à amener les groupes de population pauvres et les femmes à participer à cette croissance et à profiter des nouvelles opportunités, et à atteindre un nombre aussi élevé que possible des objectifs de développement pour le millénaire d'ici 2015 pour que l'«Année de l'Afrique » se transforme en « Décennie de l'Afrique » » (Banque Mondiale, Région Afrique, 2005 : 95)

Face à cette nécessité de transformation en profondeur que ne peuvent conduire les structures internes chargées prioritairement de produire les biens et les services répondant à leur raison d'être, la fonction « réforme administrative » devient indispensable pour assurer la modernisation des pratiques administratives dans le pays. D'où le rôle de la structure nationale spécifique telle que présentée au chapitre premier qui doit être reconnue à la fois au plan structurel, dans l'organisation de l'appareil administratif de l'Etat, et au plan de ses compétences en matière de conduite de changement. A l'égard de la conduite de changement, cette structure devra s'acquitter d'une double mission : 1°) appuyer les structures internes de chaque administration dans leurs efforts d'introduction de changement en vue d'une amélioration continue des performances organisationnelles ; 2°) travailler comme l'unité de « Recherche et Développement (R & D) » de toute l'administration publique du pays pour anticiper et saisir toutes les opportunités d'innovation de rupture pour apporter des solutions à des problèmes administratifs encore non résolus, pour satisfaire des besoins des citoyens qui ne le sont pas encore ou pour concevoir des systèmes ou des procédures mieux adaptés aux mutations de l'environnement.

Dans ce cheminement, et pour être efficace compte tenu des enjeux cernés, la fonction « réforme administrative » doit accorder une attention toute particulière à trois défis dont les effets et les impacts se combinent pour conduire l'administration publique, suivant un processus de développement progressif, vers le stade de « l'auto-organisation » : le défi de la légitimité professionnelle et épistémologique, le défi de la créativité et le défi de l'apprentissage en boucle double.

L'exercice d'un leadership efficace par les différentes communautés de leaders qui interviennent dans cette dynamique comme décrit dans cet ouvrage, permettra à l'administration publique africaine, non seulement de ne plus être à la traîne ou au bas de l'échelle des comparaisons mondiales, mais surtout de tirer des connaissances et des capacités qui vont soutenir son propre développement. S'agissant particulièrement du leadership de direction, et au regard des expériences des réformes passées et des conséquences majeures des principes de « l'auto-organisation » sur la répartition du pouvoir et le contrôle dans l'administration, nul doute qu'un consensus politique suffisamment large et un engagement sans faille des acteurs de ce niveau sont indispensables pour mener à bien tous les changements déjà engagés et ceux à venir.

Un vieil adage africain dit, au sujet du service public, que « le travail du blanc ne finit jamais ». Mais qu'on se le dise bien. Plus de quarante cinq ans après les indépendances et dans le contexte actuel de la globalisation, le service public africain n'est plus au service du blanc le colonisateur, mais plutôt à notre service, nous les Africains. C'est-à-dire au service de notre développement durable, comme analysé dans cet ouvrage. Sa transformation est un combat que nous devons mener nous-mêmes et pour nous-mêmes. C'est-à-dire pour notre bien-être individuel et collectif dans une économie mondialisée et libérale (quoiqu'on fasse ou dise), et partant dans un monde devenu sans pitié pour ceux qui refusent d'accepter les mutations que tous nous vivons ou subissons. Les discours de bonne gouvernance (théorie adoptée) et les résultats de la mise en œuvre de ces discours (théorie utilisée) doivent tendre à se confondre (et non à s'opposer) pour un véritable développement durable de l'Afrique. La situation est fortement préoccupante et interpellative. Par exemple, et face à la dynamique intrinsèque de la mondialisation, Stephen Smith (2003 : 194) conclut que pour le continent noir, le pire n'appartient pas au passé, mais à l'avenir. Et comme si une situation pourrait être encore « plus pire » (permettez l'expression), l'auteur nous rappelle la gravité de l'état actuel, peut-être pour souligner le degré d'urgence de notre intervention. Il écrit, en effet :

> *La moitié du continent est dévastée par des « guerres d'écorcheurs » ; l'autre vivote entre crise et corruption, tribalisme et anarchie. Emigration clandestine, fuite des cerveaux : les meilleurs partent. Dans nombre de pays, les fonctionnaires cumulent des mois, voire des années, d'arriérés de salaire, les hôpitaux sont des mouroirs, les écoles fermées. L'Etat s'effondre. Seuls quelques îlots émergent dans un océan de malheur. Le sida frappe partout, emporte les élites, réduit l'espérance de vie de quinze à vingt ans.*
>
> *Pourquoi l'Afrique meurt-elle ? Après avoir été martyrisée par la traite esclavagiste et soumise par le colonialisme, l'Afrique, handicapée dans le commerce international, en retard sur tous les plans, se suicide. Ses habitants, tétanisés par un présent qui n'a pas d'avenir, s'enferment dans un autisme identitaire. Face à la mondialisation, ils capitulent en postulant « l'homme noir » irréductible à l'universel.*

Combien de temps continuerons-nous à nous suicider ? Quel Africain responsable au sens éthique (développement durable) défini dans cet ouvrage, resterait insensible à ce cri d'alarme ? Et pourquoi donc ne pas agir pour renverser la tendance en changeant profondément de façon de travailler au sein de l'administration ?

DEUXIEME PARTIE

METHODES ET OUTILS D'ANALYSE ET DE DEVELOPPEMENT DE LA PERFORMANCE DANS LES SERVICES PUBLICS

Il ne faut pas considérer les instruments comme des absolus, mais au contraire, les mettre en perspective, les réaliser comme autant de possibilités alternatives, voire parallèles, d'agir sur les jeux pour en infléchir le déroulement et les évaluer à la lumière de leurs risques et limitations intrinsèques (Crozier et Friedberg, 1977 : 126).

INTRODUCTION

Dans cet ouvrage, nous avons retenu la perspective du « Développement Organisationnel (DO) » pour définir la fonction « Réforme Administrative » suivant trois axes : i°) un axe de changement organisationnel ; ii°) un axe de processus de création des changements à introduire ; et iii°) un axe d'effectivité des résultats escomptés. Cette définition, comme on l'a montré, veut souligner le lien intime qui existe entre la réflexion et l'analyse qui sous-tendent le premier axe à travers la structuration de la réforme, d'une part, l'action et l'intervention efficaces caractéristiques des deux autres axes, d'autre part.

Dans cette partie, nous postulons que toute analyse méticuleuse et aussi complète que possible des problèmes réputés complexes des services publics est préalable à toute intervention qui se veut porteuse de résultats palpables en matière d'accroissement de leurs performances, surtout dans le contexte actuel où le défi consiste à satisfaire des exigences anticipées des usagers, c'est-à-dire celles dont ils ne sont pas encore eux-mêmes conscients et qu'ils ne peuvent par conséquent pas formuler. De ce postulat se dégagent deux aptitudes clés que doivent développer les acteurs de la réforme administrative : 1°) l'aptitude à analyser les problèmes administratifs avec une rigueur de pensée et une méthodologie appropriées ; 2°) l'aptitude à utiliser les résultats de cette étape d'analyse pour définir et mettre en œuvre des réformes efficaces s'inscrivant dans la logique du développement des services publics vers le stade de « l'auto-organisation », comme proposé dans le cadre conceptuel de définition de la réforme administrative.

C'est dans cet esprit qu'est conçue cette deuxième partie qui veut mettre l'accent non pas sur la résolution des problèmes dans leurs manifestations de surface, mais plutôt sur l'amélioration sans cesse du *savoir-faire* des acteurs de la réforme administrative, grâce à la pratique régulière et systématique d'une méthodologie de la recherche-action que chacun d'eux aura choisie. Le concept de méthodologie englobe ici à la fois la méthode[44] retenue pour entreprendre la recherche et les outils ou techniques utilisés pour mettre en pratique cette méthode. Ceci, soit pour construire des modèles de la réalité des services publics qui rendent le mieux compte de leur état et de la dynamique de leur changement (axe épistémologique), soit pour intervenir suivant la perspective managériale, qui est celle de l'action, pour conduire les réformes (axe praxéologique), soit pour les deux objectifs simultanément.

[44] La méthode est définie ici comme un ensemble de pratiques particulières mises en œuvre dans une science pour que le cheminement des démonstrations et des théorisations soit clair, évident et irréfutable (Aktouf, 1992 : 20).

Le second postulat sur lequel nous nous appuyons pour bâtir le contenu de cette partie est relatif à l'état des connaissances suivant les deux axes épistémologique et praxéologique. Comme nous l'avons montré au chapitre 1 et au chapitre 3 (§. 1), il existe de multiples instruments (méthodes et outils) développés et présentés dans des ouvrages spécialisés de référence dans le domaine de la recherche et de l'intervention en science sociale, domaine fondamentalement multidisciplinaire. De même, dans le domaine du management des organisations, des ouvrages de référence auxquels s'ajoutent les résultats des différents groupes de travail thématique de certaines institutions[45] œuvrant pour le développement des sciences administratives, proposent des études de cas pratiques en management des organisations (y compris l'administration publique dans des contextes culturels diversifiés). Le problème de l'acteur de la réforme administrative est alors celui du choix de l'instrument le plus approprié à l'objet de son intervention (recherche, action, recherche-action), en tenant compte des limites intrinsèques de l'instrument retenu comme nous y contraignent les règles de l'art. A ce propos, Crozier et Friedberg (1977 : 126) nous rappellent qu'il ne faut pas « considérer les instruments comme des absolus, mais au contraire, les mettre en perspective, les réaliser comme autant de possibilités alternatives, voire parallèles, d'agir sur les jeux pour en infléchir le déroulement et les évaluer à la lumière de leurs risques et limitations intrinsèques ». Aussi, partant de cette hypothèse, notre ambition est-elle très modeste dans cette partie qui se limite à la présentation d'un certain nombre de méthodes et d'outils tirés de la littérature et retenus en fonction des aptitudes professionnelles requises pour chacun des trois axes de la nature de la fonction « réforme administrative » telle que nous l'avons définie. Les éléments retenus sont organisés en trois volets :

- les méthodes et outils d'analyse de la performance et des problèmes organisationnels orientés vers l'apprentissage ;
- les méthodes et outils de gestion par la performance dans les services publics ;
- les méthodes et outils de conduite de changement organisationnel.

En présentant les méthodes et outils proposés dans ces différents volets, nous devons rappeler, comme indiqué à l'introduction du livre, que nos choix ont été fortement influencés par deux facteurs : 1°) la perspective managériale que nous avons retenue pour l'ouvrage ; 2°) notre parcours professionnel au cours duquel nombre de ces outils ont été utilisés et continuent de l'être. Si c'est un avantage de ne parler que de ce que l'on sait, c'est aussi un inconvénient de

[45] Pour ce qui est des administrations publiques, objet de notre ouvrage, les départements des différents organismes du système des Nations Unies ou de l'OCDE, par exemple, publient régulièrement des rapports et autres études qui comportent des parties importantes consacrées aux questions de méthodes ou aux leçons tirées des expériences du terrain.

ne se limiter qu'à ce qu'on croit savoir. Pour atténuer les effets potentiels de cette limite, nous nous sommes inscrits dans une logique d'ouverture et de questionnement permanent que traduit notre application de l'approche systémique dans cette partie. C'est pourquoi les choix des outils que nous avons opérés sont très influencés par le paradigme de l'apprentissage qui sous-tend la logique de l'axe du « processus de création des réformes à introduire » et conduit au stade de « l'auto-organisation », stade suprême de développement d'un service public dans notre cadre conceptuel de la réforme administrative.

Notre principal défi ici est de nous assurer que les méthodes et outils présentés répondent à un besoin de résolution des problèmes effectivement ressentis par les usagers et les acteurs de développement des services publics. L'Excellence administrative que priment déjà les Nations Unies, par exemple, à travers le « Prix d'Excellence pour le Service Public » n'est pas possible autrement, selon nous. C'est alors ici que notre parcours professionnel nous a été d'un concours déterminant. En effet, de l'expérience de nos activités d'enseignement et de consultation, nous avons tiré un certain nombre de leçons expliquant la dynamique des services publics et les enjeux de leur réforme que nous résumons par un ensemble d'interrogations dont les principales sont les suivantes :

- comment formuler les problèmes de développement ou de réforme dans les administrations publiques ?
- comment la résolution de ces problèmes est-elle influencée par les théories que les intervenants utilisent ?
- quelles méthodes privilégier pour analyser et résoudre ces problèmes ?
- quels outils ou techniques utiliser à quelle étape d'analyse et de résolution de ces problèmes ?
- quelles méthodes utiliser pour consolider les résultats obtenus et s'assurer de leur enracinement dans la culture des services publics concernés ?

Intervenant comme acteur dans le rôle d'animateur de la structure d'appui Conseil du Gouvernement en matière de réforme administrative, nous nous sommes trouvé, nous-même, confronté à la pertinence de ces questions et d'autres ont émergé, plus préoccupantes et plus proches des réalités du travail administratif dans les services publics. Ces dernières se résument comme suit :

- entre la recherche pour comprendre les problèmes et élaborer des modèles, d'une part, et l'action pour réaliser des réformes, d'autre part, quelle dimension privilégier ?
- de quoi les Secrétaires Généraux des ministères chargés, entre autres, de la coordination de l'action des services de l'administration centrale et des services déconcentrés du ministère, ainsi que de la définition et de la

codification des procédures internes au ministère ont-ils besoin pour soutenir le développement de leur administration ?

- quels instruments privilégier pour la coordination du travail gouvernemental au niveau des Services du Premier Ministre et même du Secrétariat Général de la présidence de la République ? Il est à noter ici que les Conseillers Techniques et les Chargés de Mission qui interviennent dans cette tâche au niveau opérationnel, proviennent de différents secteurs de l'administration et ont des profils académiques diversifiés ;
- comment soutenir le travail d'audit interne des Inspections Générales dans les ministères, afin qu'elles puissent participer efficacement au développement des services de leurs administrations respectives, en synergie avec le Contrôle Supérieur de l'Etat et d'autres partenaires chargés des audits externes ?
- de quoi les spécialistes en réforme administrative, les Conseillers en Organisation Administrative (COA) ont-ils besoin pour jouer pleinement leur rôle dans un monde où l'administration de demain, dont l'esquisse est déjà fort avancée (voir le chapitre 3, §. 1), est réputée ne plus ressembler à celle d'aujourd'hui ?
- comment traiter les questions relevant du domaine de la coopération administrative internationale face au phénomène de la mondialisation appliqué à l'administration publique ?

Ces expériences croisées de gestion, de formation, de consultation et de conduite de projets sur le terrain nous ont convaincu de l'urgence d'apporter des solutions durables à ce besoin de pragmatisme managérial des responsables des services publics. En même temps, nous nous sommes aperçu que pour beaucoup de ces responsables dans l'administration publique africaine, il risque de ne pas y avoir du « nouveau sous le ciel » par rapport aux réponses que l'état actuel de la connaissance pourrait nous permettre d'apporter. *Ils connaissent nombre de méthodes et de techniques* éprouvées qu'ils appliquent, et nous les avons vus à l'ouvrage. Mais souvent, *ils n'y prêtent pas attention ;* ils donnent l'impression de les (re)découvrir ou de ne pas réaliser qu'ils sont en possession de précieux outils de travail compatibles avec les exigences de leur emploi (ou de leur poste de travail). Et c'est sans doute à cela que pourrait se résumer l'essentiel de leurs difficultés, admettons-nous. Car, selon nous (et c'est notre troisième hypothèse sous-jacente à cette partie), en appliquant ces outils sans en avoir compris l'essence, ils n'en mesurent pas *toute la portée et l'utilité comme leviers pour accroître leur performance* individuelle ainsi que celle de leurs collaborateurs, et pour soutenir le développement de leur organisation.

Pour répondre à ce besoin de pragmatisme managérial des responsables administratifs africains, nous avions également le souci de favoriser chez eux, le renforcement de l'aptitude naturelle de l'esprit humain à contextualiser et à globaliser, selon la formule d'Edgar Morin (1999). Ainsi, en mettant l'accent sur l'apprentissage, la démarche adoptée dans cette partie s'appuie surtout sur les propriétés caractéristiques de la pensée systémique pour permettre aux acteurs de la réforme administrative de voir comment aborder plus efficacement les problèmes complexes des services publics. De façon spécifique, ces méthodes et outils qui devraient faire partie des instruments d'intervention des professionnels de la structure nationale chargée de la Réforme Administrative (SNRA), contribueraient à l'atteinte des quatre objectifs suivants :

1. permettre aux agents publics impliqués dans un processus de réforme administrative de réviser le modèle et la logique sous-jacente à leur propre théorie de l'organisation pour mieux en apprendre et pour renforcer les capacités d'apprentissages de leur unité de travail ou de leur administration ;
2. aider les responsables administratifs à mieux cerner leur propre « théorie de l'organisation » (en rendant explicites les hypothèses implicites par exemple) pour mieux l'utiliser dans les différentes situations de l'exercice de leurs fonctions et notamment pour développer une « compréhension partagée » de leur unité de travail ;
3. tirer profit de tout le talent et de toute l'intelligence des acteurs (internes et externes à l'administration) de chaque réforme engagée ;
4. limiter les effets des positions « gagnant – perdant » si souvent recherchées dans les administrations publiques.

Dans cette perspective, cette partie offre au lecteur une sélection d'outils à partir de laquelle il pourra effectuer ses propres choix en fonction de ses besoins spécifiques en adéquation avec les exigences de son rôle dans la dynamique de la réforme administrative. Les éléments retenus sont organisés en cinq chapitres :

- le chapitre quatre qui traite de l'« analyse des problèmes organisationnels et la recherche de leviers efficaces d'action pour le développement d'un service public », cerne le concept de la performance organisationnelle telle que comprise dans cet ouvrage, et présente deux méthodes d'analyse systémique des problèmes au sein d'une administration ;
- le chapitre cinq applique les deux méthodes présentées au chapitre 4 à l'analyse systémique de deux exemples de problèmes vécus dans les services publics : les lenteurs administratives et la corruption ;
- le chapitre six présente un ensemble d'outils orientés vers la formulation-résolution des problèmes dans la perspective de la *bonne*

gouvernance et de la *transformation* des services publics pour en faire de véritables leviers de développement durable du pays ;

- le chapitre sept présente des méthodes et outils de gestion de la performance et de conduite de changement ;
- le chapitre huit présente des méthodes et outils de management des réformes.

CHAPITRE 4 : L'ANALYSE DES PROBLEMES ORGANISATIONNELS ET LA RECHERCHE DE LEVIERS EFFICACES D'ACTION POUR LE DEVELOPPEMENT D'UN SERVICE PUBLIC

Dans les chapitres qui précèdent, nous avons montré que le contexte actuel de développement de l'administration publique africaine, à l'instar des autres administrations publiques dans le monde entier, est marqué : i°) par un besoin de légitimer un nouveau type de rapports entre les secteurs publics, privés et la société civile ; ii°) par la nécessité de promouvoir le développement des services publics grâce à l'adoption d'un modèle de gestion par la performance ; iii°) par l'urgence d'assurer une bonne gouvernance de ces services publics à travers notamment un usage efficient et éthique des fonds publics.

Dans un tel contexte, et tirant les leçons des réformes passées dans les fonctions publiques africaines, nous avons souligné l'importance et l'urgence de l'adoption d'une nouvelle approche de développement de l'administration publique en Afrique. Une approche qui met l'accent sur un *changement durable*, à travers des modifications des attitudes et des croyances collectives et individuelles, lesquelles vont entraîner l'acquisition de nouvelles compétences et capacités d'action.

L'adoption d'une telle approche par les services publics exige des responsables politiques et administratifs qu'ils développent eux-mêmes des compétences dans le domaine de l'analyse des problèmes organisationnels, lesquels vont leur permettre de maîtriser le rythme de développement de l'administration publique en général, des services publics dont ils ont la charge, en particulier. C'est l'objet de ce chapitre qui vise essentiellement à fournir aux Décideurs politiques, aux Managers des services publics et aux Membres des « Cellules de Coordination » des politiques et des programmes publics, des techniques et des outils pour leur permettre de créer les conditions optimales :

1) de *réflexion en commun* sur les situations problématiques ;
2) d'une *interprétation partagée* des solutions possibles pour affiner la vision et les valeurs partagées en vue du développement de l'administration ;
3) de *planification commune* pour transformer la compréhension en stratégie, et passer du diagnostic à l'action ;
4) d'une *action coordonnée* sur le terrain et impliquant divers groupes d'acteurs.

Après avoir décrit quelques éléments d'analyse de la performance organisationnelle et situé le lecteur sur le concept de « problème organisationnel » et ses caractéristiques, le chapitre présente deux méthodes d'approche systémique d'analyse et de résolution des problèmes organisationnels et traite particulièrement de la formation des politiques publiques comme cadre général d'action du gouvernement.

1. ELEMENTS D'ANALYSE DU CONCEPT DE PERFORMANCE ORGANISATIONNELLE

Face aux défis de la globalisation au plan économique, de l'universalité d'accès au service public découlant de l'évolution technologique et de la responsabilité accrue des acteurs politiques envers des citoyens de plus en plus exigeants profitant de l'ancrage des valeurs démocratiques dans la société, le concept de *performance* se trouve aujourd'hui au cœur de la problématique de développement des services publics, comme il l'a toujours été pour les entreprises privées confrontées par essence aux dures lois du marché. Dans une perspective systémique, le concept n'est cependant pas simple à cerner, particulièrement dans le secteur public où le jeu des acteurs n'est pas sous-tendu par les mêmes ressorts de motivation que dans le secteur privé. Dès le départ, nous avons postulé que la réforme administrative est une approche qui, de l'intérieur des administrations publiques, privilégie la recherche pour l'accroissement de la performance dans le but de promouvoir le développement des services publics. Ce concept occupe donc une place centrale dans l'ouvrage et nous allons ici décrire la dynamique de son opérationnalisation en examinant d'abord les contours de sa définition, en décrivant ensuite des schémas d'analyse de cette dynamique, enfin en présentant deux approches de son développement et de sa maîtrise dans une administration.

1.1. Le concept de performance organisationnelle

Comme il en est d'un athlète dans le domaine sportif, la littérature (Dictionnaire Larousse, 2001 :766 ; Guillaume et al., 2002 : 20 ; Ethier, G. in Parenteau, dir., 1992 : 556 ; OCDE, Synthèses, 2004) s'accorde pour retenir que la performance d'une organisation est sa *capacité à produire au double plan quantitatif et qualitatif, les résultats qui sont attendus d'elle dans le cadre de l'accomplissement de sa mission.* Comme dans le domaine sportif, la définition de la performance est tributaire de son contexte administratif d'application. Sous l'angle du développement des services publics, cette définition de la performance organisationnelle s'applique aux trois niveaux que sont : les processus de production de l'organisation, les ressources et en particulier les ressources humaines utilisées par l'organisation, les résultats obtenus dans la poursuite des objectifs définis en vue de l'accomplissement de la mission. Voyer (1999 : 84) suggère de placer la définition de la performance sur un continuum allant des considérations les plus opératoires jusqu'aux plus abstraites. Ainsi, écrit-il :

> *A un pôle du continuum, on peut considérer la performance comme une valeur ajoutée à un état initial (l'amélioration de la qualité du service, l'augmentation de l'achalandage, etc.), comme l'atteinte d'un résultat minimum requis ou acceptable (par exemple, la survie ou le maintien d'un statu quo) ou comme la réduction du non-désirable (la réduction des pertes de temps, des erreurs, des coûts, etc.). La performance peut être la réponse au besoin, ni plus (coûteux) ni moins (insuffisant) en termes de quantité, de qualité, de coût et de temps. L'autre pôle du continuum, la performance peut représenter la juxtaposition de l'efficience, de l'efficacité, du bien-fondé d'une organisation.*

Dans ce sens qui intègre le souci de préservation et de développement des capacités techniques et des compétences stratégiques de l'organisation, le concept de performance est considéré dans cet ouvrage comme synonyme de la *productivité* et recouvre quatre autres concepts très couramment utilisés comme *indicateurs*, à savoir, l'efficacité, l'efficience, la pertinence et l'éthique (Gortner et al., 1994 :256 ; Wolf, A. IISA, Actes Conférence de Sunningdale, 2000 : 25-45 ; IISA, 66 (3), 2000 : 456).

Le concept de l'efficacité, comme convenu dans la littérature, signifie la capacité d'atteindre les objectifs poursuivis, de produire les résultats attendus. « L'efficacité est préoccupée par les objectifs à poursuivre, elle ne se prononce pas sur la qualité intrinsèque des objectifs eux-mêmes, ni sur la qualité des ressources et leur utilisation » (Ethier, G., ibidem, 1992 : 556). La mesure de l'efficacité consiste à comparer les extrants produits avec les objectifs visés au moment de leur conception. En outre, font remarquer Gortner et al. (1994 : 518) « l'efficacité réfère à l'impact d'un programme ou d'un processus et pour évaluer cet impact, il doit y avoir un consensus minimal sur les buts à court et à long termes ».

Ethier (ibidem, 1992 : 555) relève que la littérature insiste, s'agissant de l'efficacité, pour que les organisations définissent leurs missions, se prononcent sur leur orientation et la traduisent en objectifs. « C'est sur cela, écrit-il, que l'on se base pour évaluer leur efficacité. Une organisation publique qui a bien établi les besoins de sa clientèle, donc de la population, et qui se fixe les objectifs correspondants peut ainsi mesurer son efficacité avec un degré de certitude convenable d'après sa capacité de les atteindre ».

Le concept d'efficience signifie l'utilisation optimale (au sens de maximale et à bon escient) de toutes les ressources mises à la disposition de l'organisation pour produire les résultats attendus. Ici, l'objectif d'optimisation de la gestion des ressources se traduit par l'adoption d'un indicateur qui relie la production de l'organisation aux ressources consommées (Guillaume, H. et al., 2002 : 94). Le concept d'efficience renvoie à la rationalité instrumentale dans le modèle bureaucratique de Weber ; « comment une organisation essaie d'atteindre un ou plusieurs buts » (Gortner et al., 1994 : 92) ; ou encore « une production accrue à partir de la même quantité d'intrant » (Gortner et al., 1994 : 94). Ainsi, par exemple, font remarquer Gortner et al. (1994 : 127) :

> *La spécialisation des fonctions renforce l'efficience des activités dans les organisations publiques. Elle permet aux fonctionnaires de devenir des experts dans une tâche professionnelle relativement restreinte et aux travailleurs de devenir plus productifs puisque le fait d'organiser un travail complexe en une série de tâches répétitives accroît la vitesse de production.*

Les mesures de l'efficience mettent en relation des niveaux de production et les quantités correspondantes d'intrants utilisés. Les rapports employés-clients dans les écoles et les institutions de santé, les coûts d'entretien par kilomètre de route ou les coûts par accident dans le transport routier sont des exemples de mesure de l'efficience (Gortner et al., 2002 : 252).

Le concept de *pertinence* révèle à quel point les résultats obtenus répondent aux attentes des clients ou des usagers. L'accent est mis ici sur le degré de satisfaction de celui qui bénéficie du résultat produit. Dans ce sens, le concept renvoie à celui de la *qualité* du produit ou du service qui est très couramment utilisé. La mesure de la pertinence pour ce qui est d'une administration publique, porte sur des questions telles : 1) l'adéquation du résultat produit aux besoins et priorités des usagers ; 2) la conformité de ces résultats avec les politiques et les priorités du gouvernement ; 3) la concordance avec les efforts fournis par les autres partenaires locaux ou internationaux.

La dimension *éthique* de la performance renvoie aux valeurs d'intégrité, de loyauté, de professionnalisme et de respect des codes de déontologie qui sous-tendent le comportement des agents qui travaillent pour permettre à l'organisation d'atteindre ses objectifs d'efficacité, d'efficience et de pertinence. Cette dimension est au cœur des enjeux de bonne gouvernance dans les services publics. La littérature (Payette, A., in Parenteau, dir., 1992 : 222) relève que cette dimension interpelle cinq groupes d'acteurs : les employés ou agents de l'organisation, les clients bénéficiaires des produits ou services de l'organisation, les fournisseurs des intrants utilisés par l'organisation, les agents et leurs collègues au sein d'une organisation, les agents et leurs supérieurs hiérarchiques au sein d'une organisation. Il y a lieu de préciser ici avec Kernaghan (RISA, 66 (1), 2000 : 112) que par valeur on entend « les convictions profondes qui influencent les choix que nous faisons parmi les fins et les moyens qui nous sont proposés ». A titre d'exemple, « le sens des responsabilités est indéniablement une valeur dominante au sein de l'administration publique moderne », constate Kernaghan (ibidem, 2000 : 114) qui écrit :

> *Tous les individus et toutes les organisations au sein de la société qui exercent un pouvoir sur les autres, sont tenus de prouver qu'ils exercent correctement ce pouvoir. Cette obligation revêt une importance extrême pour les fonctionnaires qui exercent leur fonction dans un Etat démocratique.*

S'agissant des effets et des impacts des activités, la littérature (Voyer, 1999 : 113) utilise l'expression *« chaîne de résultats multiples »*. Une chaîne qui part du résultat produit directement par l'activité et se termine avec les impacts globaux reliés à la mission de l'administration concernée. A titre d'exemple, la chaîne des résultats d'un programme d'assainissement réalisé dans une ville (Voyer, 1999 :113) et celle d'un programme de soutien à la politique éducative d'un pays peuvent se définir ainsi :

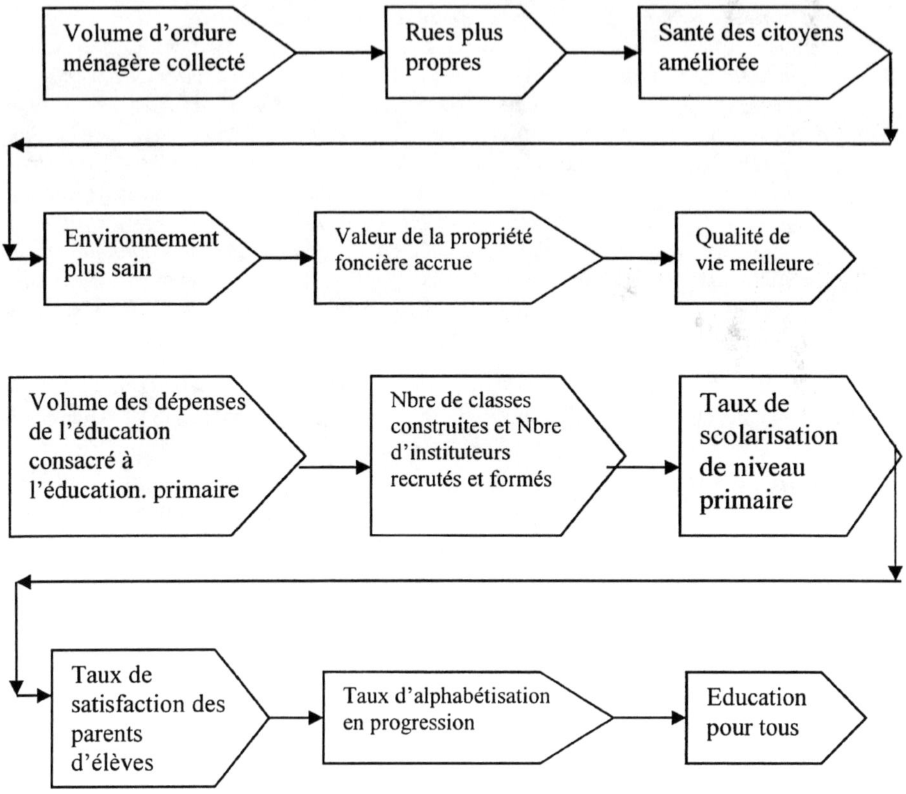

1.2. Schémas d'analyse de la performance organisationnelle

La littérature (H. Guillaume et al., 2002 ; OCDE, Synthèse, 2004 ; B.G. Peters et D.J. Savoie, dir., 1995 ;Voyer, P.,1999) montre largement que dans le contexte actuel de développement des organisations, les facteurs clés de succès du secteur public se regroupent autour de quatre impératifs :

- la satisfaction des usagers des services publics ;
- l'excellence dans la production du service à rendre ;
- la qualité et la fiabilité de ce service ;
- la réactivité de l'ensemble du système administratif, incluant la ressource humaine, acteur principal interne de ce système.

A cet égard, Voyer (1999 : 85) introduisant les notions de performance politique, économique, administrative, opérationnelle et sociale, observe :

> *La multiplicité des critères d'appréciation et des jugements sur la performance est souvent tributaire d'un cadre de référence de valeurs, de balises diverses, quand ce n'est pas d'un contexte souvent subjectif d'interprétation et d'évaluation. Si nous prenons l'exemple d'un programme d'intervention auprès d'une population, la nature même de la performance à mesurer différera selon le point de vue. Ainsi, on soulignera la performance politique (montrer qu'on s'occupe des électeurs dans le besoin), la performance économique (arriver à offrir une gamme de services tout en réduisant le déficit), la performance administrative (assurer le fonctionnement du programme, veiller à l'allocation optimale des ressources), la performance opérationnelle et professionnelle sur le terrain (s'assurer que les interventions effectuées sont pertinentes et de bonne qualité) ou la performance sociale (assurer une meilleure qualité de vie aux bénéficiaires du service).* (C'est nous qui soulignons)

Ces impératifs sont suivis à l'aide des *indicateurs* de performance servant à mesurer la valeur ajoutée des activités menées, le rendement, les réalisations (efficacité externe, pertinence), l'atteinte des résultats (efficacité interne, efficience). La mesure peut consister à décompter des dossiers traités ou des faits survenus, à déterminer le volume des réalisations, à calculer des ratios (pourcentage par exemple), à effectuer des enquêtes sur les perceptions (taux de satisfaction des usagers). (Voir, à titre illustratif, l'exemple du tableau 4-2). Dans le secteur de la santé, un pays peut par exemple se fixer comme objectif d'«améliorer l'offre et la qualité des prestations des services de santé ». Les indicateurs de suivi de la performance de ce pays par rapport à cet objectif pourraient être : (i) part du budget de la santé dans le PIB, taux d'exécution de la dépense (indicateurs de moyens) ; (ii) pourcentage des centres de santé dotés d'un personnel formé (indicateur de résultats opérationnels) ; (iii) taux de fréquentation des centres de santé (indicateur de résultats intermédiaires, incidence sur la population) ; (iv) pourcentage des patients s'estimant satisfaits de la qualité des soins reçus, perception de la pérennité du niveau de la qualité perçue (indicateur de qualité et de satisfaction des usagers) ; (v) espérance de vie à la naissance, taux de mortalité maternelle et infantile, taux de prévalence du SIDA, taux de fertilité (indicateurs de résultats finaux et d'impact).

Le problème qui se pose alors pour le développement de l'administration publique est celui de la mise en place de mécanismes pour évaluer les progrès dans la maîtrise de ces facteurs, laquelle maîtrise va conditionner la performance des services publics. Suivant cette logique de recherche de la maîtrise des facteurs clés de succès des services publics, la littérature propose de définir la performance comme *« un ensemble équilibré de paramètres décrivant le(s) résultat(s) et les processus d'atteinte de ce(s) résultat(s) »* (C. Bughin-Maindiaux et A. Finet, 1999). Cette compréhension a l'avantage d'intégrer, dans une logique systémique, la dimension de la préservation et du développement des capacités et des compétences stratégiques de l'organisation dans l'effort de recherche et de maîtrise de la performance.

Dans la littérature, une interprétation de cette définition postule que le résultat obtenu est la conséquence d'une relation de cause à effet. (Même si elle n'est jamais directe, parce que liée à la nature et aux règles de jeux spécifiques dans lesquels les acteurs sont engagés et qui ne peuvent manquer d'orienter leurs conduites comme l'observent Crozier et Friedberg (1977 : 297)). Cette interprétation repose sur l'identification d'un *modèle de causalité* indiquant comment on peut agir sur les paramètres qui vont déterminer les résultats futurs.

La figure 4-1 qui suit éclaire sur la manière dont les données sur les investissements pour l'apprentissage et le développement et sur les processus internes influent à un stade ultérieur sur la performance globale de l'organisation ou de l'unité de travail, à travers la qualité des services rendus et la flexibilité des prestations. Se référant aux modèles d'organisations qui excellent ou qui se portent bien, ou bien à celui de l'organisation apprenante, on notera dans ce schéma la place de l'indicateur « moral des agents publics » qui influe sur leur capacité à faire des suggestions pour le développement de leur unité de travail. La flèche en pointillés indique la boucle de causalité dans une dynamique systémique. On notera bien que les indications retenues ici dans ce schéma, portent sur des variables (et non pas des actions), si bien que les flèches indiquent l'influence et pas seulement la chronologie. La mise en évidence de la nature et des règles de jeux des acteurs constitue ici une des contributions essentielles attendues de la réforme administrative pour ce qui est des services publics.

FIGURE 4-1 : CHAINE CAUSALE DES INDICATEURS DE PERFORMANCE

« Usagers des services publics »
- Efficacité
- Pertinence
  - correspondance aux besoins et
  - priorités des usagers
  - conformité avec les politiques et priorités
  - du gouvernement
  - concordance avec les efforts des autres
  - partenaires locaux ou internationaux
- Ethique

« Processus internes »
- Efficience
- Ethique

« Apprentissage et développement »
- Ethique
- Formation
- Polyvalence du personnel
- Auto-évaluation
- Leçons et mesures d'adaptation

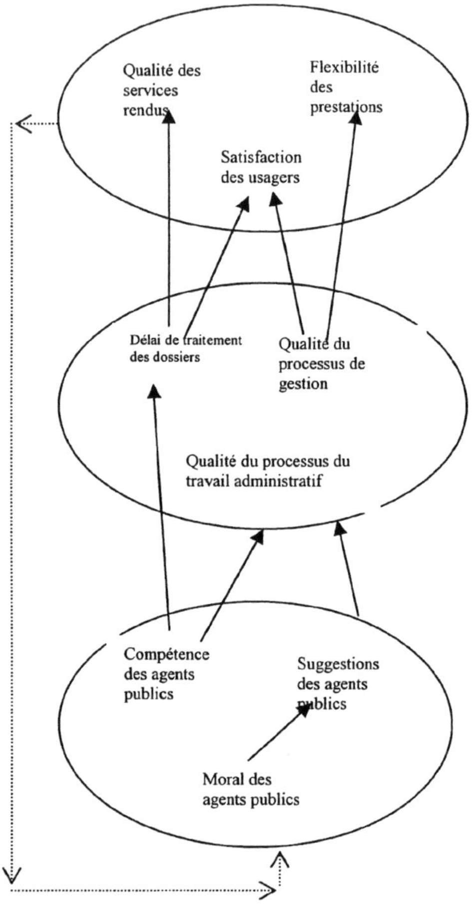

<u>Source</u> : *adapté de Epstein et Manzoni (1997, in C. Bughin-Maindiaux et A. Finet, 1999)*

La littérature propose également le modèle du Management de la Qualité Totale (TQM en anglais et GQT en français pour gestion de la qualité totale) pour expliciter et analyser la dynamique de la performance, définie comme un système. Se fondant sur la rationalité managériale, ce modèle que nous traitons au chapitre 7 (§.2) met l'accent sur les critères relatifs à la demande des usagers à travers des systèmes de mesure appropriés eu égard aux attentes des bénéficiaires des services fournis. En plus, le modèle intègre les principaux déterminants de la performance d'une organisation, tant au plan de la politique et de la stratégie, que des processus internes.

La figure 4-2 est une représentation d'un tel modèle défini comme une combinaison systémique (et non linéaire comme les flèches pourraient le suggérer) de *personnes* (Direction et personnels), de *partenaires* (usagers des services publics, acteurs politiques, fournisseurs, partenaires au développement, société civile, ...) et de *stratégies d'amélioration continue des processus et de la culture* de l'organisation (G.J. Balm, 1994 : 130-131). Quelques exemples de stratégies d'amélioration continue sont cités dans ce schéma, sans que l'énumération soit exhaustive. La méthode du benchmarking, par exemple est approfondie au chapitre 7.

Suivant la perspective managériale retenue pour cet ouvrage, les principes essentiels de la GQT, se résument à :

- la satisfaction aussi complète que possible des besoins (exprimés et latents) des usagers, clients de l'organisation ;
- la mesure de ce qui est fait dans toutes les activités de l'organisation ;
- la systématisation de la prise de décision sur la base de données factuelles ;
- une démarche d'amélioration continue dans toutes les fonctions de l'organisation ;
- la responsabilisation de tous les acteurs de l'organisation dans la recherche permanente de l'excellence.

FIGURE 4-2 : L'AMELIORATION DES PERFORMANCES ET LE MANAGEMENT DE LA QUALITE TOTALE

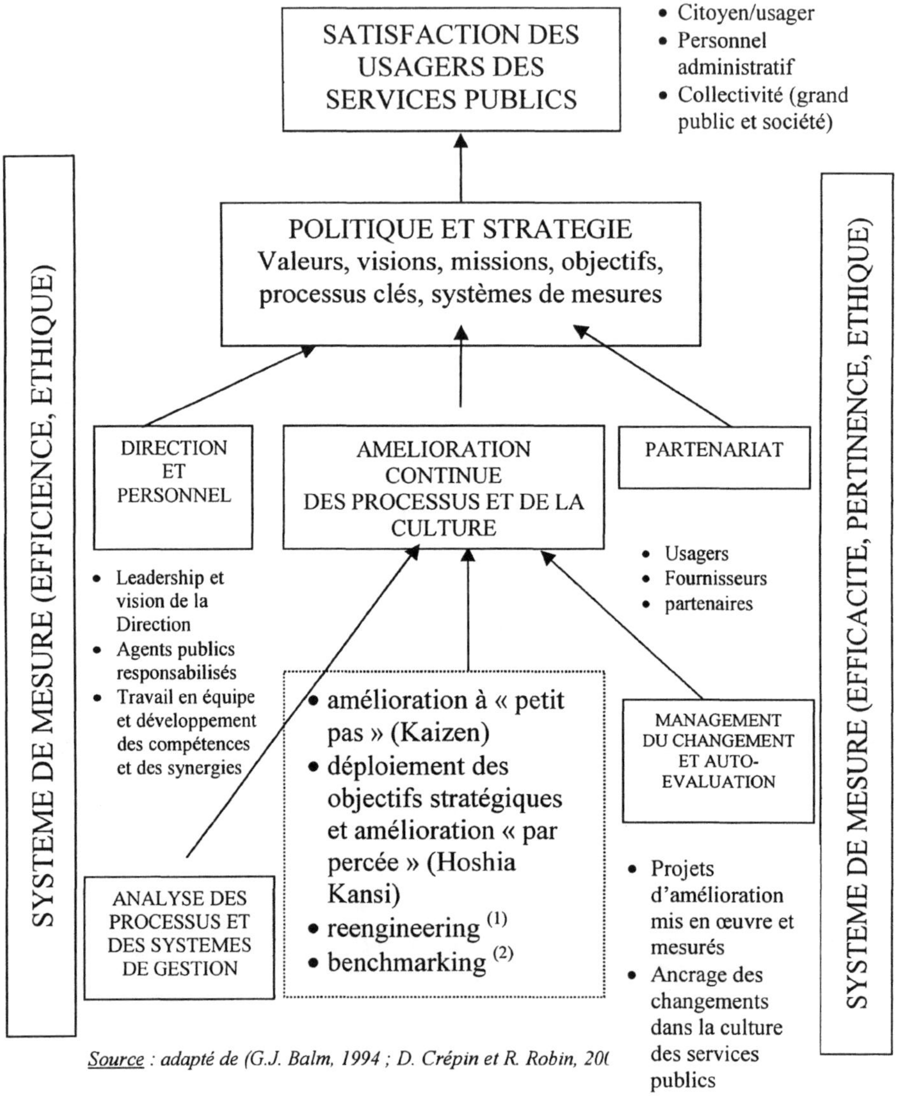

Source : adapté de (G.J. Balm, 1994 ; D. Crépin et R. Robin, 20(

(1) Reengineering : reconfiguration des processus.

(2) Benchmarking : le benchmarking est un outil d'amélioration de la qualité qui se définit comme un moyen par lequel une administration compare ses processus, ses produits et ses services à ceux des meilleures administrations au plan national et international.

Les études menées par Senge et al. (Senge, in Senge et al., 2000 : 15) ont montré que les organisations engagées sérieusement dans la gestion de la qualité totale sont très bien préparées pour aborder les cinq disciplines de l'organisation apprenante. La difficulté pour le faire est cependant considérable dans l'administration publique eu égard aux conditions préalables formulées plus haut d'une manière générale et tout particulièrement compte tenu des lourdeurs bureaucratiques du processus décisionnel, pour se référer à l'élément « analyse des processus et des systèmes de gestion » de la figure 4-2, par exemple. D'où la pertinence de l'élément « management du changement et auto-évaluation » qui est centré sur les préoccupations de « gestion du changement » et de celui d'« investissement pour l'innovation ». Ces derniers constituent des éléments clés du cadre conceptuel de définition de la nature de la réforme administrative tel que adopté dans cet ouvrage. En effet, difficile n'est pas synonyme d'impossible et pour nous dans cet ouvrage, la raison d'être de la réforme administrative est de faire changer les pratiques et les attitudes dans le sens voulu.

1.3. Deux approches de maîtrise de la performance organisationnelle

Les deux grilles de la chaîne causale et de la GQT combinées, suggèrent toutes, une approche systémique de développement et de maîtrise de la performance dans une organisation. Compte tenu de cette évolution par rapport à la lecture du modèle bureaucratique du type Wébérien qui ne met l'accent que sur l'efficience, deux approches sont préconisées pour suivre et promouvoir la performance dans les organisations. Il s'agit du *« système de gestion par la performance (SGP) »* et la *« valeur optimale »* qui sont définis comme des modèles de la gestion publique dont l'adoption a été motivée par la poursuite de deux principaux objectifs politiques, à savoir : 1°) améliorer la qualité du service public à un moindre coût ; 2°) renforcer le contrôle des citoyens sur l'action des gestionnaires publics[46] (OCDE, Synthèses, 2004).

[46] Les initiatives visant à évaluer et améliorer la performance dans les services publics n'introduisent pas en réalité une nouvelle approche de gestion dans l'administration publique, comme le rappelle une étude de l'OCDE (2004 : 3) qui précise que la budgétisation axée sur les résultats ou sur la performance a été recommandée pour la première fois en 1949 aux Etats-Unis. Au cours des années 50 et 60, est-il souligné, « de nombreux pays de l'OCDE, notamment les Etats-Unis, se sont mis à utiliser des indicateurs et des objectifs de performance pour évaluer les administrations non sur leurs dépenses, mais sur leurs produits effectifs. [...]. [Cette approche connaît] un renouveau ces vingt dernières années à mesure que les contraintes budgétaires, l'évolution de l'environnement économique et les nouvelles exigences des citoyens en matière de qualité des services refaisaient de la performance des ministères et des agents publics, une priorité politique dans de nombreux pays de l'OCDE ».

1.3.1. La gestion par la performance

L'approche de gestion par la performance se propose d'apporter une réponse aux doutes nés sur l'efficacité des services publics à partir des années 1970-1980. La gestion axée sur la performance se définit comme un cycle de gestion dans lequel les objectifs de performance des programmes sont fixés, les responsables disposent d'une certaine liberté pour les atteindre, la performance réelle est mesurée et fait l'objet de rapports, et ces informations éclairent les décisions relatives au financement des programmes, à leur conception, à leur fonctionnement, aux récompenses et aux sanctions (OCDE, Synthèses, 2004). Le modèle ainsi défini comporte plusieurs fonctions dont les cinq suivantes (Guillaume, H. et al. , 2002 : 23) :

- l'explication des objectifs à atteindre dans le cadre des missions poursuivies ;
- la définition des normes devant permettre de mesurer les performances obtenues ;
- les modalités d'évaluation des performances ;
- la mesure de ces performances ;
- l'intégration des données résultant de la mesure des performances dans le système de prise de décisions stratégiques en vue de promouvoir le développement de l'organisation.

L'articulation de ces fonctions du système de gestion par la performance pose pour le gestionnaire trois types de problèmes : celui de la définition des normes de production et du système de mesure des performances en rapport avec les normes définies ; celui de la formulation de la stratégie d'évaluation tenant compte de la définition de la performance comme un système comprenant les processus, les acteurs humains et les résultats produits par chaque composante ; celui de l'utilisation des résultats de l'évaluation de la performance pour prendre les décisions et engager les réformes nécessaires à l'amélioration continue des performances de l'organisation.

La mise en œuvre de l'approche de la gestion par la performance se fait suivant trois grands axes : 1°) la planification stratégique de l'action publique ; 2°) la séparation entre les fonctions de définition et de gestion des politiques qui a conduit à la création d'agences d'exécution ; 3°) la contractualisation des agences d'exécution à travers des contrats de performance leur fixant les objectifs et le niveau de performance qui sont attendus d'eux ainsi que les modalités de contrôle par les départements ministériels qui assurent la tutelle. La systématisation de la planification stratégique de l'action publique à travers l'élaboration des plans stratégiques des départements ministériels est l'apport central de cette approche. D'une durée variable entre trois et cinq ans (suivant les pays), ces plans décrivent : i°) les missions et les finalités du département ministériel, ses objectifs et les programmes retenus pour la période ; ii°) les indicateurs de performance pour la période. Lors de leur élaboration, l'accent est mis sur les conditions réelles dans lesquelles les services exercent leurs activités dans le but d'en améliorer la gestion et le contrôle, aussi, la déclinaison concrète et tangible des orientations fixées par le Ministre s'impose-t-elle comme le guide d'action pour les directions et services du ministère. Les plans stratégiques s'articulent avec les plans annuels de performance qui précisent pour chaque ministère le plan d'action de l'année considérée et les résultats concrets et mesurables qui doivent être atteints. Guillaume et al (2002 : 64 et 86) citent deux exemples types, l'un de l'articulation des instruments de planification et de gestion de la performance au niveau ministériel, et l'autre de structure d'objectifs associée à des indicateurs de résultats, que nous retenons à titre illustratif dans les tableaux 4-1 et 4-2 suivants. L'application effective et rigoureuse de cette approche va conduire au développement de nouveaux systèmes d'information dans les services publics, permettant de mieux appréhender les ressources mises en œuvre et les résultats obtenus. Le tableau de bord de gestion (TBG) est un exemple de ce type de système que nous décrirons au chapitre 8. Cette approche induit également une obligation systématique de rendre compte et un renforcement de la fonction de contrôle qui dépassent la logique comptable et financière pour intégrer la dimension du contrôle *a posteriori* de la performance, qu'il soit administratif, politique ou exercé par les citoyens (Guillaume et al., 2002 : 131). Les plans stratégiques des départements ministériels sont, par exemple, accessibles pour les citoyens sur les portails internet de chaque ministère.

TABLEAU 4-1 : UN EXEMPLE D'ARTICULATION DES INSTRUMENTS DE PLANIFICATION PAR OBJECTIFS ET DE GESTION DE LA PERFORMANCE AU NIVEAU MINISTERIEL : tiré de l'expérience américaine

1. *les plans stratégiques* couvrent une période d'au moins cinq ans et sont révisés tous les trois ans. Ils doivent contenir les éléments suivants :
   - La description complète des missions du département ministériel ou de l'agence, de ses buts et objectifs ;
   - La relation entre les objectifs de performance retenus dans le plan annuel de performance et les buts et objectifs généraux définis dans le plan stratégique ;
   - L'identification des facteurs externes qui pourraient affecter la réalisation de ces objectifs généraux ;
   - La description des programmes d'évaluation qui ont été utilisés pour l'établissement du plan stratégique, les modalités et le calendrier des futures évaluations.
2. *les plans annuels de performance* doivent contenir les informations suivantes :
   - les objectifs de performance pour chaque programme ou opération prévus dans le plan

(niveau de performance associé à un objectif mesurable) et description des moyens mis en œuvre pour les atteindre ;

- les indicateurs de performance utilisés. A cet égard, deux grandes catégories de mesures de performance sont définies : les *outputs* (mesures d'activités) et les *outcomes* (mesure d'efficacité socio-économique) ;
- les modalités de contrôle et de validité de ces indicateurs ;
- les propositions d'assouplissement des règles administratives accordées le cas échéant aux gestionnaires, en échange de l'obligation de rendre compte de manière effective.

3. *les comptes rendus annuels de performance* (*Annual Program Performance report*) incluent :

- une comparaison entre le niveau de réalisation effectif de la performance et le niveau prévu pour les objectifs et les indicateurs du plan annuel ;
- si le niveau de performance n'est pas atteint, une présentation des facteurs explicatifs, des mesures et du calendrier nécessaires pour le réaliser dans le futur ou s'il est jugé irréalisable, les modifications à apporter ;
- les résultats des évaluations menées durant l'année fiscale ;
- la description de la mise en œuvre des facilités de gestion accordées le cas échéant à l'agence.

Source : Guillaume et al. (2002 : 64)

TABLEAU 4-2 : UN EXEMPLE DE STRUCTURE D'OBJECTIFS ASSOCIEE A DES INDICATEURS DE RESULTATS : le plan de performance annuel du « Prison Service » (l'administration pénitentiaire) au Royaume-Uni

La finalité (aim) du Prison service (PS) est l'exécution efficace des verdicts des tribunaux dans le but de réduire le risque de récidive et de protéger le public. *Les objectifs (objectives)* qui guident l'action du Ps sont les suivants :

- traiter avec équité, ouverture et humanité tous les détenus ;
- encourager les détenus à respecter les autres ;
- valoriser la contribution de chacun au bien collectif ;
- promouvoir l'égalité des chances et combattre la discrimination ;
- travailler de manière constructive avec les autres administrations intervenant dans le domaine de la justice criminelle
- obtenir les meilleurs résultats avec les ressources disponibles.

Les cibles opérationnelles (targets) auxquelles sont associés des indicateurs de performance (*Key performance indicator*) sont les suivantes :

Domaine	**Indicateurs de performance – Objectif *(Key performance indicator)***
Evasions	– pas d'évasion des détenus considérés comme les plus dangereux – taux d'évasion des prisons gérées en direct par le PS inférieur à 0,05% – taux d'évasion des prisons dont la surveillance est assurée par le secteur privé inférieur à 1/200 000e

Actes de violence	Faire porter le nombre d'incidents violents contre le personnel ou entre détenus à moins de 9 % de la population carcérale
Stupéfiants	Porter le niveau de consommation de drogue à moins de 18,5 % de la population carcérale
Surpopulation	Faire porter la proportion de cellules individuelles occupées par deux détenus à moins de 18 % des cellules
Activités de réinsertion	Faire en sorte que les détenus consacrent au moins 24 heures en moyenne par semaine aux activités de réinsertion
Prévention de la récidive	S'assurer qu'au moins 3 600 détenus aient suivi un programme anti-récidive avec succès, dont 7 00 détenus pour les délits sexuels
Coût du détenu	Porter le coût moyen annuel par détenu à 27 000 livres au maximum
Absentéisme du personnel	12,5 jours par agent en moyenne au maximum
Traitement des correspondances	95 % des courriers doivent être traités sous 20 jours

Source : *Guillaume et al. (2002 : 86)*

Suivant la logique du modèle de l'organisation apprenante dont les « schémas de pensée » constituent un des cinq piliers, les grilles d'interprétation des données de l'évaluation des performances vont jouer un rôle déterminant dans l'orientation des décisions qui vont être prises par le gestionnaire pour construire le développement de son unité de travail. Ces décisions peuvent se situer le long d'un continuum qui va de la réaction face à des perturbations de l'environnement (logique de causalité linéaire, capacité d'apprentissage en boucle simple) à la transformation interne de l'organisation à travers des changements profonds qui intègrent la nouvelle dynamique de son environnement (logique d'adaptation, d'auto-organisation, capacité d'apprentissage en boucle double).

L'hypothèse de l'adaptation qui s'inscrit dans la logique de la grille de la GQT (figure 4-1) postule que lorsqu'un « système vivant est perturbé par une modification de son environnement, c'est le système qui choisit de quelle façon il va se laisser déranger par la nouvelle réalité. Il va abandonner son ancienne façon d'être et se réorganiser en intégrant cette nouvelle réalité autour de nouvelles interprétations et de nouvelles significations » (André Mathiew, 2005 : 3). Dans la logique de la grille de la chaîne causale des indicateurs de performance (figure 4-2), cette dimension est prise en compte dans le volet « apprentissage et développement » au sein de l'organisation. Le processus d'apprentissage au sens du modèle de Senge permet en effet à l'organisation de devenir différente parce qu'elle voit le monde différemment.

1.3.2. La valeur optimale

Une autre approche de modernisation de la gestion publique, fondée sur la recherche de la performance, s'appuie sur la notion de ***« valeur optimale »*** ou

« optimisation des ressources » pour évaluer la performance d'une organisation dans l'optique d'aider le manager à se focaliser sur les facteurs qui créent une valeur pour les parties prenantes de l'organisation. Parmi les définitions de la valeur optimale, telles qu'elles se dégagent de la littérature, on peut retenir celle-ci qui se situe dans le cadre de l'acquisition d'un bien ou d'un service pour l'organisation (Halamich et Montgomery, RISA, 3/2000 : 462) :

> *Au sens le plus large, la valeur optimale est le résultat de toute acquisition qui nous permet de répondre aux besoins des clients en faisant preuve d'efficacité, pour un coût raisonnable et au moment opportun. C'est le résultat des circonstances uniques qui prévalent pour chaque acquisition, la stratégie d'acquisition, le choix de la méthode de contractualisation et la décision d'attribution.*

En vertu de la valeur optimale, « l'organisation doit démontrer qu'elle sait où elle va et vers quel objectif elle tend, sur la base d'un plan stratégique, d'un schéma préétabli pour évaluer les résultats d'un contrôle périodique des activités et des progrès réalisés, du benchmarking et des rapports publics sur les résultats réels des efforts consentis pour atteindre l'objectif fondamental de l'organisation (Halamich et Montgomery, ibidem, 2000 : 467). Par rapport au « benchmarking », la valeur optimale permet aux personnels internes à l'administration et aux intervenants externes à celle-ci, de travailler sur la même base de comparaison et donc de pouvoir parvenir aux mêmes conclusions sur les résultats produits.

Halamich et Montgomery (RISA, 3/2000 : 465) observent que la perception de la valeur est dynamique. La valeur associe la qualité du produit, la variété et le service, le tout pour un prix acceptable. Elle est ainsi, par exemple, fonction d'une qualité perçue ou escomptée d'un bien ou d'un service. Fort de cette caractéristique, la valeur doit être intégrée dans les processus d'amélioration continue de la performance des organisations. Citant d'autres auteurs, Halamich et Montgomery (RISA, 3/2000 : 465) précisent :

> *La valeur (comme la qualité) peut reposer sur la durabilité, le prestige, le service à la clientèle, l'élasticité des prix, un équivalent générique, la spécificité nationale, le caractère complètement naturel, le respect de la santé et la garantie de la satisfaction. [...]. La valeur n'a jamais été une question de prix. Une Mercedes de 30.000 dollars peut représenter une valeur au même titre qu'un article gratuit reçu à l'achat d'un autre.*

Une démarche méthodologique définie autour de quatre axiomes est préconisée pour servir de cadre de mise en œuvre de cette approche (Halachmi et Montgomery, RISA, 3/2000 : 460) dans l'administration publique.

Axiome 1 : L'évaluation des performances doit être basée sur la valeur.

Axiome 2 : Les indicateurs de performance doivent influencer la réalisation des objectifs à long terme.

Axiome 3 : Les indicateurs de performance ne doivent pas reposer sur le vide.

Axiome 4 : Les indicateurs de performance ne doivent pas être présentés comme la panacée universelle.

Axiome 5 : Les récompenses doivent être liées aux performances[47].

Axiome 6 : La mise en œuvre doit respecter la « loi de Pareto » encore appelée la « règle ou la loi des 80/20[48] ».

Dans la poursuite de l'objectif de la maîtrise de la performance d'une organisation, la valeur optimale est considérée comme un moyen de répondre aux exigences de l'opinion publique qui demande que tout soit mis en œuvre pour accroître les performances et la transparence des services publics (Halamich et Montgomery, RISA, 3/2000) pour « faire plus et mieux, avec moins ».

Cette approche s'intègre également dans les logiques de la chaîne causale des indicateurs de performance (figure 4-1) et de la GQT (figure 4-2), respectivement dans les dimensions « Apprentissage et développement » et « amélioration continue des processus et de la culture ». Ainsi et s'agissant de la GQT il est rappelé (Karkatsoulis, RISA, 3/2000 : 554) que la gestion centrée sur la qualité tente de maximaliser le « capital humain » de l'organisation et de restaurer le « sujet de l'action administrative », en l'occurrence l'employé, en le plaçant au centre des projets administratifs.

On peut présumer qu'autant un actionnaire d'une entreprise privée s'attend à la rémunération de ses actions, de même en est-il du citoyen contribuable qui s'attend à ce que les impôts qu'il paie et grâce auxquels les services publics reçoivent les fonds nécessaires pour leur fonctionnement soient rémunérés en terme de l'accroissement de la performance de ces services. Ainsi comprise, comme tel est le cas dans cet ouvrage, la recherche de l'amélioration constante de la performance de l'administration est un défi qui interpelle les deux secteurs publics et privés. Tout le problème est alors celui du choix de la théorie, des méthodes et des outils de contrôle et de maîtrise de la performance qui tiennent compte de la spécificité de chacun des deux secteurs comme décrits dans les paragraphes précédents. A cet égard H. Guillaume et al (2002 : 21) constatent que « les bénéfices principaux de la modernisation de la gestion

[47] Cette approche peut cependant conduire à des situations paradoxales pour ce qui est de la motivation des agents publics. Voir à ce sujet quelques leçons des expériences menées dans certains pays, à l'annexe 4

[48] Exemples : 20 % des problèmes d'une organisation absorbent 80 % des efforts fournis par cette organisation.

publique sont d'un autre ordre que la poursuite mécaniste de l'efficacité économique (efficience) et la recherche systématique d'économies budgétaires ». Pour ces auteurs, l'acquis principal de l'approche de gestion de la performance est perceptible aujourd'hui dans des domaines tels : i) la transformation en profondeur des responsabilités des ministres et des gestionnaires, ii) la volonté de transparence et du renforcement du contrôle démocratique par les citoyens et par le Parlement, iii) la diffusion d'une culture managériale à tous les échelons de l'administration, iv) une meilleure lisibilité et mise en cohérence des politiques publiques. Somme toute, des avantages qui s'inscrivent dans la logique de l'approche managériale retenue pour cet ouvrage. De leur côté, Halachmi et Montgomery (RISA, 3/2000) posent le problème du paradoxe d'Arrow[49], s'agissant de la valeur optimale, avant de conclure que cette approche peut être un outil très utile pour l'évaluation des performances dans les services publics. Karkatsoulis (RISA, 3/2000 : 547) abonde dans le même sens en soutenant que le principe de l'optimisation des ressources est implicite dans la plupart des réformes administratives modernes, si ce n'est dans toutes. Pour lui en effet, « la stratégie qui consiste à offrir des services de plus grande qualité pour un coût optimal semble aller de soi pour les administrations publiques qui s'engagent dans un processus de réforme ». A titre d'exemple, la budgétisation et la gestion financière basées sur les performances, en particulier la modulation des salaires du personnel en fonction de leurs performances, sont des instruments de réforme qui reflètent par excellence le principe de l'optimisation des ressources (Karkatsoulis, RISA, 3/2000 : 551).

Au sujet de la gestion financière basée sur les performances, on peut citer l'exemple de la France avec la Loi Organique relative aux Lois de Finances (LOLF) du 1er avril 2001 dont la mise en œuvre retient trois axes de performance correspondant à trois points de vue de l'action publique : (i) le point de vue du *citoyen* qui exprime des objectifs d'efficacité socio-économique ; (ii) le point de vue de l'*usager* qui exprime des objectifs de qualité de service ; (iii) le point de vue du *contribuable* qui exprime des objectifs d'efficience de la gestion. Le tableau 4-3 donne une illustration des indicateurs utilisés pour ces trois catégories d'objectifs dans le cadre de l'élaboration du projet de loi des finances pour l'année 2007.

---

49 Si un problème comporte plus de deux dimensions, comme c'est le cas des problèmes administratifs, il sera impossible de trouver une solution qui satisfasse toutes les parties.

TABLEAU 4-3 : QUELQUES EXEMPLES D'OBJECTIFS ET D'INDICATEURS DE PERFORMANCE DE L'ETAT : Projet de loi de finances pour l'exercice 2007 en France

DU POINT DE VUE DU CITOYEN **Une évaluation de l'impact des actions de l'Etat sur la société : objectifs socio-économiques**			
Mission	**Programme**	**Objectif**	**Indicateurs**
Enseignement scolaire	Enseignement scolaire public du premier degré	Conduire tous les élèves à la maîtrise des compétences de base exigibles au terme de la scolarité primaire	Proportion d'élèves maîtrisant, en fin d'école primaire, les compétences de base en français et en mathématique
Gestion et contrôle des finances publiques	Gestion fiscale et financière de l'Etat et du secteur public local	Favoriser l'accomplissement volontaire des obligations fiscales (civisme fiscal)	Part d'usagers particuliers respectant leurs obligations en matière d'impôt sur le revenu
Sécurité	Police nationale	Améliorer le taux d'élucidation des crimes et délits	Taux d'élucidation des grandes catégories de la délinquance et des atteintes à l'intégrité contre les personnes
Transport	Sécurité routière	Réduire le nombre d'accidents et de tués sur les routes	Nombre annuel de tués à un mois (France métropolitaine et départements d'outre-mer)
Travail	Développement de l'emploi	Promouvoir, par l'accompagnement, la création d'activités et d'emplois nouveaux	Nombre d'emplois créés par des demandeurs d'emplois bénéficiaires de mesures ACCRE
DU POINT DE VUE DE L'USAGER **Une mesure de la qualité des services publics : des objectifs de qualité**			
Mission	**Programme**	**Objectif**	**Indicateurs**
Enseignement scolaire	Soutien de la politique de l'éducation nationale	Réussir la programmation et la gestion des grands rendez-vous de l'année scolaire	Nombre de postes d'enseignants non prévus à la rentrée scolaire et durée moyenne de vacances de postes (enseignement public)
Gestion et contrôle des finances publiques	Gestion fiscale et financière de l'Etat et du secteur public local	Faciliter l'impôt	Niveau de mise en œuvre effective des engagements du programme « Pour vous faciliter l'impôt », commun à la DGI et à la DGCP
Sécurité	Gendarmerie nationale	Assurer et garantir un même niveau de sécurité dans tous les espaces	Taux d'interventions réalisées dans un délai supérieur à deux fois le délai moyen
Transport	Météorologie	Améliorer la prévention des risques d'origine météorologique	Taux de pertinence de la procédure de vigilance météorologique et des bulletins marins de sécurité

Travail	Accès et retour à l'emploi	Améliorer l'efficacité du service public de l'emploi dans l'intermédiation entre offre et demande d'emploi	
DU POINT DE VUE DU CONTRIBUABLE Une évaluation du rapport « qualité/coût » de l'action publique : des objectifs d'efficience			
Mission	**Programme**	**Objectif**	**Indicateurs**
Enseignement scolaire	Soutien de la politique de l'éducation nationale	Réussir la programmation et la gestion des grands rendez-vous de l'année scolaire	Coût des examens des élèves et des concours de personnels par candidat présent
Gestion et contrôle des finances publiques	Gestion fiscale et financière de l'Etat et du secteur public local	Maîtriser les coûts de gestion des administrations financières	Taux annuel d'évolution de la productivité globale
Sécurité civile	Intervention des services opérationnels	Optimiser le coût d'exploitation de la flotte du groupement d'Hélicoptères de la Sécurité Civile (GHSC)	Coût total de la flotte GHSC / nombre de personnes secourues
Transport	Réseau routier national	Améliorer le niveau de sécurité et de qualité de service du réseau routier national	Nombre de vie « épargnées » par les aménagements et la sécurité, rapporté au million d'euros investi
Ville et logement	Rénovation urbaine	Maîtriser le coût et les délais du programme national de rénovation urbaine	Evolution du coût moyen des opérations d'investissement financées dans le cadre du programme national de rénovation urbaine

Source : MINEFI, France, « Gestion par la performance : d'une logique de moyen à une logique de résultats », Octobre 2006, www.minefi.gouv.fr

Les deux approches de gestion par la performance et de valeur optimale apparaissent ainsi être d'excellents outils qui peuvent servir de leviers de développement et de diffusion d'une culture de bonne gouvernance dans les services publics.

2. CONCEPT ET CARACTERISTIQUES DES PROBLEMES ORGANISATIONNELS

2.1. Qu'est-ce qu'un problème ?

Un problème est une divergence, un *écart*, entre ce qui devrait arriver, la *norme* et ce qui est effectivement arrivé, la *réalité*.

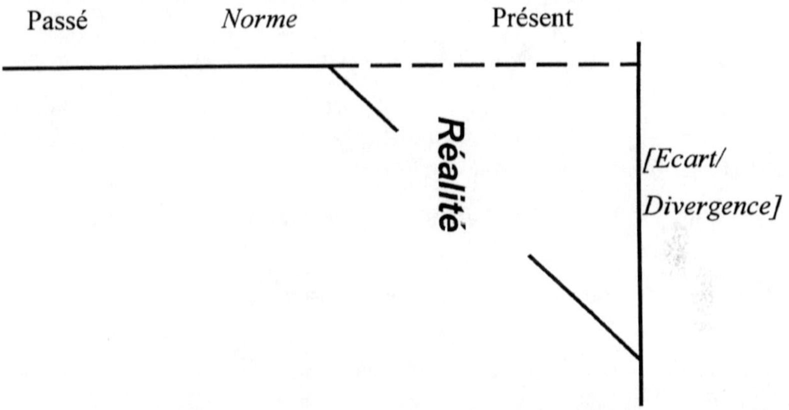

Il y a problème lorsqu'un **jugement d'insatisfaction** est posé par un individu à la suite de la mise en **relation** de ses connaissances avec une **réalité** perçue ou anticipable ; ce jugement doit être accompagné d'une **capacité et intention d'intervenir** soit pour restaurer l'état antérieur, soit pour atténuer les effets négatifs d'une situation qui échappe particulièrement à son contrôle, soit encore pour redéfinir un nouvel état de normalité (Landry, 1993 : 38 – 39).

La formulation d'un problème est une activité qui est :

- cognitive et structurante, en ce qu'elle met en relation des connaissances ;
- affective et énergétique, car elle conduit à poser un jugement et à agir.

Le jugement d'insatisfaction peut porter sur un dysfonctionnement qu'il faut résoudre pour revenir à un fonctionnement normal. Des agents n'arrivent plus à l'heure au bureau. Des usagers se plaignent de la lenteur avec laquelle ils sont servis dans un service ou de la qualité de l'accueil dont ils sont l'objet. Un poste de travail informatique ne fonctionne pas comme il le devrait. Un plan stratégique ne comporte pas des indicateurs de mesure des résultats.

Le jugement d'insatisfaction peut aussi traduire un besoin d'amélioration des résultats déjà atteints conformément aux normes établies et s'inscrire dans une logique de développement du service. Les procédures de traitement d'un type de dossier ne soulèvent pas des récriminations particulières de la part des acteurs concernés. Mais saisissant, par exemple, l'opportunité des mutations technologiques, on peut vouloir *refondre* complètement ces procédures pour faire progresser le niveau de performance de ce service. Les derniers contrôles effectués par l'Inspection générale ont mis en évidence le travail particulièrement remarquable qu'un de vos services accomplit pour faire face, par exemple, au phénomène de la corruption qui gangrène toute l'administration. Vous voulez consolider les résultats obtenus et amener les autres services du ministère à faire autant et pourquoi pas plus.

2.2. Nature des problèmes organisationnels

Les problèmes organisationnels, en pratique, épousent la plupart du temps la forme de problèmes collectifs impliquant plusieurs acteurs à toutes les étapes du processus de formulation et de résolution.

Un problème de type « collectif » existe lorsque sont satisfaites les deux conditions suivantes (Landry, 1993 : 22).

- ***Il existe une situation de départ, réelle ou anticipée :***
  - qui est interprétée d'une façon plus ou moins différente par un certain nombre d'acteurs organisationnels ayant un intérêt quelconque dans cette situation et
  - qui est déclarée par un ou plusieurs de ceux-ci comme : i°) insatisfaisante pour l'organisation et ii°) justifiant la mise à contribution des ressources de celle-ci pour la modifier ;
- ***Le pouvoir détenu par ce ou ces derniers acteurs est*** suffisant pour forcer le déclenchement du processus de formulation-résolution de problèmes, mais il est insuffisant pour le mener à bien sans la coopération des autres acteurs organisationnels.

La présence de ces conditions a pour effet de déclencher un processus de délibération qui, sous les apparences d'une coopération de tous en vue du bien commun de l'organisation, laissera se profiler des phénomènes plus ou moins accentués de *compétition entre acteurs*. Qu'on pense à tout ce qui se passe dans tous les services ou lors des réunions de coordination au sein d'un ministère donné. Qu'on pense également aux enjeux des réunions entre ministères, qu'elles se tiennent au sein de l'un de ces ministères ou dans les Services du Premier Ministre, ou même au Secrétariat Général de la Présidence de la République. Qu'on pense aussi aux travaux des différents Comités réunissant parfois les partenaires du secteur privé et de la société civile et même les bailleurs de fonds.

De par cette nature collective, les problèmes organisationnels subissent deux principales sources d'influence dont doit tenir compte leur analyse :

- l'influence de la dimension « comportementale » de l'individu : comment l'individu anticipe-t-il les conséquences futures des actions courantes ?
- l'influence de la dimension « interaction sociale » caractéristique de l'activité de groupe : notamment par le biais des rôles joués par chaque acteur.

A cause de ces diverses sources d'influence, le processus *collectif* de formulation-résolution des problèmes donne lieu à la prédominance d'une dynamique de l'***argumentation*** entre les acteurs qui veulent promouvoir la justification de leur projet ou favoriser l'acceptation du projet en suscitant son intégration à la structure des valeurs des personnes concernées.

Maîtriser les méthodes et les outils qui renforcent les compétences dans cette dynamique de l'argumentation devient un facteur critique de développement personnel des acteurs impliqués autant que de l'accroissement des performances de leurs administrations.

2.3. Typologie des problèmes organisationnels et implications managériales

De par leur nature collective et du fait que leur formulation est une construction de l'esprit de ceux qui font face à la situation, il se dégage deux principales dimensions caractéristiques des problèmes organisationnels :

- une dimension *ontologique :* qui reflète les caractéristiques intrinsèques des phénomènes étudiés
- une dimension *épistémologique :* qui reflète la représentation de la réalité ou de l'objet par ceux qui observent et qui formulent leur jugement.

La littérature (Landry ; 1988 ; Probst et Ulrich, 1989 ; Rosnay (de), J., 2007) retient deux variables pour décrire la dimension ontologique : le nombre d'éléments qui doivent être pris en compte dans la formulation des problèmes et le degré de variabilité (la dynamique des interrelations) de ces éléments. En représentant les situations problématiques suivant cette dimension comme illustré sur la figure 4-3, on distingue trois grands types de problèmes organisationnels : les problèmes simples, les problèmes compliqués, les problèmes complexes ou très complexes.

- *Les problèmes simples* sont caractérisés par une structure qui comporte un nombre peu élevé d'éléments relativement stables. C'est le cas généralement de nombreux problèmes de nature technique : un poste de travail informatique qui ne fonctionne pas comme attendu, un photocopieur ou un appareil d'animation d'une réunion en panne, un plan élaboré pour réaliser une activité comportant très peu d'actions.

FIGURE 4-3 : LES DIFFERENTS TYPES DE PROBLEMES ORGANISATIONNELS

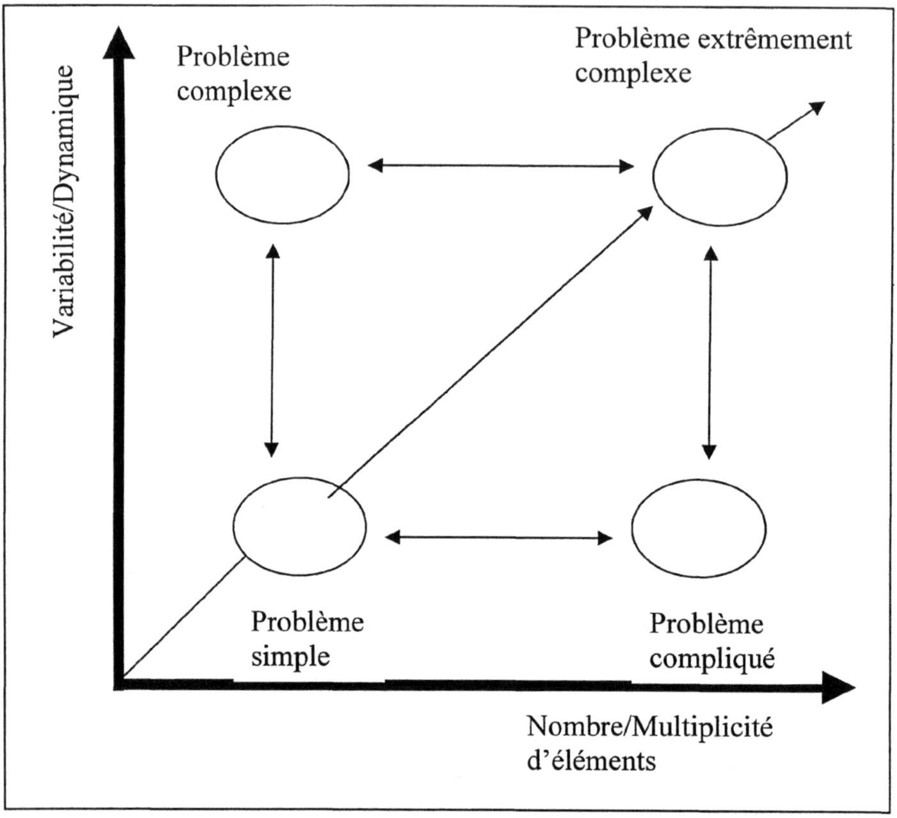

<u>Source</u> : *adapté de Probst et Ulrich (1989 :117)*

- *Les problèmes compliqués* sont caractérisés par une structure comportant un nombre très élevé d'éléments, lesquels sont, comme pour les problèmes simples, relativement stables. Un dysfonctionnement dans le système informatique connecté en réseau, l'organisation d'une conférence ou un congrès international, la conduite d'un procès en justice, l'élaboration d'une loi dans un pays, la réalisation du recensement général de la population d'un pays ou la réalisation de la carte scolaire ou sanitaire de ce pays, l'atterrissage et le décollage dans un aéroport international de très grande envergure, le contrôle de la circulation aux heures de pointe dans une grande ville. Généralement, comme relevé pour les problèmes simples, les problèmes techniques comportant de nombreux éléments ou des problèmes administratifs largement structurés par les directives de la hiérarchie ou par les normes déjà édictées sont considérés comme des problèmes compliqués. Ces problèmes peuvent être techniquement (en appliquant, par exemple, des procédures appropriées) décomposés en problèmes simples et pouvoir être ainsi résolus dans leur totalité. Lorsqu'ils sont décomposés en problèmes simples, les supports techniques d'appui à leur résolution, comme les logiciels informatiques[50], peuvent rendre la tâche aisée.

- *Les problèmes complexes ou extrêmement complexes* sont caractérisés par une structure comportant un nombre très important d'éléments, lesquels sont extrêmement instables et susceptibles d'adopter un très grand nombre d'états différents au cours du temps, à cause de leur interaction. A la différence des problèmes simples et compliqués dont des parties peuvent être automatisées, il n'est pas sûr dans ces cas-ci, qu'une solution qui a déjà donné satisfaction dans une situation précise, puisse l'être à nouveau dans une situation semblable, sans vérification préalable (méthode de simulation). La difficulté réside ici dans le fait que chaque élément de la situation peut avoir une influence essentielle sur le comportement général du système qui est à l'étude. On peut citer, à titre d'exemples :
    - les problèmes qui comportent une dimension humaine importante comme ceux de l'emploi sur un marché du travail donné, ceux de la motivation des agents au travail, de la corruption dans une administration, de la gestion d'un bien commun à plusieurs communautés d'individus (une route, un centre mutualisé de production d'un service,...), du conflit dans une équipe-projet ou dans une direction.
    - les problèmes potentiels, tels que ceux du développement d'un service public en adoptant par exemple l'approche de la gestion de la performance qui fait intervenir tous les sous-systèmes du service concerné.
    - les questions de stratégie et de planification dans la perspective d'un développement durable, avec le degré élevé d'imprévisibilité qui les caractérise, la multiplicité des éléments à intégrer dans l'analyse de l'environnement (par exemple les dimensions sociale, technologique, politique, économique, écologique), et les questions d'éthique à prendre en considération.

Alors que les problèmes simples et les problèmes compliqués sont maîtrisés au niveau opérationnel et à celui de contrôle du gestion (directions),

[50] Voir par exemple l'ouvrage de Dr Jean-Yves DJAMEN, « Gouvernance et intelligence artificielle ».

ceux qui interpellent la haute administration publique sont de cette troisième catégorie ; c'est-à-dire complexes en ceci qu'ils touchent des systèmes sociaux qui englobent une multitude de personnes. Ils épousent par essence, les caractéristiques des problèmes collectifs avec la prédominance de la dynamique de l'argumentation comme décrite au paragraphe précédent. Leur analyse et leur résolution doivent tenir fondamentalement compte de leur dimension épistémologique pour affronter trois défis principaux :

- *un défi quantitatif :* lié au choix d'un ou de plusieurs modèles (schémas théoriques) de représentation qui sont adéquats pour les fins poursuivies. Souvent les modèles sont incomplets, imprécis et partiellement incompatibles.
- *un défi logique* d'accommodation avec un modèle de représentation de la réalité qui résulte de l'intégration de plusieurs autres modèles de représentation[51]. La suppression des modèles qui posent éventuellement des problèmes peut entraîner un affaiblissement de la connaissance de l'objet.
- *un défi socio-historique :* les acteurs ont leur histoire, leur culture, leurs traditions qui vont influencer leur perception de la situation, leur choix de modèles de représentation et le système de communication entre eux. On sait que les instruments de communication sont aussi marqués par la culture. Les problèmes de la pauvreté et de l'exclusion ne sont pas perçus de la même façon dans tous les pays africains. Même au sein d'un pays, toutes les régions et tous les groupes ethniques n'en ont pas la même représentation.

Les gestionnaires de haut niveau dans les services publics doivent donc être conscients de ces trois défis pour mieux se situer eux-mêmes et apporter avec lucidité et efficacité leur contribution aux différentes étapes du processus de formulation-résolution de ces types de problème. A cause des effets combinés de ces différents défis, l'objectif poursuivi par l 'analyse des problèmes complexes (ou très complexes) n'est pas de les résoudre dans leur totalité (ce qui est impossible), mais plutôt de comprendre leur dynamique et cerner leurs causes profondes. Les réformes s'attaqueront alors à ces causes profondes en vue d'un développement véritable du service qui y fait face.

Il est important de relever que la complexité d'un problème, telle que définie, ne signifie pas chaos. En fonction des propriétés intrinsèques de chaque situation problématique, les possibilités de comportement des éléments s'inscrivent dans une configuration générale qu'on est capable de reconnaître (Probst et Ulrich, 1989 : 209). Les théories de la motivation de l'homme au

---

[51] On peut citer ici l'exemple de la « triangulation » qui est très souvent utilisée et qui consiste à s'appuyer sur au moins trois théories, sources ou types d'information, ou démarches d'analyse, pour vérifier et soutenir une appréciation ou un point de vue.

travail peuvent, par exemple, servir de cadre général d'analyse du comportement des individus. Toutefois, et c'est là l'intérêt de la remarque pour cet ouvrage, si les acteurs politiques et les managers publics africains ne prennent pas leurs responsabilités devant la multitude des problèmes auxquels l'administration publique africaine est confrontée, le chaos et l'implosion ne seront pas évités.

L'analyse des problèmes complexes se trouve ainsi être au cœur des enjeux de la réforme administrative telle que décrite dans cet ouvrage. Un changement n'est en effet possible que si la nécessité a été ressentie tant individuellement que collectivement par les personnes concernées. A cet égard, les managers publics doivent tenir compte d'un certain nombre de conclusions en cette matière, dont les trois suivantes :

- l'observation de la réalité d'une organisation est limitée, entre autres, par le fait que l'observateur est lui-même une partie du monde qu'il observe ;
- les recherches sur le cerveau ont souligné combien une faible partie seulement du potentiel humain de savoir est mobilisée par la manière classique, linéaire et analytique de penser ;
- la pensée globale est le moyen par lequel les institutions apprennent parce qu'elles disposent d'un nombre important de facteurs propices à l'apprentissage collectif : une pluralité d'opinions et de perspectives, une réflexion abondante et des diagnostics en termes de chance et d'opportunité de développement, une remise en cause continuelle des structures et des fonctions.

Les Managers publics devront tirer les leçons de ces conclusions pour éviter de nombreux dangers liés à une identification inadéquate du problème, point de départ essentiel pour la suite du processus de formulation-résolution de problèmes. Parmi ces dangers, on peut citer :

- l'ignorance de la « loi de la situation » : bien reconnaître l'ancrage du phénomène par rapport à ses apparences externes ;
- l'erreur de s'en tenir uniquement aux faits ;
- le danger de confondre les situations uniques et les situations génériques ;
- le danger d'épouser trop étroitement la perspective d'un seul acteur ou groupe d'acteurs.

Face aux défis comme ceux résumés plus haut et caractérisant la dimension épistémologique des problèmes organisationnels, les Managers publics doivent procéder avec méthode pour optimiser les chances de leur unité de travail de se développer à travers l'apprentissage qu'elle tire du processus de formulation-résolution de leurs problèmes.

Ainsi qu'annoncé dans la première partie, l'analyse systémique est notre outil fondamental de travail dans cet ouvrage. Nous l'utilisons ici comme cadre de référence que nous allons appliquer au processus de formulation-résolution de problème dans une administration. Nous proposons ici deux méthodes pour aider à opérationnaliser cette démarche avec pour principal objectif, d'aider les Managers publics et tous les acteurs de la réforme administrative, à organiser leurs idées, à structurer leur propre manière de travailler et à résoudre les problèmes de développement des services administratifs dont ils ont la charge. Il s'agit de l'approche globale de formulation et de résolution de problèmes organisationnels proposée par Probst et Ulrich (1989) et de la roue d'apprentissage de Senge et son équipe (2000).

3. UNE APPROCHE GLOBALE DE FORMULATION ET DE RESOLUTION DES PROBLEMES ORGANISATIONNELS

La méthode que nous avons retenue dans cet ouvrage est celle proposée par Probst et Ulrich sous le titre *méthode globale de résolution des problèmes* dans leur livre «Pensée globale et management : résoudre les problèmes complexes » (1989 : 110 – 234). Cette méthode s'articule en deux principales phases subdivisées chacune en étapes illustrées par la figure 4-2 qui présente une vue d'ensemble de cette approche.

3.1. La modélisation et l'interprétation de la situation

Les problèmes ne sont pas des données concrètes comme un crayon ou une feuille de papier. C'est une réalité que nous construisons nous-mêmes à partir d'une situation dite problématique. C'est le but de cette première phase qui comprend quatre principales étapes :

- ***la problématisation : quel est le problème à résoudre ?***
  - Clarification des objectifs
  - Explication de l'écart entre norme (ou désir) et réalité,...
- ***l'analyse : comment les différents facteurs interagissent-ils entre eux ?***
  - Description claire de la situation problématique
  - Approfondissement de l'examen du problème
- ***la simulation-étape 1 : comment la situation peut-elle évoluer ?***
  - Imaginer les modifications futures de la situation sous différentes hypothèses et sous un premier aspect : les facteurs donnés évoluent sans que l'on agisse
- ***la simulation-étape 2 : comment intervenir dans cette situation ?***
  - Imaginer les modifications de la situation sous différentes hypothèses et sous un deuxième aspect : on intervient dans la situation de façon précise.

3.2. La prise de décision et le passage à l'action

Cette seconde phase comporte deux principales étapes :

- ***la prise de décision : quelles stratégies et mesures transposer dans les faits ?***
  - Identification des possibilités fondamentales d'action existantes et leurs effets
  - Choix des stratégies à mettre en œuvre
  - Transformation des stratégies choisies en projets et mesures concrètes
- ***la mise en œuvre : comment procéder ?***
  - Réalisation des stratégies et mesures retenues à travers des actions concrètes
  - Identification des éléments à prévoir pour que les perturbations se régulent d'elles-mêmes
  - Création de processus d'apprentissage en vue d'améliorer constamment les approches de résolutions de problèmes au sein de l'organisation

Comme l'illustre la figure 4-4, le processus est une démarche itérative qui permet à n'importe quel moment, un retour en arrière sur une étape antérieure. Il s'agit en somme de l'application de la pensée systémique à base de réseaux circulaires. Et la formulation-résolution consiste en la « recherche systémique de réponses à une multitude d'interrogations » (Probst et Ulrich 1989 : 228). Le tableau 4-4 résume les principales questions à poser à chaque étape et les démarches appropriées pour effectuer cette recherche systémique de réponses.

FIGURE 4-4 : UNE VUE D'ENSEMBLE DE LA METHODE GLOBALE D'ANALYSE DE PROBLEMES

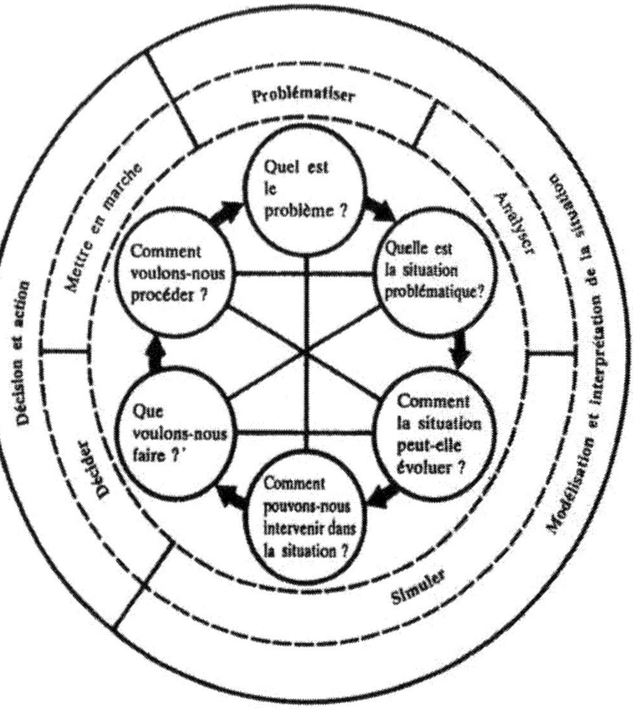

Source : Probst et Ulrich (1989 : 230)

TABLEAU 4-4 : QUESTIONS ET DEMARCHES APPROPRIEES POUR LES SIX ETAPES DE L'APPROCHE GLOBALE D'ANALYSE DE PROBLEMES ORGANISATIONNELS

ETAPES ET QUESTIONS	DEMARCHES APPROPRIEES
1. Déterminer les objectifs et modéliser la situation : Problémation	
• Quels sont les objectifs ?	• Examiner et concrétiser nos objectifs
• Quels sont les facteurs importants du problème ?	• Déterminer les facteurs les plus importants du problème
• Comment les facteurs sont-ils reliés entre eux ?	• Construire le réseau
2. Analyser les circuits d'influence : analyse	
• Comment les facteurs influent-ils les uns sur les autres	• Examiner les circuits d'influence au sein du réseau

3. Comprendre et interpréter les changements possibles : Simulation-étape 1	
• Quelles modifications futures sont à attendre au sein des conditions cadres ? • Quelles modifications de la situation problématique peuvent en résulter ?	• Construire des scénarios* d'évolutions possibles des conditions cadres • Comprendre et interpréter les changements possibles au sein de la situation, sous différentes conditions cadres
4. Mettre en évidence les possibilités d'action directionnelles : Simulation-étape 2	
• A quel niveau de compétence le problème peut-il/doit-il être résolu ? • Quelles interventions dans la situation sont possibles ? • Quels facteurs nous indiquent à temps les modifications essentielles de la situation ? • Quels effets découlent de nos interventions directionnelles ?	• Définir différents niveaux de direction • Distinguer les facteurs influençables et non influençables • Etablir des indicateurs pour la surveillance de la situation • Rechercher les effets des différentes mesures possibles
5. Planifier les stratégies et les mesures : Prise de décision	
• Quelles possibilités fondamentales d'action existent, et quels sont leurs effets ? • Quelles stratégies voulons-nous mettre en œuvre ? • Comment les stratégies sélectionnées peuvent-elles être concrètement passées dans les faits ?	• Chercher et évaluer des stratégies alternatives • Déterminer les stratégies à appliquer • Transposer la stratégie en projets et mesures
6. Réaliser les solutions : Mise en œuvre	
• Comment pouvons-nous garder les développements futurs sous contrôle informationnel ? • Que pouvons-nous prévoir pour que les perturbations se régulent d'elles-mêmes ? • Que pouvons-nous faire pour que les résolutions de problèmes s'améliorent constamment ?	• Elaborer un système d'informations de contrôle, et le mettre en route • Construire et instaurer des mécanismes propices à l'auto-direction • Créer des processus d'apprentissage, et les mettre en place (TBG)

Source : Probst et Ulrich (1989 : 229)

**** La méthode des scénarios est traitée au chapitre 6***

3.3. Erreurs à éviter et règles à respecter lors de l'application de la méthode

Pour l'application de cette méthode, Probst et Ulrich attirent l'attention sur quelques erreurs souvent commises. Ces erreurs sont reprises dans le tableau 4-5. Chacun peut s'exercer à illustrer des situations dans lesquelles il s'est trouvé à commettre une ou plusieurs de ces erreurs et à en évaluer, *a posteriori,* les conséquences. Par exemple, combien de fois nous nous sommes trouvés à « faire », plutôt qu'à « développer » lors de la mise en œuvre de projets de développement pourtant théoriquement bien bâtis ? Nos stratégies sectorielles ou le document de stratégie de lutte contre la pauvreté de notre pays comportent-elles les différents types d'indicateurs nécessaires (indicateurs de moyens, indicateurs de résultats opérationnels, indicateurs de résultats intermédiaires, indicateurs de résultats finaux et d'impact) ?

TABLEAU 4-5 : DES ERREURS A EVITER LORS DE L'APPLICATION DE LA METHODE

Type d'erreur	Manifestations
Problématisation insuffisante	– acceptation non critique des valeurs et des objectifs – perception non critique de la situation problématique
Modélisation et interprétation irréalistes de la situation	– Pensée statique – Délimitation trop étroite de la situation – Oubli de circuits et d'interactions – Non prise en compte d'effets secondaires
Planification et décision réductrices	– manque de créativité, de recherche innovatrice – retour ponctuel à la pensée de « cause à effet » – abandon de la question des délais
Mise en route et application inappropriées	– « faire » plutôt que « développer » – lacunes des indicateurs – actions réactives face aux perturbations

Source : Probst et Ulrich (1989 : 233)

Certaines règles systémiques doivent également être respectées, notamment lors de la planification des stratégies et des actions à mettre en œuvre. Il en est ainsi des quatre règles suivantes (Probst et Ulrich, 1989 : 209) :

- *utiliser la dynamique propre du système pour en tirer des synergies :* les mesures planifiées vont-elles contrecarrer les forces internes à la dynamique de la situation et entraîner un échec ou seront-elles soutenues par ces dernières ? Il s'agit de s'appuyer sur les effets de levier internes pour obtenir des résultats considérables en regard de l'énergie déployée. Il s'agit également d'explorer les effets de synergie pour utiliser de diverses manières ou à diverses fins et sans grande dépense d'énergie, un potentiel de prestations latentes au sein de l'organisation ; en somme, une utilisation optimale des atouts de l'organisation.

- *trouver un équilibre harmonieux entre conservatisme et changement :* ne pas réaliser une stratégie novatrice par une approche de « management de crise », étaler plutôt les mesures nécessaires suffisamment dans le temps en adoptant, par exemple, une démarche par évolutions successives, par « prototype ».
- *développer l'autonomie de petites unités :* il s'agit ici d'appliquer le principe de la décentralisation pour concrétiser la constatation générale selon laquelle beaucoup de détails peuvent se régler bien plus vite et bien mieux par de petites unités chargées de leur supervision que lorsque ceux-ci s'imposent comme problèmes au système entier.
- *augmenter, à chaque résolution de problèmes, la capacité du système à apprendre et à se développer :* un système dynamique, dans un environnement dynamique connaît sans cesse des perturbations qui ressurgissent et l'écartent du chemin désiré. Puisque nous ne savons pas prévoir la plupart des modifications futures à apporter, les mesures retenues aujourd'hui doivent également viser à améliorer la capacité de l'organisation (notre administration, notre direction, notre service, notre équipe de travail) à apprendre de manière qu'à l'avenir elle s'adapte seule aux bouleversements, elle « s'auto-organise ».

4. LA ROUE D'APPRENTISSAGE

Sous la pression des activités quotidiennes marquées par le syndrome de la « réunionnite », on a tendance, dans les services publics, à ramener tous les problèmes à des problèmes simples ou au mieux, à des problèmes compliqués qu'on confie aux informaticiens ou aux spécialistes du secteur, si ce n'est aux Conseillers Techniques directement rattachés au Ministre. Alors, du fait d'une analyse peu profonde (ceux qui traitent ainsi le problème sont généralement ignorants de la réalité du flux de travail effectivement concerné), on prend des mesures qui relèvent du « management de crise » pour résoudre des problèmes qui résultent d'une situation problématique complexe. Malheureusement, l'insuffisance de la problématisation et le manque de réflexion stratégique à long terme, qui induisent ces actions rapides dirigées vers un horizon temporel limité, conduisent à engendrer des situations quasi insolubles, entraînant une utilisation non optimale des ressources de la communauté, ressources essentiellement limitées.

S'inscrivant dans la logique de la pensée systémique, l'école de l'organisation apprenante de Peter Senge propose un modèle d'analyse de problèmes qui met l'accent sur la nécessité de maîtriser le rythme du développement de l'organisation en permettant de *laisser du temps à la réflexion et à la créativité, du temps pour les différentes formes de pensée et de discussion collective* lors de l'analyse d'un problème organisationnel. Cet outil qui intègre l'idée du cycle et celle de l'itération sous-jacentes à l'approche globale proposée par Probst et Ulrich décrite au paragraphe précédent, est baptisé « roue d'apprentissage » (Ross, Smith et Roberts, in Senge et al., 2000 : 72 – 78).

4.1. Les étapes de la roue dans le processus de formulation et de résolution des problèmes organisationnels

Le cycle qui s'applique à chaque étape de tout projet ou de formulation-résolution d'un problème exige *une attention soutenue, donc du temps*, avant de passer à l'étape suivante.

La roue comporte quatre points clés ou étapes :

1. *la réflexion :* le temps de la réflexion permet de voir les choses à partir des perspectives différentes, donc de prendre en compte les défis épistémologiques de la complexité relevés plus haut. Quelques questions peuvent guider cette activité de réflexion, par exemple : Quels sont les résultats que nos actions antérieures nous ont permis d'atteindre ? Voyons-nous nos objectifs organisationnels différemment maintenant ? Quelles croyances sous-jacentes ont pu sembler affecter la manière dont notre administration ou notre unité de travail a été gérée jusqu'à présent ?
2. *la connexion :* Cette étape correspond à celle de modélisation, à travers l'élaboration d'une théorie ou des hypothèses explicatives du *pourquoi* des écarts observés lors de l'étape de la réflexion. Quelques questions à se poser : Notre dernière action laisse-t-elle à penser que c'est le bon chemin à suivre ? Nous apporte-t-elle une meilleure compréhension du développement de notre administration ou notre unité de travail ? Que devons-nous rechercher ensuite ? L'accent est mis ici sur l'établissement des *liens* entre les actions potentielles de chaque membre de l'organisation et les différents comportements des autres acteurs. Elle conduit à la construction du réseau des inter-relations entre facteurs identifiés compte tenu des hypothèses formulées. A cette étape, l'attention doit être particulièrement accordée à l'examen du défi logique qui pose le problème de l'accommodation avec un modèle qui résulte de l'intégration de plusieurs autres (triangulation).
3. *la décision :* le temps de la décision permet de bien réfléchir aux options retenues lors de la phase de connexion et à leurs conséquences

potentielles. Quelques questions à se poser : Quels sont les critères qui ont sous-tendu notre choix ? Quels sont les indicateurs de nos performances ? Qui va assurer le suivi de quel volet ? Quels sont les instruments de suivi que nous retenons ? Sur quels aspects dominants, eu égard au niveau actuel de développement de notre organisation, mettons-nous l'accent lors de l'évaluation du travail accompli ? Le temps de la décision permet également de bien affiner notre approche collective de résolution des problèmes au sein de notre administration ou notre unité de travail : « voici nos choix et voici pourquoi ». Les problèmes de communication qui peuvent résulter des facteurs culturels ou des échanges de modèles de représentation de la réalité sont traités ici pour créer les conditions optimales de mise en œuvre du plan d'action qui résulte de cette étape.

4. *l'action :* c'est l'étape de la mise en œuvre ; l'accomplissement des tâches retenues lors des étapes précédentes et résumées dans le plan d'action de l'étape de décision. Au cours de cette étape, la théorie explicative que l'organisation a retenue à l'étape de la « connexion » est adaptée à la réalité pour les solutions retenues à l'étape de la « décision ». Il est donc important d'accomplir chaque tâche avec un esprit aussi ouvert à *l'expérimentation* que possible et de retourner immédiatement individuellement ou en équipe-projet, à l'étape de la réflexion pour s'interroger sur les résultats positifs obtenus et tirer les leçons pour les autres étapes du cycle. Le résultat de cette étape est le tableau des actions *effectivement* réalisées comparé au plan d'action retenu à l'étape précédente, la comparaison s'appuyant sur les indicateurs de performance adoptés. Le but ici est d'augmenter la capacité de l'organisation à « apprendre » et à se développer de manière qu'à l'avenir elle s'adapte seule aux bouleversements d'où qu'ils viennent.

La raison d'être d'un service public est certes de produire des résultats qui vont satisfaire les attentes des citoyens et l'analyse approfondie des problèmes n'en est qu'un moyen. Mais dans la réalité, le citoyen ne cerne pas toujours bien ses attentes si bien qu'il se retrouve souvent dans la situation paradoxale de celui qui « désire une chose et son contraire ». Lorsqu'on est parvenu à un accord sur un projet à réaliser pour le bien de tous, il faut maintenant, lors de la mise en œuvre, tenir compte des différents jeux de pouvoir qui ont cours dans le système d'action concret que sont les systèmes sociaux dans lesquels intervient l'Etat. La prise en compte de ces enjeux de pouvoir (pression de l'environnement, grèves des syndicats, lobbying politiques et de tout autre groupe organisé,...) amène parfois l'administration à agir dans la « précipitation ». Mais si les trois précédentes étapes de la roue d'apprentissage ont été bien conduites et si le temps nécessaire a été accordé à chacune d'elles, la conduite de l'administration devant ces pressions serait maîtrisée, même si de l'extérieur et sous l'influence d'une lecture séquentielle (et non systémique), on a l'impression d'une « précipitation » ou d'une « improvisation ».

La figure 4-5 représente la dynamique de la roue d'apprentissage appliquée individuellement et en équipe.

Les problèmes des services publics étant réputés être des problèmes collectifs comme relevé plus haut, l'utilisation de la roue d'apprentissage en équipe offre aux membres de l'administration concernée l'opportunité de poursuivre les objectifs suivants à chacune des quatre étapes clés du cycle :

- *étape de réflexion :* discuter en commun de leurs modèles propres, de leurs schémas mentaux, de leurs croyances et de leurs valeurs profondes pour creuser le fond du problème auquel ils font face et pouvoir toucher aux attitudes et aux comportements. N'oublions jamais que dans l'administration, nous sommes, les uns et les autres, le produit de diverses écoles de pensée tant au plan politique (droite, gauche, centre-droit, extrême,…), qu'au plan des disciplines universitaires dont nous sommes les spécialistes (droit, économie, management, informatique, sociologie, histoire,…).
- *étape de connexion :* parvenir à une compréhension commune de la situation et dégager une interprétation partagée. Ce n'est qu'ainsi que peuvent s'affirmer la vision et les valeurs partagées.
- *étape de décision* : élaborer en commun une planification du développement de l'organisation en tenant compte de toutes ses dimensions.
- *étape de l'action :* mener des actions coordonnées et assurer ainsi une cohérence soutenue entre les activités des différentes équipes et entre les différents secteurs de l'activité gouvernementale.

FIGURE 4-5 : LA ROUE D'APPRENTISSAGE UTILISEE SEULE OU EN EQUIPE

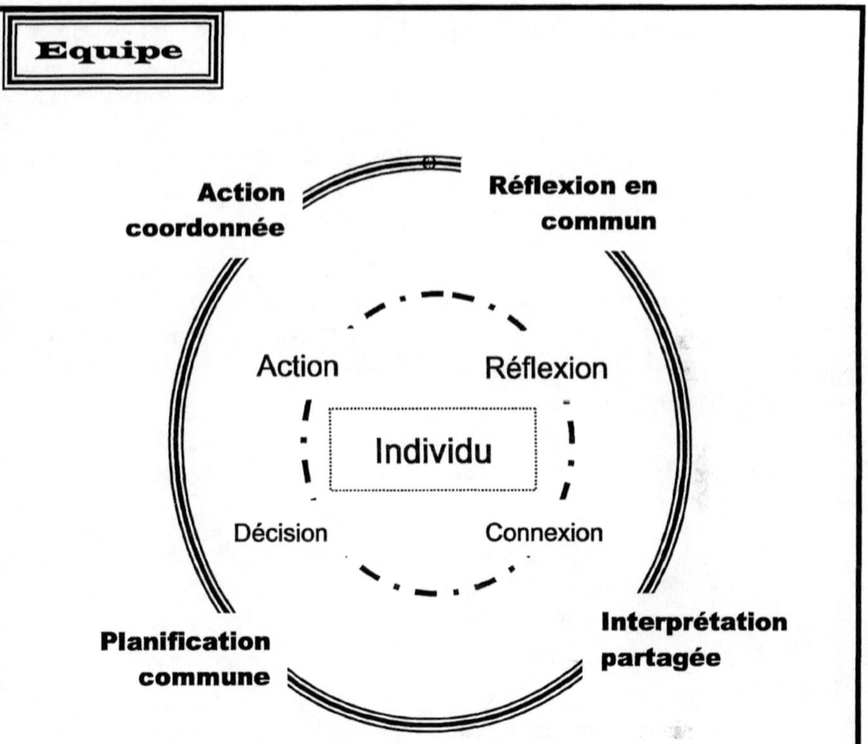

Le cercle intérieur représente le cycle d'apprentissage individuel et le cercle extérieur, le cycle d'apprentissage en équipe ou en groupe. La rotation se fait dans le sens des aiguilles d'une montre.

<u>Source</u> *: adapté de Peter Senge et al. (2000 : 74)*

La familiarisation avec les principes de la roue d'apprentissage permet ainsi d'inscrire les préoccupations du développement de chaque administration, dont celle de la réforme administrative, dans les activités quotidiennes de chaque agent public, dans celles des équipes constituées autour de mandats bien précis et globalement dans les activités de chaque administration.

4.2. La roue d'apprentissage : un outil stratégique de développement des services publics

Les Secrétaires Généraux des ministères, les Recteurs d'Universités, les Directeurs Généraux, les Délégués de Gouvernement et le Maires auprès des communes, les Directeurs des Etablissements publics, les Doyens des Facultés, les Directeurs des services centraux des ministères, les responsables des services publics déconcentrés (établissements scolaires, hôpitaux,...) sont investis de l'autorité nécessaire pour exercer un leadership dans la prise de décisions et l'initiation des changements pour impulser le développement de leurs services respectifs.

Mais comment peuvent-ils accomplir cette tâche avec responsabilité et ouverture aux contributions des autres parties prenantes du développement de leur service sans se servir d'un *outil qui tienne compte de la complexité des situations décisionnelles* auxquelles ils font réellement face sur le terrain.

Certes, ils ont l'habitude de résoudre des problèmes, de prendre des décisions. Mais quels en sont les effets et les impacts à moyen et à long termes ? Sont-ils identiques à ceux qui étaient souhaités ? Ou bien ces décisions ont-elles engendré des effets inattendus ?

Se sont-ils assurés, dès le départ, que le modèle de représentation de la réalité de la situation problématique sur lequel ils appuient leurs analyses n'est pas fortement biaisé par notre façon habituelle de raisonner séquentiellement en succession linéaire, négligeant les effets des interrelations des systèmes dynamiques ?

Dans la perspective de la réforme administrative qui préconise, dans cet ouvrage, l'orientation des administrations publiques vers le stade d'« auto-organisation », nous suggérons la *roue d'apprentissage* comme un outil de développement des services publics qui peut contribuer à renforcer la capacité des responsables concernés à assumer leur leadership décisionnel.

Cet outil est proposé ici pour être utilisé par la haute administration comme un instrument complémentaire à la méthode de « formulation-résolution » des problèmes organisationnels proposée par Probst et Ulrich et décrite au paragraphe précédent.

Le tableau 4-6 résume cet outil en indiquant pour chacune des quatre étapes clés de la roue d'apprentissage, les objectifs poursuivis, les questions à poser, les démarches appropriées et les procédés, techniques ou autres outils, supports auxquels les spécialistes associés à la démarche pourraient faire recours. L'outil s'utilise aussi bien individuellement qu'en équipe suivant les spécificités de chaque situation problématique au sein d'un service public donné.

TABLEAU 4-6 : LA ROUE D'APPRENTISSAGE ET LE DEVELOPPEMENT DE L'ADMINISTRATION PUBLIQUE

Etapes de la roue d'apprentissage	Objectifs poursuivis	Questions à poser	Démarches appropriées (individuel et en groupe)	Procédés/techniques/outils à utiliser
REFLEXION	– Cerner les limites du problème : ses principales dimensions, son étendue, les éléments à prendre en considération – Bien définir les objectifs poursuivis et évaluer la situation actuelle par rapport à ces derniers	– Quels sont nos objectifs ? Sont-ils pertinents eu égard au plan stratégique du gouvernement pour ce sujet ? – Quelles croyances sous-jacentes à ces objectifs ont pu affecter le fonctionnement de notre administration ou notre établissement ?	– Evaluer les différents objectifs poursuivis – Clarifier les schémas mentaux, les croyances et les valeurs guides, les discuter et les critiquer – La constitution des groupes doit autant que possible tenir compte du style d'apprentissage des membres dans un souci de recherche de la synergie	– S'assurer en constituant les équipes de travail que toutes les fonctions nécessaires à l'expression de la dynamique systémique sont représentées. – Rechercher les idées de changement et initiatives formulées par les agents publics – Outils pour découvrir les styles d'apprentissage – Outils de collecte et de structuration des données : Brainstorming, QQOQCP, mécanismes de cueillette de la rétroaction des usagers et des partenaires des services – Diagramme de description de processus
CONNEXION	– *Déterminer les suppositions et les hypothèses sur les causes fondamentales* du problème – Définir la situation problématique d'un point de vue intégratif – Déterminer le temps	– Nos actions nous apportent-elles une réelle compréhension de notre administration ou service ? – Quelles sont les cibles essentielles ? – Quels sont les facteurs d'influence essentiels ?	– Dresser une liste de cibles et de facteurs d'influence et intégrer ces derniers à la liste des cibles – Etablir les relations entre les facteurs – Distinguer et définir les différents délais : court,	– Brainstorming – La méthode des cinq « Pourquoi » – Le diagramme des affinités – Le diagramme des inter-relations – Les archétypes – Les modèles informatiques – La modélisation des flux

Etapes de la roue d'apprentissage	**Objectifs poursuivis**	**Questions à poser**	**Démarches appropriées (individuel et en groupe)**	**Procédés/techniques/outils à utiliser**
CONNEXION	nécessaire aux différents types de facteurs d'influence au sein de la situation problématique – Construire les scénarios d'évolution de la situation problématique	– Comment les cibles et les facteurs d'influence essentiels sont-ils reliés entre eux ? – Combien de temps nécessitent les effets entre facteurs pour agir ? – Quels sont les processus circulaires ? – En fonction des conditions actuelles, comment évolueront vraisemblablement les systèmes externes au cours de la période retenue ? – Quelles modifications des valeurs clés de l'environnement de la situation problématique sont à prévoir dans ce cas ? – Comment la situation d'ensemble évoluera-t-elle à l'avenir dans l'hypothèse où les scénarios reflètent la réalité ?	moyen et long termes – Apprécier la durée nécessaire à chaque effet et en tenir compte – Construire des scenarii : un scénario de base et des scénarios alternatifs – Modéliser et analyser le domaine choisi de l'environnement	– Méthode de choix des « priorités stratégiques » – Diagramme d'Ishikwa ou diagramme de poisson – Diagramme des interrelations – La méthode des « cinq pourquoi »
	– Chercher des stratégies alternatives – Evaluer les stratégies	– Quelles stratégies et possibilités fondamentales d'action	– Chercher des idées neuves et des stratégies innovatrices	– Techniques de prise de décision – Emploi de méthodes créatives

Etapes de la roue d'apprentissage	Objectifs poursuivis	Questions à poser	Démarches appropriées (individuel et en groupe)	Procédés/techniques/outils à utiliser
DECISION	sélectionnées – Déterminer les stratégies à appliquer – Transformer la stratégie en projets à réaliser – Améliorer la capacité de l'administration ou du service à apprendre – Planifier des actions concrètes	se cachent dans la situation problématique ? – Lesquelles voulons-nous appliquer ? – Comment décomposer la stratégie choisie en projets ? – Les moyens et le temps nécessaires à la réalisation sont-ils disponibles ? – Les mesures planifiées sont-elles conformes à la politique de développement de l'administration ou du service ?	– Combler les lacunes de l'administration ou du service en matière de connaissances propres au domaine concerné – Apprécier les stratégies à la lumière des scénarios – Augmenter à chaque résolution de problème, la capacité de l'administration à apprendre et à se développer – Utiliser la dynamique propre du système administratif pour en tirer des synergies	– Matrice d'influence de l'environnement et toute autre technique d'évaluation des risques et de degré de flexibilité des stratégies – Indicateurs de performance – Sélection de quelques facteurs clés comme variables : i°) facteurs visibles au niveau de l'encadrement supérieur ; ii°) facteurs visibles au niveau des services techniques et des agents ; iii°) facteurs visibles au niveau des autres parties prenantes de l'organisation ou de la situation problématique, iv°) autres facteurs définis par le groupe – Apprendre à reconnaître les ramifications et les effets induits des décisions prises
	– Mener des actions coordonnées dans un système aussi complexe que l'administration – Construire et mettre en œuvre des processus d'apprentissage	– Comment couvrir et contrôler la mise en œuvre du plan d'action élaboré ? – Comment faire pour que le processus de résolution de problème se règle en cas de perturbations ?	– Revoir et apurer la liste des indicateurs – Examiner le système de suivi et de contrôle existant et le cas échéant, l'adopter et élaborer un système d'information spécifique au problème	– Tableau de répartition des tâches – Outil de pilotage de projet : tableaux de bord – Plan d'actions/feuille de route – Tableau de répartition des tâches – Tableau des compétences et de planification des carrières

Etapes de la roue d'apprentissage	Objectifs poursuivis	Questions à poser	Démarches appropriées (individuel et en groupe)	Procédés/techniques/outils à utiliser
ACTION		– Comment faire pour favoriser l'aptitude générale de l'administration ou du service à résoudre les problèmes ?	– Ebaucher et modeler des circuits pour la régulation des perturbations – Combiner le traitement des problèmes et la formation continue	– Planning de Gantt – Stratégie de l'administration pour soutenir le personnel administratif et les équipes de travail dans leurs projets d'apprentissage – Méthodes de communication et d'information des acteurs concernés sur le déroulement de l'action – Outils de conduite de changement

L'accent est mis sur l'*apprentissage* tout au long de la démarche par chaque acteur individuel ou collectif, ceci en vue d'actions mieux coordonnées, plus efficaces et plus déterminantes pour l'accroissement de la performance de chaque service public. A cet égard, l'instrument, comme le soulignent ses concepteurs (Ross, Smith et Roberts, in Senge et al., 2000), permet :

- de prendre du temps à chaque étape, pour ne pas être amené à agir impulsivement,
- de rappeler continuellement à une équipe, ses propres faiblesses pour l'obliger à les compenser naturellement.

Le travail en équipe dans les différentes commissions techniques créées au sein de l'administration, les réunions de coordination, les sessions de Conseil d'Administration (où se prennent des décisions stratégiques de développement des établissements publics) sont autant d'occasions pour utiliser cet outil.

Certains des procédés, techniques ou méthodes mentionnés pour chaque étape dans le tableau nous sont familiers. Nous les utilisons parfois (ou même souvent), mais sans en mesurer tout le potentiel d'apprentissage. D'autres sont des outils d'experts, les Conseillers en organisation administrative ou les consultants en développement organisationnel (OD). La contribution de ces intervenants dotés d'une expertise avérée est indispensable dans une démarche de « formulation-résolution » de problème dans l'optique de développement des organisations comme relevé dans la première partie de cet ouvrage. C'est à ce niveau que doivent intervenir les cadres de la structure nationale d'animation et d'impulsion de la réforme administrative.

Au niveau de la coordination du travail gouvernemental, certains de ces outils sont d'une utilité capitale pour veiller à la cohérence verticale (au sein d'un secteur donné) et horizontal (entre les différents secteurs de l'activité de l'Etat). A ce niveau, les Conseillers Techniques et les Chargés de mission qui proviennent de différents secteurs de l'administration et ont des profils académiques diversifiés doivent s'investir pour clarifier et critiquer leurs schémas mentaux et leurs valeurs et pour discuter les approches de modélisation et de construction des scénarios qu'ils utilisent, pour citer quelques exemples.

Le partenariat étant devenu le principal mode d'action de l'Etat, l'importance de cette démarche est capitale pour les Conseillers du Chef de l'Etat et du Chef de Gouvernement dans un contexte où les *compétences d'une solide argumentation* des politiques et des programmes publics, la *solidité* et la *cohérence* de ces politiques et programmes deviennent leurs principaux critères de performance. On sait quelles peuvent être les conséquences dévastatrices, en termes d'atteinte à la cohésion gouvernementale et à l'image des services publics, sans compter les coûts d'inefficacité et d'inefficience, des décisions qu'ils font prendre. Nous présentons dans l'encadré 4-1 intitulé *«Le Président*

J.F.KENNEDY, son équipe et le débarquement de la Baie des Cochons : erreurs d'analyse de problèmes à éviter », une étude de cas tirée de la littérature pour illustrer certaines faiblesses dans l'analyse de problèmes et la prise de décision à ce niveau hiérarchique. On sait quel a été le résultat de la décision d'effectuer le « *débarquement de la Baie des Cochons* » au Cuba, un échec retentissant. On notera à la lecture de ce cas, des exemples d'erreurs d'analyse de problèmes à éviter comme résumés dans le tableau 4-4. Ce cas nous sert d'introduction à l'approche de « travail en équipe ou en groupe » qui est traitée au chapitre 6.

L'un des objectifs poursuivis à l'étape de l'« Action » porte sur la *construction et la mise en œuvre des processus d'apprentissage*. L'atteinte de cet objectif commence par le responsable lui-même, sa « maîtrise personnelle »[52], sa concentration sur les valeurs clés qu'il veut inculquer. Il doit ensuite faire preuve d'ouverture aux interventions et aux points de vue des autres ; d'où l'importance pour lui de la pratique de la « réflexion » qui fait largement appel aux « schémas mentaux ». Dans la maîtrise « il y a un sens de joie et de facilité. Cela provient de notre capacité et de notre volonté à comprendre des forces qui nous entourent et à les mettre à profit » nous rappellent Senge et son équipe (2000 : 227). Qui sait ce qu'auraient été les résultats du débarquement de la Baie des cochons si, en plus de ses autres qualités, le Président Kennedy avait su comprendre les forces qui l'entouraient pour mieux les mettre à profit ?

ENCADRE 4-1 : LE PRESIDENT John F. KENNEDY, son équipe et le débarquement de la Baie des Cochons à Cuba : des erreurs d'analyse de problèmes à éviter

Nous avons tiré, en l'adaptant, cette étude de cas de l'ouvrage de Raymond Saner « L'art de la négociation : stratégie, tactique, motivation, compréhension, leadership », pour illustrer certaines faiblesses qui s'observent dans l'analyse de problèmes et la prise de décision en groupe.
Le président Kennedy réunit autour de lui, à la Maison Blanche, un aréopage de Conseillers et d'Experts dynamiques et brillants, issus des meilleures universités des Etats-Unis : Dean Rusk, Robert McNamara, Douglas Dillon, Robert Kennedy et Allen Dulles, pour ne citer que ceux-là. Cette « cellule de réflexion » fonctionne à merveille. Or, c'est pourtant elle qui commandite le catastrophique débarquement de la Baie des Cochons, à Cuba. Comment une telle situation a-t-elle pu se produire ? Tout le monde commet des erreurs et il existe certes, plusieurs explications. Mais dans le cas qui nous préoccupe, il en existe une relative au processus d'analyse

[52] Senge et son équipe définissent la « maîtrise personnelle » comme la « capacité non seulement à produire des résultats, mais également à « maîtriser » les principes sous-jacents » (2000 : 227). Ils identifient trois étapes clés dans le processus qui permet de définir cette discipline, à savoir : définir une vision personnelle ; percevoir la réalité clairement et choisir, c'est-à-dire sélectionner les résultats et les actes qui vont vous conduire vers votre destinée (2000 : 230).

de problèmes et de prise de décision dans le groupe tel que décrit par Irving Janis dans « « Groupthinks », Psychology Today Magazine, 322-329, june 1971 ». Cet auteur met en lumière plusieurs signes d'un sentiment de groupe hypertrophié qui, ajouté au stress engendré par une situation tendue, a considérablement réduit la faculté de prise de décision de l'équipe. Les symptômes observés sont les suivants :

- Les membres de l'équipe partagent une impression d'invulnérabilité. Ils prennent d'énormes risques, ne savent pas comment répondre aux alarmes qui se déclenchent, et se montrent par trop optimistes quant au dénouement de l'affaire. Par exemple, l'équipe fonde son plan sur l'hypothèse invraisemblable de la Central Intelligence Agency (CIA), selon laquelle ils sauraient dissimuler au public que les Etats-Unis étaient à l'origine de l'invasion de l'Île.
- Tous les signaux d'alarme sont ignorés au profit d'une interprétation des faits *a posteriori* et d'une théorie reine. James C. Thomson, professeur à Harvard, a observé que la Maison Blanche a été victime d'un tel comportement de nombreuses années : lorsque quelque chose se passe mal, il suffit de réécrire l'histoire pour rendre inattaquables les décisions qui ont été prises.
- Bien sûr, l'équipe a la morale pour elle : « Nous ne pouvons qu'avoir raison. » Rien ne l'exprime davantage que le refus systématique d'affronter certaines questions et jugements critiques. La justification de sa position ne souffre d'aucune discussion. Petit à petit, les voix qui, à la Maison Blanche, s'expriment contre l'opération se taisent de leur propre chef.
- Il est alors logique que de telles prémisses aboutissent à une conclusion simple : « si nous avons raison, alors les autres doivent avoir tort. » En outre, le groupe sous-estime ses adversaires autant qu'il surestime ses propres forces : l'aviation cubaine n'est absolument pas prise en compte – deux B – 26 obsolètes sont censés la clouer au sol au cours d'une attaque surprise. La réalité s'est révélée tout autre.
- Ce groupe d'experts exerce une pression sociale sur les membres qui adoptent un point de vue critique. Toute tentative pour faire appel à la prudence ou soulever des problèmes épineux est réprimée. Le président Kennedy lui-même émet à plusieurs reprises des doutes sur l'opération de la Baie des Cochons, mais il laisse les représentants de la CIA mener les discussions lors des réunions importantes, où la moindre réserve est immédiatement endiguée et fondue dans le point de vue majoritaire.
- Au fil du temps, cette pression sociale conduit plusieurs membres du groupe à étouffer tout esprit autocritique, tout scepticisme, et à en traquer la manifestation chez les autres. Au bout du compte, tout sens critique s'évanouit au sein du groupe.
- L'unanimité règne donc – au moins en apparence – lors des prises de décisions, et se glisse petit à petit dans les discussions. « Qui ne dit mot consent » devient implicitement la règle de fonctionnement de l'équipe.
- Enfin, les individus les plus exaltés, désormais dangereusement soudés les uns aux autres, se sentent en droit de protéger les autres – spécialement le président – contre les opinions divergentes et même contre les informations qui jettent un éclairage différent sur la situation. Robert Kennedy est l'un de ces « gardiens du temple » : il tire les proches du président à part et s'adresse directement à leur conscience…

Source : Saner, R (2005 : 197-199)

5. LES POLITIQUES PUBLIQUES ET LES PROBLEMES ADMINISTRATIFS

Les décisions que prend un gouvernement pour résoudre des problèmes concrets qui se posent dans une société donnée sont formulées dans des politiques qui constituent un cadre général d'action de l'administration publique. On peut citer, par exemple les plans quinquennaux de développement, les plans d'ajustement structurel, le document de stratégie de réduction de la pauvreté, les stratégies sectorielles qui résument des mesures concrètes à prendre.

En théorie, une politique publique donnée vise toujours un public bien ciblé, choisi en fonction de trois critères : son poids politique ; la répartition des charges et des avantages qui lui incombent ; l'équité de la répartition. En outre, trois facteurs essentiels déterminent la capacité administrative d'un système politique (Poulin, Y., 2002 : 440) : l'environnement du système politique caractérisé par les demandes formulées et les supports fournis par les citoyens à l'action gouvernementale ; la qualité des pratiques de l'administration publique ; le niveau de développement atteint par l'administration publique.

Une typologie classique des politiques publiques distingue (de Bruyenne, 1995) :

- **les *politiques distributives*** incluant la production ou la fourniture de biens et services par le gouvernement dans le cadre de sa fonction de « bien-être social » : rôle du gouvernement, disponibilité des biens publics, allocation spatio-temporelle, équité dans la distribution ;
- **les *politiques réglementaires ou régulatrices*** qui imposent des restrictions ou des limitations au comportement des individus et des groupes ;
- **les *politiques redistributives*** qui tendent à déplacer l'allocation des richesses, des revenus ou des droits, d'une catégorie à l'autre de la population en fonction de critères généraux. Ici c'est le sort des bénéficiaires et non leur comportement qui est visé : prélèvements, paiements ;
- **les *politiques constitutives*** définissent les règles institutionnelles et les structures des systèmes de décision. Elles affectent le régime, les institutions politiques, administratives et juridictionnelles, les procédures législatives ou électorales….

Les politiques constitutives conditionnent les décisions et les actions concrètes du gouvernement et par conséquent les stratégies de développement de son administration. Le cadre d'action d'une politique n'est pas nécessairement conçu à l'avance, il peut être reconstruit *a posteriori*. De même, le cours d'action que prend une politique n'est pas toujours défini explicitement, ses intentions peuvent être inventées ou justifiées rétrospectivement.

Dans la mesure où ce cadre (qui peut être justifié rétrospectivement) influence fortement le processus d'analyse, de formulation et de résolution des problèmes dans l'administration publique, à travers, notamment le mécanisme de la « hiérarchisation » qui est décrit plus loin, nous résumons ici son processus de formulation et les rationalités qui sous-tendent le comportement des acteurs. Par son haut degré d'indétermination et de variabilité, une politique publique est un exemple de « situation » plutôt « très complexe » à laquelle la haute administration est quotidiennement confrontée. A ce sujet, Joël de Rosnay (2007 : 34-37) décrit deux exemples de systèmes complexes auxquels nous, citoyens, usagers des services publics ou contribuables, nous intéressons tous, à un titre ou à un autre : (i) les cycles de la biosphère dont chaque administration doit tenir compte dans la formulation des politiques de développement durable et (ii) le système économique qui fait intervenir des facteurs aux enjeux aussi complexes que le marché de travail, le marché des biens et services, le savoir, le capital, la production, la consommation, les dépenses, l'énergie, les déchets,... Notre principal objectif ici, est de fournir un cadre conceptuel d'interprétation des « schémas mentaux », ces images et ces hypothèses que nous avons de nous-mêmes, des acteurs politiques et des autres partenaires sociaux, et qui déterminent subtilement ce que nous voyons.

5.1. Processus de formation et d'élaboration d'une politique publique

Vue comme un processus de prise de décision, une politique publique comprend les divers éléments constitutifs d'une démarche systémique d'analyse de problème (par exemple comme avec les deux méthodes décrites ci-avant), suivant une logique de l'intervention gouvernementale :

- formulation de buts ou objectifs à atteindre ;
- identification des effets recherchés par la politique ;
- comparaison analytique et appréciation des options disponibles ;
- projection des effets futurs de l'action sur la base d'hypothèses causales ou de conjectures liant l'action à ses conséquences attendues ;
- élaboration d'un programme d'action en vue de réaliser les objectifs visés ;
- stratégie d'intervention : normes de l'exécution, voies à suivre, tâches à accomplir, méthodes d'évaluation et d'apprentissage et moyens (humains, financiers, matériels, temporel, informationnel) nécessaires.

La formation des politiques publiques recourt à divers mécanismes de choix social. Ceux-ci servent aussi bien à agréger les préférences individuelles, qu'à régler les conflits sociaux et assurer la coordination entre des acteurs confrontés à des problèmes d'intérêt collectif. Sept principaux mécanismes distincts peuvent être dégagés (de Bruyenne, P., 1995 : 204).

- *le vote* : permet de prendre des décisions collectives sur la base de préférences individuelles. Le mécanisme est à mi-chemin entre l'autocratie (dictature) et la volonté générale (unanimité) ;

- *le marché* : basé sur les échanges libres et volontaires entre ceux qui participent ; il est censé opérer la *régulation spontanée* des intérêts individuels. Par la « main invisible » du système de prix, le marché est supposé être capable de résoudre les problèmes d'allocation, de distribution et d'emploi des ressources, sans aucune direction centrale ;
- *la hiérarchie* : les structures d'autorité du gouvernement et de l'administration coordonnant les interactions de multiples agents à travers une organisation bureaucratique. Les choix sont effectués par le biais des plans et des contrôles centralisés ;
- *la polyarchie* : les choix collectifs émergent des interactions entre plusieurs acteurs, dont aucun ne contrôle la formation des politiques. Le pluralisme en est une variante, lorsque des groupes organisés exercent des pressions à l'intérieur d'un système politique pour faire prévaloir leur influence et infléchir des décisions publiques dans le sens de leurs intérêts : ajustement mutuel entre partisans d'intérêts différents et adaptation réciproque ; coopération conditionnelle ;
- *la persuasion* : forme de choix social qui induit les gens à concourir à des objectifs sociaux même au détriment de leurs intérêts matériels immédiats. Elle vise tantôt la manipulation des masses par le pouvoir ; tantôt elle veut inculquer des principes moraux qui serviront de guide aux actions des individus et suscitera leur participation active à la recherche concertée d'un bien commun ;
- *la négociation* : mode de coordination entre des acteurs qui ont un intérêt commun à conclure un accord entre eux mais qui sont opposés quant à la nature de cet accord. Plusieurs solutions coopératives sont possibles à l'intérieur d'une zone « zone d'accord possible » où toutes soient jugées préférables à un désaccord persistant. Chaque partie perçoit ses intérêts, sans nécessairement comprendre la structure du jeu, ses règles et les stratégies des autres participants. Mais chacun va s'efforcer de prévenir l'escalade du conflit et de parvenir à un accord mutuellement profitable, proche de la frontière extrême de la zone ;
- *le débat public* : fonde les choix collectifs sur la délibération politique et la force de l'argumentation. Ancré dans la vie collective, il implique réflexion critique et jugement de valeur sur les fins de l'action autant que sur les moyens. Il rejette la rationalité instrumentale ainsi que les finalités technocratiques, pour se fonder sur la rationalité communicative orientée vers la compréhension intersubjective et la génération d'un consensus sur les fins de l'action.

Le processus de formation des politiques publiques est commandé par leur contenu intrinsèque et par les attentes des décideurs. La construction d'une politique, de son initiation à sa réalisation effective, comprend quatre principales phases illustrées par le schéma de la figure 4-6 : l'analyse du problème ; la conception et la sélection des options ; la mise en œuvre et la conduite des actions ; la production et l'évaluation des effets.

Telles qu'explicitées dans la figure 4-6, les activités de ces phases correspondent à celles décrites aux différentes étapes de la méthode globale d'analyse et de formulation-résolution de problèmes, de même qu'à celles de la roue d'apprentissage. Dans ce cas des politiques publiques, la dernière phase permet de tirer les conclusions sur la ***performance*** autant de cette politique mise en œuvre que du système administratif qui a appuyé son élaboration et sa réalisation.

FIGURE 4-6 : CYCLE DE FORMATION DES POLITIQUES PUBLIQUES

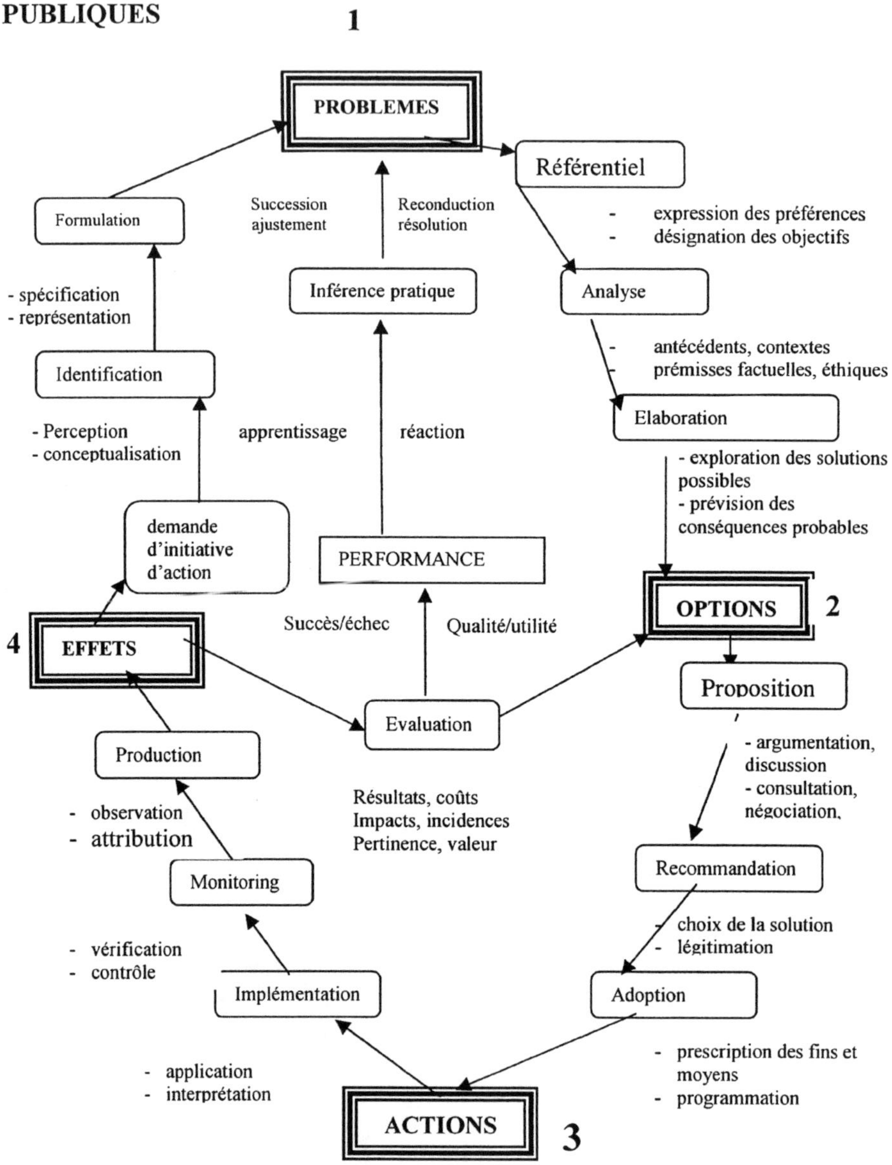

Source : Paul de BRUYNE (1995 :214). La décision politique : Editions PEETERS

5.2. Rationalités sous-jacentes au comportement des acteurs

L'analyse de la formation d'une politique s'inspire inévitablement de plusieurs cadres de références théoriques (les schémas mentaux) et son approche est nécessairement multidisciplinaire (juxtaposition de plusieurs disciplines) ou transdisciplinaire (confrontation des axiomatiques des différentes sciences). Les exemples suivants nous sont familiers à cet égard : politique de lutte contre la pauvreté, politique d'éradication d'une maladie endémique, politique de lutte contre la corruption. Tout au long de ce processus de formation, des acteurs non-gouvernementaux peuvent intervenir à côté des instances officielles et contribuer ainsi à améliorer la qualité des analyses et des décisions en les fondant sur une information plus complète.

Le tableau 4-7 résume les différentes rationalités qui ont cours dans un processus de formation d'une politique publique. Il est intéressant d'y noter la rationalité « limitée », procédurale et la rationalité « systémique », adaptative qui sous-tendent respectivement le comportement de l'« homme administratif », limité dans ses capacités d'anticipation et de mémoire (entres autres) et de l'« homme de l'organisation », prévisible et capable de choix ; tous deux des acteurs clés de développement des services publics dans la perspective de la réforme administrative retenue dans cet ouvrage.

Les données de ce tableau peuvent servir de grille de décryptage des vues des uns et des autres aux étapes de « réflexion », de « connexion » et de « décision » dans un processus de formulation-résolution d'un problème organisationnel au sein d'un service public ; la création de celui-ci s'inscrivant toujours dans le cadre de la mise en œuvre d'une politique publique.

Le monde des administrations, et tout particulièrement celui des administrations publiques est un monde de complexité. Ce qui lui vaut, à tort ou à raison, tous les « méchants qualificatifs » qu'on lui attribue sous tous les cieux, avec une tonalité toute particulière en Afrique. Pourtant les sciences de la complexité, bien maîtrisées, peuvent aider à faire mentir ces tristes attributs. Joël de Rosnay (2007 : 67) est à ce sujet rassurant lorsqu'il conclut la première partie de son livre sur les scénarios du futur avec ces mots :

> *La combinaison de la rationalité (ou de l'irrationalité) politique avec les grandes lois de la nature provoque une tension permanente en bordure de l'ordre idéal et de la turbulence stérile. C'est dans cette niche particulière que peuvent naître les phénomènes spontanés d'auto-organisation et d'accélération. C'est à ce point précis que la capacité d'adaptation et d'efficacité est la plus grande. A nous de comprendre comment nous y maintenir, afin de coévoluer avec le monde que nous avons créé et avec l'écosystème planétaire.*

TABLEAU 4- 7 : RESUME DES RATIONALITES DE LA DECISION POLITIQUE

Type de rationalité	Description	Buts	Comportement des acteurs	Bases de connaissance
PURE ***Instrumentale***	• Choix des meilleurs moyens disponibles pour atteindre des fins données • Choix parmi des fins alternatives sur la base de préférences et d'opportunités données (action tournée vers le succès)	Normatifs La décision postule la convergence des fins et des valeurs et l'adéquation des moyens aux fins	***Homme économique*** homme « certain » • Intentionnel • Omniscient • Calculateur • Utilitariste • Autonome	•Raisonnement logique et empirique •Analyse •Objectivisme
LIMITEE Procédurale	Choix des procédures de décision en fonction de l'effort cognitif et du degré d'exactitude : transformation de l'information (flexibilité des stratégies de décision)	Contingences Le comportement de choix dépend des conditions de la tâche et des capacités du décideur	Homme administratif Homme limité dans ses capacités • D'information • D'anticipation • D'attention • De calcul • De mémoires	•Facteurs normatifs (valeurs) et affectifs (émotion) •Intuition, jugement •Esprit critique
ADAPTATIVE **Systémique**	Appréciation des propriétés et des mécanismes du système en vue de son adaptation et de sa	**Fonctionnels** Les conditions, les mobiles, les formes et les conséquences de la	**Homme de l'organisation** Homme « probable », prévisible	• Déterminants du système (contraintes à changer) et liberté des acteurs (zones de

Type de rationalité	Description	Buts	Comportement des acteurs	Bases de connaissance
	régulation (action tournée vers les règles et les rôles)	décision sont liés à la situation interne et externe	• Conditionné par la structuration de l'espace social • Capable de choix dans les espaces de liberté	discrétion à induire) • Déterminisme et volontarisme
POLITIQUE **Communicative**	Détermination des fins et des moyens de l'action « avec raison » : délibération rationnelle et consensus (action sociale rationnelle fondée sur des normes acceptables par tous)	**Conceptuels** La prise de décision est tributaire des structures sociales et cognitives qui font sa spécificité et sa complexité	***Homme politique*** • homme « aléatoire » erratique • homme d'action	• Raison pratique ancrée dans la vie sociale • Argumentation • dialogue

Source : Paul de BRUYNE (1995 : 246 – 251)

CHAPITRE 5 : DEUX EXEMPLES D'ANALYSE SYSTEMIQUE DE PROBLEMES DANS L'ADMINISTRATION : LES LENTEURS ADMINISTRATIVES ET LE PHENOMENE DE LA CORRUPTION DANS LES SERVICES PUBLICS

Les enjeux de construction et de consolidation de l'administration publique africaine du 21ème siècle, avons-nous vu au chapitre 3, se posent en termes d'élaboration et d'adoption de politiques gouvernementales visant à : i) construire les bases d'une réputation et d'une notoriété dont elle ne jouit pas encore à l'extérieur des frontières du continent ; ii) à consolider les valeurs d'ouverture et de participation des citoyens à la recherche de leur bien-être ; iii) à accélérer le processus de décentralisation en vue d'une gestion rigoureuse de proximité et de responsabilisation des acteurs qui sont proches des problèmes que vivent les citoyens.

Aujourd'hui, pour relever les défis qui sont sous-jacents à ces enjeux, deux types de problèmes mériteront une attention toute particulière de tous les acteurs et à différents niveaux hiérarchiques tant de l'administration que de la société africaine tout entière. Il s'agit du problème des lenteurs administratives qui sont sources d'inertie et de perte de compétitivité dans un monde globalisé et du problème de la corruption qui sape les bases de la crédibilité que devraient procurer les efforts de bonne gouvernance entrepris avec l'adoption de la nouvelle philosophie de gestion centrée sur les résultats au coût optimal. Nous esquissons ici une étude systémique de ces deux problèmes en appliquant les deux approches présentées au chapitre 4.

1. LES LENTEURS ADMINISTRATIVES

Nous appliquons à ce premier cas, l'approche globale de formulation et de résolution de problèmes préconisée par Probst et Ulrich comme décrite au troisième paragraphe du chapitre 4.

1.1. Modélisation et interprétation de la situation

1.1.1. Définition du problème à résoudre

Un dossier met beaucoup trop de temps dans un bureau pour en ressortir. Lorsqu'il en sort, l'usager n'est pas au bout de ses peines, le circuit de traitement est encore long et la procédure de notification n'est pas simple non plus. Tantôt il faut aller avec un numéro au bureau du courrier, tantôt il faut attendre d'être convoqué par voie de communiqué radio, tantôt il faut attendre un courrier postal, tantôt il faut faire appel à la personne à qui on a confié le « suivi » du dossier moyennant rétribution sous une forme ou une autre (monnayage des services publics). Face à cette inextricable situation, l'usager a le sentiment d'être victime de « tracasseries administratives » qui lui causent d'énormes préjudices. Il dépense beaucoup de temps, d'énergie et d'argent pour chaque pièce d'un dossier important qu'il veut constituer. Les retards causés par ces tracasseries lui font perdre les opportunités qui sont à l'origine de la constitution de ce dossier. Il peut s'agir d'un malade pour qui on constitue un dossier d'évacuation sanitaire dans un centre hospitalier plus compétent pour le traiter. Il peut s'agir d'un candidat à un concours ou à un recrutement dans une entreprise qui a besoin de ses diplômes et des copies de ses pièces d'état civil. Il peut s'agir d'un opérateur économique qui veut finaliser un dossier d'affaires avec des partenaires étrangers, lequel dossier nécessite des accords et autres documents administratifs relevant du domaine du commerce international[53]. Il peut s'agir d'une personne qui a une affaire au tribunal et qui attend les conclusions pour la suite d'une autre procédure (qui ne pourra pas attendre indéfiniment) ou même pour une réorientation professionnelle ou pour un voyage déterminant pour le cours de sa vie.

1.1.1.1. Détermination des objectifs

Au Cameroun, par exemple, le diagnostic réalisé lors de l'élaboration du programme national de gouvernance a mis en exergue ce malaise de « lenteurs administratives ». Les opérateurs économiques organisés au sein du Groupement Inter patronal du Cameroun (GICAM) ont, par exemple, attiré vigoureusement l'attention du gouvernement sur ce malaise et sur son impact sur les performances économiques du Cameroun et par ricochet son lien avec la stratégie nationale de lutte contre la pauvreté, les exclusions et même la corruption.

Globalement, le souhait (le désir, la norme) est que *les délais de traitement des dossiers dans l'administration publique soient réduits à leur extrême minimum* pour permettre, par exemple, aux sociétés et aux économies africaines d'être compétitives dans un contexte de mondialisation, c'est-à-dire de libéralisation des échanges et des changements technologiques rapides. A cet égard, le programme national de gouvernance du Cameroun, pour continuer avec cet exemple, a retenu les objectifs suivants dans le cadre de la poursuite de l'objectif stratégique « gestion efficace et transparente de l'Etat », un certain

[53] S'agissant par exemple du « climat des affaires », les données du FMI (Bulletin, vol. 36, n° 10, 25 juin 2007) indiquent qu'en 2006, le Cameroun occupait le 152 è rang sur 175 pays : il fallait près de 800 jours pour exécuter un contrat, près de 444 jours pour la délivrance d'un agrément et le coût d'enregistrement d'un contrat était de 19% de sa valeur.

nombre d'objectifs opérationnels dont les suivants, regroupés par domaine d'intervention[54].

Domaine d'intervention	Objectifs poursuivis
La réforme administrative	– Améliorer l'organisation de l'Etat et du travail gouvernemental. – Améliorer le management des services et des relations administration/citoyens-usagers. – Assurer le respect de la déontologie et de l'éthique professionnelles.
L'amélioration de la gestion économique et financière	– Maîtriser la gestion opérationnelle de la politique économique et sociale. – Systématiser le contrôle et l'évaluation de l'exécution des politiques, programmes et projets économiques, financiers et sociaux.
La lutte contre la corruption	– Mettre en place un système de transparence et de responsabilité pouvant réduire les opportunités et possibilités de corruption. – Mettre en place des mécanismes d'identification, de prévention et de répression de la corruption.

Le domaine d'intervention « réforme administrative » est suivi par le Ministre de la Fonction Publique et de la Réforme Administrative au Cameroun, ou par le Ministre chargé de la modernisation de l'appareil administratif de l'Etat dans d'autres pays africains. La gestion économique et financière est suivie par le Ministre chargé de l'Economie et des Finances. Le domaine de la « lutte contre la corruption » est transversal et fait intervenir, sous l'autorité du Premier Ministre, Chef du Gouvernement, tous les départements ministériels, les représentants du secteur économique et les associations de la société civile. Chaque responsable de domaine a pour rôle de résoudre le problème des lenteurs administratives tel qu'il se pose suivant sa perspective d'analyse et d'action, conformément au cadre de répartition du travail gouvernemental qui est fourni, entre autres, par le texte organique de chaque ministère.

Si nous nous en tenons à la perspective de la « réforme administrative » qui est celle de cet ouvrage, plusieurs cas peuvent se présenter. L'objectif poursuivi par la résolution de ce problème de « lenteurs administratives » peut ne pas être formulé de manière précise. Par exemple, les trois objectifs stratégiques du domaine de la réforme administrative résumés plus haut dans le

[54] Tous les objectifs poursuivis par domaine ont été décrits dans le tableau 2-3 de la première partie (chapitre 2).

tableau sont davantage des cibles qualitatives qui comportent toutes implicitement une dimension concernant le rythme de traitement des dossiers dans l'administration. Mais aucune ne formule clairement les objectifs poursuivis par le Gouvernement, ni les facteurs importants de ce problème, par exemple, en termes de stratégies pour les prochaines années. L'objectif poursuivi peut amener à envisager des mesures correctives qui viennent immédiatement à l'esprit. Réduire, par exemple, les délais de traitement des dossiers ou bien supprimer la possibilité de contact entre l'usager et l'agent public pour permettre à ce dernier de consacrer son temps de travail effectivement au traitement des dossiers dans le respect de l'ordre chronologique d'entrée des dossiers dans son service. Mais ces mesures se révèlent-elles vraiment efficaces ? Ces choix ne s'accompagnent-ils pas d'effets secondaires non désirés ? Par exemple, la rupture du contact entre l'usager et l'agent public peut entraîner une augmentation du volume des rejets (dossiers incomplets, pièces non conformes, date de validité d'un document...) amplifiant de ce fait le problème de lenteurs. Même dans le cas d'un objectif clair et susceptible d'être quantifié, de nombreuses questions se posent encore, surtout lorsqu'il s'agit de l'interprétation d'une directive du Ministre ou d'une instruction du Chef du Gouvernement. A titre d'exemple, nous reprenons intégralement dans l'encadré 5-1, le texte d'une instruction du Premier Ministre, du Cameroun, adressée aux Ministres d'Etat, Ministres, Secrétaires d'Etat et Gouverneurs de provinces et relative à la « rationalisation des délais et procédures de traitement des dossiers dans les services publics ».

<u>ENCADRE 5-1</u> : RATIONALISATION DES DELAIS ET PROCEDURES DE TRAITEMENT DES DOSSIERS DANS LES SERVICES PUBLICS au Cameroun

Instruction n°003/CAB/PM du 24 janvier 2001	
	Le Premier Ministre, Chef du Gouvernement A MM les Ministres d'Etat Mmes et MM. Les Ministres Mmes et MM. Les Secrétaires d'Etat MM. Les Gouverneurs de Province Par mon instruction n°001/CAB/PM du 27 mai 1992 je vous avais prescrit, en vue de l'amélioration des prestations dues aux usagers des services publics, d'inviter vos collaborateurs et responsables des services publics placés sous votre autorité, contrôle ou tutelle, à veiller en particulier à la célérité, la rigueur et l'objectivité dans l'étude et le traitement des dossiers. Force est cependant de constater que ces prescriptions semblent avoir été

	perdues de vue dans nombre de services publics alors même que le Gouvernement est engagé dans un vaste processus de rénovation et de modernisation de son administration à travers notamment l'adoption d'un Programme National de Gouvernance. Face à cette situation qui est fortement préjudiciable à l'image de l'administration ainsi qu'à l'efficacité de son action, je vous demande de bien vouloir prendre les mesures nécessaires à l'effet de réglementer au sein de vos diverses administrations les procédures de traitement des dossiers en mettant en particulier un accent sur : – les délais de traitement ; – le rôle et les responsabilités des différents acteurs ; – la transparence ; – et l'information permanente des usagers. Ces mesures internes de caractère immédiat et ponctuel, seront complétées et renforcées par l'élaboration de Manuels de Procédures Administratives (MPA) propres à chacune de vos administrations. Je vous invite à cet effet à prendre attache avec le Secrétariat Permanent à la Réforme Administrative en vue de l'élaboration desdits Manuels de Procédures pour lesquels des crédits devront êtres dégagés dans vos budgets respectifs. Vous voudrez bien, chacun en ce qui le concerne, me rendre compte avant le 30 juin 2001 des mesures internes prises pour mettre en œuvre les prescriptions qui précèdent et, éventuellement, des difficultés rencontrées. Le Ministre de la Fonction Publique et de la Réforme Administrative pour sa part me fera en outre tenir avant le 30 décembre 2001, un rapport sur l'état d'élaboration des Manuels des Procédures Administratives par les différents départements ministériels. J'attache le plus grand prix au strict respect de la présente instruction dont vous voudrez bien accuser réception. Le Premier Ministre Peter MAFANY MUSONGUE

L'objectif poursuivi est résumé par cette phrase :

[...]. Face à cette situation qui est fortement préjudiciable à l'image de l'administration ainsi qu'à l'efficacité de son action, je vous demande de bien vouloir prendre les mesures nécessaires à l'effet de réglementer au sein de vos diverses administrations les procédures de traitement des dossiers en mettant en particulier un accent sur : i°) les délais de traitement ; ii°) le rôle et les responsabilités des différents acteurs ; iii°) la transparence ; iv°) et l'information permanente des usagers...

On notera ici que les quatre points sur lesquels un accent particulier devra être porté représentent en quelque sorte les caractéristiques de la « situation désirée » ; ce que devra être le nouveau système à mettre en place. Ce sont des « cibles » *a priori*. Notons dans cette cible la présence d'un objectif de *valeur*, « la transparence ».

Lorsque dans cet objectif on parle de « procédures de traitement de dossiers », évoque-t-on aussi bien les procédures administratives que les procédures techniques spécifiques à chaque corps de métier de la fonction publique ? Par exemple : procédure de préparation d'une leçon de mathématique à différents niveaux (maternelle, primaire, secondaire, universitaire), procédures d'intervention chirurgicale pour une maladie donnée, procédures de gestion des espaces protégés dans le domaine de l'environnement, procédures de construction d'une route et des ouvrages d'art qui l'accompagnent, procédure de planification stratégique appliquée à divers domaines de l'activité économique, sociale et culturelle. Est-il même pertinent de faire une telle distinction ? Si oui quelles variables de différenciation retenir ? Puisque chaque acte administratif est toujours sous-tendu par un acte technique. Ces questions sont d'autant plus importantes dans ce cas (réel) que le paragraphe suivant de l'Instruction du Chef de Gouvernement précise que « ces mesures internes à caractère immédiat et ponctuel, seront complétées et renforcées par l'élaboration de Manuels de Procédures Administratives (MPA) propres à chacune de vos administrations ».

1.1.1.2. Modélisation de la situation problématique

Il faut donc apporter des réponses à ces questions avant de s'engager dans la voie de l'action. On ne doit pas perdre de vue ici, en effet, que derrière les procédures de traitement des dossiers se profilent des normes inscrites dans les constitutions, dans des lois, des statuts, des chartes, des règlements, les ententes régionales et internationales ; et que ces normes sous-tendent la dimension juridique de l'imputabilité dans l'administration et modèlent subtilement (schémas mentaux) les vues des différents acteurs impliqués dans cette situation de « lenteurs administratives ».

Dans le cas de cette instruction du Chef de Gouvernement camerounais, il s'agira, par exemple, d'interpréter et de concrétiser, dans le contexte de chaque administration, les énoncés généraux des quatre points sur lesquels la démarche devra mettre un accent particulier à savoir :

- les délais de traitement ;
- le rôle et les responsabilités des différents acteurs ;
- la transparence ;
- l'information permanente des usagers.

L'interprétation doit se faire aussi bien par rapport à chaque administration, à l'environnement national et international, qu'aux perspectives d'évolution de l'administration publique camerounaise. Il ne faudra pas ici perdre de vue le fait que le pays est doté d'une Agence Nationale des Technologies de l'Information et de la Communication (ANTIC) et que le Gouvernement poursuit dans le cadre de sa stratégie de Réduction de la Pauvreté le « développement d'un système de production et de diffusion du savoir, capable de permettre à chaque secteur de l'économie de disposer en tout temps et en tout lieu, des informations nécessaires à la transformation des opportunités de son environnement en biens et services économiquement viables » (voir l'encadré 2-8 de la première partie, chapitre 2). Aussi, pour chaque secteur de l'économie camerounaise, le système à mettre en place devra « (i) assurer la codification et la conservation des savoirs ainsi que leur valorisation et leur diffusion ; (ii) accélérer la réduction des coûts grâce à l'accès aux savoirs et, (iii) rechercher l'amélioration de la qualité de la production. » (voir l'encadré 2-8 de la première partie, chapitre 2).

Cet exemple qui est circonscrit dans un cadre réel montre qu'au niveau du Gouvernement apparaît non pas un objectif unique, mais un *faisceau* d'objectifs reliés les uns aux autres dans la mesure où, on ne peut pas élaborer un système de production et de diffusion de savoir sans un minimum de rationalisation des procédures de production et de diffusion de ces savoirs, lesquels constituent *in fine* l'essentiel de l'extrant de l'administration. Et de l'autre côté comment rationaliser sans tenir compte de l'évolution des techniques et des technologies de production, de conservation et de diffusion des données administratives ?

Il se pose donc un problème d'élaboration du modèle à adopter pour appréhender la réalité du phénomène des « lenteurs administratives », sachant que chaque perception de cette réalité est sélective et n'englobe par conséquent pas certaines de ses propriétés. C'est ici le moment pour chaque intervenant dans la démarche de résolution de ce problème, d'être conscient de ses propres préjugés, de l'influence de ses schèmes de pensée et de reconnaître que d'autres personnes ont d'autres valeurs et que ces personnes peuvent contribuer de façon fort utile à la construction du réel pour le groupe, le service ou l'administration (voir les trois défis de la dimension épistémologique des problèmes complexes au chapitre 4, §.2.3).

On a vu plus haut, par exemple, que le problème de « lenteurs administratives » pouvait être analysé suivant trois perspectives ; la perspective de la réforme administrative, la perspective de la gestion économique et financière et la perspective de lutte contre la corruption.

Une approche de construction d'un modèle applicable à cet exemple dans la perspective de la reforme administrative et poursuivant l'objectif de la « rationalisation des délais et procédures de traitement des dossiers » dans une administration consisterait par exemple à cerner ce problème suivant différents points de vue. Par exemple (et la liste n'est pas exhaustive) :

- le point de vue du Chef de département ministériel concerné ;
- le point de vue d'un représentant stratégique des usagers directs des services offerts par cette administration ;
- le point de vue du Conseiller Technique des Services du Premier Ministre ou même du Secrétariat Général de la Présidence de la République chargé de la Coordination des activités du secteur concerné ;
- le point de vue d'un échantillon représentatif des partenaires au développement du secteur ;
- le point de vue du Secrétaire Général du département ministériel concerné ;
- le point de vue des Inspecteurs des Inspections Générales (administration et technique) ;
- le point de vue de la direction du courrier ;
- le point de vue des directeurs techniques ;
- le point de vue de quelques agents qui interviennent au centre opérationnel des directions techniques (chef de service, chef de bureau, agent d'exécution) ;
- le point de vue d'un expert en O&M du domainc.

Comme indiqué dans l'instruction du Premier Ministre, la démarche pourrait être appuyée, au plan méthodologique, par une équipe du Secrétariat Permanent à la Réforme Administrative. L'intervention de cette structure devra mettre l'accent, notamment, sur deux types de facteurs pour permettre de bien cerner les causes et les effets du malaise observé :

- les facteurs qui influencent les délais et les procédures de traitement des dossiers dans une unité de travail ;
- les facteurs qui seront influencés par les modifications de ces délais et procédures.

L'établissement de la liste des facteurs d'influence qui résultera de cette analyse ne devra pas se limiter à une description de l'existant, encore qu'il n'est pas acquis que les personnes rencontrées aient pu couvrir tous les aspects de la réalité de la situation problématique. S'agissant en effet d'un problème qui a des ramifications dans toutes les dimensions sociale, économique, technologique, politique, de l'environnement de chaque administration, au-delà de l'existant, il se pose la question du *devenir* de l'administration publique dans un monde en pleine mutation ou de sa capacité à répondre aux attentes des politiques relatives à l'approche de *gestion axée sur les résultats*[55]. Par exemple, l'adoption d'un modèle de rationalisation des délais et procédures de traitement fondé sur les principes de l'approche de « Prestation Intégrée de Services (PIS) » qui sont au cœur du concept de l'« administration électronique » conduira à une stratégie comportant deux volets principaux : 1°) l'informatisation des échanges entre l'administration, les citoyens et les entreprises ; 2°) l'informatisation des procédures du travail administratif. Il sera alors indispensable d'examiner cette situation du point de vue juridique aux niveaux national et international pour ce qui est de la protection des données, de la signature électronique et du trafic juridique (pour ne retenir que ces trois aspects).

1.1.1.3. Construction du réseau des facteurs d'influence

Les facteurs d'influence retenus à l'étape précédente sont encore isolés et on ignore *comment ces éléments de la liste établie sont liés les uns aux autres*. Les questions suivantes doivent obtenir des réponses à ce stade :

- quels facteurs agissent directement sur les cibles retenues ? De quels autres éléments dépendent ces cibles ?
- sur quels facteurs jouent les cibles retenues ? Cette influence se propage-t-elle à d'autres éléments ?

Pour répondre à ces questions, la méthodologie adoptée devra faire appel aux compétences de plusieurs spécialistes à travers la création de groupes de travail. C'est, en effet, l'occasion : (i) de revenir sur la liste des facteurs d'influence de la situation pour l'enrichir, et (ii) de discuter des nombreuses autres questions qui émergent de cet effort pour bâtir une représentation commune de la situation problématique.

Le résultat de cette étape est un premier dessin du modèle de représentation de la situation problématique. Ce modèle se présente sous la forme d'un réseau qui contient les cibles et les facteurs d'influence essentiels et qui montre les liens de « causes » et d'«effets » qui existent entre ces facteurs. Il ne s'agit que d'une première représentation du modèle, laquelle pourra évoluer au cours des étapes ultérieures du processus de résolution du problème : une décision du Ministre ou une nouvelle politique gouvernementale peut amener à reformuler les objectifs, donc à revoir ce modèle ; des facteurs et des liens importants peuvent avoir été omis lors des analyses des précédentes étapes. A titre d'illustration, le schéma de la figue 5-1 montre un réseau construit à partir des principales cibles et de quelques facteurs d'influence pour ce problème de

[55] Voir au chapitre 2 des éléments du programme national de gouvernance, du document de stratégie de la réduction de la pauvreté, de la charte africaine de la Fonction Publique, de la déclaration de Stellebosch en Afrique du Sud, du programme du NEPAD.

« rationalisation des délais et des procédures de traitement des dossiers dans les services publics », du point de vue managérial. Dans cet exemple, on remarque qu'un élément est à la fois « cause » et « effet », car, influencé par certains éléments, il en influence lui-même d'autres. D'où l'idée de « cercle de causalité » ou de « boucle de rétroactivité » qu'on retrouvera dans le modèle de « roue d'apprentissage » qui est appliqué à l'exemple de la corruption dans ce chapitre.

Une fois le réseau construit, il faut rechercher les mesures qui sont susceptibles de modifier la situation en approfondissant notre compréhension du comment les éléments agissent les uns sur les autres. Il faut examiner les liaisons déjà établies et les transformer en *circuits d'influences*. La démarche est guidée ici par trois questions :

- quel *type* d'effet agit d'un élément à un autre ?
- quelle est l'*intensité* de cet effet ?
- quel est le *délai* qui le sépare de son origine ?

Pour la « rationalisation des délais et procédures de traitement des dossiers dans les services publics », et sous l'influence de plusieurs facteurs (nos préjugés, nos connaissances limitées,...) nous acceptons facilement par exemple que si le niveau de l'information des usagers augmente, leur niveau de satisfaction va également augmenter. De même, nous acceptons que si le niveau du budget de l'Etat diminue, la qualité du service va aussi diminuer. Ou encore que si le décalage entre les exigences d'un poste de travail et le profil de son titulaire est très grand, il est certain que la qualité du service va diminuer. Pourtant rien ne nous indique que les choses sont aussi simples, aussi linéaires. Par exemple, le niveau d'information des usagers peut s'augmenter alors que la qualité du service a stagné ou même diminué. Les usagers risquent plutôt, dans ce cas, de déclencher une grève ! Il est donc très important de bien cerner le type d'effet qui se produit entre deux éléments donnés du réseau.

L'analyse ici peut amener à de nouveaux points de vue. Peut-être dans un service, le problème de fond était-il davantage celui du style de management ou celui de la stratégie de motivation des personnels et que les lenteurs observées n'en étaient que des symptômes apparents. Peut-être un autre service dans une grande administration a une capacité d'innovation qui le place de loin au-dessus des normes de performance définies par le système, mais les autres unités de cette administration ne suivent pas (encore une fois pour diverses raisons que l'analyse du problème doit éclairer) et globalement les résultats de cette administration sont stabilisés ou décroissants, provoquant les plaintes des usagers.

FIGURE 5-1 : EXEMPLE DE RESEAU DE QUELQUES FACTEURS D'INFLUENCE pour le problème de « rationalisation des délais et des procédures de traitement des dossiers dans les services publics », du point de vue managérial

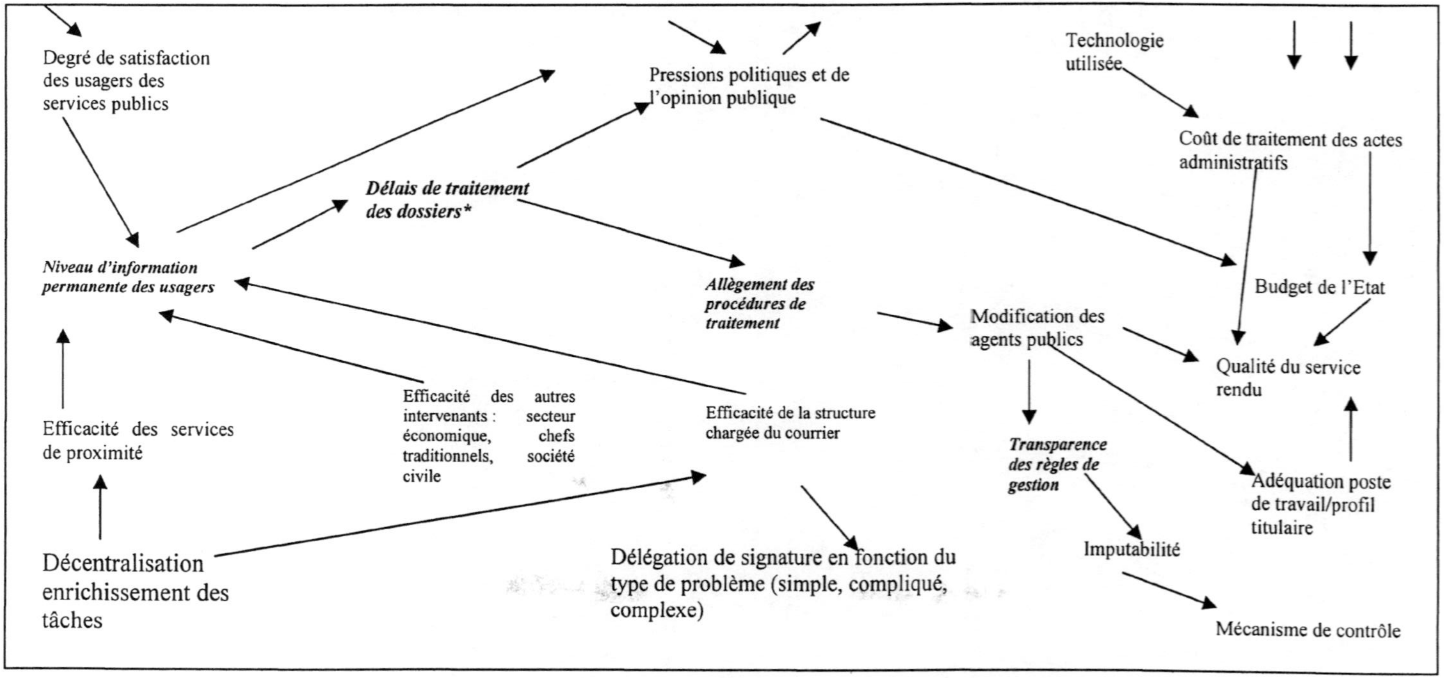

* Les cibles sont en gras et en italique

L'intensité d'un effet mesure l'ampleur ou la proportion avec laquelle un élément influence un autre. Pour notre exemple ici, et dans une administration donnée, la motivation du personnel d'un service choisi a-t-elle une influence négligeable, faible, relativement importante ou très forte sur la qualité du service rendu par cette unité ?

La principale difficulté de cette étape réside dans la clarté de la définition des concepts et une très bonne appréciation du type d'effet, sachant que la relation entre deux facteurs n'est pas nécessairement du type linéaire. Pour notre exemple de « rationalisation des délais et procédures de traitement des dossiers dans un service public », on peut utiliser une échelle du type suivant pour apprécier l'intensité de chaque effet défini :

0 = n'a à peu près aucun effet : intensité nulle ou négligeable
1 = a un effet relativement faible : intensité faible
2 = a un effet d'une importance moyenne : intensité moyenne
3 = a un effet important : intensité forte
4 = a un effet d'une importance majeure : intensité très forte

A l'aide de cette échelle, on évalue l'intensité de l'action de chaque paire d'éléments du réseau et on reporte la cote (ou note) correspondante dans un tableau en procédant ligne par ligne. Nous utilisons ici un modèle de grille proposé par Probst et Ulrich (1989) pour servir de support à cette analyse. Dans le tableau 5-1 qui en donne une illustration pour le cas traité ici, chaque ligne contient l'intensité de l'influence que l'élément concerné a sur tous les autres. Chaque colonne montre l'intensité des effets subis par l'élément choisi.

Si on fait la somme des cotes (ou notes) d'une ligne, on obtient un total qui indique l'importance de l'influence de l'élément concerné sur *tous les autres*. Si on fait la somme des cotes d'une colonne on obtient un total qui indique l'importance de l'influence que cet élément subit. Ces données permettent d'apprécier le rôle de chacun des éléments de l'ensemble, relativement aux autres. Suivant une typologie proposée par Probst et Ulrich, cette combinaison permet de distinguer quatre grands types d'éléments dans le réseau :

- *les éléments actifs :* ils influencent beaucoup et sont eux-mêmes peu influencés ;
- *les éléments réactifs :* ils influencent peu, mais sont beaucoup influencés par les autres ;
- *les éléments critiques :* ils influencent beaucoup et sont très influencés ;
- *les éléments inertes :* ils sont peu influencés et influencent peu.

L'élaboration d'un tel tableau doit être à la fois un travail individuel (chacun appréciant suivant son point de vue et le niveau de ses connaissances) et un travail en groupe encadrés par des experts avertis. Le but final de l'exercice n'est pas le tableau (la grille) avec ses chiffres qui ne sont que des symboles, des estimations. Le but poursuivi est une *très bonne vision partagée du niveau d'intensité de l'influence des différents effets* de la situation problématique. Cette vision va fortement influencer les décisions de priorisation des stratégies qui seront prises par la suite. L'apport des spécialistes et autres experts du domaine est d'autant plus déterminant que l'analyse profonde et détaillée des données ainsi recueillies expose aux dangers des conclusions hâtives et erronées. Surtout que dans l'administration, la pression des réunions et les tâches quotidiennes semblent prendre le pas sur la réflexion qui exige un minimum de recul. On peut par exemple oublier dans l'appréciation des éléments de la spécificité du problème (dimension intrinsèque de la situation problématique), de prendre en compte le fait que l'influence observée entre deux éléments n'est pas forcément linéaire, mais s'exerce suivant une fonction représentée par une courbe qui n'est pas une droite. Les économistes ou les environnementalistes, par exemple, sont familiers de ce genre de phénomène.

TABLEAU 5-1 : UN EXEMPLE D'ESTIMATION DE L'INTENSITE DES INFLUENCES DES ELEMENTS D'UN RESEAU appliquée au problème de « rationalisation des délais et des procédures de traitement des dossiers dans les services publics », perspective managériale

EFFET De / SUR	Productivité	Masse salariale	Style de leadership	Climat organisationnel interne	Formation continue	Technologie	Qualité des Ressources Humaines	Qualité des Ressources	*Somme E (E metteurs*
Productivité	0	1	0	3	4	2	0	0	**10**
Masse salariale	3	0	0	0	0	0	0	0	**03**
Style de leadership	3	0	0	3	2	0	3	3	**14**
Climat organisationnel interne	1	0	2	0	0	0	3	0	**06**
Formation continue	2	3	0	3	0	3	3	0	**14**
Technologie	4	0	0	2	3	0	2	0	**11**
Qualité des Ressources Humaines	4	3	2	0	2	0	0	0	**11**
Qualité des Ressources Financières	3	3	0	2	3	3	0	0	**14**
Somme R (Récepteurs d'influence)	**20**	**10**	**04**	**13**	**14**	**08**	**11**	**03**	**83**

Cet exemple met en exergue trois types d'éléments :

- le facteur « style de leadership » par exemple, qui influence beaucoup (R = 14), mais est peu influencé (R = 04) est un élément *actif* ;
- le facteur « formation continue » qui influence beaucoup (E = 14) et est très influencé (R = 14), est un élément *critique* ;
- le facteur « climat organisationnel interne » qui influence peu (E = 06) mais est très influencé (R = 13), est un élément *réactif.*

Ainsi par exemple, si le problème de la « rationalisation des délais et des procédures de traitement des dossiers dans les services publics » est analysé dans les administrations qui traitent des questions de gestion de l'environnement, on doit, entre autres considérations, être avisé des modalités de fonctionnement d'un « permis de pollution », lequel donne à leurs détenteurs (usagers des services concernés) le droit d'exploiter, jusqu'à une limite fixée, une ressource commune ou qui accorde aux entreprises productrices, l'autorisation de polluer le milieu naturel jusqu'à une quantité définie. La figure 5-2 illustre la courbe de croissance de la demande de permis de pollution (courbe CME) qui est fonction des coûts marginaux d'épuration et la courbe d'évolution des bénéfices des populations (courbe CMP) qui est fonction du niveau de pollution que ces populations souhaitent.

Une politique gouvernementale qui adopte ce mode d'intervention peut amener le gouvernement, soit à émettre un nombre donné (Q) de permis et observer le montant des enchères auquel ils se sont vendus, soit fixer un prix (P) et émettre autant de permis qu'il y a des demandeurs. Le point D (Q*, P*) sur cette figure, représente le point de décision optimale qui est atteint lorsque le nombre de permis vendus ou le niveau de pollution acceptable par les populations est optimal (Q*), ces permis étant vendus au coût optimal (P*) pour la population, coût qui représente aussi le bénéfice optimal pour l'entreprise qui achète le permis.

FIGURE 5-2 : UNE ILLUSTRATION DES COURBES DE RELATIONS ENTRE ELEMENTS AVEC EFFETS DE CROISSANCE NON LINEAIRE

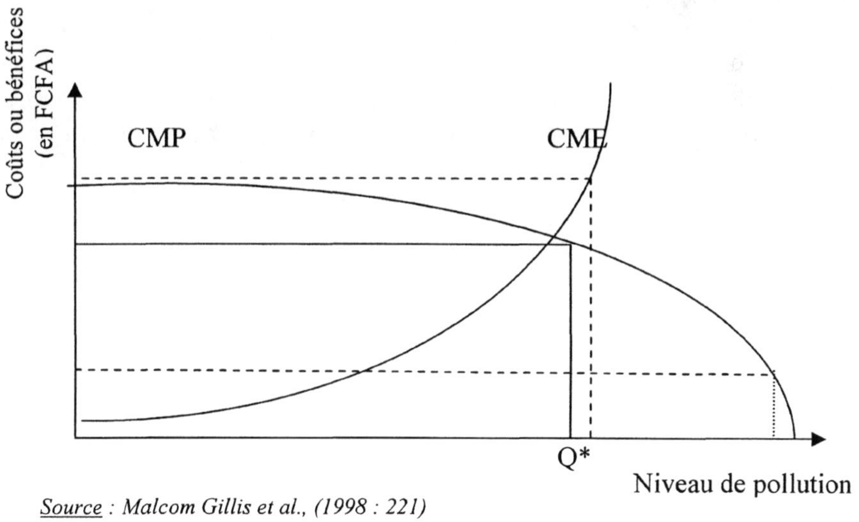

<u>Source</u> : *Malcom Gillis et al., (1998 : 221)*

La figure 5-3 illustre d'autres exemples de fonctions particulières de l'influence suivie par certains éléments. Il s'agit surtout des fonctions auxquelles les économistes sont familiers.

En présentant ces différentes courbes qui illustrent des fonctions mathématiques, nous ne voulons pas laisser penser que toutes les relations d'influence d'un élément sur un autre dans un réseau peuvent être traduites par une fonction mathématique. Dans le domaine des ressources humaines, on se souvient des expériences d'Hawthorne réalisées par Mayo et qui visaient à mesurer les effets des conditions de travail sur la productivité. Ces expériences ont conduit à la conclusion, bien connue aujourd'hui, selon laquelle, *le fait de prêter attention aux agents influence leur productivité.* Cet exemple de relation qui s'applique au problème de « rationalisation des délais et des procédures de traitement des dossiers dans les services publics » analysé dans n'importe quelle administration montre que tous les effets entre éléments d'un réseau ne sont pas quantifiables. Quant à la confirmation de cette conclusion, nombre de travaux l'ont établie et les auteurs du « Prix de l'Excellence : les secrets des meilleures entreprises » en font le fondement de deux des principes du modèle d'organisation qu'ils proposent, à savoir : (i) favoriser l'autonomie et l'esprit d'innovation et (ii) assurer la productivité par la motivation du personnel.

Dans la perspective systémique qui est la nôtre ici, cette analyse permet d'identifier deux types importants de processus :

- *les processus amplificateurs ou boucle amplificatrice :* décrits par une croissance ou une chute exponentielle, une progression ou un déclin qui se poursuit à un rythme sans cesse croissant ; un petit changement ayant alors un effet cumulatif ;
- *les facteurs régulateurs ou boucle régulatrice :* situations auto-correctrices ; lorsque la réalité courante ne correspond pas au but poursuivi par le processus ou la boucle (contrainte ou objectif), l'écart qui en résulte crée une pression que le système ne peut ignorer ; la courbe décrit un mouvement vers le but ou une oscillation autour d'un seul objectif. Dans tous les cas la boucle régulatrice se dirige toujours vers le but ou l'objectif.

Comme on l'a précisé dans la définition des problèmes complexes, le temps est une caractéristique de la dynamique de chaque situation problématique. En outre, il est une dimension essentielle de la planification des mesures adoptées pour résoudre le problème.

La prise en compte de ces deux aspects de la dimension temporelle devra amener à déterminer et préciser deux variables :

- le *délai* nécessaire pour que l'effet escompté se produise, le temps de réaction. Il s'agit ici d'une caractéristique intrinsèque du problème : de délai de traitement d'un courrier à la poste, du moment où il est posté jusqu'à celui de la livraison, délai de réaction d'un traitement médical, date limite au-delà de laquelle un problème devient insoluble ;

– les *périodes futures* pendant lesquelles les décisions seront prises et mises en œuvre pour résoudre le problème. Il s'agit ici des différentes périodes de la planification : *court, moyen* et *long termes*.

FIGURE 5-3 : EXEMPLE DE COURBES DE VARIATION DES EFFETS D'UN ELEMENT SUR UN AUTRE DANS UN RESEAU D'INFLUENCE

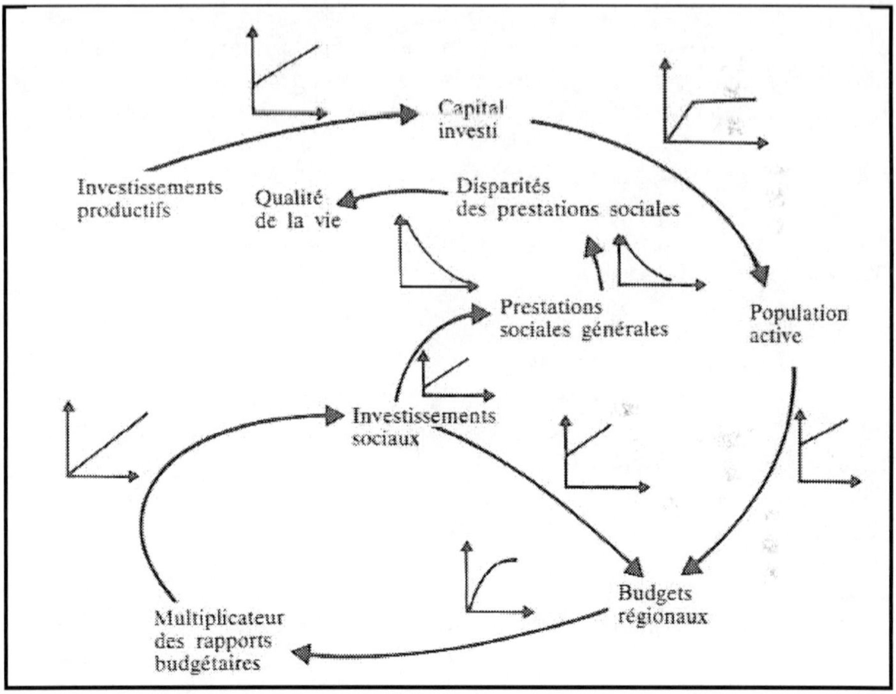

Source : Probst et Ulrich (1989 : 158), extrait.

Pour le problème de « rationalisation des délais et des procédures de traitement des dossiers dans les services publics », l'instruction du Premier Ministre prescrit un délai (30 juin 2001) aux Ministres pour lui rendre compte des mesures internes à « caractère immédiat et ponctuel » prises. Le Ministre de la Fonction Publique et de la Réforme Administrative devra pour sa part, lui faire un rapport avant le 30 décembre 2001. S'agissant de la planification, le délai d'un an prescrit par le Chef du Gouvernement pour les mesures internes à caractère immédiat et ponctuel, laisse comprendre qu'il a opté pour le court terme ; en attendant l'élaboration des Manuels de Procédures Administratives (MPA) qui se fera avec l'appui du Secrétariat Permanent à la Réforme Administrative. Cette démarche permettra en effet de voir plus clair sachant que certaines mesures prendront plus de temps que d'autres pour être réalisées, ou même que les notions de court, moyen et long termes n'ont pas les mêmes durées d'une procédure à l'autre, d'un secteur d'activité à l'autre, d'une administration à l'autre. L'estimation des délais est en effet, comme pour la définition des courbes d'évaluation des effets d'influence des éléments d'un réseau, une affaire de spécialistes et de professionnels dans le domaine. Les Magistrats et autres Conseillers Judiciaires sont spécialistes en matière de procédures judiciaires. Les Psychologues et autres experts en éducation sont spécialistes en matière de procédures pédagogiques et d'apprentissage, suivant certaines caractéristiques des apprenants. L'appréciation de ces délais va nécessairement s'appuyer sur une très bonne interprétation des données sur l'évolution future des effets à partir du point de départ retenu et en fin du cycle de croissance. Les résultats de cette interprétation vont à leur tour déterminer la qualité du plan stratégique qui sera élaboré au cours des étapes suivantes pour résoudre de façon durable le problème de la « rationalisation des délais et des procédures de traitement des dossiers dans les services publics », pour ce qui est de l'administration retenue.

1.1.1.4. Construction des scénarios des changements possibles

Les données du problème dont nous disposons à ce stade se limitent aux éléments de la dynamique propre de la situation problématique. Les *actions futures* à prendre pour résoudre le problème et pour anticiper les transformations ultérieures résultant des mesures prises ne sont pas encore analysées. C'est sur ces dernières que l'attention est portée à cette étape de la démarche. Il s'agit de construire des *scénarios* décrivant un état ultérieur probable du système global. Une sorte d'estimation de la dynamique du système ou de pronostics des modifications à en attendre au cours d'un horizon temporel défini. De par sa dynamique propre, la situation problématique va se modifier d'elle-même. Le succès de la stratégie à adopter dépend donc du degré de cohérence entre ce que nous décidons de faire maintenant et la situation future du problème.

Compte tenu des données déjà réunies sur le problème à ce stade et outre l'horizon temporel à définir, la construction des scénarios s'appuie ici sur deux éléments :

– *l'identification des paramètres de l'environnement* de l'administration qui sont en prise directe avec le problème. Ici les analyses faites sur les intensités d'influence des divers éléments du réseau construit aux étapes précédentes aident à retenir les facteurs d'influence primordiaux de la situation problématique ;

- *la délimitation du champ du scénario.* Celle-ci se fait sur la base de la dynamique propre du problème. Il s'agit ici de délimiter le cadre de liaisons à l'intérieur duquel les hypothèses du développement de tel ou tel facteur externe seront bâties, étant donné que la liste des facteurs de l'environnement et celle des facteurs d'influence primordiaux contiennent toutes des éléments qui décrivent la complexité du problème et dont nous ne pouvons contrôler les transformations. Le paramètre temps va jouer un rôle primordial.

Il est conseillé de construire un *scénario de base* qui n'implique aucune modification jugée *a priori* improbable et deux scénarios alternatifs. Les *scénarios alternatifs* s'attachent aux modifications profondes toujours possibles, mais moins probables que dans le cas du scénario de base.

Dans la formulation des deux scénarios alternatifs on se limite aux deux représentations qui s'écartent le plus clairement possible du scénario de base, tout en contenant des évolutions possibles très différentes.

Si nous appliquons cette démarche au problème de « rationalisation des délais et des procédures de traitement des dossiers dans les services publics », nous nous apercevons que l'exercice ne peut se faire de façon rigoureuse que dans le cadre d'une administration bien déterminée et par des acteurs directement intéressés par les services rendus par cette administration. Même à l'intérieur de cet environnement commun, les facteurs d'influence primordiaux ne pourront être identiques. A titre d'illustration cependant, et partant de l'esprit de l'instruction du Premier Ministre, nous esquissons ci-après trois scénarios cadres dans une perspective de modernisation de l'administration publique.

Scénario 1 :
Les Ministres s'en tiennent aux mesures internes à caractère immédiat et ponctuel

Dans chaque administration, l'analyse du problème est sommaire. Les Ministres se focalisent autour des quatre points sur lesquels ils sont invités à mettre un accent particulier (délais de traitement, rôle et responsabilité des différents acteurs, transparence, information permanente des usagers) pour engager des mesures administratives de portée très réduite. Adoptant l'horizon temporel d'un an comme prescrit par le Chef du Gouvernement, ils engagent des interventions du genre : adaptation de quelques procédures ; réglementation de l'accès des usagers dans les bureaux, rappel des dispositions du statut général de la fonction publique relatives à la discipline, à la conscience professionnelle et au respect des principes de déontologie professionnelle particuliers au domaine ; mise en œuvre d'une impressionnante campagne médiatique (affiches, articles de presse, interview, émission radio...) ; rappel des prescriptions du Chef de l'Etat relatives à la lutte contre la corruption et au respect des engagements pris dans le cadre du Programme Economique signé avec le Fonds Monétaire International (FMI) et la Banque Mondiale (BM).

Aucune mesure n'attaque le problème de fond qui n'a pas été identifié. Par conséquent, rien ne change vraiment et personne n'est dupe. Ni les agents publics, ni les usagers, ni même les responsables administratifs chargés d'appliquer ces mesures et de rendre compte des difficultés rencontrées. D'ailleurs peu d'administrations s'empressent d'adresser au Chef du Gouvernement le rapport demandé pour le 30 juin de l'année.

Même si au détour d'une question posée par les Députés à l'Assemblée Nationale, les Ministres donnent l'impression que les choses changent, mais lentement à cause du poids énorme de la bureaucratie, tout se passe en réalité comme si pour eux, le problème n'était pas important. L'instruction du Premier Ministre n'en était qu'une de plus et les engagements pris dans le Programme Economique ne concernent que les administrations directement impliquées dans le suivi de ces dossiers. C'est eux qui en retireront les bénéfices.

Dans la réalité, les usagers continuent de se plaindre ; les files se font longues (souvent sous la pluie ou sous un soleil accablant sans que cela n'émeuve personne) devant les bâtiments des services publics aux heures « supposées » d'accueil ; les opérateurs économiques continuent de crier fort, à travers les médias ou lors des audiences avec le Gouvernement, le manque de compétitivité de leurs entreprises qui ne fait que s'accentuer.

Scénario 2 : Les administrations s'engagent dans la démarche d'élaboration des Manuels de Procédures Administratives (MPA)

Conscient du fait que les mesures internes à caractère immédiat et ponctuel ne peuvent suffire à résoudre le problème de la « rationalisation des délais et des procédures de traitement des dossiers dans les services publics », le Premier Ministre a clairement indiqué dans son instruction, que ces dernières devraient être « complétées et renforcées par l'élaboration de Manuels de Procédures Administratives (MPA) » propres à chaque administration.

L'approche MPA est une solution technique au problème des lenteurs administratives qui s'appuie sur le facteur *« rationalisation des procédures de traitement des actes administratifs ».* Cette solution met l'accent sur la simplification, la rationalisation et la codification desdites procédures et se traduit pour l'usager des services publics par un « guide de l'usager » qui lui fournit les données relatives : i°) aux règles de gestion ; ii°) à la composition du dossier ; iii°) aux conditions à remplir ; et iv°) aux délais de traitement.

L'application rigoureuse de cette approche pour laquelle il faudrait prévoir un minimum de deux ans pour chaque administration permettrait de renforcer l'*efficience* de l'administration et de promouvoir les valeurs de transparence et d'équité dans les services publics. Encore faut-il que dans la mise en œuvre, il soit tenu compte des autres facteurs tels par exemple : i°) la motivation des agents publics ; ii°) la cohérence et l'intégration des actions qui concourent à la production d'un acte administratif ; iii°) le développement des systèmes d'information intégrés pour alimenter les circuits de traitement desdits actes ; iv°) le renforcement des capacités d'intervention des services de proximité qui peut aller jusqu'à l'accélération du processus de décentralisation ; v°) la mise en place, à la suite des « guides des usagers », des dispositifs d'écoute et de suivi des usagers de chaque administration.

Ce scénario se présente ainsi comme une approche soutenable pour les administrations qui veulent faire plus que prendre des mesures à caractère immédiat. Mais ces administrations ne peuvent apprécier les limites de cette approche, ni être assurées de l'efficacité des solutions adoptées dès lors que le problème n'a pas été profondément analysé dans chaque cas dès le départ. Les confrontations sur les objectifs, le contenu des concepts, les approches méthodologiques sont alors inévitables entre les différents acteurs. Ces confrontations peuvent déboucher sur une attitude de rejet chez les agents publics qui deviennent sceptiques ou passifs face à une démarche qui parfois ne leur apporte rien de nouveau par rapport à ce qu'ils faisaient déjà. Cette approche MPA ainsi introduite, court alors le risque d'être gelée très vite (si ce n'est d'être rejetée) sous des prétextes divers : manque d'engagement des acteurs, manque de ressources financières, insuffisance qualitative et quantitative de ressources humaines,...). Les usagers se retrouveront à nouveau à se plaindre.

Scénario 3 :
Les administrations adoptent une approche de gestion de la qualité totale

Les administrations peuvent intégrer les mesures à caractère immédiat et la solution des MPA dans une démarche de gestion de la qualité totale (GQT) dans les services publics. Cette démarche adopte une approche systémique d'analyse des problèmes pour rechercher en permanence l'efficacité, la rapidité et la personnalisation du service public rendu. C'est une démarche pragmatique, cohérente, qui reconnaît aux acteurs confrontés quotidiennement aux demandes des usagers, la capacité d'initiative pour « inventer » des réponses adéquates à leurs problèmes dans leurs diversités. Elle est adaptée à la variété et à la spécificité des différents métiers qui concourent à la satisfaction des demandes des usagers. Toute politique de la gestion de la qualité totale dans une administration définit le cadre de cohérence des axes et démarches d'amélioration du service à mettre en place en fonction des différentes catégories de bénéficiaires, dans l'ensemble de cette administration, tant au niveau des services centraux que des services déconcentrés.

Cette approche offre l'opportunité de stimuler une douce transformation de l'administration publique pour répondre aux attentes des usagers qui sont légitimement toujours plus exigeants. Cette transformation peut se traduire dans le contexte technologique actuel, par l'adoption d'une approche de Prestation Intégrée des Services à l'usager (PIS), pour mettre en place un système administratif fonctionnant en réseau de services souples et rapides et tourné vers l'anticipation des problèmes d'avenir.

Le contexte politique actuel engage effectivement les administrations publiques dans cette direction (programmes nationaux de gouvernance, stratégies de réduction de la pauvreté, charte africaine des services publics, déclarations des conférences Pan-africaines des Ministres des Fonctions Publiques, programme du NEPAD). On peut en effet y retenir les facteurs d'influence primordiaux suivants qui s'inscrivent parfaitement dans l'optique de la situation problématique abordée :

- gestion axée sur les résultats ;
- souci pour la qualité du service rendu ;
- transparence et bonne gouvernance ;
- promotion de l'Etat de droit.

Il s'agit cependant d'une approche difficile et exigeante qui nécessite une implication soutenue des instances dirigeantes, stratégiques et opérationnelles, d'une part, et le respect d'un ensemble de règles qui imposent beaucoup de discipline, d'autre part. Chaque administration suivra son rythme propre à partir des conclusions de l'étape préalable d'analyse de la situation problématique. Le plan stratégique découlant de cette étape serait en quelque sorte un document de politique de développement de ladite administration dans un horizon temporel de cinq à dix ans.

1.1.1.5. Interprétation des possibilités de changements futurs de la situation

Les scénarios ont été développés, il faut à présent les simuler, les tester pour avoir une idée claire des dangers qui guettent leur mise en œuvre. L'interprétation des possibilités de changement futur de la situation consiste donc à tester chacun des scénarios en laboratoire par une analyse intellectuelle ou en s'aidant de l'appui des traitements informatiques si le degré de quantification des données le permet. La question qui se pose ici est celle de savoir *comment le problème évoluera-t-il dans les X ou Y prochaines années si les facteurs primordiaux d'influence identifiés dans notre modèle de représentation de la situation problématique changent eux-mêmes.*

S'appuyant sur les circuits d'influence que nous avons construits à partir du réseau bâti, cette analyse se fait justement comme lors de l'analyse des circuits d'influence et porte sur les *effets* des modifications supposées des facteurs d'influence primordiaux de chaque scénario : type d'effet, intensité et délai/durée.

Les trois scénarios cadres que nous avons décrits au paragraphe précédent en analysant le problème de la « rationalisation des délais et des procédures de traitement des dossiers dans les services publics » contiennent, pour les deux premiers, des analyses allant dans le sens des attentes de cette étape. Pour le dernier scénario qui fait appel à l'approche GQT, l'utilisation de la technique de simulation ou des expériences pilotes pourra aider à tester les différentes solutions qui seront envisagées en fonction des types de procédures ou du secteur d'application.

1.2. Décision et action

1.2.1. Identification des possibilités d'action

Avec les résultats de l'analyse du problème dont nous disposons maintenant, quelles sont nos possibilités fondamentales d'intervention ? De quelles informations aurons-nous besoin pour garder constamment cette situation sous notre contrôle ? Il s'agit ici de réunir toutes les conditions pour : i°) garder la situation sous contrôle malgré sa dynamique propre ; ii°) traiter de façon adéquate les *effets secondaires indésirables* des actions qui seront menées.

La démarche à cette étape est guidée par les quatre principales questions suivantes :

- *qui a la charge de résoudre le problème* et de quels *pouvoirs et compétences* dispose-t-il pour intervenir ?
- *quels sont les facteurs que le Manager correspondant peut influencer* pour un niveau d'intervention choisi *?*
- *quels sont* les *indicateurs* dont dispose ce Manager pour surveiller l'évolution de la situation ?
- *quels sont les effets* des mesures que le Manager serait amené à prendre pour intervenir sur cette situation ?

Pour la première question, « qui a la charge de résoudre le problème et de quels pouvoirs et compétences dispose-t-il ? », il s'agit d'inventorier tous les intervenants dans le processus de résolution du problème et de préciser pour chacun d'eux, les rôles qu'il devra jouer et les responsabilités qui sont les siennes.

Pour le problème de « rationalisation des délais et procédures de traitement des dossiers dans les services publics », l'instruction du Premier Ministre retient ce point comme aspect sur lequel une attention particulière doit être portée. Cette instruction identifie elle-même quatre principaux acteurs :

- *le Premier Ministre, Chef du Gouvernement* : à qui compte-rendu des mesures prises doit être fait, avec, éventuellement le détail des difficultés rencontrées. Il convient de préciser ici que, dans le cadre de la coordination des actions gouvernementales et du suivi de la cohérence des politiques et des programmes publics, le Premier Ministre intervient dans l'arbitrage budgétaire et fixe les montants alloués à chaque administration avec des encadrements pour leur répartition par rubrique. La réalisation effective des mesures qui seront retenues sera fortement influencée par des décisions qu'il prendra à son niveau pour ce qui est des ressources nécessaires (qu'on retrouve souvent dans la rubrique des difficultés rencontrées).
- *les Ministres :* destinataires de l'instruction et principaux responsables, chacun dans son département ministériel, du développement des services placés sous leur autorité en vue de satisfaire des demandes des usagers.
- *le Ministre de la Fonction Publique et de la Réforme Administrative :* conseiller du gouvernement en matière d'organisation et de réforme administrative, il coordonne le volet « réforme administrative » du Programme National de Gouvernance et de ce fait, est le garant de l'accélération du processus de traitement des dossiers administratifs.
- *le Secrétariat Permanent à la Réforme Administrative :* qui joue le rôle d'appui conseil auprès du Ministre de la Fonction Publique. L'instruction lui confère la responsabilité de la maîtrise méthodologique de réalisation des MPA. Il a à cet égard, la charge de veiller à la cohérence des actions à mener au sein de chaque ministère et dans l'ensemble de l'administration publique.

Mais ceci reste très général et doit être complété par une définition plus détaillée au sein de chaque administration, des rôles et responsabilités de tous ceux qui seront amenés à intervenir à différents niveaux : agents publics, unités opérationnelles des services centraux et déconcentrés, directions techniques et d'appui logistique, niveau stratégique de ministère ou de l'organisme, autres (Assemblée Nationale, Organisations Internationales, Partenaires de la société civile,...).

A chaque niveau, l'analyse doit sortir du cadre strict des attributions définies dans le texte organique de l'administration concernée pour s'appuyer sur le réseau des facteurs d'influence construit pour la situation problématique. Il s'agit alors de considérer l'ensemble des possibilités d'action existantes à tous les niveaux du système, pour obtenir une *modélisation stratifiée de la situation* qui donne l'ensemble des possibilités d'action existantes.

La figure 5-4 illustre un exemple de modélisation des actions existantes pour le cas d'un hôpital analysé dans son environnement et par rapport à la satisfaction des *« besoins et attentes des patients »*. Dans cette figure les signes « + » et « - » indiquent la polarité des relations. Le signe positif « + » indique que les deux éléments reliés produisent des effets de même sens ; tandis que le signe négatif « - » indique des effets de sens opposés. Ainsi, par exemple, si « les possibilités de traitement » augmentent, les « besoins et attentes des patients » vont aussi augmenter. Mais si la « contribution à la couverture des coûts » diminue, la « subvention » devra augmenter si on veut maintenir le même niveau de qualité de service.

Pour la deuxième question, « quels sont les facteurs que le Manager peut influencer ? », on classe tout simplement les facteurs du modèle de la situation tel que défini lors des précédentes étapes en deux groupes :

- *les facteurs influençables* : éléments et relations du modèle que le Manager peut influencer de manière déterminante ;
- *les facteurs non influençables* : éléments et relations du modèle que le Manager ne peut pas influencer ou ne peut le faire que de façon très insignifiante.

Ces données sont essentielles pour la planification des stratégies et des mesures réalisables.

Pour la troisième question, « quels sont les indicateurs pour la surveillance de la situation ? », on choisit les facteurs qui expriment le plus adéquatement le résultat recherché. On se concentrera ici sur le nombre minimum de facteurs dont l'évolution signale un changement essentiel dans la situation telle qu'analysée. Il est clair que l'exercice ne peut être fait de façon efficace et utile que pour des cas concrets pour un Manager donné face à une situation problématique. L'expérience, les connaissances et les aptitudes managériales des personnes concernées sont indispensables ici. La figure 5-5 donne une illustration des facteurs influençables, des facteurs non influençables et des indicateurs de la situation d'un hôpital au niveau d'une unité opérationnelle.

FIGURE 5-4 : UN EXEMPLE DE MODELISATION DES ACTIONS EXISTANTES POUR UN « hôpital et son environnement »

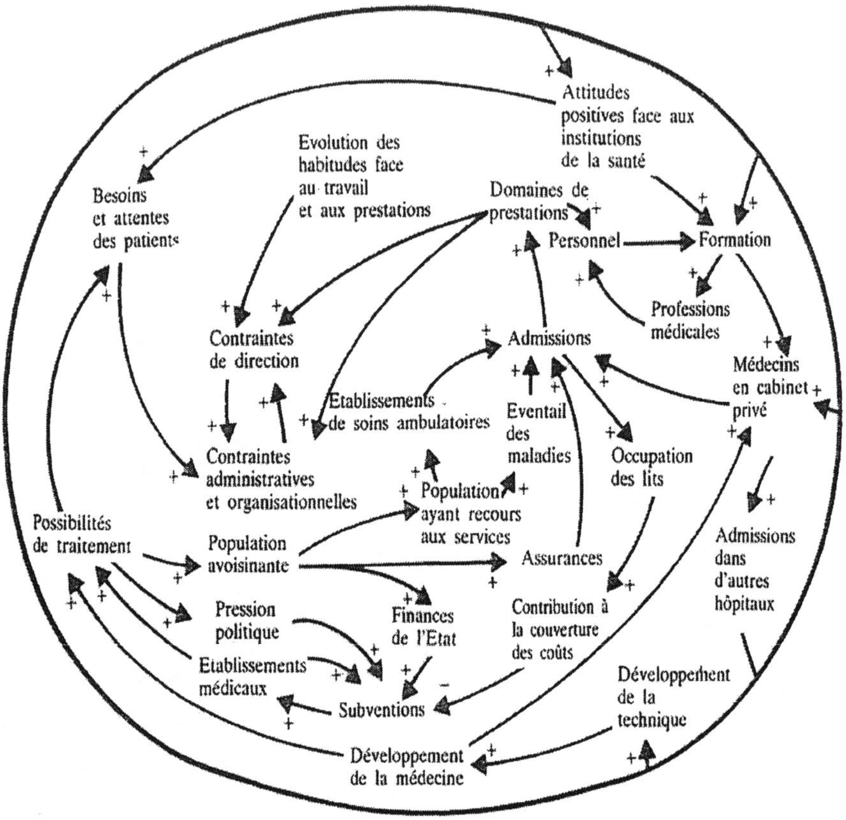

Source : Probst et Ulrich (1989 : 182)

FIGURE 5-5 : UN EXEMPLE DE FACTEURS INFLUENÇABLES ET NON INFLUENÇABLES ET D'INDICATEURS pour une situation problématique au niveau opérationnel du service de gynécologie au sein d'un hôpital

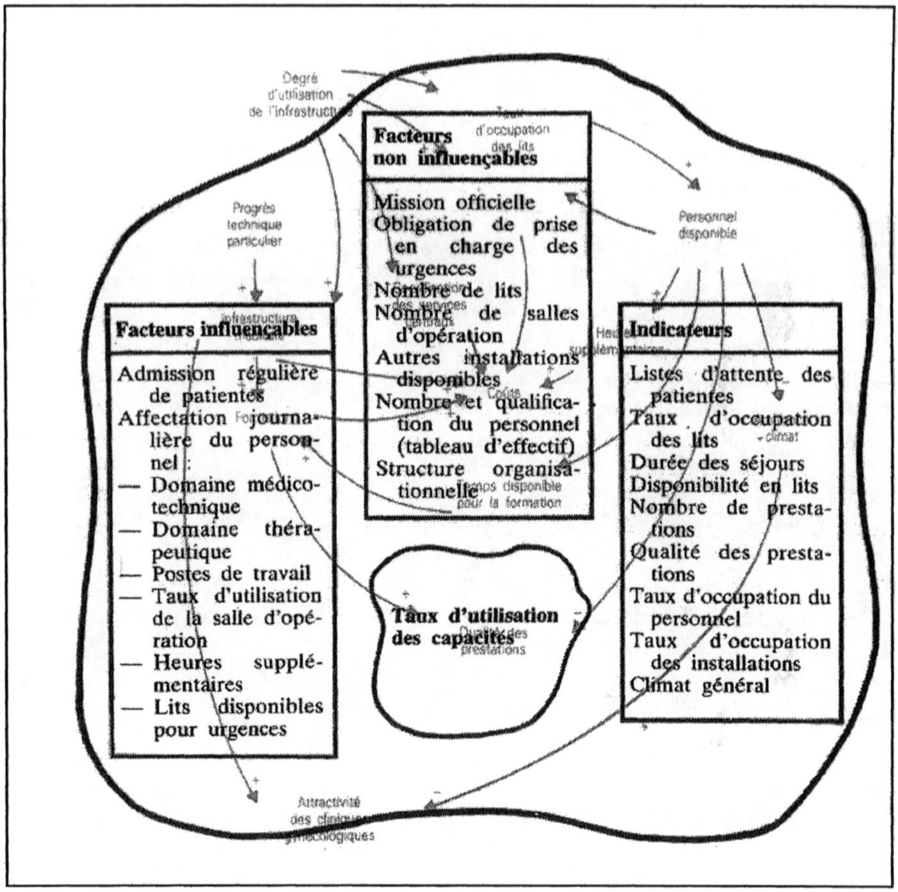

Source : Probst et Ulrich (1989 : 190)

S'agissant enfin de la quatrième question, « quels sont les effets des mesures que le Manager serait amené à prendre ? », il s'agit surtout de rechercher les effets secondaires non désirables, non souhaités. Nous avons relevé au chapitre 2 (Encadré 2-3) quelques effets des réformes mises en œuvre dans le cadre des PAS et concernant particulièrement la réduction des effectifs dans la Fonction publique. S'agissant du problème des «lenteurs administratives », cette réduction des effectifs dans la Fonction publique a conduit à se séparer des agents expérimentés et a entraîné une baisse du moral du personnel restant, tous des facteurs qui ont contribué à la baisse de la performance des services publics et en retour, à l'accroissement des plaintes des usagers, que, de toute évidence, on ne souhaitait pas. Il s'agit en quelque sorte de faire une analyse des conséquences négatives des décisions que le Manager serait amené à prendre. C'est une *simulation* de l'ensemble de la situation qui est faite mais en s'appuyant sur les mesures que le Manager pourrait prendre consciemment. L'analyse peut être facilitée ici par les données relatives aux *éléments actifs et critiques* identifiés lors de la construction du réseau des facteurs d'influence. Dans cette analyse, la courbe représentant l'influence d'un élément sur un autre est utilisée pour prendre en compte l'aspect temporel du processus. Les spécialistes de la techno-structure et dans les directions techniques sont généralement outillés pour faire de telles simulations, surtout dans le cas des procédures de traitement des dossiers. Des logiciels informatiques existent déjà dans certains domaines (gestion des projets, conception assistée par ordinateur dans les BTP,...) pour appuyer ces analyses. En attendant les analyses poussées et fines des spécialistes, le Manager peut se limiter à l'identification des processus les plus importants et à l'analyse de leurs effets non souhaités.

On apprécie davantage l'importance de cette étape lorsque vient le temps pour le décideur, d'appliquer le principe de précaution qui vise à prévenir les effets non souhaités (par exemple les dégâts écologiques) à court et à long termes et qui, à la différence de la prévention, concernent un risque éventuel, non scientifiquement connu.

1.2.2. Planification des stratégies et des mesures à prendre

Après tout le travail qui vient d'être effectué et dont les résultats sont disponibles à savoir, (i) la structure et le comportement de la situation problématique, et (ii) les facteurs sur lesquels on peut agir pour modifier la situation tout en gardant le contrôle de l'ensemble, nous devons à présent définir les stratégies à mener et les actions concrètes à réaliser.

La démarche applicable à cette étape comporte trois moments clés et distincts qui doivent être respectés pour permettre de bien tenir compte des propriétés spécifiques du réseau du système dans lequel l'intervention va porter :

- *La recherche des stratégies* : processus créatif, innovateur qui fait appel à l'imagination et amène à affronter nos barrières mentales et à remettre en question nos habitudes ;

- *L'évaluation des stratégies retenues* : processus nécessitant de l'expérience, une bonne connaissance du domaine spécifique, une grande capacité d'intégration des différents savoirs nécessaires pour comprendre chaque possibilité d'action et une aptitude à renoncer aux préjugés ;
- *Le choix de la stratégie à appliquer et à transformer en mesures concrètes :* processus qui s'appuie sur les conclusions issues de la comparaison risques/opportunités de l'étape d'évaluation précédente et sur une étude de *faisabilité* propre à la situation.

Pour la première étape, « recherche des stratégies », il s'agit d'appliquer les techniques appropriées (le « brainstorming » par exemple), pour formuler le plus grand nombre d'idées et de points de vue différents possibles dans un souci de considérer les connaissances nécessaires sous un regard neuf. Les idées de stratégies formulées doivent être dégagées de tout cloisonnement intellectuel. Le résultat est une liste de possibilités d'action fondamentales aussi clairement formulées que possible. A cette étape on ne discute ni de leur application pratique, ni de leur efficacité réelle.

Pour l'exemple du problème de la « rationalisation des délais et des procédures de traitement des dossiers dans les services publics », cette étape pourrait se dérouler au sein de groupes de travail créés dans chaque administration. Les groupes pourraient être élargis à certains membres compte tenu de leur maîtrise du domaine (savoir et expérience) et de leur capacité de créativité. Il s'agit ici d'un véritable processus de *recherche appliquée à l'administration publique* pour lequel la contribution de la structure nationale chargée de la réforme administrative devrait être d'une extrême utilité. Il n'est pas aisé de remettre en question les habitudes établies et de surcroît, de l'intérieur de son administration, on le sait.

La deuxième étape, « évaluation des stratégies » s'effectue suivant deux axes : la capacité de l'organisation à mobiliser les *ressources* nécessaires et l'*influence de l'environnement* sur la validité des stratégies retenues. On recherche ici le degré de risque et de flexibilité de chaque stratégie retenue. Ces données seront très utiles pour raffiner l'appréciation des conséquences liées au choix qui sera fait :

- Pour *les ressources*, il s'agit d'estimer d'abord les ressources nécessaires pour mettre en œuvre chaque stratégie, puis ensuite de confronter les résultats de cette estimation avec le potentiel de prestation disponible.
- Pour *l'influence de l'environnement*, il s'agit d'examiner les chances de succès des stratégies retenues en relation avec les facteurs d'influence externes à l'administration concernée. Les scénarios établis précédemment serviront ici de base d'analyse. Ainsi, les actions stratégiques fortement influencées par les facteurs de l'environnement

seront étudiées de très près par rapport aux différents scénarios. De même, les facteurs de l'environnement très influents feront l'objet d'une étude approfondie pour estimer les dangers qui leur sont inhérents sur la base des trois scénarios.

L'application de cette démarche au problème de « rationalisation des délais et procédures de traitement des dossiers dans les services publics » se ferait également en groupe de travail dans la continuité de l'étape précédente en ayant toujours une orientation prononcée pour la créativité et pour la diversité des contributions fondées sur l'expérience du métier de chaque administration. Par exemple, toute démarche qualité (GQT) engagée dans une administration est vouée à l'échec si elle ne prend pas en compte les objectifs stratégiques de ladite administration : les politiques publiques, la stratégie du ministère ou du service concerné, le cœur du métier de l'administration concernée, les axes de développement définis en interne, la motivation du personnel, les contraintes internes (ressources humaines, matérielles, financières,...).

La troisième étape, « choix de la stratégie » conduit à retenir une stratégie assortie des conditions de sa faisabilité compte tenu des évaluations faites ci-avant. Cette stratégie est ensuite éclatée en un nombre restreint de *projets* qui vont être réalisés dans le *temps* imparti. C'est à ce moment que sont recherchés les effets de leviers et les effets de synergie lors de la combinaison des moyens disponibles, compte tenu des moyens nécessaires, pour retenir les projets qui vont être effectivement réalisés à l'échéance adoptée. C'est également ici le moment d'éviter le piège de la sous-estimation du temps, beaucoup plus fréquent que l'erreur de la sur-estimation. Il s'agit en effet, de choisir le juste milieu entre, d'une part, la sécurité et la survie à court terme de l'administration ou du service, et, d'autre part, son développement dans la continuité suivant un plan stratégique à long terme.

Pour le problème de la « rationalisation des délais et procédures de traitement des dossiers dans les services publics », on peut présumer que le Premier Ministre avait cette préoccupation de développement des services publics dans la continuité, dans la mesure où il distingue bien les mesures internes de caractère immédiat et ponctuel, de l'élaboration des MPA qui viendrait renforcer ces mesures de caractère immédiat. On notera à cet égard qu'aucun délai n'est indiqué pour les MPA. La méthodologie d'élaboration retenue permettra de se fixer sur ce délai en fonction de la stratégie adoptée dans chaque administration et compte tenu du type de procédure.

Des outils existent, y compris des logiciels (logiciels de gestion de projet par exemple) pour appuyer la réalisation de cette étape dans des situations particulières données.

1.2.3. Réalisation de la solution

Au regard de tout le travail d'analyse qui a été fait jusqu'alors pour comprendre la situation problématique et planifier les actions à réaliser pour y faire face, cette étape de mise en œuvre présente un caractère critique pour deux raisons essentielles :

1. Malgré tout le travail préalable qui a été fait, des difficultés surviendront. La situation pourra évoluer sans que ses effets soient prévisibles. C'est une caractéristique des systèmes complexes. Toute action expose à un risque. Il faudra donc envisager *d'adapter continuellement les mesures* aux états fluctuants.

2. Il est quasiment impossible de garder sous contrôle les effets des mesures envisagées sur l'ensemble du système de l'extérieur du système lui-même, surtout lorsqu'il s'agit d'un système social comme une administration. Il vaut mieux opter pour une approche de contrôle de la mise en œuvre qui permet au système de se maîtriser en toute indépendance dans un cadre bien précis, sans intervention supérieure externe. Le *système apprend alors à gérer ses problèmes* et à les éviter autant que possible, à l'avenir.

Face à ces deux traits caractéristiques, les analyses de cette étape porteront sur deux points :

- *l'élaboration du système d'information de suivi et de contrôle* des projets qui seront réalisés : ce système permettra de détecter le plus tôt possible les changements intervenus dans l'évolution de la situation problématique pour que les décisions relatives aux mesures nécessaires à l'adaptation puissent être prises à temps ;
- *la mise en place des processus d'apprentissage* pour accompagner le développement du service ou de l'administration concerné : un tel processus permet de saisir l'occasion de la résolution du problème pour améliorer la capacité du service (ou de l'administration) à affronter seul les difficultés de son développement et à s'adapter aux évolutions.

Pour le premier point, « le système d'information de suivi et de contrôle », les indicateurs de surveillance de l'évolution de la situation établis lors de l'identification des possibilités d'action constituent le point de départ. Il faut maintenant réexaminer leur liste à la lumière du plan stratégique et des mesures concrètes retenues par la suite.

Pour l'exemple du problème de la « rationalisation des délais et procédures de traitement des dossiers dans les services publics », si l'élaboration des MPA prescrite par le Premier Ministre s'inscrit dans une logique de « gestion de la qualité » (scénario 3 proposé), dans la liste à retenir devraient figurer les indicateurs portant sur :

- la satisfaction des usagers ;
- la conformité des produits et des services à des références déterminées caractéristiques du domaine ;
- le bon fonctionnement des processus de traitement des dossiers : respect des délais, traçabilité des traitements (transparence), respect des règles d'éthique et de déontologie professionnelles.

Au sein d'un ministère, le suivi et le contrôle des indicateurs retenus pourraient s'effectuer au minimum aux trois niveaux suivants :

- au niveau du Secrétariat Général pour le Ministre : suivi et contrôle de la « politique qualité » du ministère ;
- au niveau de chaque Directeur : suivi et contrôle de la « démarche qualité au sein de la direction » concernée ;
- au niveau des métiers dans les différents services : suivi et contrôle de la « démarche qualité sectorielle ».

Les équipes de pilotage mises en place à ces différents niveaux devront à des dates ou périodes déterminées, transmettre au niveau supérieur de coordination (Comité de pilotage au sein du ministère, Ministre de la Fonction Publique et de la Réforme Administrative, Secrétariat Général des Services du PM) les rapports d'évaluation d'étape exposant l'état des indicateurs retenus en termes d'écart par rapport à l'objectif poursuivi (la situation désirée, la norme). Ces équipes ont également la responsabilité de suivre l'évolution des indicateurs au fil du temps pour les adapter à l'évolution des attentes des usagers ou à des changements de l'environnement interne ou externe du service du ministère.

Ici également, des outils existent, y compris des progiciels informatiques pour appuyer la conception et la mise en œuvre de systèmes d'information spécifiques à des cas bien précis. Nous traitons par exemple la méthode de tableau de bord de gestion, comme outil de gestion de la performance au chapitre 8.

Pour le deuxième point, « mise en place des processus d'apprentissage », il s'agit d'opter pour le développement d'une culture organisationnelle dans les services publics qui met l'accent sur les disciplines de l'organisation apprenante telles que présentées au chapitre premier de cet ouvrage. A cet égard, le processus de résolution de problème doit être sciemment et stratégiquement utilisé comme approche de développement de l'administration vers un stade d'« auto-organisation ».

Par exemple, pour le problème de la « rationalisation des délais et procédures de traitement des dossiers dans les services publics », les mesures à prendre dans l'optique de la « gestion de la qualité totale » peuvent inclure des actions comme celles regroupées en trois catégories dans le tableau 5-2, suivant.

S'agissant des agents publics, acteurs critiques de succès de cette approche, ceux-ci doivent régulièrement être avisés du gain qu'ils tirent de la démarche ; par exemple :

- développer une relation de considération mutuelle avec les usagers ;
- réduire ou éliminer les sources de tension dans ces relations ;
- améliorer les relations de travail au sein du service grâce à un fonctionnement maîtrisé ;
- valoriser les personnels par la satisfaction des usagers ;
- faire mieux reconnaître la qualité du travail que chacun accomplit.

Les mesures du tableau 5-2 s'inscrivent dans cette logique qui sous-tend une stratégie de gagnant/gagnant pour tous les acteurs.

TABLEAU 5-2 : EXEMPLE DE MESURES A PRENDRE POUR LA MISE EN PLACE D'UN PROCESSUS D'APPRENTISSAGE pour le problème de la « rationalisation des délais et procédures de traitement des dossiers dans les services publics » suivant une approche de la GQT

APPRENDRE POUR		
Mieux connaître les usagers/bénéficiaires	**Accroître la satisfaction des usagers/bénéficiaires**	**Tirer un meilleur parti des partenaires**
• S'assurer que toutes les personnes et les équipes du service de l'administration déterminent leurs réseaux respectifs des usagers/bénéficiaires, tant à l'interne qu'à l'externe ; diffuser ces réseaux dans tout le service ou l'administration. • Sonder régulièrement les usagers/bénéficiaires pour obtenir leur rétroaction sur tous les aspects du service ou de l'administration qui les concernent.	• Dresser une liste des pratiques, des processus et des procédures qui nuisent à la productivité du service ou de l'administration et à la qualité de ses produits et services ; en discuter avec le personnel et élaborer ensemble des mesures à prendre pour améliorer la productivité et la qualité. • Réunir des comités mixtes usagers/organisation pour explorer des façons de faire ou d'améliorer les produits et les services. • Mettre en place des mécanismes qui garantissent aux usagers, l'accès facile et immédiat aux services fournis	• Etablir le réseau interne et externe des partenaires actuels et éventuels du service ou de l'administration. • Déterminer le réseau de tous les groupes, organisations ou institutions intéressés par les activités de l'administration, de même que tous ceux et celles qui peuvent toucher, d'une manière ou d'une autre, le service ou l'administration. • Respecter les partenaires : écouter, comprendre leurs points de vue et leurs intérêts, évaluer les expériences, en tirer des leçons et

• Contrôler systématiquement la qualité des services et des produits auprès des usagers/bénéficiaires. • Communiquer dans tous les services de l'administration, les plaintes formulées par les usagers/bénéficiaires et solliciter des idées, des suggestions pour remédier aux problèmes signalés.	par l'unité de travail ou par l'administration. • S'assurer que chaque équipe de travail s'interroge non seulement sur sa manière de faire les choses, mais sur les choses mêmes qu'elle fait. • Examiner et analyser les tendances en ce qui a trait aux usagers éventuels et à leurs besoins, mener des projets-pilotes visant à modifier, en conséquence, les produits, services ou pratiques. • Se doter d'équipes, internes ou externes de spécialistes pour évaluer ce que fait le service ou l'administration de même que ses façons de faire.	emmagasiner ce qu'on apprend dans la mémoire organisationnelle. • Comparer les implications des changements qui se produisent dans l'environnement sur le présent et le futur de l'administration ; les diffuser dans les services internes et en discuter avec le personnel ; y réagir avec détermination et diligence. • Favoriser les échanges interministériels, les affectations au sein de l'organisation, les visites chez les usagers, fournisseurs et partenaires, voire même chez les institutions intervenant dans le même secteur ou ayant la même raison d'être. • Se former et former le personnel aux techniques et aux habiletés d'animation de groupe, de résolution de conflits, de communication.

Source : adapté de Gouvernement du Canada, Secrétariat du Conseil du Trésor, « l'apprentissage continu dans la fonction publique », 1994 : 2.1.5 – 2.1.6.

2. LE PHENOMENE DE LA CORRUPTION DANS LES SERVICES PUBLICS

Le phénomène de la corruption peut être traité comme un problème en soi dans une administration ou comme un effet non désiré d'une politique publique adoptée et mise en œuvre dans un secteur de l'activité nationale. Il se manifeste toujours de diverses manières, y compris à travers les lenteurs administratives qui viennent d'être analysées. Nous appliquons ici la méthode de la roue d'apprentissage (chapitre 4, §.4) pour l'analyser suivant une démarche systémique.

2.1. La situation problématique : la réflexion

Le problème de la corruption dans l'administration publique renvoie à celui de l'éthique au sein des services publics, en relation avec leur environnement politique, économique, social et culturel. Au Cameroun, par exemple, un diagnostic a été posé et un ensemble de dispositions institutionnelles et réglementaires adoptées dans le cadre de l'élaboration du Programme National de Gouvernance (PNG) et de lutte contre la corruption. Ce programme est mis en œuvre depuis le mois de décembre 1997. Si on se situe dans ce contexte, le problème de la corruption dans les services publics peut s'énoncer comme résumé dans l'encadré 5-2, suivant.

ENCADRE 5-2 : ENONCE GENERAL DU PROBLEME DE LA CORRUPTION DANS UNE ADMINISTRATION : cas du Cameroun

Les services publics devraient satisfaire aux exigences de bonne gouvernance en assurant une gestion rigoureuse des finances publiques et en adoptant une démarche de management éthiquement irréprochable. Mais le niveau de corruption en leur sein ne fait que s'accroître ; toutes les mesures prises pour lutter contre le phénomène ne produisent que des résultats mitigés eu égard à son ampleur. Les Hautes Autorités de l'Etat, en commençant par le Président de la République, ont relevé cette tendance d'évolution du phénomène à la hausse. Ainsi, par exemple, le Président de la République, dans son discours à la Nation le 31 décembre 2005, déclarait sans ambiguïté : « la corruption que j'ai souvent dénoncée [...] continue à sévir. [...]. Le détournement de fonds publics se fait, faut-il le rappeler, au détriment de la communauté nationale. »

La formulation du problème ainsi faite est très générale et concerne tous les services publics : départements ministériels avec leurs services déconcentrés, établissements publics. Si à ce niveau, on fait l'inventaire d'une typologie de manifestation du phénomène de la corruption, celle-ci restera très générale, théorique et pourrait au mieux servir dans la panoplie des outils d'investigation ou de diagnostic utilisés lors de l'élaboration du PNG.

Pour une analyse systémique rigoureuse du problème, il faut préciser cette formulation pour une administration donnée, un service ou un établissement public choisi. L'exercice pourrait consister soit à raconter une « histoire » qui pose le problème d'une autre façon (celle qui correspond à la réalité de la dynamique organisationnelle de l'unité choisie, et qui utilise les expressions et les métaphores familières,...), soit à donner un contenu précis aux termes suivants, en prenant soin d'illustrer la tendance de l'évolution du phénomène dans le temps :

- gestion rigoureuse des finances publiques,
- démarche de management éthiquement irréprochable,
- mesures prises pour lutter contre la corruption.

Sauter cette étape et s'en tenir à des déclarations officielles non factuelles et « mesurables » ne permet pas de créer pour votre service ou votre administration, les conditions optimales d'apprentissage et de développement à partir de ce problème qui est devenu une endémie dans les administrations publiques africaines, comme présenté au chapitre 2.

Voici l'exemple d'une « histoire » qui peut illustrer à ce propos la description du phénomène dans une administration d'un pays.

Dans cette administration, on avait constaté que les opérateurs économiques se plaignaient beaucoup. Il était tantôt question de monnayage à prix fort pour l'obtention d'une pièce essentielle pour leurs affaires en relation avec leurs partenaires, notamment étrangers ; tantôt du versement, pour rentrer dans certains de leurs droits, d'un pourcentage d'une somme aux membres d'un réseau impliquant des agents d'une direction de cette administration ; tantôt du traitement inéquitable d'entreprises pourtant soumises réglementairement aux mêmes normes du droit commercial du secteur visé et curieusement au détriment du Trésor public, entraînant même dans certains cas des manques à gagner énormes pour l'Etat. L'Inspection générale des Services de cette administration avait, à la faveur de la nomination de nouveaux responsables à sa tête et en son sein, relevé ces différents comportements dans son dernier rapport transmis au Ministre. Dans ce rapport, il a été souligné que les gens, y compris certains opérateurs économiques victimes, refusaient de dénoncer ces pratiques immorales de peur d'enfreindre la règle du silence qu'imposait la « loi du milieu » dans les Unités concernées. Aussi le rapport a-t-il suggéré que l'accent soit porté sur l'identification des causes profondes du phénomène si on voulait freiner la tendance à la hausse de son évolution et surtout éviter l'effet de contagion dans cette administration. De fait, le changement de Hauts Responsables à la tête de cette administration n'a pas apporté des changements positifs notables dans le développement du phénomène ; bien au contraire, la situation semble s'empirer d'un changement à l'autre. Lors de sa dernière session, l'Assemblée Nationale a dû interpeller le Ministre actuellement en poste à ce sujet au cours d'une période de « questions orales aux Membres du Gouvernement ». Dans sa réponse, le Ministre s'est dit préoccupé par les plaintes qu'il reçoit, même s'il conviendrait de bien vérifier le caractère diffamatoire de certaines d'entre elles. Il a particulièrement sollicité le soutien de la Représentation nationale dans ses efforts pour lutter contre ce qu'il a qualifié lui même de « fléau », car la stratégie qu'il se propose d'engager vise à s'attaquer aux racines profondes du mal dans son administration. L'atteinte des résultats d'une telle approche, outre qu'elle s'inscrit dans le long terme, nécessite un profond investissement des leaders que sont les Parlementaires pour donner l'exemple, a-t-il déclaré pour conclure son propos.

2.2. La modélisation de la situation problématique : la connexion

Il s'agit maintenant de construire le *schéma du comportement* ou le modèle explicatif du comportement du phénomène dans l'administration choisie, la vôtre par exemple, et de compléter ce schéma par la *structure systémique* du phénomène.

2.2.1. Le schéma du comportement du phénomène

L'exercice est fait en équipes constituées au sein de l'administration choisie ou de l'unité de travail retenue dans le but de bâtir, pour les membres et les partenaires de cette administration, une compréhension commune et partagée de la *structure* sous-jacente au développement du phénomène. La démarche consiste ici, face au problème tel qu'il se pose dans ladite administration, à :

1. formuler des hypothèses sur les causes fondamentales du phénomène dans l'administration choisie.
2. cerner les limites du problème dans le cas spécifique de ladite administration : ses dimensions, son étendue, les facteurs à prendre en considération.
3. dégager clairement les différents points de vue que chaque membre des différentes équipes constituées a pu avoir du problème.
4. commencer à sélectionner quelques facteurs clés qui serviront comme variables d'étude.

Dans une administration donnée, les équipes constituées pour analyser le problème peuvent parvenir, pour la première phase de cette étape, à formuler différentes hypothèses sur les causes fondamentales du phénomène. Par exemple, des hypothèses comme les suivantes :

a) les postes de responsabilité, tout niveau confondu, font l'objet d'une forte pression de la famille, du groupe ethnique et de différentes associations socioculturelles pour satisfaire leurs demandes particulières ;
b) les postes de travail, dans leur ensemble, ne sont pas accompagnés de mécanismes de renforcement positif (valorisation de la compétence, récompense au mérite,...) ;
c) la plupart des décisions prises par les agents sont basées sur des principes qui ne respectent pas un minimum de règles d'éthique et de déontologie de leur profession (imaginer qu'on soit par exemple dans une unité chargée de réaliser un travail suivant des normes universelles connues : la médecine, les procédures judiciaires, le statut général de la Fonction publique et les statuts particuliers à certains corps,...) ;
d) la culture organisationnelle met tellement l'accent sur le respect de l'autorité hiérarchique que les agents qui n'ont pas une forte personnalité cèdent très vite à la tentation de prendre ou d'appuyer des décisions qui défient les règles de déontologie ;
e) les procédures ne sont pas codifiées. Les règles de traitement des dossiers varient, non pas avec le problème, mais avec l'usager, exposant ainsi

l'agent à prendre des décisions inéquitables ou, pour certains types de dossiers, des décisions qui ne respectent pas le principe du « coût-avantage » pour l'administration. Lorsque les anciens sont promus à d'autres postes, le service n'a plus de savoir-faire et la pression des usagers ouvre la porte à bien d'autres types de pratiques moralement répréhensibles ;

f) les normes de travail qui fondent les règles de l'art du métier dans le secteur ne sont pas respectées. Des agents, y compris ceux qui sont chargés du contrôle, le savent, mais personne ne dénonce ces comportements répréhensibles ;

g) les principes d'allocation des moyens, en fonction des objectifs et ceux de la gestion de ces moyens par les unités opérationnelles concernées, qui sous-tendent la nouvelle nomenclature budgétaire ne sont pas appliqués : le matériel manque là où se fait le travail et les usagers « pressés » n'hésitent pas à céder pour payer un prix très fort. La porte est alors ouverte à toute sorte de pratiques illégales allant du non-respect des règles du « coût-avantage » pour l'Etat, au traitement inéquitable des usagers, en passant même par la violation de certains droits fondamentaux de ces usagers tel celui du consentement libre (manipulation), ou celui de la liberté d'expression (dénonciation) ;

h) les mesures de lutte contre la corruption mises en œuvre mettent plus l'accent sur la répression au détriment d'une approche pro-active des questions éthiques. Ces mesures sont perçues tantôt comme inéquitables parce que tous les présumés coupables semblent ne pas être traités de la même façon, tantôt inefficientes pour l'administration parce que le phénomène continue à s'amplifier, les acteurs véreux trouvant très vite les mécanismes d'ajustement pour déjouer la justice et continuer à se comporter de façon immorale ;

i) l'environnement social et culturel des services publics exerce une influence défavorable à une saine moralité des services publics : développement d'un cynisme éthique (« chacun pour soi ») ; niveau de culture d'adhésion aux valeurs éthiques d'exemplarité, d'équité, de l'honnêteté et de l'impartialité en décroissance ; prédominance croissante des pratiques immorales « admises » ; multiplication de réseaux d'influence qui affichent clairement leur statut de défense d'intérêts particuliers bien ciblés, à tous les prix possibles ;

j) le non-respect par l'Etat des normes d'exécution du budget (modification des règles de gestion en cours d'exécution, non-respect des délais de paiement des titres de créance de certains opérateurs économiques) créant ainsi des conditions difficiles d'exercice de leur fonction pour les gestionnaires de crédits et ouvrant naturellement les portes à des pratiques moralement inadmissibles mais tolérées ;

k) les coûts des prestations de service dans l'administration concernée échappent au contrôle, même s'il existe une mercuriale régulièrement mise à jour par la Direction générale du Budget.

Sachant que pour l'administration retenue, la formulation de ces hypothèses a été suffisamment précise eu égard aux activités de cette administration, la deuxième phase de cette étape va reprendre les hypothèses formulées et les regrouper suivant les principales dimensions qu'elles touchent, tout en mettant en évidence les facteurs à considérer. Différents cas de regroupement des hypothèses peuvent se présenter suivant le niveau d'expérience des membres des groupes constitués, leur bonne connaissance du métier professionnel concerné, l'habileté des animateurs de ces groupes à utiliser les outils techniques d'animation appropriés comme suggéré dans le tableau 4-5.

A titre d'illustration, on peut identifier dans une administration certaines dimensions parmi les cinq suivantes qui résultent d'une analyse du problème qui adopte la perspective managériale :

- la *dimension individuelle* du problème : elle est décrite ici par deux facteurs, la solidité de l'identité de chaque acteur concerné et son style dominant de prise de décision. La *force de la personnalité* illustrée par la force de ses convictions, sa faible dépendance à l'égard des autres, sa tendance à assumer le contrôle de ses actes plutôt que d'en projeter la responsabilité sur les autres représente le premier facteur. La théorie morale basée sur le style[56] de prise de décision éthique de chaque individu concerné représente le deuxième facteur. Cette dimension concerne aussi bien les agents publics, les usagers des services publics, les opérateurs économiques que tous les autres acteurs ou partenaires du développement de l'administration publique.
- la *dimension organisationnelle :* les caractéristiques des *postes de travail* et celles de la *culture organisationnelle* sont les deux facteurs retenus pour cette dimension. Le poste de travail est-il intensément ou légèrement soumis à des conflits moraux ? A quelles autres sortes de pression est-il

[56] Au sujet des styles de prise de décision éthique, la littérature (A. Payette, in Parenteau (dir), 1992) fait état de la théorie des six stades du développement cognitif moral de Kolberg. Ces stades sont regroupés en trois niveaux ; 1) le niveau « préconventionnel » caractérisé par un style de prise de décision basé sur les récompenses et les punitions (stade 1) et sur les calculs coûts-avantages (stade 2) ; 2) le niveau « conventionnel » caractérisé par un style de prise de décision basé sur la conformité à l'entourage immédiat et les accords mutuels (stade 3), et sur la conformité à la société, le respect des lois et des engagements (stade 4) ; 3) le niveau des « principes » caractérisé par un style de prise de décision basé sur le contrat social et les droits individuels, sur la conscience de la relativité des valeurs et des lois, sur la capacité d'afficher des valeurs malgré les pressions de la majorité (stade 5), et sur des principes éthiques universels et la capacité de s'opposer aux lois elles-mêmes au nom de ces principes (stade 6).

soumis ? Quels sont les mécanismes d'incitation des agents qui occupent ces postes à être conscients de leurs actes et à une plus grande cohérence entre leurs jugements moraux et leurs actes ? La culture organisationnelle renvoie aux normes collectives, au style dominant d'autorité et d'obéissance, à la présence effective ou non des codes d'éthique, à la valorisation ou non de la responsabilité individuelle à l'égard des conséquences des actions posées.

- la *dimension juridique :* elle s'analyse sous la forme de la *responsabilité juridique individuelle* des agents publics qui est le facteur retenu ici. L'accent est mis sur les procédures judiciaires, sur la récompense ou la punition des individus par le biais des décisions des tribunaux en application des normes d'imputabilité définies par la loi. Elle impose aux fonctionnaires et à tout autre agent public de rendre compte, devant la justice, des actes administratifs qu'ils sont amenés à prendre.
- la *dimension managériale :* qui met en œuvre ici deux facteurs principaux, le *leadership éthique* de chaque responsable administratif, tous niveaux considérés, et l'imputabilité fondée sur la *performance* de l'Unité dont il a la charge. Le « leadership éthique » fait référence à l'exemplarité du Responsable lui-même, en sa qualité de Manager, au degré de congruence entre **sa** « théorie professée » et **sa** « théorie pratiquée », la forme de la stratégie d'influence et de contrôle de la moralité organisationnelle qu'il adopte pour l'unité de travail placée sous sa responsabilité. La « performance » de son unité de travail est fondée ici sur l'action et les résultats qui en découlent. Ce facteur repose principalement sur les quatre notions de coût, de norme de performance, de satisfaction de l'usager et de développement durable. La notion de coût renvoie aux indicateurs de « moindre coût », du rapport « coûts-avantages », de la « maximisation des avantages » que la société retirera de la mise en œuvre d'un programme. S'agissant des normes de performance, les approches de management adoptées, gestion par objectifs (GPO) ou gestion de la qualité totale (GQT), postulent que la mesure des résultats est administrativement supérieure aux modes de contrôle réglementaire ou hiérarchique (Cooper, 1995). Pour ce qui est de la satisfaction des usagers, il est postulé que si les bénéficiaires directs d'un service sont satisfaits, alors l'administration qui les fournit s'est acquittée de ses responsabilités. Le facteur « développement durable » renvoie à l'éthique de la responsabilité face à l'avenir comme décrite au chapitre 2 (§ 2.2.) et précisément à la notion de *solidarité trans-générationnelle*. Il s'agit ici de la capacité du Responsable, Manager, d'instaurer dans son unité de travail un système de gouvernance fondé sur une profonde analyse des problèmes, système qui va conduire à une rigoureuse évaluation des risques auxquels les décisions d'aujourd'hui

exposent le développement futur de son administration et de la société en général.

– la *dimension technique :* qui met l'accent sur le développement des *outils techniques* permettant, d'une part aux agents publics d'œuvrer quotidiennement de façon responsable avec le souci de concilier les deux dimensions juridique et managériale, et d'autre part, de garantir une cohérence entre les interventions des différents acteurs et institutions qui s'investissent dans ce domaine de lutte contre la corruption (Institutions judiciaires, Contrôle Supérieur de l'Etat, Chambre des Comptes, Agence de Régulation des Marchés Publics, Cellules ministérielles de lutte contre la corruption,...).

Ainsi qu'on peut le remarquer, la description de chacune de ces dimensions s'appuie sur des « théories » qu'on peut ou non connaître (voire maîtriser). Elles étaient déjà sous-jacentes aux concepts utilisés pour formuler le problème. L'importance de cette étape est justement de mettre en lumière et de discuter ces différentes théories qui vont émerger des différents points de vue choisis par les membres des équipes de travail constituées au sein des différentes administrations. Ces théories ont pu, en effet, affecter la manière dont la lutte contre la corruption a été menée jusqu'alors dans chaque administration, et si on ne les connaît pas, on ne pourra pas s'attaquer aux racines profondes du problème. Par exemple, et pour revenir aux dimensions décrites ci-haut, peut-être a-t-on davantage mis l'accent sur la dimension juridique au niveau global, tout en privilégiant la dimension managériale au niveau sectoriel. Peut-être a-t-on créé des structures de contrôle qui ne peuvent fonctionner de façon optimale suivant la logique de bonne gouvernance comme définie dans le PNG, sans que la dimension technique progresse elle aussi en produisant des outils pour garantir l'application équitable des procédures judiciaires dans le respect des principes de l'Etat de droit qui est l'un des objectifs stratégiques du PNG.

2.2.2. La structure systémique du phénomène

A l'issue de cette étape sur la description du schéma comportemental du phénomène, vous avez retenu quelques *facteurs clés* décrivant au mieux le comportement du phénomène de la corruption dans votre unité de travail ou dans votre administration dans son ensemble. Ces facteurs vont être utilisés ici maintenant comme variables pour étudier le comportement global du système en se focalisant sur l'influence qu'ils exercent les uns sur les autres. Comme pour l'exemple du problème de la « rationalisation des délais et procédures de traitement des dossiers dans les services publics » analysé dans le premier paragraphe de ce chapitre (§1.1.1.3), il s'agit ici de construire les différents circuits d'*influence de ces facteurs.*

L'exercice qui se poursuit toujours dans le cadre d'un travail en équipe, consiste à répondre aux principales questions suivantes pour chaque facteur :

1) qu'est ce qui provoque un changement de ce facteur dans le temps ?
2) quel est l'effet produit lorsque ce facteur change ?
3) quels sont les autres facteurs (ou éléments) qui doivent également changer avec ce facteur ?
4) dans quelle direction les tendances observées semblent-elles se diriger avec le temps ?
5) que se passerait-il si ces tendances se poursuivaient à l'avenir ?

A titre d'exemple, une équipe de travail sur le problème de la corruption peut arriver à ce stade de l'analyse du problème dans son administration aux conclusions résumées dans l'encadré 5-3.

ENCADRE 5-3 : DYNAMIQUE SYSTEMIQUE DU PHENOMENE DE LA CORRUPTION DANS UNE ADMINISTRATION

Le *niveau de corruption* dans cette administration ne fait que s'accroître, malgré les *actions de portée disciplinaire et juridique* engagées sans complaisance par les Pouvoirs publics ; ce qui affecte de manière négative le *climat interne de travail* dans cette administration. Les agents y travaillent dans une atmosphère inquisitoriale qui favorise chez eux un état d'esprit défensif, une propension à éviter la controverse, même si c'est au détriment des performances globales de leur administration. La détérioration du climat de travail amplifie ainsi celle de la *qualité du service* rendu aux usagers et ces derniers continuent à se plaindre à travers les médias et les Députés à l'Assemblée Nationale, en décriant le niveau, jugé encore plus élevé, de la corruption dans cette administration.

A ce stade, cette équipe a retenu quatre facteurs clés pour traduire, selon elle, le comportement global de la dynamique du phénomène de corruption dans leur service ou administration : le niveau de corruption, l'intensité des efforts de portée disciplinaire et judiciaire, la qualité du climat interne de travail au sein de cette administration, la qualité du service rendu aux usagers. Ainsi, pour cette unité de travail :

- quand le niveau de corruption dans cette administration atteint un certain seuil (plaintes des usagers et des partenaires au développement, interpellation du Ministre à l'Assemblée Nationale, articles des médias écrits et parlés,…), le Gouvernement engage ou redéploie des actions de portée judiciaire en application des normes d'imputabilité juridique définies (code des Marchés publics, Charte des droits de la personne, ententes et conventions internationales,…).

- les efforts de lutte contre la corruption, en s'appuyant sur le levier des procédures judiciaires de façon exclusive en l'absence d'outils permettant de concilier les normes juridiques et les exigences managériales, mettent sous pression les agents publics de cette administration en ébranlant son sous-système psychosocial. Les agents déjà véreux s'enfoncent dans leur cynisme éthique du « chacun pour soi ». Certains créent même la confusion en faisant des dénonciations calomnieuses dans une logique de règlement des comptes. Le style du management assume que tout le monde est corrompu. Curieusement, tout écart par rapport aux normes internes dictées par les véreux qui ont le contrôle sur le pouvoir est très violemment sanctionné.
- les agents publics qui se sentent (à tord ou à raison) en insécurité, même ceux qui font très bien leur travail sans que cela soit reconnu, baissent la garde quant à leur promptitude à servir les usagers avec diligence, ne sachant même pas comment la hiérarchie va apprécier le travail qui est accompli.
- voilà les usagers, les Elus et leurs Partis politiques, les médias, les Organisations de la Société civile et certains partenaires au développement qui s'acharnent sur cette administration traitée « d'outrancièrement corrompue », malgré les injonctions du Président de la République.
- alors s'installe, dans le temps, un « cercle vicieux » produit par les « effets des efforts juridiques » menés avec une bonne intention par le Gouvernement pour le phénomène et le « niveau de corruption » dans cette Unité de travail. Dans ce cas-ci, une pression juridique supplémentaire produit à long terme un effet cumulatif croissant sur le niveau de la corruption. N'oublions pas, en effet, que les procédures judiciaires et leurs impacts sur la culture des services publics sont des phénomènes qui s'inscrivent dans le long terme.

La dynamique ainsi décrite peut être représentée par le schéma de la figure 5-5 qui illustre le diagramme systémique du phénomène de la corruption dans l'administration considérée. Comme pour les circuits d'influence du problème de « rationalisation des délais et procédures de traitement des dossiers dans les services publics » (voir le §. 1.1.1.3 de ce chapitre), chaque flèche illustre l'influence que le facteur qui est son origine exerce sur le facteur qui est son extrémité. Les signes « + » (plus) et « - » (moins) indiquent la polarité de chaque relation. Par exemple, si l'intensité de l'effort de la lutte par la répression judiciaire s'accroît, le climat interne de l'unité considérée va se détériorer, donc diminuer en qualité. Ces deux facteurs changent en sens opposé, d'où le signe « - ». Par contre, si le climat interne s'améliore, la qualité du service aux usagers va aussi s'améliorer ; ces deux éléments changent dans le même sens, d'où le signe « + ».

Le schéma met également en évidence deux boucles de rétroaction implicites dans cette dynamique systémique qui sont représentées par la lettre entre parenthèse : une boucle régulatrice (R) et une boucle amplificatrice (A). En effet, suivant la dynamique du phénomène telle que décrite :

– la *boucle régulatrice (R)* : elle est définie par les trois facteurs « niveau de corruption dans l'administration concernée », « intensité de l'effort de la lutte par les actions judiciaires » et « niveau de la qualité des services rendus aux usagers ». Chaque fois que le niveau de corruption dans cette administration atteint un seuil tel que perçu par les usagers (sans qu'on sache le niveau exact de ce seuil et pour quel niveau de qualité de service), la société, fondée sur les valeurs démocratiques, réagit en dénonçant ce niveau élevé d'écart aux normes éthiques acceptables. Le gouvernement engage alors des actions judiciaires pour, pense-t-il de bonne foi, faire baisser la tension jusqu'à la prochaine crise de confiance des usagers vis-à-vis de cette administration. Les normes éthiques sous l'angle juridique jouent ici le rôle « d'objectif éthique poursuivi », c'est-à-dire de facteur de régulation. Il y a ici un mouvement vers cet objectif qui est l'observation des normes d'imputabilité juridique.

FIGURE 5-6 : DIAGRAMME SYSTEMIQUE DU PHENOMEME DE LA CORRUPTION DANS UNE ADMINISTRATION CHOISIE

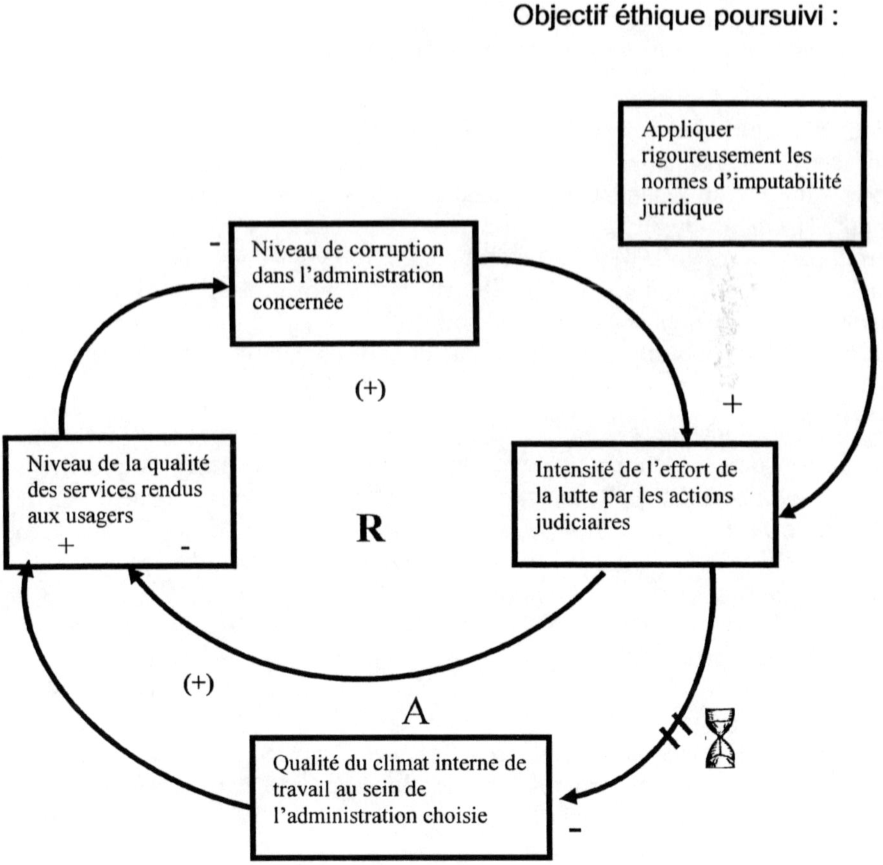

– la *boucle amplificatrice (A) :* chacun des quatre facteurs clés d'influence du schéma entraîne la croissance négative des trois autres. Plus des actions judiciaires sont engagées, plus le sous-système psychosocial de cette administration (ou unité de travail) est affecté, entraînant une détérioration accentuée du climat de travail. Par conséquent, la qualité du service rendu par les agents « insécures » et démotivés diminue. Plus le niveau de cette qualité décroît, moins les usagers sont satisfaits. Leur insatisfaction se traduit par des plaintes qui continuent à être interprétées par l'opinion publique (à tord ou à raison) comme l'expression de la persistance du phénomène de la corruption dans cette administration. Dans le temps, à mesure que le Gouvernement renforce les mesures de poursuites judiciaires pour combattre le phénomène dans cette administration, le nombre de plaintes contre son comportement éthique ne fait que s'augmenter dans un cycle plutôt « vicieux ».

La polarité globale[57] de chaque boucle de rétroaction est indiquée par un signe placé au centre, entre parenthèse ; le signe « + » pour les deux boucles de ce schéma. Ainsi, pour la boucle amplificatrice, la détérioration du climat interne de travail résultant de la pression des poursuites judiciaires engagées, réduit la qualité du service aux usagers et augmente le niveau de corruption perçu par ces usagers. Mais cet effet prendra du temps pour se produire. Sur le schéma, le temps qui s'écoule (délai de rétroaction) avant que l'impact des poursuites judiciaires engagées ne détériore le climat interne de travail au sein de cette administration, est indiqué par deux segments de droite parallèles et assortis d'un sablier (symbole du temps qui s'écoule).

Dans l'analyse systémique du phénomène, il est important de ne pas perdre de vue cette dimension du temps qui par ailleurs permet de prendre en compte la dimension du Développement durable des décisions qui seront prises pour faire face au phénomène. Dans le cas de cet exemple, le climat interne étant un élément de la culture organisationnelle, lorsque les effets négatifs non souhaités auront créé des comportements pervers qui s'enracinent dans cette culture, il sera peut-être plus coûteux de les changer que de continuer à combattre la corruption uniquement par le levier de la répression judiciaire. Comme déjà illustré avec l'exemple de la rationalisation des délais de traitement des dossiers, analysé ci-avant, tenir compte du temps de réaction permet suivant les cas, soit d'anticiper certaines conséquences indésirables de la solution retenue, soit d'accélérer le cycle d'une boucle amplificatrice vertueuse ou celui d'une boucle régulatrice qui conduit à la stabilité du système, soit de combiner judicieusement les deux approches.

A la fin de l'étape de réflexion, on était parvenu à une *définition initiale partagée* du problème. A la fin de l'étape de connexion on parvient, comme l'équipe qui a bien fait le travail le constate, à une *compréhension finale systémique et partagée* de la dynamique du phénomène. Il faut maintenant agir pour le résoudre.

---

[57] Celle-ci s'obtient en comptant le nombre de signe « – » que comprend cette boucle. Si ce nombre est pair, alors la polarité est «+», si le nombre est impair, la polarité est « - »

2.3. Le choix de la stratégie de changement à adopter : la décision

Cette étape porte essentiellement sur l'identification des facteurs qui vont servir de *leviers d'action*, lesquels constitueront les éléments clés de la stratégie à adopter pour résoudre le problème tel que compris et partagé par chaque administration. Le choix de cette stratégie est au centre de la ***décision*** à prendre à l'issue de cette étape.

2.3.1. Les effets des stratégies qui seront retenues

Certaines stratégies peuvent s'attaquer aux causes profondes du problème et conduire à une transformation profonde des attitudes et des comportements. De telles stratégies s'inscrivent dans la logique de la réforme administrative telle que définie dans cet ouvrage. Dans le cas d'un exemple comme celui du phénomène de la corruption traité ici, de telles stratégies mettent l'accent sur l'anticipation et l'apprentissage, à travers une combinaison judicieuse des actions préventives et répressives, pour assurer *« automatiquement »* un contrôle éthique de l'administration ou du service concerné ; exactement comme chacun de nous le fait dans sa propre famille.

D'autres stratégies vont se focaliser sur la correction des symptômes du phénomène, tout en suivant avec impuissance, l'évolution des facteurs clés retenus pour l'analyser. Par exemple, la stratégie exclusive de « poursuite judiciaire » adoptée dans l'exemple décrit ci-haut pour lutter contre la corruption dans l'administration concernée ne s'attaque qu'aux aspects conflictuels et coercitifs concernant les acteurs pris individuellement. Dans le contexte de l'introduction d'une approche de « bonne gouvernance » des services publics qui est celui dans lequel se déploie cette administration comme décrit au chapitre 2, cette stratégie néglige ainsi les aspects de *coopération* qui sont déterminants dans la définition des orientations et des programmes de développement de la collectivité. De même, le souci de *performance managériale* des services publics chargés de réguler la mise en œuvre des politiques et programmes retenus n'est pas pris en compte à cause du caractère exclusif de la démarche privilégiée (que nous souhaitons dans cet ouvrage n'être qu'un cas théorique d'école).

Quelle que soit l'orientation stratégique qui sera retenue, il se produira, tout au long de la mise en œuvre du programme d'actions qui en découlera, divers types d'effets. Certaines actions auront un effet bénéfique renforçant l'atteinte des objectifs de moralisation de l'administration poursuivis. D'autres actions créeront des effets involontaires, donc non désirés. Par exemple, si l'administration qui a adopté la solution judiciaire exclusive pour faire face au problème en s'attaquant aux symptômes (détournements de fonds publics, monnayage des services, marchés fictifs, conflits d'intérêt,...) n'est pas vigilante lors de sa mise en œuvre, elle pourrait se retrouver dans la situation que les spécialistes de l'école de Senge (2000) décrivent comme étant un phénomène *« d'accoutumance »*. Un tel phénomène est représenté par un schéma systémique comme celui de la figure 5-7.

Ce type de phénomène est caractéristique d'un modèle systémique de base (un archétype) que Senge et son équipe (2000 : 159) qualifient de *« Transfert des charges »*. En s'attaquant aux symptômes, on annihile du même coup la capacité et le désir de l'administration de se confronter aux causes profondes, c'est-à-dire à la réalité de ce problème dans son évolution dans le temps. Une leçon qui ne devrait jamais échapper à la réforme administrative. Cette approche conduit, en effet, exactement au comportement qui se développe lorsque, au lieu d'apprendre à pêcher à celui qui a faim, on se contente de lui donner le poisson qu'on a pêché ; sans qu'il puisse être en mesure de le faire lui-même[58].

Dans le cas de l'exemple (théorique) traité ici, les actions bien intentionnées du Gouvernement consistant notamment en la création de nombreux organes spécialisés dans la lutte contre la corruption et en l'activation vigoureuse du levier judiciaire risquent de déplacer sur ces instances, la charge du « bien-être éthique » de toute la société et de son administration. Cette dernière ne fournit plus d'effort pour *apprendre à se comporter par elle-même de façon moralement acceptable* par la société. Pire, l'administration pourra dans le temps, cultiver une « accoutumance » à cette solution répressive en développant une dépendance systématique et aveugle envers les mesures disciplinaires et les procédures judiciaires. Par exemple, les Inspections générales qui ont une mission précise d'audit interne et de rationalisation des procédures de travail, en liaison avec la structure chargée de la réforme administrative, pourront se transformer tantôt en instrument de persécution des unités opérationnelles, tantôt en organe de conseil juridique du Ministre, ou les deux, selon le cas ou suivant le poids des valeurs dominantes de la culture organisationnelle de cette administration. Fournir un service de qualité à un coût optimal aux usagers de cette administration ne sera plus la raison d'être et la principale préoccupation de ses agents, mais plutôt se servir au maximum sans se faire prendre par l'un ou l'autre des organes de lutte contre la corruption institués par le Gouvernement.

---

[58] Nous abordons ici, en toute conscience et avec un parti pris conforme à l'approche de la réforme administrative retenue dans cet ouvrage, un aspect des controverses idéologiques qui sont sous-jacentes aux politiques « redistributives » qui viseraient essentiellement *à changer le sort des individus et non pas leur comportement*. Nous croyons à l'efficacité des approches qui contribuent au développement des individus en leur fournissant les connaissances, les informations ou les ressources qui leur en donnent les moyens.

FIGURE 5-7 : DIAGRAMME D'UN MODELE DE « TRANSFERT DE CHARGE » DANS LA STRATEGIE DE LUTTE CONTRE LA CORRUPTION DANS UNE ADMINISTRATION CHOISIE

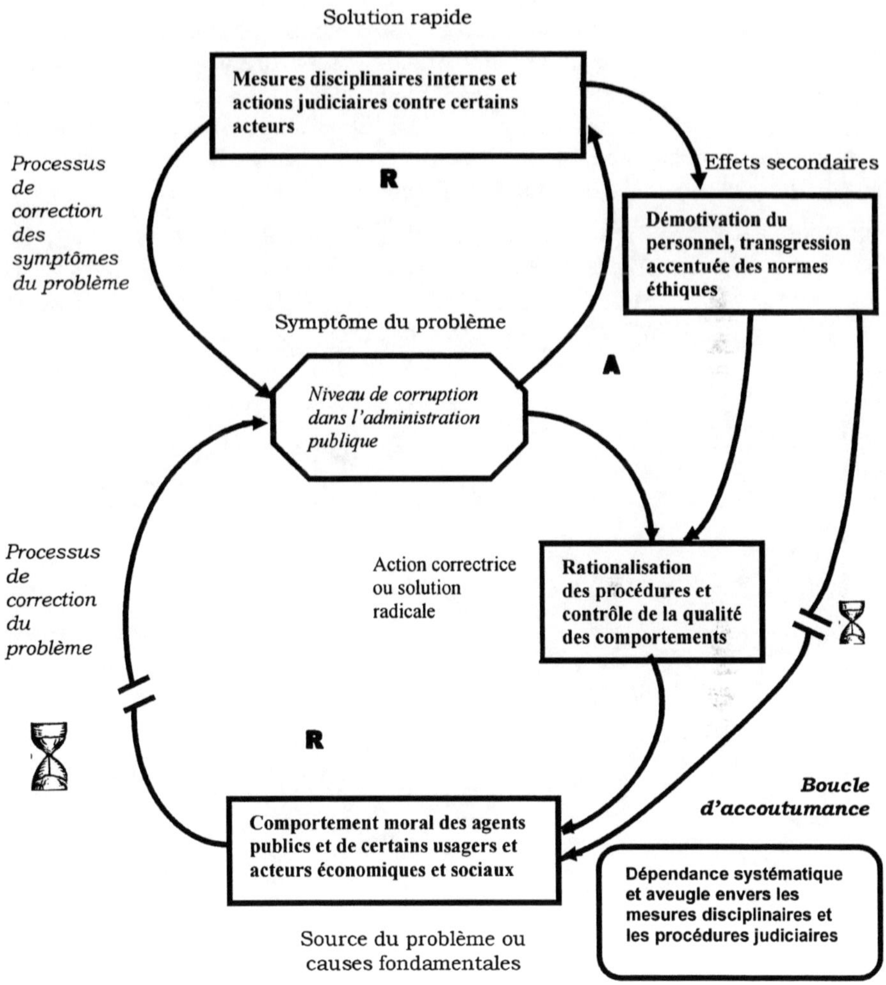

L'évolution dans le temps d'un modèle de « transfert de charge » se traduit par des effets qui suivent trois types de courbes bien distinctes (Senge et al., 2000 : 162) : i) la courbe des remèdes symptomatiques qui monte, notamment avec le déclenchement de l'accoutumance ; ii) la courbe du symptôme du problème qui oscille, avec une tendance à la hausse, en baissant sous l'effet de la solution évidente et immédiate, et en remontant lorsque ces effets n'agissent plus ; iii) la courbe des actions correctrices ou solution fondamentale, la capacité de l'administration à résoudre le problème par elle-même. Cette dernière courbe est plutôt plongeante dans son évolution dans le temps, comme l'indique la figure 5-8. Plus la solution contre les symptômes dure, plus l'administration évolue dans son développement vers un stade où elle ne peut plus se prendre moralement en main.

FIGURE 5-8 : COURBES D'EVOLUTION D'UN MODELE DE « TRANSFERT DE CHARGE » DANS LA STRATEGIE DE LUTTE CONTRE LA CORRUPTION DANS UNE ADMINISTRATION CHOISIE

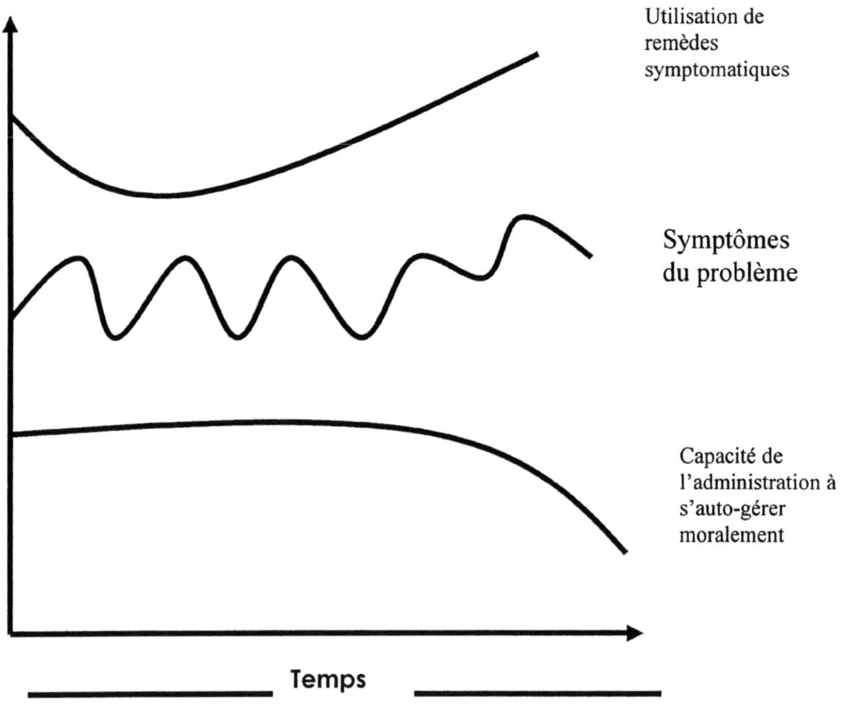

2.3.2. Les stratégies qui s'attaquent aux causes profondes du problème

Si une administration se trouve dans ce cas de figure de l'incapacité à se prendre moralement en main, l'enjeu principal du choix de sa stratégie est la combinaison des actions à long terme qui s'attaquent aux causes profondes avec des actions à court terme qui traitent les symptômes. La démarche qu'elle adopterait à cette étape de décision, dans cette hypothèse, consisterait à traiter les quatre points suivants :

1) identifier toutes les solutions alternatives qui auraient pu être essayées en l'absence d'une solution rapide ;
2) évaluer le potentiel de chacune de ces solutions alternatives à apporter une solution fondamentale satisfaisante en s'attaquant à la source du problème, pour retenir le levier d'action le plus adéquat : on pourrait ici se servir d'un outil du type « matrice d'influence des facteurs clés » comme celui décrit dans l'exemple du problème de « rationalisation des délais et procédures de traitement des dossiers dans les services publics » ;
3) privilégier les solutions à long terme en énonçant clairement et sans ambiguïté les priorités fondamentales (la vision) de l'administration concernée à l'égard des questions éthiques ;
4) mettre en place un mécanisme de réduction de la dépendance de l'administration vis-à-vis de la solution qui traite des symptômes. Par exemple, l'introduction effective d'un système d'évaluation des agents publics par les résultats produits.

Les scénarios élaborés ici devront partir des hypothèses sur les causes fondamentales avancées lors de l'élaboration du schéma comportemental du système. Puisqu'il s'agit de transformer les comportements et les attitudes des personnes impliquées, cette démarche ne pourra être appliquée que dans le prolongement du travail en équipe associant tout le personnel de chaque unité de travail de l'administration concernée. C'est ici le lieu par excellence pour appliquer le principe de la *« tension créatrice »* qui postule que les individus peuvent agir délibérément et efficacement en exposant leur vision personnelle et leur perception du développement de la situation problématique[59]. En effet, que les scénarios élaborés s'appuient sur la logique de l'approche du management de la qualité totale ou sur celle du « benchmarking » sous toutes ses formes (y compris l'évaluation par les pairs), si elle est imposée « d'en haut », sans se préoccuper des schémas mentaux des personnels qui vivent le problème, la probabilité sera très forte pour que tout le monde ne travaille pas sur le levier

---

[59] On retrouve dans ce principe, l'un des éléments clés de la « maîtrise personnelle » de chaque acteur du processus d'analyse, de formulation et de résolution de problème tels que rappelés au chapitre 4 (§ 3.2).

d'action adéquat. Il ne sera donc pas possible à cette administration de développer les connaissances lui permettant de reconnaître facilement les menaces à sa survie éthique. En outre, cette administration ne sera pas en mesure de faire face aux effets secondaires non souhaités, tels par exemple, l'impatience de l'opinion publique nationale et internationale de voir disparaître immédiatement le phénomène ou les tensions internes entre individus au sein des différentes unités d'une administration ou entre plusieurs administrations y compris les organes de lutte contre la corruption institués.

A l'issue de cette étape, chaque administration a élaboré son plan stratégique de développement éthique, qui, optant pour le traitement des causes profondes de la corruption en son sein, a retenu des mesures concrètes à mettre en œuvre conformément aux orientations de son plan stratégique global (ou sectoriel) de développement. Le souci de cohérence entre ces deux plans stratégiques pourra se traduire, en matière de réforme administrative par exemple, par la recherche et la « priorisation » des causes sous-jacentes aux règles de fonctionnement, à la structure organisationnelle (texte et cadre organiques) et aux processus de travail qui ont favorisé le développement du comportement moral (positif ou négatif) observé. Il faut maintenant passer à l'action par la mise en œuvre dudit plan.

2.4. Le suivi et le contrôle de la mise en œuvre du plan : l'action

A présent chaque administration a son plan stratégique. Chaque direction, voire chaque service a son plan opérationnel. La principale question ici est celle de savoir *comment les Responsables vont suivre et contrôler la mise en œuvre du plan d'action élaboré* ?

S'agissant de la lutte contre la corruption, et quel que soit le type d'administration considérée ou le niveau hiérarchique auquel on se trouve, on doit être conscient du fait que l'intervention se situe dans le domaine des *valeurs*. Un domaine qui est un lieu de conflit et de lutte de toutes sortes : conflit avec soi-même et sa conscience ; conflit avec les autres, notamment ses chefs hiérarchiques, ses collègues, ses collaborateurs de service, les partenaires de son administration, les usagers de son unité de travail ; conflits entre diverses administrations intervenant dans un même secteur ou sollicitant le même type de ressources (lesquelles sont toujours limitées) ; conflit entre le penchant naturel de la personne eu égard à son niveau de développement cognitif moral et l'exigence de soutenir les valeurs qu'elle proclame de part la fonction qu'elle occupe[60]. Peut-être même que c'est ici que se situe la plus importante des causes

[60] A ce sujet on peut relever des exemples illustratifs plutôt très nombreux de cas où des « patrons » (allant jusqu'aux ministres) accusent et même traînent devant les tribunaux, des collaborateurs pour des faits non établis de détournement des deniers publics, et qui en même

qui sont à la source du développement du phénomène, dans la mesure où ce dernier type de conflit renvoie au problème de la congruence entre ce « qui est dit » et ce « qui est fait » ; entre « la théorie professée » et la « théorie pratiquée ».

2.4.1. Une approche culturelle de l'éthique dans l'administration publique

Compte tenu de la spécificité du domaine ainsi précisée et dans la perspective de s'attaquer aux causes profondes du phénomène, le suivi et le contrôle du plan de mise en œuvre doit mettre l'accent sur le *soutien* des agents publics et de tous les autres acteurs, dans leurs efforts de *développement d'une « administration éthiquement auto-gérée »*.

Dans cette logique, plusieurs pistes d'actions peuvent aider à élaborer un système efficace de suivi et de contrôle du plan d'action élaboré. Nous en présentons quatre ici :

1) l'énoncé clair et sans ambiguïté de la ***vision*** de l'unité de travail par rapport aux questions d'éthique ;
2) l'exemplarité en toute chose et en particulier en matière éthique du Chef de l'Unité ;
3) l'élaboration et la mise en œuvre d'un Tableau de Bord de l'Ethique (TBE) de l'Unité de travail ;
4) l'institution d'un mécanisme d'apprentissage.

Lorsque nous traitions de l'image de l'administration publique africaine du 21ème siècle au chapitre 3 (§ 2.1.1), nous avons relevé qu'une vision bien conçue, comprend deux éléments essentiels : l'idéologie fondamentale et l'image future. La vision éthique d'une Unité de travail est naturellement de l'ordre de son idéologie fondamentale, au sens des valeurs auxquelles cette Unité est sincèrement et passionnément attachée.

Aussi, la formulation de la vision éthique de l'unité de travail doit traduire les valeurs éthiques et déontologiques que l'unité veut promouvoir en incluant la dimension de sa responsabilité sociale et de celle relative aux impacts ou aux conséquences futures des programmes et projets dont elle a la charge. C'est cette vision qui servira de boussole au développement éthique de l'unité et de facteur de régulation de son comportement moral. Elle doit être largement diffusée pour permettre d'appliquer sereinement les sanctions positives ou négatives le moment venu. La démarche de formulation est intégrée dans toutes les étapes de la roue d'apprentissage et fait appel à tous les

---

temps, traînent eux-mêmes de « bruyantes casseroles » dans divers projets, et pour lesquelles des preuves formelles existent ; preuves détenues en partie par certains de ces collaborateurs villipendés.

acteurs impliqués dans l'accomplissement de la raison d'être de l'unité de travail. En tout état de cause, et dans l'hypothèse de développement d'une administration « éthiquement auto-gérée », elle ne saurait être définie suivant une logique descendante (« top-down »), encore moins être décrétée.

Même si les textes de la vision éthique de deux unités de travail ou deux administrations se ressemblent, ce n'est pas un problème car on est encore sur le terrain de la « théorie professée ». La différence s'observera sur le terrain de la « théorie pratiquée ». C'est alors qu'apparaît le caractère critique du *comportement exemplaire du Chef* de l'unité concernée. Si, en tant que chef de famille tout le monde (épouse(s), enfants, amis de la famille,...) vous regarde et scrute vos moindres gestes pour voir en quoi vous « faites » ce que vous « dites », c'est la même attente que le personnel de votre Unité a vis-à-vis de vous. En d'autres termes, quelles sont vos réponses aux questions suivantes ? Appliquez-vous à votre lieu de travail à prendre des décisions qui respectent des principes éthiques[61] ? Traitez-vous équitablement vos collaborateurs en vous basant sur les résultats qu'ils produisent et sur leur propre comportement éthique sans considération de leur origine ethnique comme vous le proclamez ? Faites-vous autant pour le dossier d'un usager, qu'il soit de votre famille ou non, de votre tribu ou non, de la même Eglise que vous ou non, du même Parti politique que vous ou non, que vous ayez des chances de le revoir ou non ? Ce sont là des questions qui se posent quand on parle de l'exemplarité. Peut-être sont-elles des questions simples, mais des questions essentielles en matière d'éthique. Des questions dont vous seul avez les réponses, avec comme seul juge, votre conscience. Dans les organisations humaines en proie à toutes sortes de jeux sous-tendus par des stratégies qui poursuivent des objectifs strictement individuels et bien souvent différents de ceux de l'unité de travail, la *« loi du milieu »* pourra, dans certains cas, rendre cet effort d'exemplarité extrêmement compliqué. Dans une telle situation, et en votre qualité de Chef de structure qui assume ses responsabilités, vous devriez adopter un comportement qui se situe à

[61] A. Payette (in Parenteau, dir., 1992 : 230) décrit trois principes éthiques qui doivent sous-tendre les décisions organisationnelles : l'utilitarisme, les droits de la personne, la justice. Les normes de **l'utilitarisme** sont sous-tendues par la règle du « plus grand bien au plus grand nombre » et sont fondées sur les analyses « coûts-avantages », « coûts-bénéfices », « valeur optimale ». La **théorie des droits de la personne** postule que certains droits fondamentaux de la personne doivent être respectés dans toute décision, par exemple : le droit de consentement libre, le droit à la vie, le droit à la liberté de conscience, le droit de dénoncer l'illégalité ou l'immoralité de l'action des autres à condition de ne pas violer leurs droits fondamentaux. La **théorie de la justice** s'appuie sur trois préceptes moraux : i) la *justice distributive* (traitement suivant les similitudes ou les différences entre les individus, les tâches, les responsabilités) ; ii) l'*administration des règles* (elles doivent être clairement énoncées et largement diffusées, et les individus doivent être jugés équitablement) ; iii) les *normes de compensation* (les individus ne doivent pas être tenus responsables d'actions sur lesquelles ils n'ont pas de contrôle et ils doivent recevoir des responsables concernés une compensation correspondant aux offenses subies).

un point du continuum qui va de la « rigueur morale » à la « compromission », avec comme point médian le « compromis ». Le compromis est ici caractérisé par le fait que personne ne perd la face, tous sont plus ou moins gagnants.

En effet, dans un processus de résolution de problème en groupe, il est démontré, comme l'observe Landry (1978 : 598), que l'intersection entre l'ensemble des solutions acceptables à partir d'une vision donnée de ce qui n'est pas « bon » et l'ensemble des solutions acceptables à partir de la vision du problème d'un ou de plusieurs membres du groupe, n'est pas un ensemble vide. Cette intersection des solutions dites admissibles est d'autant plus grande que les visions du problème seront rapprochées. D'où l'importance, encore une fois, de l'énoncer clairement et sans ambiguïté et de la faire partager. Toute solution située à l'intérieur de cette intersection a l'avantage de permettre aux diverses parties de ne pas avoir à modifier leur vision déclarée de ce qui est « bon » ; ce qui favorise largement le compromis. Toujours dans cette perspective de résolution de problème en groupe, il existe dans toute administration, même la plus malade en termes de performance et d'éthique, des agents de qualité réputés pour leur intégrité et leur exemplarité ; c'est une autre loi du milieu (le verre à moitié plein, plutôt qu'à moitié vide). Le Manager devra les identifier et s'appuyer sur eux pour rechercher ce qui rassemble éthiquement et faire partager leurs valeurs positives.

S'agissant du suivi du phénomène dans la vie quotidienne des administrations, la littérature propose trois variables comme pouvant constituer l'ossature du *tableau de bord de l'éthique (TBE)* d'un responsable administratif :

- l'intégrité dans la gestion quotidienne ;
- le respect des normes applicables ;
- l'encouragement de la pro-activité

Une note de synthèse de l'OCDE (septembre 2000, n°7) donne quelques indicateurs d'appréciation de ces variables :

❖ ***Intégrité dans la gestion quotidienne :***

- fixation de délais à respecter ;
- demande d'avis motivés pour les décisions ;
- possibilités de recours contre certaines décisions ;
- obligation de notification des conflits d'intérêt.

❖ ***Respect des normes applicables :***

- l'édiction de normes de conduite attendue ;
- sanction des comportements contraires à l'éthique ;

- développement des compétences nécessaires au traitement de problèmes déontologiques ;
- sollicitation de la participation du personnel et des usagers au processus de révision des valeurs et des normes.

❖ ***Encouragement à la pro-activité :***

- institution des prix pour récompenser les conduites exemplaires ;
- recours à la formation professionnelle pour sensibiliser les agents sur les questions de l'éthique de responsabilité au double plan de l'anticipation et de l'avenir appliqué au domaine concerné ;
- utilisation des nouvelles technologies, notamment l'Internet et les CD-ROM interactifs pour fournir des informations sur les valeurs et les comportements éthiques souhaitables ou vécus ailleurs.

L'utilisation rigoureuse d'un tel tableau de bord contribuera à la surveillance des pratiques illégales et immorales de l'unité de travail face aux symptômes du phénomène de la corruption.

Le plan d'action du volet « lutte contre la corruption » du PNG du Cameroun, par exemple, vise à mettre en œuvre un tel instrument en impliquant le plus fortement possible les citoyens, le secteur privé et la société civile. L'objectif poursuivi ici est de transformer le discours sur l'éthique, en actes concrets susceptibles de contribuer au développement d'une véritable culture d'une éthique de responsabilité dans la société camerounaise.

Toutefois, il ne peut être possible d'utiliser de façon efficace un tel instrument que dans une unité de travail qui a fait de l'éthique un sujet de *culture organisationnelle.* Une unité au sein de laquelle la « loi du milieu » accepte des discussions ouvertes sur les questions éthiques auxquelles le Service, la Direction ou le Ministère fait face dans l'accomplissement de ses missions. Des réunions de coordination se tiennent dans toutes les unités de travail au sein de l'administration pour débattre des sujets techniques qui concernent leurs activités et faire le suivi des actions en cours. Pourquoi à l'occasion de chacune de ces réunions un point de l'ordre du jour ne traiterait-il pas explicitement des questions éthiques et déontologiques qui se sont posées lors de la réalisation de ces activités ? Par exemple, pourquoi lors des réunions de coordination présidées par le Ministre, l'Inspecteur général, le Président de la Commission ministérielle des Marchés ou un Directeur, suivant le cas, ne serait-on invité à faire un exposé sur les questions éthiques que chacun à eu à connaître dans le cadre de ses activités en rapport avec les projets ou dossiers débattus au cours de cette réunion ? C'est déjà là le premier exemple que donneraient les Ministres et surtout l'occasion pour eux de créer les conditions du développement d'une « loi du milieu » qui leur est moralement favorable. Dans certaines administrations, des Comités scientifiques ont été institués pour débattre des avis techniques qu'elles donnent au Ministre sur les dossiers qui leur sont confiés ; pourquoi ces instances ne discuteraient-elles pas également de l'impact éthique de la solution qu'elle suggèrent au Ministre en s'appuyant par exemple sur les trois principes de l'utilitarisme, des droits de la personne et de la justice décrits ci-haut ? L'objectif poursuivi par cette approche culturelle de l'éthique dans les services publics est de démystifier les pratiques supposées ou réelles, de rendre banales ou ordinaires les discussions sur la corruption dans chaque Unité de travail ; tout ceci dans le but d'anticiper les déviances comportementales des agents publics. L'adage populaire nous enseigne que qui « vole un œuf, volera un bœuf ». Pourquoi ne pas prévenir chacun de nous du danger qu'il court en volant un œuf avant que l'irréparable n'arrive ? Suivant cette logique, la cellule juridique de chaque administration pourrait produire un document sur les exigences légales les plus courantes des différents secteurs d'activité du ministère. Ce document dont le Ministre en ferait la préface, compléterait le tableau de bord éthique du ministère et servirait d'outil d'appui à l'évaluation des pratiques morales et déontologiques de cette administration.

Il faut également prévoir le cas où, malgré tous ces efforts culturels, le levier des procédures disciplinaire et judiciaire doit être activé. L'éthique de la justice postule, en effet, dans l'un de ses préceptes (voir note de bas de page précédente) que si les règles sont clairement énoncées et adéquatement diffusées et renforcées, les *individus devront être équitablement jugés* et punis s'ils les enfreignent. En d'autres termes, chacun (Homme politique, agent public, opérateur économique, tout autre usager des services publics,...) doit assumer la responsabilité juridique individuelle de ses actes. Sur ce plan, la justice doit être rigoureuse, ferme et, elle aussi, **juste et équitable** dans l'application des normes juridiques, en tenant compte des exigences des normes de rendement auxquelles sont soumis les agents publics.

2.4.2. Défi de conciliation des logiques managériales et juridiques

Dans le contexte actuel de développement d'une nouvelle philosophie de gestion dans l'administration publique qui met l'accent sur les résultats, le problème qui se pose ici est celui de l'existence d'outils qui concilient les exigences du management avec les principes de l'imputabilité juridique. C'est alors qu'on peut apprécier l'importance de la contribution de certaines institutions, telles par exemple l'Agence de Régulation des Marchés Publics ou la Structure Nationale chargée de la Réforme Administrative.

Au Cameroun, par exemple, sous la responsabilité du Premier Ministre qui est l'autorité des Marchés Publics, l'Agence de Régulation des Marchés publics (ARMP) est non seulement chargée de la formation des acteurs du système national des marchés publics, mais aussi de l'élaboration de documents types, de standards à mettre à la disposition de ces acteurs. Sa contribution, notamment pour ce qui est des outils de suivi et de contrôle de l'exécution des marchés publics serait, à l'expérience, d'un apport capital pour décrire avec précision les zones d'imputabilité des Maîtres d'Ouvrage, et à travers eux, celles du chef de service. Ce dernier, faut-il le rappeler, est accrédité pour « une assistance générale à caractère administratif, financier, et technique aux stades de la définition, de l'élaboration, de l'exécution et de la réception des prestations objet du marché »[62]. Une responsabilité hautement managériale dont il aura à répondre, *à titre individuel*, devant la justice.

Le Secrétariat permanent à la Réforme administrative (SPRA), quant à lui, est chargé, sous l'autorité du Ministre de la Fonction Publique et de la Réforme Administrative, entre autres, « des études tendant à réduire le coût d'acquisition et de maintenance des équipements » et « de la définition des normes et d'indicateurs d'organisation et de gestion des services publics, ainsi que des critères d'évaluation des performances de ces derniers »[63]. La société et la justice ont besoin des conclusions de l'étude sur les coûts, ainsi que des normes, indicateurs et critères d'évaluation des performances des services publics pour définir l'objectif de son système de régulation en ce qui concerne la société, et pour appliquer équitablement les normes juridiques pour la justice. En outre, et dans une démarche préventive et d'apprentissage, cette structure pourrait, dans un pays donné et en guise de sa contribution à la stratégie de lutte contre la corruption, mener une étude sur « les types de problèmes éthiques auxquels s'exposent les occupants des différents postes de travail d'un cadre organique donné » en se servant par exemple de la méthode Delphi dont nous parlerons au prochain chapitre. Ce document pourrait même accompagner le texte organique comme c'est le cas aujourd'hui pour le cadre organique au Cameroun. Les Ministres s'en serviraient lors des nominations pour apprécier le degré d'adéquation du profil d'une personne et des exigences éthiques du poste de travail.

C'est peut-être ici le lieu d'ouvrir une parenthèse pour rappeler que chaque poste de travail recouvre trois composantes : i) une composante technique qui décrit le travail qui y est fait ; ii) une composante socio-technique qui analyse les inter-actions nécessaires de l'occupant du poste avec les occupants des autres postes pour assurer une coordination entre les tâches ; iii) une composante sociale qui est la résultante des deux premières composantes et qui contribue à tisser le réseau informel des inter-relations dans l'organisation.

---

[62] Circulaire n°004/CAB/PM du 30 décembre 2005, relative à l'application du Code des Marchés Publics (paragraphe V) au Cameroun

[63] Décret n° 2005/086 du 29 mars 2005 portant organisation du Ministère de la Fonction Publique et de la Réforme Administrative

Ces différents outils techniques et bien d'autres qui existent peut-être déjà dans certaines administrations, sont d'un apport déterminant pour le suivi et le contrôle de l'évolution du phénomène de la corruption dans les services publics dans l'hypothèse où les scénarios retenus reflètent effectivement la réalité du phénomène telle qu'elle se présente au sein de chaque administration. Ils sont également d'un apport déterminant pour relever le défi de conciliation des paradigmes managériaux et juridiques qui sous-tendent aujourd'hui le développement des services publics dans la logique de la bonne gouvernance.

Encore une fois, il s'agit d'une dynamique d'apprentissage qui veut transformer une évolution qui prend l'allure d'un « cycle vicieux » en une évolution suivant un « cycle vertueux ». Si le phénomène tel que décrit est bien interprété, on constatera que ni la boucle de régulation, ni celle d'amplification ne s'arrête. Aujourd'hui, par exemple, nombre d'usagers des services publics dans les pays africains, y compris les étrangers, pensent que s'ils ne monnaient pas pour obtenir un service, alors celui qu'on leur offre n'est pas bon. Vivement qu'arrive le jour où recevoir un service de qualité sans monnayer sera la règle et le monnayage, l'exception.

CHAPITRE 6 : METHODES ET OUTILS D'ANALYSE ET DE RESOLUTION DE PROBLEMES

Ce chapitre traite des principaux outils suivants :

1. *des outils d'analyse des causes et des effets d'un problème*. Nous avons retenu ici trois outils : i) le diagramme d'Ishikawa (ou diagramme de poisson) qui aide à identifier les causes d'un problème simple dans une unité de travail (un Service, une Direction, une Equipe-projet,...) et à résoudre ledit problème ; ii) le diagramme des inter-relations qui permet de mettre en évidence les chaînes causales principales et les facteurs d'influence critiques d'une situation problématique complexe en vue de prendre des mesures pour améliorer la situation ; iii) le diagramme systémique de la boucle de causalité qui aide à identifier les changements profonds à introduire pour résoudre de façon durable le problème analysé ;
2. *la méthode Delphi*. Une méthode de recherche de solutions innovatrices face à un problème complexe en utilisant de façon optimale l'expertise de groupes de personnes bien choisies ; ceci, dans le but, entre autres, d'établir des prévisions à long terme ;
3. *la méthode des scénarios*. Une méthode d'anticipation des avenirs possibles de développement d'un service en vue d'apporter des réponses aux besoins de prospective et de planification à long terme ;
4. *la méthode de simulation ou d'expérimentation pilote*. Une méthode de résolution de problème complexe dont le but est de s'assurer, avant l'étape de la généralisation, que le concept de service proposé ou que la solution technique retenue répond aux attentes, soit par rapport au problème identifié ou par rapport à un nouveau besoin ou à un nouveau problème.

1. ANALYSE DES CAUSES ET DES EFFETS D'UN PROBLEME

Pour bien comprendre la dynamique globale du système qui décrit une situation problématique, il faut définir le plus rigoureusement possible les *relations* qui existent entre les différents éléments de ce système. Compte tenu de la définition du concept du problème retenu au chapitre 4 pour cerner cette dynamique globale, il faut connaître non seulement la *structure des relations* entre les éléments, mais aussi le *déroulement du processus dans le temps*. Pour décrire cette dynamique, on formule des *hypothèses* sur le fonctionnement du système analysé en décrivant la nature des liens qui existent entre ses éléments.

Une analyse réductrice de ces relations suivant une « chaîne causale linéaire » amène à postuler qu'un problème découle d'une cause unique[64]. Or à l'évidence, et particulièrement *dans des situations problématiques complexes, une cause donnée est susceptible de provoquer plusieurs effets et ces derniers, se comportant comme des causes, provoquent chacun plusieurs autres effets*.

Dans les chapitres précédents, pour analyser les causes et les effets d'un problème dans la logique de l'analyse systémique, nous avons fait référence à certaines techniques telle la construction des circuits d'influence et des boucles causales. Ce paragraphe revient sur ces techniques pour décrire les principales étapes de leur déroulement et permettre ainsi qu'elles puissent être maîtrisées en vue de leur utilisation dans d'autres contextes.

Nous avons retenu ici trois outils :

- le *diagramme des « causes-effets » d'ISHIKAWA* encore appelé diagramme de poisson ou arbre des causes pour les problèmes simples.
- le *diagramme des inter-relations* pour les problèmes complexes, utilisé comme outil d'amélioration continue des performances de l'organisation.
- le *diagramme systémique de la boucle de causalité* pour les problèmes complexes, utilisé comme outil d'identification des changements profonds à introduire

1.1. Le diagramme d'ISHIKAWA

1.1.1. Définition de l'outil

Le diagramme d'Ishikawa du nom de son inventeur, est utilisé pour *rechercher et visualiser* **toutes** les causes d'un problème ou d'un dysfonctionnement dans une situation organisationnelle donnée. La forme de ce diagramme donne l'image de squelette d'un poisson. C'est pourquoi il est aussi appelé diagramme « en arrête de poisson » ou « arbres de causes ».

La méthode est essentiellement appliquée dans des situations de *problèmes simples* (peu de variables qui sont relativement stables) au sein des unités de travail dans une administration, pour identifier de manière exhaustive les causes d'un problème ressenti. Parce que la situation comporte peu de variables qui sont par ailleurs stables dans le temps, on peut effectivement inventorier ***toutes*** les causes qui sont à son origine.

---

[64] Une telle formulation conduit très facilement au problème de « la poule et de l'œuf » comme nous le font remarquer Probst et Ulrich (1989 : 40), ce qui devrait nous étonner et nous amener à réfléchir autrement.

1.1.2. Etapes de construction d'un diagramme d'Ishikawa

La construction d'un diagramme d'Ishikawa est relativement simple (Crépin et Robin, 2001 ; Simonet, 1984). Nous avons résumé la démarche de construction en quatre étapes principales décrites dans le tableau 6-1. Nous avons illustré cette démarche par un exemple qui traite des « causes des erreurs dans l'organisation d'une réunion de coordination présidée par le Ministre et regroupant les responsables des services centraux et des services déconcentrés ». Le diagramme de cet exemple est représenté par le schéma de la figure 6-1.

TABLEAU 6-1 : CONSTRUCTION D'UN DIAGRAMME D'ISHIKAWA

ETAPE 1 : DEFINIR LE PROBLEME ET LISTER TOUTES LES CAUSES POSSIBLES		
QUOI ?		**COMMENT ?**
– Définir le problème – Lister toutes les causes possibles		– Enoncer de manière simple et mesurable le dysfonctionnement ou l'écart par rapport à la norme observée – S'il s'agit d'atteindre un objectif, le définir en des termes mesurables – Chercher en groupe comprenant les personnes directement impliquées dans la situation analysée, toutes les causes possibles pouvant avoir un effet sur le processus concerné. Dans le cas d'un objectif, rechercher les moyens pour l'atteindre
ETAPE 2 : REGROUPER LES CAUSES IDENTIFIEES EN GRANDES CATEGORIES		
QUOI ?		**COMMENT ?**
– Regrouper les causes identifiées en grandes catégories suivant les dimensions du problème tel que défini		– Se limiter de préférence à 4 ou 6 catégories – Lorsqu'il s'agit de problèmes du centre opérationnel, utiliser les 5 catégories appelées « 5M » pour : *M*éthode de travail (procédés de travail, règles et mesures de travail,...) ; *M*atières (la matière première, les consommables) ; *M*atériel (les équipements, les machines,...) ; *M*ilieu (environnement du travail, le climat social,...) ; *M*ain-d'œuvre (la ressource humaine)
ETAPE 3 : CLASSER LES CAUSES ET DESSINER LE DIAGRAMME		
QUOI ?		**COMMENT ?**
– Classer toutes les causes à l'intérieur de chaque catégorie	–	– Les causes ne sont pas toutes de même niveau. Une même cause peut se retrouver dans deux

– Dessiner le diagramme pour visualiser les <u>relations</u> entre les causes dans chaque catégorie		catégories différentes – Dessiner les flèches[65] du diagramme comme illustré dans l'exemple traité ci-après
ETAPE 4 : IDENTIFIER LES CAUSES PRINCIPALES SUR LESQUELLES AGIR		
QUOI ?		**COMMENT ?**
– Sélectionner à partir du diagramme, les causes ayant un impact jugé le plus fort sur l'effet	–	– Procéder par une recherche de consensus au sein du groupe – Ne pas oublier que ces causes ne sont que des *hypothèses* et procéder en conséquence à une validation sur le « terrain »

[65] On notera que ce diagramme ne représente que les relations de causes à effet <u>entre</u> différentes causes

FIGURE 6-1 : Un exemple de diagramme d'ISHIHAWA, DIAGRAMME DES CAUSES D'ERREURS dans l'organisation d'une réunion présidée par le Ministre

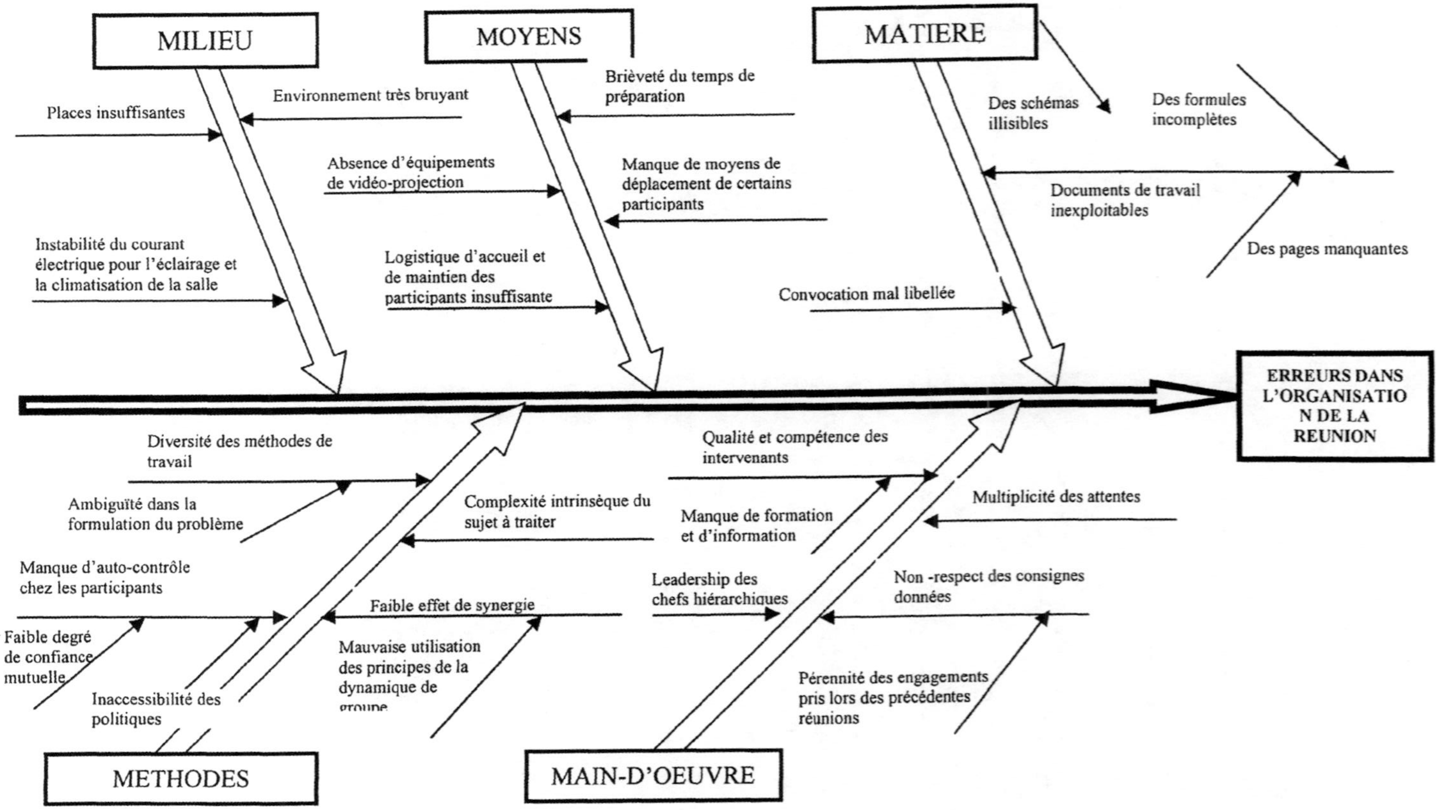

1.2. Le diagramme des inter-relations

1.2.1. Définition de l'outil

Le diagramme des inter-relations est utilisé dans l'analyse des problèmes organisationnels complexes pour mettre en évidence les *chaînes causales principales et les facteurs clés* sur lesquels il faudrait agir en priorité. La situation étant complexe (plusieurs variables instables), la méthode ne recherche pas toutes les causes, comme dans le digramme de poisson, mais un nombre limité de causes sur lesquelles un travail d'analyse approfondie est effectué. Ce travail d'analyse, par la répétition de la question « pourquoi ? », devra permettre au groupe qui utilise la méthode de parvenir aux causes qui lui semblent être les véritables causes profondes du problème étudié (Crépin et Robin, 2001 : 129).

1.2.2. Etapes de construction d'un diagramme des inter-relations

Les étapes de construction d'un diagramme des inter-relations telles que décrites par Crépin et Robin (2001 : 129 – 138) sont résumées dans les tableaux 6-2 et 6-3. Il est important de souligner qu'il s'agit d'un outil utilisé par un groupe de personnes qui font face au problème étudié et qui, surtout, ont la possibilité ***d'agir*** sur les causes identifiées pour contribuer à l'amélioration de la situation. L'exercice se fait sous la conduite d'un animateur qui connaît bien les principales consignes de la méthode et qui est familier avec des techniques comme le « brainstorming » pour faire produire des idées nouvelles. Les principales consignes de la méthode (Crépin et Robin, 2001 : 130 – 139) sont résumées dans le tableau 6-2.

TABLEAU 6-2 : LES PRINCIPALES CONSIGNES POUR CONSTRUIRE UN DIAGRAMME DES INTER-RELATIONS

ETAPE	CONSIGNES
ETAPE 1 Définir le problème en groupe et initier une première recherche de causes	– L'animateur doit s'assurer que la question centrale est comprise et acceptée par tous les participants qui doivent se sentir concernés – Le thème est écrit au marqueur rouge sur une fiche de grand format placée au centre d'une grande feuille – L'animateur distribue aux participants une vingtaine de fiches – Chaque participant écrit au marqueur noir ses propositions de causes possibles en respectant les règles suivantes : i°) chaque cause est rédigée sous la forme d'une phrase courte (2 à 3 lignes) ; ii°) écrire une seule cause par fiche ; iii°) formuler la cause en mettant en évidence son lien de « cause à effet » avec le thème central
ETAPE 2	– Chaque fiche est lue par l'animateur et si nécessaire expliquée par son auteur puis validée par le groupe ;

ETAPE	CONSIGNES
Identifier les causes de premier niveau	– Chaque groupe de fiches reçoit un titre, écrit en rouge sur une nouvelle fiche qui est ensuite placée par-dessus les fiches de son groupe rassemblées en pile – Certaines fiches peuvent ne pas s'intégrer dans un groupe « loups solidaires ». Il faut les conserver et leur donner le même statut que les fiches-titres en rouge
ETAPE 3 Réaliser un premier diagramme des causes à partir d'une cause de premier niveau	– Inscrire les causes amont au marqueur noir sur de nouvelles fiches – Positionner les fiches des causes amont sur le diagramme – Les causes doivent être à un niveau d'abstraction inférieure à celui des effets – Tracer provisoirement les flèches au crayon
ETAPE 4 Généraliser le travail de l'étape 3 aux autres causes du premier niveau	– Pour permettre au groupe de progresser rapidement, l'animateur pourrait confier le traitement des autres causes à des participants travaillant en parallèle, seul ou à deux. Le travail est ensuite présenté à l'ensemble du groupe pour validation
ETAPE 5 Rechercher les chaînes causales principales et les facteurs clés	– Repasser au **marqueur noir** les flèches dessinées au crayon aux étapes précédentes ; – Dessiner la courbe-enveloppe délimitant les zones causales principales en **vert** – Dessiner la chaîne causale principale en **rouge** – Encadrer en **rouge** les facteurs clés – Identifier le travail en écrivant en **noir** la date, le lieu, les noms des participants et celui de l'animateur au coin inférieur droit de la grande feuille

Les schémas des figures 6-2 et 6-3 illustrent la disposition des fiches par niveau sur la grande feuille et l'image d'un diagramme des interrelations.

TABLEAU 6-3 : ETAPES DE CONSTRUCTION D'UN DIAGRAMME DES INTER-RELATIONS

ETAPE 1 : DEFINIR LE PROBLEME ET INITIER UNE PREMIERE RECHERCHE DES CAUSES		
QUOI ?		**COMMENT ?**
– Formuler le thème central du problème à l'étude – Formuler les idées de causes possibles en utilisant des fiches fournies par l'animateur et en respectant les consignes qu'il aura données		– Exprimer le thème sous la forme d'une question. ***« Pourquoi rencontrons-nous tel problème ? »*** ou ***« Pourquoi sommes-nous dans telle situation ? »*** – Formuler les hypothèses sur les causes possibles sous forme de phrases complètes (sujet, verbe complément) – Se limiter à un nombre restreint de causes en privilégiant celles sur lesquelles les membres du groupe ont une **possibilité d'action** pour

		contribuer à l'amélioration continue de la performance de leur unité de travail
ETAPE 2 : IDENTIFIER LES CAUSES DE PREMIER NIVEAU		
QUOI ?		**COMMENT ?**
– Identifier quelques causes qui, pour le groupe, paraissent déterminantes pour résoudre le problème : les causes de premier niveau – Classer, en vue d'éventuels contrôles, toutes les autres fiches produites à l'étape 1 et 2	–	– Clarifier le contenu de chaque fiche – Regrouper les fiches sur la base de la similarité de leurs significations – Sélectionner par consensus, certaines fiches suivant les critères ci-dessous – Elles sont jugées importantes – Elles ne couvrent pas le même champ de recherche (non redondance) – Le groupe pense qu'il a sur elles une possibilité d'action – Retirer, pour le premier niveau entre trois et cinq fiches et ne pas dépasser sept – Mettre de côté les autres fiches
ETAPE 3 : REALISER UN PREMIER DIAGRAMME DES CAUSES A PARTIR D'UNE CAUSE DE PREMIER NIVEAU		
QUOI ?		**COMMENT ?**
– Représenter par des flèches, les relations entre une cause de premier niveau considérée à son tour comme un effet, et ses causes amont	–	– Choisir la cause de premier niveau que le groupe considère être la plus importante – Considérant cette cause comme un effet, répondre à la question « pourquoi constatons-nous cet effet ? » – Identifier en utilisant des fiches comme à l'étape 1, les causes possibles pouvant être à l'origine de cette cause : les causes amont de 2e niveau – Représenter par des flèches, *orientées de la cause vers l'effet*, les relations entre les causes amont identifiées et l'effet. On obtient une première arborescence de causes (voir la figure 6-3)
ETAPE 4 : GENERALISER LE TRAVAIL DE L'ETAPE 3 AUX CAUSES DE PREMIER NIVEAU		
QUOI ?		**COMMENT ?**
– Représenter les relations entre les autres causes de premier niveau considérées à leur tour comme effet, et leurs causes amont respectives – Identifier toutes les relations existant entre des causes situées sur les différentes arborescences	–	– Reprendre pour chacune des autres causes de premier niveau sélectionnées, les actions de l'étape 3 – Identifier et représenter graphiquement les liens de causalité entre les différents niveaux, liens de causalité enchevêtrés qui expliquent la dénomination « diagramme des inter-relations »

ETAPE 5 : RECHERCHER LES CHAINES CAUSALES PRINCIPALES ET LES FACTEURS CLES		
QUOI ?		COMMENT ?
– Identifier les chaînes causales principales – Sélectionner sur les chaînes causales principales, les causes sur lesquelles il faudra agir en priorité ou les facteurs clés	–	– A ce stade, toutes les fiches sont collées sur le diagramme. Les flèches représentant les relations entre causes et effets sont *dessinées au marqueur noir* – Déterminer quelques zones causales principales (trois ou quatre au maximum) qui regroupent des causes jugées par le groupe comme particulièrement importantes : dessiner *la courbe-enveloppe de ces zones en vert* – Identifier et *dessiner en rouge*, la chaîne causale principale se situant à l'intérieur de chaque zone. Une zone peut avoir deux, voire trois chaînes causales principales – Sélectionner et *encadrer en rouge* les chaînes causales principales sur lesquelles le groupe peut agir. Ces causes seront les facteurs clés

Figure 6-2 : DISPOSITION DES FICHES DE CAUSES sur une grande feuille en vue d'un diagramme des inter-relations

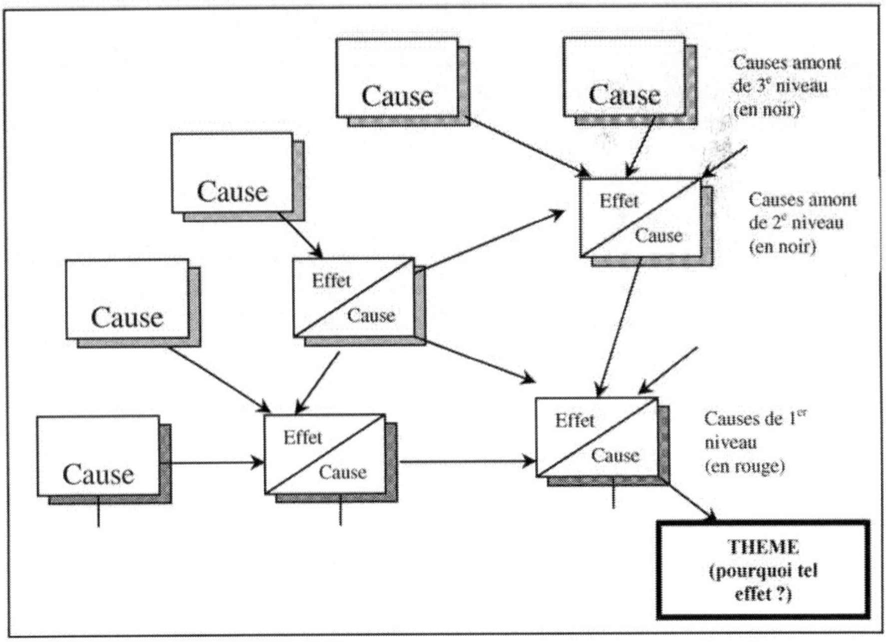

Source : *Crépin et Robin (2001 : 132)*

Figure 6-3 : IMAGE FINALE D'UN DIAGRAMME DES INTER-RELATIONS

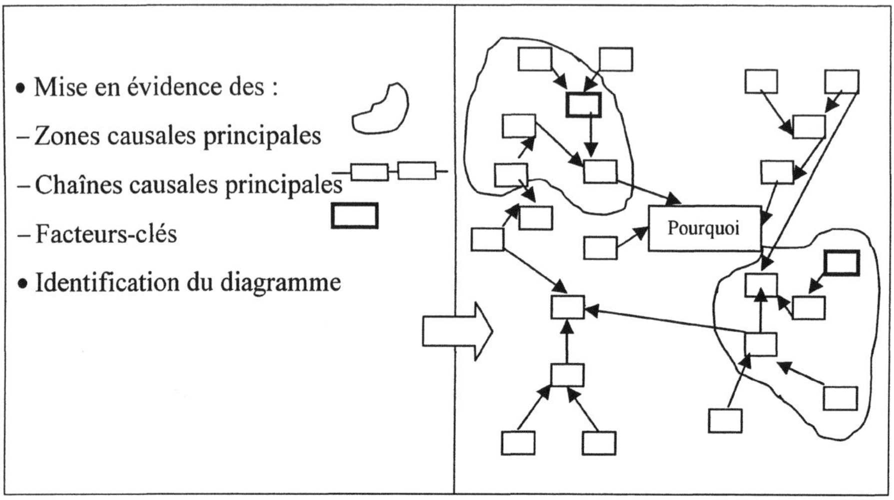

Source : *Crépin et Robin (2001 : 135)*

A titre d'illustration, nous reproduisons, à la figure 6-4 ci-après, un exemple de diagramme des inter-relations présenté par Crépin et Robin dans leur ouvrage *Résolution de problèmes méthodes – outils de première et deuxième générations* (Les Editions d'Organisation, Paris, 2001). Nous avons choisi ici l'exemple intitulé *« Diagramme des inter-relations : « Procédés spéciaux » »* (2001 : 167) pour sa pertinence avec les préoccupations d'amélioration des performances des services publics par la qualité du service aux usagers. Le thème de cet exemple tel que formulé par les auteurs, « NOUS NE MAITRISONS PAS NOS PROCEDES SPECIAUX DE FABRICATION, AU SENS DE LA DEMANDE DES CLIENTS EXTERNES », peut facilement être ramené à celui de l'élaboration des Manuels de Procédures Administratives (MPA) dans une administration (ou une unité de travail) traité au chapitre 5. On a suffisamment insisté sur le fait que chaque groupe ou administration qui fait face au problème *doit élaborer dans une démarche de travail en équipe, son propre diagramme*.

FIGURE 6-4 : UNE ILLUSTRATION D'UN DIAGRAMME DES INTER-RELATIONS

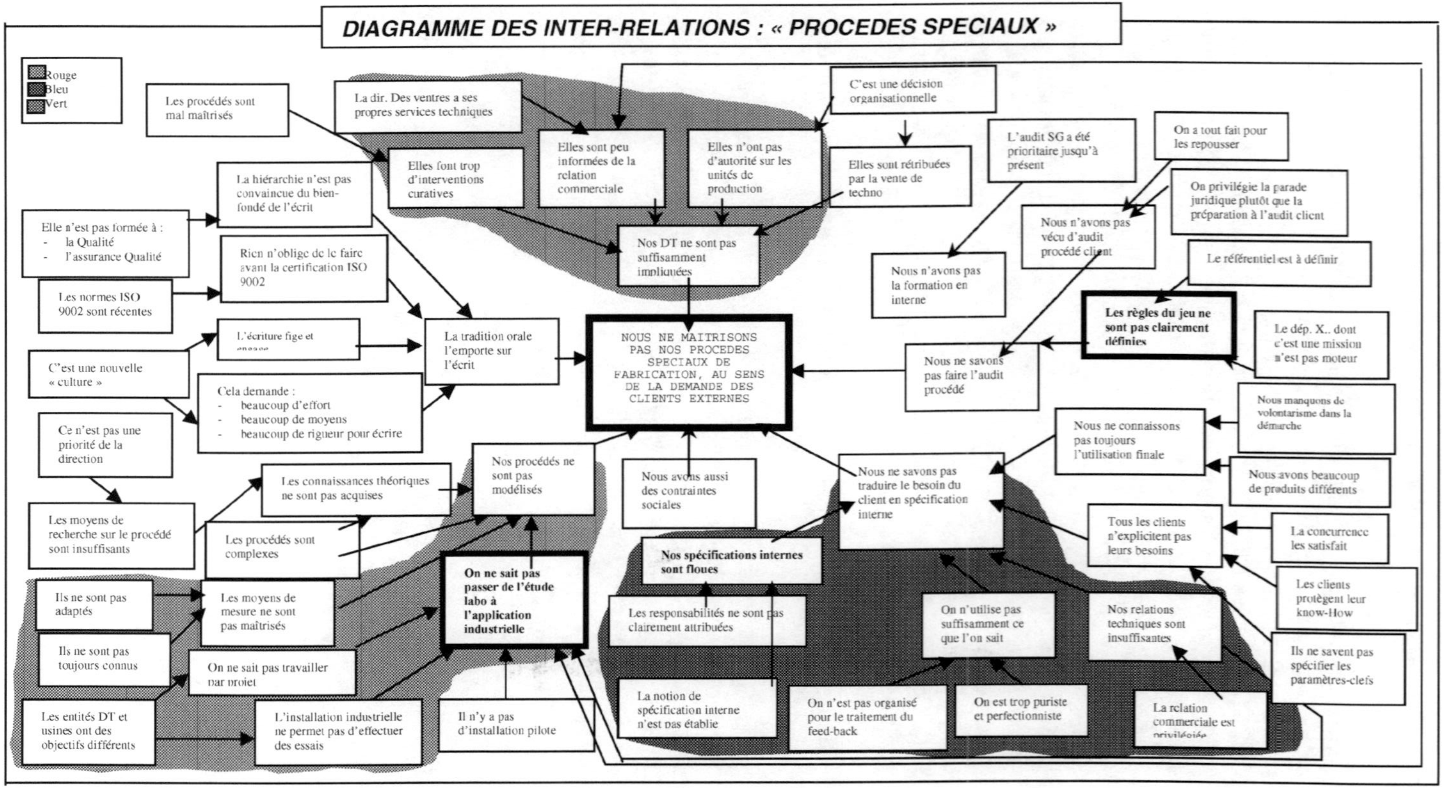

Source : Crépin et Robin (2001 : 137)

1.3. Le diagramme systémique de la boucle de causalité

1.3.1. Définition de l'outil

Le diagramme systémique de la boucle de causalité est une illustration de l'approche globale d'analyse de problème qui s'intéresse aux *relations dynamiques* entre les facteurs clés retenus pour définir la situation problématique (Probst et Ulrich, 1989 ; Senge et al., 2000). Cet outil est utilisé non seulement pour comprendre cette dynamique, mais aussi pour identifier les changements profonds à introduire pour résoudre de façon durable le problème analysé. C'est également un outil de communication pour expliquer les cycles des causes et des effets des problèmes de l'organisation en mettant l'accent sur une *vision partagée* par ses membres et sur le *réexamen* des hypothèses qui sous-tendent ses *pratiques habituelles*. En permettant aux membres d'une administration de la voir d'un point de vue créatif et interdépendant, à travers les différentes perceptions des acteurs qui font face au problème étudié, ainsi qu'à travers les divers modèles qui sous-tendent le métier qui fonde la raison d'être de cette administration, la méthode constitue un puissant outil d'apprentissage en groupe.

1.3.2. Etapes de construction d'un diagramme systémique de boucle de causalité

Nous avons consacré le chapitre 5 de cet ouvrage à l'application de cette méthode pour analyser deux exemples de problèmes qui sont vécus dans les administrations publiques avec une certaine acuité en ce moment : 1°) le problème de rationalisation des délais et des procédures de traitement des dossiers dans les services publics et, 2°) le problème de corruption dans les services publics.

Nous présentons dans le tableau 6-4 les étapes du déroulement de cette méthode en nous limitant à la construction du diagramme de boucle de causalité.

TABLEAU 6-4 : ETAPES DE CONSTRUCTION D'UN DIAGRAMME DE LA BOUCLE DE CAUSALITE

ETAPE 1 : DEFINIR LE PROBLEME ET LISTER LES PRINCIPAUX FACTEURS D'INFLUENCE		
QUOI ?		**COMMENT ?**
– Définir le problème – Clarifier l'objectif principal poursuivi par la résolution de ce problème – Etablir la liste des principaux facteurs d'influence		– Identifier les symptômes du problème – Examiner et clarifier les objectifs poursuivis par l'unité de travail ou l'administration par rapport à cette situation problématique – Vérifier si ces objectifs sont adéquats au regard des normes et valeurs de l'administration et s'ils sont réalisables à l'avenir

		– Limiter le problème à des perspectives bien définies – Identifier les variables clés, les facteurs essentiels à la compréhension du problème : les facteurs d'influence de la situation problématique

ETAPE 2 : DEFINIR LES RELATIONS ENTRE LES FACTEURS D'INFLUENCE EN RAISON DE LEURS CAUSES ET DE LEURS EFFETS : LA STRUCTURE DU SYSTEME

QUOI ?		COMMENT ?
– Représenter un premier modèle de la situation problématique : la structure du système – Se réserver la possibilité de modifier ou de compléter ce schéma sur la base des informations ultérieures		– Etablir les liaisons entre chaque facteur et les autres facteurs de la liste définie à l'étape 1 – Mettre en évidence les caractéristiques et les liaisons circulaires entre les différents facteurs – Dessiner la « boucle de causalité » (ou le réseau) qui relie les facteurs en utilisant des flèches. Une flèche a pour origine une « cause » et pour extrémité un « effet » (voir les schémas des figures 6-6 et 6-7)

ETAPE 3 : ANALYSER LES CIRCUITS D'INFLUENCE : LA DYNAMIQUE DU SYSTEME

QUOI ?		COMMENT ?
– Définir les types d'influence : la nature de la relation entre une paire de facteurs – Examiner l'intensité des influences : la courbe d'effets – Apprécier le comportement des facteurs d'influence dans le temps : courbes temporelles d'effets – Compléter le schéma de la structure du système		– Répondre rigoureusement à chacune des trois séries de questions suivantes : o Quel *type* d'effet s'exerce d'un élément sur un autre ? Effet de même sens ou de sens contraire ? Quelle est la polarité de chaque boucle du schéma de la structure du système ? o Quelle est l'*intensité* de chaque effet ? Quelle est son ampleur ? Cette influence est-elle négligeable ou importante ? o Quel est le *délai*, le *temps* nécessaire aux effets entre les facteurs pour agir ? A quelles périodes futures les décisions nécessaires à la résolution du problème seront-elles appliquées ? – Intégrer les éléments résultant des réponses à cette série de trois questions au schéma de la structure du système pour obtenir le schéma de la dynamique du système (voir les schémas des figures 6-8 et 6-9)

ETAPE 4 : FORMULER ET VERIFIER LES HYPOTHESES SUR LES FORCES DIRECTRICES DE L'EVOLUTION DE LA SITUATION PROBLEMATIQUE

QUOI ?		COMMENT ?
– Analyser l'évolution du problème sur la base de sa dynamique propre décrite à l'étape 3 – Identifier les stratégies à fort effet de levier à mettre en œuvre pour résoudre le problème		– Définir l'horizon temporel d'analyse de l'évolution de la situation problématique – Déterminer les *facteurs clés* de suivi de l'évolution de la situation en s'appuyant sur les intensités d'influence définies à l'étape 3, retenir les facteurs d'influence primordiaux comme facteurs clés – Construire les scénarios d'évolution de la situation dans l'horizon temporel arrêté : un scénario de base (sans surprise) et des scénarios alternatifs

– Vérifier les implications des hypothèses formulées – Retenir les mesures à mettre effectivement en œuvre compte tenu des effets secondaires des différentes mesures possibles		– Analyser les conséquences des modifications de l'environnement par rapport aux scénarios alternatifs pour avoir une idée des *effets non désirés* – Interpréter les possibilités de changement futur de la situation en analysant les effets des modifications supposées des facteurs clés externes du scénario de base : leur sens, leur intensité, leur durée – Cette étape pourra utiliser d'autres méthodes telles : des expériences pilotes, la construction de prototype, la simulation par ordinateur

La méthode, résumée ici en quatre étapes, est utilisée par un animateur, un professionnel, Conseiller en Organisation Administrative, spécialiste en analyse systémique, par exemple, pour aider un groupe (d'une administration ou d'une unité de travail au sein d'une administration) à définir la structure du système problème auquel il fait face et analyser la dynamique de ce système. Comme illustré au chapitre 5, la démarche est exigeante dans la mesure où l'animateur et le groupe impliqué ne doivent négliger aucun détail, ni aucune perspective jugée nécessaire à la compréhension du phénomène et de la dynamique de son évolution. L'animateur et le groupe seront amenés, tout au long du processus, à faire appel à d'autres experts suivant le cas, pour approfondir une analyse. Il est indispensable de ne pas faire l'économie de ces contributions qui offrent l'occasion d'élargir les horizons des participants et d'inscrire la démarche systématique dans leurs habitudes de travail. Ce sera le cas notamment à l'étape 3, « analyse des circuits d'influence » et l'étape 4, « formulation et vérification des hypothèses sur l'évolution de la situation problématique ». Cette dernière étape, comme ressortie dans le tableau 6-4, fera appel à d'autres méthodes telles l'expérimentation à travers des « projets pilotes », la construction d'un prototype ou même la simulation par ordinateur. La Structure Nationale chargée de la Réforme Administrative trouvera ici un excellent champ d'activités pour contribuer à un développement soutenu des services publics. Elle a le recul nécessaire et elle peut se doter de moyens appropriés si elle sait convaincre.

A titre d'illustration d'un schéma de la « structure d'un système problème» tel qu'il se présente à la fin de l'étape 2, nous avons tiré de la littérature les deux schémas des figures 6-5 et 6-6.

Le schéma de la figure 6-5 adapté de Probst et Ulrich (1989 : 140) illustre une partie du système problème du problème des « Médecins agréés en hôpital public ». Cette partie qui ne traite que le point de vue politique, illustre le nombre de facteurs qui peuvent être considérés comme variables dans un réseau, d'une part, et l'enchevêtrement des inter-relations entre ces facteurs, d'autre part. Le schéma de la figure 6-6 tiré de Senge et al. (2000 : 209) décrit la structure du phénomène des « paniques bancaires durant la crise de 1929 ».

FIGURE 6-5 : ILLUSTRATION D'UN SCHEMA DE LA STRUCTURE D'UN SYSTEME PROBLEME : « le problème des Médecins agréés en hôpital public », point de vue politique

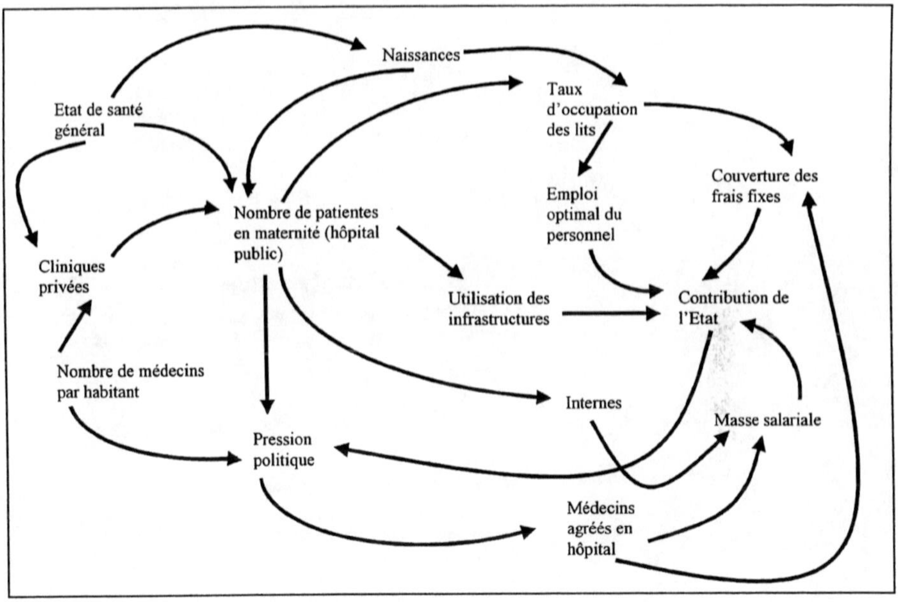

Source : Adapté de Probst et Ulrich (1989 : 140)

On notera sur tous ces schémas les cycles que révèlent les flèches ; cycles qui se répètent en améliorant la situation ou en l'empirant. Sur la figure 6-5 on peut, par exemple, noter les cycles suivants :

- « Médecins agréés en hôpital » - « Couverture des frais fixes », - « Contribution de l'Etat » - « Pression politique » - « Médecins agréés en hôpital ».
- « Contribution de l'Etat » - « Pression politique » - « Médecins agréés en hôpital » - « Masse salariale » - « Contribution de l'Etat ».

FIGURE 6-6 : ILLUSTRATION D'UN SCHEMA DE LA STRUCTURE D'UN SYSTEME PROBLEME : « les paniques bancaires durant le crise de 1929 »

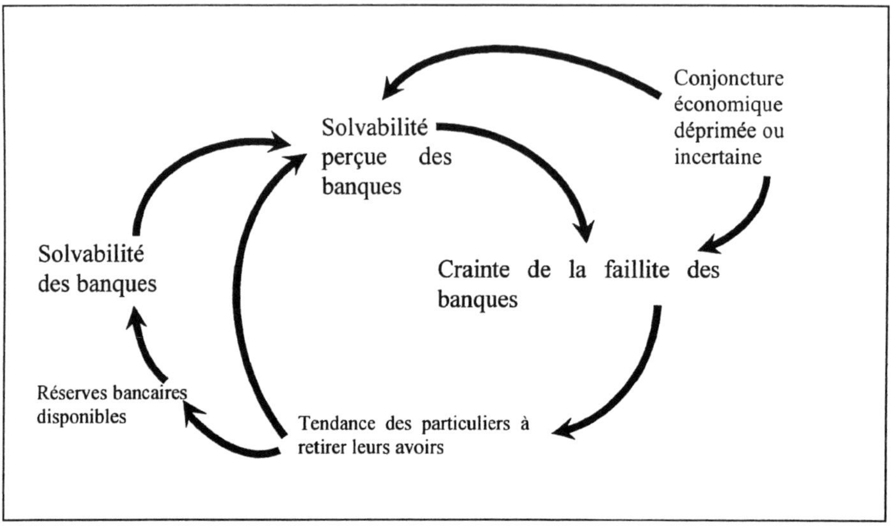

<u>Source</u> : *Adapté de Senge et al. (2000 : 209)*

Les figures 6-7 et 6-8 illustrent ces schémas tels que complétés à la fin de l'étape 3 pour représenter la dynamique des systèmes problèmes analysés. Sur ces schémas, les signes « plus » et « moins » indiquent la polarité des types de relation concernés ; le type de relation au sens que les facteurs concernés se modifient dans le même sens (signe « plus ») ou dans le sens contraire (signe « moins ») lorsque le système évolue. Par exemple, sur la figure 6-7, lorsque le nombre de naissances s'accroît, le taux d'occupation des lits s'accroît aussi, lorsque l'état de santé général s'améliore, le nombre de cliniques privées diminue.

Figure 6-7 : ILLUSTRATION DE LA DYNAMIQUE D'UN SYSTEME PROBLEME : « le problème des Médecins agréés en hôpital public », point de vue politique

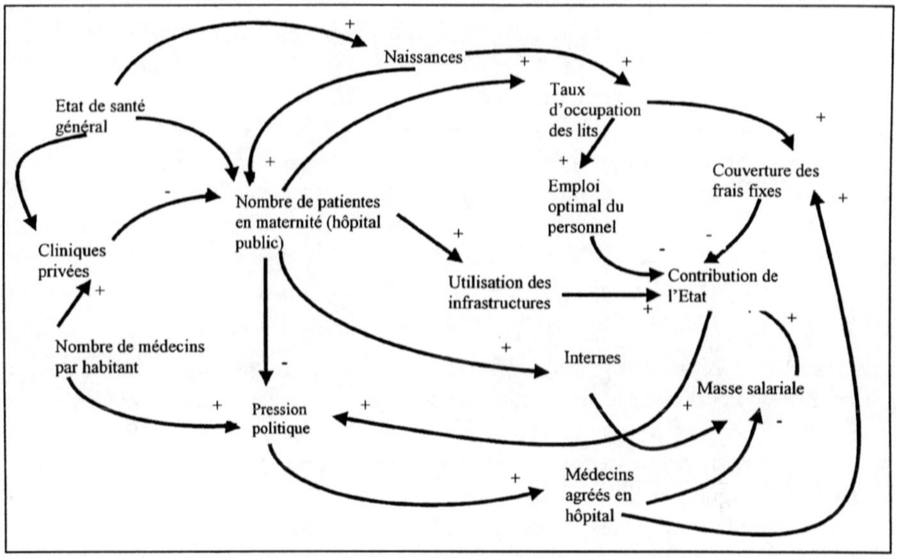

Source : Adapté de Probst et Ulrich (1989 :140) 140)

Figure 6-8 : ILLUSTRATION DE LA DYNAMIQUE D'UN SYSTEME PROBLEME : « les paniques bancaires durant la crise de 1929 »

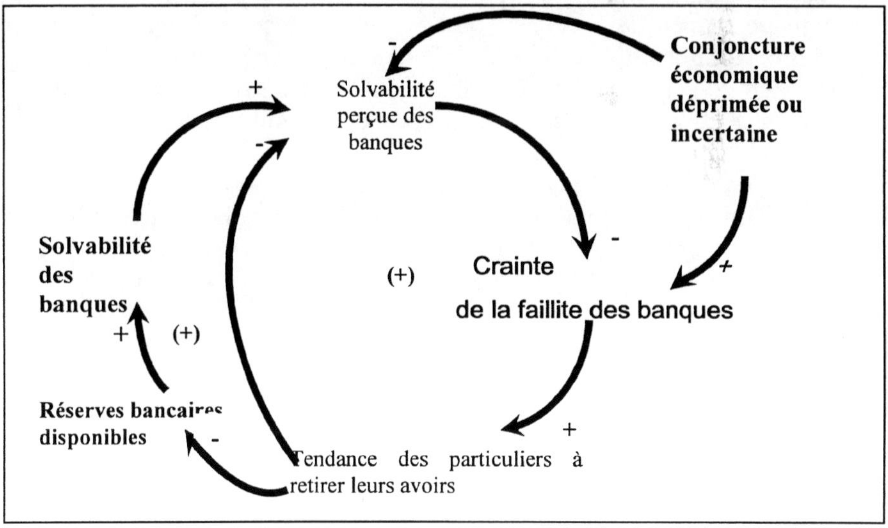

Source : Adapté de Senge et al. (2000 : 209)

Sur la figure 6-8, lorsque la crainte d'une faillite bancaire s'accroît, la tendance des particuliers à retirer leurs avoirs s'accroît aussi ; si la solvabilité perçue des banques s'accroît, la crainte de faillite des banques va diminuer. Mais on ne sait pas comment ces diminutions ou ces augmentations se font ; sont-elles linéaires (ou proportionnelles) ? Sont-elles exponentielles ou sinusoïdales ? Quelles courbes suivent-elles et quel temps prennent -elles? Sont-elles lentes ou accélérées ? D'où l'importance de bien définir les différentes courbes d'effets qui caractérisent la dynamique du système analysé. Nous avons insisté sur cet aspect au chapitre 5 (§. 1.1.3) en relevant entre autres, l'erreur qui est souvent commise en considérant, sans analyse, que l'évolution de tous les effets d'une boucle est linéaire. Ces courbes, lorsqu'on les connaît et lorsqu'on peut les représenter graphiquement, peuvent être portées sur le diagramme comme dans l'exemple de la figure 5-3 (chapitre 5, §. 1.1.3).

Comme déjà défini au chapitre 5 (§. 2.2), sur un schéma dynamique, la polarité globale d'une boucle est indiquée par un signe « plus » ou un signe « moins » placé entre parenthèses au centre de la boucle. Lorsque les éléments s'amplifient mutuellement toujours dans le même sens, la boucle est positive et le signe est « plus ». Lorsqu'un accroissement dans un sens implique une diminution dans l'autre, la boucle est négative et le signe est « moins ». Dans ce dernier cas de la boucle négative, le système oscille de l'expansion à la stabilisation dans une *boucle régulatrice*. Au cours du temps, une modification dans une boucle régulatrice sera corrigée par une autre, de sens contraire ; le système va osciller autour d'une valeur donnée. La polarité d'une boucle se détermine en comptant le nombre de signes « moins » de la boucle considérée ; si ce nombre est pair, la boucle est positive, si le nombre est impair, la boucle est négative. La figure 6-8 indique deux boucles de rétroaction toutes positives. Comme l'observent Senge et al. (2000 : 209), « les retraits des clients qui craignent une faillite bancaire réduisent la solvabilité de la banque et augmentent la probabilité de faillite dans une boucle amplificatrice». On peut utiliser les lettres A et R, placées au centre de la boucle, pour désigner une boucle amplificatrice (A) ou une boucle régulatrice (R). Au chapitre 5 (§. 2.2.2, figure 5-5) nous avons mis en évidence une boucle de rétroaction régulatrice dans l'analyse faite du problème de la corruption dans une administration[66]. Dans la figure 6-7 illustrant la dynamique du problème « des Médecins agréés en hôpital public, du point de vue politique », la boucle [« pression politique »-« médecins agréés en hôpital »-« masse salariale »-« contribution de l'Etat »-« pression politique »] est négative (un nombre impair de signes « moins », soit une boucle régulatrice).

[66] La boucle [« niveau de corruption dans l'administration concernée »-« intensité de l'effort de lutte contre la corruption par les actions judiciaires »-« niveau de la qualité des services rendus aux usagers »].

Quant à l'intensité de l'effet d'un facteur sur un autre, nous avons indiqué au chapitre 5 (§. 1.1.1.3), comment on peut procéder en construisant, par exemple, une « matrice d'influence » (tableau 5-1), pour la détermination des *éléments actifs* (influencent beaucoup et sont eux-mêmes peu influencés), des *éléments réactifs* (influencent peu et sont beaucoup influencés par les autres), des *éléments critiques* (influencent beaucoup et sont très influencés), des *éléments inertes* (sont peu influencés et influencent peu).

Le temps de réaction est le troisième paramètre à prendre en compte dans la dynamique d'un « système problème ». Comme l'observent Senge et al. (2000 :140), les retards sont par exemple habituellement considérés comme normaux et de ce fait ignorés ou sous-estimés. Or dans les boucles amplificatrices, écrivent-ils, « les retards peuvent ébranler notre confiance parce que la croissance n'arrive pas assez vite que prévu. Dans les boucles régulatrices, les retards peuvent modifier de manière spectaculaire le comportement du système ». D'où l'importance d'illustrer ces délais sur le diagramme systémique afin qu'il en soit effectivement tenu compte dans l'étape d'élaboration des stratégies à mettre en œuvre pour résoudre le problème analysé. Pour les fins de planification qui conclut généralement cette étape, on peut adopter comme le font Probst et Ulrich (1989 : 162), les terminologies de court terme, moyen terme et long terme qui sont représentées sur le diagramme par des flèches qui ont des couleurs ou des épaisseurs différentes. Senge et al. (2000 :140) ont choisi de représenter les délais par deux segments de droites parallèles, assorties d'un sablier (pour rappeler que le temps passe), ou encadrant le mot « délai ».

La figure 6-9 illustre un diagramme systémique du système problème « des Médecins agréés en hôpital public » intégrant six points de vues repérés par des rectangles et le terme « circuit ». On a ainsi : le circuit des « patients », le circuit de la « clinique privée », le circuit du « politique », les circuits des processus « internes », le circuit de gestion de l' « hôpital », le circuit des « médecins privés ».

Figure 6-9 : ILLUSTRATION D'UN DIAGRAMME SYSTEMIQUE INTEGRANT DIFFERENTS POINTS DE VUE :
« le problème des Médecins agréés en hôpital public »

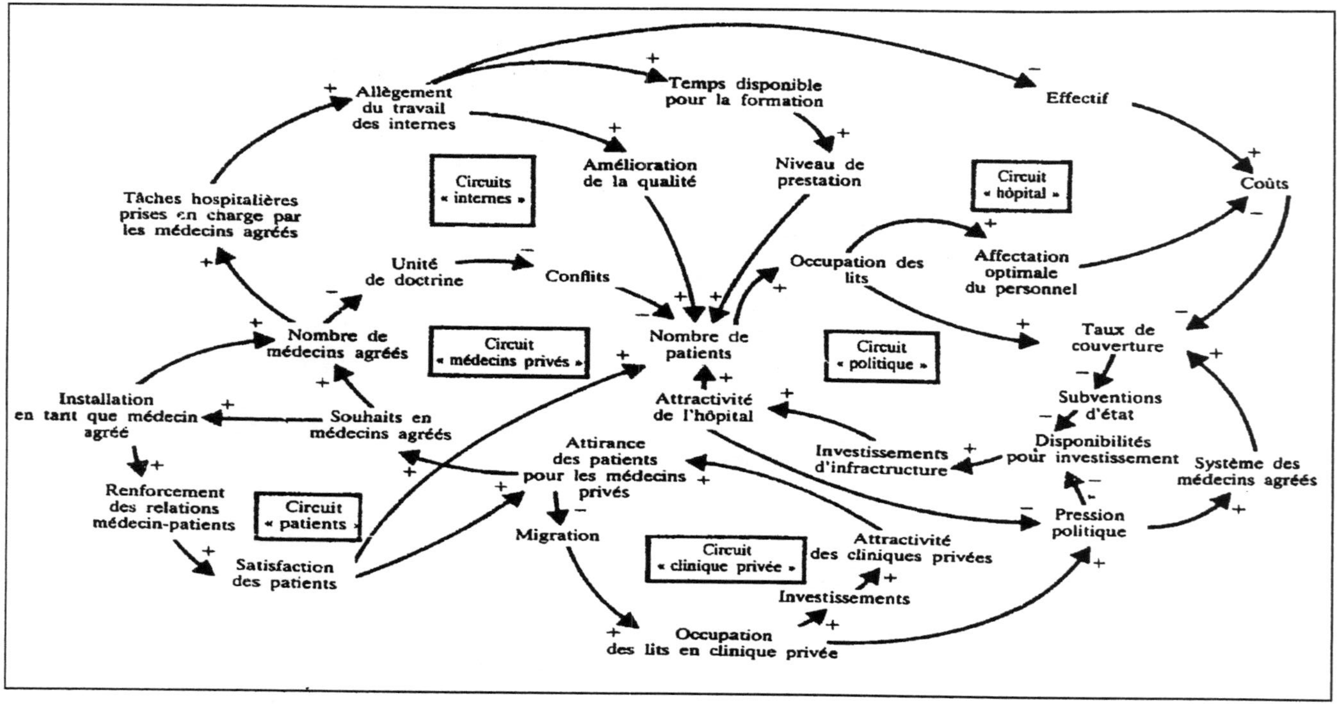

Source : *Probst et Ulrich (1989 : 141)*

1.4. Les outils d'analyse des causes et effets d'un problème et la Réforme Administrative.

Les diagrammes d'Ishikawa et des interrelations sont des outils classiques auxquels les organisateurs sont familiers. Ces outils, au même titre que le diagramme systémique de la boucle de causalités, sont des instruments qui permettent aux spécialistes en développement des organisations d'aborder les problèmes organisationnels avec un recul qui garantit une certaine objectivité. En effet, comme le fait observer Yvan (1997 : 236) s'agissant particulièrement de la méthode systémique, « la validation de cette méthodologie est essentiellement une validation sociale empirique, issue de la satisfaction des acteurs face aux résultats obtenus. L'implication active de ces derniers développe un sentiment d'appartenance au groupe et, un sentiment d'appropriation du problème concerné ». Les acteurs directement concernés étant ainsi associés, ils accepteront d'autant plus aisément les solutions préconisées, du reste par eux-mêmes, pour améliorer la situation, voire même, pour la transformer.

Dans cette dynamique, les spécialistes de la Réforme Administrative retrouvent leur rôle essentiel d'*agent* de changement qui utilise, de façon optimale, toutes les ressources internes et externes d'une administration pour l'aider à se développer avec pour objectif de l'amener à atteindre le stade « d'auto-organisation ». Tous les problèmes complexes, n'ont pas le même niveau de complexité et des situations problématiques analysées ne comportent pas toutes le même degré d'urgence. Les trois outils retenus ici offrent des possibilités de choix d'approche d'intervention au spécialiste de la Réforme administrative, sachant cependant que dans un cas, comme dans l'autre, son « doigté » est le principal facteur critique de succès de l'approche retenue.

La structure nationale chargée de la réforme administrative a, entre autres, le mandat de faire de la prospective, ce qui devrait l'amener à élaborer des scénarios ; c'est-à-dire à envisager aujourd'hui, plusieurs avenirs potentiels de l'administration, objet de son étude. Le diagramme des interrelations et celui des boucles systémiques de causalité font explicitement appel à cette méthode des scénarios. Comme le font observer Senge et al. (2000 : 320), même si aucun des scénarios élaborés ne se produira probablement, les avenirs possibles « dessinés » rendent les administrations plus conscientes des forces qui agissent sur elles dans le présent, ce qui constitue un apport déterminant dans le processus d'apprentissage tant de l'administration concernée que de la structure nationale chargée de la réforme administrative, elle-même.

Le défi que le recours à ces outils doit relever est celui du temps que nécessite leur bonne utilisation, notamment pour ce qui est du diagramme des interrelations et de celui des boucles systémiques de causalité. Ce défi est perçu comme une limite importante de ces outils, notamment pour les deux étapes qui mobilisent plusieurs groupes d'acteurs d'appartenances organisationnelles multiples. Nous avons analysé l'importance de ce paramètre « temps » au chapitre 3. Certains n'ont jamais du temps ; d'autres en ont beaucoup, mais ne l'utilisent pas de façon optimale, le « gaspillant » dans le traitement des symptômes des problèmes. Mais la réalité est toujours là, nous suivant individuellement et collectivement. Parfois nous nous retrouvons à juger au prix le plus élevé qu'il soit, notre refus d'hier de prendre du temps pour analyser un problème en profondeur.

2. LA METHODE DELPHI

La méthode Delphi est basée sur le principe de l'utilisation optimale de groupes d'experts pour établir des prévisions à long terme dans un processus d'analyse et de résolution de problèmes, qui présentent un niveau de complexité élevé.

2.1. Définition de la méthode

La méthode Delphi est une méthode d'enquête qui vise à obtenir un consensus entre les membres d'un groupe d'experts qui sont interrogés individuellement, à l'aide d'une série de questionnaires qui indiquent, d'une façon graduelle et sommative, les opinions des membres. La méthode s'inspire des approches de consultations individuelles et de la discussion de groupe, mais sans qu'il puisse y avoir des débats contradictoires entre les experts (Rousseau, 1996 : 27).

La méthode se distingue des autres méthodes d'enquête (questionnaire, interview,...) par trois caractéristiques essentielles (Delbeq et al. 1986 ; Rousseau, 1996 ; Yvan, 1997) :

- *l'anonymat* : Les réponses individuelles, les données brutes fournies par chaque participant sont anonymes. Même si l'identité d'un participant peut être connue des autres, chaque répondant est seul au moment où il répond au questionnaire. Les heurts et les affrontements sont ainsi évités entre des personnes dont les idées ou les attitudes ou les comportements sont incompatibles, ou entre des personnes qui occupent des postes hiérarchiques ou des fonctions sociales de différents niveaux (Rousseau, 1996 : 30). Il n'y aura pas de possibilité d'associer un point de vue particulier à un participant spécifique.
- *l'itération avec rétroaction contrôlée* : la démarche procède par itération qu'on appelle des rondes. Les informations pertinentes au problème étudié dégagées des réponses au questionnaire sont communiquées au

groupe dans un nouveau questionnaire. Les participants sont informés de la position majoritaire du groupe, de la dispersion des réponses et des arguments relatifs aux positions les plus marginales. Tous les points de vue sont présentés aux divers membres du groupe en même temps (Yvan, 1997 : 247). Le nombre d'itération peut varier de deux à cinq ; le besoin de retourner au groupe d'experts dépend directement du degré de cohésion atteint et de la stabilité des réponses déjà obtenues.

- *le résumé de l'ensemble des opinions émises* : dans l'utilisation de la méthode Delphi, on recherche une convergence d'opinions des experts ou leur consensus sur des points précis. Pour y parvenir, l'animateur de la méthode doit présenter d'une ronde à l'autre, à chaque participant, une synthèse des opinions reçues de la ronde précédente. Cette synthèse prend la forme d'une liste de toutes les opinions reçues pondérées et commentées par l'animateur. Cette synthèse peut, suivant les techniques utilisées pour l'évaluation des opinions et leur classification, donner lieu à une présentation quantitative (fréquence de distribution) des opinions reçues qui comprend une mesure de tendance centrale du groupe et les écarts d'opinions. Cet outil statistique peut être utilisé pour favoriser la recherche de la convergence des opinions ou pour apprécier l'évolution des positions du groupe suite à l'administration des divers questionnaires utilisés. De ce point de vue, il est important de noter comme le souligne Yvan (1997 : 248), que la méthode Delphi ne force pas l'unanimité ou le consensus, chaque membre du groupe des experts reste libre de conserver son point de vue initial s'il n'est pas convaincu des arguments qui soutiennent les autres points de vue présentés.

Dans le contexte de l'administration publique qui est le nôtre dans cet ouvrage, le groupe d'experts (gestionnaires chevronnés ou toute personne possédant des connaissances particulières recherchées pour le sujet à l'étude) peut comprendre :

- les Secrétaires Généraux des Ministères et les Inspecteurs Généraux ;
- les Conseillers Techniques et les Directeurs responsables des unités techniques des ministères ;
- les personnes de chaque administration bien informées du système à l'étude et possédant une excellente connaissance du milieu de la situation problématique (flux du travail) ;
- des personnes-ressources externes à une administration donnée et choisies en fonction de leur notoriété dans le domaine.

Quant à la taille d'un groupe, il se dégage de la littérature qu'un effectif de dix à trente experts pourrait être suffisant pour obtenir un niveau satisfaisant de fiabilité. Rousseau (1996 : 36) observe qu'un effectif de dix serait suffisant si le groupe est homogène, en ajoutant qu'il est généralement reconnu « qu'il ressort peu d'idées nouvelles d'un groupe de plus de trente participants, considérant que ceux-ci aient été sélectionnés avec un grand soin ». Pour Yvan (1997 : 250), il faudrait avoir à l'idée qu'un nombre très grand de participants augmente les problèmes de coordination sans augmenter la précision des estimés.

2.2. Déroulement de la méthode

Le processus d'application de la méthode Delphi comprend un certain nombre d'étapes qui peuvent être regroupées en deux phases principales : i) la phase de préparation et, ii°) la phase de cueillette des données. Le tableau 6-5, résume ce processus en sept principales étapes (Yvan, 1997 : 248).

Les deux premières étapes (« définition du problème » et « sélection des participants et élaboration du premier questionnaire ») relèvent de la phase de préparation. L'objectif poursuivi dans cette phase est double : i°) bien clarifier la problématique du sujet à l'étude ; ii°) obtenir l'adhésion de chaque expert. Il s'agit d'une phase critique pour le succès de l'application de la méthode, succès qui dépend essentiellement de la disponibilité et de la motivation, des experts retenus. Aussi, l'animateur de la démarche ne doit éluder aucune question susceptible d'entamer le climat de confiance propice.

TABLEAU 6-5 : ETAPES DU DEROULEMENT DE LA METHODE DELPHI

ETAPE 1 : DEFINITION DU PROBLEME	
QUOI ?	**COMMENT ?**
– Bien cerner le problème – Clarifier par rapport au problème, l'objectif de l'étude qui va utiliser la méthode Delphi – Identifier le type d'information à recueillir auprès des experts : liste de facteurs, d'éléments, de faits,…	– Analyser rigoureusement et de façon systémique le problème – Définir les variables d'études – Formuler les questions ouvertes qui seront posées au groupe des experts
ETAPE 2 : SELECTION DES PARTICIPANTS ET ELABORATION DU QUESTIONNAIRE DE LA RONDE 1	
QUOI ?	**COMMENT ?**
– Sélectionner à partir du type d'information à recueillir les participants à la démarche – S'assurer de la disponibilité et du désir de participation des personnes sollicitées – Elaborer le questionnaire de la ronde 1 : questionnaire ouvert permettant de	– Utiliser comme critère principal la capacité de chacun à contribuer à la résolution du problème, retenir ceux qui ont une réputation d'objectivité et de rationalité – Expliquer la méthodologie aux éventuels participants en clarifiant les modalités de leur participation – Formuler très clairement les questions afin que

cerner le plus de dimensions possibles du problème analysé	tous les participants puissent les comprendre de la même façon – Faire un pré-test, si nécessaire, ou demander aux participants leurs opinions relatives aux questions posées
ETAPE 3 : ADMINISTRATION DU QUESTIONNAIRE : RONDE 1	
QUOI ?	**COMMENT ?**
– Expédier le questionnaire n°1, aux participants en sollicitant leurs réponses – Recueillir les réponses des répondants – Compiler les données reçues – Faire la synthèse des données reçues compte tenu des catégories de facteurs recherchés en vue de la ronde 2 (histogramme, fréquence de la distribution des opinions émises,...)	– Faire le suivi des courriers expédiés ; un taux de réponse de 85 % est nécessaire pour garantir la qualité des résultats de la méthode – Réécrire les données reçues en vue d'assurer l'uniformité de l'expression et l'anonymat des réponses – Regrouper les réponses pour en faire ressortir les éléments communs et l'éventail des points de vue différents des participants – Retenir autant que possible, toutes les opinions formulées par les participants dans leurs réponses en respectant le principe de l'anonymat des réponses – Elaborer si nécessaire un résumé statistique des opinions émises par les participants
ETAPE 4 : ADMINISTRATION DU QUESTIONNAIRE : RONDE 2	
QUOI ?	**COMMENT ?**
– Expédier la synthèse des données de la ronde # 1 aux participants pour obtenir leur évaluation – Faire la synthèse des données reçues compte tenu des critères d'évaluation adoptés, en vue de la ronde # 3	– Solliciter l'évaluation des participants sur la synthèse issue de la ronde # 1 – Définir les modalités d'évaluation des facteurs retenus et les échelles d'appréciation à utiliser par tous les participants – Demander à chaque participant de commenter (expliquer, justifier) chacune de ses évaluations – Expédier le courrier et en faire le suivi (indicateurs : 85 % de taux de réponse) – Dans la préparation de la synthèse pour la ronde # 3, mettre l'accent sur la validation, par chaque participant, de l'évaluation qu'il a donnée à chaque facteur à la ronde # 2
ETAPE 5 : ADMINISTRATION DU QUESTIONNAIRE : RONDE 3	
QUOI ?	**COMMENT ?**
– Retourner aux participants la synthèse (dispersion statistique) des opinions reçues et l'opinion la plus représentative du groupe à l'issue de la ronde # 2 – Obtenir une modification éventuelle de	– Compiler les réponses au questionnaire de la ronde # 2 pour en sortir la synthèse avec, éventuellement, un résumé statistique – Demander à chaque participant de prendre connaissance des réponses fournies et des justifications apportées à l'appui des diverses

la réponse initiale d'un participant suite à l'exploitation des réponses fournies lors du second questionnaire	opinions – Concentrer l'effort de validation sur les faits n'ayant pas été objet d'un consensus lors de la ronde précédente. Ceux-ci devront cependant être conservés dans le questionnaire avec un signe distinctif
ETAPE 6 : ADMINISTRATION DU QUESTIONNAIRE : RONDE 4	
QUOI ?	**COMMENT ?**
– Faire une dernière vérification auprès des participants avant de conclure définitivement le processus – attirer l'attention des participants sur les faits exceptionnels, marginaux, qui tranchent sur l'ensemble des données recueillies – Un participant peut, lors de cette dernière ronde, changer d'opinion	– Retourner aux participants une synthèse comprenant les éléments marginaux et les faits nouveaux issus de la ronde précédente (ronde 3) – Leur demander d'examiner la synthèse et de se prononcer sur chaque élément
ETAPE 7 : ANALYSE FINALE DES RESULTATS ET REDACTION DU RAPPORT FINAL	
QUOI ?	**COMMENT ?**
– Les résultats du quatrième questionnaire (ronde 4) sont acceptés comme la position finale du groupe – Rédiger le rapport final	– Faire le résumé statistique des réponses du quatrième questionnaire (ronde 4) – Ce résumé peut prendre plusieurs formes selon les modalités de formulation des questions – Le rapport final comprend les diverses positions des membres du groupe, l'opinion représentative de l'ensemble et les arguments invoqués pour les réponses extrêmes – Adapter le style de rédaction du rapport à ses lecteurs finaux pour maximiser ses chances d'être compris et exploité

Un accent particulier doit être porté ici sur le facteur temps (échéances à respecter lors de la cueillette,...) et sur les conditions (y compris financières) de participation de chaque personne-ressource retenue.

Pour ce qui est de la sélection des experts (étape 2), ceux-ci peuvent former un seul groupe ou être subdivisés en plusieurs sous-groupes (Rousseau, 1996 : 35 ; Yvan, 1997 : 249). Si un problème est spécifique et bien cerné, un groupe homogène de participants peut être constitué. Si le problème est beaucoup plus général et abstrait, un groupe interdisciplinaire pouvant permettre d'examiner ses différentes dimensions serait plus approprié. Le succès de ce processus dépend beaucoup des qualités professionnelles de l'animateur et de sa capacité à créer et maintenir un climat de confiance avec les experts. A cet égard, Rousseau (1996 : 37) note que « les experts doivent être absolument sûrs de la détermination [de l'animateur] à mener l'étude à terme et de sa capacité de soutenir des efforts de tous les participants ».

Le questionnaire doit être préparé pour faciliter la tâche des participants et non celle de l'animateur. Il doit comporter un nombre judicieux de questions en ayant comme principale préoccupation, l'objectif central poursuivi par l'étude.

A la fin de la phase de préparation, l'animateur de la démarche dispose :

1. du questionnaire qui va servir à la cueillette des données lors de la première ronde : problématique de l'étude, questions ouvertes, liste de facteurs, d'éléments, de faits, etc....
2. de la liste des participants : adresse complète, toutes autres données jugées utiles.

Les quatre étapes du tableau 6-5 portent sur le cœur de la méthode : la cueillette des données auprès du groupe d'experts. Le nombre de ronde peut varier de deux à dix voire plus, mais la littérature s'accorde pour relever que quatre rondes suffisent généralement pour faire ressortir l'opinion finale du groupe des experts et obtenir des résultats raisonnables. Pour le délai de réponse, le temps entre deux rondes, celui-ci doit être négocié par l'animateur de la méthode avec les experts à l'étape de préparation, en tenant compte de leurs disponibilités et des autres contraintes intrinsèques à la situation problématique. Il y a cependant lieu de relever que dans certains cas, la perception du sujet étudié peut[67] changer avec le temps si les délais sont très longs (Rousseau, 1996 : 35). L'utilisation de l'ordinateur pour transmettre les questionnaires et recevoir les réponses par la voie de l'Internet, comme c'est déjà possible (« Delphi via Internet ») peut permettre de réduire substantiellement les délais.

La dernière étape, « analyse finale des résultats et rédaction du rapport final », conclut le processus. L'animateur se sert des données issues de la dernière ronde (ronde 4) pour analyser les résultats de l'étude engagée et rédiger le rapport final compte tenu de la problématique formulée à l'étape de la « définition du processus ».

Le succès du processus dépend beaucoup, comme déjà souligné, du professionnalisme de l'animateur, qualité qui s'apprécie ici à sa capacité à créer et maintenir un climat de confiance avec les experts.

---

[67] Des délais très longs exposent au risque de désistement des experts au cours des rondes. Ce risque peut causer un lourd préjudice à la qualité des résultats. L'animateur doit en être conscient et en évaluer les effets d'une ronde à l'autre.

2.3. La méthode Delphi et la Réforme Administrative

Méthode d'interrogation individuelle (et sous le sceau de l'anonymat) des experts, la méthode Delphi apparaît être une démarche particulièrement indiquée pour créer un lien entre le savoir du terrain, la *pratique administrative* et la « recherche » dans la perspective de la résolution de problème qui sous-tend la logique de la réforme administrative retenue dans cet ouvrage, comme l'observe Rousseau (1996 : 29) avec pertinence, par rapport à la raison d'être de la réforme administrative.

Delphi convient aux études qui visent à identifier des éléments tels des objectifs, des critères, des facteurs, des solutions, des problèmes, etc. Elle aide à clarifier des éléments complexes et mal définis. Elle permet de mesurer leur importance, leur difficulté, leur conséquence et d'établir, s'il y a lieu, des priorités avant de passer à l'action.

A titre d'illustration et par rapport au développement des administrations publiques, la méthode peut être utilisée pour répondre à certaines préoccupations telles :

- recherche de solutions innovatrices face à un problème, par exemple, les stratégies de réduction de la pauvreté dans un pays ;
- évaluation de l'impact d'une solution avant son application ;
- identification des politiques, programmes et projets qui génèrent un consensus et les points de divergence pour mieux les gérer lors de la mise en œuvre ;
- prévision du développement d'un secteur d'activité de l'administration ;
- identification des besoins futurs des usagers des services publics dans un domaine bien précis[68] ;
- identification et classement par ordre de priorité des besoins de formation en appui au développement d'un secteur ou bien compte tenu des exigences d'un type de poste de travail défini ;
- identification des enjeux et des tendances émergentes dans la gestion de certains secteurs de l'administration.

---

[68] Yvan (1997 : 257) cite un exemple d'utilisation de la méthode par le Professeur Yves Asselin pour identifier les compétences importantes pour le futur dans le domaine des technologies de l'information et de la communication. Le but de la recherche réalisée en 1984 était « d'identifier et de donner priorité aux compétences qui seront exigées du personnel de secrétariat pour oeuvrer dans le bureau informatisé de l'avenir au Québec ». L'étude cherchait à répondre, entre autres, aux questions suivantes : i°) quelles sont les compétences qu'un comité d'experts en bureautique pourra identifier comme étant nécessaires chez le personnel de secrétariat de l'avenir ? ii°) parmi ces compétences, lesquelles seront considérées par le comité d'experts comme prioritaires ou non prioritaires ? iii°) pour quelles compétences, le comité d'experts pourra-t-il atteindre un niveau de consensus élevé ou un niveau de consensus faible ?

Certaines études utilisent cette méthode dans l'élaboration de modèle de simulation (comme on verra plus loin, §.4) et dans l'identification des inter-relations de causalité de phénomènes organisationnels complexes (Yvan, 1997 : 206).

S'agissant des limites de la méthode, nous voulons insister ici sur trois facteurs (Rousseau, 1996 ; Yvan 1997) :

- la sélection des participants qui doit être rigoureuse et reposer uniquement sur le degré d'expertise réelle ou de familiarisation effective avec la situation problématique ;
- les modalités d'application de la méthode qui couvrent aussi bien les conditions psychologiques du déroulement du processus, l'adéquation des questions posées au fil des différentes rondes, le degré de participation des répondants, que l'habileté de l'animateur à conduire le processus jusqu'au bout dans un climat de confiance ;
- l'analyse des résultats qui comporte des risques de biais de la part de l'animateur lors de la reformulation des réponses et de l'élaboration des résumés synthèses qui servent de base de travail aux prochaines rondes.

Tous des facteurs, somme toute, classiques dans une démarche de conduite d'un projet de développement de toute administration.

3. LA METHODE DE SCENARIO

La méthode de scénario est une démarche rigoureuse d'interrogation du présent et du futur qui vise à évaluer les probabilités d'occurrence des divers futurs du phénomène étudié tout en décrivant comment ceux-ci pourront survenir.

3.1. Définition de la méthode

La méthode se définit comme une approche d'*anticipation* des avenirs possibles qui se propose d'apporter des réponses aux besoins de *prospective* et de *planification à long terme* dans les organisations. Selon Wacheux (1996 : 114), les scénarios *« dévoilent un ensemble de possibles pour l'acteur, ou l'organisation. Le futur se présente comme un ensemble de causalités et d'agencements organisés ».*

Les prémisses sous-jacentes à la méthode sont résumées ainsi qu'il suit (Yvan, 1997 : 268) :

- il est possible d'agir assez souvent sur le rythme et la direction des changements ;
- l'homme a une certaine liberté pour définir et choisir son avenir ;
- il est possible de modifier l'avenir en fonction des systèmes de valeurs ;

- les évènements non mesurables ont souvent un grand impact sur l'évolution du futur ;
- certains problèmes ou événements découlent d'une raison logique alors que d'autres échappent à cette logique ;
- le jugement personnel peut déterminer quels sont les facteurs les plus susceptibles d'agir sur le cours des événements.

3.2. Démarche d'élaboration des scénarios

L'élaboration des scénarios, comme méthode de résolution de problème, porte, d'une part, sur une dimension bien précise de l'organisation et, d'autre part, sur l'analyse des sous-systèmes de l'organisation impliqués dans cette dimension.

La démarche qui est conduite par un spécialiste en organisation (un Conseiller en Organisation Administrative, par exemple) implique plusieurs personnes internes et externes à l'administration concernée et faisant preuve de certaines habiletés, telles : ouverture d'esprit, tolérance de l'ambiguïté, sensibilité aux problèmes, habileté à travailler en équipe (Yvan, 1997 : 269). La mise en œuvre de la méthode fait également appel à d'autres méthodes, telles le questionnaire, l'entrevue, la méthode Delphi.

Lors de son intervention, chaque acteur réagit, soit en critiquant la situation, soit en imaginant son comportement (Wacheux, 1996 : 115).

L'élaboration des scénarios, écrivent Senge et al. (2000 : 277), « pousse à un regard vers l'extérieur en utilisant des récits d'anticipation pour faire émerger les présupposés quant aux forces politiques et économiques du moment », par exemple.

Yvan (1997 : 270 – 273) propose une démarche d'élaboration des scénarios en cinq étapes que nous résumons dans le tableau 6-6.

Les deux premières étapes, « établissement de la constitution de base » et « évaluation du contexte externe », couvrent dans les approches de résolution systémique de problème proposées au chapitre 4, les étapes de « problématisation » et « d'analyse » pour la méthode globale et les étapes de « réflexion » et de « connexion » de la roue d'apprentissage. Il s'agit pour ces deux étapes de bien comprendre la dynamique du système ou du phénomène en mettant en évidence les différents facteurs et en décrivant comment ces facteurs interagissent entre eux.

Les deux étapes suivantes « progression du présent vers le futur » et « évaluation des scénarios » correspondent aux étapes de « simulation » et « décision-action » pour la méthode globale et à l'étape de « décision » de la roue d'apprentissage. La construction et l'évaluation des scénarios à ces étapes offrent aux acteurs impliqués de développer une meilleure compréhension des convictions implicites de chacun d'eux sur leur travail, leur savoir et les perspectives de développement de leur administration. A cet égard, comparant cette méthode à la négociation, Senge et al. (2000 : 278) observent que :

> *L'avantage des scénarios, par rapport à une négociation, c'est que les participants n'ont pas à engager leurs commanditaires, mais qu'ils peuvent voir s'établir assez vite un langage commun – une manière commune de comprendre le monde. Une fois le travail sur les scénarios terminé, ce langage commun devrait largement faciliter l'issue des futures négociations.*

La dernière étape, « images terminales ou futures », est celle de la consolidation du travail accompli tout au long des quatre étapes précédentes pour produire un résultat qui réponde rigoureusement aux objectifs poursuivis par l'étude. Il est généralement recommandé d'élaborer un minimum de trois scénarios : un pessimiste, un moyen et un optimiste. Du fait de l'influence du paramètre « temps », les scénarios doivent être revus et corrigés périodiquement dans le but de conserver leur validité et leur cohérence interne, souligne Yvan (1977 : 274).

Tableau 6-6 : DEMARCHE D'ELABORATION DES SCENARIOS

ETAPE N°1 : ETABLIR LA CONSTITUTION DE BASE	
QUOI ?	**COMMENT ?**
Définir les quatre éléments : – Eléments structuraux – Facteurs de déséquilibre – Tendance d'évolution – Germes de mutation	– Procéder à une analyse systémique rigoureuse de la situation problématique – Définir pour le problème les quatre éléments indiqués dans le Quoi ci-contre – Dégager les seuls faits qui représenteront des lignes de force pouvant influencer le futur
ETAPE N°2 : EVALUER LE CONTEXTE	
QUOI ?	**COMMENT ?**
Analyser les facteurs de contingence qui influencent actuellement ou pouvant influencer à l'avenir le problème ou le système étudié	Décrire les contraintes ou les facteurs facilitateurs les plus significatifs qui proviennent de l'environnement externe du problème ou du système étudié.
ETAPE N°3 : PROGRESSER DU PRESENT VERS LE FUTUR	
QUOI ?	**COMMENT ?**
Décrire la dynamique systémique du développement du phénomène ou du fonctionnement du système étudié	– Décrire la chaîne de causalité (circuits d'influence, schéma systémique, diagramme des interrelations) qui définit les principaux mécanismes de développement du phénomène ou du fonctionnement du système

	– Etablir la probabilité d'occurrence des divers événements dégagés dans la chaîne de causalité
ETAPE N°4 : EVALUER LES SCENARIOS	
QUOI ?	**COMMENT ?**
– Rédiger les scénarios – Evaluer les scénarios retenus – Faire les corrections requises	– Critiquer ou enrichir les scénarios rédigés – Utiliser les critères tels : la crédibilité, l'utilité, l'intelligibilité et la fidélité
ETAPE N°5 : INSCRIRE LES SCENARIOS RETENUS DANS LE TEMPS	
QUOI ?	**COMMENT ?**
Effectuer un découpage temporel des scénarios retenus pour mieux cerner, par segment de temps : la synchronicité, les interrelations, la probabilité d'occurrence des événements, les participants et les actions à entreprendre	Répondre aux principales questions suivantes : – Comment ou quelles actions entreprendre pour augmenter l'occurrence de tel événement ? – Quelles personnes peuvent agir sur tel ou tel événement ? – Quel serait l'impact de telle modification sur le scénario ou une partie du scénario

3.3. Utilité de la méthode de scénario pour la Réforme Administrative

Dans la perspective de développement des administrations publiques que nous avons retenue pour définir la réforme administrative dans cet ouvrage, l'élaboration des scénarios met un accent particulier sur la *formulation des hypothèses* sur le fonctionnement des Unités de travail dans l'administration. Cette activité de formulation de nos hypothèses fait intensément intervenir nos schémas mentaux. Cet exercice peut conduire à créer un comportement désiré que l'Unité de travail ou l'administration n'a pas. Lisons à ce sujet, ce témoignage édifiant de l'équipe de Senge (Roberts Charlotte, in Senge et al., 2000 : 281) :

> *Les scientifiques qui ont mis au point le programme spatial (et qui y participent encore avec succès) devaient envisager des futurs possibles qui étaient encore inimaginables jusque-là. Ils ont imaginé des changements dans les modes de transport, dans la capacité à créer des environnements, dans la recherche et dans l'utilisation de l'énergie, qui ne sont pas encore pleinement réalisés.*

Cette réflexion donne une première piste d'exploitation, par les spécialistes en réforme administrative, de la méthode de scénario dans l'administration. Elle souligne l'importance des échanges et la nécessité du temps qui doit lui être accordé lors des exercices de planification qui ont rituellement cours dans les services publics. Suivant cette piste, Wacheux (1996 : 115) suggère une autre application de la méthode qui peut adopter deux logiques. Le Conseiller en Organisation Administrative qui conduit la démarche dans le but, par exemple, de mettre en évidence les règles ou les conditions d'un équilibre social dans une organisation, peut demander aux acteurs impliqués :

- soit de construire des scénarios de développement de l'unité retenue, donc de projeter dans le futur leurs cadres de références et leurs attentes actuelles ; ceci pour comprendre leurs représentations et leur engagement.
- soit de réagir, d'interpréter des scénarios ; ceci pour appréhender dans le présent leurs représentations et les valeurs contextuelles qui gouvernent leurs actions, de même que les déterminismes qu'ils perçoivent.

Yvan (1997 : 237) ajoute que les intervenants en milieu organisationnel, comme les Conseillers en Organisation Administrative dans note cas ici, peuvent utiliser le scénario comme outil de travail pour cerner dans une perspective holistique, de nombreux problèmes tels que les besoins futurs en termes d'emploi dans l'administration, les changements technologiques,..., sans négliger, précise-t-il, le fait que la démarche nous apprend beaucoup sur l'état actuel du système étudié en nous faisant découvrir les antécédents et les interactions causales.

La principale limite de la méthode que nous retenons ici porte sur l'expertise du Conseiller en Organisation Administrative qui aura à animer les équipes des intervenants aux différentes étapes de la démarche. Son savoir-faire en analyse de problèmes est critique pour la qualité des résultats qui seront obtenus. De ce savoir-faire complété par l'expertise des participants, leur imagination et leur familiarité avec les problèmes étudiés, dépend la valeur des scénarios (Yvan, 1997 ; Wacheux, 1996).

Un cas d'utilisation de la méthode est présenté par Yvan Bordeleau. Ce cas qui porte sur « la promotion de la santé en milieu organisationnel dans une société post-industrielle », étudie le problème suivant :

Comment l'émergence d'une société post-industrielle influencera la disponibilité des services de promotion de la santé en milieu organisationnel d'ici la fin du 20e siècle ?

L'étude qui a été réalisée en 1984 dans le cadre d'une thèse de Doctorat, a conduit à la formulation des trois scénarios résumés dans l'encadré 6-1. La réalisation de cette étude a, au plan méthodologique, fait intervenir un groupe de 17 experts notamment pour évaluer la probabilité des événements identifiés : i°) six experts de différentes disciplines faisant partie du comité d'évaluation de la thèse ; ii°) cinq gestionnaires ; iii°) six professionnels de la promotion de la santé dont l'expertise touche au milieu organisationnel.

<u>ENCADRE 6-1</u> : EXEMPLES DE SCENARIOS adaptés de Bordeleau

Comment l'émergence d'une société post-industrielle influencera-t-elle la disponibilité des services de promotion de la santé en milieu organisationnel d'ici la fin du 20e siècle ? *(l'étude est menée en 1984)*
SCENARIO – REPERE
Sur le plan économique, la croissance du secteur des services s'accentuera vers l'an 2000. La santé de la main-d'œuvre sera davantage considérée par les dirigeants, étant donné son rôle important dans l'amélioration de la productivité des organisations. Les programmes d'aide financière couvrant les soins médicaux incluront des services de promotion de la santé. Les services présentant les meilleurs rendements sur l'investissement seront dispensés aux employés. Ainsi, les services d'éducation en matière de santé ayant un impact à long terme seront relégués au second plan alors que les services médicaux plus traditionnels auront la priorité. Ces services médicaux seront cependant différents en l'an 2000. Les coûts sans cesse croissants et l'ampleur des mouvements de consommateurs favorisent l'implantation de programmes de prévention en milieu organisationnel. Dans les plus grandes organisations, un spécialiste sera responsable des services de promotion de la santé dispensés en milieu organisationnel. Dans les petites et moyennes entreprises, les services de promotion de la santé seront disponibles via le micro-ordinateur. Etant donné l'utilisation croissante de l'ordinateur à la maison et au bureau, la majorité des employés aura accès à un certain nombre de logiciels traitant de la santé. Ceux-ci porteront sur le contrôle de l'hypertension, le conditionnement physique, la prévention des accidents, le régime alimentaire, la gestion du stress et le tabagisme.
SCENARIO OPTIMISTE
En l'an 2000, les organisations compteront davantage sur la haute technologie, ce qui se traduira par une diminution des heures de travail et une hausse du nombre de travailleurs détenant des emplois à temps partiel. Cette plus grande disponibilité des employés favorisera la pratique d'activités physiques facilitant l'amélioration de leur santé. Les examens traditionnels effectués par un médecin visant à dépister des maladies ou dysfonctions de l'organisme ne représenteront qu'une partie des examens réalisés par toute une équipe médicale comprenant des spécialistes de promotion de la santé, infirmiers, physiothérapeutes, diététiciens et psychologues. Ces évaluations porteront sur les comportements de l'individu qui rendent compte de son style de vie et sur le système social dans lequel il évolue. On mettra à la disponibilité de l'employé différents programmes de promotion de la santé en fonction des résultats obtenus. Les plus grandes organisations auront un spécialiste de la promotion de la santé faisant partie d'un département de promotion de la santé. Les petites et moyennes entreprises rechercheront les services d'un conseiller externe dans ce domaine.
SCENARIO PESSIMISTE
En l'an 2000, les organisations américaines prôneront encore que le travail, et non le loisir, constitue l'activité servant de base à la vie humaine. L'accent sera mis sur la productivité, ce qui contribuera à hausser le niveau de stress au travail. Les corporations n'aideront pas les

employés à atteindre et à maintenir un style de vie favorisant leur santé. Les politiques organisationnelles visant à établir un environnement de travail sain prendront du temps à venir, celles-ci ne seront adoptées que par une minorité d'entreprises.

Plusieurs programmes de promotion de la santé en milieu organisationnel seront accessibles aux employés sous forme de logiciels. Cependant, ceux-ci seront peu utilisés car la direction investira peu pour inciter les employés à s'en servir. Les services de promotion de la santé demeureront sous le contrôle des médecins. Cependant, ceux-ci privilégieront davantage la prévention de la maladie que la promotion de la santé. La reconnaissance officielle des spécialistes de promotion de la santé continuera d'être débattue mais sans résultat. En conséquence, on constatera une grande hétérogénéité concernant la formation des individus qui évoluent dans le secteur de la promotion de la santé. Dans ce contexte, les compagnies d'assurances manifesteront beaucoup de réticences quant au remboursement des services liés à la promotion de la santé.

Source : Yvan B. (1997 : 275 – 280)

En 2007, nous pouvons évaluer ces scénarios, par exemple, à l'aide des critères de crédibilité et de fidélité dans le cadre des administrations africaines en ce début du 21ème siècle et compte tenu de la tendance de la mondialisation actuelle et des germes de mutation portés par la révolution des technologies de l'information et de la communication. En guise de repère pour cet exercice d'évaluation/comparaison, nous présentons dans l'encadré 6-2, les mutations qu'annonce Joël de Rosnay en cette année 2007, pour l'horizon 2020.

ENCADRE 6-2 : QUELLES MUTATIONS A L'HORIZON 2020 : la révolution de la biotique par Joël de Rosnay

D'ici à dix ans, notre environnement technologique sera transformé. Les potentialités d'internet se développent, des innovations technologiques révolutionnaires sont en train de voir le jour en matière d'énergie et de développement durable, les biotechnologies changent le visage de la médecine et le développement des interfaces homme/machine est fulgurant.

Avec l'avènement de la biotique, par exemple, le rêve qu'a toujours eu l'Homme de pouvoir transmettre sa pensée par télépathie ou d'acquérir de nouveaux sens permettant de « voir » l'invisible, de détecter des forces ou des impulsions qu'il ne peut encore percevoir, deviendra réalité. La biotique est le résultat de la fusion de la biologie et de l'informatique pour la mise au point de nouveaux composants et de circuits électroniques moléculaires (biopuces, biotransistors) ainsi que pour le développement d'interfaces bioélectroniques entre l'homme, les ordinateurs et les réseaux. Les frontières entre le biologique, le mécanique et l'électronique s'estompent. Des chercheurs se sont implantés une puce dans le bras pour communiquer avec leur environnement et être reconnus par les systèmes de sécurité. D'autres chercheurs travaillent sur des « neuropuces » directement connectables à des zones du cerveau comme l'hippocampe, offrant de nouveaux espoirs pour les personnes ayant subi de graves traumatismes crâniens, suite à des accidents. La prudence s'impose face à de tels développements scientifiques et techniques. Un fossé éthique existe entre l'homme « réparé », l'homme « transformé », et l'homme « augmenté ».

Ces recherches et applications sur les environnements intelligents et les interfaces homme/machine risquent de porter atteinte à l'intégrité des données personnelles.

Une réflexion d'ordre éthique, fondée sur des valeurs partagées respectant les droits et les libertés de chacun, s'impose donc afin d'éviter toute dérive préjudiciable à l'avenir de l'humanité.

Les années 2020 verront la naissance de nouveaux ingénieurs et architectes de l'infiniment petit. Ils sauront marier les technologies biologiques, informatiques, nano et écotechnologiques pour inventer les produits de demain. Ces progrès scientifiques et techniques ouvriront de nouveaux horizons riches de promesses mais aussi lourds de menaces pour l'Homme.

Les technologies de la communication vont connaître une progression explosive entre 2010 et 2020, bouleversant nos vies, l'économie et faisant apparaître de nouveaux dangers : atteintes à la vie privée, piratages, virus, « infopollution », etc. La prolongation de la durée de vie, grâce à une connaissance accrue des mécanismes du vieillissement, conduira à des tensions sociales et politiques fortes. Enfin, écologie et économie, qui devraient être comme les deux faces d'une même médaille, se trouveront confrontées plus durement à leurs contradictions.

Les sciences de la complexité peuvent nous aider à penser le futur des sociétés humaines. Au-delà de l'approche analytique traditionnelle, elles permettront de construire notre avenir sur la base d'une vision globale et à long terme de l'évolution des systèmes complexes (économiques, écologiques, industriels et politiques) dont nous faisons partie.

À l'homme de savoir fixer les limites pour éviter que ses créatures biologiques ou électroniques ne se retournent contre lui…

Source : (de) Rosnay Joël, 2020 Les Scénarios du futur (2007), www.scenarios2020.com

4. LA SIMULATION ET L'EXPERIENCE PILOTE

La simulation est une procédure *expérimentale* de résolution de problème qui imite le système réel en reproduisant pas à pas son comportement. Le but poursuivi est de savoir si le concept de service ou la solution technique proposée répond aux attentes soit par rapport au problème identifié ou par rapport à un nouveau besoin ou un problème nouveau. Elle peut prendre la forme d'une *simulation par l'ordinateur ou celle d'une expérience pilote*, notamment lorsque les changements à introduire sont très complexes ou lorsque les résultats de la réforme sont destinés à être déployés dans plusieurs sites. Un exemple est décrit dans l'étude de cas présentée dans la troisième partie.

La démarche ainsi comprise poursuit un certain nombre d'objectifs, dont les principaux suivants :

- accroître la capacité d'innovation de l'administration concernée en offrant des possibilités des essais rapides et efficaces de nouveaux concepts de service ou de nouvelles approches d'organisation, grâce au potentiel d'innovation des nouvelles technologies de l'information. Un grand nombre d'options peuvent être explorées virtuellement par itérations rapides en « temps réel », pour ce qui est de la simulation par ordinateur ;
- vérifier et démontrer la faisabilité du projet de réforme ;

- tester une approche de la mise en œuvre de la réforme qui pourra ensuite être généralisée ;
- renforcer l'engagement et la mobilisation des acteurs clés de la réforme en s'appuyant sur les résultats positifs de l'expérience pilote ;
- identifier et résoudre les difficultés le plus tôt possible dans le cycle de développement du projet, de manière à augmenter les possibilités d'adaptation des bénéficiaires aux changements ;
- accroître le degré d'efficacité de la communication et de la coordination entre les équipes des théoriciens et des praticiens impliquées aux différentes étapes du projet (par exemple, la conception des nouvelles procédures avec les spécialistes métiers du domaine concerné, la réorganisation des services avec les spécialistes en organisation administrative, et le développement du logiciel d'appui au traitement informatique, avec les spécialistes informaticiens) ;
- constituer, après chaque série de simulation par ordinateur ou chaque expérience pilote, une banque de données sur les mécanismes sous-jacents aux changements introduits dans les procédures, l'organisation et les comportements.

4.1. Définition de la méthode

Une expérience de simulation porte sur un *modèle* du système réel plutôt que sur le système réel lui-même. Il peut s'agir ou de modèles informatiques pour ce qui est de la simulation par ordinateur, ou d'un échantillon d'administrations retenues, suivant des critères précis, comme sites pilotes, pour une expérimentation sur le terrain.

Ainsi, par exemple, la simulation par ordinateur est une technique numérique conçue pour réaliser des expériences sur ordinateur à l'aide de modèles décrivant de façon séquentielle le comportement de systèmes réels (Landry, in Gauthier, dir., 1997 : 431).

Les jeux de rôle sont aussi des exemples de simulation dans lesquels ce sont les individus qui interviennent exclusivement pour reproduire pas à pas le comportement du système réel : un intervenant qui joue au Directeur Général ou au Secrétaire Général, en imitant un vrai Directeur Général ou Secrétaire Général dans leur fonction.

La simulation fait intervenir trois éléments essentiels :

- *le système réel :* le problème administratif qu'on veut résoudre et qui est décrit dans toute sa dynamique, y compris dans son évolution dans le temps. Ne perdons pas de vue le fait qu'une organisation n'est qu'un artefact et donc que le « système réel » est le produit de la construction que nous en faisons ;

- *le modèle de représentation* simplifiée du système réel retenu : les concepts et les inter-relations retenus pour représenter le phénomène réel dont on veut étudier le comportement ;
- *un système ou champ d'expérimentation :* les sites pilotes, un intervenant pour le jeu de rôle ou un ordinateur pour la simulation par ordinateur. Dans ce cas de la simulation par ordinateur, l'ordinateur imite (simule) le comportement du phénomène modélisé en donnant une évolution séquentielle des variables d'état du système en fonction des conditions initiales et des coefficients qu'on lui a assignés.

Il découle de l'interrelation entre ces trois éléments essentiels que la *modélisation* est une étape clé de la technique de simulation. Comme on l'a décrit aux chapitres 4 et 5, cette étape de modélisation commence par une détermination claire et partagée du problème, de ses symptômes et du comportement sur lequel l'intérêt est porté.

Comme le fait observer Landry (op.cit., 1997 : 439), le but d'un modèle peut varier le long d'un continuum allant de « l'amélioration de la compréhension » d'un phénomène ou un problème, à la « formulation de recommandations de politiques visant à modifier le fonctionnement réel ».

4.2. Construction d'un modèle de simulation

La construction d'un modèle de simulation s'appuie sur trois éléments qui sont tous indispensables :

- *une théorie (un champ théorique)* : des écrits théoriques et empiriques qui portent sur les problèmes du système réel à étudier (voir par exemple, les résultats des benchmarking ou de la méthode Delphi). Ces écrits peuvent concerner aussi bien les attributs spécifiques du problème que les structures génériques de modèles de simulation ;
- *des données (un champ empirique) :* des informations sur le système réel. Elles vont servir à établir une relation tangible entre un modèle et son système réel. L'association des utilisateurs (les agents des sites pilotes ou les informaticiens) du nouveau modèle lors de son élaboration est ici un puissant levier pour encourager l'évolution des pratiques et des comportements ;
- *une méthodologie (un champ méthodologique)* : la méthodologie fournit les outils et propose les procédures pour transformer le modèle causal élaboré pour décrire la dynamique systémique du comportement du phénomène étudié en un modèle de représentation simplifiée du réel ; par exemple un modèle informatique s'agissant de la simulation par

ordinateur. Pour une expérience pilote, la méthodologie porte aussi bien sur son organisation, les processus et les procédures, que sur les comportements, les valeurs et les modes de gestion. Les questions à se poser sont du type : Comment s'y prendre pour concevoir la « solution modèle ou solution cible » ? vers quoi changer ? sur quels leviers puissants d'innovation s'appuyer ? comment capitaliser les nouvelles technologies pour introduire des changements profonds ? L'enjeu clé ici est d'élaborer des solutions innovantes en rupture avec les pratiques habituelles.

La structure de base d'un modèle de simulation est ainsi représentée par le schéma de la figure 6-10.

Landry (op.cit., 1997 : 438) souligne la nécessité de rechercher un équilibre dans l'utilisation de ces trois éléments de base en faisant observer « qu'un modèle sans champ théorique ne poserait pas de principe explicatif, tandis qu'un modèle sans champ empirique ne peut être validé par des expériences concrètes ».

Aussi, une démarche en six étapes est proposée pour la construction et l'expérimentation sur le terrain, d'un modèle de simulation (Grouard et Meston, 2005 :209-213 ; Landry, op.cit., 1997 : 439 – 444). Ces étapes sont résumées dans le tableau 6-7.

FIGURE 6-10 : STRUCTURE DE BASE D'UN MODELE DE SIMULATION

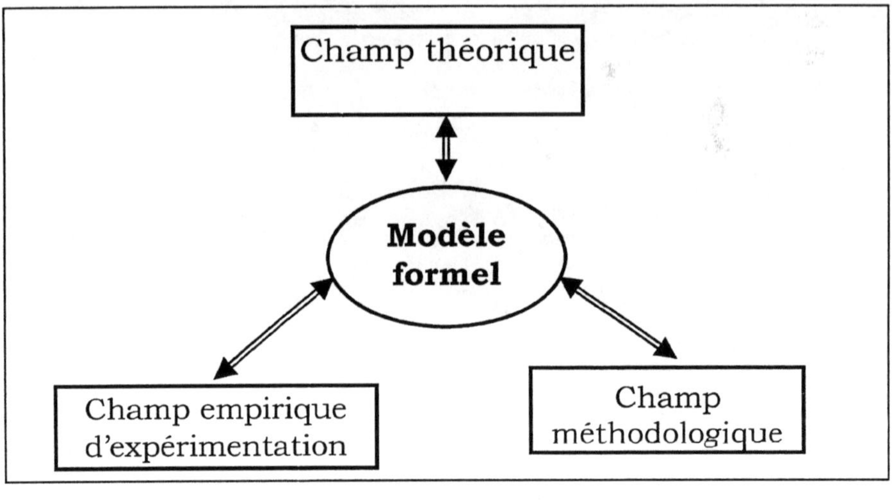

Source : Gauthier, dir (1997 : 438)

Tableau 6-7 : LES ETAPES DE CONSTRUCTION ET D'EXPERIMENTATION D'UN MODELE DE SIMULATION

PREMIERE ETAPE : DEFINIR LE PROBLEME
– Identifier et analyser le problème de façon claire en le situant dans son contexte et en cernant ses principaux symptômes – Déterminer le but du modèle en définissant très clairement les objectifs de l'expérimentation, objectifs qui devront être formalisés et consignés dans un cahier des charges – Le cahier des charges devrait préciser : i) les résultats à atteindre ; ii) les indicateurs de performances ; iii) les modes opératoires à tester ; iv) les outils et tous les supports à utiliser ; v) les rôles et les responsabilités des intervenants
DEUXIEME ETAPE : THEORISER LE PHENOMENE OU LE PROBLEME
– Lire les écrits théoriques et empiriques qui portent sur le système réel – Dresser un inventaire des variables les plus importantes et des hypothèses qui les associent en procédant à une analyse rigoureuse du problème (voir les différentes étapes des deux approches décrites au chapitre 4) – Identifier les structures génériques de modèles de simulation s'il en existe (les archétypes, par exemple)
TROISIEME ETAPE : ELABORER UN DIAGRAMME CAUSAL
– Utiliser les informations des deux étapes précédentes pour construire les circuits d'influence (ou diagramme causal ou diagramme inter-relations). Cette étape correspond à celle de l'analyse des circuits d'influence dans la méthode globale d'analyse du problème ou à celle de la connexion dans la méthode de la roue d'apprentissage.
QUATRIEME ETAPE : CHOISIR LA METHODOLOGIE DE MODELISATION
– Le choix d'une méthodologie dépend des caractéristiques du système réel étudié et la perception qu'en a l'analyste, le manager ou toute autre personne qui va utiliser les résultats de l'expérimentation. On entrevoit ici la nécessité d'une *compréhension partagée* du problème – Il existe des systèmes informatiques permettant de ne pas partir de zéro.
CINQUIEME ETAPE : CONFRONTER LE MODELE A LA REALITE/SIMULATION PAR ORDINATEUR
– Vérifier et valider la performance du modèle construit, l'ensemble de ses préconisations incontournables qui seront à mettre en œuvre, en le confrontant au champ empirique pour répondre aux deux questions : i°) les variables du modèle représentent-elles adéquatement les concepts de la théorie relative au système réel ; ii°) les indicateurs sont-ils reliés de façon adéquate aux variables du modèle ? – Apporter les ajustements nécessaires et produire une version finale de la simulation – Préparer le devis expérimental utilisé pour tester les implications du modèle – Elaborer un plan de réalisation de l'expérience pilote sur le terrain.
SIXIEME ETAPE : EXPERIMENTATION DANS LES SITES PILOTES
– Définir précisément les nouveaux rôles, responsabilités et tâches des utilisateurs : identifier et traiter les résistances ;

- Former les utilisateurs à leurs nouveaux rôles, responsabilités et tâches ;
- Mettre en place les différents volets du changement à introduire ;
- Laisser les utilisateurs s'approprier des nouvelles façons de faire ;
- Evaluer avec les utilisateurs la conformité de leurs actions avec le nouveau modèle introduit : la pratique des nouveaux rôles et responsabilités ; les performances de l'unité de travail pilote ; l'évolution des attitudes et comportements des agents publics concernés ; l'évolution des styles de gestion compte tenu des changements introduits ;
- Laisser les utilisateurs appliquer les conclusions de l'évaluation pour faire évoluer leurs façons de travailler et leurs comportements en cohérence avec les objectifs du nouveau modèle testé ;
- Procéder ainsi par itération jusqu'à l'obtention des résultats recherchés. Alors : i) la faisabilité du nouveau modèle est démontrée ; ii) toutes les préconisations incontournables du modèle à mettre en œuvre sont validées ; iii) une démarche de mise en œuvre est testée et la généralisation peut être engagée.

L'expérimentation menée sur le terrain après l'étape de conception théorique (ou de simulation par ordinateur) ne devrait pas s'étendre sur plus de trois à quatre mois, avant la phase de généralisation, observent Grouard et Meston (2005 : 212).

La réalisation des expériences et l'interprétation de leurs résultats sont suivies par la préparation de la documentation du modèle de simulation, en vue de la généralisation qui poursuit alors trois objectifs principaux : i) l'appropriation de la nouvelle façon de faire et sa mise en œuvre dans le reste de l'administration ciblée ; ii) l'enrichissement de cette nouvelle façon de faire en prenant en compte les spécificités de chaque unité qui accueille la réforme ; iii) la diffusion des méthodes de conduite de changement qui ont été utilisées avec succès lors de l'expérience pilote. La documentation d'un modèle réunit tous les aspects de ce modèle qui sont susceptibles d'être nécessaires pour permettre sa généralisation, ou sa réutilisation, voire son développement par d'autres spécialistes intéressés (Chargés de Mission auprès du Secrétariat Général à la Présidence de la République ou dans les services du Premier Ministre, Responsables administratifs, Informaticiens de l'administration, Conseillers en organisation, Chercheurs,…).

4.3. Utilité de la méthode de simulation pour la Réforme Administrative

La mise en œuvre des politiques publiques, notamment les politiques distributives et les politiques redistributives, pose un problème complexe de formulation des problèmes de la société et surtout du choix d'une solution qui répond aux exigences des dimensions multiples des attentes des citoyens. Lorsqu'une solution est retenue, des effets indésirables non prévus peuvent se produire lors de la réalisation du plan d'action adopté, ceci dans un contexte d'ouverture démocratique qui n'accorde plus la moindre marge d'erreur aux hommes politiques. Dans une logique d'apprentissage et d'innovation, la mise à l'épreuve systématique des idées qu'offrent la simulation par ordinateur et l'expérimentation pilote permet aux administrations de créer et d'affiner les biens et services qu'elles offrent aux usagers.

Le développement technologique qu'on observe aujourd'hui et le changement en matière de conception des systèmes d'information qui l'accompagne donnent à l'administration publique, institution d'analyse des politiques publiques, la possibilité de tirer avantage de la méthode de simulation en exploitant la capacité qu'elle offre pour manipuler un grand nombre de variables liées de façon aussi inextricable qu'on l'a vu avec le diagramme des causes et des effets (voir l'exemple de la figure 6-4). Les logiciels de simulation sont aussi un moyen d'expérimentation qui incite à l'innovation grâce à son impact sur le processus d'apprentissage : les essais apportent les renseignements nécessaires pour donner force aux idées nouvelles en renforçant, rectifiant ou complétant les connaissances acquises.

La modélisation qui est l'étape centrale de la méthode de simulation, peut permettre aux spécialistes de la structure nationale chargée de la réforme administrative d'analyser un problème pour lequel il n'existe pas de données empiriques pour anticiper les effets de certaines politiques dans leur évolution dans le temps. A cet égard, le rôle du Conseiller en Organisation Administrative est déterminant pour : i°) aider les spécialistes métiers (les informaticiens, les planificateurs, les ingénieurs,...) à mieux clarifier leurs modèles propres de représentation des réalités auxquelles ils font face ; ii°) déterminer dans le champ empirique, les données importantes à inclure dans la simulation compte tenu du modèle de représentation choisi ; iii°) aider les informaticiens dans le choix de la méthodologie de modélisation la plus adéquate dans le cas d'une simulation par ordinateur ; iv) apporter un appui, dans un rôle de facilitation, aux équipes concernées par le domaine de l'expérimentation ou impliquées dans l'expérience pilote sur le terrain.

Telle que présentée, cette méthode met en évidence quatre points déterminants pour la réforme administrative définie comme approche de développement des administrations publiques :

- l'analyse profonde et systémique des causes et des effets des problèmes administratifs ;
- le développement d'une compréhension commune et partagée de chaque problème traité, notamment, à travers les obstacles rencontrés et les modes de résolution de problèmes utilisés pour l'expérimentation sur le terrain ;
- le travail en équipe, et la nécessité, pour les équipes, de scruter soigneusement leurs propres présupposés et de remettre en cause leurs croyances ;

– la collecte et l'organisation des données empiriques sur les phénomènes administratifs, notamment, l'évolution des réactions et des positions des acteurs lors du déroulement de l'expérimentation sur le terrain.

Aujourd'hui, toutes les administrations sont dotées d'une structure chargée de l'Informatique (Division, Direction ou Cellule). Les responsables de cette structure peuvent travailler en synergie avec les spécialistes métiers de leur administration d'affectation ainsi qu'avec les spécialistes de la structure nationale chargée de la Réforme Administrative pour élaborer les modèles de simulation applicables aux problèmes relevant de la compétence de leur administration. Si la modélisation est difficile, « ce n'est pas parce qu'il est difficile d'apprendre à utiliser un ordinateur mais parce qu'il est difficile d'apprendre à représenter fidèlement la réalité », observent Senge et al (2000 : 205). D'autant plus qu'aujourd'hui les spécialistes des sciences de l'administration ont développé une méthodologie de recherche opérationnelle et ont créé des langages informatiques qui peuvent être directement utilisés[69]. L'équipe de Senge propose, par exemple, des simulateurs de gestion et un manuel du constructeur (2000 : 621 – 634).

Un point important doit être relevé quant aux limites de cette méthode. La simulation porte sur un modèle simplifié de la réalité. Il faudrait donc être très prudent dans la généralisation des conclusions de chaque expérience de simulation et procéder aux ajustements nécessaires pour tenir compte des spécificités de chaque administration. L'étude de cas de la troisième partie mentionne à ce sujet, l'élaboration d'un guide de déploiement de la réforme après la phase expérimentale dans quatre sites pilotes retenus. Le guide insiste sur la nécessité de considérer chaque administration comme un cas spécifique.

[69] Dr Jean-Yves DJAMEN propose dans son ouvrage portant sur la « Gouvernance et Intelligence Artificielle » une modélisation du processus d'élaboration des textes organiques des départements ministériels dans une administration, en s'appuyant sur le cas de l'administration camerounaise.

CHAPITRE 7 :
METHODES ET OUTILS DE GESTION DE LA PERFORMANCE ET DE CONDUITE DE CHANGEMENT DANS L'ADMINISTRATION

Ce chapitre traite des principaux outils suivants :

1. le Benchmarking
2. la gestion de la qualité totale
3. l'intervention en Conseil organisationnel
4. le groupe de travail

Au chapitre premier, en décrivant la nature de la réforme administrative suivant l'*axe du changement organisationnel*, nous avons dégagé deux fonctions caractéristiques de cette dimension : 1°) la fonction de structuration de la réforme administrative à travers l'adoption d'une démarche de *recherche* en vue de définir le cadre de référence de l'intervention à faire pour introduire le changement ; 2°) la fonction de conduite de changement qui s'appuie sur les connaissances et les habiletés des experts en développement des organisations (les Consultants ou les Conseillers en Organisation Administrative) pour œuvrer à l'atteinte des objectifs de réforme poursuivis. Suivant la logique du développement des services publics, l'atteinte des objectifs poursuivis s'observera à travers la consolidation des résultats obtenus et leur ancrage dans la culture organisationnelle du service public concerné. La question qui se pose ici est celle de savoir comment intervenir pour contribuer à l'atteinte de ces résultats ?

Adoptant la perspective de la *recherche-action* suivant laquelle le chercheur obtient des résultats ***avec*** les acteurs et non *sur* les acteurs, nous présentons ici deux instruments d'appui au travail des spécialistes en réforme administrative, les Conseillers en Organisation Administrative. Il s'agit d'abord du *processus d'intervention en conseil* auprès des administrations ; processus à l'intérieur duquel le Conseiller est amené à jouer les différents rôles résumés au chapitre premier et à travers lesquels s'exprime son professionnalisme. Il s'agit ensuite du *groupe de travail* décrit comme moyen d'intervention du Conseiller et qui mobilise les énergies des différents acteurs impliqués dans une réforme autour des objectifs poursuivis. Ces deux méthodes constituent en quelque sorte les bases fondamentales de l'intervention en Conseil Organisationnel, les piliers du cadre de référence de l'art du métier de la consultance en matière de réforme administrative.

Au chapitre premier lorsque nous avons présenté des schémas d'analyse de la performance organisationnelle, nous avons cité deux méthodes, à savoir, le benchmarking et la gestion de la qualité totale. Nous avons retenu ici ces deux méthodes que nous décrivons comme des outils d'appui à la gestion de la performance. Ces deux méthodes privilégient la qualité du service aux citoyens/usagers et mettent l'accent sur la maîtrise des *processus* pour y parvenir.

En outre, et comme nous l'avons relevé au chapitre 2, la démarche du benchmarking cadre parfaitement avec les objectifs du « mécanisme africain d'évaluation par les pairs (APRM)» qui vise à favoriser l'adoption, par les pays africains, des normes et des pratiques administratives qui contribuent au développement durable et à l'accélération de l'intégration économique sous-régionale et au niveau continental. Dans cette même optique, l'engagement d'une administration dans un projet de benchmarking peut constituer pour elle une opportunité pour bien préparer sa candidature au « Prix d'Excellence des Services Publics » qu'organise le système des Nations Unies chaque année, à l'occasion de la journée mondiale des services publics célébrée le 23 juin.

1. LE BENCHMARKING

Le benchmarking est une méthode fondée sur l'analyse comparative des processus, des produits et des services d'une organisation (une administration, par exemple) à ceux des meilleures organisations dans leur domaine, au plan national et international. Le but de cette analyse comparative est la mise en évidence des similitudes et des différences dans l'optique de l'identification des meilleures pratiques.

1.1. Définition de la méthode

Dans sa démarche comparative, le benchmarking permet à l'administration qui l'utilise d'étudier les méthodes les meilleures, d'en adapter les idées et de devenir aussi performante que les autres administrations. Balm (1994 : 7) qui précise que « le benchmarking nous renseigne non seulement sur la façon dont le « bon » devient le « meilleur » mais il nous permet également d'identifier comment il a été capable de réaliser une telle performance ».

L'utilisation de cette méthode entre les administrations d'un même secteur (éducation, santé, transport, tourisme...) dans un pays, entre différents secteurs ou entre des administrations de pays différents offre l'opportunité de partage d'outils et de méthodes de travail performants. Elle contribue, ce faisant, à renforcer les capacités d'apprentissage de chaque administration partenaire, tout autant qu'à la promotion de l'excellence par la valorisation du travail de chaque agent public individuellement impliqué dans les processus analysés.

En retenant le « *degré d'importance pour les usagers des services publics* » comme critère du choix des outils de mesure et des paramètres de comparaison, la méthode s'inscrit en droite ligne de la philosophie de gestion prônée par les programmes nationaux de gouvernance.

1.2. Les étapes de la méthode du benchmarking

Le benchmarking est une démarche de comparaison qui nécessite l'implication de deux administrations au moins ; l'administration qui a besoin d'améliorer ses performances et celle identifiée comme la meilleure pour le thème retenu. Balm (1994) regroupe le déroulement de la méthode en cinq phases ou « sous-processus ». Chaque phase comporte trois étapes qui s'imbriquent comme l'illustrent les flèches représentées dans la figure 7-1.

La réalisation d'une démarche de benchmarking se fait en équipe. Balm (1994 : 79) distingue une « équipe maison » qui peut comprendre une vingtaine de personnes et une « équipe itinérante » qui est une partie de l'équipe maison réduite à trois ou quatre personnes.

L'équipe maison doit posséder les principales compétences suivantes :

- une connaissance technique pour comprendre des réponses aux questions et aux mesures de benchmarking, et pour répondre aux questions des partenaires de benchmarking ;
- des managers ayant une bonne connaissance des domaines où les changements devront être mis en œuvre ;
- une bonne expertise du processus de benchmarking ;
- éventuellement un usager, pour apporter un point de vue extérieur, lors des discussions ;
- un savoir-faire, pour traiter avec les consultants ou les représentants de l'administration partenaire retenue ;
- des qualités relationnelles.

L'équipe itinérante est mobilisée pour les visites des administrations partenaires ou de tout autre établissement ou même pour la participation à des conférences. Elle doit disposer des talents et connaissances suivants :

- une connaissance approfondie du processus, produit ou service faisant l'objet du benchmarking ;
- l'autorité pour modifier les processus faisant l'objet du benchmarking ;
- une personne (si ce ne sont tous les membres) ayant une vision sur le secteur ou sur l'administration beaucoup plus large que le processus, le produit ou le service sur lequel porte le benchmarking.

Une personne au moins dans chaque équipe de benchmarking doit avoir reçu une formation adéquate pour appliquer cette méthode. Balm (1994 : 112) observe que le moyen le plus efficace pour obtenir des résultats satisfaisants est d'envoyer l'équipe de benchmarking ou ses représentants suivre une courte formation en la matière.

Le choix du partenaire pour le benchmarking à l'étape 5 (figure 7-1) est aussi déterminant pour la qualité du résultat escompté. Différentes considérations doivent être prises en compte ici (Balm, 1994 : 69 – 74) :

- le but étant de devenir meilleur, il faut viser haut et choisir une administration ou un service qui a effectivement une bonne réputation pour l'objet du benchmarking, sachant qu'une administration peut être reconnue comme la meilleure dans son champ d'intérêt sans nécessairement être la meilleure dans le domaine qui vous concerne ;
- chercher les partenaires qui ont des objectifs similaires aux vôtres ou des fonctions communes (GRH, finances, management) pour réaliser dans ce dernier cas (fonctions communes), des benchmarking génériques ;
- parmi les sources d'information pouvant aider à identifier les bons partenaires figurent : des études ou enquêtes (par questionnaire par exemple), les articles de presse et de revue scientifique, des rapports spécifiques, les documents officiels, des sources statistiques, les rapports et comptes-rendus des voyages d'étude, des séminaires, des conférences, des documents de la réforme administrative, des références orales.

S'agissant de ces sources d'information, il est observé avec pertinence pour ce qui est de l'administration publique, qu'on fait du benchmarking « passif » dès qu'on assiste à des conférences, à des séminaires, à des expositions ou à des salons professionnels. Une hiérarchisation des données de benchmarking qui pourra guider le travail de l'équipe de benchmarking aux étapes 6 et 7 est illustrée à la figure 7-2.

Figure 7-1 : LES ETAPES DE LA METHODE DU BENCHMARKING

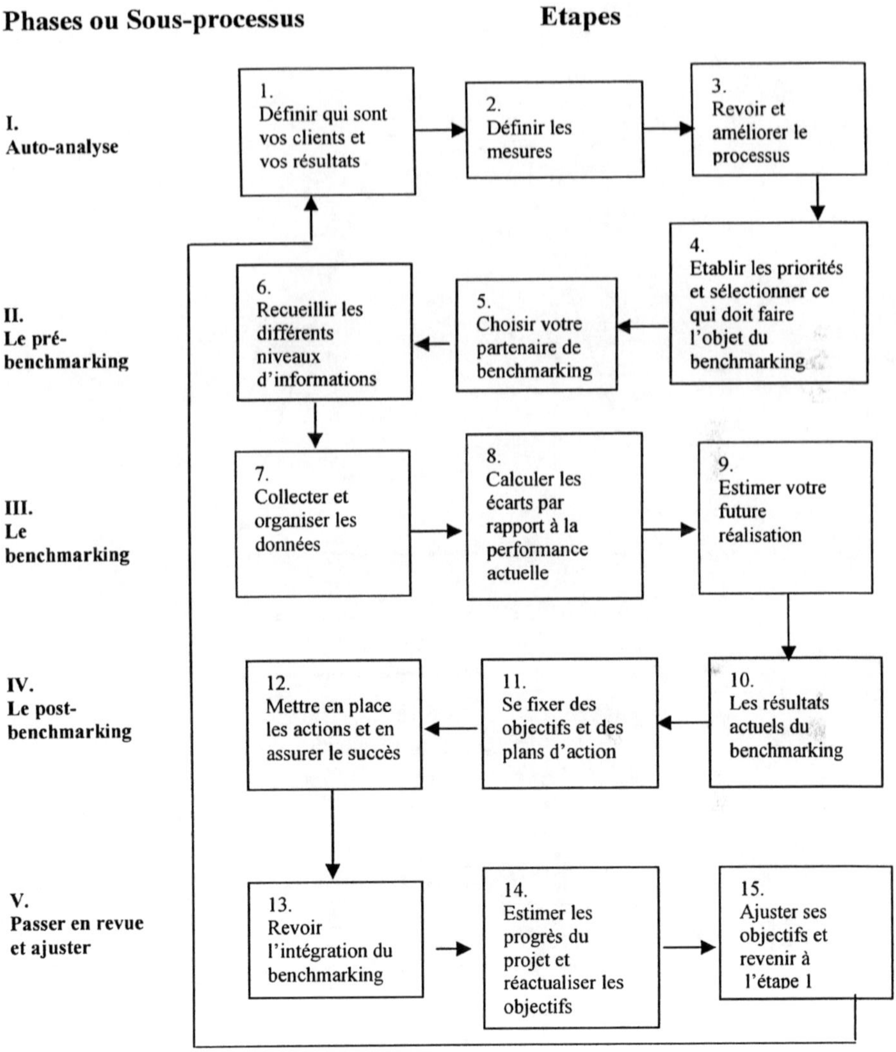

Source : Balm, G. J. (1994 : VII)

Figure 7-2 : UNE HIERARCHISATION DES DONNEES DE BENCHMARKING

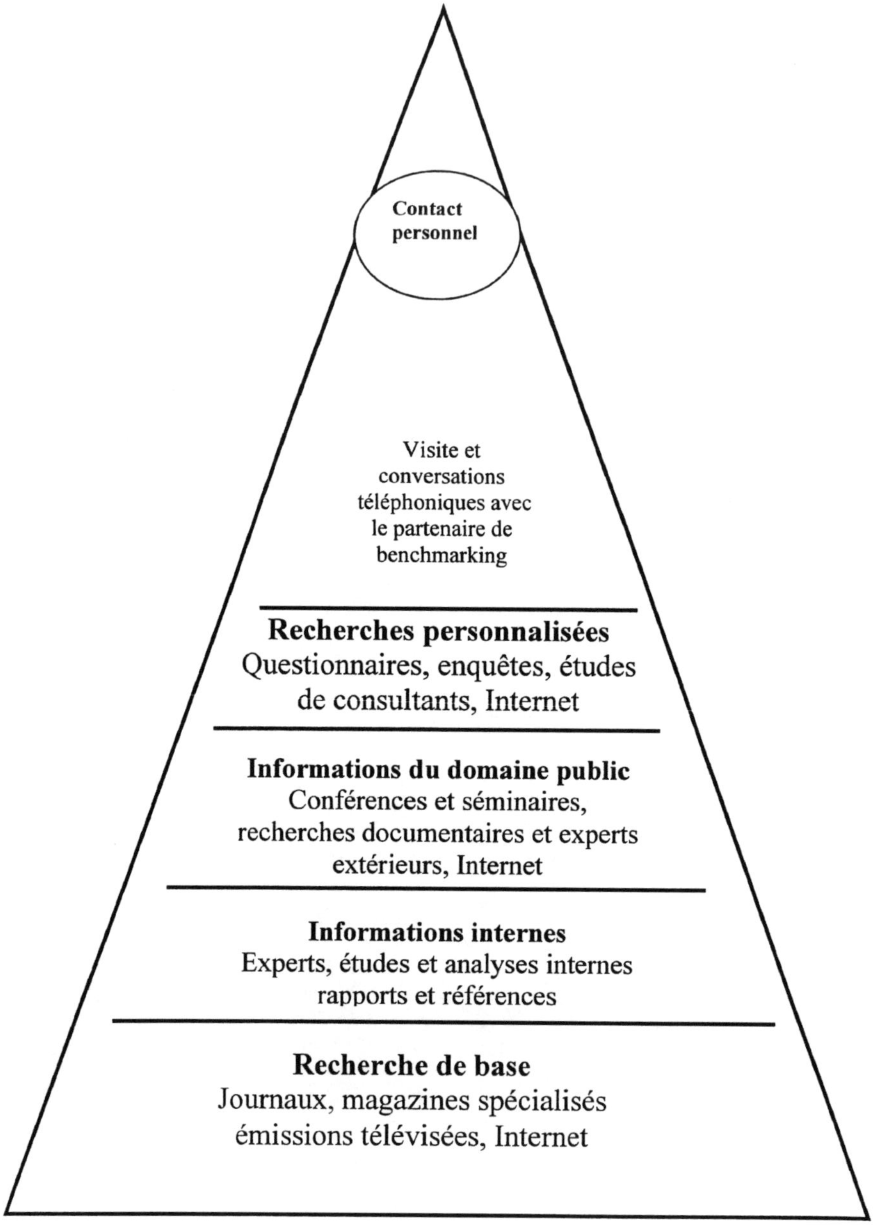

Source : Balm, J. G. (1994 : 76)

Dans la perspective de la réforme administrative qui est celle de cet ouvrage, l'étape 9, « évaluer la future « réalisation » », apparaît cruciale et s'inscrit parmi les objectifs poursuivis dans la présentation des méthodes de résolution de problèmes au chapitre 6. Il s'agit pour l'équipe du benchmarking, qui peut s'associer d'autres experts comme relevé pour les méthodes décrites ci-avant, de formuler des recommandations à l'administration concernée pour lui permettre de rattraper le niveau de performance du partenaire et ensuite de devenir elle aussi meilleure, dans une période définie. Balm (1994 : 91) propose à cet effet, un diagramme d'analyse des écarts illustré par la figure 7-3.

Figure 7-3 : DIAGRAMME D'ANALYSE DES ECARTS POUR UN BENCHMARKING

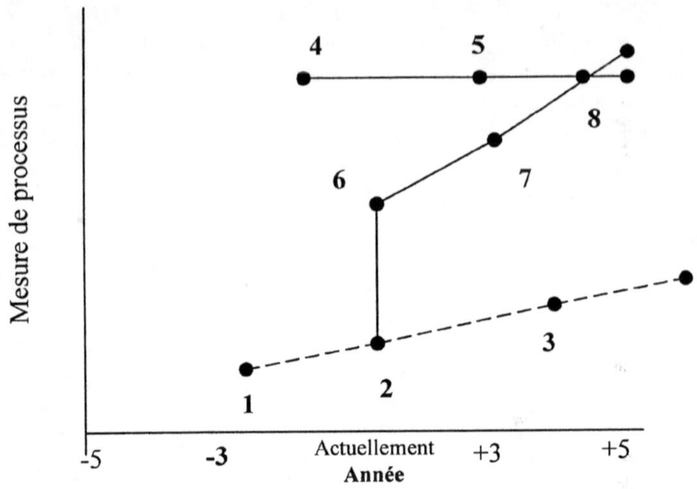

1. L'historique de nos mesures
2. Nos mesures du processus actuel
3. améliorations traditionnelles
4. niveau de benchmarking en cours
5. améliorations projetées suite au benchmarking
6. améliorations incrémentales ponctuelles (tactiques)
7. améliorations projetées de nouveaux processus (stratégiques)
8. point d'intersection avec le partenaire

<u>Source</u> : *Balm, G. J. (1994 : 91)*

La figure 7-3 indique comment l'équipe du benchmarking pourra projeter les réalisations futures de son administration par rapport à celles de l'administration partenaire en formulant des *hypothèses d'amélioration (courbes définies par les points 2 – 6 – 7 et 8)*. Dans cette figure comme le décrit Balm (1994 : 90) :

- la courbe (1-2-3) en « tirets » reflète les résultats attendus du plan actuel en procédant par une démarche d'amélioration continue suivant le rythme habituel ;
- la courbe d'amélioration (4 – 5) est la courbe d'amélioration du partenaire de benchmarking projetée par l'équipe. L'équipe du benchmarking réalise cette courbe de performance du partenaire en s'aidant des données collectées lors des étapes précédentes et surtout lors des étapes 5 et 6 : recherches documentaires, informations recueillies lors des contacts ou des visites, tendances historiques (passées) du partenaire, tendance de l'évolution du secteur de l'administration concernée, extrapolation des données (méthodes Delphi), convictions personnelles ;
- la courbe d'amélioration projetée (2 – 6) montre que la mise en œuvre rapide de quelques mesures de changement dans l'administration engagée dans le processus peut entraîner une amélioration à court terme remarquable. La mise en place d'améliorations supplémentaires peut amener cette administration au point 7, puis au point 8 où elle rejoint la courbe de performance de son partenaire du benchmarking. Ensuite, sa courbe d'amélioration continue à progresser pour qu'elle devienne la meilleure (au bout de cinq ans et demi environ) par rapport à l'objet du benchmarking.

La courbe d'amélioration (2 – 6 et 8) doit être tracée pour permettre de faire une analyse des coûts requis et des risques en cours. Il s'agit des hypothèses ou des scénarios de développement de l'administration concernée et par rapport à l'objet du benchmarking qui peut être les processus, les produits ou les services de cette administration. On retrouve ici les préoccupations centrales de l'analyse des problèmes organisationnels, notamment, dans les étapes de décision et de mise en œuvre des deux modèles décrits au chapitre 4.

1.3. Le benchmarking et la Réforme Administrative

Utilisé comme outil de gestion de la performance, le benchmarking présente pour la réforme administrative telle que définie dans cet ouvrage, un triple intérêt. D'abord, un intérêt pour le rôle fondamental que joue la *satisfaction des usagers* des services publics dans son processus, notamment dans le contexte de mondialisation dans lequel ces services publics se développent. Ensuite, pour sa spécificité comme *stratégie de recherche* basée sur la comparaison par *échantillon* constitué par les administrations partenaires. Le but de la recherche ici n'est pas l'évaluation, mais la mise en évidence des similitudes et des différences entre les axes retenus, à savoir les processus de production, les produits et les services qui en résultent. Enfin, une capitalisation en matière de collecte d'informations (étape 7), du choix de partenaires (étape 5), des investissements de l'Etat dans la formation permanente de ses agents, dans la participation des différentes administrations à des conférences internationales spécialisées par secteur et dans son implication, comme membre, dans le développement de certaines institutions sous-régionales, régionales et internationales. Ici, l'Etat dépense des sommes en quantité considérable. Mais pour quels résultats ?

S'agissant du rôle fondamental du critère de la *satisfaction des usagers* dans le processus du benchmarking, nous avons relevé au chapitre 2 (§. 2.1), en nous appuyant sur les travaux de TICAD III que les défis lancés par la libéralisation des échanges et les changements technologiques rapides ont lourdement pesé sur la compétitivité des économies africaines, en particulier celles des sociétés d'exportation dans les secteurs de l'agriculture et de l'industrie. On pourrait étendre ces conclusions aux secteurs de l'éducation, au niveau notamment de l'enseignement supérieur, ou au secteur de la santé, tant au niveau national d'un pays qu'au niveau sous-régional, régional et mondial. Les Inspections Générales dans les différentes administrations, en liaison avec les spécialistes chargés de la réforme administrative agissant comme facilitateurs du benchmarking, pourraient utiliser cette méthode pour définir les niveaux de performance à atteindre pour satisfaire les usagers de leurs administrations respectives compte tenu des exigences de compétitivité qui sous-tend la dynamique de la mondialisation.

En mettant l'accent sur les mesures de qualité et de satisfaction des usagers, le benchmarking s'inscrit parfaitement dans la logique du flux de travail caractéristique des activités des Inspections Générales qui sont généralement chargées[70] :

- de l'évaluation des performances des services par rapport aux objectifs fixés ;
- du contrôle interne et de l'évaluation du fonctionnement des services du Ministère ;
- de l'information du Ministre sur la qualité du fonctionnement et du rendement des services ;
- de l'évaluation de l'application des techniques d'organisation et méthodes ainsi que la simplification du travail administratif.

Dans cette perspective et eu égard aux attributions des Inspections Générales dans un ministère, la définition des « bonnes mesures » (étape 2) serait l'une des activités clés de l'application de la méthode. Il ne s'agit en effet pas de faire un inventaire des indicateurs existants ou nécessaires pour les besoins de gestion interne, mais plutôt d'élaborer un système de mesure qui sera utilisé pour comparer l'administration concernée à d'autres administrations

[70] Voir par exemple, le décret n° 2005/086 du 29 mars 2005 portant organisation du Ministère de la Fonction Publique et de la Réforme Administrative du Cameroun.

nationales ou internationales qui ont un processus interne différent, en tout cas jugé meilleur. En adoptant cette approche, l'administration publique africaine s'engage effectivement dans la voie de la construction d'une nouvelle image, plus attrayante. De même, elle met en œuvre une stratégie qui vise à développer et à soutenir la capacité des agents publics à apporter de la valeur ajoutée au système administratif en élaborant des solutions aux problèmes de performance fondées non seulement sur leurs propres logiques, mais aussi sur de nouveaux apports de l'extérieur à travers le partage des meilleures pratiques dégagées.

Comme méthode de recherche par la *comparaison*, le benchmarking permet aussi à la structure nationale chargée de la réforme administrative de générer des idées et des questions théoriques pour l'analyse du système administratif en vue de l'amélioration du rapport coût-rendement et de la qualité des services dans les administrations de l'Etat. En se donnant par exemple un objectif de recherche de comparaison spatiale (mise en évidence de spécificités contextuelles ou recherche de taxonomies à partir des similitudes et des différences), ou temporelle (mise en évidence d'une périodisation du développement, recherche d'une convergence dans le développement), l'utilisation de la méthode suivant cette perspective peut s'inscrire, dans l'une des trois logiques fonctionnaliste, culturaliste ou configurationnelle identifiées par Wacheux (1996 : 101) et résumées dans le tableau 7-1. A cet égard, Balm (1994 : 233) observe que beaucoup de praticiens sont d'accord pour reconnaître que le benchmarking augmente de façon significative la probabilité de trouver des idées novatrices de développement.

Tableau 7-1 : QUATRE DEMARCHES COMPARATIVES D'ACCES AU REEL

Démarche	Problémation	Application
Fonctionnaliste	Repérer le déterminisme des contextes situationnels et des logiques d'action, mesurer les effets	Introduction de technologies dans différents contextes (national, sectoriel)
Culturaliste	Repérer les déterminismes de l'environnement culturel sur les pratiques et les comportements, mesurer les effets	Influence de la culture nationale sur la gestion
Configurationnelle	Mettre en évidence la cohérence de systèmes complexes (« fit », congruence)	Gestion de l'emploi dans différents contextes, design organisationnel
Universaliste/Evolutionniste	Rechercher un nombre fini de configurations, mettre en évidence les convergences situationnelles	Contingence en théorie des organisations

Source : Wacheux (1996 : 101)

Le leadership des spécialistes de la réforme administrative agissant comme experts en benchmarking est déterminant pour l'exploitation optimale des opportunités qu'offre la méthode suivant cette perspective de la recherche. Nous avons insisté sur cette dimension au chapitre 3 (§. 3.1.) en discutant de la légitimité professionnelle et épistémologique de la réforme administrative. L'accent est mis ici sur les objectifs de description de la réalité et de l'explication de sa dynamique telles que synthétisées par le diagramme d'analyse des écarts élaboré à l'étape 9, « estimer votre future réalisation », du benchmarking. Ici, en effet, et par rapport à la méthode de comparaison, le travail d'analyse des données va au-delà des différences factuelles et descriptives pour aboutir à un rapprochement entre les systèmes d'interprétation et d'explication (Wacheux, 1996 : 104). Sous cet angle, la méthode a une limite importante dont les spécialistes en réforme administrative devraient être conscients. Intrinsèquement, toutes les variables de contexte changent. (Ne pas oublier qu'on est dans une démarche d'analyse de problèmes complexes). Ainsi, une comparaison entre des administrations partenaires de pays différents ne permet pas de distinguer sans ambiguïté les facteurs d'environnement qui sont déterminants, des logiques d'action individuelle (Wacheux, 1996 : 103). A titre d'exemple, dans une logique culturaliste, Kamdem (2002 : 46) observe qu'il n'existe pas une culture africaine homogène et identique chez tous les peuples de ce continent et que ces cultures plurielles africaines ne sont pas statiques. Elles ont « beaucoup changé et continuent à changer », écrit-il.

Pour ce qui est du souci de capitaliser les investissements de l'Etat dans les activités de conférence, de formation, d'exposition lors des salons professionnels, nous avons vu que ce type d'activités participe du « benchmarking passif ». Dans le contexte de l'administration publique en Afrique, la participation à ces activités est notable. Toutefois, elle est plus souvent sous-tendue par des enjeux de portée diplomatique (pour l'Etat) et économique (pour les participants), plutôt que d'apprentissage au sens du développement du terme. En effet, combien d'administrations tirent-elles des leçons de ces activités pour faire comme les autres ailleurs, et même mieux faire que les meilleures d'entre elles ?

Si nous prenons, à titre d'exemple, le secteur qui relève de la compétence du ministère chargé de la Fonction Publique et de la Réforme Administrative, outre les différents séminaires de formation auxquels les agents de ce ministère participent, on note son implication dans les activités de certaines institutions telles, l'Institut International des Sciences administratives (IISA), le Centre Africain de Formation et de Recherche Administratives pour le Développement.(CAFRAD), l'Observatoire des Fonctions Publiques Africaines (OFPA), l' African Association for Public Administration and Management (AAPAM) ou la Commonwealth Association for Public Administration &

Management (CAPAM). De plus, le Ministre prend régulièrement part aux travaux de la Conférence Pan-Africaine des Ministres chargés de la Fonction publique, et même du Forum Global sur la « Ré-invention du rôle de l'Etat » qui se tient sous l'égide des Nations Unies, pour citer ces deux exemples. Existe-t-il dans les services de ce département ministériel, un mécanisme permettant d'exploiter les données collectées lors de ces différentes activités dans une logique de comparaison suivant les principes de la démarche du benchmarking ? Lorsque les rapports de mission qui rendent compte de la participation des représentants du pays à ces activités parviennent à qui de droit, qu'est-ce qu'ils deviennent ? Quelle exploitation en fait-on ? Pourquoi un pays (qui n'a déjà pas assez de ressources) doit-il continuer à honorer ses engagements financiers vis-à-vis des institutions impliquées ou pour soutenir ces activités s'il n'en tire pas de leçons pour son propre progrès ? Comment la coordination du travail gouvernemental s'emploie-t-elle pour mesurer les impacts de ces activités sur le développement national en général, et sur le développement de l'administration publique en particulier ?

Cette optique d'application de la méthode du benchmarking n'est pas nouvelle, devions-nous préciser. Montaigne nous enseignait déjà la sagesse suivant laquelle les voyages nous offrent des occasions pour « frotter et limer notre cervelle contre celle d'autrui ». Et le Japon, par exemple, l'a appliquée après la Deuxième Guerre mondiale pour faire, aujourd'hui, partie du G8 comme on le sait. Or lorsqu'aux lendemains de la Deuxième Guerre mondiale, les Japonais appliquent systématiquement les principes du « benchmarking passif » pour développer leur industrie et construire leur pays, les mauvaises langues les traitent de « copieurs » et d' « imitateurs ». Mais parce qu'ils savent très bien ce qu'ils veulent et surtout parce que leur démarche d'imitation des meilleurs, s'inscrit dans une logique de comparaison pour ensuite faire mieux, et non d'imitation servile, ils engagent une stratégie de développement de la productivité de leurs entreprises dans les domaines négligés par les partenaires. C'est ainsi que par fierté nationale et pour transformer cette image de copieurs qui leur colle à la peau, ils lancent, à partir de 1981, le projet de la *« cinquième génération des ordinateurs »* dans le but de développer la connaissance nouvelle à appliquer aux phases de conception et de fabrication des produits dans leurs industries.

Vu le caractère édifiant en termes d'apprentissage de cet exemple du Japon, nous illustrons la démarche de réalisation de ce projet révolutionnaire dans les deux encadrés suivants qui décrivent, pour le premier, le contexte de réalisation du projet, et pour le second, la structure de coordination du projet. Cette structure est incarnée par le MITI (le Ministère japonais de l'Industrie et du Commerce Extérieur), dont l'objectif est, selon Feigenbaum et McCorduck (1984 :131), « de créer les entreprises les plus puissantes possibles au potentiel compétitif le plus élevé ». Elle y parvient, et c'est ici le lien intime avec le benchmarking et son importance, « en fournissant une information et une analyse de premier ordre des orientations industrielles mondiales » (Feigenbaum et McCorduck, 1984 :132).

Pour atteindre cet objectif, le MITI s'appuie sur l'ICOT (Institute for new generation Computer Technology) qui est mandaté pour mettre en œuvre sa stratégie consistant à faire pression sur les informaticiens des entreprises japonaises pour qu'ils « innovent et ne se contentent plus de développer les technologies occidentales existantes » (Feigenbaum et McCorduck, 1984 :135).

Un exemple qui pourrait inspirer les organes créés aujourd'hui dans les administrations africaines, à l'instar de l'ANTIC (Agence Nationale des Technologies de l'Information et de la Communication) du Cameroun, pour promouvoir le développement de la « e-administration » dans les services publics. Dans leur prologue à l'ouvrage « la cinquième génération : le pari de l'intelligence artificielle à l'aube du 21è siècle », Edward Feigenbaum et Pamela McCorduck (1984 : 21), tous deux des Américains, donnent *une leçon éloquente d'un « benchmarking passif »* en écrivant, suivant une logique de comparaison avec l'attitude des Américains :

> *Nous regrettons aujourd'hui notre suffisance en ce qui concerne d'autres technologies. Dans les années 1960, qui croyait à l'effort japonais en faveur des petites voitures ? [...]. Les conséquences de notre suffisance et l'excès d'attention que nous accordons au court terme au détriment du long terme risquent de porter un coup fatal à la santé économique de notre industrie vedette [la puce micro-électronique]. Par la même occasion, les Japonais pourraient devenir la première puissance industrielle mondiale.*

<u>ENCADRE 7-1</u> : LE CONTEXTE DE L'ELABORATION ET DE LA MISE EN ŒUVRE DU PROJET JAPONAIS de la « cinquième génération des ordinateurs » en 1980

Le projet de la « cinquième génération des ordinateurs » est mis en place en avril 1982 avec la formation de l'Institut pour la technologie informatique de la nouvelle génération (ICOT) et la participation des laboratoires des plus grandes sociétés japonaises d'informatique. Les Japonais veulent alors livrer au monde un produit miracle : la connaissance. Ils veulent ainsi conditionner la connaissance et la vendre, de même que les autres nations conditionnent et vendent l'énergie, les denrées alimentaires ou les biens manufacturés. Il s'agira des ordinateurs intelligents utiles pour les années 1990 et au-delà et qui pourront converser avec les hommes, qui pourront également apprendre, effectuer des déductions et des associations d'idées, prendre des décisions et faire preuve d'un comportement humain.
Au moment où le Japon lance ce projet, le pays compte 116 millions d'habitants qui doivent vivre sur un territoire grand comme les deux-tiers de la France. Il ne possède pas de ressources naturelles et très peu de terres cultivables. La plupart des nations ne pourraient faire autrement que de s'adresser constamment à la Banque mondiale. Dans le passé, cette situation a contraint le Japon à livrer des guerres à l'issue peu propice. Aujourd'hui, face à des problèmes

éternels, ce pays a pris l'initiative et a compris que la cinquième génération des ordinateurs lui permettrait de décrocher la première place dans la grande course des sociétés postindustrielles.

La raison la plus évidente en est l'accroissement de productivité que susciteront de telles machines. Elles sont tout particulièrement conçues pour développer et augmenter la productivité des travailleurs de la connaissance [...].

Les produits manufacturés vendus par le Japon seront bien supérieurs à ceux des concurrents – et ce grâce au degré de connaissance nécessaire à leur conception et à leur fabrication – si bien que les Japonais peuvent également espérer dominer le marché des produits conventionnels. Mais il ne faut pas oublier cette chose intangible, peut-être aussi importante que les avantages économiques que nous promet la cinquième génération, et qui a pour nom « qualité de la vie ». Et nous croyons que ce sera une société bien agréable que celle où la connaissance sera aisément et rapidement accessible à tous ceux qui désirent en disposer.

De nombreux observateurs, Américains pour la plupart, ont fait preuve d'un certain scepticisme à l'annonce de la cinquième génération, mais l'enjeu de cette grandiose partie nationale est plus élevé qu'il n'y pourrait d'abord paraître.

En premier lieu, les Japonais ont une vision claire de ce que sera leur avenir – et la politique nationale qu'ils ont définie va tout à fait dans ce sens. Ezra Vogel pose ouvertement le problème dans son ouvrage Le Japon, médaille d'or : « Si un facteur unique peut expliquer la réussite japonaise, c'est bien cette quête commune de la connaissance...Lorsque Daniel Bell, Peter Drucker et bien d'autres saluèrent la venue de cette société postindustrielle, où la connaissance deviendrait la plus importante ressource de la société en lieu et place du capital, cette nouvelle conception fit aussitôt fureur dans les cercles pensants du Japon. Ceux-ci ne faisaient toutefois que donner une nouvelle formulation à ce qui était déjà la sagesse traditionnelle japonaise, à savoir l'importance suprême accordée à la quête de la connaissance.»[...].

Les pays qui dépendent de leurs seules ressources naturelles ont connu de cruelles désillusions. Même si cette expression ne peut que faire soupirer d'envie les nations qui en sont dépourvues, le pétrole a été qualifié de « bienfait des plus équivoques » par l'ancien directeur du Fonds monétaire international. Il n'a pourtant pas tort. Les pays exportateurs de pétrole sont extrêmement variés, ils vont de l'Algérie à la Norvège, du Koweit au Mexique, mais leurs problèmes économiques se ressemblent de façon très étonnante : gaspillage des revenus, hyperinflation, ralentissement du développement industriel, baisse de la production agricole et douloureux affrontements sociaux dans divers secteurs de la nation – ouvriers, consommateurs, chefs religieux qui se sentent trahis et membres du gouvernement qui se croient maudits.

Les Japonais n'ont ni terre, ni ressources, mais ils détiennent la composante vitale de la nouvelle richesse des nations. Ils ont cette passion nationale de la connaissance, mais aussi le désir et la capacité de canaliser cette passion dans le développement d'une technologie qui va transformer le monde.

<u>Source</u> : Feigenbaum et McCorduck (1984 : 20-43)

ENCADRE 7-2 : LE MITI, L'ICOT ET LA COORDINATION DU PROJET JAPONAIS de la « Cinquième génération des ordinateurs »

Le ministère japonais de l'Industrie et du Commerce extérieur – le MITI – est un organisme gouvernemental qui diffère complètement de ce que les Occidentaux connaissent. Il est composé de bureaucrates d'élite – un non-sens en Occident – dont le travail est de se livrer à une réflexion profonde sur la réussite totale de l'industrie japonaise. La tâche spécifique du MITI est de penser au long terme. Deux détails personnels incitent les fonctionnaires du MITI à remplir cette fonction. Premièrement, ils ont la sécurité de l'emploi à vie, ce qui leur laisse les mains libres pour penser à un futur éloigné sans être préoccupés par les vicissitudes des prochaines élections ou réductions budgétaires qui pourraient remettre leur emploi en question. Deuxièmement, chacun de ces fonctionnaires fait un stage dans tous les services du ministère, de telle sorte qu'il entretient des relations amicales avec les gens qui vont partager sa vie professionnelle et acquiert une connaissance de toutes les préoccupations du MITI.

Ce qui pousse les fonctionnaires du MITI à s'occuper de long terme, c'est qu'ils sont responsables de la bonne marche du commerce et de l'industrie de leur pays. Si les choses vont mal, on reproche au MITI de n'avoir pas su anticiper cet état de fait et d'avoir provoqué un échec. Et, dans la mesure où la survie du Japon est liée au commerce, le MITI a la lourde responsabilité nationale d'établir les meilleurs plans possibles pour l'avenir. Le MITI est si connu pour prendre sa tâche à cœur qu'on l'a surnommé *Kyoiku mama*, version intellectuelle de la mère qui pousse son enfant à étudier avec acharnement pour qu'il monte sur les planches.

L'objectif du MITI n'est pas, comme nous le rappelle Ezra Vogel, de réduire la concurrence entre entreprises japonaises, mais de créer les entreprises les plus puissantes possibles au potentiel compétitif le plus élevé. Vogel fait une comparaison utile avec la Fédération nationale de football qui fixe les critères en matière de taille de l'équipe, de recrutement des joueurs et des règles du jeu, ce qui a pour effet de produire des équipes semblables douées de considérables aptitudes compétitives. Mais la fédération (comme le MITI) n'intervient pas dans l'activité propre de l'équipe et ne dit pas non plus à l'entraîneur comment faire son travail, bien que le MITI essaye de fournir l'information qui aidera l'entraîneur à s'améliorer.

En règle générale, le MITI ne cherche pas à gérer directement les projets, mais apporte les lignes directrices, établit des priorités et donne des conseils en ce qui concerne l'aspect financier, le changement et le transfert de technologie. Il fixe des objectifs pour une croissance à long terme et des normes pour la modernisation des usines, et favorise même la fusion d'entreprises qui n'ont pas le capital nécessaire pour répondre à ces critères. Comme le dit Vogel, « ils tentent vigoureusement de restructurer l'industrie en concentrant les ressources dans des domaines où, à leur avis, le Japon sera un jour compétitif sur le plan international. Comme, à la fin des années 1960, les salaires japonais ont atteint le niveau de ceux pratiqués en Occident, les bureaucrates du MITI ont essayé de reconcentrer les ressources sur les industries de capitaux plutôt que de main-d'œuvre. A la suite du choc pétrolier de 1973, ils ont hâté la mise en œuvre des plans visant à inciter le Japon à se tourner vers des secteurs à base de service et des connaissances plutôt que de s'orienter vers les industries consommatrices d'énergie ».

Le MITI dispose de politiques pour les entreprises en perte de vitesse et celles qui montent, adoucissant les contractions des unes et les douleurs grandissantes des autres. Et son pouvoir considérable est plus un pouvoir de persuasion que d'application de la loi. Les entreprises coopèrent avec le MITI, d'abord parce qu'elles comprennent que la première préoccupation du MITI est le bien être de toutes les sociétés d'un secteur donné. Ensuite le MITI fournit une information et une analyse de premier ordre des orientations industrielles mondiales. Enfin dans un secteur donné, le MITI et les représentants des entreprises se réunissent constamment pour échanger des idées, des impressions et développer une compréhension mutuelle. Le MITI recherche l'harmonie et l'entente, ses décisions en matière de politique à suivre sont le reflet du consensus entre membres significatifs d'un secteur.

Enfin, les responsables des entreprises savent que lorsqu'ils auront à demander des patentes, des permis, des emplacements de choix et des abattements d'impôts, le MITI répondra plus favorablement aux entreprises qui coopèrent qu'aux autres. Le mécontentement du MITI peut coûter très cher à une entreprise, car cette institution peut avoir recours à des tactiques dilatoires, soulever des questions épineuses, passer au crible les amortissements et autres provisions, même influencer les banques qui font des prêts à ces entreprises. Mais ces mesures sont rarement nécessaires.

Etant donné la propre fascination du MITI pour le pouvoir de la connaissance, il n'est pas étonnant qu'il ait décidé que le Japon devait se lancer dans l'ère de l'information, il y a quelques années. En vérité, la décision du MITI faisait partie d'un mouvement gouvernemental associant le MITI à d'autres ministères tels que le ministère de la santé, le ministère du plan, et celui des télécommunications. Chacune de ces administrations établit des programmes pour réaliser l'impératif gouvernemental et, bien entendu, la cinquième génération jouera un rôle décisif dans l'accomplissement de leurs objectifs.

La stratégie annoncée par le MITI et Fuchi pour la gestion du projet est tout aussi impressionnante. L'ICOT a rassemblé les quarante chercheurs des entreprises participantes en l'espace des deux semaines qui ont suivi le lancement du plan (qui fut lui-même créé à peine quinze jours après le 1er avril 1982, début de l'année fiscale lors de laquelle le MITI avait précédemment annoncé qu'il voulait financer le projet). Les directeurs du projet furent choisis parmi les membres du propre laboratoire électrotechnique du MITI et du laboratoire de recherche innovateur de la Nippon Electric.

Parallèlement à la formation de l'ICOT, les groupes R & D des laboratoires des entreprises ont reçu pour mission de suivre les progrès scientifiques et technologiques à l'ICOT et de les absorber à des fins d'exploitation dans les entreprises concernées. Cette observation et ce transfert de technologie seront menés de plusieurs manières.

D'abord, les chercheurs quitteront l'ICOT pour réintégrer leurs propres entreprises au bout de trois ou quatre ans. En attendant, aucune considération de droits de propriété ne limite leur collaboration pendant leur passage à l'ICOT et ils sont systématiquement – une fois par semaine peut-être – envoyés dans leur entreprise pour faire un bilan de l'évolution du projet. Cette rotation et ces rapports automatiques ont pour objectif de répandre les idées dans les entreprises participantes. Une telle coopération donnerait peut-être des sueurs froides à un responsable de l'application de la loi antitrust si une telle chose se produisait aux Etats-Unis. Mais la mission de l'ICOT est d'encourager ce genre de coopération et de former les scientifiques industriels en travaillant en étroite collaboration. L'ICOT donne au visiteur le même sentiment d'ouverture que les plus grands laboratoires universitaires américains d'intelligence artificielle.

Les fonds du MITI destinés à financer les groupes d'entreprises commenceront à circuler en 1983. Ils seront distribués par l'ICOT et versés sur contrat. Le mécanisme de contrat est manifestement unique parmi les projets nationaux financés par le MITI. Habituellement, les fonds sont directement versés aux entreprises par le MITI. Ce mécanisme du contrat ne sera cependant pas appliqué sur une grande échelle. Chaque entreprise a défini un ou plusieurs domaines d'intérêt clés et l'ICOT les respectera et travaillera dans les limites établies. Cette nouvelle structure semble avoir été développée pour mettre en œuvre un objectif de la plus grande importance du MITI : faire pression sur les informaticiens des entreprises japonaises pour qu'ils innovent et ne se contentent plus de développer les technologies occidentales existantes. Ainsi l'ICOT, avec son équipe de chercheurs à l'intellect agressif, va nourrir de jeunes pousses de travaux novateurs et les transplanter dans les laboratoires industriels. Le but de ce mécanisme de contrat est de s'assurer que ces jeunes pousses bénéficient des soins nécessaires et adéquats à leur transformation en plantes saines et viables sur le plan commercial.

Source : Feigenbaum et McCorduck (1984 : 131-135)

2. LA GESTION DE LA QUALITE TOTALE

La gestion de la qualité totale (GQT) (ou Total Quality Management (TQM) en anglais) et un modèle de gestion de la performance des organisations qui s'appuie sur les principes rappelés au chapitre 4 dont les quatre principaux suivants (Crépin et Robin, 2001 ; Ingraham, 1995 ; Melan, 1993 ; Ministère français de la Fonction Publique et de la Réforme de l'Etat, 2001) :

1. la satisfaction aussi complète que possible des besoins, exprimés ou latents des usagers de l'organisation ;
2. l'amélioration continue de la qualité du service et de la prestation de ce service à travers toutes les fonctions de l'organisation ;
3. une plus grande participation des employés, agents publics, dans la prise de décision et la recherche permanente de l'excellence ;
4. l'amélioration de la communication à l'intérieur de l'organisation, à travers notamment, une participation accrue de tous les niveaux hiérarchiques à la collecte d'information et à l'identification des problèmes et des solutions.

Suivant ce modèle de gestion, la « qualité » n'est pas définie en soi, mais pour un bénéficiaire, un usager qui participe autant que possible à cette définition. Il peut s'agir d'un citoyen usager des services publics, d'une entreprise, d'une collectivité, d'un partenaire,...

2.1. Définition de l'approche de la GQT

Le management par la qualité se définit ainsi comme une *stratégie globale* par laquelle les dirigeants d'une organisation mettent tout en œuvre avec ses partenaires et ses employés pour satisfaire ses clients grâce à la maîtrise de ses *processus*, de ses *produits* et de ses *services*. Le lien avec le benchmarking qui sera utilisé comme méthode de mise en œuvre de cette stratégie est dès lors clairement établi si on se réfère à la définition de cette méthode au paragraphe précédent.

La philosophie qui sous-tend l'application de cette approche est résumée par Ingraham (1995 : 218) en ces termes :

> *La « haute performance » repose sur une meilleure utilisation des ressources existantes et de l'expérience ; les employés de toute l'organisation – pas seulement ceux de la direction - ont intérêt à faire du travail de qualité. Le rôle de l'environnement externe – sauf en ce qui a trait aux clients et à leur satisfaction - est considérablement réduit*[71].

A titre d'exemple, la National Performance Review (NPR) qui est le cadre d'application de la démarche qualité dans l'administration publique américaine fonde son approche sur les quatre principes suivants :

---

[71] La méthode prend aussi le contre-pied du prétexte de la contrainte de l'environnement, prétexte qui conduit plus souvent à la fuite des responsabilités, à l'évitement des problèmes et à l'archétype du transfert des charges.

1. Réduire les formalités administratives (rationalisation soutenue des procédures administratives) ;
2. Placer la satisfaction des bénéficiaires des services au premier plan ;
3. responsabiliser les employés ;
4. Réduire les niveaux de gestion dans l'administration pour revenir à l'essentiel (évolution vers une administration aplatie, en réseau).

Les principes analogues sous-tendent la Charte de la Fonction Publique en Afrique. Ils sont formulés par exemple, dans les critères qui régissent les rapports entre l'administration et les usagers qui ont été rappelés au chapitre 2 (§.2.1) de cet ouvrage. Ces critères qui sont au nombre de cinq et qui sont repris ci-après, s'inscrivent dans la même logique que celle des principes de la NPR américaine :

1. Proximité et accessibilité des services (art. 8) ;
2. Participation, consultation et médiation ;
3. Qualité et efficience (art. 10) ;
4. Evaluation des services (art. 11) ;
5. Transparence et information (art. 12) ;
6. Célérité et délais de réponse (art. 13) ;
7. Fiabilité et confidentialité des informations concernant les citoyens.

De façon synthétique, la GQT appliquée à l'administration s'articule en quatre composantes principales :

1. *déplacer l'attention accordée aux procédures pour la centrer sur les produits, sur le résultat :* les règles et les règlements bureaucratiques privilégient les lignes d'autorité hiérarchique et les procédures administratives. La GQT privilégie le produit, le résultat, auquel une attention toute particulière doit être accordée ;
2. *l'accent est mis sur la qualité du service rendu à l'usager et sur la satisfaction totale de cet usager :* la véritable mesure de la performance d'une administration est la satisfaction des bénéficiaires de ses produits et services (et non plus, comme par le passé, la rigueur dans le respect des règles et règlements). Les processus actuels doivent donc être progressivement supprimés pour être remplacés par de nouveaux processus axés sur l'usager ;
3. *responsabiliser les employés :* la GQT préconise la délégation des pouvoirs et de l'autorité. La résolution des problèmes se fait à tous les niveaux de chaque administration, mais elle est particulièrement importante aux points de service (au guichet, au « front office ») qui sont les lieux de rencontre entre les usagers et l'administration. Les nouveaux modèles de prise de décision se basent principalement sur la résolution de problèmes en groupe et sur le travail en équipe. Les décisions importantes sont prises par *consensus* plutôt que sous forme de directives ;

4. *suivre le progrès de manière continue :* la GQT adopte comme principal critère de performance, la satisfaction des clients ***externes*** et leur évaluation du service rendu. La nécessité d'évaluer les résultats et la capacité de spécifier ce que ces résultats devraient être deviennentt ainsi une des composantes essentielles de la démarche qualité dans une administration[72]. Suivant la logique d'amélioration continue, les erreurs sont tolérées et non punies ; elles sont des occasions d'apprentissage qui contribuent à l'amélioration de la performance à long terme, donc à l'évolution de l'administration vers son stade d'«auto-gestion ».

L'encadré 7-3 qui est extrait de l'ouvrage de Melan (1993 : 10-11) *« Process Management : methods for improving Products and Services »*, situe la problématique de la démarche « qualité » dans les entreprises et son évolution vers la méthode de la GQT (ou TQM), en soulignant particulièrement l'importance qu'occupe aujourd'hui l'analyse des processus dans les approches qualité. En effet, cette analyse se focalise sur le « flux de travail », l'ensemble des activités qui concourent à la réalisation du produit (signature d'un acte, élaboration, adoption et promulgation d'une loi, construction d'une école, d'un hôpital, d'une route, ...) ou à la fourniture d'un service (un malade soigné, un salaire payé, un enfant formé,...).

2.2. Elaboration et mise en œuvre d'une démarche qualité dans une administration

Pour les administrations publiques, et à la différence de l'entreprise privée, la qualité est issue des arbitrages entre : (i) les attentes des bénéficiaires, parfois multiples ; (ii) les politiques publiques ; (iii) la stratégie et les missions du service ; (iv) les moyens mobilisables par le service (DIRE, 2001 : 11). Cette dynamique est illustrée par la figure 7-4.

[72] D'où ici, l'importance des enquêtes de satisfaction des usagers de chaque administration et la nécessité d'en faire un outil familier de gestion des services publics.

Figure 7-4 : LA QUALITE DANS L'ADMINISTRATION PUBLIQUE

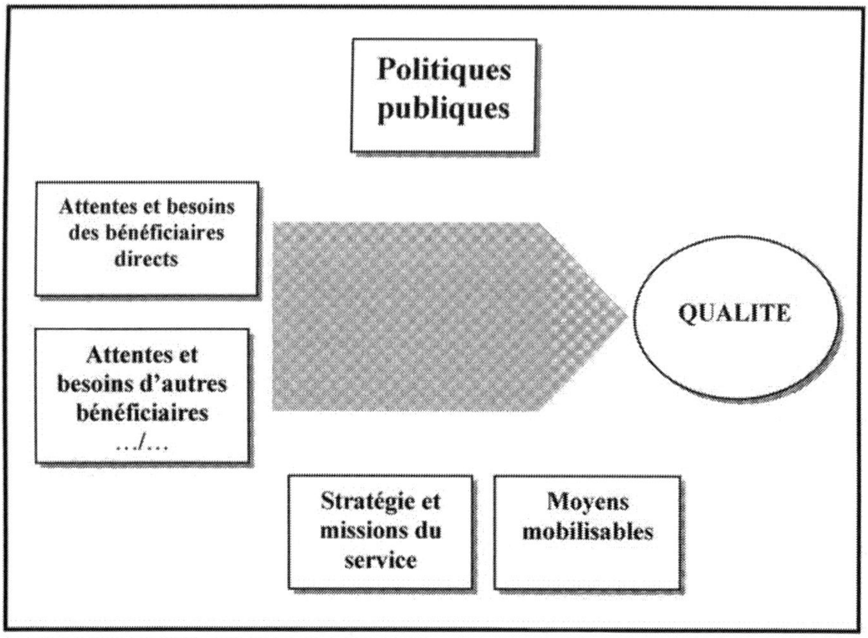

__Source__ : *Ministère français de la Fonction Publique et de la Réforme de l'Etat, DIRE (2001 : 90)*

<u>ENCADRE 7-3</u> : QUALITY IMPROVEMENT AND TQM

Today's firm is the product of over a century of evolution. The picture of it that emerges is one of an enterprise organized into specialized functional entities by means of a command structure. Work flows across these vertically organised functions. Organizations, both profit and nonprofit, inherently contain the hidden plant phenomenon and elements of suboptimization and segmentation. These elements work against productivity and operational effectiveness and affect the quality of output. As a result, a typical organization today has substantial opportunity for improvement.

There is increasing realization on the part of management that quality has become an important factor in gaining market share and improving profitability. The question now becomes, What is the most effective way of addressing this crucial issue ?

Over the years numerous approaches to quality improvement were developed. In the 1960s the zero-defect program was adopted by many manufacturing companies in the United States with little success. In several instances, this effort emphasized exhortation and publicity but was lacking in specific actions to improve product quality. In the 1970s prescriptive approaches emerged through the work of Philip Crosby and Joseph Juran. W. Edwards Deming developed a multidictum approach consisting of 14 points. Whereas Huran has promulgated a problem-specific (project) concept for improvement, the Crosby 14-step approach involves management commitment, organization (quality councils), cost of quality, problem resolution, and participant recognition. Deming provides a mix of caveats (e.g., don't buy based on cost alone) and prescriptive points (break down the barriers, employee training). Juran provides a structured approach to problem solving once the improvement project is selected. None of these, however, examines an organization in terms of the functioning of its productive system and the manner in which the system is organized.

In recent years generalized quality improvement activity has become known as total quality management, or TQM. TQM had its origin in the work of Armand Feigenbaum in the 1960s. In his book Total Quality Control, he points out that the quality of a product does not result solely from the manufacturing function. Other functions such as product development and field service also contribute to the quality of a product. The procurement function, through its efforts in obtaining suppliers for manufacturing, is involved in product quality as well. Feigenbaum's ideas were adopted and modified by the Japanese and called Total Quality Control (TQC) or companywide quality control (CWQC). The concept of TQC began to mean all functions of the firm cooperating in achieving customer-based product quality.

In the late 1970s and early 1980s, as the quality improvement effort in the United States began in earnest, total quality control was rediscovered as firms began to realize that product quality was not solely the responsibility of the manufacturing function or the quality control department. The TQC concept then became known as total quality improvement or total quality management and was given the acronym TQM. Today TQM is much boarder in scope than was originally visualized as TQC. It involves not only activities of a firm, from secretarial services to groundskeeping and maintenance.

An approach that produces consistent and effective results, provides an integrated, unified approach toward TQM, and provides a sharp focus on the manner in which a business is conducted in process management. Process management is a concept that forces a focus on the flow of work independent of whether work is a product or service and independent of organization. The product or service output of a firm is material and information. This set of work activities that produce an output is known as a process. Process management provides a method of analysing an operation by directly addressing the organization, its nature of work, and how it is conducted.

Source : Melan H.E. (1993 : 10-11)

Le processus d'élaboration et de mise en œuvre d'une démarche qualité dans une administration peut se résumer en quatre principales étapes dont les activités constituent des éléments des différents sous-systèmes du système global que représente cette administration. Tirant les leçons des exemples et expériences décrits dans le guide méthodologique de la DIRE, ces étapes peuvent être regroupées et schématisées ainsi qu'il suit :

1. définition et adoption de la politique qualité de l'administration concernée ;
2. formulation et diffusion des engagements pris par ladite administration dans le cadre de sa politique qualité ;
3. mise en place des dispositifs d'appui à la mise en œuvre de la politique qualité adoptée ;
4. management par la qualité dans l'administration concernée.

Figure 7-5 : LE PROCESSUS DE LA DEMARCHE QUALITE DANS UNE ADMINISTRATION

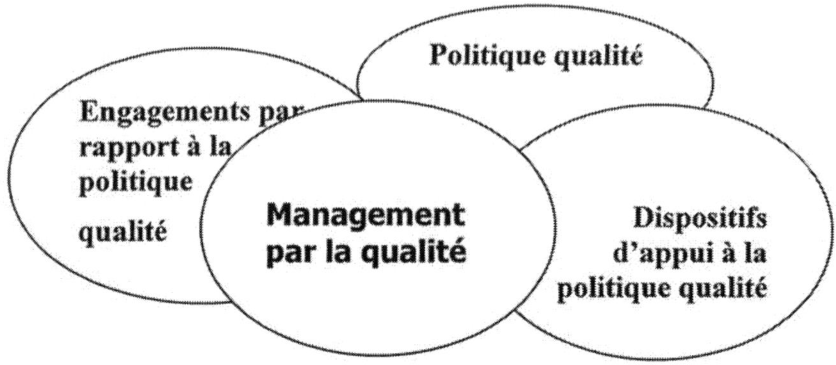

Les étapes du processus sont résumées dans le tableau 7-2.

Il s'agit, pour la première étape « politique qualité », de : i°) décrire l'offre de service de l'administration concernée (ministère, service, établissement, public,...) dans sa relation avec ses usagers ; ii°) évaluer le degré de satisfaction des usagers et l'évolution de leurs attentes ; iii°) analyser l'évolution attendue ou probable des missions et de l'environnement de cette administration ; iv°) traduire tous ces éléments sous forme d'enjeux (DIRE, 2001 : 32). On retrouve ici les éléments d'une démarche de planification stratégique comme nous le verrons au chapitre 8.

TABLEAU 7-2 : LES ETAPES D'UNE DEMARCHE QUALITE DANS L'ADMINISTRATION PUBLIQUE

ETAPE 1 : DEFINITION ET ADOPTION DE LA POLITIQUE QUALITE DE L'ADMINISTRATION CONCERNEE	
QUOI ?	COMMENT ?
La politique est un document qui définit les grands principes de la qualité de l'administration concernée (ministère, service déconcentré, établissement public,...), ainsi que ses priorités en termes de prestation de service et de bénéficiaires des services	La politique qualité peut être organisée en quatre rubriques 1. *L'administration concernée face à ses usagers : constats et enjeux* : i°) bilan diagnostic de la modernisation de l'administration concernée ; ii°) identification des usagers ; iii°) points forts et missions prioritaires ; iv°) image de l'administration ; ... 2. *Les axes et les orientations de la politique qualité* : i°) les principes fondateurs des démarches qualité dans cette administration ; ii°) les thèmes obligatoires ; iii°) les valeurs du service public ; iv°) les grandes orientations stratégiques. 3. *Les objectifs et priorités de la politique qualité* : i°) les

<table>
<tr><td></td><td>objectifs en termes de type de démarche (processus clés, écoute des bénéficiaires, mesure et évaluation des performances,…) ; ii°) objectifs en termes de prestations ou priorités d'amélioration ; iii°) objectifs en termes des usagers ou type d'usagers à privilégier en priorité.
4. Les outils et les moyens de la politique qualité : i°) les principes et fonctions d'un pilotage global de la qualité ; ii°) les supports méthodologiques ; iii°) les ressources disponibles ; iv°) les réseaux d'échanges, de capitalisation et de valorisation des expériences.</td></tr>
<tr><td colspan="2">ETAPE 2 : FORMULATION ET DIFFUSION DES ENGAGEMENTS DANS LE CADRE DE LA POLITIQUE QUALITE</td></tr>
<tr><td>QUOI ?</td><td>COMMENT ?</td></tr>
<tr><td>Un engagement est une promesse explicite faite aux usagers sur les caractéristiques d'une prestation. Les engagements doivent être connus des usagers pour s'inscrire véritablement dans une logique de la qualité</td><td>– Les engagements peuvent porter sur les modalités de prestation des services et comprendre aussi bien les prestations de base que les services complémentaires associés ;
– Les engagements peuvent aussi comporter des niveaux de services exprimés en termes de critères mesurables et significatifs du point de vue de l'usager ;
– Les engagements peuvent être formulés selon les différents types de publics et porter sur les spécificités des services apportés à chacun d'eux ;
– Elaborer une stratégie de communication sur les engagements.</td></tr>
<tr><td colspan="2">ETAPE 3 : MISE EN PLACE DES DISPOSITIFS D'APPUI A LA POLITIQUE QUALITE</td></tr>
<tr><td>QUOI ?</td><td>COMMENT ?</td></tr>
<tr><td>A l'étape 1, les outils et les moyens de la politique qualité ont été prévus. Il s'agit à cette étape de s'assurer qu'ils sont effectifs et de vérifier que leur niveau est adéquat aux niveaux des exigences des engagements pris</td><td>Cette étape va s'appesantir, entre autres, sur la mesure de la performance interne et la mesure de la satisfaction des usagers. Il s'agira alors de :
i) la mise en place des indicateurs de mesure de la performance interne et du développement de l'autocontrôle ;
ii) la construction des systèmes d'information fiables pour renseigner les indicateurs ;
iii) la mise en place de dispositifs pour recueillir les attentes des usagers à partir de critères précis : délai, coût, caractéristiques particulières,…
iv) la mise en place de dispositifs de pilotage de la politique qualité aux trois niveaux : a) du pilotage de la politique qualité (niveau du ministère, par exemple) ; b) du pilotage des démarches qualité (niveau d'un service) ; c) du pilotage de démarches qualité sectorielles (au niveau de la direction technique concernée).</td></tr>
</table>

ETAPE 4 : MANAGEMENT PAR LA QUALITE	
QOUI ?	**COMMENT ?**
– Les activités de management des organisations ; – Accent mis sur les trois étapes précédentes pour ce qui est de la GQT	– Utiliser la grille d'auto-évaluation qualité pour situer son administration par rapport à la GQT et identifier les leviers d'action – S'engager personnellement, en tant que *Manager*, en faveur de la qualité en soutenant les démarches par l'exemple aux trois niveaux : participer personnellement à l'écoute des usagers, dialoguer avec le personnel sur les engagements pris et les conditions de réussite de la politique qualité, apporter le soutien attendu à tous les niveaux, si modeste soit-il ; – Veiller particulièrement à la responsabilisation des agents du terrain dans la logique de management de proximité ; – Fournir des réponses étayées de faits et de constats aux principales questions relatives à l'optimisation des processus, à savoir : a) le processus est –il délimité et caractérisé ? b) son pilote est-il identifié ; c) les besoins et attentes des bénéficiaires sont-ils connus ? d) des indicateurs de performance ont-ils été mis en place ? e) les risques sont-ils identifiés et maîtrisés ? f) des contrôles, évaluations et revues des processus sont-ils régulièrement organisés ? g) les façons de faire sont-elles formalisées au minimum ? h) les éléments du processus sont-ils traçables ? i) les responsabilités et compétences de tous les acteurs du processus sont-elles clarifiées ? j) le processus est-il connu de tous ?

Les démarches qualité s'inscrivent dans la durée et dans une logique « gagnant/gagnant » pour tous les acteurs impliqués. Ces deux aspects doivent être pris en compte lors de l'élaboration de la politique qualité pour toute administration. L'ancrage des changements de comportement des acteurs et des modifications des processus au sein de l'administration requiert du temps, mais aussi des résultats rapidement visibles et encourageants pour stimuler les efforts fournis. La stratégie est gagnante pour le personnel qui doit trouver un intérêt à s'investir dans la démarche, autant que pour l'administration concernée et l'ensemble de la communauté en termes d'efficacité, de gain, de compétitivité et d'image. Dans la logique de la stratégie « gagnant/gagnant », les engagements doivent être des instruments de mobilisation des agents publics sur des projets valorisant pour eux, en leur donnant par exemple, plus de responsabilité pour décider et agir en temps réel face aux usagers.

La deuxième étape, « engagements dans le cadre de la politique qualité », s'inscrit dans la perspective de la communication externe de l'administration concernée vers les citoyens usagers. En retour pour cette administration, le respect des engagements pris a un impact sur ses modes de fonctionnement et de management, d'une part, sur les comportements de ses agents et sa culture interne, d'autre part. S'agissant de la communication externe, le « guide de l'usager » qui découle de la démarche d'élaboration des Manuels de Procédures Administratives (MPA) est un élément ou un exemple d'engagement de l'administration concernée qui fournit des informations relatives aux règles de gestion applicables à chaque procédure, à la composition du dossier, aux conditions à remplir et aux délais de traitement dudit dossier. Les contrats de performance entre un ministère et un établissement public dont le ministère assure la tutelle est aussi un exemple d'engagement. La qualification des personnels, l'accréditation d'une administration, les récompenses obtenues dans le cadre d'un prix d'excellence, les labels ou marques attribués par rapport à un « référentiel d'excellence qualité » défini et les codes de déontologie professionnelle sont autant d'exemples de preuves qu'une administration peut afficher envers ses usagers pour soutenir les bases de ses engagements et projeter l'image qu'elle veut défendre.

Il est indispensable de faire ici le lien entre les engagements pris et le plan stratégique de l'administration concernée à travers les indicateurs de résultats inscrits dans le plan stratégique pour la période retenue. Cette recherche de cohérence pourra amener à articuler les engagements en termes de résultats (tout dossier déposé sera traité dans un délai maximum de trois jours, par exemple) ou en termes de moyens (nos services s'engagent à examiner toute requête reçue au maximum dans les deux jours qui suivent sa réception, par exemple). C'est également ici le lieu d'apporter des précisions sur les termes « service de base » et « service associé » qui ressortent dans le tableau 7-2.

L'expression « service de base » est utilisée ici pour désigner le service qui fonde la raison d'être de l'administration concernée, sa vocation principale, son flux opérationnel de travail : protection du citoyen face aux agressions, éducation de base des enfants en âge scolaire, délivrance d'une carte nationale d'identité, d'un passeport ou d'une carte grise, appui au développement des administrations... A chacun de ces services de base correspondent des « services associés » ou services d'appui et de soutien qui peuvent porter sur différents éléments tels l'accès, la relation et l'accueil, l'information, les conseils, le suivi et l'environnement matériel. Les services associés sont fournis soit par la technostructure, soit par les unités exerçant les fonctions de support logistique. Les accueils personnalisés dans les secrétariats des Gouverneurs des Provinces, des Préfets, des Sous-préfets et des Maires, dans les hôpitaux publics, dans les commissariats de police, dans les bureaux des chefs d'établissements scolaires, dans les cabinets des Ministres et les secrétariats de leurs différents collaborateurs sont des exemples illustratifs de cette notion de « service associé » ; des exemples qui font véritablement la différence dans le contexte des bureaucraties administratives africaines où le réflexe de la « puissance publique » a tendance à toujours prendre le pas sur la qualité du « service au public ».

Une stratégie solide de communication sur les engagements doit être élaborée et suivie pour en assurer la plus large diffusion possible. Cette stratégie doit clairement identifier :

- qui communique ?
- sous quelle forme, quels canaux, se fait la communication ?
- quels messages communiquer sur les engagements ?
- à partir de quand communiquer ?
- avec quelles précautions et quelle intensité ?
- et si les engagements ne sont pas tenus ?

Nombre d'administrations sont dotées de Cellules de communication. Mais celles-ci ont-elles une véritable stratégie de communication ? Si oui cette stratégie a-t-elle pour épine dorsale la promotion des engagements de l'administration concernée en matière de sa politique qualité ? Si non que font-elles pour s'acquitter de leur mission pour qu'il en soit ainsi ? Pour ce qui est des précautions à prendre et des pistes d'actions au cas où les engagements ne sont pas tenus, il est généralement conseillé de ne pas trop en faire et de laisser parler les faits et les résultats d'eux-mêmes. En cas d'engagements non tenus, informer l'usager en lui signifiant la prise en compte de la situation, présenter les excuses de l'administration concernée, faire un effort tout particulier à son égard pour lui simplifier la démarche. Le texte de l'encadré 11-1, illustratif de l'étude de cas de la troisième partie, montre que dans nos administrations on est actuellement bien loin d'une telle attitude.

La troisième étape porte sur la mise en place des dispositifs d'appui à la politique qualité pour s'assurer que les engagements pris seront effectivement tenus. Comme décrit dans le tableau 7-2, il s'agit ici, entre autres, d'affiner les indicateurs de mesure des performances internes aussi bien que des attentes des usagers. Il s'agit également de développer et mettre en place les systèmes d'information qui vont renseigner ces indicateurs. Au niveau du dispositif du pilotage, il s'agit de mettre en place toutes les actions requises pour déployer la démarche qualité dans l'administration concernée. Le guide méthodologique de la DIRE (2001 : 42) distingue ici les actions dites opérationnelles, des actions d'accompagnement et d'appui. A titre d'exemple, les actions opérationnelles comprennent : i°) l'écoute des usagers ; ii°) l'écoute du personnel pour définir ce qu'il convient de faire ; iii°) la consultation des organismes partenaires ; iv°) l'amélioration des processus ; v°) la sensibilisation et l'implication du management. Les actions d'accompagnement comprennent : i°) la communication sur les résultats ; ii°) la mise en place de formation/action pour les opérationnels, la formation de personnes-ressources qui joueront le rôle de « consultant qualité » interne ; iii°) l'élaboration et la diffusion de supports et d'outils d'aide à la démarche ; iv°) l'évaluation régulière des démarches engagées.

La quatrième étape « Management par la qualité » s'intéresse à l'application effective par le Ministre, les Directeurs, les Chefs de services opérationnels, des engagements et principes énoncés dans la politique qualité pour satisfaire les usagers concernés dans des conditions optimales. Il s'agit des efforts déployés en vue du développement de la qualité à tous les niveaux de l'administration concernée et de façon quotidienne ; c'est-à-dire de l'*action*. C'est le leadership de ces Managers et leur degré d'exemplarité qui sont interpellés ici.

Les activités de cette étape couvrent celles des étapes précédentes et comprennent d'autres spécifiques à la fonction managériale dans une organisation. Toutes ces activités sont résumées dans la figure 7-6 qui représente un modèle « d'auto-évaluation qualité » défini autour de neuf critères : 1°) le leadership ou l'engagement de l'équipe dirigeante ; 2°) la politique et la stratégie de l'organisation ; 3°) la gestion des ressources humaines ; 4°) les partenaires externes et les ressources ; 5°) la gestion des processus et du changement ; 6°) les résultats axés sur les usagers ; 7°) les résultats auprès du personnel ; 8°) les résultats auprès de la société ; 9°) les résultats opérationnels clés.

Figure 7-6 : UN MODELE D'AUTO-EVALUATION QUALITE : LE MODELE EUROPEEN

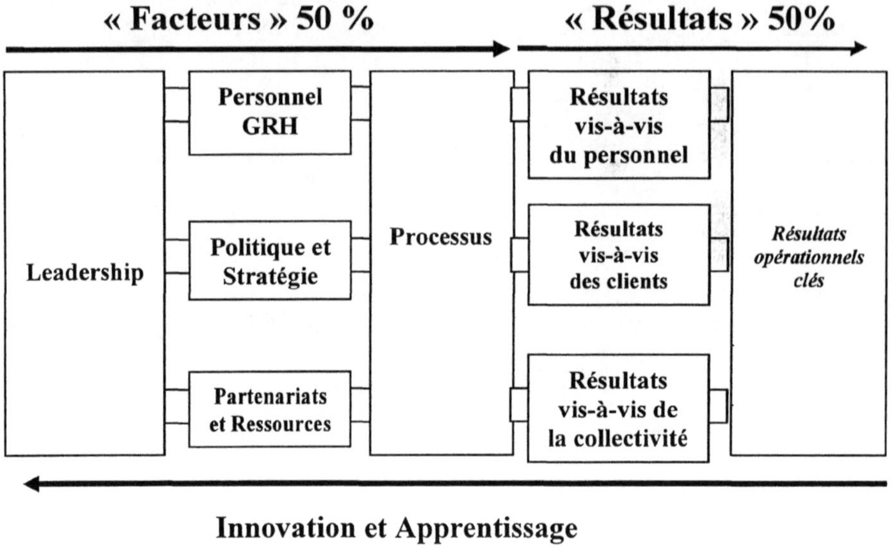

Une liste de sous-critères applicables aux administrations publiques pour chacun de ces neuf critères est proposée (DIRE, 2001 : 98). Le tableau 7-3 décrit les sous-critères retenus et offre ainsi une grille permettant à chaque administration de comprendre et de pratiquer son « auto-évaluation qualité ». S'agissant tout spécialement du critère « ressources humaines » par rapport aux démarches qualité, il est relevé que la mise en œuvre quotidienne de la qualité s'appuie sur la responsabilisation et la mobilisation des personnels. Ainsi, plusieurs services mettent en place des systèmes pour favoriser les initiatives de terrain. Et certains ministères tout entiers sont en train de revoir leurs systèmes de management ainsi que de gestion des ressources humaines (et des emplois et compétences) (DIRE, 2001 : 41).

TABLEAU 7-3 : GRILLE D'AUTO-EVALUATION QUALITE DANS LES ADMINISTRATIONS PUBLIQUES A PARTIR DU MODELE D'AUTO-EVALUATION EUROPEEN

Critère 1 : Engagement et leadership de l'équipe dirigeante
Sous-critère 1.1. Que fait l'équipe dirigeante de l'organisation pour développer une vision, une mission et un système de valeurs ?
Sous-critère 1.2. Que fait l'équipe dirigeante de l'organisation pour démontrer son engagement personnel et son rôle de modèle ?
Sous-critère 1.3. Que fait l'équipe dirigeante de l'organisation pour motiver et soutenir le personnel de l'organisation ?
Sous-critère 1.4. Que fait l'équipe dirigeante de l'organisation pour développer les relations entre les bénéficiaires ou les citoyens et les partenaires ?
Critère 2 : Politique et Stratégie
Sous-critère 2.1. Que fait l'organisation pour définir sa « Politique et Stratégie ? »
Sous-critère 2.2. Que fait l'organisation pour développer, revoir et mettre à jour sa « Politique et Stratégie » ?
Sous-critère 2.3. Que fait l'organisation pour connaître son fonctionnement et augmenter sa capacité à mettre en œuvre de façon continue ce qu'elle apprend ?
Critère 3 : Gestion des ressources humaines
Sous-critère 3.1. Que fait l'organisation pour planifier, gérer et améliorer sa politique de ressources humaines en étant en cohérence avec la Stratégie ?
Sous-critère 3.2. Que fait l'organisation pour gérer le recrutement et les plans de carrière ?
Sous-critère 3.3. Que fait l'organisation pour détecter, développer les aptitudes et doter les agents de nouvelles compétences ?
Sous-critère 3.4. Que fait l'organisation pour développer des méthodes permettant aux agents de s'investir personnellement dans des activités de perfectionnement et de se responsabiliser ?
Critère 4 : Partenariats externes et ressources internes
Critère 4a : Partenariats externes
Sous-critère 4a.1. Quelles sont les actions pour s'assurer que les partenariats externes sont gérés ?
Sous-critère 4a.2. Quelles sont les actions pour s'assurer que l'équipe dirigeante de l'organisation compare ses performances avec les principales organisations comparables (benchmarking) ?

Critères 4b : Ressources internes
Sous-critère 4b.1. Quelles sont les actions pour s'assurer que les ressources financières sont gérées ?
Sous-critère 4b.2. Quelles sont les actions pour s'assurer que l'information est managée ?
Sous-critère 4b.3. Quelles sont les actions pour s'assurer que la technologie de l'information est managée ?
Sous-critère 4b.4. Quelles sont les actions pour s'assurer que les autres ressources sont managées ?
Critère 5 : Gestion des processus et du changement
Critère 5a : Gestion des processus
Sous-critère 5a.1 : Comment l'organisation assure-t-elle une planification efficace ?
Sous-critère 5a.2 : Comment l'organisation assure-t-elle la conception et la gestion systématiques des processus ?
Sous-critère 5a.3 : Comment l'organisation assure-t-elle une allocation efficace des ressources ?
Sous-critère 5a.4 : Comment l'organisation assure-t-elle la gestion efficace des projets ?
Critère 5b : Gestion du changement
Sous-critère 5b.1 : Comment l'organisation planifie-t-elle et gère le changement ?
Sous-critère 5b.2 : Comment l'organisation met-elle en place un processus de réforme adapté ?
Sous-critère 5b.3 : Comment l'organisation mobilise-t-elle et qualifie-t-elle le personnel pour le changement ?
Critère 5c : Gestion de l'orientation et l'implication des bénéficiaires ou des citoyens
Sous-critère 5c.1 : Que fait l'organisation pour connaître les attentes et la satisfaction des bénéficiaires ou des citoyens ?
Sous-critère 5c.2 : Que fait l'organisation pour améliorer l'accès du public aux services ?
Sous-critère 5c.3 : Que fait l'organisation pour impliquer et responsabiliser les bénéficiaires ou les citoyens ?
Critère 6 : Résultats axés sur les bénéficiaires ou les citoyens
Sous-critère 6.1. : Que fait l'organisation avec les résultats des mesures de satisfaction des bénéficiaires ou des citoyens ?
Sous-critère 6.2. : Quels sont les résultats des actions entreprises pour favoriser l'accès du public aux services ?
Sous-critère 6.3. : Quels sont les résultats des mesures prises pour intégrer les besoins des bénéficiaires ou des citoyens ?
Critère 7 : Résultats auprès du personnel
Sous-critère 7.1. : Quels sont les résultats obtenus quant à la perception du personnel sur l'engagement de l'équipe dirigeante ?
Sous-critère 7.2. : Quels sont les résultats obtenus quant à la satisfaction du personnel sur les conditions de travail de l'organisation ?
Sous-critère 7.3. : Quels sont les résultats obtenus dans le développement des compétences ?

Sous-critère 7.4. : Quels sont les résultats obtenus par rapport à une implication active dans l'organisation ?
Sous-critère 7.5. : Quels sont les indicateurs mesurant le degré de motivation ou le moral ?
Critère 8 : Résultats auprès de la société
Sous-critère 8.1. : Quels sont les résultats liés à la meilleure perception par la collectivité des performances sociales de l'organisation ?
Sous-critère 8.2. : Quels sont les résultats obtenus en matière de prévention des dommages et nuisances ?
Sous-critère 8.3. : Quels sont les résultats des activités contribuant à la conservation et à la pérennité des ressources ?
Sous-critère 8.4. : Quels sont les résultats d'indicateurs de responsabilité vis-à-vis de la collectivité ?
Critère 9 : Résultats des performances clés
Sous-critère 9.1. : Quels sont les résultats financiers et budgétaires ? (entreprises ou établissements publics en particulier)
Sous-critère 9.2. : Quels sont les résultats non financiers obtenus, eu égard aux critères précédents ?
Sous-critère 9.3. : Quelles sont les mesures de performances eu égard aux indicateurs préalablement définis ?

2.3. L'optimisation des processus dans la démarche qualité

La définition, la maîtrise et la sécurité des processus sont l'un des axes clés de la politique qualité d'une administration. A cet égard, l'«optimisation » des processus est l'objectif poursuivi. Le texte de l'encadré 7-2 tiré de Melan (1993 :10) situe l'importance de cette démarche en traitant du concept de « Process management ». Mais qu'est-ce qu'un processus ? Quelle est la différence entre un processus et une procédure ? Quelle est la différence entre un processus et un projet ?

- *un **processus** est un ensemble d'opérations ou d'activités réalisées par des acteurs avec des moyens et selon des références en vue d'une finalité :* dans le cade de la GQT, un processus est toujours défini par rapport à un bénéficiaire. Nous sommes par exemple familiers avec des processus comme celui de la rédaction d'une note administrative rendant compte au Ministre de l'étude d'un dossier, ou celui de la maintenance des équipements mis à la disposition des agents publics dans un ministère pour accomplir les tâches qui leurs sont confiées.
- *une **procédure** est un document qui décrit de façon formalisée les tâches à accomplir pour mettre en œuvre un processus :* les destinataires des procédures d'un processus, ce sont les acteurs chargés de la mise en œuvre de ce processus. Ils doivent comprendre le langage utilisé et pouvoir l'interpréter pour réaliser les opérations ou les tâches du

processus. Un exemple évident est celui du mode d'emploi ou du guide de l'utilisateur d'un équipement, un ordinateur ou un téléphone, par exemple. Les procédures de gestion des ressources humaines dans une administration, indiquent aux agents chargés du traitement des actes de carrière et de la solde du personnel du ministère concerné, comment traiter lesdits actes en respectant les règles qui régissent les différentes opérations du processus ; par exemple comment calculer le salaire du mois, ou comment calculer les états des sommes dues, ou comment calculer la pension de retraite,...

- *un* ***projet*** *est un ensemble d'activités qui visent à atteindre un objectif prédéterminé et dont la réalisation est limitée dans le temps :* la réalisation d'un projet peut faire appel à plusieurs types de processus dont, le processus de planification, d'exécution et d'évaluation. Prenons par exemple un projet de « réalisation d'une session de formation à l'intention des Secrétaires généraux de ministère ». Le projet est conduit par une équipe de travail qui prend la forme d'une structure matricielle dans l'organigramme de l'administration concernée. (Nous traitons l'approche d'«équipe de travail » au paragraphe 4 de ce chapitre).

Dans une organisation, si on se réfère au modèle des configurations structurelles de Mintzberg rappelé au chapitre trois (§.1.4), on peut distinguer trois grands types de processus :

- les *processus stratégiques et de régulation* : la stratégie de l'administration concernée, est définie ici comme explication des actions du passé et description des comportements projetés du futur ; elle comprend le positionnement de l'administration dans son secteur, son système de management, sa vision, ses valeurs, sa culture, ses croyances, les approches d'exploitation de ses opportunités de développement ;
- les *processus opérationnels*, directement orientés vers les usagers bénéficiaires des services ou biens produits : les processus d'enseignement ou de recherche dans une institution de formation, les processus de traitement d'un patient dans une institution hospitalière, les processus de traitement d'un acte administratif dans une sous-préfecture ou une mairie, délivrance d'un permis de bâtir par exemple, les processus d'établissement d'une carte d'identité nationale dans un commissariat de sécurité publique... ;
- les *processus de support ou de soutien* : le flux de travail se situe ici en dehors du flux de travail opérationnel qui concourt directement à la réalisation de la raison d'être et s'adresse davantage à des usagers internes ; il n'est cependant pas moins important comme l'illustrent des exemples comme la gestion des ressources humaines, les processus de maintenance des biens meubles et immeubles de l'administration

concernée, l'inspection générale des services, les cellules juridiques, de communication ou de planification dans certaines administrations...

Une unité de travail ou une administration peut ainsi, en plus de son organigramme classique définissant les lignes d'autorité hiérarchique, se doter d'un schéma organisationnel transversal structuré selon ses principales productions d'où émerge son « portefeuille de processus ». L'accent est mis ici sur le travail qui est effectué par tous les acteurs impliqués (à l'intérieur comme à l'extérieur de cette administration) ; c'est-à-dire sur le *flux de travail* concourant à la réalisation de la raison d'être de cette administration. Ce diagramme s'attacherait à bien mettre en évidence les activités qui sont visibles à l'usager (celles du guichet ou du « front office »), et les activités plus techniques que l'usager ne voit pas (celles du « back office »). On sait à quel point les activités du guichet ont un impact sur la perception par les usagers, de la qualité du service offert par une administration.

L'optimisation des processus qui s'appuie sur le portefeuille des processus de l'administration concernée, poursuit un ensemble d'objectifs, dont :

- une meilleure prise en compte des attentes des usagers pour améliorer les services rendus ;
- l'accroissement du niveau d'implication des différents acteurs au fonctionnement desdits processus ;
- la simplification des interfaces entre les différentes unités de travail (voire même administrations) impliquées ;
- la clarification des rôles et responsabilités des acteurs et la définition des marges de manœuvre et de cohérence nécessaires ;
- l'accompagnement de la mise en place d'un système informatique d'appui au traitement des données requises pour lesdits processus.

A la suite du diagnostic du processus retenu pour l'optimisation, les objectifs d'optimisation se formulent de façon claire, soit en termes d'amélioration (de tout ou d'une partie), soit en termes de reconception (de tout ou d'une partie). A titre d'exemple on peut vouloir, en termes d'amélioration : « réduire de 30% le temps passé à l'accomplissement d'une partie d'un processus », « réduire le nombre d'anomalies de 25% », « augmenter de 5 points le degré de satisfaction des usagers d'un service ». La reconception se base sur les niveaux de performance visés, sur les moyens et les ressources disponibles pour développer un nouveau processus, avec des façons de faire nouvelles des enchaînements encore non pratiqués. La réforme de la « déconcentration de la gestion des personnels de l'Etat et de la solde » engagée à partir de l'année 2000 au Cameroun et présentée dans la troisième partie est un exemple de reconception du processus de gestion des ressources humaines dans l'administration publique de ce pays.

Quel que soit l'objectif d'optimisation de processus retenu, il est très fortement conseillé de procéder à une simulation et à une expérience pilote du nouveau processus, avant de décider de son adoption définitive et de la généralisation de son utilisation. Nous avons présenté au chapitre 6 (§.4) la méthode de simulation et d'expérience pilote.

Dans l'optique de cet ouvrage, l'analyse des processus pourrait se faire suivant une démarche d'intervention en conseil organisationnel, méthode que nous décrivons au paragraphe suivant. Ici, l'intervention aurait pour objectif, la définition et la délimitation des processus (stratégique, opérationnel et de support) de l'administration concernée, et leur rationalisation dans le but de les optimiser. Melan (1993 : 98-105) propose une Technique rigoureuse d'Analyse des Processus (TAP en français, et PAT en anglais) qui s'articule en neuf étapes principales et implique différents acteurs, dont les rôles varient en fonction des objectifs poursuivis à chaque étape. Nous résumons, dans le tableau 7-4 les étapes de la démarche préconisée par Melan, sous la forme d'une matrice de responsabilités, en précisant pour chaque étape, l'objectif poursuivi et les acteurs directement impliqués. Les acteurs principaux se regroupent ici en cinq catégories (Melan, 1993 : 99) : (i) le responsable ou le pilote du processus au sein de l'administration concernée ; (ii) un conseiller ou (consultant) en analyse des processus qui maîtrise très bien une démarche d'analyse de processus ; (iii) un coordonnateur technique qui, au sein de l'administration concernée, maîtrise très bien les tâches ou les opérations à étudier et qui travaillera en appui avec le Conseiller ; (iv) les gestionnaires ou tout autre responsable associés au déroulement des processus analysés ; (v) les agents de l'administration concernée, qui travaillent à différents niveaux du processus étudié et qui jouent le rôle de spécialistes des tâches.

TABLEAU 7-4 : MATRICE DE RESPONSABILITES DANS UNE DEMARCHE D'ANALYSE DES PROCESSUS DANS UNE ADMINISTRATION

LES ETAPES DE LA TECHNIQUE	OBJECTIFS POURSUIVIS	CONSEILLER EN ANALYSE DES PROCESSUS	COORDONATEUR TECHNIQUE	PILOTE DU PROCESSUS ET GESTIONNAIRES ASSOCIES	AGENTS, SPECIALISTES DES TACHES
1. Prise de décision relative à l'analyse des processus	Dans le cadre de la mise en œuvre des engagements par rapport à la politique qualité de son administration, l'autorité compétente la plus haute prend la décision d'engager une démarche d'analyse de processus			Le pilote du ou des processus concerné (s) est le responsable interne de cette étape	
2. Délimitation et caractérisation des processus	Il s'agit ici d'identifier le début et la fin des processus à analyser, de même que les sous-processus correspondants	Assistance	Assistance	Responsable	
3. Elaboration et approbation du plan d'action d'analyse des processus retenus	Il s'agit d'un document méthodologique expliquant l'objectif d'optimisation poursuivi, le travail qui est à faire, la méthodologie qui sera utilisée, le début et la fin de la démarche.	Assistance	Impliqué	Responsable	
4. Initiation de la démarche d'analyse	Le pilote tient une réunion avec les gestionnaires associés pour leur présenter et expliquer le document méthodologique adopté et signé à l'issue de l'étape précédente	Assistance	Impliqué	Responsable	

5. Réunion d'information au sujet de la démarche engagée	La réunion générale de lancement regroupe tous ceux qui seront à un titre ou à un autre associés pour leur expliquer le travail à faire et ce qui est attendu de chacun	Responsable	Impliqué	Impliqué	Impliqué
6. Diagnostic des processus retenus	La méthodologie d'analyse adoptée dans le document de l'étape 3 est mise en œuvre sous la responsabilité et la conduite du conseiller. Le diagnostic vise à dessiner le diagramme des flux des tâches accomplies par chaque agent impliqué	Responsable	Assistance		Impliqué
7. Analyse, à la fin d'optimisation, du processus retenu	Il s'agit de faire une analyse critique du processus étudié et de faire des recommandations d'optimisation	Responsable	Impliqué		
8. Présentation des résultats de l'analyse	Il s'agit de la présentation et de l'adoption du rapport d'analyse préparé par le conseiller. Ce rapport décrit les anciens diagrammes de flux des tâches analysées ainsi que le nouveau diagramme proposé par le conseiller. Les avantages des mesures d'optimisation préconisées sont explicités	Responsable	Assistance	Impliqué	Impliqué
9. Mise en œuvre des actions recommandées après l 'analyse	Elaboration de la stratégie de mise en œuvre des recommandations adoptées	Assistance	Impliqué	Le pilote du processus est responsable	Impliqué

Lors du diagnostic, le conseiller recherchera essentiellement des réponses précises aux questions suivantes :

- quel travail est effectué par le spécialiste d'une tâche, lorsqu'il accomplit celle-ci ?
- combien de temps cela prend-il ?
- quels appuis ou supports sont-ils nécessaires ?
- quelles mesures peuvent être engagées pour améliorer la procédure d'exécution de cette tâche ?

Pour un processus relativement complexe, la démarche d'analyse suivant ces neuf étapes peut s'étaler sur six à huit semaines de travail en temps partiel, observe Melan (1993 : 105).

2.4. La gestion de la qualité totale et la Réforme Administrative

Nous avons déjà relevé que l'introduction de la démarche qualité dans une administration s'inscrit dans une logique de changement organisationnel définie dans cet ouvrage comme l'axe principal de la réforme administrative. Le modèle d'auto-évaluation qualité présenté à la figure 7-6 illustre le lien que cette méthode entretient avec l'axe d'innovation et d'apprentissage retenu dans le cadre conceptuel de définition de la nature de la réforme administrative dans cet ouvrage. A cet égard, Senge et al. (2000 : 46) observent que dans l'approche de gestion de la qualité :

> *On trouve trois ensembles d'idées directrices essentielles. Les premières, selon W. Edwards Deming*[73]*, concernent la « constance de l'objectif » pour l'entreprise dans son ensemble. Les deuxièmes concernent la compréhension de la nature du changement. Enfin, il existe une série d'idées directrices concernant les motivations humaines. Tous les êtres humains, souligne le Dr. Deming, sont nés avec une « motivation intrinsèque » : une envie innée d'apprendre, d'être fier de leur travail, d'expérimenter et de s'améliorer.*

L'approche de la GQT introduit tout simplement un nouveau paradigme de démarche opérationnelle de gestion des organisations qui tranche avec les approches traditionnelles centrées exclusivement sur l'autorité et les procédures pour certaines organisations ou qui analyse les processus administratifs comme des activités cloisonnées de façon étanche, pour d'autres. Les organisations du

[73] Dr. William Edwards Deming (1900 – 1993) mathématicien et physicien est considéré dans la littérature comme un des pères de l'approche de la gestion de la qualité totale. Melan fait part de son apport dans l'encadré 7-2. Crépin et Robin (2001 : 205 –210) présentent en annexe de leur ouvrage sur les méthodes et outils de résolution de problèmes, une synthèse de ses principales contributions dans ce domaine. Il existe au Japon, un «Prix Deming » créé depuis 1951, un prix qui est considéré comme le « Prix Nobel de la Qualité » pour les entreprises japonaises et quelques entreprises occidentales. Et si les Ministres africains des Fonctions publiques créaient aussi un « Prix africain de la Qualité dans les services publics » ?

21è siècle devront s'approprier cette nouvelle approche qui met l'accent sur l'optimisation des processus, sinon elles courent le risque de ne plus être performantes suivant les normes acceptées aujourd'hui. Dans un article intitulé « The emerging theory of manufacturing », publié dans le numéro de la *Harvard Business Review* de mai-juin 1990, Peter Drucker cité par Melan (1993 : 255) situe les enjeux de ce changement de paradigme en ces termes :

> *In the factory of 1999, sectors and departments will have to think through what information they need from whom. A good deal of this information will flow sideways and across department lines, not upstairs. The factory of 1999 will be an information network.*
>
> *Traditional approaches all see the factory as a collection of individual machines and individual operations. The nineteenth century factor was an assemblage of machines. Taylor's scientific management broke up each job into individual operations and then put those operations together into new and different jobs. Modern twentieth century concepts – the assembly line and cost accounting – define performance as the sum of lowest cost operations. But none of the new concepts is much concerned with performance of the parts. Indeed, the parts as such can only under-perform.*
>
> *Consequently, all the managers will have to know and understand the entire process, just as the destroyer commander has to know and understand the tactical plan of the entire flotilla. In the factory of 1999, managers will have to think and act as team members, mindful of the performance of the whole.*
>
> *Even managers with no business responsibility...will have to manage with an awareness of business considerations well beyond the plan.*

L'implication méthodologique et rigoureuse de la structure nationale chargée de la réforme administrative dans la mise en œuvre de cette approche dans le secteur public s'inscrit dans la logique de l'axe du management de la réforme du cadre conceptuel que nous avons proposé au chapitre premier. Sa contribution à l'introduction d'une approche rigoureuse d'analyse de processus en vue de leur optimisation participe de l'accomplissement de ses missions d'amélioration du rapport coût-rendement dans les services publics et d'accélération du processus de traitement des dossiers administratifs, à travers notamment, la rationalisation de l'organisation des structures de gestion, la conception et l'introduction des méthodes et procédés nouveaux de travail, l'analyse des conditions d'utilisation optimale du personnel et de ses performances (cadre organique, par exemple).

Dans un pays, la structure nationale chargée de la réforme administrative pourrait par exemple situer ses interventions dans la logique de l'application d'un modèle d'Excellence qualité qu'elle aura fait adopter. Dans ce cadre, parmi les actions qu'elle pourrait entreprendre, on peut citer :

- l'élaboration d'un projet d'une « charte de la GQT » dans l'administration publique, à faire adopter par le Gouvernement ;

- l'identification des initiatives en cours dans les différentes administrations et pouvant s'inscrire dans le cadre des démarches qualité ;
- la supervision de la mise en œuvre d'une approche cohérente de la GQT dans les administrations intéressées ou engagées, notamment en apportant le soutien méthodologique requis : mise en place des équipes qualité, formation, conseils,…
- un appui soutenu aux initiatives jugées « meilleures » par rapport aux critères d'Excellence définis (voir par exemple le modèle du Prix d'Excellence des Nations Unies pour le Service Public, ou tout autre modèle) ;
- soutenir la création d'un « Prix National Qualité » pour l'administration publique et pourquoi pas un « Prix Africain Qualité » pour les services publics ?

A cet égard, et il convient de le souligner, l'introduction de l'approche qualité dans l'administration publique pose un certain nombre de problèmes qui résultent, entre autres, de trois facteurs principaux : i°) le rôle de client dont le citoyen est investi ; ii°) la prise en compte des points de vue différents, voire des valeurs divergentes lors de la mesure de la performance ; iii°) la culture et les valeurs internes dominantes de chaque administration. Comme illustré au tableau 4-3 avec des exemples d'indicateurs de performance de l'action publique des trois points de vue du citoyen, de l'usager et du contribuable, Ingraham (1995 : 227) observe au sujet des deux premiers facteurs que :

> *Les citoyens peuvent être des bénéficiaires de services, des contrôleurs de la performance et, bien entendu, des contribuables. La multiplicité de ces aspects a des conséquences de deux ordres : il est beaucoup plus difficile de déterminer qui est le client et chacune des facettes ou des rôles que joue le citoyen suppose une perspective ou un point de vue différent dans la façon dont la qualité du produit ou du service est évaluée.*

Pour le troisième facteur, l'administration publique est caractérisée, on le sait, par sa rigidité, sa stabilité et la prévisibilité de ses comportements. Or la GQT prône la gestion de la proximité, l'initiative et la prise de risque, la délégation des pouvoirs pour responsabiliser les agents. Des valeurs nouvelles qui contrastent avec celles qui sont dominantes dans les diverses cultures administratives, et qui pourraient être exploitées comme forces motrices pour introduire des changements profonds. Car, au fond, quel est l'être humain qui n'aime pas faire l'objet d'attention ? Quelle est la raison d'être du politicien, si non justement traiter chacun (potentiel électeur) avec toute l'attention souhaitée ?

Pour nous, les problèmes qui résultent de ces facteurs ne sont pas des obstacles insurmontables dès lors qu'on accepte d'engager l'effort de changement dans le « bon sens ». Nous avons présenté dans cet ouvrage ces facteurs comme étant autant de défis que la Réforme Administrative doit relever pour justifier de sa raison d'être. C'est à ce niveau que devront s'exercer son leadership et sa capacité à soutenir le développement des services publics pour les amener au stade « d'auto-organisation ». Ainsi, s'attaquer au défi de la certification dans l'administration publique n'est pas une utopie pour nous. Un tel investissement serait plus rentable que celui qui est consacré à l'entretien du climat de tensions et de conflits que cultivent les uns et les autres autour de leur Ministre et au sein de leur administration.

3. L'INTERVENTION EN CONSEIL ORGANISATIONNEL

Pour bien gérer une organisation, écrit Mintzberg (1998 : 66), « il faut savoir modeler ensemble, pensée et action, contrôle et apprentissage, stabilité et changement ». Les managers, pour promouvoir le développement de leur organisation doivent pouvoir réaliser une synthèse naturelle du futur, du présent et du passé, conseille-t-il (Mintzberg, 1998 : 72). L'intervention en conseil organisationnel a pour but fondamental d'apporter aux gestionnaires publics (pour ce qui nous concerne dans cet ouvrage), l'appui dont ils ont besoin pour réaliser cette synthèse, sachant combien ils sont absorbés par les tâches quotidiennes des unités placées sous leur responsabilité. Bien qu'étant interne à l'administration comme décrit au chapitre premier dans notre cadre conceptuel de définition de la réforme administrative, cet appui jouit des préjugés favorables qui motivent tout recours à l'appréciation d'un regard « externe » au service public qui sollicite l'intervention. Pourvu que de ce regard résulte une valeur ajoutée qui se distingue de celle qu'apportent les rapports des inspections effectuées par l'Inspection Générale au sein des administrations, ou de toute autre contribution. Senge et son équipe (1999 : 130) décrivent, en effet, les situations « d'aide » aux gestionnaires engagés dans un changement profond en ces termes :

> *« L'aide » peut prendre des formes multiples lors d'un projet de changement profond. Elle peut venir des consultants en interne ou en externe. Elle peut venir d'autres responsables opérationnels qui « sont passés par là » et qui sont disposés à proposer leurs conseils. Elle peut venir de mentors. Par exemple, les leaders opérationnels connaissent souvent certains cadres de direction avec lesquels ils ont des relations privilégiées. Parfois, elle peut venir de mentors de dehors de [l'organisation], comme les cadres de direction à la retraite.*

Nous décrivons ici l'intervention en conseil organisationnel comme un processus dans lequel chacune de ces personnes qui peuvent ainsi être sollicitées, peut cerner son rôle et mieux apporter sa contribution aussi bien au plan individuel que sur celui du travail en équipe. Un accent particulier est mis sur la cartographie générale des processus internes de la structure nationale chargée de la réforme administrative qui est définie comme un acteur clé du processus de conseil en matière de réformes administratives.

3.1. L'intervention en conseil comme un processus

Nous avons défini au paragraphe précédent un processus comme étant un ensemble d'opérations ou d'activités réalisées par des acteurs avec des moyens et selon des références en vue d'une finalité. Nous allons appliquer ici la démarche d'analyse des processus pour traiter l'intervention en conseil organisationnel comme un exemple de processus dont la finalité est un appui apporté à la transformation d'une situation vécue par une administration, en une nouvelle situation reflétant les exigences de bonne gouvernance.

Dans le cadre d'une démarche de conseil qui se situe dans le cadre de la réforme administrative comme décrite dans cet ouvrage, les interactions qui s'établissent dans ce processus concernent quatre principaux acteurs : i) l'administration qui accueille les réformes ; ii) l'acteur ou le groupe d'acteurs qui représente l'administration concernée dans le processus de l'intervention ; iii) la structure nationale chargée de la réforme administrative ; iv) le conseiller ou l'Equipe d'intervention désigné par la structure nationale chargée de la réforme administrative pour intervenir.

Le schéma de la figure 7-7 illustre la dynamique de ces interactions. Ces interactions mettent en évidence les rôles et les responsabilités pour ce qui est des cadres de référence de conduite des réformes (contrat, mandat, allocation de moyens, mécanismes de suivi et de consolidation) et de l'exercice de pouvoir par le Conseiller (pouvoir de référence).

La responsabilité du Conseiller (ou de l'Equipe-projet), et conséquemment celle de la Structure Nationale chargée de la Réforme Administrative, est de gérer le déroulement du processus, donc ces interactions qui sont explicitées de façon synthétique dans le tableau 7-5.

Figure 7-7 : LES INTERACTIONS DANS LE PROCESSUS DE CONSEIL EN DEVELOPPEMENT ORGANISATIONNEL AUPRES D'UNE ADMINISTRATION

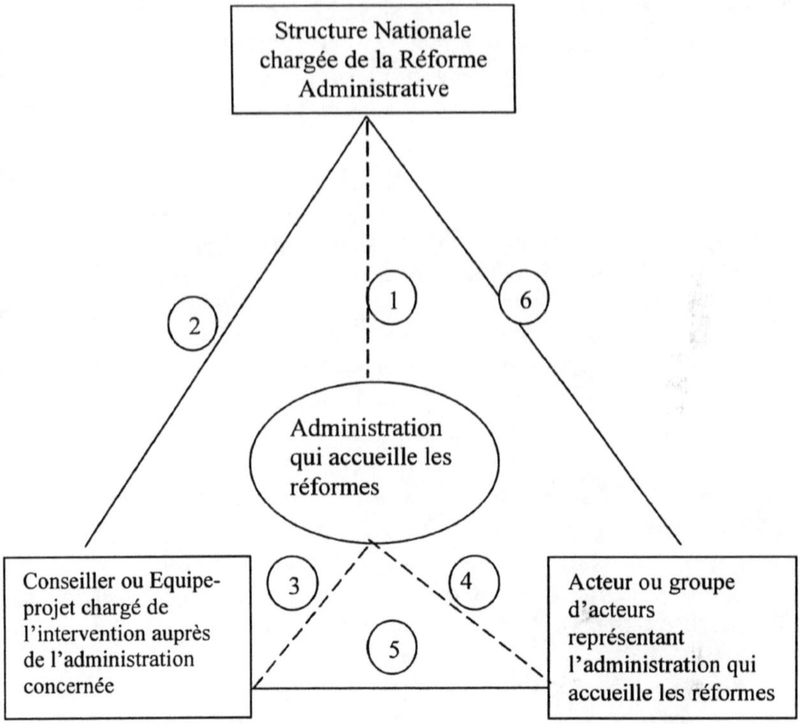

(1): cadre de référence de conduite des réformes administratives engagées
(2): cadre de référence du pouvoir exercé par le Conseiller ou l'équipe- projet dans le cadre de l'intervention : le pouvoir de référence
(3): compréhension du mandat de l'intervention par le Conseiller ou l'équipe-projet
(4): niveau de consensus à l'intérieur de l'administration concernée par rapport à la démarche de l'intervention
(5): définition du cadre commun d'intervention : le contrat
(6): suivi et consolidation des résultats obtenus : prise de relais après l'intervention du conseiller ou de l'équipe-projet

Les différentes activités définissant ces interactions sont regroupées pour définir quatre sous-processus qui constituent les quatre dimensions du modèle d'intervention proposé par Lescarbeau et al. (1985 : 29, 1992 : 14) et dont nous présentons les étapes plus loin :

- *la composante relationnelle* : elle concerne les interactions entre le Conseiller et l'administration qui accueille directement ou à travers l'acteur ou le groupe d'acteurs désigné. Ici le professionnalisme du Conseiller lui permet d'établir et de maintenir des relations de coopération caractérisées par une convergence de but et un équilibre de pouvoirs en fonction des champs de compétence respectifs des acteurs impliqués ;
- *la composante méthodologique :* qui concerne le processus d'intervention lui-même. Le Conseiller, spécialiste du « Comment ? », gère le déroulement du processus d'intervention en respectant les exigences propres à chacune des étapes ;
- *la composante technique :* qui concerne la méthodologie utilisée par le Conseiller. Elle porte spécifiquement sur le choix des instruments et des techniques appropriés aux besoins de l'administration concernée eu égard au problème étudié ou aux termes du mandat ;
- *la composante systémique :* elle concerne l'administration qui accueille les réformes et qui progressivement, assume la responsabilité du changement. L'accent est mis ici sur les buts poursuivis par l'intervention, son impact et les mécanismes de transfert des apprentissages réalisés. Toutes les interactions décrites plus haut sont combinées pour promouvoir le développement harmonieux de l'administration concernée en tenant compte de ses spécificités.

Tableau 7-5 : UNE DESCRIPTION SOMMAIRE DES INTERACTIONS DU PROCESSUS DE CONSEIL ORGANISATIONNEL DANS UNE ADMINISTRATION (Figure 7-7)

1. Cadre de référence de conduite des réformes	2. Cadre de référence du pouvoir de référence du Conseiller
– légitimation des actions de modernisation engagées – cohérence des actions menées avec les politiques et programmes gouvernementaux – application différenciée des instructions gouvernementales – concertation avec les autres acteurs : services du PM, Bailleurs de Fonds, Consultants externes à l'administration… – promotion de l'Excellence administrative – reproduction des réformes réussies	– légitimation des différentes méthodologies et des différents outils utilisés par le Conseiller – degré de congruence du Conseiller entre ce qu'il fait lui-même et ce qui est attendu par la structure nationale qui l'a désigné – leadership du Conseiller pour gérer les différentes interactions, structurer l'intervention et en assurer le contrôle dans les délais impartis – éthique professionnelle

3 : Compréhension du mandat de l'intervention par le Conseiller	4. Niveau de consensus par rapport à la démarche de l'intervention au sein de l'administration concernée
– interprétation du sens exact de la demande de Conseil – analyse de la situation problématique – identification des processus concernés par la demande d'intervention – pronostic des comportements et des valeurs des acteurs concernés par le problème – évaluation du degré d'ouverture réel de l'administration face au changement – compatibilité des connaissances méthodologiques et des habiletés tactiques avec les ressources et les valeurs de l'administration qui accueille les réformes	– traduction de la situation problématique en demande de conseil – application des politiques sectorielles de la compétence de l'administration concernée (stratégie sectorielle,...) – explicitation de la motivation réelle de la demande de conseil – source et niveau du pouvoir formel pour appliquer les mesures de changement adoptées – capacité d'évaluation et de contrôle du déroulement du processus d'intervention – mécanisme de suivi et de consolidation de l'intervention
5. Cadre de référence commun d'intervention : décision, arrêté, contrat	**6. Suivi et consolidation des résultats de l'intervention**
– clarification du mandat du Conseiller ou de l'Equipe-projet – explicitation des rôles à jouer par le Conseiller, d'une part, par l'acteur ou le groupe représentant l'administration, d'autre part – précision des coûts de l'intervention (temps, argent, ressources matérielles,...) – explicitation des attentes mutuelles.	– préparation de la fin *inévitable* de l'intervention du Conseiller pour éviter une régression de l'administration au stade de développement où elle se trouvait avant l'intervention – élaboration des mécanismes de suivi et de consolidation des résultats obtenus conformément aux cadres de référence communs d'intervention et de conduite de réformes. – appui à l'administration concernée pour qu'elle assume son autonomie à travers la mise en œuvre des mécanismes élaborés

3.2. Une cartographie des processus propres à la structure nationale chargée de la réforme administrative

L'acteur « structure nationale chargée de la réforme administrative (SNRA) » qui joue un rôle clé pour ce qui est principalement du cadre de référence de conduite des réformes (relation 1), d'exercice du pouvoir de référence par le conseiller qu'il a désigné (relation 2) et du suivi/consolidation des résultats obtenus (relation 6), peut engager une démarche d'optimisation de ses processus internes, dont la cartographie générale, décrite suivant le modèle ITE (Intrant- Transformation- Extrant) est représentée par le schéma de la figure 7-8.

FIGURE 7-8 : CARTOGRAPHIE GENERALE DES PROCESSUS DE LA STRUCTURE NATIONALE CHARGEE DE LA REFORME ADMINISTRATIVE, LA SNRA, dans un pays

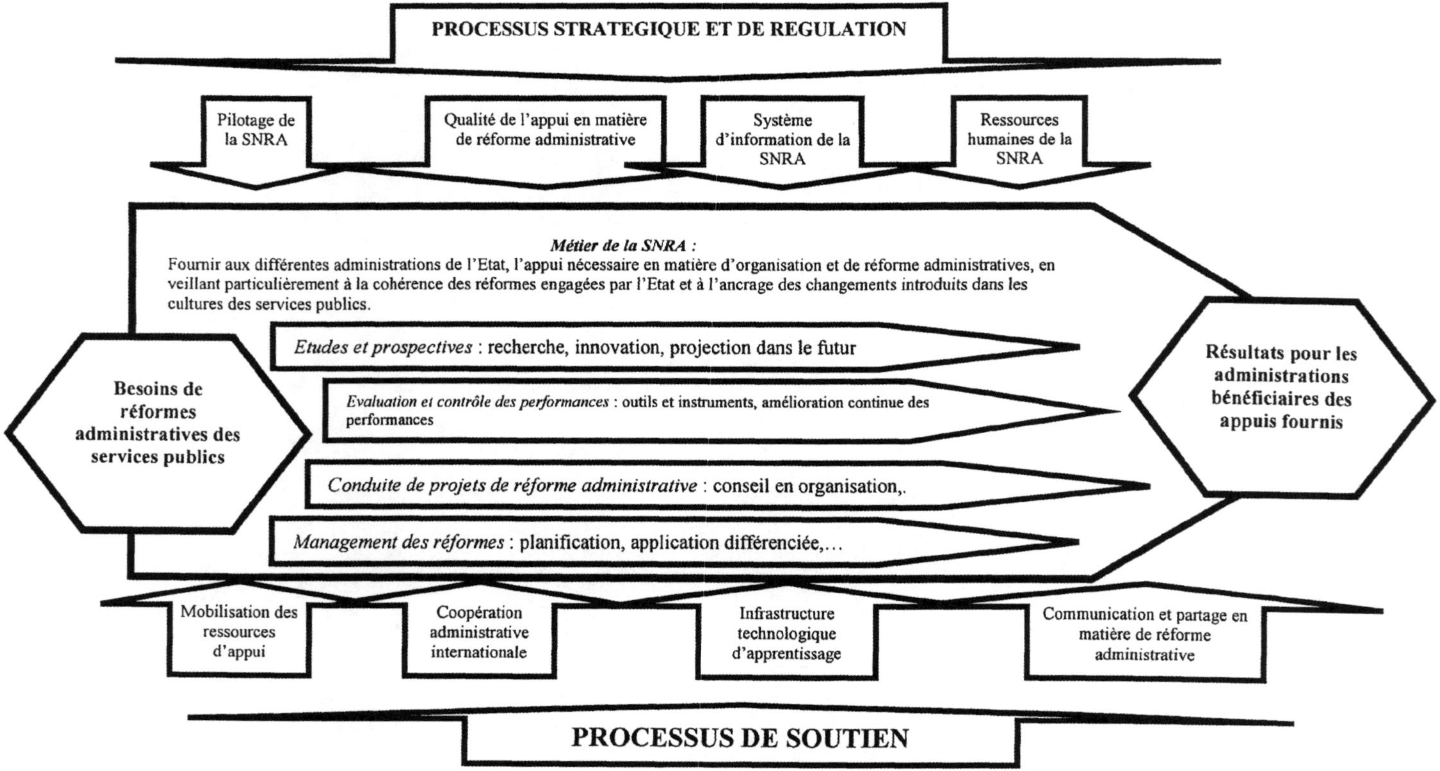

Le diagnostic des besoins des administrations bénéficiaires du Conseil ou accueillant les réformes est une phase fondamentale du processus interne du travail de la SNRA. Aujourd'hui, comme relevé dans la première partie, ce diagnostic est généralement clairement circonscrit dans des documents de référence pour ce qui est du flux de travail « d'amélioration des performances » de l'administration concernée. Parmi ces documents on peut citer, (afin qu'on ne l'oublie comme c'est si souvent le cas), le plan stratégique du secteur ou de l'administration concerné, divers rapports et surtout ceux de l'inspection générale, des directions techniques et des délégations provinciales ou départementales. Aussi, une ouverture tournée vers l'innovation doit-elle se faire au niveau de la SNRA, et ceci notamment à travers le flux de travail portant sur les « études et la prospective ». Cette dimension du travail de la SNRA qui met l'accent sur l'anticipation des besoins futurs des administrations, est un élément essentiel de sa raison d'être, dans la mesure où les bureaucraties ne s'investissent pas d'habitude pour rechercher les causes profondes de leurs problèmes et leur apporter des solutions durables, se limitant généralement aux symptômes. Cette dimension, avons-nous relevé dans la première partie, nécessite un mode de pensée divergent qui part des expériences et des réalités organisationnelles de l'administration qui sollicite l'intervention, pour inférer des solutions générales, nouvelles (Mintzberg, 1998 : 279).

Nous avons, à titre d'illustration, dégagé au paragraphe 1.4 du chapitre 2, un ensemble de préoccupations opérationnelles sous forme d'interrogations relatives à l'application, dans le secteur public, des modèles théoriques développés pour les entreprises privées. Le pilotage ou le management de la structure doit être bien conscient de ce caractère hybride de la structure qui épouse les contours d'une organisation « professionnelle » et ceux d'une organisation « innovatrice ». Par exemple, à propos des aptitudes requises pour développer une organisation innovatrice et asseoir les bases de sa propre performance, Peter Drucker (2000 :79) écrit :

> *Parce que l'innovation est à la fois conceptuelle et perceptible, ceux qui veulent innover doivent se plonger dans le monde extérieur, regarder autour d'eux, poser des questions et être à l'écoute. Les innovateurs qui réussissent utilisent à la fois les parties gauche et droite de leur cerveau. Ils étudient les chiffres, ils observent les gens. Ils effectuent des analyses afin de savoir de quelle nature l'innovation doit être pour répondre à une opportunité. Puis ils sortent de leur cadre de recherche et s'intéressent aux utilisateurs potentiels afin d'étudier leurs attentes, leurs valeurs et leurs besoins.*

Le Manager pourra alors au moment d'élaborer sa stratégie, définir sa philosophie de gestion, recruter ses ressources humaines et exercer son leadership lors de la réalisation des sous-processus opérationnels et des sous-processus de support en toute connaissance des enjeux. Si cette précaution n'est pas prise avec tout le sérieux requis, la structure se transformera très vite en une bureaucratie classique fondée, comme celle qu'elle veut réformer, sur le respect de la hiérarchie et la stabilité et confinée au mieux aux actions d'amélioration des performances. Et encore ! (Voir par exemple les diagnostics posés dans le cadre de l'élaboration des programmes nationaux de gouvernance). Dans ce cas alors, tous les développements qui ont été faits dans les chapitres précédents et particulièrement sur « l'apprentissage organisationnel » sur « l'utilité des méthodes et outils présentés pour la réforme administrative », n'auront plus de sens et surtout d'intérêt.

C'est ici que la démarche de l'analyse des processus met au grand jour sa compatibilité avec la méthode de conseil en organisation par le renforcement de la délégation des activités et par la responsabilisation des acteurs impliqués aussi bien aux différentes étapes de la démarche d'analyse (voir tableau 7-4) qu'aux différents niveaux d'un processus, en commençant par celui de la *tâche* à accomplir (comme les bureaucraties ont si souvent tendance à l'oublier pour ne retenir que les lignes d'autorité hiérarchique). Nos administrations publiques sont des organisations au sein desquelles prédominent les métiers du savoir et des services. Avec en plus cette spécificité qu'ici la performance se mesure aussi bien par la quantité des résultats produits que par leur qualité. Pensons aux résultats attendus de nos écoles et universités, de nos hôpitaux, des services des équipements, des transports et des travaux publics. L'option pour l'approche de l'analyse des processus comme l'un des principaux leviers de construction des fondements du métier de conseil en organisation s'inscrit dans la logique du paradigme sous-jacent au développement de ces types d'organisations dits du « savoir ». Suivant ce paradigme, une organisation est définie par une tâche et ne peut être efficace que si elle se concentre sur une seule tâche (Drucker, 2000 :139). Augmenter la productivité de ces types d'organisation, nécessite de se poser la question « qu'est-ce qui marche ? » et d'analyser les processus étape par étape, nous conseille Peter Drucker, qui précise (2000 :171) :

> *Définir la tâche, concentrer son travail sur la tâche et définir la performance, [...], ces trois étapes nous donneront la révolution de la productivité dont nous avons besoin dans les métiers du savoir et des services. Mais à une seule condition : [...] le management doit former un partenariat avec ceux qui vont devenir plus productifs. L'objectif doit être d'intégrer la responsabilité de la productivité et des performances dans tous les métiers du savoir et des services sans distinction de niveaux, de difficultés ou de compétences.*

Les équipes-projet sont le cadre d'expression de cette approche de gestion de proximité qui pourra dans la pratique, profiter des leçons tirées de l'application de la méthode du benchmarking. A cet égard, le sous-processus « ressources humaines de la SNRA » de la cartographie se définit dans l'optique du recrutement d'experts fonctionnels répartis en équipes pluridisciplinaires et privilégiant les mécanismes de « Comité scientifique » comme approche de socialisation. En relation avec le cadre conceptuel de définition de la nature de la réforme administrative présenté au chapitre premier (§.4), la stratégie de ce sous-processus devra privilégier l'approche des compétences qui met l'accent sur la construction interne des compétences des synergies et des liens entre activités. De même devra-t-on noter dans le processus de soutien, les deux sous-processus « infrastructure technologique» et « communication et partage en matière de réforme administrative » qui s'inscrivent dans la logique d'une organisation apprenante telle que décrite au chapitre premier et qui met l'accent sur la coopération et le partage des connaissances, sur l'innovation et la créativité. Le but recherché ici étant comme le soulignent Senge et son équipe, l'équilibre entre le domaine de l'action défini par le triangle « idées directrices - théories, méthodes et outils –innovations » et le domaine du changement durable défini par le cercle « Perceptions et sensibilités – attitudes et croyances – compétences et capacités ».

En outre, la cartographie de la figure 7-8 montre bien qu'ici, le choix de la stratégie de pilotage de la structure à adopter par son Manager, dépend de l'influence de l'environnement externe de la structure, lequel comprend, rappelons-le, les administrations publiques, les usagers des services publics (individus et entreprises), les partenaires au développement du pays, les organisations politiques, les organismes de la société civile. Cet environnement externe peut imposer un mode d'action auquel personne n'avait encore pensé au sein de la SNRA. Un mode d'action qui peut devenir un axe stratégique principal de la structure pour une période. Un exemple nous est fourni ici par le contenu des « lettres d'intention » que le Gouvernement adresse aux Bailleurs de fonds, et dans lesquelles des engagements (voir engagements de service dans le cadre des politiques qualité) sont pris pour réaliser dans une courte période (Voir l'exemple de l'appui aux PPTE, Pays Pauvres Très Endettés) des réformes qui vont mobiliser toutes les énergies des administrations concernées. De même, et dans le même ordre d'idée, à l'issue d'une session de la Conférence Pan-africaine des Ministres de la Fonction Publique et de la Réforme Administrative, des stratégies nouvelles de modernisation des services publics peuvent être adoptées et prescrites par le Ministre à la SNRA pour mise en œuvre. Comme l'observe Mintzberg (1989 : 312), la concentration sur un nouveau thème stratégique devient l'expression d'un style de gestion fait de flexibilité qui reflète les résultats des processus d'ajustements mutuels qui se réalisent entre les divers acteurs. Mintzberg (1989) explique cette particularité caractéristique des situations d'apprentissage qui conduit le Manager à adopter un style de leadership adaptatif et qui peut paraître curieuse pour ceux qui se placent dans la perspective de la théorie bureaucratique classique[74]. Mintzberg (1989 : 313) écrit, en effet :

> *Le spécialiste de la stratégie [...] est dans l'organisation innovatrice un spécialiste capable de reconnaître les modes d'action, cherchant à détecter les modes d'action émergents à l'intérieur et à l'extérieur de la stratégie du parapluie. En conséquence, les stratégies estimées indésirables peuvent alors être découragées tandis que celles qui semblent appropriées peuvent au contraire être encouragées, même si pour ce faire, il faut bouger le parapluie*[75].

L'intervention en conseil organisationnel s'inscrit dans le cadre des activités des différents sous-processus opérationnels identifiés dans la cartographie. La typologie retenue ici est surtout influencée par la spécificité des résultats produits au bénéfice de l'administration concernée par l'intervention.

3.3. Les étapes du processus d'intervention en conseil organisationnel

Une intervention en consultation organisationnelle se déroule en un certain nombre d'étapes suivant les « situations problèmes ». Au nombre de ces étapes on retrouve infailliblement les trois suivantes dont les résultats de l'une constituent le principal intrant de l'autre : i) une étape de prise de contact avec l'organisation, ii) une étape de diagnostic et d'analyse des causes profondes du problème conduisant à la formulation des solutions à ce problème ; iii) une étape de prise de décision sur les solutions à retenir et sur les modalités de leur mise en œuvre (Bloc, 1981 ; Lescabeau et al., 1985, 1992).

Le modèle d'appui conseil proposé par Lescarbeau et al. (1985, 1992) et sur lequel nous nous appuyons dans cet ouvrage distingue six étapes principales dans le processus d'intervention en Conseil Organisationnel, en partant de l'hypothèse que l'appui du Conseiller est sollicité même dans l'étape de la mise en œuvre des solutions retenues pour faire face au problème identifié. Ces étapes décrites dans la perspective de l'administration qui accueille l'intervention sont : i) l'entrée ; ii°) le cadre réglementaire ; iii°) le recadrage ; iv°) la planification ; v°) l'implantation et, vi°) la terminaison.

---

[74] Nous avons entendu dire de certains qu'ils manquent d'autorité ou même de « charisme ». Quelle ironie !

[75] La métaphore de la stratégie du « parapluie » est utilisée par l'auteur pour définir une approche consistant à fournir les lignes directrices pour l'établissement des stratégies d'action et à définir certaines frontières en dehors desquelles, les modes d'action spécifiques développés au niveau opérationnel en contact avec les « situations problèmes » des administrations publiques dans leur vécu quotidien (pour notre cas dans cet ouvrage), ne seraient poursuivis. L'idée de flexibilité et d'adaptabilité est symbolisée par le fait qu'un parapluie peut s'ouvrir à divers degrés comme il peut se refermer.

Le tableau 7-6 résume les composantes et les étapes du processus regroupées suivant les trois éléments « ITE » de l'approche systémique : les intrants, la transformation des intrants et les extrants.

L'extrant de chacune des six étapes constitue le principal intrant de l'étape qui la suit immédiatement. Ainsi, l'*accord de principe* de l'intervention qui est le résultat de l'étape d'entrée servira de base à l'élaboration et à la signature de l'*acte réglementaire* de l'intervention (décision ou arrêté ou contrat ou protocole d'intervention) à la deuxième étape. L'étape de recadrage, qui porte sur la recherche des causes profondes du problème qui est à l'origine de l'intervention, part de la situation initiale décrite dans l'acte réglementaire et surtout de la clarification du mandat de l'intervention qu'il contient, pour formuler les *priorités de changement* que l'administration concernée est à mesure d'entreprendre. C'est sur ces priorités de changement que portent les activités de planification de la quatrième étape. Il s'agira à cette étape d'élaborer pour chaque priorité un plan détaillé de sa mise en œuvre en répondant aux sept questions (QQQCOQ) : *q*ui doit faire *q*uoi, *q*uand, *c*omment, *o*ù, avec *q*ui ? A quels signes reconnaîtra-t-on que les priorités de changement ont été atteintes ? Le document final qui est *le plan de réalisation du mandat de l'intervention* permet ainsi, entre autres, de faire l'inventaire des ressources requises pour le déroulement des activités du projet à l'étape d'implantation qui est celle du passage effectif à l'action dans le cadre de l'intervention sollicitée.

Tableau 7-6 : LES COMPOSANTES ET LES ETAPES DU PROCESSUS D'INTERVENTION EN CONSEIL ORGANISATIONNEL

<table>
<tr><th>INTRANTS</th><th colspan="6">TRANSFORMATION</th><th>EXTRANT</th></tr>
<tr><td rowspan="2">Ressources du Conseiller ou de l'Equipe-projet</td><td colspan="6">1. Développement d'une relation de coopération : composante relationnelle</td><td rowspan="2"></td></tr>
<tr><td colspan="6">2. Gestion du processus d'intervention : composante méthodologique</td></tr>
<tr><td>Situation problématique dans l'administration qui accueille l'intervention</td><td>Entrée</td><td>cadre réglementaire</td><td>Recadrage</td><td>Planification</td><td>Implantation</td><td>Terminaison</td><td>Nouvelle situation dans l'administration concernée</td></tr>
<tr><td rowspan="2">Ressources de l'administration qui accueille l'intervention</td><td colspan="6">3. Utilisation d'instruments et de techniques appropriés : composante technique</td><td></td></tr>
<tr><td colspan="6">4. Développement de l'administration qui accueille l'intervention : composante systémique</td><td></td></tr>
</table>

<u>Source</u> : Lescarbeau et al (1985 : 30 ; 1992 : 15)

L'activité principale de « Conseil » à cette cinquième étape de l'action est la gestion des activités du plan de réalisation : i°) les initier ; ii°) coordonner la démarche et favoriser la concertation ; iii°) apporter le support requis à l'administration concernée et aux acteurs impliqués ; iv°) assurer l'autorégulation nécessaire du processus (évaluation continue, proposition de correctifs et des ajustements, gestion des résistances, résolution des incidents critiques,...) ; v°) faciliter l'enracinement des changements introduits ; vi°) maintenir et soigner la relation de coopération avec l'administration qui accueille les réformes ; vii°) assurer le suivi de la mise en œuvre de la stratégie de transfert des responsabilités adoptée dans la perspective de la fin de l'intervention. La dernière étape, la terminaison, considère ce résultat comme définissant une nouvelle situation sur laquelle sont portés d'abord un jugement de comparaison avec la situation problématique initiale, et ensuite un regard prospectif en ce qui devrait suivre. Ces deux regards, évaluatif et prospectif, constituent le cœur de cette étape dont le rapport de l'intervention est le résultat palpable. On retrouve ici les préoccupations des deux flux de travail « amélioration continue des performances » et « recherche/innovation, projection dans le futur » qui font partie des sous-processus opérationnels de la SNRA. Les activités de cette étape portent principalement sur : i°) la préparation de l'évaluation ; ii°) la gestion de l'évaluation ; iii°) la planification des activités de suivi et de consolidation des réformes introduites ; iv°) la rédaction du rapport d'intervention.

S'agissant de l'évaluation de l'intervention, Lescarbeau et al. (1992 : 18) proposent des critères d'efficacité applicables à ce modèle d'intervention dont les cinq suivants :

- *l'atteinte des résultats* : les objectifs de l'intervention ont été atteints conformément aux critères établis en commun ;
- *l'absence d'effet secondaire :* tous les impacts actuellement observables sont positifs ;
- *l'enracinement :* les changements effectués commencent à s'enraciner et seront, selon toute probabilité durables ;
- *le transfert des responsabilités :* les agents impliqués se sentent davantage responsables du changement provoqué et sont outillés pour poursuivre les changements amorcés ;
- *la pertinence :* le déroulement et les résultats de l'intervention permettent de conclure que celle-ci était pertinente en ce sens qu'elle s'inscrivait dans les orientations stratégiques de développement de l'administration concernée et que les cibles ont été adéquatement choisies.

3.4. Le feedback dans le processus d'intervention en conseil organisationnel

Au chapitre premier, traitant de l'expertise nécessaire pour la réussite des projets de réforme administrative, nous avons relevé que le Conseiller (ou le Consultant) est souvent amené à jouer différents rôles dans une intervention, dont le rôle « d'agent de rétroaction ou encore de feedback ». Ce rôle est particulièrement prédominant lorsqu'on considère l'intervention en Conseil organisationnel comme une *méthode* de conduite de changement. Certains auteurs comme Blocke (1981) en font même une étape distincte du processus d'intervention en Conseil.

En exerçant ce rôle, le Conseiller poursuit trois objectifs principaux :

- conduire une démarche méthodique de collecte d'information dont le bénéficiaire de l'intervention a besoin pour mieux agir sur la situation problème à laquelle il fait face ;
- traiter les données reçues en fonction d'un retour d'information à l'administration concernée ;
- transmettre à l'administration les données traitées en l'aidant à les accueillir et à les utiliser de façon constructive et efficace.

Le feedback permet ici aux personnes concernées, non seulement de savoir ce que l'ensemble de l'unité de travail ou de l'administration pense, mais aussi de réagir et de poursuivre l'approfondissement de la démarche entamée. Il contribue surtout à vaincre les résistances au changement. C'est un moment extrêmement délicat du processus d'appui conseil, dans la mesure où ses résultats influencent fortement la nature des rapports entre le Conseiller et ses interlocuteurs au sein de l'administration qui accueille les réformes. Souvent, certains responsables de cette administration veulent savoir du Conseiller ce que leurs chefs hiérarchiques ou leurs collègues et même leur collaborateurs pensent d'eux. D'autres interpellent le Conseiller sur des questions qui relèvent du domaine des valeurs.

Au plan méthodologique toute démarche de feedback s'articule en deux axes (le contenu du message et sa forme), que résument les deux questions suivantes : (i) Que faut-il retenir d'essentiel de toute la quantité de données recueillies ? (ii) Comment l'exprimer, le rendre, le dire, lors de la réunion du feedback ?

S'agissant de la première question, « quoi retenir ? », le Conseiller doit effectuer la synthèse des données collectées en s'appuyant sur trois critères :

- *la capacité de l'unité de travail retenue à résoudre elle-même le problème :* il s'agit ici de bien clarifier les rôles et les responsabilités des acteurs internes dans le processus d'analyse et de résolution du problème identifié, leur degré d'implication et d'engagement pour faire avancer leur unité de travail dans ses efforts de satisfaction des engagements pris dans le cadre de sa politique qualité.

- *le feedback positif :* retenir des éléments qui renforcent positivement le travail qui s'accomplit déjà dans l'unité ; c'est-à-dire des éléments que le Conseiller perçoit comme contribuant à une résolution durable du problème.
- *le feedback négatif :* relever des points ou des domaines pour lesquels l'unité doit apporter des changements dans ses façons de faire ou dans le comportement des agents. Ce sont des informations (non des jugements) étayées de faits. Elles sont susceptibles de créer des tensions, et c'est justement (et même parfois uniquement) pour cela qu'il est fait appel au Conseiller pour amener les personnes concernées à regarder ces réalités en face et s'engager à corriger les lacunes qu'elles recèlent pour le développement de l'unité de travail.

Il convient de noter ici que lorsqu'on parle de feedback positif ou négatif, on ne fait pas référence à un jugement de valeur, mais plutôt à une information nouvelle de nature à modifier le comportement de celui à qui elle est adressée (feedback négatif) ou à maintenir et accentuer ledit comportement (feedback positif).

Pour ce qui est du « comment le dire ? », il y a lieu de rappeler que le but du feedback est de décrire de façon aussi précise que possible les données recueillies. Le choix des mots doit tenir compte du fait qu'il ne s'agit donc pas d'une évaluation de ce qui a été vu ou vécu. La tâche du Conseiller (« regard externe ») consiste à présenter une image claire et simple de la dynamique de la situation problème, en restant essentiellement *descriptif* et *factuel*. Le Conseiller dit ou écrit ce qui « est » et non ce qui « devrait être ». Il évite de porter des jugements de valeur, d'utiliser des formules généralisatrices ou des stéréotypes.

Senge et son équipe (1999 : 137) proposent un schéma de formulation du feedback efficace (figure 7-9), en relevant que les individus ne peuvent pas apprendre lorsqu'on leur exprime de vagues accusations « d'avoir eu de mauvaises attitudes » ou de « donner l'impression que vous étiez indifférent ».

Dans la façon de formuler un feedback efficace, le Conseiller doit toujours s'efforcer d'aller « vers le haut et à droite » du schéma. C'est-à-dire du « subjectif et ambigu » au « descriptif et spécifique ».

FIGURE 7- 9 : DONNER UN FEEDBACK EFFICACE

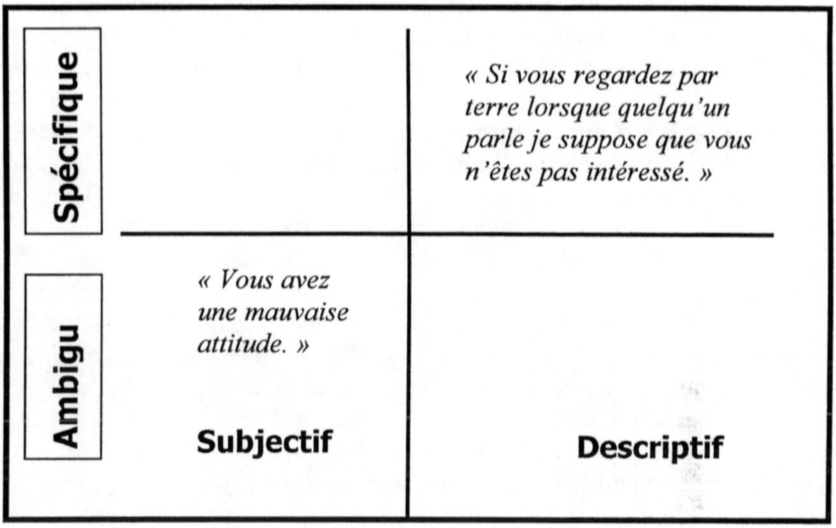

Source : Senge et al (1999 :137)

Au sujet du « comment le dire », Blocke (1981 : 170) conseille d'être tout simplement factuel et convaincant. Il écrit : « the most useful guideline for giving feedback effectively – either written or spoken – is to behave assertively. […]. Assertive behaviour is stating directly what you want and how you see things without putting down or infringing on the rights of others. Assertive feedback is stating to the client how you see problem without implying that the client is a bad manager».

3.5. Le Conseil organisationnel comme outil de travail de la Réforme Administrative

Dans la logique du développement des services publics qui sous-tend la définition de la réforme administrative retenue dans cet ouvrage, trois étapes du processus méritent une attention particulière : i°) le cadre réglementaire de l'intervention ; ii°) le recadrage de l'intervention et iii°) la terminaison.

Dans la perspective de la réforme administrative, l'intervention du Conseiller (ou de l'équipe de Conseillers) s'inscrit dans le cadre d'une *mission* qui lui est confiée par la structure nationale chargée de la réforme administrative à laquelle il appartient. Le mandat de cette mission fait suite à une démarche en amont qui peut résulter d'une demande explicite « d'appui conseil » formulée par l'administration concernée ou s'inscrire dans le cadre de l'application d'une politique ou d'un programme gouvernementale ou même de la mise en œuvre d'une nouvelle stratégie de modernisation résultant des extrants du flux de travail d'«innovation» du sous-processus opérationnel correspondant de la SNRA. Muni de la lettre de mission, le Conseiller (ou l'équipe-projet) est allé auprès de l'administration concernée et a effectué les « opérations d'entrée » d'usage, conformément aux règles de l'art en matière de Conseil en Organisation. Toutefois, le résultat de cette étape appuyé par la lettre de mission ne suffit pas pour engager une véritable *action commune* de développement de l'administration qui accueille l'intervention. D'où l'importance de l'étape de définition et d'adoption d'un *cadre réglementaire* d'intervention. Il s'agit d'un véritable contrat, comme le dénomment Lescarbeau et al, d'autres auteurs l'appellent protocole d'intervention. C'est un *document contractuel* qui lie l'administration concernée, représentée par la ou les personne(s) désignée(s), à la structure nationale chargée de la réforme administrative également représentée par le ou les Conseiller(s) désigné(s). L'élaboration de ce document fait l'objet de concertations approfondies entre les deux administrations. Mais il est signé par l'autorité la plus haute de l'administration concernée. Le Ministre dans le cas d'un département ministériel, par exemple. D'ailleurs, suivant les cas, ce document prend la forme d'une note de service, d'une décision ou d'un arrêté. Au plan de son contenu, le document doit inclure les principaux éléments suivants :

- le contexte de l'intervention ;
- le mandat ;
- les résultats attendus et les indicateurs de la mesure de leur atteinte ;
- la démarche générale et une première esquisse de planification ;
- les intervenants, leurs rôles et leurs responsabilités, incluant la possibilité de faire appel à d'autres intervenants ;
- les mesures d'allocation des ressources, notamment financière et matérielle ;
- les modalités de suivi et de consolidation des résultats de l'intervention.

En rédigeant ce document qui, pour le cas des réformes administratives, lie des administrations, il faut avoir constamment présent à l'esprit le facteur *temps*. Le temps qui s'écoulera entre le moment où le projet est engagé et la production des résultats tangibles, le temps aussi que prendront ces résultats tangibles pour s'enraciner. A ce stade, la prise en compte de ce facteur doit tenir compte de l'extrême mobilité du personnel politique et de celui de la haute administration pour ancrer la démarche dans une véritable stratégie de développement durable, notamment pour ce qui est du choix des intervenants, de la planification des ressources et des mesures de consolidation des changements qui seront introduits. Cet ancrage de l'intervention dans une stratégie de développement durable permettra au Conseiller (ou à l'équipe d'intervention) d'engager une analyse profonde de la situation problématique initiale à l'étape de recadrage.

Partant, en effet, de l'hypothèse que la façon dont un problème est perçu fait partie de ce problème et que toute recherche rigoureuse de solution durable doit remettre en question le premier cadre de formulation comme explicité aux chapitres 4 et 5, l'étape de recadrage consiste à formuler un *nouveau cadre conceptuel d'analyse et de résolution du problème* qui se pose. C'est au cours de cette étape que le Conseiller (ou l'équipe d'intervention) applique les connaissances et les habiletés qui fondent son professionnalisme pour rechercher les causes profondes du problème et proposer des stratégies de changement profond appropriées. Dans cet ouvrage, nous avons fondé ce professionnalisme sur la maîtrise de l'analyse systémique des problèmes. A cette étape que certains auteurs dénomment aussi étape de diagnostic (Blocke, 1981), le professionnalisme du Conseiller s'observera à travers la conduite des activités telles :

- la planification de la démarche de recadrage définie comme une démarche d'analyse systémique de problème complexe : choix des méthodes et des instruments d'analyse, identification des sources d'information, spécification de la nature des données recherchées ;
- l'animation du processus de collecte des données (voir au chapitre 4 les trois premières étapes du processus de résolution de problèmes du modèle de Probst et Ulrich ou les deux premières étapes de la roue d'apprentissage, et au chapitre 6 des exemples d'outils à utiliser) ;
- le traitement des données recueillies (voir au chapitre 4 les étapes 3, 4 et 5 du modèle de Probst et Ulrich ou les étapes de connexion et décision de la roue d'apprentissage, et au chapitre 6 des exemples d'outils à utiliser) ;
- la reformulation du problème et le choix des priorités des actions à mener (voir au chapitre 4 l'étape 5 du modèle de Probst et Ulrich ou l'étape de décision de la roue d'apprentissage, et au chapitre 6 des exemples d'outils à utiliser).

Dans le modèle d'appui conseil de Lescarbeau et al que nous avons ainsi retenu pour cet ouvrage, les auteurs préfèrent la dénomination « recadrage » à celle de diagnostic pour cette étape pour bien souligner la responsabilité du Conseiller *qui doit abandonner le réflexe de la recherche d'une causalité linéaire* entre les facteurs de la situation problématique pour aborder le problème avec une perspective systémique et un recul par rapport aux règles antérieures auxquelles étaient soumis les acteurs impliqués. Les auteurs (1985 : 99) donnent au recadrage le sens suivant emprunté à Watzlawick et al. (1975)[76] :

---

[76] Watzlawick, P., J. Weakland et R. Fish (1975). *Changements, paradoxes et psychothérapie*, Paris, traduction de l'ouvrage américain paru sous le titre « change, Principles of Problems Formation and Problem Evolution ».

Recadrer signifie modifier le contexte conceptuel et émotionnel d'une situation ou les deux, ou le point de vue selon lequel elle est vécue, en la plaçant dans un autre cadre, qui correspond aussi bien, ou même mieux, aux faits de cette situation concrète, dont le sens par conséquent, change complètement.

Mire-Ô B. Tremblay (1992 : 48) souligne l'importance de cette étape dont dépend, selon lui, la suite de l'intervention et qui traduit le style de l'intervention que fera le Conseiller. A ce propos il écrit :

La façon dont le Conseiller tente de comprendre à la fois la situation problématique et la nature particulière de la demande qui lui est faite, traduit et annonce aussi la façon dont il va s'y prendre pour aider l'organisation. Le Conseiller qui se pose un peu comme un homme de recherche qui recueille l'information, et semble être le seul à participer à définir la situation problématique, sera aussi le Conseiller qui proposera des solutions. Celui qui se définit comme l'expert dans la collecte de l'information, se comportera en expert aussi dans les opérations subséquentes.

L'étape de terminaison, quant à elle, fait partie de l'intervention, même si ses résultats ne sont observables qu'à la fin. Pour les mêmes raisons liées au facteur temps (le terme du projet) et à la mobilité, dans le secteur public, des acteurs impliqués, cette étape revêt une importance critique tant du point de vue des exigences de reddition des comptes que de celui de la continuité de l'action publique. C'est pourquoi, le Conseiller (ou l'équipe-projet) qui est responsable de l'ensemble du processus d'intervention dans l'administration concernée doit porter une attention toute particulière sur les éléments nécessaires à l'évaluation (sources d'information, méthodes d'évaluation, domaine d'évaluation, critère,...) qui constitue l'activité principale de cette étape. Pour des besoins de reddition des comptes, les réformes étant financées sur les fonds publics, le Conseiller (ou tout autre membre de l'équipe-projet) pourrait être amené à s'expliquer ou à témoigner de l'effectivité des résultats annoncés et de la qualité de la gestion des ressources allouées devant une instance de contrôle (contrôle supérieur de l'Etat, chambre ou cour des comptes, instances judiciaires,...). Nous avons vu au chapitre 5 (§. 2.4.2.) que, dans l'administration publique, la réalisation de nombre de projets de réforme administrative fait appel aux mécanismes des marchés publics et que suivant les cas, l'autorité chargée des réformes administratives peut être amenée à jouer le rôle de « chef de service » dans certains marchés signés. A ce titre et suivant les réglementations applicables, il doit apporter aux responsables concernés, « une assistance générale à caractère administratif, financier et technique aux stades de la définition, de l'élaboration de l'exécution et de la réception des prestations objet du marché ». Pour assumer cette responsabilité, le Conseiller (ou l'équipe-projet) doit être vigilant et y penser tout au long du processus en documentant ces différents aspects, administratif, financier et technique. S'il attend la fin du projet, cela pourrait être très tard : des personnes clés auront changé de poste ou même d'administration, des pièces importantes se révèleront introuvables, il pourra s'avérer impossible d'établir la fonctionnalité d'un système des mois, voire des années après son installation,...

La planification du suivi de l'intervention est une autre préoccupation de cette étape. Le Conseiller (ou l'équipe-projet) gèrera ce volet en parfaite synergie avec la structure nationale chargée de la réforme administrative et l'administration concernée. Il est relevé que « cette planification est probablement le test le plus significatif de la qualité du travail professionnel » du Conseiller (Lescarbeau et al., 1985 : 149). Le travail peut s'organiser ici autour de trois axes (Lescarbeau et al., 1985 : 150) :

- *la poursuite de certains objectifs non atteints au cours de l'intervention* : il s'agira alors de réviser la stratégie initiale en y apportant les correctifs nécessaires ;
- *la poursuite d'autres objectifs suite à un nouveau recadrage :* les objectifs du projet ont été atteints, mais d'autres priorités de changement s'avèrent nécessaires dans le prolongement du travail entamé ;
- *la mise en œuvre des mécanismes d'enracinement :* des changements commencent à se manifester suite à l'intervention, il faut les consolider en agissant sur les habitudes de travail, sur les comportements, sur les procédures ou sur les modalités d'appui. Comment les mesures envisagées et discutées lors de la validation du rapport vont-elles être appliquées en liaison, par exemple, avec les Inspections Générales, pour permettre à l'administration de développer sa propre autonomie ? Y a-t-il un lien avec d'autres réformes en cours ? Si oui comment consolider ce lien ?

Pour le Conseiller (ou l'équipe-projet), le rapport de l'intervention qui est le résultat administratif de cette étape, n'est pas une option, mais une *obligation* institutionnelle et ceci, vis-à-vis, aussi bien de l'administration qui a bénéficié de l'intervention, que de la structure nationale chargée de la réforme administrative qui l'a mis en mission.

Parmi les éléments qu'on doit retrouver dans ce rapport figurent :

- *le rappel du mandat* : situation initiale, principaux éléments du cadre réglementaire ;
- *une description sommaire du déroulement de l'intervention :* comment l'intervention a-t-elle effectivement été faite ? comment les situations imprévues, des incidents critiques ou des modifications mutuellement décidées ont été gérés ? Y a-t-il eu des activités prévues mais non réalisées ?
- *les grandes lignes du plan d'action adopté :* les résultats qui étaient attendus, le choix des principales stratégies ou méthodes ;

- *l'évaluation de l'intervention :* porter un jugement éclairé et fondé sur l'atteinte des objectifs, faire la synthèse des conclusions des différentes évaluations du projet telles que réalisées au cours du processus ; analyser et interpréter ce qui s'est passé en tenant compte des facteurs qui ont influencé les résultats ; identifier les impacts et les effets secondaires de l'intervention dont les apprentissages réalisés par l'administration concernée ;
- *les actions de suivi et consolidation des résultats enregistrés :* distinguer celles des actions qui s'imposent dans une logique de continuité de ce qui a été fait, de celles qui s'inscrivent dans une démarche de modification de l'ordre, une démarche de transformation ;
- *les recommandations :* des suggestions que le Conseiller (ou l'équipe-projet) formule à l'administration ou même à la structure nationale chargée de la réforme administrative, et qui, à la différence des mesures de suivi débordent les limites et les objectifs de l'intervention pour toucher des problèmes plus généraux observés au cours de la démarche. L'accent est mis ici sur les enjeux de développement des services publics dans la logique du flux du travail « d'innovation ».

Compte tenu de son utilité à la fois comme instrument de justification en matière de reddition des comptes et comme outil d'apprentissage organisationnel, ce rapport doit, avant son dépôt, faire l'objet de validations multiples par les voies officielles définies dans les procédures ou dans le cadre réglementaire. Le principal interlocuteur du Conseiller (ou de l'équipe-projet) au sein de l'administration concernée doit être profondément et intensément impliqué. Il s'agit, ne l'oublions pas, d'un document qui porte un jugement (une évaluation) sur un travail qui a mobilisé plusieurs ressources (humaines, financières et matérielles) de cette administration et durant une période au cours de laquelle les personnes impliquées étaient sollicitées pour d'autres tâches. La structure nationale chargée de la réforme administrative, garante de la légitimité professionnelle des actions engagées au cours de l'intervention et responsable de la reproduction des réformes réussies doit également être très impliquée. Elle peut même, dans une démarche de GQT introduite dans ses propres services, instituer un « processus d'élaboration et de validation de rapports d'intervention en appui conseil » sous la forme d'une « marque » ou d'un « label ». Ce processus devrait alors inclure un passage devant un « Comité scientifique » composé de spécialistes (internes à sa structure et externes sollicités suivant les besoins) de renom dans le domaine couvert par l'intervention. L'apport de ce Comité à la rédaction de ce rapport sera particulièrement déterminant pour les trois volets de l'évaluation, des actions de suivi et des recommandations de son contenu. A l'expérience, la rédaction et la validation de ce rapport offrent, dans la pratique du métier, l'opportunité de développer une véritable culture d'apprentissage organisationnel qui constitue une « valeur ajoutée » d'une qualité inestimable pour toute intervention.

Comme en Médecine, l'intervention en Conseil organisationnel se nourrit certes de théories, mais pour le patient, comme pour l'organisation qui sollicite l'appui conseil, le plus important c'est ce qu'il voit ou ce qu'il sent à travers les actes posés par le Médecin ou le Conseiller. C'est la confiance, voire la complicité qui s'établit entre le Conseiller et l'administration qui l'a sollicité. Mais comment s'y prendre pour atteindre le degré de « complicité » nécessaire à la conduite de changements profonds ? Quel est l'apport du Conseiller pour la création de ce climat de confiance ?

En réponse à toutes ces questions qui s'adressent à la pratique du métier sur le terrain, la littérature suggère divers actions et comportements aux acteurs. Dans la conclusion de son ouvrage « Flawless Consulting », Blocke (1981 : 195) suggère au Conseiller (ou Consultant), d'être ***authentique*** au sens qu'il précise en ces termes :

> *[...]. Your real task as a consultant is to be constantly noticing what you are experiencing and to behave as authentically as possible. It is in this way that your own needs and the line manager's needs are most faithfully integrated and fulfilled.*
>
> *There is a paradox in this. We all want to have influence. We want our expertise used. We want to have a feeling of, control, perhaps power. The way to gain this control is in a way, to give it up. Being authentic is to reduce the amount you control and censor your own experience. To censor your own experience is to give other people tremendous power over you. You are letting their reactions determine how you function. The way to have leverage is to give it away. The way to avoid giving leverage is to reduce the extent you restraint yourself from acting on your own instincts and perceptions.*
>
> *Acting without restraint is being authentic. Being authentic and attending to the task requirements of each phase is consulting flawlessly.*
>
> *And that's all there is to it.*

4. LE GROUPE DE TRAVAIL

Le travail en groupe ou en équipe est le principal moyen d'intervention utilisé par les Conseillers en Organisation. Déjà c'est à une équipe-projet que la SNRA confie la mission pour apporter un appui-conseil à une administration. Le cadre réglementaire d'intervention signé par l'autorité compétente de l'administration concernée définit les équipes et les sous-équipes qui réaliseront le mandat et ses différentes sous-composantes. Lors de l'analyse approfondie du problème qui est à l'origine de la demande d'appui, il sera fait appel à d'autres intervenants travaillant en groupe, suivant l'approche méthodologique retenue.

Nous avons d'ailleurs relevé aux deuxième et troisième chapitres que le travail en équipe, en groupe de projet, ou en « Comité » est devenu aujourd'hui une caractéristique dominante de l'évolution dans la conception des structures organisationnelles. Ainsi par exemple, nombre de Comités (ou Commissions) ministériels ou interministériels sont créés dans les administrations publiques pour traiter un problème spécifique en capitalisant sur l'effet de synergie qui pourrait résulter de la mise en commun des compétences des membres désignés. Nous avons même montré que face à la rigidité des structures bureaucratiques, le choix de procéder par « équipe-projet » pour réduire les effets des cloisonnements entre administrations et des mécanismes de gestion en « silos », traduit la volonté des autorités politiques d'adopter des pratiques de bonne gouvernance dans les services publics par la prise en compte des activités en réseaux associant des acteurs, y compris ceux du secteur privé et de la société civile.

Dans ce contexte de transformation, Senge et al. (2000 : 502) soulignent la nécessité et l'urgence de l'adoption d'une stratégie pour un véritable apprentissage en équipe dans les administrations confrontées aux défis de la mondialisation. Ils observent en effet que :

Nous ne pouvons pas nous contenter de travailler (dans la décennie à venir) selon les canons traditionnels qui veulent que seul l'encadrement est impliqué. Chacun de nous doit apprendre à apporter davantage. Nous avons besoin des idées de chacun des hommes et femmes de l'organisation pour obtenir des résultats de classe internationale.

En effet, et pour souligner l'importance de l'infrastructure qui détermine la manière dont les équipes sont identifiées et soutenues dans leur travail ainsi orienté vers la recherche de résultats de classe internationale, Senge et al. (2000 : 407) témoignent, comme nous le vivons déjà, qu'aujourd'hui, une équipe peut signifier « un réseau mondial de spécialistes, communiquant par courrier électronique, téléphone et réunions occasionnelles ».

Mais comment fonctionne un groupe de travail, compte tenu de tous les jeux de pouvoirs qui ont cours dans tous les systèmes d'action concrets ? Comment faire pour le rendre efficace et efficient dans le contexte bureaucratique des services publics particulièrement soucieux du respect de l'autorité hiérarchique ? Comment faire pour promouvoir un véritable apprentissage en équipe, alors appréhendée comme une structure d'action sur le terrain préoccupée de résoudre les problèmes réels de développement des services publics ? Les réponses à ces questions sont organisées ici en trois volets : la nature du travail en groupe, la dynamique du travail de groupe, l'apprentissage en équipe ou en groupe.

4.1. La nature du travail en groupe

Par définition (ou par nature), un groupe (ou une équipe) de travail mobilise l'*énergie* de ses membres pour poursuivre un *objectif commun* fixé. La possibilité d'interaction directe entre ***tous*** les membres est la principale caractéristique de cette approche de travail par rapport à l'approche bureaucratique fondée sur le respect de la hiérarchie. Cette interaction crée de l'énergie qui est utilisée pour la poursuite de l'objectif que les membres se sont fixés. Les deux concepts d'« énergie » et d'«objectif commun » sont ainsi les éléments clés de l'approche du travail en groupe. Il vous est souvent arrivé de vous retrouver avec plusieurs autres personnes dans un avion ou dans un bus, pour vous rendre à une destination desservie par le moyen de transport choisi. Formiez-vous pour autant un groupe avec les autres voyageurs ? Pour que l'interaction directe entre tous les membres puisse être effective, les groupes de travail doivent être de taille raisonnable pour limiter les effets des difficultés résultant d'un effectif très grand. La littérature s'accorde pour considérer que des groupes dont la taille varie entre cinq et vingt membres remplissent ce premier critère. C'est dans ce sens que le concept de groupe ou d'équipe de travail est traité ici.

La mobilisation des énergies des membres d'un groupe de travail se fait, à travers trois processus : i) un processus de traitement différencié de l'information en fonction des objectifs poursuivis (consultation, prise de décision, résolution de problème, définition d'un objet) ; ii) un processus d'échange et ; iii) un processus de symbolisation. Le processus de traitement différencié de l'information se décompose à son tour en quatre processus spécifiques, en fonction de l'objectif poursuivi (Allaire, 1992 : 116) :

- *processus de consultation* : activités intrinsèques du travail d'un groupe dont le produit recherché est un « portrait de la position des membres sur une question donnée, exprimée en une synthèse qui reflète autant les points communs que les singularités » (Allaire, 1992 : 100) ;
- *processus de prise de décision :* activités dont le produit est « la solidarité des membres dans la mise en œuvre de l'option retenue » (Allaire, 1992 : 101) ; reflet, test et creuset de la qualité de la communication au sein du groupe et du degré de sa cohésion ;
- *processus de résolution de problème :* activités d'adaptation consistant en la gestion de son propre changement et de celui de son environnement et dont le produit est une « situation redevenue, de façon durable, satisfaisante pour le groupe et son environnement » (Allaire, 1992 : 102) ;
- *processus de conceptualisation :* activités d'approfondissement de la compréhension d'un sujet pour s'assurer d'en traiter les aspects significatifs, d'éviter la redondance et pour garantir la rigueur dans l'application concrète de la réflexion qui en découle. Le produit ici est

« une formulation des dimensions générales et abstraites [de l'objet du sujet] et une collection d'illustrations concrètes de ces dimensions qui soient utilisables dans l'action qui doit suivre » (Allaire, 1992 : 103).

On retrouve dans ces quatre processus spécifiques, des illustrations de la place du travail en groupe dans l'application des méthodes et des outils utilisés pour analyser les problèmes organisationnels en adoptant les deux approches, l'approche globale et la roue d'apprentissage, décrites au chapitre 4.

Le *processus d'échange* englobe tous les autres processus en considérant que chaque intervention d'un membre du groupe est une sollicitation ou une offre de l'information, ou les deux à la fois. Le groupe de travail est défini ici comme un « marché » où s'effectuent diverses transactions et dont le processus d'échange constitue l'outil de vie fondamentale (Allaire, 1992 : 104). La dynamique de ce processus, comme nous le vivons tous au sein des Comités où nous sommes appelés à intervenir, est ainsi résumée par Allaire (1992 : 104) : une offre (intervention d'un membre) stimule une demande (des questions des autres membres), « une demande entraîne une série d'offres, une offre vient en compétition avec d'autres offres, les demandes ne reçoivent pas de réponses, il y a trop de demandes pour ce qu'il y a de ressources, ... ». Mais dans un groupe, l'échange ne fait rien perdre, il multiplie par l'effet de synergie. Car le principe de base du fonctionnement d'un groupe est fondé sur l'hypothèse que « c'est dans la mesure où toutes les questions et toutes les réponses auront été « portées » par tous ses membres, qu'il sera véritablement une nouvelle réalité, une nouvelle entité sociale, et non pas une simple addition d'individus » (Allaire, 1992 : 104).

A l'intérieur du processus d'échange se déroule chez les membres du groupe un autre processus qui est stimulé et nourri par l'échange : *le processus de symbolisation*. Celui-ci consiste en une interaction entre un vécu concret immédiat (les sensations, les émotions et les sentiments qui habitent l'individu à un moment donné) et des symboles qui permettent de représenter ce vécu. Il peut s'agir de symboles appris (les mots, les images et les gestes conventionnels enregistrés dans la mémoire) ou des symboles créés par le membre (les mots inventés, les métaphores et les images mentales personnelles, les rêves, les gestes spontanés ou involontaires). A propos de ce processus, Allaire (1992 : 105) précise :

> *Par la symbolisation, l'énergie biologique est transformée en information utilisable par le groupe dans le « montage » du « produit » qu'on cherche à réaliser. Sans même connaître le déroulement du processus de symbolisation, les individus d'un groupe l'emploient nécessairement comme outil de production individuelle d'informations, et force est de le tenir pour instrument de travail original à la disposition d'un groupe de travail.*

En pratique, les deux processus d'échange et de symbolisation se comportent comme les deux faces d'une même pièce. Ils sont distincts, certes, mais, il ne peut y avoir l'un, sans qu'il puisse y avoir l'autre. Nous communiquons souvent par parabole, par métaphore (comparaison d'une réalité avec une autre) et même par métonymie (identification de la partie avec le tout) puisées dans le registre socio-culturel auquel nous nous identifions et qui nous a en quelque sorte moulés.

Compte tenu de ces différents processus et eu égard aux facteurs qui sont de nature à favoriser l'efficacité et l'efficience du travail en groupe (voir paragraphe suivant) trois types de fonctions principales sont mis en œuvre dans un groupe de travail :

- *une fonction de production* : assurée par tous les membres de l'équipe et visant à atteindre l'objectif commun poursuivi ou à accomplir le mandat confié ;
- *une fonction de facilitation :* pour faire vivre le groupe, l'aider à progresser vers ses objectifs en s'appuyant sur la participation effective de tous les membres grâce à l'usage de méthodes et d'outils appropriés (processus d'échange et de symbolisation) ;
- *une fonction de régulation :* qui se traduit par la prise de conscience, par l'équipe, de ce qui se passe en son sein en vue de l'amener au stade de son autonomie. A ce stade, le groupe agit en fonction des observations et réflexions de ses membres d'une façon qui soit en adéquation avec les objectifs globaux poursuivis. Les membres comprennent clairement comment leurs actes influencent leurs résultats et ils sont en mesure d'influencer sur ces résultats par leurs propres efforts ; les objectifs sont poursuivis de façons transparentes, en fonction de critères de mesures compréhensibles par tous.

Ces fonctions s'exercent suivant une dynamique particulière, caractéristique du travail en équipe, par opposition, par exemple, à une approche bureaucratique classique.

4.2. La dynamique du travail en groupe

En vue de la poursuite de son objectif, tout groupe de travail doit maintenir en équilibre un certain nombre d'exigences dont les cinq principales suivantes (Golembienski, 1992 : 198), appliquées à une démarche d'intervention en conseil organisationnel auprès d'une administration :

- *les attentes de l'administration* concernée relativement au mandat reçu : les politiques, les procédures, les programmes, les indicateurs de performance ;

- *les relations avec les autres équipes :* lorsque plusieurs équipes travaillent simultanément dans la poursuite d'un même objectif ; ou lorsque plusieurs équipes travaillent sur des étapes successives d'une même démarche et que le rythme ou la qualité du travail de l'une influence directement celle des autres ; ou lorsque les extrants de l'une constituent le principal intrant des autres ;
- *la tâche de chaque équipe :* l'accomplissement de son mandat dont les exigences à court terme peuvent l'emporter sur les autres aspects de la dynamique du groupe ;
- *les besoins individuels des membres :* selon la théorie des besoins interpersonnels, chaque membre possède à un certain degré, les trois besoins de base suivants : i°) le besoin d'appartenir au groupe (besoin d'inclusion) ; ii°) le besoin d'avoir le rôle dominant (besoin de contrôle) ; et iii°) le besoin d'établir une relation d'intimité avec d'autres membres du groupe (besoin d'affection). La satisfaction relative de ces besoins déterminera le degré de participation et d'engagement des membres au sein de l'équipe ;
- *la gestion de l'équipe :* gestion de la dynamique interne de l'équipe, gestion des exigences externes au groupe telles les attentes de l'administration concernée et les relations avec les autres équipes.

Le maintien en équilibre de ces exigences traduit la *vie* ou la *dynamique* du groupe et constitue à cet égard le gage de sa performance (efficacité et efficience). En plus de l'*énergie* des membres et des *buts* poursuivis par le groupe, les *normes* acceptées comme légitimes par le groupe, les *rôles* tels que définis entre les membres du groupe et les *réseaux* d'attraction interpersonnelle par lesquels les phénomènes d'attirance ou de rejet se manifestent au sein du groupe, sont les cinq éléments qui participent au développement de cette dynamique (Allaire, 1992 ; Roussin, 1992).

Tous ces éléments influencent de diverses façons le fonctionnement du groupe. Les recherches ont permis de dégager quelques aspects de ces influences. La prise de conscience au sein du groupe des effets combinés de ces éléments peut permettre aux membres d'adopter des comportements, ou de prendre des mesures susceptibles d'accroître sa performance. Par exemple, lors des échanges au sein d'un groupe, les membres peuvent en venir à la confrontation entre personnes. Celle-ci ne doit pas être assimilée à l'affrontement hostile. Si elle est respectueuse des personnes et si elle suit les règles du feed-back comme décrites au paragraphe précédent, elle n'entraînera pas de rupture de communication. Mais si les normes du groupe encouragent « l'évitement de la confrontation », celle-ci se cachera derrière des sous-entendus ou des blagues comme l'observe Allaire (1992 : 112). Pour permettre au groupe d'être optimal, l'animateur devra alors faciliter l'explication de ces messages.

Le tableau 7-7 résume les principales caractéristiques de ces éléments en précisant, notamment, pour chacun d'eux, les propriétés déterminantes de l'action du groupe. Ce tableau ne résume que de façon très sommaire la dynamique du travail au sein d'un groupe de travail. En synthétisant ces éléments, nous voulons offrir aux membres de chaque groupe des paramètres sur lesquels s'appuyer pour jouer efficacement les différents rôles qu'ils seront amenés à se donner dans le cadre de la division du travail en son sein.

Tableau 7-7 : ELEMENTS DETERMINANTS DE LA DYNAMIQUE D'UN GROUPE DE TRAVAIL

L'ENERGIE DU GROUPE	
Définition	**Caractéristiques déterminantes**
– Energie humaine des membres du groupe – Les membres constituent ainsi par leur énergie, le principal intrant du système que constitue le groupe – Cette énergie prend la forme d'*information* que le groupe va traiter suivant les processus d'échange et de symbolisation – Requiert une *attention soutenue* du membre du groupe et une mobilisation du *soi* qui nécessitent des conditions de travail favorables (choix des outils, du local, des périodes,...)	– L'efficacité et l'atmosphère du groupe sont hautement déterminées par la bonne forme psychique de ses membres : souplesse, degré d'ouverture – Les interactions qui impliquent l'échange de l'information ont une valeur de stimulation créatrice – Le groupe, pour être efficace, doit réussir à s'accorder les conditions d'un déroulement optimal du processus de symbolisation : temps de réflexion individuelle, climat d'accueil, écoute emphatique, communication ouverte, informations intrapersonnelles (les membres se situant les uns par rapport aux autres, par rapprochement ou éloignement des positions défendues).
LES BUTS POURSUIVIS PAR LE GROUPE	
Définition	**Caractéristiques déterminantes**
– Ce pourquoi le groupe a été constitué : son mandat – Le but poursuivi indique au groupe le modèle de traitement spécifique de l'information à adopter : consulter, décider, résoudre un problème, conceptualiser – Le but est le facteur essentiel de la *cohésion* du groupe : catalyseur des énergies et de la cohérence dans les contributions, moteur de la synergie	– L'efficacité des membres varie selon que le groupe répond plus ou moins à leurs besoins individuels : inclusion, contrôle, affection – Un membre peut faire passer un but personnel, avant le but du groupe : « agenda » ou plan caché – Plus les membres du groupe sont orientés vers la satisfaction de leurs besoins personnels, plus il y a des conflits et les membres se sentent moins unis – Les recherches montrent que si les membres d'un groupe arrivent à déterminer eux-mêmes les buts poursuivis, ou à s'approprier de ceux qui leur ont été fixés, ils ont plus de chance de s'y identifier que si ces buts leur sont imposés de l'extérieur

LES NORMES DU GROUPE	
Définition	**Caractéristiques déterminantes**
– Ensemble de spécifications relatives aux comportements et aux attitudes acceptés par le groupe : normes culturelles, programme, horaire, ordre du jour,… – Réglementation de chaque intervention à travers les règles d'attribution du droit de parole – Encadrement des processus du travail du groupe au plan de la forme comme, par exemple, l'adoption d'un modèle d'analyse systémique d'un problème	– Les normes individuelles sont souvent en conflit avec les normes explicites du groupe – Les normes implicites (non formulées) sont souvent plus puissantes que les normes explicites – Les normes ne sont pas toujours les mêmes d'un groupe de travail à l'autre
LES ROLES DEFINIS ENTRE LES MEMBRES DU GROUPE	
Définition	**Caractéristiques déterminantes**
– Les rôles sont habituellement définis aux fins de la division du travail au sein du groupe : chef d'équipe, modérateur dans les discussions, rapporteur,… – Celui qui détient, au sein d'un groupe, le titre de leader par une décision imposée de l'extérieur n'est pas nécessairement celui qui remplit cette fonction auprès des membres du groupe par son influence – Le rôle d'une personne implique que d'autres personnes tiennent un ou plusieurs rôles complémentaires de ce premier rôle	– Dans un groupe, la participation de chaque membre varie en fonction de facteurs personnels et de la répartition des rôles adoptée en s'inscrivant dans la logique des trois fonctions de production, de facilitation et de régulation – La façon dont chaque membre du groupe assume son rôle est influencée par la façon dont il se perçoit (perception de soi) et par son sentiment d'être accepté par le groupe (acceptation de soi par le groupe) – Si le partage de rôle place les membres du groupe en situation hiérarchique, les systèmes de communication se trouvent modifiés
LE RESEAU D'ATTRACTIONS INTERPERSONNELLES	
Définition	**Caractéristiques déterminantes**
– Le réseau d'attraction résulte de la présence de personnes en interrelation : le vécu immédiat du groupe, le tonus affectif du groupe – Englobe les multiples réactions *immédiates* à soi-même et aux autres : confiance, estime, solidarité, affection, crainte, maturité, rejet, dépendance, rivalité – Se situe à la frontière entre les *personnes*, membres du groupe et les	– Les interactions entre les compétences *mises en commun* par chacun des membres du groupe contribuent à faire générer de nouvelles compétences par le groupe : c'est l'effet de **synergie** – A mesure qu'augmentent chez un membre du groupe son sens de responsabilité personnelle, son estime et son acceptation de lui-même, il a tendance à se montrer plus compréhensif à l'égard d'autrui et à manifester plus d'estime à son égard. Ce développement a pour effet de diminuer chez

processus structurés mis en œuvre pour poursuivre les objectifs du groupe	lui et chez les autres, les attitudes défensives – La diminution des attitudes défensives augmente la probabilité d'une plus grande ouverture, d'un usage plus libre des idées nouvelles, d'une attitude de plus grande tolérance à l'égard des idées neuves – Quand la confrontation interpersonnelle est intégrée dans le processus d'échange ou de communication du groupe, le traitement de l'information est facilité et un maximum de cohésion dans l'action qui va suivre la prise de décision est assuré

Le Conseiller en Organisation qui s'appuie sur le groupe de travail pour contribuer au développement de l'administration doit tenir compte de l'ensemble de ces éléments pour aider les membres de chaque groupe à créer les conditions de son efficacité, conditions que Roussel (1992 : 263) résume à trois : i°) la participation pour permettre l'utilisation maximale du potentiel de tous les membres ; ii°) la liberté de communication pour permettre des relations interpersonnelles amicales entre les membres, indispensables pour éviter ou régler les conflits qui naissent à l'intérieur de tout groupe ; iii°) le climat psychologique d'acceptation, un climat qui ne doit comporter aucune menace à la liberté et à la spontanéité de chacun des membres.

Pour créer un climat psychologique d'acceptation et de permissivité totales, Roussel (1992 : 263) observe que le leader du groupe doit franchir deux obstacles :

> *En premier lieu, le sentiment profondément ancré chez beaucoup de n'avoir aucune valeur personnelle, d'être inutile. En second lieu, la crainte de la majorité des participants que leurs contributions ne soient immédiatement jugées incomprises, ridiculisées ou négativement évaluées.*

Pour surmonter ces obstacles, certaines façons de faire s'imposent comme nécessaires dans le comportement du leader : créer un climat d'empathie et de chaleur, être présent aux autres, comprendre les significations et les intentions, accepter le groupe au niveau où il se trouve au moment actuel tout en ayant une claire idée des limites à l'intérieur desquelles il doit être permissif (Roussel, 1992 : 264).

4.3. L'apprentissage en groupe

Senge et al. (2000 : 404) utilisent le concept de *cohésion* au sens de « fonctionner comme un ensemble », pour définir l'essence de l'apprentissage en groupe ou en équipe. Le consensus (qui n'est pas l'unanimité) est alors son principal mécanisme de prise de décision. Et pour eux :

L'amélioration de la cohésion (on « n'y arrive jamais totalement ») consiste à accroître la capacité des équipes à penser et à agir en synergie, en parfaite coordination et avec un sens de l'unité, parce que les membres de l'équipe connaissent l'état d'esprit et les sentiments de chacun.

Dans une démarche d'apprentissage en groupe, au fur et à mesure que progresse le niveau de cohésion du groupe, les membres développent leur capacité à utiliser leurs désaccords pour enrichir leur compréhension collective. Il s'agit fondamentalement d'une *étape de l'utilisation* des équipes de travail pour se concentrer immédiatement sur les principaux problèmes et préoccupations de l'administration concernée (Roberts, in Senge et al., 2000 : 408). Le processus est très exigeant et les membres doivent savoir qu'il y aura des moments de frustration ou d'embarras, à mesure qu'ils développent leurs capacités collectives. Aussi, son adoption doit être fortement motivée, par exemple, par : une nécessité de délibération, la résolution profonde d'un problème, le désir collectif de créer quelque chose de nouveau.

Nous résumons ci-après trois règles de base à respecter dans une démarche d'apprentissage en groupe (Senge et al., 2000) :

- *les équipes doivent établir par consensus leurs propres règles de communication et d'apprentissage* : permettre à chacun de dire la vérité telle qu'il la connaît, donner les informations pertinentes immédiatement à l'équipe ou limiter le temps de parole de chacun, décider de la manière dont les décisions seront prises et par qui, fixer les moyens de se contrôler et de se remettre en cause mutuellement en toute sécurité ;
- *les membres de l'équipe doivent maîtriser l'art du pardon :* si les résultats attendus n'arrivent pas, chercher un coupable peut entraîner l'abandon de l'apprentissage en équipe. Le pardon implique alors d'être solidaire au sein de l'équipe pour s'investir à discerner les causes du manque de résultats. De même, les fautes ou erreurs ne doivent pas être utilisées lors des arbitrages dans des décisions politiques ;
- *un animateur extérieur,* un rôle que jouent les Conseillers en Organisation dans cet ouvrage, peut plus aisément amener l'équipe créée au sein d'une administration à examiner son comportement et ses problèmes tabous. Il est cependant indispensable que la personne choisie maîtrise les techniques appropriées aux processus requis pour l'atteinte des objectifs de l'équipe.

4.4. Le travail en groupe comme approche d'intervention en Réforme Administrative

A cause de la complexité des problèmes auxquels s'attaque la réforme administrative, l'approche du travail en groupe (ou en équipe) s'impose aujourd'hui comme la seule approche efficace d'intervention en matière de modernisation des services publics et surtout dans l'optique de leur bonne gouvernance, en s'appuyant sur les deux leviers que sont (i) la recherche des causes profondes des problèmes et (ii) la responsabilité des acteurs sur le terrain[77].

Qui, aujourd'hui, peut prétendre tout connaître tout seul de toutes les dimensions (ontologique et épistémologique) d'un problème de développement d'une unité de travail, ou du problème de la lutte contre la pauvreté, sans être, à juste titre, traité de prétentieux ? L'expérience nous apprend que ce sont des « équipes » ou des « groupes » qui gagnent les batailles, qui remportent des victoires (des matches de football déterminants pour la qualification d'un pays à la coupe du monde par exemple), et non des individus pris isolément quel que soit leur niveau de performance personnelle.

Si nous insistons sur ce point qui paraît aller de soi, c'est parce que l'expérience nous a appris à ne pas confondre les comités et commissions divers créés dans les administrations, avec une approche de travail en groupe comme décrite ici. Très souvent dans ces comités se reproduisent les comportements bureaucratiques classiques au mépris royal des règles et des principes résumés dans le tableau 7-7. Ainsi, par exemple, en leur sein, le respect de l'autorité du « président » (nommé par décret) et la poursuite de l'objectif du « perdiem » priment sur celui des résultats attendus conformément à la mission confiée. En conséquence, les délais ne sont jamais respectés et les engagements par rapport aux résultats sont rarement tenus, notamment dans le but d'introduire des changements durables dans un contexte institutionnel donné. L'école de Senge (Senge et al., 2000 : 406) relève le paradoxe qui veut qu'on soutienne l'importance de cette approche, sans être prêt à se jeter à l'eau et conclut qu'une telle attitude changera inévitablement. Ces auteurs écrivent en effet :

> *A l'heure actuelle, les équipes sont reconnues comme des éléments essentiels de chaque entreprise – l'unité idéale pour prendre des décisions et faire que les choses soient faites. Néanmoins, la plupart des aspects des infrastructures existantes – tels les systèmes de mesure et de rémunération, aussi bien que les récompenses – n'ont pas encore « saisi » l'importance des équipes. Et de nombreuses personnes qui reconnaissent l'importance des équipes pensent encore, lorsque la pression se fait sentir, que l'unité clé de l'efficacité est l'individu. Cela changera inévitablement.*

---

[77] Morgan (1989 : 107) cite l'utilisation des groupes de travail (surtout autonomes) comme un *exemple de conception holistique du travail* permettant aux membres d'acquérir des compétences multiples qui sont redondantes, redondance qui lui permet à chaque groupe, ainsi qu'à chacun de ses membres de posséder la souplesse et la capacité de se réorganiser. Ainsi, « les capacités pertinentes pour le fonctionnement du tout sont intégrées à chaque partie. [...]. Les parties reflètent la nature du tout puisque leur forme spécifique est toujours liée aux contingences et problèmes de la situation globale »

Certes, travailler en groupe est beaucoup plus exigeant que de dicter des directives. En retour, les résultats sont plus significatifs au double plan individuel et collectif que dans le cas d'une approche solitaire du décideur qui dicte. Comment peut-on en effet, créer un monde meilleur en procédant autrement que par le décret, sans l'implication profonde et intime des parties prenantes ? Si on pouvait « changer une société avec des décrets », il y a longtemps qu'en Afrique les problèmes de l'extrême pauvreté et des exclusions de formes diverses seraient résolus par les acteurs politiques qui en ont une très bonne conscience comme on l'a vu tout au long de cet ouvrage (NEPAD, PNG, DSRP, Stratégies sectorielles,...).

La Structure Nationale chargée de la Réforme administrative (SNRA), « adhocratie opérationnelle » par nature comme on la vu au chapitre 1 (§. 3.2), et dont le seul pouvoir sur les administrations avec lesquelles elle travaille est le pouvoir de référence (voir le tableau 7-5), n'a pas d'autres choix à faire que de retenir cette approche. Il faut donc que les Membres de cette structure, en commençant par son Chef, acceptent que ce soit aujourd'hui, la seule façon efficace pour eux de travailler. « L'adhocratie est la structure de notre époque », renforce Mintzberg (1989 : 287) en ceci qu'elle est la seule capable « de fusionner des travaux d'experts appartenant à des disciplines diverses dans des groupes de projets constitués en fonction des besoins et travaillant sans à-coup » (Mintzberg, 1989 : 288). S'agissant particulièrement du Chef de la structure, du Manager, Mintzberg (1989 : 291) précise :

> *Le Manager de l'adhocratie s'occupe rarement de gestion au sens courant du terme pas plus que de donner des ordres ; au lieu de cela, il passe une grande partie de son temps en tant qu'agent de liaison pour coordonner les travaux de façon latérale entre les différentes équipes et unités. [...]. Le pouvoir coule dans l'adhocratie là où les experts qualifiés sont censés être – parmi les managers ou les spécialistes (ou les équipes de ces derniers), dans la structure linéaire, les unités fonctionnelles de support logistique et le centre opérationnel.*

Il y a donc un prix à payer par la SNRA pour adopter cette approche de travail et c'est normal. Rien de significatif ne se fait sans contrepartie.

CHAPITRE 8 : METHODES ET OUTILS DE MANAGEMENT DES REFORMES ADMINISTRATIVES

Ce chapitre traite de quatre outils :

1. le plan stratégique ;
2. la gestion par les compétences ;
3. l'évaluation des performances ;
4. le tableau de bord de gestion.

Au chapitre premier (§. 3.3.1), nous avons vu que les activités qui sous-tendent la fonction managériale peuvent se regrouper en trois grandes catégories : i°) *les activités de planification* qui ont pour extrants les politiques, les plans stratégiques et les procédures organisationnelles décrivant de façon formalisée les tâches à accomplir pour mettre en œuvre les politiques et les plans stratégiques ; ii°) *les activités de suivi* de la mise en œuvre des plans adoptés, activités à travers lesquelles le manager joue les différents rôles relationnels (leadership), informationnels (diffusion de l'information au sein de son organisation, transmission des informations à l'extérieur de son organisation, présidence de réunions,...) et décisionnels (agent de changement, gestion des conflits, allocation des ressources, négociateur) ; iii°) *les activités* d'*évaluation* du travail qui a été accompli suite à la mise en œuvre des stratégies et des actions retenues pour une période donnée (exercice budgétaire) ou dans un cadre défini (politiques, programmes et projets publics).

Pour réaliser efficacement toutes ces activités, le Manager doit posséder un certain nombre de compétences dont principalement : un sens politique, une sensibilité à son entourage, des habiletés à apprécier les personnes, des capacités à anticiper des réactions et des problèmes (A. Payette, in Parenteau (dir.), 1992 : 198 – 218).

Dans ce même chapitre premier, et par rapport à la problématique de la « réforme administrative », nous avons préconisé une stratégie de « management de la réforme administrative » qui se décline en trois axes : i°) l'adoption d'une approche globale de la réforme ; ii°) la gestion intégrée de la réforme, et iii°) la production des résultats. Le dernier axe intègre les préoccupations d'évaluation des performances.

Les quatre outils retenus dans ce chapitre font partie des méthodes d'appui à la mise en œuvre de cette stratégie suivant la logique de l'approche de la « gestion par la performance » rappelée au chapitre 4. Il s'agit du *plan stratégique* pour l'axe « approche globale de la réforme », de la *gestion par les compétences* pour l'axe « production des résultats », du *tableau de bord de gestion* pour l'axe « gestion intégrée de la réforme » et de l'*évaluation des performances* pour l'axe « production des résultats ».

1. LA PLANIFICATION STRATEGIQUE COMME OUTIL DE MANAGEMENT DE LA REFORME ADMINISTRATIVE

Au chapitre premier (§. 2.3.1.) nous avons décrit la place centrale de la planification stratégique dans le dispositif « d'un nouveau modèle de gestion publique » adopté à partir des années 1980 dans certains pays de l'OCDE (par exemple). Il s'agit alors, pour ce qui est de la planification stratégique, d'une mesure prise pour systématiser la démarche de la gestion par la performance et assurer un pilotage politique et administratif cohérent et soutenu de la modernisation des services publics. Mais le processus de planification stratégique est long et complexe et les administrations qui sont engagées dans cette démarche ont besoin de soutien pédagogique et technique. A cet égard, compte tenu de la définition de la réforme administrative retenue dans cet ouvrage et suivant la perspective de la Gestion de la Qualité Totale (GQT) qui met en exergue la place centrale des "engagements de service" dans la politique qualité de chaque administration, la planification stratégique apparaît être un outil privilégié de management de la réforme administrative, tant de par sa démarche que par rapport à son rôle à travers le processus d'apprentissage organisationnel.

1.1. La démarche de la planification stratégique et le management de la réforme administrative

Dans la logique du dispositif d'un « nouveau modèle de gestion publique », la planification stratégique est par définition, un *effort discipliné* engagé par une administration dans son ensemble pour prendre des décisions et formuler des axes d'action *qui forment et guident ce qu'elle est, ce qu'elle fait et pourquoi elle le fait.*

Il ne faut pas confondre la planification stratégique qui réfère à des processus d'analyse externe des menaces et des opportunités et d'analyse interne des forces et des faiblesses d'une administration, avec la planification à long terme qui tend à projeter les tendances actuelles de l'environnement en traduisant les buts et les objectifs poursuivis par l'administration concernée en budgets et en programmes d'activités.

La démarche d'élaboration du plan stratégique d'une administration est fortement marquée par l'histoire, la mission et la structure organisationnelle de cette administration. Le but de la démarche n'est pas la production d'un document dénommé « plan stratégique » (Guillaume et al., 2002 ; Deschênes et Divay, in Parenteau (dir.), 1992). Cette démarche vise surtout à expliquer les finalités de l'action publique en les argumentant solidement du point de vue de cette administration, d'une part, et à aider les agents publics concernés à modifier leur attitude envers le travail et leurs manières d'aborder leur fonction, d'autre part. Comme l'observent Senge et al. (1999 : 589), « une transformation fondamentale se produit lorsque les dirigeants en viennent à comprendre que le processus stratégique non seulement implique les idées mais doit également libérer les énergies ».

Rappelons, comme relevé dans le tableau 4-1 (exemple d'articulation des instruments de planification par objectifs et de gestion de la performance au niveau ministériel) que les résultats de la démarche de planification stratégique dans une administration sont de deux ordres :

- *un document d'orientation triennal ou quinquennal suivant les pays* : synthèse des réflexions menées au sein de l'administration concernée sur l'évolution à moyen terme de ses missions et de son organisation. Ce document est mis à jour sur une base annuelle.
- *trois documents supports à préparer sur une base régulière* : i°) un rapport annuel de suivi des résultats ; ii°) des bilans périodiques de la qualité des performances de l'administration concernée ; iii°) des rapports périodiques d'évaluation globale de mise en œuvre du plan stratégique assortis de recommandations relatives aux axes de développement de ladite administration.

Le plan du document d'orientation s'articule en trois parties principales :

A. L'environnement externe de développement de l'administration concernée :

- contexte économique, technologique et socio-culturel de développement du secteur concerné ;
- contexte public et gouvernemental pour le secteur ;
- tendances du développement durable dans le secteur concerné.

B. Les faits saillants de la problématique interne du développement de l'administration concernée :

- diagnostic des principaux problèmes de développement de ladite administration dans leur état actuel ;
- analyse de la performance de l'administration concernée en tenant compte des critères d'évaluation existants ou à développer, d'une part, en comparaison avec les autres administrations en Afrique (Charte de la Fonction Publique en Afrique, par exemple) et dans le monde (développement des TIC, poursuite des objectifs du millénaire pour le développement des Nations Unies, par exemple), d'autre part.

C. La stratégie de développement de l'administration concernée :

- rappel des missions de l'administration concernée ;

- identification des champs d'action ou de programmes à mettre en œuvre pour réaliser les missions ainsi que des liens à entretenir avec d'autres administrations stratégiques dans la réalisation de ces missions ;
- définition des orientations triennales (ou quinquennales) pour chaque champ d'action ou programme (objectifs à poursuivre pour chaque champ, stratégie à mettre en œuvre pour chaque objectif, évaluation globale des ressources financières, indicateurs de mesure des résultats) ;
- description des facteurs externes pouvant affecter la poursuite des objectifs arrêtés.

On comprend donc pourquoi une administration ne peut pas prétendre mener *sérieusement* une démarche de planification stratégique parce qu'on le lui a demandé de l'extérieur, par exemple comme une conditionnalité pour obtenir des ressources financières. Aussi, la haute direction de l'administration concernée (Ministre, Secrétaire Général, Inspecteurs Généraux, Directeurs Généraux, Directeurs...) doit-elle adhérer à la démarche et s'y impliquer pleinement parce qu'elle y trouve un *puissant levier* pour soutenir la modernisation des services publics dont elle a la charge.

Du point de vue de la réforme administrative et à la différence des expériences de rationalisation des choix budgétaires (PPS et RCB) des années 1970, la planification stratégique est un outil d'opérationnalisation de l'approche de la gestion axée sur les résultats, y compris les résultats palpables des efforts de revitalisation des services publics. Comme outil de management de réforme (produire les résultats au coût optimal), la planification stratégique vise, dans le contexte actuel de la revitalisation des services publics comme décrit aux chapitres 2 et 3 de la première partie[78], à :

1. construire une *vision d'ensemble* du développement de l'administration concernée et un *guide de conduite* général permettant à cette administration de soutenir la *cohérence* de ses différentes actions ;
2. dégager les *règles d'action* qui guideront les comportements des agents publics concernés face aux problèmes qui surviendront dans leurs activités quotidiennes ;
3. permettre à l'administration concernée de bien intégrer son *appartenance à un réseau* d'institutions et de développer le sens du *partenariat* avec les autres intervenants en fournissant à tous une vision commune ;
4. offrir à chaque responsable de structure au sein de l'administration concernée l'opportunité d'appréhender l'étendue de *sa sphère*

[78] Impératif de bonne gouvernance des services publics, nécessité d'adopter une approche de développement durable, rôle régulateur de l'Etat et adoption de l'approche de partenariat, nécessité de prendre en compte les exigences de la diversité, urgence de rallier les vues très diverses des professionnels de chaque administration.

d'influence, tant verticalement au sein de son administration, qu'horizontalement à travers les comités ad-hoc, les commissions et les équipes de travail mis en place pour produire un résultat précis.

Tirant les conclusions de l'expérience de la démarche de planification stratégique à laquelle ils ont été fortement impliqués au Ministère de l'Environnement du Québec (Canada), Deschênes et Divay (in Parenteau (dir.), 1992 : 419) observent que :

> *La planification stratégique, sensible au changement externe, introduit la créativité dans la routine mécaniste, rappelle la nécessité d'adapter l'action de façon continue. Ce faisant, elle devient source d'inspiration et de motivation pour les employés qui ont la possibilité d'éprouver le plaisir de la créativité, la satisfaction de fournir une contribution à la vie du ministère autre que la production courante spécialisée.*

Pour atteindre ces objectifs, la démarche s'appuie, d'une part, sur une équipe de travail mise sur pied au sein de l'administration qui élabore son plan stratégique, et d'autre part sur l'appui pédagogique et technique qui lui est apporté de l'extérieur par les experts compétents. Sachant que la planification stratégique est une « planification par argumentation » (M. Paquin, in Parenteau (dir.), 1992 : 401), le choix des personnes présente ici un caractère critique, que ce soit pour l'équipe interne de travail (qui doit constituer un échantillon représentatif de la diversité des vues, des professions et des statuts), que pour les experts externes (qui doivent être capables de concevoir et mettre efficacement en œuvre une démarche adaptée à chaque situation).

La *réflexion stratégique* étant la préoccupation principale de la démarche, la structure nationale chargée de la réforme administrative se trouve, de part son statut de spécialiste en développement des organisations, impérativement au nombre des organes qui fourniront les experts d'appui externe. Il lui reste seulement à faire la preuve de sa compétence avérée. Et elle a tout intérêt à le faire sans complaisance (voir au chapitre 3, le §.2.2. sur la crédibilité de la réforme administrative) puisque le plan stratégique de toute administration comportera inéluctablement un champ ou un volet relatif à la « modernisation des services administratifs » qui relève de ses propres missions et participe ainsi de sa raison d'être. A cet égard, et compte tenu du potentiel fort élevé d'apprentissage que recèle la planification stratégique, le management de la réforme ne peut que œuvrer pour l'ancrage de cette démarche dans la culture organisationnelle de chaque administration, en commençant par la sienne.

1.2. La planification stratégique en tant qu'apprentissage

Au cœur de la démarche de la planification stratégique, se trouve, avons-nous relevé plus haut, une réflexion profonde sur les valeurs essentielles de l'administration concernée (voir chapitre 3, §. 2.1.1.). C'est-à-dire ce qu'elle est, ce qu'elle fait, comment elle le fait, avec qui elle le fait, que va-t-elle devenir demain. Au plan méthodologique et pratique, il est fait appel à un ensemble d'outils techniques pour amener les participants (agents publics concernés, partenaires, experts) à répondre suivant les étapes de la démarche retenue, à des questions précises dont les principales ont les ssuivantes (Senge et al., 1999 : 584) :

- que voulons-nous faire ?
- quelle est notre raison d'être ?
- pourquoi est-ce une raison d'être valable ?
- qui servons-nous ?
- comment pouvons-nous apporter une valeur unique ?
- que devons-nous changer pour apporter cette valeur ?
- quelles devraient être nos relations avec les autres partenaires ?
- qui sont-ils ces partenaires ? Quelle est leur ampleur ?
- qu'en est-il des autres professionnels de notre secteur ? Quel type d'exemple voulons-nous donner ?
- qu'en sera-t-il de ceux qui vivront à l'époque de nos enfants ? Et de leurs enfants ?
- comment notre administration sera-t-elle vue par les historiens ?
- pour quel rôle serai-je connu ?
- quel héritage espérons-nous laisser ?

L'élaboration de l'image et de la vision communes qui vont émerger de la démarche nécessitera indéniablement l'utilisation de techniques de mise à jour des schémas mentaux qui favorisent le développement de la capacité de pensée stratégique et d'exploitation de nouvelles hypothèses. Les participants seront ainsi amenés à présenter les hypothèses qui sous-tendent la stratégie actuelle et à tester les hypothèses qui fondent les stratégies proposées pour l'évolution et ayant recours à diverses approches pour modéliser les effets des différents choix stratégiques (voir chapitres 4 et 6).

Mais au-delà des techniques dont la maîtrise sera assurée par les Conseillers en Organisation Administrative pour ce qui est de la contribution de la réforme administrative, la clé de la stratégie pour le Manager de la réforme est son aptitude à remarquer les changements subtils dans le sens des possibles, comme l'observent Senge et al. (1999 : 599) qui témoignent :

> *Des maîtres des arts et des sciences, tels Picasso et Einstein, apportent la preuve que de nouvelles visions peuvent créer de nouveaux champs de possibilité. De temps à autre, les ténors politiques captent également le cœur et l'esprit de leurs citoyens, au point que ce qui paraissait auparavant impossible se trouve légitimé. Aussi bien Vaclav Havel de la République Tchèque que Nelson*

Mandela en Afrique du Sud se sont levés, après des périodes d'intenses souffrances, pour exprimer des vérités universelles qui transcendaient les préoccupations quotidiennes et mobilisèrent leurs pays.

Ainsi, et dans la perspective de la gestion de la performance, la planification stratégique se présente comme un outil ou une occasion adéquate pour aider les agents publics concernés à mieux comprendre les *bases de leurs activités, comment la valeur est générée, les facteurs qui soutiennent la synergie entre leur administration et les autres institutions parties prenantes dans le cadre de la création de cette valeur pour l'usager des services publics.*

1.3. Esquisse d'un plan stratégique pour conduire la modernisation d'un service public

Le contexte politique, économique et technologique, ainsi que les enjeux de développement de la fonction « réforme administrative » décrits dans la première partie (chapitre 2 et 3), commandent que la SNRA de chaque pays africain se dote, elle-même, de son plan stratégique pour éclairer les intervenants sur l'essence profonde de ses actions. Par rapport à ce qu'elle était aux lendemains des indépendances, la vision du rôle de l'Etat dans le processus de développement de chaque pays a changé, entraînant celle de son administration qui doit aujourd'hui affronter le défi de la performance pour permettre aux autres secteurs de l'activité nationale d'être compétitifs dans un contexte de mondialisation. Ce changement de vision par rapport au rôle de l'Etat doit se traduire (et elle s'est traduite) par un ensemble de réformes qui sont en cours dans les services publics, chacun dans son secteur d'activités. Les réformes administratives que les programmes nationaux de gouvernance et la charte de la fonction publique en Afrique définissent suivant la perspective managériale, par opposition à la logique bureaucratique du type wébérien traditionnelle, occupent une place de choix parmi ces réformes.

Mais comment se font-elles ? Si on sait très bien ce qu'il ne faut plus faire par exemple, en termes de mauvaise gouvernance, sait-on de façon aussi précise ce qu'il convient de faire ? Quel est le degré de cohérence des actions menées dans ce cadre avec les orientations des politiques publiques, en matière de modernisation des services publics telles que définies dans un document de référence tel que le PNG dont la présidence du Comité de Pilotage est assurée par une très haute autorité de l'Etat (Président de la République ou Premier Ministre suivant les pays) ? Comment sont définis les indicateurs de mesure des résultats eu égard aux exigences des fondements théoriques de l'approche managériale, par ailleurs combinée avec une approche de partenariat, entre le secteur public, le secteur privé et la société civile ? Quelles sont les dispositions opérationnelles envisagées pour respecter les engagements pris dans la Déclaration de Paris sur l'efficacité de l'aide publique au développement ? Dans ce nouveau contexte, comment mobiliser les ressources humaines pour l'atteinte des résultats poursuivis ? Comment évaluer les performances des agents publics et engager leur imagination et leur intelligence dans une démarche de remise en cause des anciennes hypothèses sur leurs activités administratives ? Comment constituer dans les différents secteurs où intervient l'administration, une masse critique d'acteurs, leaders, qui soient en mesure de prendre des décisions fondées sur les principes d'éthique et d'apprentissage qui sous-tendent la nouvelle vision de modernisation des services publics ?

Ces questions qui s'adressent au système de Pilotage du Programme National de Gouvernance de chaque pays, interpellent directement la SNRA pour ce qui est des valeurs essentielles à promouvoir en matière de réformes administratives. Au Cameroun, par exemple, cette structure est, entre autres, chargée de l'élaboration et du suivi du schéma directeur de la réforme administrative dans toutes les administrations de l'Etat. Au chapitre 3 (§. 2.2.2.), nous avons identifié la « vision » comme l'un des principaux traits caractéristiques du nouveau style de leadership requis pour les Managers d'aujourd'hui et de demain. La planification stratégique, comme décrite ci-haut, est donc le cadre d'expression de cette aptitude du responsable chargé de cette structure dans chaque pays. Le responsable de la SNRA doit engager la démarche au sein de sa propre structure en tenant compte de la spécificité de ses processus internes comme décrits au chapitre 7 (§. 3.2., voir figure 7-8) et ceci dans le double but :

- de définir le cadre de référence de sa propre stratégie de gestion par la performance organisationnelle ;
- de développer l'expertise technique dont il aura besoin pour appuyer les autres administrations dans la même démarche.

Au plan de l'apprentissage interne, il en profitera pour renforcer les capacités de ses propres experts, les Conseillers en Organisation Administrative (COA), notamment en matière de définition de normes et des critères d'évaluation des performances pour toutes les administrations de l'Etat et en matière d'élaboration des systèmes d'information permettant de construire un dispositif de transparence administrative dans les services publics.

Notre propos ici n'est pas d'élaborer un plan stratégique de la réforme administrative pour un pays quel qu'il soit. On a vu aux paragraphes précédents que la démarche adopte une approche participative et se centre sur des personnes dans leur contexte de travail pour produire des extrants précis (un document d'orientation triennal ou quinquennal, trois documents supports à élaborer sur une base régulière). Au vu des analyses faites dans la première partie de cet ouvrage concernant, notamment, les enjeux et les défis de développement de la fonction « réforme administrative » dans les administrations publiques africaines, analyses qui ont conduit à retenir la « construction d'une nouvelle image de ces administrations », comme un des axes prioritaires de leur modernisation, nous proposons ici un cadre général de contrôle du processus d'élaboration d'un tel plan stratégique. Lors de l'élaboration des plans stratégiques des autres administrations, ce cadre général peut être utilisé par le responsable de la SNRA comme un outil d'application d'une stratégie du type parapluie, par exemple, comme analysée dans la description de la cartographie générale des processus propres à cette structure (figure 7-8). Dans ce cas, le cadre général fournit des lignes directrices pour l'élaboration du volet « réforme administrative ou modernisation » du plan stratégique des autres administrations.

Le tableau 8.1 décrit les principales articulations de ce cadre général en s'appuyant sur les processus stratégique, opérationnel et de soutien, décrits dans la cartographie de la figure 7-8. Le tableau décrit les résultats attendus et quelques champs d'action ou activités à réaliser pour les différents sous-processus retenus dans la cartographie. Il est bien évidemment entendu que ces sous-processus peuvent varier d'un contexte international ou national à un autre.

Tout plan stratégique s'élabore dans un cadre légal et réglementaire bien défini et la démarche s'appuie sur un ensemble de documents de référence d'où se dégagent les lignes directrices pour la *réflexion stratégique*. Ces éléments constituent des intrants pour décrire l'environnement externe de développement des administrations et pour cerner les faits saillants de la problématique d'introduction des réformes administratives. Leur exploitation rigoureuse et méthodique permet de s'assurer que les stratégies proposées ont une base *technique* solide, qu'elles sont *politiquement* bien argumentées et qu'elles se défendent aisément sur le plan *éthique*.

Au nombre des documents de référence d'où se dégagent les lignes directrices d'élaboration des plans stratégiques, figurent les principaux suivants qui sont pertinents à la réflexion stratégique au niveau de la SNRA :

1. texte organique de la SNRA et ses plans stratégiques antérieurs ou tout autre document tenant lieu ;
2. stratégie sectorielle du Ministère chargé de la Réforme administrative ;
3. Programme National de Gouvernance et toutes les publications subséquentes notamment sur les volets « amélioration de l'efficacité de l'Etat » et « Lutte contre la corruption » ;
4. programmes et projets de réformes en cours et tout autre engagement déjà pris par le Gouvernement (plans stratégiques sectoriels des autres ministères, lettres d'intention aux Bailleurs de Fonds, engagements de service dans le cadre des politiques ministérielles de la qualité, plan

d'action de suivi des engagements de Paris sur l'efficacité de l'aide publique au développement, etc...) ;

5. documents de la Stratégie de Réduction de la Pauvreté (DSRP) et tous les rapports de suivi de la mise en œuvre ;
6. diverses circulaires et instructions du Président de la République et du Premier Ministre relatives à l'amélioration de la performance dans les services publics, au système de gestion axée sur les résultats, à la politique budgétaire de l'Etat ;
7. rapports d'évaluation dans les administrations, tout au moins pour les dernières années (Audits organisationnels internes ou externes, Rapports d'inspections conduites aussi bien par l'Inspection Générale du ministère que par les services du Contrôle Supérieur de l'Etat, etc...) ;
8. lois d'orientation de la Décentralisation et leurs textes d'application ;
9. Charte de la Fonction Publique en Afrique ;
10. divers documents de portée internationale pouvant servir de base de comparaison ou pour aider à mieux cerner les problématiques (Rapports des sessions de la conférence panafricaine des ministres de la Fonction publique, les publications de la Revue Internationale des Sciences Administratives, les contributions du système des Nations Unies, les rapports de suivi du mécanisme africain de l'évaluation par les pairs (APRM), etc...) ;
11. divers documents de référence pour servir de support à la revue de la littérature sur l'analyse de l'environnement externe du développement de la fonction « réforme administrative » et notamment l'environnement technologique (voir par exemple les chapitres 2 et 3 de ce livre et la bibliographie).

Tableau 8-1 : ESQUISSE D'UN PLAN STRATEGIQUE POUR LA STRUCTURE NATIONALE CHARGEE DE LA REFORME ADMINISTRATIVE (SNRA) DANS UN PAYS

	PROCESSUS STRATEGIQUE OU DE REGULATION			
	SOUS – PROCESSUS STRATEGIQUES RETENUS			
	Pilotage de la SNRA	**Qualité de l'appui conseil fourni aux administrations**	**Système d'information en matière de la reforme administrative**	**Ressources Humaines de la SNRA**
Résultats attendus	1. Recherche et maintien de la cohérence entre les programmes et projets publics en matière de réforme administrative. 2. Liaison avec l'environnement de la SNRA. 3. Gestion des enjeux de pouvoir consécutifs aux réformes engagées dans l'administration, compte tenu des objectifs. particuliers des différents acteurs associés, y compris les partenaires au développement	1. Contrôle du respect des standards universels en conseil organisationnel, source de notoriété des ressources de la SNRA et de légitimation de leur pouvoir de référence. 2. Promotion des principes du développement durable en matière de réformes administratives.	1. Définition d'un cadre de collecte systématique des informations sur la performance. 2. Conception et participation à la mise en œuvre de la stratégie nationale d'appropriation du concept de l'administration électronique, « e-administration ».	1. Définition d'une politique de recrutement, de rétention et de développement personnel des Ressources Humaines de la SNRA, suivant l'approche de gestion par les compétences et compte tenu de l'évolution du concept de l'« employabilité ». 2. Standardisation des savoirs et des compétences et développement des capacités à travailler en équipe.
Champs d'action ou activités à	1. Construction d'un cadre intégré d'argumentation des projets de réforme et de conduite de changement en s'appuyant sur les termes du continuum : « vision – valeur – stratégie – objectifs	1. Adaptation de l'approche d'organisation des services publics (textes organiques, cadres organiques) compte tenu des principes de gestion « axée sur les résultats », de l'évolution du processus de la décentralisation	1. Elaboration des instruments et techniques de collecte et de traitement des données sur les performances en application du cadre systématique de collecte	1. Elaboration et mise en œuvre d'une stratégie appropriée de recrutement, de formation et de rémunération des ressources humaines de la SNRA basées sur les principes de la gestion par les compétences (voir chap.8, §.2.3).

	PROCESSUS STRATEGIQUE OU DE REGULATION			
	SOUS – PROCESSUS STRATEGIQUES RETENUS			
	Pilotage de la SNRA	**Qualité de l'appui conseil fourni aux administrations**	**Système d'information en matière de la reforme administrative**	**Ressources Humaines de la SNRA**
réaliser	– résultats –évaluation ». 2. Mise en œuvre du plan stratégique en matière de réforme administrative du Gouvernement.	et du niveau de développement de la « e-administration ». 2. Création et suivi des projets de soutien aux initiatives des démarches qualité engagées dans les services publics.	défini. 2. Réalisation de projets de « Prestation Intégrée de Services (PIS) », en collaboration avec les Directions techniques, les services opérationnels et les Cellules Informatiques des ministères.	2. Création et mise en œuvre au sein de la SNRA, des mécanismes d'apprentissage organisationnel notamment pour mieux connaître les administrations bénéficiaires des réformes et pour accroître leur satisfaction (voir tableau 5-2).

	PROCESSUS OPERATIONNELS			
	SOUS – PROCESSUS OPERATIONNELS RETENUS			
	Etude et prospective	**Evaluation et contrôle des performances**	**Conduite de projet de réforme administrative**	**Management des réformes administratives**
Résultats attendus	1. Définition et application du cadre de référence des interventions en DO dans le contexte de l'administration publique nationale. 2. Identification des forces amplificatrices et des forces régulatrices du changement dans l'administration publique nationale. 3. Participation à l'effort de développement des attitudes à traiter l'interdépendance et les causes profondes des problèmes pour construire les bases d'un changement	1. Mise en place des politiques en matière d'évaluation des performances des services publics et de contrôle des projets de réforme administrative en cours de réalisation. 2. Exploitation des rapports d'évaluation et de contrôle pour soutenir le développement des administrations,	1. Développement des capacités d'apprentissage organisationnel pour faire face aux obstacles à « l'auto-organisation » dans les services publics (voir chap. 3, § 3.3). 2. Appui aux administrations dans les différentes étapes de leurs projets de développement	1. Application différenciée, dans les différentes administrations, des politiques et programmes publics en matière de réforme administrative. 2. Gestion des résistances au changement et de la consolidation des résultats des réformes déjà réalisées. 3. Promotion de l'Excellence administrative à travers

	durable dans les services publics.	notamment à travers « l'infrastructure d'apprentissage » et les mécanismes de « communication et de partage ».	organisationnel.	par exemple, la mise en œuvre d'un fonds d'appui à l'innovation administrative.
Champs d'action ou activités à réaliser	1. Etudes de la pertinence des normes de fonctionnement des services publics eu égard aux attentes des usagers et de leur adéquation aux valeurs prônées par les exigences de la bonne gouvernance des services publics. 2. Questionnement du fonctionnement des paradoxes (chapitre 3, § 1.2) dans les services publics nationaux et leur intégration dans les stratégies de réforme administrative. 3. Questionnement de l'approche de gestion du facteur « temps » dans la stratégie du développement des services publics nationaux et réalisation de benchmarking avec des administrations publiques d'autres pays sur ce facteur 4. Adoption et mise en œuvre d'un dispositif de « veille en matière d'innovation » pour cerner l'évolution des besoins des usagers des services publics et les anticiper : équipe de prospective, observatoire des changements dans l'environnement des services publics,…	1. Développement et mise en œuvre de mesures d'application de politiques en matière d'évaluation et de contrôle des performances dans les services publics : critères de bonne gouvernance. 2. Surveillance (observatoire) des impacts des réformes engagées sur le développement durable des services publics. 3. Appui au développement et à la mise en place, auprès des SG des ministères, des tableaux de bord de suivi des activités du ministère. 4. Réalisation de projets de benchmarking pour soutenir l'amélioration des performances dans les services publics.	1. Appui en « Conseil organisationnel » aux projets de réforme administrative retenus dans les plans stratégiques des administrations. 2. Elaboration des outils et instruments de mise en œuvre des projets de démarches qualité engagées par les administrations. 3. Conduite de projets d'optimisation des processus et principalement des projets de rationalisation des délais et des procédures de traitement des actes administratifs. 4. Généralisation des réformes réussies et introduction des innovations.	1. Elaboration des plans directeurs ou Tableaux de Bord de Gestion de la réforme administrative, par secteurs d'administrations ou par type de réformes. 2.Développement et mise à disposition des méthodes et outils requis pour les réformes engagées. 3.Appui aux administrations pour la mise en œuvre de leur démarche de gestion par les compétences. 4.Mise en œuvre, en tenant compte des spécificités de chaque administration, des prescriptions du Chef du Gouvernement en matière de réforme administrative.

	PROCESSUS SUPPORT OU DE SOUTIEN			
	SOUS – PROCESSUS SUPPORTS RETENUS			
	Mobilisation des Ressources	**Coopération administrative internationale**	**Infrastructure d'apprentissage**	**Communication et partage**
Résultats attendus	1. Recherche et mise à disposition des ressources financières, matérielles et humaines nécessaires pour l'élaboration et la réalisation des projets de réforme retenus dans les plans stratégiques des administrations. 2. Appui aux démarches initiées par les administrations auprès des partenaires au développement pour obtenir les ressources dont elles ont besoin. 3. Contribution à la lutte contre la corruption au sein des services publics.	1. Exercice d'un leadership en matière de réforme administrative dans la sous-région, en Afrique et dans des projets de certaines institutions partenaires telles : l'IISA, l'OFPA, le CAFRAD, l'APAAM,… 2. Développement de coopération entre des administrations d'un pays, ou entre des administrations de plusieurs continents.	1. Soutien à la mise en place au sein des services publics, d'une architecture organisationnelle d'apprentissage (voir chapitre 2, § 1.3. et tableau 5-2). 2. Développement et mise en œuvre des stratégies d'appartenance à des réseaux d'institutions.	1. Mise en œuvre au sein de l'administration publique de mécanismes de consultation des usagers des services publics sur les réformes à engager et sur l'évaluation de leurs impacts. 2. Mise en œuvre au sein de la SNRA des mécanismes d'apprentissage pour tirer le meilleur parti des partenaires à la réforme (voir tableau 5.2). 3. Identification des moyens pouvant être utilisés pour soutenir la communication en fonction des cibles.
Champs d'action ou activités à réaliser	1. Elaboration ou appui à l'élaboration des « fiches de ressources » des différents projets retenus dans les plans stratégiques. 2. Recherche de nouveaux mécanismes d'appui des projets de réforme en ressources requises, en exploitant les partenariats nationaux et internationaux. 3. Elaboration et mise à jour	1. Participation active aux groupes de travail ou aux différentes études de modernisation des services publics initiés dans la sous-région ou par les Institutions visées. 2. Appui aux administrations en matière de coopération administrative, par exemple,	1. Après avoir formulé les idées directrices à travers la vision dans le sous-processus « pilotage », mettre maintenant l'accent sur les deux autres composantes de l'architecture d'apprentissage que sont « la théorie, les méthodes	1. Identification des usagers aux différentes étapes de conception, de réalisation et d'évaluation de projets. 2. Diffusion des résultats obtenus à la suite des réformes engagées. 3. Information des usagers sur le bien fondé et l'évolution des projets en cours

	régulières d'une banque de données d'experts nationaux et internationaux dans des domaines techniques précis du développement des administrations. 4. Appui aux organes de contrôle de l'exécution du budget de l'Etat ou de régulation des Marchés publics pour le développement d'outils ou pour l'introduction d'une démarche d'anticipation des problèmes de la corruption dans l'exécution des projets publics.	à travers leur participation au Prix de l'Excellence des Nations Unies pour le Service Public. 3. Participation à des projets de benchmarking ou des activités du mécanisme de l'APRM.	et les outils », « les innovations en infrastructure ». 2. Tenir compte dans tout projet de réforme, des éléments clés du domaine des changements profonds et durables que sont : les nouvelles compétences et capacités, les nouvelles perceptions et les nouvelles attitudes et croyances.	4. Partage des leçons tirées de toutes les expériences réalisées, par exemple à travers la publication d'articles dans des revues de management, de réforme administrative ou de sciences administratives.

Dans le tableau 8-1 nous avons retenu les champs d'action ou les activités qui nous apparaissent découler de la problématique du développement de l'administration publique africaine en ce début du 21ème siècle, telle qu'analysée dans cet ouvrage, en tenant compte de deux réalités constantes de cette problématique, l'une concernant les enjeux de la mondialisation et leurs conséquences sur la bonne gouvernance des services publics, l'autre consubstantielle à tout projet de réforme administrative.

Nous avons souligné dans la première partie l'impact de la mondialisation sur la conception et la mise en œuvre de la nouvelle philosophie de gestion des services publics adoptée dans les programmes nationaux de gouvernance d'où découlent les résultats attendus des différents sous-processus du tableau 8-1. La prédominance de l'option pour le mécanisme du marché et l'adoption de l'économie libérale dans cette philosophie soulèvent des inquiétudes fondées, tout au moins dans le contexte des pays en développement, si les principes sous-jacents sont appliqués à la lettre, sans discernement, notamment ceux relatifs au nouveau rôle de l'Etat. La principale inquiétude ici réside dans l'application d'un postulat qui prétendrait que les marchés fonctionnent *parfaitement* et qu'ils aboutissent spontanément aux résultats les plus *efficaces*. Joseph E. Stiglitz (2002 : 129), Prix Nobel de l'économie, observe à cet égard que :

> *Ceux qui vilipendent la mondialisation négligent trop souvent ses avantages. Mais ceux qui chantent les louanges sont encore plus injustes. A leurs yeux, la mondialisation (qu'on associe généralement à l'acceptation d'un capitalisme triomphant de style américain), c'est le progrès. Les pays en développement sont tenus de l'admettre s'ils veulent se développer et combattre efficacement la pauvreté. Or, à beaucoup d'habitants du monde en développement, la mondialisation n'a pas apporté les bienfaits promis.*
>
> *L'écart entre les riches et les pauvres s'élargit, et il condamne toujours plus d'habitants du tiers monde au pire dénuement, avec moins d'un dollar par jour pour vivre. En dépit des promesses de réduction de la pauvreté si souvent réitérées dans la dernière décennie du XXe siècle, le nombre réel des pauvres s'est accru de près de cent millions.*

Nous proposons dans l'encadré 8-1 une analyse de Stiglitz sur l'évolution du rôle de l'Etat dans la définition des orientations de l'économie nationale en s'appuyant sur l'exemple des Etats-Unis aux XIXe siècle. Cette analyse conclut à la nécessité de *considérer le marché non pas comme une idéologie, mais* ***comme un moyen***, qui, s'il est bien utilisé compte tenu des conditions locales et du rythme de développement de chaque pays peut permettre de combattre efficacement la pauvreté.

L'élaboration des plans stratégiques des réformes administratives dans chaque pays devrait tenir compte de cette contribution au débat sur les choix des champs d'action à opérer, dans la mesure où toute action administrative s'inscrit toujours dans la logique de l'application d'une politique de développement, laquelle est elle-même sous-tendue par l'idéologie prônée par le groupe d'appartenance politique de l'acteur.

ENCADRE 8-1 : LA MONDIALISATION, L'ETAT ET L'ORIENTATION DE L'EVOLUTION DE L'ECONOMIE, une analyse de Joseph E. Stiglitz

En soi, la mondialisation n'est ni bonne ni mauvaise. Elle a le pouvoir de faire énormément de bien et, pour les pays d'Asie un immense bienfait, malgré le revers de la crise de 1997. Mais, dans de très nombreux pays du monde, elle n'a pas apporté de bénéfices comparables. Pour bien de gens, elle s'apparente plutôt à un désastre absolu.

L'expérience des Etats Unis au XIXe siècle offre un bon parallèle avec l'actuelle mondialisation : le contraste aide à comprendre le succès d'hier et l'échec d'aujourd'hui. Comme le coût des transports, et des communications avait baissé et que des marchés jusqu'alors locaux s'étaient étendus, le XIXe siècle a vu naître de nouvelles économies nationales, et avec elles des entreprises d'envergure nationale qui menaient leurs activités à l'échelle de tout le pays. Mais on n'a pas laissé les marchés se développer spontanément. L'Etat a joué un rôle vital pour orienter l'évolution de l'économie. Aux Etats Unis, il a obtenu une très ample liberté d'action en matière économique quand les tribunaux ont interprété au sens large l'article de la Constitution qui autorise les autorités fédérales à réglementer le commerce inter-Etats. L'Etat fédéral s'est mis à fixer des règles au système financier, à prendre des décisions sur le salaire minimal et les conditions de travail, et il a fini par mettre en place des systèmes d'indemnisation du chômage et des prestations sociales pour répondre aux problèmes que crée un système de marché. Il a aussi stimulé la naissance de certains secteurs d'activité (c'est lui, par exemple, qui a installé la première ligne télégraphique, entre Baltimore et Washington, en 1942) et en a soutenu d'autres, comme l'agriculture, en contribuant à créer des universités pour faire de la recherche agronomique et en organisant les services de vulgarisation agricole qui ont formé les agriculteurs aux nouvelles technologies. Il a joué un rôle central, et pas seulement pour promouvoir la croissance américaine. Même s'il n'a pas pris de mesures de redistribution directe, il a mené des politiques dont les bénéfices étaient largement partagés – celles qui ont développé l'éducation et amélioré la productivité agricole, mais aussi les concessions de terres qui donnaient un minimum de chance à tous les Américains.

Aujourd'hui, avec la baisse continue du coût des transports et des communications et la réduction des barrières artificielles à la libre circulation des biens, des services et des capitaux (celle de la main-d'œuvre se heurtant toujours à de sérieuses entraves), nous avons un processus de « mondialisation » analogue à ceux qui ont constitué hier les économies nationales. Malheureusement, nous n'avons pas d'Etat mondial, responsable envers les peuples de tous les pays, pour superviser les progrès de la mondialisation, comme les Etats Unis et d'autres Etats nationaux ont guidé ceux de la « nationalisation ». Notre système, c'est une « gestion mondiale sans gouvernement mondial ». Un système d'où dominent quelques institutions (la Banque Mondiale, le FMI, l'OMC) et quelques acteurs (les ministères des Finances, de l'Industrie et du Commerce, étroitement liés à certains intérêts économiques et financiers) mais où beaucoup de ceux qui sont touchés par leurs décisions n'ont pratiquement aucun droit à la parole. Il est temps de changer les règles qui régissent l'ordre économique international, de penser moins à l'écologie et davantage à ce qui se montre efficace, de réexaminer comment les décisions sont prises au niveau international – et dans l'intérêt de qui. Il faut que la croissance ait lieu. Il est crucial que le développement réussi qui s'est produit en Asie orientale ait lieu ailleurs, car l'instabilité mondiale chronique a un coût énorme. On peut réorienter la mondialisation et, si on le fait, si on la gère de façon équitable et adaptée, en donnant à tous les pays le droit de s'exprimer sur les mesures qui les touchent, peut-être aidera-t-elle à créer une nouvelle économie mondiale où la croissance sera plus durable et où ses fruits seront plus justement partagés.

Source : Stiglitz, Joseph E. (2002 : 47 – 48)

Dans son ouvrage *« Les Français : réflexions sur le destin d'un peuple »*, Valéry Giscard d'Estaing, ancien Président de la République Française analyse, pour sa part, les raisons pour lesquelles « les Français [sont] unanimes à réclamer des réformes, mais [...] pour les rendre impossibles ».

Le texte de l'encadrer 8.2 est un extrait de cette analyse que nous retenons comme un témoignage qui a valeur de formation. Un exemple de cas illustratif d'un paradoxe qui semble consubstantiel aux processus de réformes et qui est fondé sur la nature du « gain » que les acteurs, incluant les bénéficiaires des résultats, tirent de leur investissement dans les chantiers engagés. A partir de ce cas décrit par une personnalité ayant exercé les plus hautes fonctions de l'Etat dans son pays, des analogies peuvent se faire pour comprendre un autre aspect de la dynamique de la mise en œuvre des réformes, et principalement celui qui sous-tend la psychologie de l'acteur dans le système. L'auteur illustre ses propos en expliquant les causes de blocage de trois réformes : la réforme du réseau des collectivités territoriales, la réforme fiscale et la lutte contre le chômage. Tous des chantiers de réformes dans lesquels les administrations publiques africaines sont engagées aujourd'hui.

La leçon à tirer de ces « Réflexions », écrit l'auteur, « est que pour réussir, la modernisation de nos structures locales suppose une forte impulsion politique. Celle-ci doit être conduite avec un mélange de détermination et de prudence, car les structures en question sont intimement liées à notre culture politique, et même à certains aspects de notre identité nationale. Elles ont pourtant un grand besoin d'être aérées et modernisées afin que, là encore, la France prenne l'habitude de regarder vers son avenir » (Giscard d'Estaing, 2000 : 168). « Pour réformer et aérer à la fois la fiscalité et l'Administration, nous avons besoin de passer progressivement d'une attitude de passivité et défensive à une vue « globale » et « future » et de la gestion hiérarchique à la posture d'une mission à accomplir » (Giscard d'Estaing, 2000 : 190). En somme, un plaidoyer pour l'adoption effective du paradigme managérial, abandonnant ainsi le réflexe jacobin centralisateur.

Un témoignage qui renforce les analyses et les conclusions du chapitre 3, notamment celles qui sont relatives aux « enjeux de développement de la fonction « réforme administrative » » en Afrique.

ENCADRE 8-2 : LES REFORMES RECLAMEES ET LEUR IMPOSSIBLE REALISATION, le cas de la France décrit par le président Valery Giscard d'Estaing

> Comment expliquer ce paradoxe qui veut que les Français soient unanimes à réclamer des réformes, mais qu'ils s'arrangent pour les rendre impossibles ?
>
> Cela tient d'abord à leur psychologie. On y trouve toujours la trace de l'attitude identifiée par Edmund Burke : l'aspiration à la table rase, le rêve idéaliste et confus d'une réforme qui changerait tout, une sorte de club de vacances en Utopie. Parallèlement, ils ont une idée très concrète de l'enjeu des réformes : c'est un changement qui leur apporterait une satisfaction personnelle. Ils examinent tout projet de réforme à partir d'un point de vue individuel et non d'un projet collectif. Cela explique à la fois la popularité de l'idée de réforme et la résistance opposée à sa mise en œuvre, car il existe peu de réformes qui apportent la satisfaction personnelle à chacun. La plupart d'entre elles, notamment financières et sociales, se font « à somme nulle », les gains étant équivalents aux pertes. Or, le mécontentement de ceux qui perdent à une réforme est plus vif et plus tenace que l'est la satisfaction de ceux qui y gagnent.
>
> D'autres réformes entraînent un bénéfice dans le futur au prix d'un sacrifice dans le présent. Pour les Français, cette balance n'est pas égale. Ils ont du mal à imaginer que les satisfactions promises seront réalisées, échaudés qu'ils sont par la longue liste des promesses non tenues, alors qu'ils sont extraordinairement capables d'évaluer les sacrifices qui leur sont demandés dans l'immédiat.
>
> La situation est différente quand il s'agit de réformes touchant les problèmes de société : le droit des personnes, le fonctionnement de la justice, l'organisation du système éducatif, etc. L'opposition à la réforme vient moins de la résistance des intérêts menacés que d'une sorte de répugnance collective au changement. Les Français n'acceptent pas de se dire conservateurs, et pourtant, parmi les peuples européens, ils sont ceux qui opposent la plus grande résistance au changement. Les Italiens, en dépit de la faiblesse de leur régime politique, ont tranché depuis plusieurs années la question du cumul des mandats nationaux et locaux. Les pays du centre et du nord de l'Europe, qui ont une longue tradition d'attachement aux libertés municipales, ont réglé le problème du regroupement communal. Il semble qu'en France toute proposition concrète de réformes déclenche, dès le départ une réaction négative.

Source : Giscard d'Estaing, V. (2000 : 158 – 159)

2. LA GESTION PAR LES COMPETENCES

Sans ressources humaines compétentes et engagées, aucun projet de réforme administrative ne peut être conduit à son terme, et si par extraordinaire (cas des projets clés en main par exemple) cela arrive, les changements introduits ne pourront s'enraciner dans une nouvelle culture administrative, favorable à l'ancrage de pratiques innovatrices.

Les compétences et l'engagement sont des caractéristiques essentiellement humaines et dont doivent faire preuve les acteurs engagés dans le processus de la réforme administrative. Certains de ces acteurs jouent un rôle clé dans la planification et l'utilisation optimale des compétences requises pour le développement d'une administration donnée. Il s'agit principalement des hauts cadres occupant les postes de responsabilité managériale et les agents publics travaillant au sein des administrations qui accueillent les réformes et les conseillers en organisation administrative qui sont les experts sur lesquels s'appuie la structure nationale chargée de la réforme administrative (SNRA).

Par *compétence* nous entendons, comme relevé au chapitre 3 (§. 1.3. et § 2.2), la capacité reconnue (la notoriété) d'un acteur à mobiliser des ressources (connaissances, savoirs professionnels, qualités comportementales) pour réaliser une action, atteindre un résultat et répondre aux attentes de son organisation[79]. Certains auteurs la définissent tout simplement comme un « savoir-agir reconnu ». Nous avons souligné au chapitre 3 (§. 2.2.) que cette capacité fait partie des six qualités (« les six C »), qui fondent aujourd'hui la crédibilité d'un intervenant en réforme administrative, notamment en relevant la logique dynamique que recouvre le concept d' « employabilité » qui sous-tend son utilisation en gestion des ressources humaines, à la différence de la logique de poste de travail qui tend à enfermer l'occupant dans le cadre étroit d'un organigramme. Nous retenons dans cet ouvrage, la définition suivante du concept de « l'employabilité » proposée par l'Association « Développement et Emploi » (www.developpementetemploi.com) :

> *L'employabilité est l'ensemble des compétences d'un salarié, s'exerçant au sein d'une organisation capable d'élaborer une gestion des Ressources Humaines afin de permettre à chaque agent : i°) de retrouver, à tout moment un emploi compatible avec ses aptitudes et ses capacités ; ii°) dans des délais et des conditions acceptables ; iii°) aussi bien à l'intérieur qu'à l'extérieur de l'administration qui l'emploie.*

Le concept d'employabilité est ainsi fondé sur un développement pertinent et anticipé des compétences des agents suivant une logique de gestion de l'incertitude sur l'évolution du contenu des activités. Se libérant du modèle de poste de travail adopté par les systèmes de classification des années 70, le modèle de compétence prend alors en compte les exigences de la mobilité professionnelle et du développement du potentiel humain.

L'engagement renvoie ici au concept « d'engagement organisationnel » qui traduit le degré d'attachement d'un agent public à son administration. La littérature (Steijn et Leisink, 2006) propose un modèle d'engagement qui comporte trois dimensions : i) une dimension affective qui témoigne d'un attachement émotionnel, d'une identification à son administration et d'une participation à son développement ; ii) une dimension normative qui fait

[79] L'Afnor dans sa norme FD X 50-183 : outil de management-Ressources Humaines, définit la compétence comme étant la capacité à mettre en œuvre des connaissances, des savoir-faire et des comportements en situation d'action.

référence au sentiment d'obligation envers l'administration ; et iii) une dimension de continuité qui reflète la perception que l'agent a des coûts liés au fait de quitter l'administration, ou l'absence perçue d'autres possibilités d'emploi. Discutant des influences des caractéristiques professionnelles et organisationnelles sur le développement de l'engagement d'un agent, Steijn et Leisink (2006 : 198) observent que :

> *D'une manière générale, on constate une corrélation entre les facteurs professionnels et organisationnels qui contribuent à l'engagement normatif, même si cette corrélation est moins élevée. Plus précisément, Meyer et Allen (1997)[80] indiquent que les relations entre les travailleurs et leurs supérieurs influencent le développement de l'engagement affectif, en ce sens que les travailleurs qui sont autorisés à participer à la prise de décision, et qui sont traités de façon juste et avec respect, présentent un engagement plus élevé. Meyer et al. (2002)[81] interprètent cela comme un signe que les organisations qui font preuve de soutien, qui traitent les travailleurs de façon juste et qui assurent un leadership solide créeront de l'engagement.*

Sur la base de ces précisions qui soulignent l'importance du leadership des Managers de l'administration en matière de gestion de leurs ressources humaines, nous présentons ici l'approche de « gestion par les compétences (GPC) » en précisant d'abord le cadre de son application, en décrivant ensuite la méthode et, enfin, en examinant le lien entre cette approche et la réforme administrative.

2.1. Le cadre d'application de l'approche de gestion par les compétences

La gestion par les compétences est une méthode qui s'inscrit parmi les outils et techniques de Gestion des Ressources Humaines (GRH) dans une administration. Comme pour toutes les fonctions organisationnelles, la fonction GRH s'exerce dans le cadre de politiques bien définies et partagées. Pour la fonction GRH qu'on a tendance à confiner à sa dimension « administration de personnel » dans les services publics, il y a lieu de rappeler que les politiques de GRH sont constituées des attitudes, intentions, objectifs et principes directeurs, en matière d'acquisition, de conservation, de développement, de création et de maintien d'un milieu de travail satisfaisant et valorisant pour les employés (Bélanger et al. 1996 ; United Nations, Report 2005). On distingue toujours les politiques générales des politiques particulières. Les politiques générales portent sur l'efficacité et la productivité dans l'utilisation des Ressources Humaines

---

[80] Meyer, J-P. et Allen, N-J (1997). *Commitment in the workplace.* Thousans Oaks, London, New Delhi, Sage.

[81] Meyer J.P., Stanley, J.P. Hercovitch, L. et Topolytsky, L. (2002). «Affective, continuance, and Normative Commitment to the Organisation : A meta – analysis of Antecedents, Correlates, and consequences», *Journal of Vocational Behavior*, 61 : 20 - 52

(RH) et sur le développement et la création d'un milieu de travail valorisant. Elles servent d'encadrement aux politiques particulières qui varient suivant l'objet traité (emploi, formation, promotion, évaluation, rémunération et avantages sociaux, qualité de vie au travail….), selon la catégorie des personnels ciblés, selon la philosophie de gestion adoptée par les personnes occupant les postes de responsabilité managériale, selon la taille de l'organisation. Dans les administrations publiques africaines en leur état actuel, le statut général de la fonction publique de l'Etat (politique générale) et les statuts particuliers par corps de métier (politiques particulières) illustrent ces deux types de politiques de GRH, avec les limites qui ont été analysées au chapitre 3 (§.2.2.1), notamment pour ce qui est de la prise en compte de la dimension « compétence » d'un agent occupant un poste de travail.

L'approche de la gestion par les compétences s'inscrit donc dans le cadre de la formulation et de la mise en œuvre de politiques de GRH dans l'administration publique qui prennent en compte les évolutions en cette matière telles que décrites au chapitre 3 (§.1.3) sous le titre « « la nouvelle gestion des ressources humaines à intégrer » là où sept tendances clés de cette « « nouvelle » GRH » sont décrites. Suivant cette logique de rénovation de la gestion des ressources humaines dans l'administration, le rapport des Nations Unies du secteur de l'administration publique pour l'année 2005 interpelle les gouvernements du monde entier afin qu'ils assument avec responsabilité le rôle « d'employeur modèle ». L'encadré 8-3 extrait de ce rapport esquisse les grands traits de la problématique de ce rôle « d'employeur modèle », tels qu'ils se présentent dans les services publics aujourd'hui.

<u>ENCADRE 8-3</u> : L'ETAT, UN « EMPLOYEUR MODELE » DANS LA SOCIETE, une analyse du système des Nations Unies

In part because of the findings discussed earlier, governments are gradually changing the importance attributed to HRM in public sector management. Governments are realizing that managing staff in the public sector is one of the most powerful yet least appreciated ways to achieve their political and strategic objectives. Some are also becoming more cognizant of their special responsibility to act as a "model employer" in society. Governments are generally the largest employer in the labour market, which adds to their responsibility of being a conscientious employer and to "raising the bar" when it comes to HRM, for example, by promoting measures such as the following :

- Optimizing conditions for staff to develop ;
- Preserving the dignity of employees, particularly their right to
- participate in decisions that affect them ; and
- Ensuring that the talents of all the groups from which the public
- workforce is drawn, both women and men, members of various ethnic
- groups and so on, are effectively harnessed.

> [...].
>
> However, it should not be forgotten in this context that governments, even in poor countries, regularly spend substantial resources on the development of their staff through centrally funded institutes of public administration as well as other capacity-building programs. Nevertheless, the same governments often fail to obtain adequate return on investments in training and capacity development since the skills that staffs have acquired at public expense are not used to the fullest extent in many instances. At the same time, managers are sometimes frustrated that staffs do not contribute fully to the work of their agencies. These divergent views highlight the need to strengthen dialogue between management and staff on both performance expectations and capacity development strategies in the public sector.

Source : *United Nations, World Public Sector Report (2005 : 28)*

A cet égard, la gestion par les compétences intégrant le concept de « l'employabilité », comme définie plus haut, participe d'une ***GRH plus individualisée***. L'enjeu ici est la recherche et l'application dans toutes les administrations, des conditions qui favorisent l'adaptation à un environnement qui échappe au postulat prédictif des approches bureaucratiques mécanistes et qui encourage le développement en interne et en externe, de « l'employabilité » de leurs agents. En interne par le développement de la polycompétence, l'accroissement de la mobilité fonctionnelle et la prévention de l'exclusion ; en externe par l'accompagnement de chaque agent dans l'acquisition de compétences reconnues, valorisables sur le marché du travail, d'une manière générale. Dans cette perspective, la compétence est traitée comme le ***levier stratégique*** de développement des administrations et des ressources humaines dans le cadre de la politique générale de gestion de l'emploi public. Dans le secteur public très marqué par la conception mécaniste taylorienne des postes de travail incrustés dans les organigrammes, la stratégie des Managers en application de cette nouvelle politique de gestion de l'emploi public porterait essentiellement sur deux axes :

a) l'adoption d'une approche d'organisation du travail administratif qui facilite le développement et l'entretien de compétences nécessaires à la réalisation des objectifs poursuivis par chaque administration dans son plan stratégique ;
b) l'implantation d'un système de production au sein de l'administration basé sur l'innovation, la qualité totale et l'apprentissage. La compétence est ainsi gérée dans une double optique de développement des *individus*, agents publics et de l'*organisation*, les services publics.

Les enjeux associés au développement de cette approche sont nombreux et couvrent les champs suivants :

– anticipation de la déperdition de savoir-faire dans l'administration suite au départ à la retraite d'une part importante des effectifs des personnels de l'Etat ;

- anticipation de la déperdition du savoir-faire suite aux risques de pertes de compétences consécutives à la mobilité des agents publics (promotion, changement d'administration...) ;
- accroissement des capacités d'innovation de l'administration ;
- actualisation des compétences dans le cadre de l'évolution de la stratégie de l'administration ou de l'évolution des technologies et des métiers.

Pour relever les défis qui accompagnent ces enjeux, le rapport 2005 des Nations Unies pour le secteur public suggère (2005 : 73) :

A clear legal framework is the indispensable foundation for HRM in the public sector. The framework should provide continuity in the management of staff yet at the same time provide adequate flexibility for the government of the day to modernize the application of key principles and concepts, as required by the demands of the evolving public sector environment. When drafting legislation, governments should at least pay attention to the following questions :

- *Which possible policy option is preferred?*
- *Should this option be realized through legislation rather than by non-legislative means?*
- *Which authorities should put the legislation into effect?*
- *What is the basic approach to be adopted in the legislation?*
- *What legal and administrative mechanisms are necessary to put that approach into effect and make it workable?*

Because of the strategic role of civil servants in maintaining state institutions over time, statutory or some other form of institutional protection is necessary, particularly in developing countries. In an impartial, professional and responsive civil service, the appointed officials must also be subordinate to the politicians whom the people have elected. At the same time, it is also appropriate to distinguish the political from the administrative sphere.

La responsabilité de la mise en œuvre et du déploiement de l'approche de gestion par les compétences incombe au Directeur du développement des Ressources Humaines de l'Etat (DDRHE) au ministère chargé de la fonction publique, au Directeur des Ressources Humaines (DRH) et aux différents Chefs de Structure (Inspecteur Général, Directeur Général, Directeur, Délégué Provincial...) de chaque ministère ou administration. Tous doivent travailler en synergie pour relever les défis qui découlent de ces différents enjeux. La DDRHE, dans le cadre des politiques générales des RH de l'Etat et les DRH, dans le cadre des politiques particulières propres à leurs administrations respectives, définiront la stratégie à mettre en place et fourniront aux acteurs responsables (SG, IG, DG,...) les outils et les référentiels de gestion de compétence. Les Secrétaires Généraux et les autres Chefs de structure s'impliqueront pour assurer le relais de la stratégie adoptée sur le terrain et animer le dispositif.

Pour Bück, J-Y (2003 : 75) qui souligne la place de la connaissance et de l'apprentissage dans toute démarche de gestion par les compétences :

> *La gestion [par les] compétences et des connaissances est le résultat d'une volonté stratégique de travail collectif, transversal, permanent et multidimensionnel qui doit se traduire par la création d'une valeur ajoutée spécifique à chaque structure et qui trouve sa genèse dans la valorisation, l'enrichissement et le partage des savoir-faire de chaque membre de l'organisation.*

La mise en œuvre d'une telle démarche entraînera inévitablement des ruptures dans les politiques de gestion des agents publics et des changements de culture administrative au sein des services publics, tous des facteurs qui vont engendrer de nombreux risques. Aussi, tous les responsables visés ci-haut, doivent-ils s'impliquer activement :

- en suivant l'évolution de la mise en œuvre des pratiques retenues pour leur administration et en médiatiser les résultats ;
- en fixant les enjeux collectifs et individuels pour permettre une visibilité des contributions et une valorisation des apports de chaque agent ;
- en accompagnant tous les agents placés sous leur responsabilité dans l'acquisition de compétences valorisables sur le marché de l'emploi administratif.

2.2. La méthode de gestion par les compétences

La gestion par les compétences est à la fois un instrument de travail des DRH et un outil de management des organisations. Aussi, dans la littérature spécialisée en GRH, on rencontre fréquemment les deux expressions « gestion des compétences » et « gestion par les compétences », souvent utilisées l'une pour l'autre[82]. Nous avons retenu dans cet ouvrage l'expression « gestion par les compétences » qui met l'accent sur l'encouragement des expériences et des apprentissages dans une perspective managériale. Elle traduit mieux l'esprit et la logique d'application de cette approche en vue de la recherche d'une synergie soutenue entre les DRH et les Directeurs opérationnels, notamment dans l'administration publique qui est caractérisée par une forte densité de personnel de très haut niveau de formation. Pour décrire la méthode, nous précisons d'abord le sens des concepts sous-jacents, décrivons ensuite les outils qui la caractérisent et analysons les conditions de sa mise en œuvre dans l'administration publique.

---

[82] L'expression « Gestion Prévisionnelle des Effectifs et des Compétences (GPEEC)» est aussi couramment utilisée et couvre les mêmes préoccupations de gestion par les compétences qui sont analysées ici.

2.2.1. Définition des concepts sous-jacents

Au plan théorique, différentes approches sont couramment utilisées pour analyser la problématique de la gestion par les compétences. Held (1995) en identifie six : i) les approches basées sur les connaissances théoriques (le savoir) qui sont déterminantes pour un métier donné ou pour une fonction ; ii) les approches basées sur les habiletés (les savoir-faire) qui se centrent sur les pratiques, les « tours de mains », et sont une mise en œuvre de la notion de réussite ; iii) les approches basées sur les comportements et mettent l'accent sur l'évaluation des comportements qui conduisent au succès professionnel (bilans de compétences individuelles…) ; iv) les approches intégrant les savoirs, les savoir-faire et les comportements et qui amènent à décrire avec précision les compétences en termes de savoirs, savoir-faire et comportements associés à différents emplois ; v) les approches basées sur les compétences « cognitives » et qui se concentrent sur l'évaluation de la manière dont l'individu aborde les problèmes efficacement dans un contexte donné ; elles permettent, par exemple, d'établir des cartographies de métiers ; vi) les approches basées sur les activités et qui conduisent à l'élaboration d'un dictionnaire d'activités découlant de la mission et des objectifs poursuivis par l'administration concernée.

Au plan pratique, la réalité de l'approche de la gestion par les compétences au sein d'une organisation peut être résumée par ce constat de Colin et Grasser (2003 : 70), qui mettent en lumière la double dimension individuelle et collective de la compétence et soulignent la nécessité d'en tenir compte pour articuler la stratégie adoptée pour la gestion des ressources humaines et la recherche de la performance des administrations. Ces deux auteurs écrivent :

> *Il y aurait différentes façons de mettre en œuvre des pratiques de gestion des compétences, dont certaines se limiteraient à la sphère management et gestion des ressources humaines de l'établissement, et aboutiraient notamment à une individualisation de la relation salariale et d'autres qui chercheraient à articuler gestion des ressources humaines et gestion de la production et seraient donc amenés à prendre en compte la dimension collective de la compétence et de la performance.*

L'Observatoire des Ressources Humaines (ANDCP – ACCENTURE – MICROSOFT – NOVAMETRIE, 2004 : 13) relève à ce sujet que « la gestion par les compétences traduit [un] mouvement de développement des individus permettant à l'organisation d'évoluer pour faire face à ses enjeux de façon plus innovante que d'autres ». Pour permettre de cerner l'opérationnalité de la méthode, nous précisons ici le sens de ses deux expressions usuelles et définissons quelques notions connexes regroupées dans l'encadré 8-4.

Dans le secteur de l'administration publique qui nous concerne ici, *la gestion des compétences* est une démarche qui participe de la gestion de l'emploi public dans le domaine que couvre la raison d'être de chaque administration. Elle s'intéresse essentiellement aux écarts entre les besoins et les ressources quantitativement (effectif des agents) et qualitativement (compétence) disponibles dans le but de les combler. Elle relève de la responsabilité du DRH du ministère ou de l'établissement public concerné qui doit alors produire les outils et les procédures que vont utiliser les chefs des unités opérationnelles, de même que les outils de prévision que vont utiliser ses propres services. La *gestion par les compétences* est une démarche managériale qui prend en compte la richesse du **potentiel** que représente le personnel de l'administration concernée pour améliorer ses performances pour innover face à la diversité des attentes des usagers. Elle utilise les outils de gestion des compétences produits par la DRH pour promouvoir le développement individuel des agents publics appliqués sur le terrain à accomplir la mission de leurs administrations respectives.

ENCADRE 8-4 : LA GESTION PAR LES COMPETENCES, DEFINITION DES NOTIONS DE BASE

Cartographie des compétences

La cartographie des compétences est un outil qui se présente sous forme d'un tableau à double entrée, permettant de croiser les compétences requises dans une Unité de travail d'une administration donnée (Bureau, Service, Direction, Groupe de travail...) et les compétences détenues par les agents actuels de cette Unité. Le croisement permet de mettre en évidence, à l 'usage du Chef de l'Unité, des points forts et des points faibles et d'orienter les actions de recrutement et de développement du personnel.

Compétence

Dans son sens commun, être compétent c'est s'illustrer par ses connaissances, ses savoir-faire et son comportement dans un métier ou une fonction. La compétence est observable, reconnue et mesurable en situation de travail. Ainsi, un excellent médecin dispose de méthodes (connaissances), de tours de mains (savoir-faire) et fait montre (à travers son comportement) d'un sens d'écoute, de communication, d'intuition, d'un esprit synthétique, d'une aptitude à l'empathie. Des auteurs (Held, 1995) proposent de définir la compétence comme ***« une capacité de l'action »***.

Compétence requise

Compétence associée à un emploi, et dont l'administration estime qu'elle est indispensable, à un certain niveau, pour une personne occupant cet emploi. Certaines sont obligatoires pour l'accès à cet emploi.

Compétence-clé ou stratégique

Le savoir-faire qui sous-tend une compétence a une valeur d'utilité (avantage concurrentiel significatif, contribution réelle ou marginale au service d'une communauté...) qui diffère en fonction des métiers et surtout de l'usage qui en est fait. Une compétence-clé ou stratégique est ainsi associée à un savoir-faire ayant une valeur d'utilité très élevée pour l'administration et la communauté et qui est rare sur le marché du travail. La compétence-clé constitue alors une source de performance endogène de l'administration concernée, parce qu'elle part, non de la structure du secteur ou de la configuration de l'environnement, mais de ses ressources humaines ; on parle de la *singularité fondamentale* de cette administration.

La gestion par les compétences doit viser à fidéliser ce type de compétence, et donner lieu à une stratégie clairement définie et suivie, de capitalisation préalable des connaissances des ressources qui partent en retraite.

Emploi-type

Un emploi-type est un regroupement, sous un même intitulé, de plusieurs postes de travail actuels, ayant une proximité de contenu et d'exigences de compétences. Par exemple, les secrétaires de Direction qui font un travail analogue quelle que soit la Direction où elles travaillent ou bien les Managers dont les articulations du travail sont les mêmes (planification, implantation, évaluation) quelle que soit l'organisation à la tête de laquelle ils sont affectés.

Fiche emploi-compétences

C'est un document de 2 ou 3 pages décrivant de manière synthétique les missions et les caractéristiques d'un emploi, et les compétences requises dans cet emploi (référentiel de compétences). Il est l'outil de base de la gestion des compétences. La fiche emploi-compétences se distingue de la fiche de poste, car elle décrit une situation de travail qui peut être plus large que celle du poste actuellement exercé.

Niveau de maîtrise d'une compétence

Une compétence peut être maîtrisée à des niveaux plus ou moins élevés. Par exemple, la compétence « parler une seconde langue » peut être évaluée par l'usage des règles de base pour la communication, ou par la maîtrise d'un vocabulaire et des règles de grammaire pour la communication et l'écriture dans cette langue. Pour la gestion par les compétences, il est utile d'associer à une compétence plusieurs niveaux de maîtrise. Il faut, pour cela, une échelle de niveaux claire et comprise par tous et être suffisamment précis dans la formulation de la compétence pour permettre d'identifier sans ambiguïté les savoir-faire associés à un niveau donné.

Plan de développement des compétences

C'est un document qui synthétise les choix faits par l'administration, pour une période donnée (plan stratégique de développement), sur les moyens qu'elle affecte au développement des compétences de ses employés. Il permet de donner un contenu opérationnel cohérent à la politique de gestion des ressources humaines, eu égard aux politiques et orientations de développement de l'administration. Il ne se réduit pas au plan de formation dans des institutions spécialisées, mais intègre tous les aspects qui concourent au développement du potentiel humain et à son employabilité.

Poste de travail

Le poste est un lieu d'affectation d'un employé. Il est physiquement localisé au lieu du travail. Exemple, un poste d'enseignant de mathématique dans un collège, un poste de délégué départemental des routes et de la construction, un poste de secrétaire de direction pour le cabinet du Ministre. Le poste est situé dans l'organigramme de l'Unité ou de l'administration concernée, et peut être décrit dans une fiche de poste. Puisque l'organigramme illustre les lignes d'autorité, la notion de poste de travail ne permet une évolution de la carrière que lorsqu'un poste de niveau supérieur est ouvert. En outre, cette logique de poste enferme l'employé aux spécificités dudit poste, lui faisant perdre toutes les richesses de la polyvalence et du travail en équipe.

Valorisation de l'expérimentation

Les connaissances et le savoir-faire initial qui fondent les compétences requises exigées sont ensuite enrichis par les expérimentations que chaque agent réalise au cours de sa carrière. Encore faut-il que le processus de capitalisation des fruits de ces expérimentations puisse être formalisé. Le cycle de valorisation de l'expérimentation, de sa phase de production à sa phase de mise en œuvre procède de cette démarche de formalisation qui s'appuie sur plusieurs sources : adoption d'une culture de partage, organisation d'un système de gestion des connaissances, mise en œuvre des démarches qualité. Le but de la démarche est de rendre sa véritable dimension à l'agent public, comme vecteur d'amélioration dans une administration publique plus ouverte.

Source : voir entre autres, Bück (2003) et les sites webCompetence.com, www.agora.qc.ca, www.cerclerh.com/editorial/competence

La prise en compte du potentiel humain dans la gestion par les compétences s'effectue, en effet, suivant trois axes : i) sa *préservation,* à travers la valorisation et la facilitation du transfert de l'expérience professionnelle qui en est un élément crucial (motivation du personnel, fidélisation par la reconnaissance de leurs actions, de leurs compétences et de leurs résultats) ; ii) son *actualisation,* à travers l'entretien de l'employabilité (valorisation des acquis, ancrage d'une culture d'apprentissage et de partage des connaissances, recrutement des ressources externes…) ; iii) son *développement,* en permettant à chaque agent d'accroître ses compétences, de faire évoluer ses comportements, ses attitudes et ses représentations de la réalité qui définit son domaine d'action (gestion des carrières, formation, développement personnel de chaque agent et désir personnel d'évoluer).

La compétence requise ou indispensable pour un emploi est le paramètre de base pour la gestion des compétences. Pour un agent donné, l'écart de besoins se calcule à partir de ce paramètre. Il n'est plus pertinent pour la gestion par les compétences qui est guidée par les indicateurs de qualité en vue de la satisfaction des usagers et par le nombre d'innovations réalisées pour promouvoir le développement durable des citoyens. Le paramètre de base dans ce sens est alors le dispositif de développement du potentiel de chaque agent, individuellement et collectivement pris, mis en œuvre par chaque chef de structure. Et parce qu'il s'agit du potentiel humain qu'on veut développer eu égard au plan stratégique de l'administration concernée, et compte tenu des enjeux de l'employabilité dans le secteur d'activité de cette administration, l'apprentissage organisationnel est au cœur de cette démarche de gestion par les compétences. Le développement et le partage des connaissances et des savoir-faire sont le moteur de cette démarche qui lie la compétence à l'action suivant une perspective managériale, ainsi que l'observe Bück, J-L (2003 : 44) qui conclut que « la formation et l'expérimentation créent la connaissance, la connaissance active et déploient la compétence, la compétence mise en action crée la richesse, mais seul le partage de cette richesse assure une performance durable ».

C'est ce lien direct entre la gestion des compétences et l'apprentissage organisationnel qui nous a amené à privilégier dans cet ouvrage l'usage de l'expression « gestion par les compétences » pour bien souligner l'importance de l'implication des Managers que sont les Chefs de Structure appuyés par le travail technique qui est accompli par les Directeurs des Ressources Humaines.

Ainsi, et dans la compréhension de cet ouvrage, la « gestion par les compétences » est une démarche managériale de développement du potentiel humain qui s'appuie sur les outils et instruments produits par les DRH, d'une part, et sur l'architecture d'apprentissage organisationnel (comme définie au chapitre 2, §. 1.3.), d'autre part. On se souvient que la dynamique de cette approche d'apprentissage s'analyse suivant les deux domaines du changement durable et de l'action :

- *le domaine du changement durable* qui sous-tend le cycle d'apprentissage profond et qui s'appuie sur trois éléments : les perceptions et les sensibilités ; les attitudes et les croyances ; les compétences et les capacités ;
- *le domaine de l'action* qui sous-tend l'architecture de l'organisation et qui s'appuie également sur trois éléments : les idées directrices ; les innovations dans le domaine des mécanismes par lesquels l'organisation met les ressources à la disposition du personnel pour lui permettre d'accomplir son travail ; les théories, méthodes et outils utilisés par l'organisation pour créer la connaissance.

C'est le concept d'emploi (emploi-type, emploi-cible…) qui sous-tend la logique de la gestion par les compétences et non celui de poste de travail comme nous l'avons relevé ci-haut. Dans l'encadré 8-4, les définitions de ces concepts sont reprises pour bien souligner la différence entre les deux logiques. L'*emploi* renvoie à la dynamique du flux de travail qui caractérise le métier ou les différentes fonctions organisationnelles. Figé dans les organigrammes, le poste de travail n'offre pas la flexibilité requise pour le développement de la polyvalence, par exemple ; tout comme il ne prend pas en compte les compétences communes à plusieurs emplois d'une administration (les compétences transverses), comme par exemple, les compétences managériales.

2.2.2. Les outils de la gestion par les compétences

D'une façon ou d'une autre, les Responsables administratifs pratiquent la gestion par les compétences dans le cadre de leur fonction de Manager. Ainsi, par exemple, Colin et Grasser (2003 : 67 – 69) observent que la diffusion de l'information sur les possibilités de formation et sur les changements organisationnels, l'existence de boîte à idées, l'existence de cercles de qualité sont corrélées positivement, fortement, et de façon très significative, aux pratiques de gestion par les compétences.

Quant à l'organisation du travail, ces auteurs constatent également que la probabilité pour qu'une organisation mette en œuvre une démarche de gestion par les compétences est plus élevée quand des niveaux hiérarchiques sont supprimés au profit d'un renforcement de l'autonomie et de la responsabilité des agents (organisation « transversale » comme décrite au chapitre 2, §.3.1.4). La problématique « ressources humaines/structure » ainsi posée, va même plus loin au point que Quélin et Arrègle ((dir.), 2000), envisageant les ressources en général incluant la technologie, défendent la thèse suivant laquelle les organisations qui ont les processus pour unité de base sont plus fortement susceptibles d'apprentissage. Dans ce cas, en effet comme avec les équipes-projet, les processus managériaux se réfèrent au modèle d'apprentissage, en ce sens, par exemple, que (Moingeon et Métais in Quélin et Arrègle (dir.), 2000 : 285) :

> *Les directions de projet, par leur rôle de centralisation de l'information et surtout d'arbitrage, permettent logiquement à l' [administration] d'effectuer des choix sur la base d'un maximum d'informatiosn valides. Surtout, le directeur de projet, en tant que censeur de propositions éventuellement contradictoires, doit réduire les comportements défensifs et conflictuels, qui conduisent à bloquer l'apprentissage. Finalement, [l'administration] est organisée de telle sorte qu'il y ait systématiquement un retour d'informations, et un débat autour de ces informations, tranché par les directeurs de projet en fonction des orientations de la [hiérarchie].*

Enfin, et du point de vue de la gestion de l'emploi, Colin et Grasser (2003 : 67 – 69) observent une transformation de la relation salariale, orientée vers un rapport plus individualisé entre l'employé et son employeur (l'agent public et l'Etat). Les pratiques d'individualisation concernent aussi bien la formation que la promotion et les rémunérations (augmentations individuelles de salaire, primes liées à la performance individuelle…). Par exemple, une pratique de « rémunération liée aux performances » consiste à remplacer ou à compléter le système traditionnel d'augmentation automatique de la rémunération en fonction de l'ancienneté par un dispositif récompensant les bonnes performances à titre individuel ou collectif (OCDE, Synthèse, août 2005). Cette pratique peut prendre la forme de compléments qui s'ajoutent de manière permanente au salaire de base, soit la forme de versements exceptionnels qui ne s'intègrent pas à la rémunération de base et ne sont reconduits après chaque évaluation de l'agent, que si cette évaluation a été jugée satisfaisante[83].

Nous proposons ci-après dans l'encadré 8-5, un questionnaire qui peut vous permettre de situer votre unité de travail ou votre administration par rapport à l'approche de la gestion par les compétences.

ENCADRE 8-5 : OÙ SE SITUE VOTRE ADMINISTRATION PAR RAPPORT A L'APPROCHE DE GESTION PAR LES COMPETENCES ?

		OUI	NON
1	En matière de recrutement, trouvez-vous facilement les candidats correspondant à vos besoins (profil, compétences, expérience, savoir-faire...) ?		
2	Avez-vous identifié les futurs départs dans votre Unité de travail ou administration (retraite, mobilité...) ?		
3	Connaissez-vous la moyenne d'âge dans votre Unité de travail ou administration ?		
4	En matière de formation, connaissez-vous votre budget formation et l'utilisez-vous entièrement chaque année ?		
5	Avez-vous identifié les évolutions à moyen terme de chaque métier/poste de votre unité de travail ou administration ?		
6	Connaissez-vous les principes de la Gestion des compétences et les appliquez-vous dans votre unité de travail ou administration ?		
7	Avez-vous identifié les personnes clés de votre Unité de travail ou Administration et mis en œuvre des démarches de valorisation et de fidélisation ?		
8	Avez-vous souvent recours à l'expertise externe à votre Unité de travail ou administration dans le but d'enrichir les savoirs et les savoir-faire de votre Unité de travail (Conseiller en organisation administrative, Expert dans votre secteur d'activité...) ?		
9	Tous vos agents ont-ils suivi au moins une formation au cours des 3 dernières années ?		
10	Avez-vous réalisé et mettez-vous à jour votre pyramide des âges ?		
11	Disposez-vous d'un exemplaire de l'organigramme de votre Unité de travail et de votre administration ?		
12	Avez-vous informé vos agents de leur droit à la formation conformément aux dispositions pertinentes du Statut général de la Fonction Publique de l'Etat ?		
13	Vos agents bénéficient-ils chaque année d'un entretien d'évaluation ?		
14	Les fiches de poste ou les définitions des fonctions sont-elles clairement établies ?		
15	Connaissez-vous toutes les compétences et tous les savoir-faire détenus par vos collaborateurs ?		

[83] Nous analysons les conditions de mise en œuvre de cette pratique au chapitre 12 (§.2.2) en traitant des gains pour l'agent public de la réforme de la « déconcentration de la gestion des personnels de l'Etat et de la solde ».

		OUI	NON
16	Estimez-vous l'organisation et le fonctionnement actuels de votre Unité de travail bien adaptés à vos besoins et à vos projets ?		
17	Pouvez-vous décrire les compétences stratégiques de votre Unité de travail ou votre Administration ?		
18	Les responsables et/ou les employés sont-ils parfois formateurs internes ou tuteurs ?		
19	Organisez-vous toujours la transmission des savoir-faire et des compétences avant le départ d'un collaborateur (travail en équipe, Comité scientifique...) ?		
20	Organisez-vous le partage des connaissances les plus sensibles de votre Unité de travail ou Administration détenue par un seul employé par exemple (maîtrise d'une procédure, d'un logiciel,...) ?		
	TOTAL		

Source : adapté d'un formulaire proposé par la Chambre de Commerce et de l'Industrie de Paris, Site Internet : www.ccip9.ccip.fr

Selon les spécialistes de la gestion des Ressources Humaines à la Chambre de Commerce de Paris qui ont proposé cet outil de diagnostic rapide, vos réponses vous situeront dans l'un des trois cas suivants :

- *Votre total de « Oui » est supérieur à 15 :* votre administration accorde une grande importance à l'identification et au maintien des compétences de ses ressources humaines et vous essayez d'anticiper au mieux les évolutions de l'environnement pour adapter les savoir-faire à vos besoins.
- *Votre total de « Oui » est compris entre 10 et 14 :* vous connaissez les problématiques de votre administration et vous sentez que des améliorations peuvent être apportées en matière de gestion des compétences, mais vous manquez de temps et d'outils pour mettre cette approche en pratique.
- *Votre total de « Oui » est inférieur à 10 :* très impliquée dans l'activité quotidienne et le développement à court terme, votre administration n'accorde pas de temps à la gestion de son personnel et surtout à l'identification et à la gestion de ses compétences.

Quelques critères sont utilisés pour évaluer le niveau d'intensité des pratiques de la gestion par les compétences au sein d'une administration, dont les cinq suivants (Colin et Grasser, 2003 : 63) :

1) l'appréciation des agents dans cette administration reflète leur performance ;
2) le pourcentage des dépenses globales de formation par rapport à la masse salariale est supérieur à un taux fixé dans la politique de formation de cette administration ;
3) les agents sont reçus périodiquement par leur supérieur hiérarchique pour un entretien (évaluation, bilan, perspective...) ;

4) il existe un lien direct entre les résultats de l'évaluation périodique de chaque agent et sa formation ;
5) il existe un lien direct entre les résultats de l'évaluation périodique d'un agent et sa promotion.

Des outils formalisés et lisibles existent pour appuyer cette pratique telle qu'elle se réalise au sein de chaque administration, dans une relation soutenue de synergie entre la Direction des Ressources Humaines et les Directions opérationnelles.

Le schéma de la figure 8-1 emprunté à Bück, J-C (2003 : 139) présente un aperçu synoptique des différents outils utilisés actuellement et regroupés autour de trois axes qui constituent la structure de base de la démarche : i) la gestion de la formation ; ii) la gestion individuelle et collective des savoir-faire ; iii) la gestion des compétences.

La figure 8-2 également empruntée à Bück, J-C (2003 : 139) décrit plus spécifiquement les sources et les moyens de la gestion individuelle et collective des savoir-faire, en inscrivant la gestion par les compétences dans une démarche de gestion stratégique de l'administration à travers, notamment : i) les orientations stratégiques de développement retenues pour l'administration, ii) son plan directeur de la formation ; iii) la stratégie de capitalisation des savoir-faire acquis.

Figure 8-1 : UN APERÇU SYNOPTIQUE DES OUTILS DE GESTION PAR LES COMPETENCES

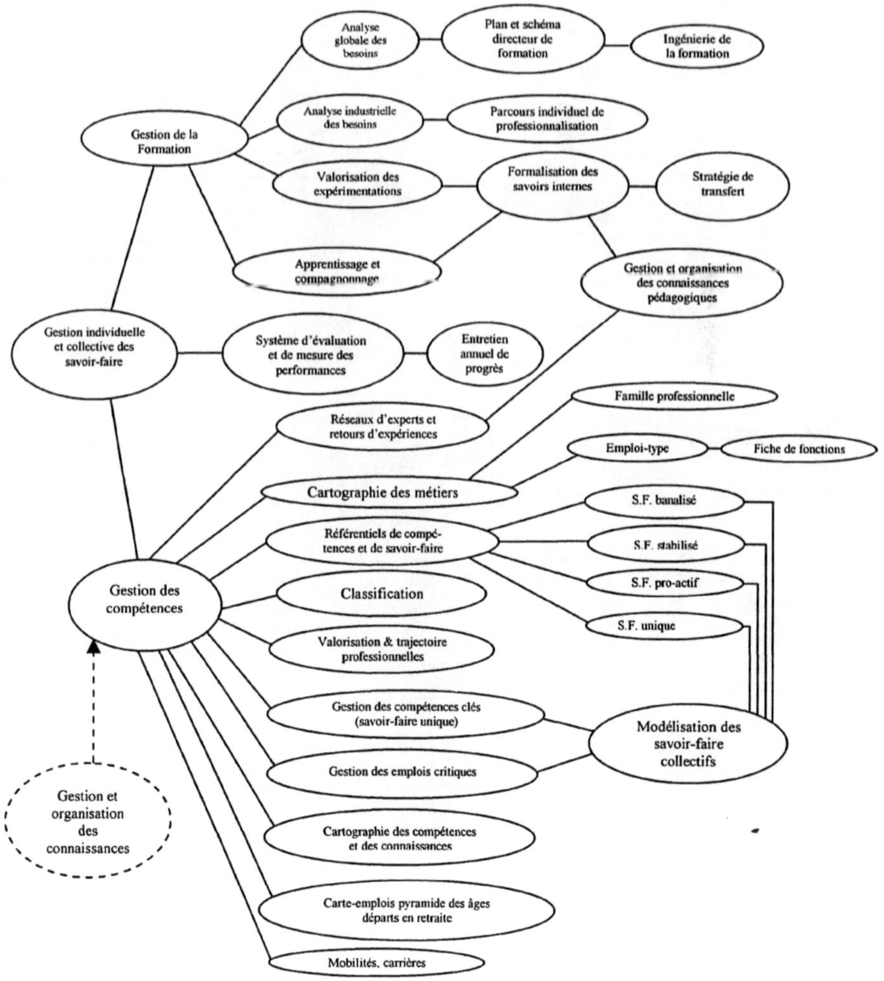

<u>Source</u> : *Bück, J-Y (2003 : 98)*

Figure 8-2 : LES SOURCES ET LES MOYENS DE LA GESTION DES SAVOIR-FAIRE

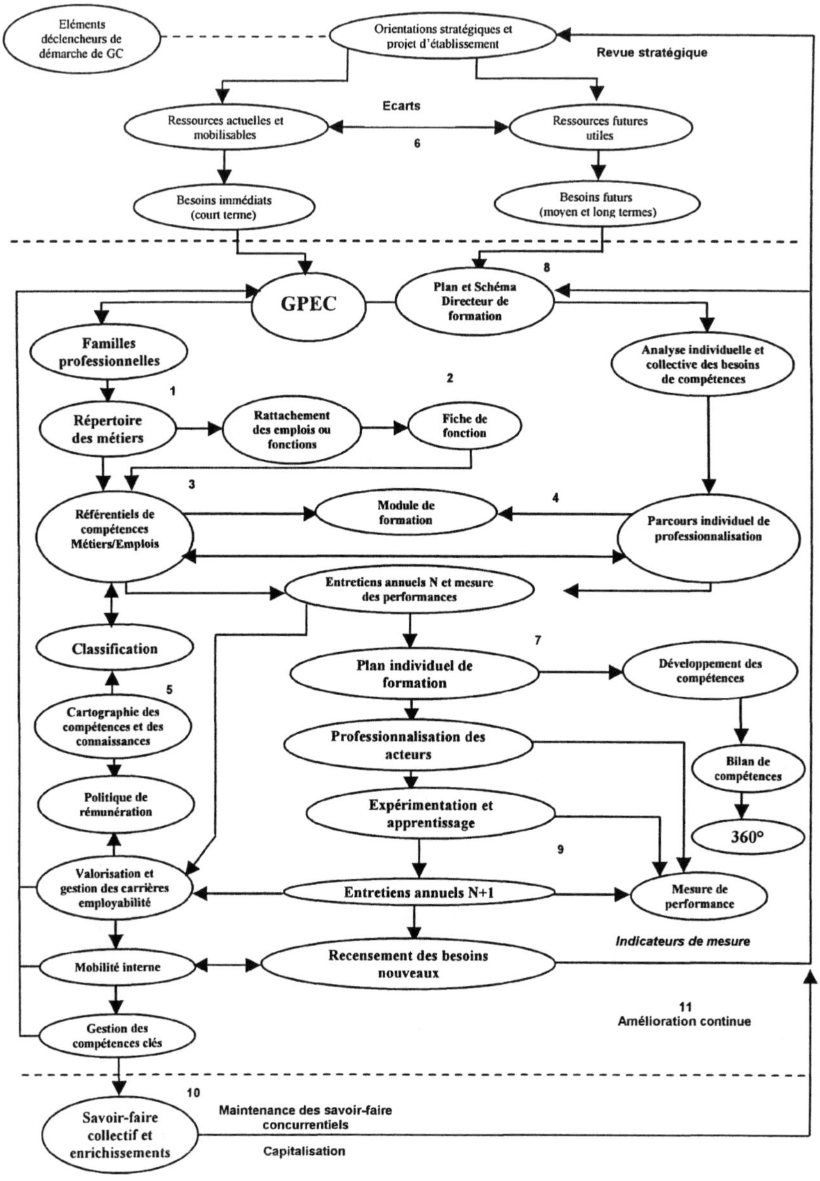

Source : Bück, J-Y (2003 : 139).

Le schéma de la figure 8-2 met en évidence le lien intime qui existe entre la formation des agents et la gestion des compétences. Les « référentiels de compétences et de savoir-faire » sont, du point de vue de la GRH, le point de départ de la logique du déploiement des différents outils de cette figure. Ce déploiement se réalise à partir de la « cartographie des métiers » qui fait référence aux quatre notions de « savoir-faire (SF) banalisé, stabilisé, proactif et unique ». Bück (2003) définit cette typologie des savoir-faire d'une organisation comme suit :

- *savoir-faire banalisé* : il s'agit d'une connaissance qui peut être partagée par de nombreux acteurs d'un même métier, mais de secteurs d'activités différents. Elle est considérée comme banalisée par ses aspects transverses quelle que soit l'activité et par sa facilité d'accès (quelques heures de formation). L'exemple du savoir-faire de secrétaires dactylo est illustratif de ce type de connaissance ;
- *savoir-faire pro-actif :* il s'agit d'un savoir-faire qui repose sur une base de connaissances modélisables dans l'action, mais enrichie de compétences qui permettent de faire face à des situations non décrites ou par lesquelles il n'y a pas d'antériorité. Ce type de savoir-faire s'étend à la mise en œuvre de techniques ou d'outils permettant d'améliorer sa propre connaissance du sujet et, conséquemment, d'en repousser les limites et par ailleurs, d'anticiper ou de mettre en action une solution ou des options novatrices permettant d'agir dans un contexte incertain. Les prestations de services intellectuels (enseignants, médecins, consultants, gestionnaires, économistes, ingénieurs...) sont illustratives de ce type de savoir-faire. Il existe cependant une reproductivité du service dans ce type de savoir-faire, notamment quand il s'agit d'interventions à caractères similaires ou récurrents ;
- *savoir-faire stabilisé* : ce savoir-faire est basé sur une connaissance suffisamment durable pour être modélisable dans l'action. Ce savoir-faire qui tient compte des évolutions techniques, présente comme caractéristique essentielle d'être reproductible et transférable sans contrainte majeure. Il ne revêt pas un caractère d'exceptionnalité, toutefois il n'est pas accessible sans une formation suffisante qui en constitue un pré-requis. Le maçon, le mécanicien du garage administratif, l'opérateur sur la presse ou le photocopieur du service sont des exemples de métiers illustratifs de ce type de savoir-faire ;
- *savoir-faire unique (ou stratégique)* : il s'agit de connaissance « rare » de l'ordre de la « compétence-clé » de l'organisation (voir encadré 8-4). Ce type de connaissance est difficile à formaliser et à capitaliser. « Le talent, ou le génie, n'est pas modélisable et limite conséquemment la dimension transverse du savoir », observe Bück (2003 : 54) qui fait une distinction entre la rareté d'une connaissance et sa contribution réelle ou marginale

au service du développement d'une collectivité d'intérêt, telle une administration par exemple. Ainsi, et à titre illustratif, le savoir-faire unique que détient un laboratoire pharmaceutique ou un Centre Hospitalier Universitaire (CHU) sert une communauté d'intérêt plus large, la société tout entière, que le savoir unique d'un artiste compositeur, qui n'a de valeur d'utilité que le plaisir procuré à celui ou ceux qui l'écoutent.

Toute organisation dispose d'un portefeuille de savoir-faire de ces quatre types, avec une répartition qui varie en fonction du secteur d'activité concerné. Dans la logique de la gestion par les compétences, la littérature souligne, comme relevé dans l'encadré 8-4, que le savoir-faire, quand celui-ci est unique, voire pro-actif, est un atout stratégique majeur, et doit être considéré comme un facteur clé de succès (FCS) à part entière.

La mise en œuvre, aux deux niveaux de la Direction des Ressources Humaines et des Directions opérationnelles, de la démarche de gestion par les compétences s'articulera autour des principales activités suivantes (Bück, 2003 : 264) :

- l'organisation du traitement de l'information ;
- la capitalisation et l'essaimage de la connaissance ;
- le transfert des savoir-faire ;
- une gestion professionnelle des compétences ;
- le développement d'une culture du partage ;
- la mise en œuvre de projets collectifs, pour transcender l'individualisme.

Le schéma de la figure 8-3 synthétise pour les trois niveaux de service, de la direction et du ministère, les actions à mener par rapport à ces différentes activités. Ce schéma situe cette démarche, comme souligné plus haut, dans le cadre de la mise en œuvre de la stratégie adoptée pour la gestion des ressources humaines de l'administration concernée, avec une option clairement affichée pour le développement de l'employabilité des agents à travers les « outils de management des connaissances ». Les centres de ressources, le travail en groupe impliquant des intervenants extérieurs reconnus et spécialisés dans leur domaine, les outils multimédias, le e-learning, les groupes de créativité, les laboratoires d'expérimentation, le benchmarking, l'introduction de la démarche qualité, l'organisation matricielle et en réseaux (diminution de niveaux hiérarchiques) sont des exemples de tels outils.

Figure 8-3 : STRATEGIE ET ACTIONS A METTRE EN ŒUVRE EN VUE DE LA GESTION PAR LES COMPETENCES

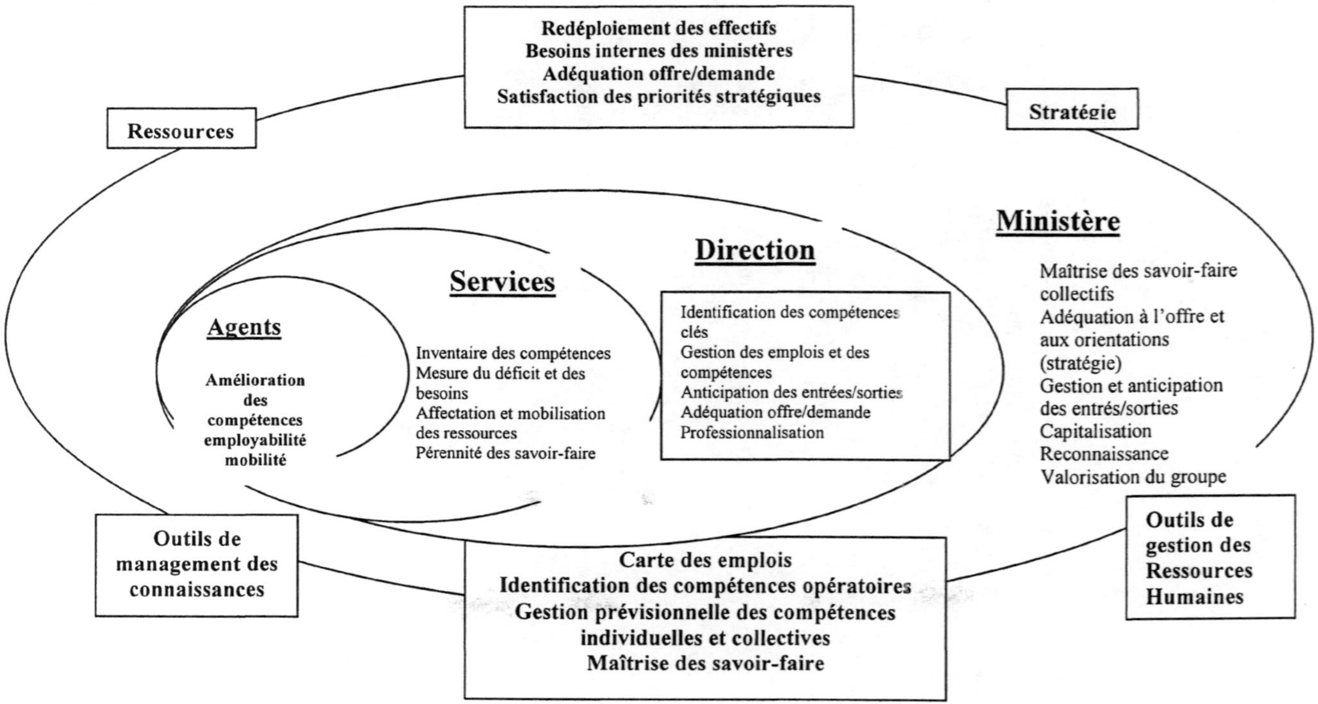

Source : adapté de Bück, J-L (2003 : 312)

Pour mettre ces outils en œuvre, les administrations ne partiront pas du néant. En matière de gestion des ressources humaines de l'Etat, chacune d'elles a ses pratiques habituelles qui présentent, par rapport aux enjeux de la gestion par les compétences, des forces et des faiblesses. Il faut commencer par dresser un état des lieux de ces pratiques. Déjà, avec le questionnaire de l'encadré 8-5 vous pouvez rapidement situer votre administration par rapport à cette approche.

L'analyse des processus en vue de les optimiser telle que décrite au chapitre 7 (§. 2.3.), lorsqu'elle est engagée dans une administration, est un excellent point d'ancrage de ce travail de diagnostic. En effet, comme l'observe Bück (2003 : 93), la cartographie des principaux processus permet d'identifier la totalité des supports de connaissance de l'administration concernée, à travers la description détaillée de chacun d'eux. En outre, et nous avons insisté sur cet aspect dans cet ouvrage, cette démarche de la qualité totale fait état d'une culture du partage des savoir-faire qui se traduit par des pratiques observables. Il est cependant nécessaire d'affiner l'analyse pour les connaissances générales qui ne sont pas toujours prises en compte dans les processus existants.

S'agissant spécifiquement de la « gestion des compétences » comprise ici, comme un outil de travail des Directeurs des Ressources Humaines pour appuyer l'approche managériale de « gestion par les compétences », faire l'état des lieux consisterait à inventorier l'ensemble des outils existants et d'en mesurer l'efficacité et la fiabilité. Bück (2003 : 110) propose l'outil simple suivant (tableau 8-2) pour dresser le « profil des outils de gestion des compétences » dans une organisation. La liste des outils proposée surtout à titre illustratif peut être adaptée à la réalité de chaque administration.

Les deux dernières colonnes, « 4. Maîtrisé » et « 5. Optimisé », du tableau 8.2 suggèrent une échelle de progrès dans l'utilisation des outils inventoriés, en liaison avec le développement stratégique de l'administration concernée.

Tableau 8-2 : PROFIL DES OUTILS DE GESTION DES COMPETENCES DANS UNE ADMINISTRATION

Outils / Positionnement	1 Inexistant	2 En cours	3 Défini	4 Maîtrisé	5 Optimisé
Démarche de gestion des compétences					
Politique de gestion des carrières et des potentiels					
Politique de gestion de la mobilité					
Politique de gestion des recrutements					
Politique de gestion de la formation et des compétences					
Statistiques sur l'emploi					
Tableau de bord RH					
Mesures des écarts					
Famille professionnelle					
Cartographie des métiers					
Emploi-type					
Fiche de fonction					
Référentiel des compétences					
Référentiel de mobilité					
Cartographie des compétences et des savoir-faire					
Entretien annuel de progrès					
Gestion des compétences clés					
Bilan des compétences					
Bourses de l'emploi interne (appels de candidatures,…)					
Outils de recrutement					
Processus de Ressource Humaine finalisés					

Source : Bück, J-L (2003 : 110

Profil inventorié ———— Profil souhaité pour le déploiement ═════

Lors de l'analyse des forces et des faiblesses des pratiques existantes dégagées avec ce tableau, il est donc capital de revenir aux principes et aux objectifs de la politique qualité de l'administration et ceux qui sont spécifiques à la « gestion par les compétences », en structurant l'interface entre les outils identifiés et les autres axes qui constituent le cadre de base de la démarche, à savoir, la gestion de la formation, la gestion individuelle et collective des savoir-faire, et d'une manière générale une liaison entre ces différents outils. En effet, comme l'observe Bück (2003 : 111) :

> *Trop souvent encore, l'on assiste à la mise en place d'outils de gestion de compétences sans liens transverses et devant les difficultés d'appropriation ou de déploiement ceux-ci sont régulièrement sous-utilisés ou sous-dimensionnés. La mise en œuvre d'un projet de gestion des compétences et des connaissances ne peut se satisfaire de quelques outils sans prise directe avec la stratégie de l'entreprise d'une part et le développement collectif des savoir-faire d'autre part.*

2.2.3. Les conditions de réussite d'une démarche de gestion par les compétences dans l'administration publique en Afrique

Dans le contexte actuel de développement des administrations publiques africaines tel que décrit aux chapitres 2 et 3, la démarche de « gestion par les compétences » n'est plus un souhait, mais un objectif clairement affiché dans le programme national de gouvernance et dans le document de stratégie de réduction de la pauvreté adoptés dans différents pays. Tout le problème est celui de la *volonté* des responsables et leur *engagement* pour traduire l'intention en actes réels et pour accélérer le changement dans cette optique. Nous avons résumé dans la figure 8-4 les principales articulations de cette démarche telle qu'elle devrait s'appliquer à un service public, par exemple, un ministère, une université, un établissement public.

A la lumière de cette figure, le problème de la volonté sus-évoqué se traduit par celui de la congruence entre :

- *le discours des Chefs* des différentes administrations (Ministres, Recteurs, DG, Secrétaires Généraux des ministères) sur l'urgence d'une approche de management des ressources humaines de l'Etat à promouvoir (politiques générale et spécifique en matière de GRH) et à ancrer dans la culture administrative (développement de l'employabilité de l'emploi public, renforcement de l'autonomie des personnes et des équipes de travail, garantie de la liberté de pensée des agents,...).
- *la perception des agents publics* (individuellement et collectivement) du soutien qu'ils reçoivent en matière de « gestion par les compétences » au double plan technique (application des outils du dispositif de gestion des

compétences) et managérial (préservation, actualisation et développement du potentiel humain de l'administration concernée).

- *le degré d'implication des Directeurs des Ressources Humaines et des Directeurs opérationnels ou fonctionnels.* Les premiers pour apporter un soutien méthodologique (mise à disposition des outils et techniques) aux seconds et pour articuler le dialogue social au sein de l'administration concernée autour du concept de la compétence, donc de l'emploi (et non plus de la qualification). Les Directeurs opérationnels et fonctionnels pour mettre en œuvre la démarche de la gestion par les compétences dans leurs activités quotidiennes (application des procédures et des méthodes de travail adéquat, encouragement des collaborateurs à s'impliquer pour la mise en œuvre des dispositifs arrêtés, multiplication d'actions de renforcement du potentiel humain, etc...).

Dans ce dispositif, le Ministre de la Fonction Publique dont le Directeur du Développement des Ressources Humaines de l'Etat (DDRHE) (ou encore Directeur Général de l'Administration et de la Fonction Publique dans certains pays) est le principal collaborateur pour la fonction RH, fonction transversale au sein de l'administration, joue un rôle clé.

A ce titre, le Ministre est en effet responsable, entre autres :

- de la gestion des fonctionnaires et agents de l'Etat, exception faite des agents de certains corps (armée, justice, administration pénitentiaire...) ;
- de la préparation des mesures législatives ou réglementaires relatives au statut des agents de l'Etat ;
- de toutes les études relatives à l'évolution des besoins et ressources en agents de l'Etat.

Le DDRHE (ou DGAFP) est dans le cadre de cette mission, chargé, entre autres[84] :

- de l'élaboration et du suivi de la mise en œuvre de la politique de développement des Ressources Humaines de l'Etat ;
- des recrutements des agents publics ;
- de la recherche de la satisfaction des besoins en ressources humaines des départements ministériels ;
- de la conception et du suivi de la mise en œuvre de la politique gouvernementale en matière de formation professionnelle des agents publics, en liaison avec les ministères et organismes concernés ;

[84] Voir par exemple le décret n°2005/086 du 29 mars 2005 portant organisation du ministère de la Fonction Publique et de la Réforme Administrative au Cameroun.

- de la planification et de la programmation des actions de perfectionnement et de recyclage des agents publics, en liaison avec les départements ministériels concernés.

Dans certains pays (le Cameroun, par exemple) il existe un observatoire des Ressources Humaines de l'Etat rattaché au Secrétariat Général de la Présidence de la République.

Ces deux (ou trois, suivant les pays) principaux acteurs ont la responsabilité de la gestion de l'*emploi* qui est au cœur de la démarche de la « gestion par les compétences ». Cet emploi public, qui représente un élément stabilisateur sur le plan économique et social, a une dimension ontologique qu'on peut décrire en termes de « compétences techniques », « d'expérience » et de « compétence comportementale ». Cette dimension n'est pas, et ne peut pas être statique, c'est pourquoi on parle de politique de développement des ressources humaines de l'Etat, de politique gouvernementale en matière de formation professionnelle.

Figure 8-4 : ACTEURS ET FONCTIONNEMENT DE LA DEMARCHE DE GESTION PAR LES COMPETENCES DANS L'ADMINISTRATION PUBLIQUE

1 : proposition de la politique en matière de GRH

2 : validation de la politique proposée

3 : soutien méthodologique et coordination des actions de GRH

4 : mise en œuvre de la démarche de « gestion par les compétences (GPC)»

5 : soutien des agents pour le succès de la GPC

6 : engagement organisationnel des agents publics

7 : soutien à l'autonomie des personnes et des groupes, garant de leur liberté de pensée

8 : soutien méthodologique et articulation du dialogue social autour de la « compétence »

Le « mouvement » est consubstantiel à l'idée du « développement » et les rapports des études relatives à l'évolution des besoins en ressources humaines de l'Etat, autant que les conclusions de l'observatoire des Ressources Humaines de l'Etat, doivent éclairer le gouvernement sur la direction à suivre suivant les périodes et les grands enjeux de modification de la structure de l'emploi. Cette structure de l'emploi est alors analysée du point de vue de l'Etat dans son triple rôle d'employeur, de régulateur de l'activité économique nationale et de garant de la durabilité (au sens éthique défini au chapitre 2) des effets et des impacts des politiques sociales d'aujourd'hui.

La connaissance de l'emploi public reste la priorité pour opérer convenablement la gestion du renouvellement des fonctions publiques, conclut le rapport du groupe de travail « fonctions publiques : enjeux et stratégie pour le renouvellement » présidé par Bernard Cientat (2000 : 49).

Le mouvement ne s'arrête pas lorsqu'on est passé d'une « fonction publique de carrière » à une « fonction publique de poste de travail » comme c'est le cas aujourd'hui avec le statut général de la fonction publique de l'Etat en cours dans les pays africains. Il se poursuit, et il doit se poursuivre dès lors que les études et les recherches ont mis en évidence les nombreuses limites du concept de « poste de travail » pour définir une réalité qui bouge (un poste est statique, un emploi est dynamique). Ce changement était déjà une avancée, mais une avancée quelle que soit sa portée dans un contexte, n'arrête pas le progrès. (La découverte de la loi de la gravitation de Newtown a permis la théorie de la relativité d'Einstein qui a permis d'aller encore plus loin dans différents domaines et on ne s'arrêtera pas demain comme l'annoncent les promesses des fleurs des technologies de l'information).

Les fonctions publiques africaines doivent concevoir une autre génération de statut général qui tient compte de ces évolutions. C'est le point de départ de l'introduction de la démarche de la « gestion par les compétences » dans l'administration publique africaine en cette aube du 21ème siècle, une démarche considérée comme une approche de solution à deux problèmes, en l'occurrence, celui de « l'évolution des métiers » dans l'environnement des services publics et celui du changement de perception de l'agent public qui est passé du statut « d'individu uniquement identifié par un numéro matricule » au statut de « ressource humaine » détenteur d'un potentiel à développer.

Des difficultés existent, cependant. Des difficultés qu'il faudrait identifier pour garantir les chances de succès de l'introduction de la nouvelle approche[85]. Ces difficultés sont autant d'ordre politique, culturel, que technique.

---

[85] Daniel Held (1995) dans son article, « la gestion des compétences » relève par exemple, la difficulté liée à la définition même du concept, celle liée à la définition d'une démarche simple et

Au plan politique, les perspectives du développement de l'emploi public dans une logique de soutien à la performance des administrations publiques africaines sont plutôt très sombres. Les départs à la retraite à l'âge de 55 ans touchent tous les secteurs (à l'exception seulement de celui de l'éducation où le départ est de 60 ans pour le pré-universitaire et 65 ans pour l'enseignement supérieur). Dans bon nombre d'administrations avec les départs à la retraite combinés au gel de recrutement dans la fonction publique depuis 1995, les « temporaires » ou les « vacataires » (dans le secteur éducatif) constituent la principale ossature du bassin des ressources humaines. Comme on le sait, un temporaire ou un vacataire n'a pas de statut, on ne peut donc lui parler, ni d'engagement, ni d'employabilité. Cette situation de précarité et donc d'insécurité bouleverse nombre de candidats compétents et dotés d'un riche potentiel, et les encourage à s'intéresser davantage à la politique de l'« émigration choisie (ou élitiste) » pratiquée par certains pays développés. Ainsi, ceux qui ont l'expérience s'en vont à la retraite et ceux qui sont techniquement compétents dans certains métiers sont attirés par les meilleures offres qui leur sont faites hors du continent. Une telle situation doit être corrigée par l'adoption d'une politique de GRH qui épouse les caractéristiques de la fonction publique d'aujourd'hui et de demain :

- des carrières diversifiées et une mobilité accrue ;
- des modes de nomination plus clairs et basés sur la compétence et la recherche de l'excellence administrative ;
- des tâches plus riches tenant compte de la complexité des problèmes administratifs à traiter ;
- des responsabilités plus grandes à tous les niveaux et principalement au niveau du terrain, dans une logique de gestion de proximité ;
- un plan de développement de chaque agent qui, dans une logique d'apprentissage organisationnel met l'accent sur le renforcement de son potentiel et le prépare à assoir les bases de sa mobilité pour soutenir son employabilité.

Au plan culturel, le chemin est tout aussi long entre changer de paradigme en matière de gestion des personnels de l'Etat et se comporter véritablement suivant les règles acceptées qui fondent une démarche de gestion des ressources humaines. L'expression « ressource humaine » est utilisée dans des discours et des décrets, mais le style de gestion des agents publics au quotidien n'a pas changé. Dans les administrations où des Directions de Ressources Humaines ont été créées et pourvues, les responsables sont encore à se demander ce qui est attendu d'eux. Et c'est justement l'occasion d'apprécier

---

opérationnelle, la difficile relation entre compétences et performances, la difficulté à considérer les collaborateurs comme des sources d'efficience et de richesse, la difficulté à intégrer la gestion des compétences dans l'ensemble de la stratégie de l'administration.

la pertinence et l'utilité pour tous, du changement introduit. Malheureusement, bon nombre de ces responsables sont plus portés vers la compréhension bureaucratique (au sens wébérien du terme) de leur fonction, que vers l'adoption d'une démarche managériale qui débuterait par le renforcement de leur propre capacité en fonction des nouvelles compétences attendues d'eux. Dans d'autres administrations, la gestion des ressources humaines continue de relever de la responsabilité des Directeurs des Affaires Générales (DAG) qui sont alors, entre autres, chargés :

- de la mise en œuvre de la politique de gestion des ressources humaines du ministère ;
- de la préparation des actes administratifs de gestion des personnels du ministère ;
- de l'élaboration de l'exécution et du contrôle du budget du ministère ;
- de la gestion et de la maintenance des biens meubles et immeubles du ministère.

Il est aisé de comprendre que dans les faits, ces DAG soient plus accaparés par le budget et les ressources matérielles que par les ressources humaines dont l'importance stratégique requiert aujourd'hui un responsable à plein temps, indépendamment du nombre d'agents à gérer. L'ironie de la situation réside dans le fait que certains DRH se considèrent lésés comparativement aux DAG, tandis que, ces derniers continuent à traiter l'agent de l'Etat comme « une affaire générale » qui ne pèse pas devant le budget et le matériel.

Toujours au plan culturel, la gestion par les compétences s'appuie, on l'a vu, sur la circulation des informations et des idées, le partage et l'enrichissement mutuel. Tels ne sont malheureusement pas les points forts des services publics plutôt réputés pour leur opacité, leur penchant à manipuler l'information pour des fins de conquête de poste de responsabilité et par le cynisme de ceux qui, sans compétence avérée occupent des postes de responsabilité clés. Il s'ensuit, et des exemples sont nombreux, des initiatives et des actions non coordonnées, la sclérose, le dépérissement, l'inertie.

L'ancrage des pratiques d'une véritable approche de « gestion des ressources humaines » dans les cultures administratives des services publics apparaît donc être une difficulté majeure à surmonter au risque de maintenir indéfiniment ces administrations au niveau des discours non suivis de changements profonds et durables. La détermination du politique et la transparence de ceux qui sont nommés à des postes de responsabilité paraissent être des clés de succès lorsqu'il s'agit d'introduire la démarche de « gestion par les compétences », suggère la littérature (Observatoire des Ressources

Humaines – ANDCP – ACCENTURE – MICROSOFT – NOVAMETRIE, 2004 : 44) :

> *Il y a deux grandes clés de succès : d'abord une très forte détermination à faire, il faut que la Direction Générale de [l'organisation] ne dérive pas d'un iota. Et la deuxième clé c'est une très grande transparence, c'est-à-dire le fait de fédérer autour d'un projet et ne pas hésiter dès lors qu'on est intransigeant sur les grands objectifs, à modifier, à entendre des réactions de tout le monde. On parle de collaborateurs sur les succès de mobilité c'est-à-dire Madame Un tel qui était secrétaire de direction est aujourd'hui sur un centre de service et d'expertise après une formation, et elle est contente de ce qu'elle fait.*

Au plan technique, la difficulté résulte de la multiplicité des dispositifs à mettre en œuvre pour soutenir une démarche réussie de gestion par les performances. Par exemple, les métiers évoluent, rendant obsolètes des cartographies de métiers élaborés à des coûts très élevés. Dans le contexte des administrations publiques africaines où l'approche de gestion des ressources humaines n'est pas encore rentrée dans les cultures administratives, la tentation de commander les outils à des Consultants externes est très grande, privant ainsi les responsables des services de la Direction des Ressources Humaines de l'opportunité de développer les compétences requises par leur emploi de GRH. La dynamique décrite par les flèches de la figure 8-4 montre très bien que les Directeurs opérationnels ou fonctionnels et les agents publics, pris individuellement ou collectivement, sont les principaux bénéficiaires des extrants des DRH et/ou DAG. Si les outils sont élaborés sans la pleine implication des DRH et/ou DAG, ils ne seront jamais utilisés puisqu'ils ne peuvent pas fournir le soutien attendu pour leur application. La collaboration avec l'extérieur est nécessaire mais elle doit se faire dans une démarche participative et d'auto-organisation. Enfin, et c'est important de le souligner, « il faut faire attention à ne pas être trop perfectionniste, trop exhaustif parce que c'est un domaine où on dérive facilement dans la complexité », nous apprend-on (Observatoire des Ressources Humaines, op.cit.., 2004 : 45).

Dans un contexte mondial marqué par une irréversible évolution d'une conception bureaucratique vers une conception managériale de l'administration publique, l'instauration dans les administrations publiques africaines d'une culture de transparence, de créativité et de coresponsabilité de tous les acteurs dans la gestion de l'emploi public, s'affirme être une condition essentielle de succès de l'introduction de la démarche de gestion par les compétences. L'adoption d'une approche intégrée soucieuse d'une analyse profonde des problèmes de développement des ressources humaines de l'Etat et s'appuyant sur les initiatives des Directeurs opérationnels et fonctionnels, est une autre condition de succès indispensable. Les administrations publiques africaines ont le devoir (et non le choix) de s'engager dans cette voie ; l'attrait des pays, la compétitivité de leurs économies et la notoriété de leurs représentants dans les institutions internationales sont à ce prix.

De l'analyse des difficultés ainsi faite, il se dégage que dans l'administration publique africaine, plus qu'ailleurs, la gestion par les compétences sera d'abord le résultat d'une volonté stratégique de passage à l'acte et de contacts humains des chefs de structure avant d'être une question d'outils techniques.

A ce sujet, le rapport des Nations Unies du secteur de l'administration publique de l'année 2005 conclut son analyse sur la professionnalisation de la fonction GRH dans les services publics en ces termes (2005 : 79) :

> *The application of an integrated competence-based model is important to good HRM practice in the public service. By promoting a consistent approach across all HRM activities, the framework helps to ensure that the management of human resources contributes effectively to achieving the government's objectives (sometimes called "vertical integration") and ensuring that the HRM whole is greater than the sum of the individual activities (sometimes called "horizontal integration"). An important objective in the development of such frameworks in the public service is to promote a shared language as it relates to performance standards and expectations.*

2.3. La gestion par les compétences et la réforme administrative

La structure nationale chargée de la réforme administrative (SNRA) dans tout pays est un cadre idéal de conduite d'une démarche de gestion par les compétences dans l'optique du développement de ses propres ressources humaines et dans celle du développement des services publics dans leur ensemble. Si on prend en effet, la cartographie générale des processus de cette structure telle que proposée au chapitre 7 (figure 7-8), on s'aperçoit que les enjeux du maintien et du développement des ressources humaines y apparaissent aussi bien comme sous-processus stratégique de la SNRA que comme sous-processus de soutien à la réalisation des processus opérationnels de la réforme administrative. De même, et par rapport aux processus opérationnels, les sous-processus « études et prospectives » et « conduite des projets de réformes administratives » sont des lieux d'expression de la contribution de la réforme administrative au développement de la démarche de la « gestion par les compétences » dans une administration publique.

Nous avons relevé que la gestion de l'emploi public est au cœur de cette approche. Or comme l'observe le rapport des Nations Unies du secteur de l'administration publique de l'année 2005, cette gestion de l'emploi public est rendue quasiment impossible aujourd'hui à cause des difficultés de collecte et d'analyse de données pertinentes, une responsabilité qui interpelle la SNRA dans son sous-processus « Etudes et prospectives ». A titre d'illustration, l'encadré 8-6 extrait du rapport des Nations Unies, esquisse les axes de la formulation de ce problème tel qu'il se pose aujourd'hui dans les services publics du monde.

ENCADRE 8-6 : QUELQUES PROBLEMES DE COLLECTE ET D'ANALYSE DES DONNEES DANS LE CADRE DE LA GESTION DE L'EMPLOI PUBLIC

> Considering the growing importance of remuneration in motivating and retaining talented staff in the public sector, it is of some concern that most developing countries and transition economies devote relatively meagre efforts to the collection of quality data on employment and wages. For one reason or another, the availability of good data in this area is very limited, making it difficult, if not impossible, to measure the cost and contribution of human resources to the overall performance of the public sector. The present report therefore recommends that governments give more consideration to the development of better systems and methodologies to further improve the collection and analysis of data on wages and employment in the public sector.
>
> First, however, governments need to sort out a number of methodological questions integral to the process of collecting and analysing data on public sector employment and wages. This includes deciding on the scope, timeliness and frequency of data collection as well as the definition of key terms. Wage and salary data, for example, often suffer from the exclusion of non-wage remuneration, as discussed earlier in this section. Needless to say, excluding perquisites, such as pensions, accommodation, automobiles, telephones, meals and clothing, the value of which often far exceeds the base pay, undermines the usefulness of data collection in this area.
>
> Another issue of some concern in this area is the lack of common standards among countries for the collection of data on employment and wages in the public sector. Such data are very seldom comparable across countries. These challenges are affected by a number of factors. First, states are structured differently, which inevitably has implications for the comparative utility of data on public sector employment and wages. Centralized states, other things being equal, will generally display a greater percentage of expenditure on wages because fewer financial transfers to lower levels of government take place with subsequent payment of wages at this level of government. [...]. Second, even when states are structured along the same lines, divergent approaches to the classification of public sector employment often pose another daunting challenge for cross-country comparison. This problem is sometimes further aggravated by the frequent reclassification of sectors as a result of administrative reform. Recent developments in service delivery, such as outsourcing, have further skewed the picture when comparing data on employment and wages in the public sector in different countries.
>
> In conclusion, the availability of accurate, reliable, valid and comprehensive data on employment and wages in the public sector is becoming more and more important for the strategic management of human resources. Therefore, it is recommended that governments consider developing better methodologies for collecting and analysing data on employment and wages in the public sector at both the national and global levels.

Source : Nations Unies, Rapport sur le secteur public, octobre 2005 (2005 :89)

2.3.1. La gestion par les compétences comme levier de la GRH de la SNRA

Pour la SNRA elle-même, les exigences du sous-processus stratégique « qualité de l'appui en matière de réforme administrative » justifient que dans le contexte actuel d'application du principe de partenariat « public/privé/société civile », elle ne puisse pas opter pour une autre démarche que celle de la « gestion par les compétences ».

D'abord, l'approche « équipe-projet » est celle retenue dans cet ouvrage pour soutenir la démarche d'intervention de la SNRA. De ce point de vue, la « gestion par les compétences » constitue un levier principal de la politique des ressources humaines dont la littérature souligne la pertinence en ces termes (Observatoire des Ressources Humaines, op.cit. 2004 : 20) :

> *Dans une société qui fonctionne en mode projet, c'est plus pertinent d'avoir une gestion par les compétences. Parce que si vous êtes dans l'ingénierie, si vous avez à constituer des équipes en fonction des projets, c'est (...) un outil parfaitement adapté. Une entreprise dans l'ingénierie, c'est une entreprise qui n'arrête pas de reformer, d'éclater, de reconstituer des équipes pour réaliser des projets. Et donc à chaque fois on se pose la question de savoir comment on constitue l'équipe et plus précisément la question de la compétence collective d'une équipe que l'on va mettre en place.*

Ensuite, les liens entre la gestion par les compétences et les approches de la GQT et de l'apprentissage organisationnel ont été largement soulignés plus haut dans ce paragraphe. A cet égard, Colin et Grasser (2003 : 66), citant d'autres auteurs, relèvent que :

> *La notion de compétence va de pair avec la notion d'organisation qualifiante, cette dernière ayant pour caractéristique novatrice de devoir produire à la fois un résultat économique direct et un développement de compétences. Pour cela, l'organisation doit notamment permettre au salarié de rencontrer des occasions d'apprentissage et de transfert de ces apprentissages.*

Enfin, le thème de l'« employabilité » qui est sous-jacent à la gestion par les compétences, est au cœur des préoccupations de « développement personnel » des agents en service à la SNRA. Car, en effet : i) que deviennent-ils lorsqu'ils ont conseillé des années durant les autres administrations dans leur stratégie de développement ? ii) quelle politique de mobilité est-elle envisagée pour leur permettre de renforcer leurs connaissances pratiques de certains métiers (comme celui de la gestion) avant de retourner à la SNRA pour apporter un nouveau regard externe à ces métiers ? iii) quels mécanismes de capitalisation de leur expérience professionnelle sont –ils envisagés lorsque vient leur tour d'aller en retraite à l'âge de 55 ans comme c'est le cas actuellement[86] ? Ces questions, on le comprend, interpellent le volet « développement à moyen terme des ressources humaines » du plan stratégique de la SNRA élaboré suivant l'approche présentée au premier paragraphe de ce chapitre. L'acuité de ces questions et l'urgence d'y apporter des réponses idoines dans le contexte des administrations publiques africaines, réputées pour la considération qu'elles accordent aux fonctions de gestion au détriment de la fonction de Conseil et de conception, ont été analysées au chapitre 3 (§ 2.2.), notamment lorsque nous illustrons les difficultés à attirer et retenir les meilleurs agents pour assurer la fonction « réforme administrative ».

2.3.2. La gestion par les compétences comme contribution de la SNRA au développement des services publics

Les études menées par la SNRA pour le développement de l'administration publique couvrent tous les domaines, y compris celui des ressources humaines de l'Etat qui relève de la compétence du DDRHE (ou de la DGAFP) au Ministère de la Fonction Publique et des DRH/DAG de tous les autres ministères. Les résultats de ces études conduites suivant une logique d'innovation et de projection dans le futur viendraient enrichir ceux initiés par le DDRHE ou les DRH/DAG portant, par exemple, sur l'évolution de l'emploi public, sur le système d'évaluation des agents en fonction de leurs résultats, ou sur le système de rémunération en fonction des compétences. Il y a dans la gestion des compétences, observent Colin et Grasser (2003 : 62), une idée supplémentaire par rapport à la qualification : celle de « responsabilité du salarié à l'égard du résultat ». L'évaluation des individus, ou de leur performance, apparaît, concluent-ils, « comme étant au cœur des démarches de compétences ».

Dans l'optique du processus opérationnel « études et prospectives », et s'agissant de l'approche de la « gestion par les compétences », les thèmes des études pourraient avoir pour objectif de mieux cerner les attentes du DDRHE, des DRH/DAG de chaque ministère, des Directeurs opérationnels ou fonctionnels et des agents de l'Etat (individuellement et collectivement) par rapport à cette approche de GRH :

- quelles définitions par rapport à la gestion par les compétences, adopter pour l'administration publique du pays compte tenu des orientations de la politique nationale de l'emploi public ?

[86] Il nous souvient que toutes ces questions étaient au centre des préoccupations des initiateurs du projet de création de l'Institut Supérieur de Management Public (ISMP) du Cameroun dans les années 1984-85. Malheureusement, à l'évaluation, on ne peut pas conclure qu'elles ont donné lieu à une véritable politique de gestion par les compétences dont on peut apprécier les effets et les impacts. Les discours n'ont pas été suivis d'actes appropriés.

- quel lien établir entre compétence et connaissance ? Et comment opérationnaliser ce lien dans les plans stratégiques de chaque ministère ?
- comment suivre l'impact de la gestion par les compétences sur l'«employabilité » des agents publics ?

Dans l'optique du processus opérationnel « conduite de projets de réformes administratives », la rationalisation de l'organisation des structures, des procédures et des méthodes de gestion fait partie des résultats attendus pour le développement des services publics. A cet égard, analysant les obstacles qui peuvent nuire à une extension rapide du modèle de gestion par les compétences, Daniel Held (1995 : 2) observe :

> *La diversité des domaines d'application du concept de compétences, qui conduit à des définitions très diverses, à des concepts hétérogènes et finalement à une grande confusion : organisation du travail, rémunération, mobilité interne, mobilité externe, mise en place de changements organisationnels, management developepment, etc...constituent quelques-uns des domaines où les compétences doivent être évaluées et gérées. L'objectif à atteindre conditionnera nécessairement la démarche méthodologique choisie.*

L'élaboration des cadres organiques et des textes organiques des ministères est l'une des activités qui concourt à la rationalisation de l'organisation de l'administration et à la mise en place des changements souhaités. Nous avons relevé à propos de cette activité que l'approche de « gestion par les compétences » introduit un changement de paradigme. Le paradigme du « poste de travail » qui est statique est remplacé par celui de « l'emploi » qui est dynamique. Le paradigme de l'emploi milite pour une conception des structures d'une administration qui s'appuie sur le flux du travail et privilège la gestion de proximité. Or le poste de travail davantage perçu comme une source de pouvoir hiérarchique et campé sur le flux de l'autorité, reste encore le point d'ancrage de l'élaboration des textes organiques qui influencent (ou devrait fortement influencer) les politiques de recrutement, de formation et de promotion dans chaque administration. Pourtant comme l'illustre la figure 8-2, au plan théorique, rien n'empêche effectivement de prendre le poste de travail comme base d'analyse ; à condition de le lier, d'une part à la « cartographie métier » par le biais de l'emploi-type de la fiche de fonction, et d'autre part, aux « référentiels de compétences », par le biais de la « cartographie des compétences et des connaissances ». La méthode basée sur les activités et qui lie les activités réellement accomplies par les individus et les compétences (aussi bien nécessaires que celles dans lesquelles un déficit apparaît), permet d'atteindre cet objectif dans la mesure où, elle présuppose une organisation centrée sur le flux de travail, sur les processus, sur les usagers. Pour y parvenir, les Conseillers en Organisation Administrative doivent remettre en question leur approche actuelle d'élaboration des cadres organiques et, le cas échéant, se former aux outils de GRH qui accompagnent la démarche de « gestion par les compétences ». Faut-il rappeler ici au Conseiller qui, à l'autorité hiérarchique des autres, oppose son autorité de référence, que son ignorance des nouvelles méthodes ne peut constituer une excuse suffisante. L'urgence de la prise en considération de ce changement de paradigme est dictée, par la nécessité de mettre en place un système de gestion et d'organisation des connaissances, particulièrement des « compétences clés » en cette période où des ressources compétentes et expérimentées quittent en grand nombre l'administration, soit pour la retraite, soit pour d'autres secteurs de l'activité nationale. En effet, si l'entreprise privée a déjà adopté la gestion des savoir-faire clés comme un axe stratégique de son développement et de sa compétitivité, l'administration publique, toujours cramponnée à la logique de l'administration des numéros matricules, ne voit pas le danger de leur appauvrissement en termes de ressources humaines de qualité, danger qui est pourtant déjà au cœur de certains systèmes avec la prolifération des temporaires et des vacataires.

Pour créer les conditions d'une culture véritable de GRH, la réforme administrative doit contribuer à transformer ce comportement plutôt paradoxal de l'administration publique. Elle refuse d'exploiter au maximum, les investissements qu'elle a pourtant consentis pour recruter des cadres de très haut niveau et soutenir, des années durant le développement de leurs compétences. A cet égard, la réforme administrative peut privilégier dans ses interventions la mise en œuvre des actions de capitalisation d'expériences et d'auto-organisation. Si nous voulons transformer nos organisations, écrit Margaret Wheatley (in Leadersip and the New Science, 1999) citée par Calisti et Karolewicz (2005 : 95) :

> *Nous devons cesser de décrire les tâches et plutôt faciliter les processus. Nous devons devenir maîtres dans l'art de créer des relations, de favoriser la croissance et l'évolution des systèmes. Nous devons développer notre capacité d'écoute, de communication, d'apprentissage et de travail en équipe.*

La réforme administrative peut, s'agissant de la gestion des connaissances qui apparaît comme un sous-processus du processus de soutien de la SNRA (figure 7-8), intervenir dans la définition de l'architecture du système à mettre en place dans chaque administration en mettant l'accent sur les trois paramètres que sont :

– *la capitalisation des connaissances stratégiques* de chaque administration en se posant des questions telles : ce document permet-il d'améliorer le savoir-faire et la façon d'agir ? Est-il un vecteur d'expérience capitalisable pour le ministère ? Ce projet représente-t-il un retour d'expérience à valoriser ? Cette pratique est-elle essentielle pour le service concerné, la direction ou le ministère ?

- *le déploiement d'une démarche de gestion par les compétences* adaptée aux spécificités de chaque administration : regroupement et structuration de l'expérience capitalisable au niveau de chaque bureau, service, cellule, direction et enregistrement sur une base de connaissance collective à l'aide d'outils tels la gestion électronique de l'information contenue dans les documents existants, les systèmes de gestion de base de données (SGBD), les systèmes d'aide à la décision, les systèmes experts, les systèmes de gestion des connaissances ;
- *l'optimisation du flux de connaissances administratives* dans chaque secteur ou domaine en se posant des questions telles : mes pratiques peuvent-elles enrichir un processus ? mon expérience est-elle transférable et si oui, comment en favoriser le transfert ? existe-t-il des innovations dans mon service qui pourraient être essaimées ? l'information externe dont je suis destinataire présente-t-elle une valeur d'utilité pour d'autres ?

Le schéma de la figure 8-5 donne une illustration des outils de la connaissance et des compétences. On y retrouve des outils auxquels, les administrations publiques sont familières aujourd'hui. En outre, il y est souligné l'importance des systèmes de protection et de sécurisation dans l'optique de garantir la continuité de la production des services publics[87].

La réalisation d'un projet d'élaboration des Manuels de Procédures Administratives (MPA), comme largement décrit au chapitre 5 avec l'exemple du problème « des lenteurs administratives », peut être l'occasion d'intégrer ces paramètres dans la méthodologie retenue. De même un projet de Benchmarking est une opportunité à saisir, dans une perspective comparative, pour analyser les pratiques déjà en vigueur dans certaines administrations en cette matière. Comme l'illustre l'encadré 8-6 relatif à la base documentaire individuelle dans une organisation, il s'agit bien souvent de pratiques qui se font, mais non de façon structurée et rigoureuse.

[87] Pour des exemples de systèmes appliqués au contexte des services publics en Afrique, voir l'ouvrage de Dr Jean-Yves DJAMEN, « Gouvernance et Intelligence Artificielle ».

Figure 8-5 : OUTILS DE LA CONNAISSANCE ET DES COMPETENCES

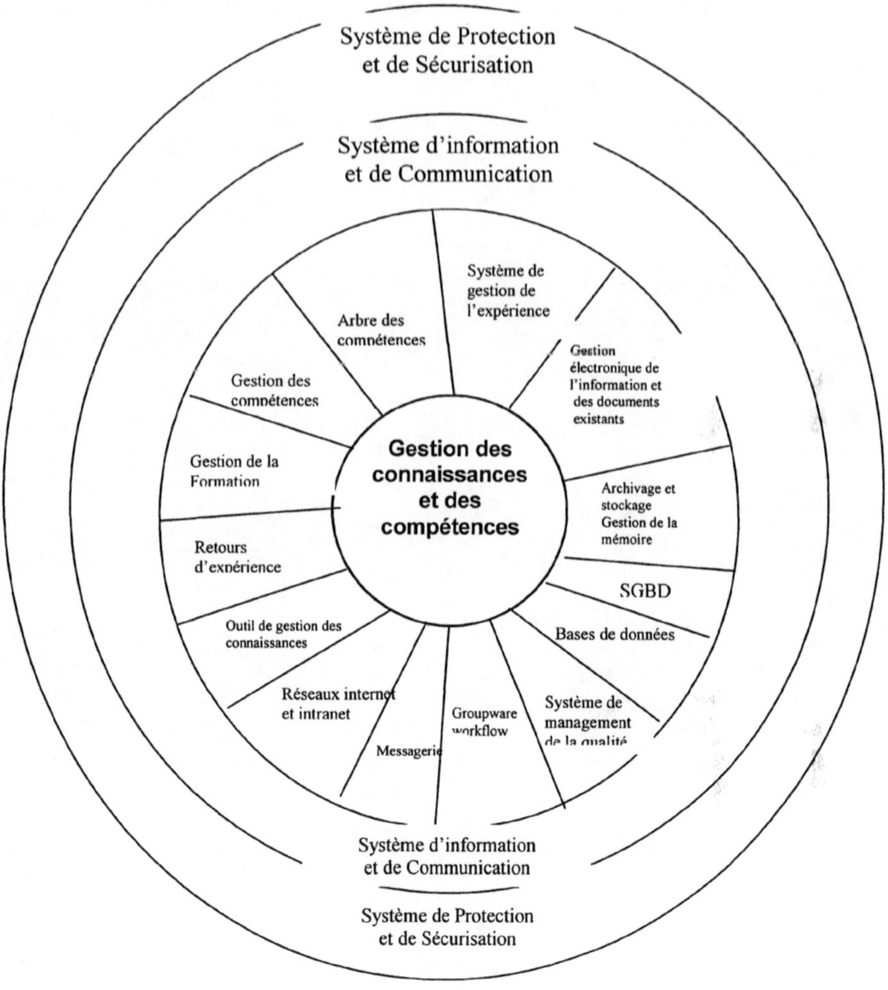

<u>Source</u> : *adapté de Bück, J-Y (2003 : 228)*

- **Le groupware ou collecticiel** regroupe un ensemble d'applications informatiques qui autorisent toute forme de travail à distance à l'intérieur ou à l'extérieur de l'organisation (service, direction, ministère…) ;
- **Le workflow ou gestionnaire de flux d'informations** émane du groupware et permet d'optimiser la gestion des flux de documents entre utilisateurs ou groupes d'utilisateurs ;
- **L'outil de gestion des connaissances** est ici un logiciel permettant d'établir des liens opérationnels entre une base de connaissance, la formation des utilisateurs et la gestion future de leurs compétences.

ENCADRE 8-7 : UNE ILLUSTRATION DE LA BASE DOCUMENTAIRE INDIVIDUELLE DANS UNE ADMINISTRATION SUIVANT UNE APPROCHE DE GESTION DE LA CONNAISSANCE

Informations générales

- Notes de conjonctures
- Notes catégorielles et sectorielles
- Revues de presse
- Lettres d'informations
- Journaux internes
- Coupures de presse
- Enquêtes d'intérêt général
- Supports de présentation de l'administration
- Notes de services à caractère général
- Comptes rendus des réunions des équipes de travail, comités,...

Informations techniques

- Procédures, processus, indicateurs de performance
- Extraits du manuel qualité
- Instructions techniques propres au métier, à la fonction
- Rapports d'incidents
- Etudes spécifiques produit/service
- Rapports internes
- Comptes rendus de visites
- Rapports de missions
- Synthèses de colloques, conférences
- Dossiers travaux transversaux
- Documentations fournisseurs
- Documentation partenaire et bénéficiaire des services offerts
- Jurisprudence
- Notes de service à caractère technique
- Ouvrages...

Informations stratégiques

- Processus clés, cartographie
- Tableaux de bord
- Budget, comptes de résultats mensuels
- Fiches de fonction
- Organigramme
- Notes de la Direction
- Dossiers confidentiels
- Plan stratégique
- Plan d'investissement
- Politique de formation
- Notes d'organisations professionnelles, syndicales...

Expérience capitalisable – Séminaire de formation reçue – Séminaire de formation donnée – Retour d'expérimentations techniques – Analyse des pratiques des autres administrations – Rapports d'études – Synthèses de colloques, de conférences – Recherches, développement, innovation – Connaissances émergentes – Synthèses des fonctions de veille individuelle – Formalisation écrite du savoir-faire – Processus, procédures liés – Jurisprudence – Historique du savoir-faire métier…

Source : adapté de Bück, J-Y (2003 : 162)

S'agissant de la gestion de tous les documents pour en faciliter l'accessibilité et le partage au sein d'une administration, nous avons insisté sur la nécessité pour la réforme administrative d'œuvrer en faveur de l'adoption d'une approche de « Prestation Intégrée des Services (PIS) » pour l'introduction des TIC dans une administration au chapitre 2 en accompagnant l'évolution en cours des mécanismes de gestion qui sont à dominante hiérarchique (en silo) vers la création des hyper-hiérarchies qui tiennent compte des activités en réseaux. Actuellement, et aucune administration n'y échappe, les documents individuels mentionnés dans l'encadré 8-6 et les documents organisationnels collectifs sont, par exemple, stockés sur différents supports :

- rayonnages dans une bibliothèque individuelle ou un centre de documentation collectif ;
- classeurs et chemises rangés dans des armoires ;
- disques dans des micro-ordinateurs….
- revue de presse quotidienne, hebdomadaire…

Dans une logique de gestion des connaissances et des savoirs, Bück (2003 : 208) souligne que la structuration de tous les documents qui seront édités, consultés et exploités au sein de chaque administration doit s'inspirer des principes de la GQT (gestion de la qualité totale) afin de permettre une véritable fiabilisation de l'information transmise. Ainsi par exemple :

- *chaque document doit être clairement identifié :* cartographie, processus, procédure, instruction de travail, instruction de contrôle, cahiers des charges, études, manuel de formation…
- *chaque document doit être normalisé :* titre, auteur (service ou direction), indice ou version, durée de vie ou d'archivage, destinataires, dates d'émissions…

- *le système de stockage doit être identifié :* base de données, classeur, armoire, rayonnage, localisation…
- *les moyens d'accès doivent être indiqués :* moteurs de recherche (mots-clés, multicritère, thématiques…), clés d'accès, diffusion restreinte, libre, confidentielle…

L'approche de gestion par les compétences s'accompagne comme on l'a largement décrit, de profonds changements visant à inscrire le développement de l'administration dans le courant d'ouverture, de transparence et de partage de connaissances qui fonde les principes de bonne gouvernance. L'ancrage des résultats attendus ne peut être effectif sans une conduite professionnelle de ces changements. Ici, le leadership de la réforme administrative doit être exemplaire, tant les obstacles à surmonter sont déterminants puisqu'ils concernent essentiellement les habitudes enracinées dans les cultures administratives des services publics. A ce propos, le message essentiel du rapport des Nations Unies sur le secteur public (2005 : 3) résumé dans l'introduction est révélateur des enjeux et des défis de la gestion par les compétences dans les services publics en cette aube du 21ème siècle. On y apprend en effet que :

> *The changing role of public administration has been influenced by many factors, including the emergence of new tasks and activities for government, the transformation of many of its traditional functions, and the recent revolution in information and communications technology (ICT) that alone is requiring radical change in work, management, and decision-making processes in all organizations but especially in traditional-style bureaucracies. Nonetheless, certain challenges stand out as needing immediate attention lest all other efforts fail to realize their potential. Among these for public administrators everywhere, in both developed and less developed countries, are coping with globalization, restoring the capacity to govern, furthering democratization, adapting to the knowledge society, and attracting talent into public service.*
>
> *Essential to the capacity of governments to respond to these critical challenges effectively will be renewed focus on the management of human resources, the lifeblood of the public service, including the development of strong leadership capacities.*

Les problèmes de l'évaluation et de la mesure constituent une des facettes importantes de l'intervention des Conseillers en Organisation au sein des administrations. Comme on l'a décrit dans l'axe du « processus de création des changements à introduire » du cadre conceptuel de définition de la réforme administrative (chapitre1, figure 1-2), outre le fait que l'évaluation fait partie intégrante du processus d'intervention en Conseil, les problèmes qu'elle soulève se posent aussi bien au sein des Equipes-projet (ou groupe de travail) chargées de projets de changement à introduire, qu'au sein de l'administration qui accueille la réforme. Le troisième outil que nous présentons est une grille d'analyse de la dynamique systémique de ces problèmes.

3. L'EVALUATION DES PERFORMANCES

Lorsqu'on choisit l'approche de gestion par la performance comme épine dorsale de la stratégie de développement de la fonction « réforme administrative », on s'inscrit du même coup dans une logique d'évaluation de ladite performance. Suivant cette perspective, l'évaluation des performances est tout simplement une exigence de bonne gouvernance des services publics dans le double but de s'assurer que les choses sont faites comme prévu et de tirer les leçons de la façon dont elles ont été faites pour améliorer les résultats obtenus et si besoin est, pour introduire des changements profonds dans les façons habituelles de faire. Nous avons analysé au chapitre premier (§. 3.1) la problématique de cette fonction managériale et somme parvenu à considérer l'évaluation comme le point modal du continuum qui va du pôle « contrôle des performances » au pôle « auto-organisation », ce dernier étant considéré comme le point optimal de développement d'une administration (voir figure 1-2). La première moitié de ce continuum (« contrôle », « évaluation ») s'inscrit dans la logique de *« l'évaluation des performances pour rendre compte »*, tandis que la deuxième moitié (« évaluation », « auto-organisation ») prend en compte les stratégies d'innovation en vue de changements profonds pour s'inscrire dans une logique *« d'évaluation pour apprendre »*. A cet égard, une étude de l'OCDE (décembre 2004 : 2) relève qu'il importe à plusieurs égards que les autorités publiques soient informées de leur performance, en précisant :

> *Cette information peut contribuer à la gestion et au contrôle des services publics, ainsi qu'à la mission du Parlement qui doit vérifier que l'exécutif fait le meilleur usage des deniers publics. Cette information aide aussi à répondre à l'exigence croissante de responsabilisation, car elle permet aux autorités de remplir leur obligation de rendre compte au public de leur action et d'en assumer la responsabilité. Une fois que les autorités publiques ont décidé que leurs agents doivent se consacrer à la performance ou aux résultats, elles doivent être en mesure de les motiver à cet effet et de mesurer les résultats.*

Si ces prémisses vont de soi, la réalité est toute autre sur le terrain, notamment dans l'administration publique où les difficultés de quantification du travail sont amplifiées par la prédominance d'une culture administrative d'ordre et de contrôle fondée sur la crainte, la suspicion et l'injonction (voir la problématique présentée au chapitre 1, §. 3.1). Aussi, et malgré l'existence de structures multiples chargées d'évaluer les performances des services publics ou celles des programmes et projets publics (Inspection Générale, Structure nationale chargée de la réforme administrative, Contrôle supérieur de l'Etat, Chambre ou Cour des comptes, Commissions parlementaires,...), les constats d'une piètre qualité des services rendus aux usagers reviennent dans différents discours et rapports traitant de l'image de l'administration publique ou de ses relations avec les citoyens/usagers, le secteur privé ou les partenaires au développement. Tout le problème réside dans la capacité de l'administration publique à affronter les défis de l'évaluation définie comme « méthode et outil de conduite de changement » suivant les deux dimensions de « reddition des comptes » et « d'apprentissage » définies, ci-haut.

Nous analysons ici le processus d'évaluation comme méthode d'identification des points forts à renforcer et des points faibles à améliorer. Puis nous décrivons le dilemme de l'évaluation dans son rôle d'outil de conduite de changement.

3.1. Le processus d'évaluation des performances

Etymologiquement, évaluer signifie déterminer la valeur : il peut s'agir de la *valeur* d'un effort, d'un objet ou d'un résultat. Les activités qui concourent à la détermination de cette valeur peuvent se regrouper en six opérations de base qui constituent les bases à la définition du processus d'évaluation des performances dans la perspective de la réforme administrative :

1. l'énoncé de l'objectif de l'évaluation ;
2. la détermination des critères d'évaluation ;
3. la collecte des données pertinentes à la lumière de l'objectif et des critères ;
4. le traitement et l'analyse des données collectées ;
5. la formulation des conclusions de l'évaluation ;
6. la stratégie de capitalisation des apprentissages réalisés.

Le tableau 8-3 décrit pour chacune de ces opérations de quoi il s'agit et comment s'y prendre.

Suivant une logique d'optimisation de ressource, la dernière opération qui porte sur la « stratégie de capitalisation des apprentissages réalisés » vise à mettre l'accent sur l'efficacité des actions publiques et non seulement sur une utilisation adéquate aux procédures et aux normes réglementaires, des ressources allouées. La mise en œuvre de la stratégie préconisée passe de façon incontournable par une approche d'évaluation fondée sur le *partenariat*, notamment entre la structure évaluatrice et l'administration évaluée. Les deux organismes directement impliqués doivent œuvrer pour le développement de l'administration concernée dans l'harmonie et la prise en compte de tous les enjeux (de pouvoir, d'allocation de ressources, de résistance au changement,...) caractéristiques de la réalité organisationnelle de cette administration.

Tableau 8-3 : LE PROCESSUS D'EVALUATION DES PERFORMANCES DANS LA PERSPECTIVE DE LA REFORME ADMINISTRATIVE

1. ENONCE DE L'OBJECTIF DE L'EVALUATION	
QUOI ?	**COMMENT ?**
– Enoncer clairement l'objectif poursuivi par l'activité d'évaluation engagée dans le cadre d'application du principe de la bonne gouvernance des services publics – Bien distinguer la « valeur ajoutée » de chaque perspective d'évaluation : audit interne par les IG, appui au développement par la « Réforme Administrative », vérification des comptes par les instances compétentes (Cour ou Chambre des comptes, Contrôle Supérieur de l'Etat,…), toute autre évaluation externe commandée par les politiques et les programmes mis en œuvre (audit de projets, benchmarking)	– Participe de l'exercice du rôle Conseil de la Réforme Administrative à travers lequel sont définis le cadre d'évaluation des politiques, programmes et projets publics, ainsi que les normes de qualité du service rendu au public (voir chapitre 1, § 3.1) – Fait appel aux étapes de formulation des politiques publiques, de mise en œuvre des réformes engagées et de consolidation des résultats obtenus – Tient compte de la coexistence des perspectives différentes et parfois contradictoires pour privilégier dans l'approche de la réforme administrative, la démarche de la gestion de la qualité totale (GQT) pour rechercher et optimiser l'effet de synergie entre les contributions de plusieurs intervenants.
2. DETERMINATION DES CRITERES D'EVALUATION	
QUOI ?	**COMMENT ?**
– Il s'agit de rechercher et de choisir les signes (ou les indicateurs d'observation et de mesure) pertinents et validés de la réalisation des objectifs ou de l'atteinte des résultats poursuivis – Noter comme l'observent Senge et al. (1999 : 345) que le système de mesure de résultats dans une administration fait partie de sa culture. Il influence tous les aspects de cette administration et est influencé par eux en retour – Distinguer le système de mesure propre aux équipes de travail engagées dans des projets de réforme au sein de l'administration du système de mesure propre au développement de l'ensemble de cette administration. Par exemple, l'horizon temporel n'est pas le même dans les deux cas. Il en est de même des fondements de la bonne gouvernance – Les indicateurs de mesure élaborés lors de la réalisation du tableau de bord de gestion, si l'administration concernée en possède un, peuvent servir de base de travail	– La structure nationale chargée de la réforme administrative devrait développer des indicateurs nécessaires à l'évaluation de la qualité des services rendus aux usagers. Ces critères qui seraient adoptés comme les fondements de la bonne gouvernance des services publics distingueront les fonctions « line » des fonctions « Conseil » et tiendraient compte de la relation entre l'évaluation, la performance et l'apprentissage – Le développement des indicateurs doit tenir compte de la corrélation entre les intrants et les extrants, ainsi que de la nécessité de recourir à des connaissances et des savoir-faire qui débordent les acquis des agents publics impliqués dans le processus administratif – La construction des indicateurs tient compte des instruments de collecte et d'analyse des données pour permettre la reproduction des opérations effectuées de façon à ce qu'un autre évaluateur puisse les vérifier et les répéter au besoin (fidélité de la mesure) – Le développement des indicateurs dans la perspective de la réforme administrative doit tenir compte du point de vue du citoyen-usager du service public et des orientations internationales (partenaires au développement, réseaux et organismes internationaux, administrations supra-nationales, mécanisme d'évaluation par les pairs, normes des prix d'excellence internationaux, certification qualité,…)

3. COLLECTE DES DONNEES PERTINENTES	
QUOI ?	**COMMENT ?**
– Recueillir les informations pertinentes, de façon fiable, à la lumière des objectifs et des critères retenus ; – Il s'agit d'appliquer ici les méthodes scientifiques appropriées aux différentes sources que sont principalement : i°) les données existantes ou données secondaires (rapports et tout autre document officiel gouvernemental ; publications du système des Nations Unies, de l'OCDE ou de tout autre organisme supranational pour les données comparatives,...) ii°) observation directe ou participante ; iii°) observation indirecte par questionnaire – Il est indispensable de tenir compte des exigences des formations nécessaires à une application rigoureuse des méthodes de collecte des données	– Parmi les principales méthodes de recueil des données figurent de façon incontournable : i°) l'observation directe ; ii°) l'observation participante notamment dans le cadre de réalisation des projets de réforme administrative telle que décrite dans cet ouvrage (chap. I) iii°) les entretiens individuels ou de groupe ; iv°) les données existantes – Chacune de ces méthodes poursuit des objectifs spécifiques, comporte des limites connues et pose des problèmes spécifiques de fiabilité et d'adéquation des données aux exigences de l'évaluation – Le choix de la méthode et l'élaboration des instruments de collecte des données doivent s'inscrire dans l'ensemble des objectifs et du dispositif méthodologique de l'évaluation pour permettre d'anticiper le type d'analyse qui sera faite à la prochaine étape – La structure nationale chargée de la réforme administrative pourrait se comporter comme une source de données secondaires en créant une base de données à des fins d'évaluation, de recherche et de publication dans le domaine du développement de l'administration publique
4. TRAITEMENT/ANALYSE DES DONNEES COLLECTEES	
QUOI ?	**COMMENT ?**
– Il s'agit de compiler les données collectées et de confronter les informations qui s'en dégagent avec les critères retenus à l'étape 2 – Il s'agit également d'interpréter les faits ou les relations inattendus mis en évidence lors de la collecte – L'évaluateur doit être initié aux méthodes de traitement statistique des données et d'analyse de contenu, notamment dans un contexte administratif où la réforme administrative a développé une base de données spécialisées à des fins d'évaluation de la performance dans les services publics. Alors la triangulation (logique, empirique ou créative) est possible pour prouver la suffisance, la nécessité et l'accessibilité des sources utilisées	– L'analyse des données comprend trois opérations de base : i°) décrire les données (algorisation), ii°) analyser et expliquer les relations entre les variables (inférence), iii°) comparer les résultats observés avec les résultats attendus et interpréter les écarts (interprétation) – Dans une démarche de développement de la performance, cette étape doit se faire en collaboration avec les principaux acteurs impliqués au sein de l'administration concernée. Cette préoccupation méthodologique permet de limiter les effets de certains biais tels celui de la sélectivité et de l'ethnocentrisme de l'évaluateur – La réforme administrative étant un exemple par excellence de la « field research » consistant à étudier les situations concrètes dans leur contexte réel, l'expérience, l'initiative et la flexibilité de l'évaluateur l'amèneront à combiner judicieusement les deux principales méthodes de « traitement statistique des données » et d'« analyse de contenu » (paradigme naturaliste de l'évaluation).

5. FORMULATION DES CONCLUSIONS DE L'EVALUATION	
QUOI ?	**COMMENT ?**
– Conclure le travail d'évaluation en tenant compte des objectifs poursuivis clarifiés à l'étape n°1 et des éventuelles hiérarchisations, pondérations et combinaisons intervenues au cours de la démarche – Discuter les résultats obtenus, analyser la façon dont ils ont été mesurés, dégager leurs implications pour le développement de l'administration concernée – Apprécier le degré de généralité, de précision et de concision des conclusions formulées en notant que la vérification qui est de l'ordre de l'analyse, n'est pas la démonstration (voir par exemple, le principe du raisonnement par la récurrence)	– Les conclusions du rapport d'évaluation doivent s'adresser en tout premier lieu à celui (individu ou institution) qui va prendre la décision – Le texte s'organise généralement en trois parties :i) un rappel des grandes lignes de la démarche, ii) une présentation des apports de connaissance dont le travail est à l'origine, iii) les perspectives pratiques de développement de l'administration concernée (impacts et effets secondaires, apprentissages réalisés,...)

6. CAPITALISATION PAR L'APPRENTISSAGE DES RESULTATS DE L'EVALUATION : MAINTENIR SES POINTS FORTS EN AMELIORANT SES POINTS FAIBLES	
QUOI ?	**COMMENT ?**
– Définie comme étape du processus d'intervention en développement des administrations, l'évaluation met en exergue des changements (dans les structures, les interactions et les représentations) que l'administration concernée doit consolider – Il s'agit de développer et de mettre en œuvre soit à la suite de l'activité d'évaluation et quel qu'en soit le type (benchmarking, audit organisationnel, reddition des comptes,...), soit dans le cadre d'une intervention en développement organisationnel, des mécanismes de partage des apprentissages réalisés et d'enracinement des nouvelles valeurs acquises dans la culture de l'administration concernée – S'assurer lors de l'interprétation des données que les diverses évaluations et les différents points de vue ont été pris en compte pour limiter les effets des troubles affectifs que peuvent ressentir les membres	– Les apprentissages réalisés peuvent s'organiser en quatre niveaux : a. *au niveau individuel* : apprentissage de techniques nouvelles, modification de ses schémas de représentation et d'interprétation des phénomènes administratifs b. *au niveau du groupe* : apprentissage de compétences nécessaires dans les relations avec les autres, développement des capacités à agir dans d'autres situations, réalisation du potentiel d'effet de levier qui constitue la synergie entre certains comportements c. *au niveau du métier* : apprentissage de nouvelles approches de rationalisation des méthodes, des processus de travail et des procédures administratives, raffinement de la description des fiches « emploi-compétences », des postes de travail et de la définition des cartographies des compétences d. *au niveau de l'administration concernée* : acquisition de nouvelles valeurs et croyances, développement de nouvelles normes de comportement, développement d'un système de formation des agents afin qu'ils deviennent innovants et s'impliquent dans l'amélioration continue de leurs tâches e. promouvoir la coopération entre plusieurs administrations sur le thème de l'évaluation (benchmarking, mécanisme d'évaluation par les pairs,...) f. ne pas tuer les « porteurs de mauvaises nouvelles », ceux qui expriment des préoccupations sur la qualité des résultats déjà obtenus

En fait, la dernière opération, « stratégie de capitalisation des apprentissages réalisés », ne se dégage pas comme une étape à part du processus d'évaluation. Elle s'intègre dans les opérations qui précèdent sous forme de préoccupations majeures à prendre en compte aussi bien dans la définition des critères d'évaluation, la collecte et l'analyse des données, que dans la formulation des conclusions de l'évaluation. Au niveau de l'administration concernée, ces préoccupations guident la définition des objectifs de l'évaluation de même que le choix des critères d'appréciation du rapport d'évaluation et influencent les décisions à prendre à la suite de l'évaluation.

Au niveau du processus d'évaluation, le principal défi à relever ici est celui d'une bonne analyse des données collectées. La littérature (Wacheux, 1996 : 244) propose quelques outils qui peuvent aider l'évaluateur et l'administration concernée à construire des explications à partir des situations observées. L'encadré 8-8 résume ces outils qui concernent spécifiquement l'analyse des données qualitatives en illustrant le caractère intégré de la dynamique de la réforme administrative telle que décrite dans cet ouvrage. Ils peuvent servir de source d'inspiration à la structure nationale chargée de la réforme administrative qui voudrait construire une approche d'évaluation des services publics pour soutenir la démarche nationale de bonne gouvernance.

ENCADRE 8-8 : QUELQUES OUTILS D'ANALYSE DES DONNEES QUALITATIVES dans une problématique de gestion de changements organisationnels

Quelques outils d'analyse de Miles et Huberman[88] (1994)

La matrice par rôles vise à permettre la représentation systématique des données recueillies auprès d'un ensemble d'individus. L'objectif est de représenter la perception par les acteurs de leurs rôles, et donc d'apprécier leur vision, leur point de vue et, *a priori*, l'un des déterminants de leur comportement. L'ensemble de la construction facilite la comparaison entre les acteurs sur des questions impliquant la perception et l'action.

La recherche est d'abord intuitive pour repérer les dimensions et les questions susceptibles d'expliquer le problème envisagé. Ensuite, les données peuvent s'introduire dans la matrice, à condition d'avoir à l'esprit la contrainte de la réduction des données. Enfin, l'analyste rationalise autour des thèmes essentiels, la représentation des données pour produire le résultat. L'interprétation est en général relativement facile puisqu'on appréhende un individu ou une question sur une population et que le retour aux interviews permet de valider ou d'enrichir l'explication.

La matrice de la dynamique du site est l'outil d'explication des forces du changement. Elle doit permettre de dépasser les événements et comprendre comment les faits s'enchaînent et comment joue la relation qui les unit. Le chercheur en fonction de sa connaissance du terrain doit choisir le point de départ de l'analyse. C'est-à-dire, quels blocs de variables sont susceptibles

[88] Miles, M. et Huberman, A. (1994). Qualitative Data Analysis : An Expanded Sourcebook, Sage, Second Edition Revised

d'expliquer tels autres blocs de variables. Cette logique suppose une légitimation et la mise en évidence des hypothèses implicites.

La construction de la matrice représente largement l'analyse. Chaque ligne représente un thème de la recherche et les colonnes, la succession de processus et de résultats. Sur une ligne, le passage d'une colonne à une autre explique les changements envisagés et la manière dont ils se résolvent jusqu'à leur stabilisation. L'ensemble du construit appelle une explication globale, pour générer une nouvelle organisation de l'analyse des données en gérant d'autres hypothèses, et dans certaines conditions la matrice de la dynamique du site peut être prédictive.

Le travail d'analyse est relativement rapide, si les relations causales sont fixées avant puisque la matrice les infirme ou les confirme. Si le chercheur reste proche de ces données, il peut par cet outil accroître la maîtrise du phénomène étudié.

Le circomplex ne peut être réalisé que lorsque l'analyse a fait émerger les dimensions importantes, sur tout ou partie de la recherche. Le rapprochement deux à deux des dimensions essentielles crée une représentation spatiale du phénomène et permet une explication dynamique. L'outil s'approche de « la méthode d'analyse bivariée des relations dans un espace défini par des coordonnées ». En recherche exploratoire, le circomplex facilite la représentation de tous les sites sur un même espace, mais il est obligatoire de multiplier les tentatives pour parvenir à l'explication finale, à condition de la rapprocher d'autres analyses.

La construction de la représentation nécessite d'indexer les axes, même si la mesure est relativement aléatoire. On peut simplement ordonner pour permettre l'analyse. Les conclusions tirées doivent être vérifiables dans le rapport des cas.

La matrice des effets vise à repérer l'impact d'un événement, les changements d'activités et les conséquences sur l'unité d'analyse. L'outil est particulièrement adapté à l'observation des réactions de l'organisation ou des structures. La construction ne peut avoir lieu que lorsque l'ensemble des causes probables a été identifié. En comparant site par site, à condition d'avoir une bonne connaissance de ces données et d'être en interaction avec son terrain. La matrice des effets émerge de l'analyse.

Le diagramme causal est une construction mentale à partir d'une réalité, et susceptible de l'expliquer. Il est une visualisation des variables les plus importantes et de leur déterminisme, plus que de leur corrélation. Il s'agit donc d'un réseau à l'origine d'une proposition explicative des situations observées. La construction est progressive dans la recherche : rapprochement des diagrammes de causalités de chaque site, recherche du sens de la relation, propositions.

<u>Source</u> : *Wacheux (1996 : 244)*

Nous analysons ci-après le défi que doit relever la mise en œuvre des stratégies de consolidation et d'apprentissage préconisées.

3.2. Le dilemme de l'évaluation

Quand on évalue une unité de travail, un projet ou un agent public, que recherche-t-on ? Quelle est l'utilité de la mesure du rendement pour le gestionnaire ?

- l'amélioration de la performance de cette unité de travail (ou de l'équipe-projet) ? ou bien
- l'amélioration de la « note » que les acteurs impliqués vont obtenir ?

De manière générale, Halamich (RISA, 71(2), 2005) observe que dans les services publics, la mesure du rendement est utilisée à deux fins différentes et potentiellement opposées : (i) *l'imputabilité* dans l'optique de limiter la corruption, le gaspillage et l'incompétence qui accompagnent la corruption ; (ii) *l'amélioration de la productivité* en mettant l'accent essentiellement sur les résultats. Suivant ces deux angles, la mesure du rendement axée sur l'imputabilité tente de répondre à la question « Qu'est-ce qui est fait convenablement ? » (conformément aux normes pré-établies). La mesure axée sur l'amélioration de la productivité tente de répondre à la question « Avons-nous procédé de la bonne manière ? » Elle cherche alors à capitaliser les leçons des expériences vécues, à mettre en perspective les résultats obtenus et à analyser les actions futures.

Dans la perspective du développement des organisations, le processus d'évaluation est utilisé, comme présenté ci-dessus, pour soulever des questions non seulement sur les résultats atteints, mais aussi sur le prix et la valeur des efforts fournis (Senge et al., 1999). De cette exigence, comme souligné au chapitre premier (§. 3.1.), vont naître des sources de tension et de conflits. Au point que cet objectif ne peut être atteint que si l'administration concernée prolonge le processus d'évaluation en engageant une *conversation ouverte*après l'opération de collecte des données pour arriver à une *compréhension commune* des raisons pour lesquelles tel résultat a été atteint et tel autre pas.

C'est ici que se posera le problème du choix des critères et de l'approche d'évaluation des projets de réforme administrative qui, par définition, introduisent des pratiques innovantes. En effet, ces pratiques nouvelles ne peuvent être évaluées à l'aide des mesures traditionnelles comme l'observent Senge et al. (1999 : 342) qui écrivent :

> *De nouvelles pratiques professionnelles majeures peuvent aller à l'encontre du mode de pensée qui préside à de nombreuses mesures traditionnelles. Si les responsables opérationnels essaient de défendre leurs innovations en arguant que les mesures traditionnelles sont mauvaises, cela peut être considéré comme une tentative personnelle d'éviter d'avoir à rendre des comptes. Et pourtant, en essayant de satisfaire aux mesures, on peut fausser, voire saper les innovations elles-mêmes.*

S'agissant par exemple de l'évaluation dans l'optique de l'amélioration de la productivité, Halamich (2005 :276) souligne l'importance des initiatives personnelles du gestionnaire pour espérer atteindre de façon optimale les résultats escomptés. Il précise, comme chacun a pu le vérifier par l'expérience que :

> *La gestion stratégique nécessite l'utilisation de connaissances tacites, de données incertaines et des synthèses, ce qui implique de l'intuition et de*

la créativité. A ce niveau on sort de la logique mécaniste, bureaucratique pour adopter une logique organique caractérisée par l'esprit d'initiative, l'innovation, l'improvisation, le changement et l'expérimentation. Le travail est caractérisé par la génération de flux de communication aléatoires. Les connaissances individuelles et collectives sont mobilisées pour faire face à un environnement en constante évolution.

Les problèmes et les dilemmes ainsi identifiés, concluent Senge et al., expliquent en partie pourquoi l'évaluation des pratiques innovantes pour maintenir les projets de changement constitue un défi intrinsèquement complexe et ambigu (ibidem, 1999 : 342). Tout d'abord parce que toutes les évaluations ne sont pas plaisantes ou n'indiquent pas forcément des progrès. Innover, c'est prendre le risque de se tromper. Ensuite parce que des conflits d'autorité (si ce n'est d'intérêt à travers les marchés publics par exemple) peuvent compromettre de façon irrémédiable, l'avenir d'une réforme. Les exemples inondent dans les administrations publiques au monde et celles de l'Afrique ne font pas exception.

La principale question qui interpelle aussi bien les Inspecteurs Généraux, les Conseillers en Organisation Administrative, les Inspecteurs d'Etat, les Magistrats de la Cour ou de la Chambre des Comptes, par exemple, est alors celle de savoir *comment on évalue un nouveau système ?*

Pour répondre à cette question, il faut toujours se situer à deux niveaux : i) au niveau de l'équipe-projet chargée de réaliser la réforme ; et ii) au niveau de l'ensemble de l'administration qui accueille la réforme.

Outre les critères de mesures traditionnelles qui constituent un « piège » fatal pour les projets de changement et d'apprentissage, la façon dont les données sont collectées, analysées et mobilisées doit également être interrogée (Senge et al., 1999 : 349).

Au sujet de la collecte et de l'analyse des données, nous avons suggéré plus haut dans le tableau 8-3, que la structure nationale chargée de la réforme administrative développe une expertise en cette matière dans la perspective de l'évaluation des performances des services publics au plan national. Cette suggestion s'inscrit dans la logique de la théorie cybernétique de contrôle de performance qui, comme relevé au chapitre premier (§. 3.1.), s'intéresse à la mise en application de mécanismes autocorrecteurs permettant d'évaluer l'information sur le développement de chaque administration et de son environnement et d'adapter en conséquence ses activités pour maintenir son équilibre. Elle participe également d'une démarche visant à mettre à la disposition des administrations, un schéma conceptuel « idéal » qui leur fournirait une articulation cohérente entre les résultats de l'évaluation au niveau individuel, ceux des structures administratives et l'efficacité des politiques sectorielles (comme avec les tableaux de bord de gestion présentés au paragraphe suivant). Au moment où les services publics en Afrique s'engagent dans une approche d'évaluation des performances des agents publics en fonction de leurs résultats, l'élaboration des instruments de mise en œuvre de cette approche n'offre-t-elle pas l'opportunité de développer une telle expertise ?

A cet égard, et c'est notre conclusion sur *l'évaluation* comme « méthode et outil de conduite de changement », nous relevons avec Senge et al. (1999 : 350) que :

> *L'évaluation représente une chance à saisir pour ceux qui prônent et militent en faveur du changement, notamment les leaders opérationnels. S'ils réussissent à prendre davantage de responsabilités dans l'évaluation et la mesure de leurs progrès, ils peuvent en faire une stratégie majeure dans l'accélération de l'apprentissage.*

En somme, précisent-ils, « le changement fondamental » est de mettre l'évaluation et la mesure au service de ceux qui apprennent au lieu d'en faire un outil redouté à la disposition d'« évaluateurs extérieurs » (ibidem, 1999 : 351). Les critères de mesure doivent prendre en compte aussi bien la façon dont les choses sont faites que la façon dont les agents publics et leur travail évoluent (voir l'application des tableaux de bord de gestion ci-après).

Le défi à relever ici est celui « d'apprendre à évaluer » avant d'être en mesure « d'évaluer pour apprendre », selon la formule de Senge et al. (1999 : 351).

4. LE TABLEAU DE BORD DE GESTION

Dans la perspective managériale, une fois le plan stratégique élaboré, les compétences mobilisées et les systèmes d'évaluation des performances clarifiés, il reste à mettre en place un outil de *pilotage et de suivi* des actions programmées en tenant compte de leur évolution dans le temps et de la capacité d'apprentissage des systèmes administratifs. Le *tableau de bord de gestion*, bien construit et bien utilisé, est un instrument qui répond à cette attente, à l'image du tableau de bord d'un véhicule ou d'un avion qui informe le chauffeur ou le pilote sur les *facteurs-clés déterminants* de la performance de son appareil ou son système.

Etymologiquement, un tableau est un panneau (ou un recueil) où sont regroupées diverses données de manière à en faciliter la lecture ou l'usage. Un tableau de bord de gestion se définit alors comme un ensemble d'informations réunies périodiquement pour faciliter la gestion d'une unité de travail.

Du Ministre au chef de bureau, du Président du Conseil d'Administration d'un Etablissement public ou d'une commission technique au Chef d'une équipe projet, le travail de tout responsable agissant comme Manager est de prendre des décisions politiques ou professionnelles souvent dans un contexte d'ambiguïté[89] où personne n'est absolument sûr de la « bonne chose à faire », ni de la « meilleure façon de faire » ce qui a été retenu. Pour assurer pleinement cette responsabilité et rendre compte conformément aux principes de bonne gouvernance en estant, le cas échéant, en justice en toute sérénité, le Manager doit se doter d'un outil qui l'aide à ne pas prendre des mesures qui partent dans tous les sens et sans aucune relation entre elles, pour reprendre une expression de Senge et al. (1999 : 222). C'est dans cette optique que s'inscrit l'utilité si ce n'est la nécessité du tableau de bord en gestion, et particulièrement en gestion du changement qui est au cœur de la problématique de la réforme administrative.

Pour présenter cet outil ici, nous explicitons les points d'ancrage de la métaphore du tableau de bord appliquée au domaine des systèmes humains que sont les administrations. Nous décrivons ensuite les étapes de construction d'un tableau de bord de gestion et terminons en analysant la pertinence de cet instrument comme outil de management des réformes administratives.

4.1. Les fondements de la métaphore du tableau de bord en gestion

Nous sommes tous familiers au tableau de bord d'un véhicule qui comporte deux groupes d'éléments essentiels qu'on appelle couramment des indicateurs de tableau de bord :

- *les appareils de contrôle bâtis à partir des normes techniques* du moteur du véhicule : indicateur de température d'eau ; compte-tours ; indicateurs des clignotants ; indicateurs des feux de route ; jauge de carburant ; manomètre de pression d'huile ; compteur kilométrique indiquant la distance totale parcourue par le véhicule et déterminant, en combinaison avec le facteur temps, les intervalles d'entretien ; etc.
- *les témoins, avertisseurs lumineux ou ronfleurs* de l'état des facteurs-clés déterminants du bon fonctionnement du moteur de ce véhicule : témoin de circuit des freins ; décharge de la batterie ; pression d'huile moteur ; témoin du niveau de carburant ; ronfleur d'avertissement d'éclairage ; bruit de grincement ou de grattement pendant la conduite indiquant l'usure des plaquettes de frein ; avertisseur lumineux et ronfleur indiquant le niveau dans le filtre à carburant, etc.

Lorsqu'un chauffeur se met au volant de son véhicule, il se fie aux informations fournies par le tableau de bord pour se rendre à la destination

[89] Nous avons examiné au chapitre 3 quelques exemples de paradoxes caractéristiques de la dynamique des administrations publiques.

retenue. Les passagers quant à eux, se fient à la compétence du chauffeur, son expertise, pour prendre toutes les mesures nécessaires et piloter le véhicule dans le respect des règles de l'art et les conduire à bon port. C'est exactement ce qui se passe dans une organisation, pour ce qui est des rôles et des attentes. Il se trouve toutefois qu'on n'est si familier au tableau de bord d'un véhicule et aux automatismes qu'il induit chez les occupants du véhicule qu'on ne se pose même plus la question de son utilité, jusqu'à ce qu'une panne survienne !

La métaphore du tableau de bord utilisée en gestion part de cette double idée de la conception mécaniste des bureaucraties et de la capacité d'apprentissage des humains dans l'organisation. Cette deuxième idée qui est fondée sur l'échange d'information mettant en jeu une *rétroaction négative* est essentielle au processus de pilotage d'une administration qui ne peut se réduire à une mécanique comme une voiture. Prenant en compte cette dimension de « rétroaction négative », le tableau de bord de gestion d'une unité de travail se comporte comme un moyen de communication par lequel le déclenchement d'un avertisseur conduit à une prise de décision adéquate pour corriger les mouvements de dépassement de certaines limites dans une direction donnée et amorcer par ce fait des mouvements dans le sens contraire afin de maintenir une direction ou un état donnée à l'avance. On retrouve ici une des caractéristiques de la métaphore du cerveau, utilisée pour décrire les phénomènes organisationnels. Morgan (1989 : 91) énonce en ces termes les quatre principes de la cybernétique qui est la science qui sous-tend cette métaphore du cerveau :

- les systèmes doivent être capables de sentir, de suivre et d'explorer les aspects importants de l'environnement ;
- les systèmes doivent pouvoir rattacher l'information obtenue aux normes de fonctionnement (normes techniques d'un moteur) ;
- les systèmes doivent pouvoir détecter les déviations significatives à ces normes ;
- les systèmes doivent pouvoir amorcer les mesures correctives nécessaires quand il se produit des écarts.

Ainsi conçu, le tableau de bord de gestion s'appuie sur les deux principes d'apprentissage en boucle simple et en boucle double (qui ont été discutés au chapitre 3) :

- *apprentissage en boucle simple* : on s'attache à détecter et à corriger des écarts non souhaités, par rapport aux normes de fonctionnement adoptées. La conception mécaniste de l'organisation est prédominante ici, avec la normalisation des règlements, la spécialisation poussée des tâches, l'emploi de matériel normalisé, la division entre les fonctions, bref, la conception et la surveillance du travail. A cet égard, Weber a fait remarquer que la bureaucratie routinise l'administration comme la machine routinise la production dans l'entreprise ;

– *apprentissage en boucle double :* on jette un double regard à la situation qui présente des écarts non souhaités en remettant en question la pertinence des normes de fonctionnement utilisées. Suivant cette dimension, le questionnement (et non la prédétermination) représente l'élément moteur de l'action des agents impliqués. La souplesse est le trait prédominant ici pour faciliter le processus d'auto-organisation de l'unité de travail concernée et lui permettre de composer avec les contingences auxquelles il doit faire face. On est ainsi amené à privilégier la primauté de l'initiative sur la passivité, la primauté de l'autonomie sur la dépendance, la primauté de la souplesse sur la rigidité, la primauté de la collaboration sur la concurrence, la primauté de l'ouverture d'esprit sur son étroitesse, la primauté du questionnement démocratique sur la croyance autoritaire (Morgan, 1989 : 118).

Le tableau de bord d'une voiture prend en compte cette dimension d'apprentissage en boucle double en laissant une très large place à l'initiative du chauffeur face aux situations réelles caractéristiques de l'itinéraire emprunté. Comment en serait-il autrement lorsqu'on prend en compte tous les risques (facteurs d'instabilité) auxquels on s'expose lorsqu'on emprunte un véhicule pour se rendre à une destination choisie. Ainsi, ce sont les limites à ne pas dépasser et les plages à respecter qui sont indiquées sur le cadran du tableau de bord, laissant de ce fait une marge d'autonomie décisive au chauffeur : plage normale/zone de surchauffe pour l'indicateur de température d'eau ; zone rouge à ne pas atteindre pour le compte-tour qui indique le régime du moteur ; plage de la position normale de l'aiguille du voltmètre ou du manomètre de pression d'huile, etc.

Dans la perspective du développement des services publics telle que définie dans cet ouvrage, il est fondamental de bien cerner cette double dimension mécaniste et cybernétique de la métaphore du tableau de bord en gestion, défini comme outil de pilotage des services publics. Omnibulées par le contrôle hiérarchique et l'obsession de l'ordre, les bureaucraties administratives ont, en effet, une forte propension à s'identifier à des systèmes mécanistes simples dans lesquels *les êtres humains seraient obéissants et se comporteraient de façon absolument prévisible*. Or, comme on l'a vu dans la première partie, la structure hiérarchique est plus souvent un lieu de compétition où les agents publics se battent pour se hisser au sommet, qu'un lieu de coopération pour œuvrer, dans un esprit de synergie, à l'atteinte des objectifs poursuivis. Que dire de l'influence des facteurs culturels qui poussent les agents publics à se servir de l'administration pour atteindre des fins individuelles plutôt que de se conduire selon les principes de l'intérêt général pour poursuivre les objectifs communs et partagés de leur unité de travail ? Que dire enfin du développement du potentiel de ce personnel (la routine n'étant pas source d'apprentissage et d'évolution) ?

Les deux principes d'apprentissage en boucle simple et en boucle double peuvent seuls autoriser la définition d'un homomorphisme (et à plus forte raison un isomorphisme) entre un véhicule et une organisation à travers le concept de tableau de bord utilisé comme outil de pilotage. La dimension cybernétique du tableau de bord, en s'appuyant sur les principes de l'hologramme[90] atténue les effets de cette conception bureaucratique mécaniste des services publics et surtout ceux qui prônent l'élimination de toute possibilité de questionnement des règles et des normes. Chris Meyer et Rick Ross (in Senge et al., 1999 : 378), illustrent l'importance de cette dimension en relevant par exemple que la mesure ne signifie rien en l'absence d'interprétation et de jugement de la part de ceux qui prendront les décisions et apprendront en évaluant. Ils attirent l'attention sur les méfaits de l'obsession de la mesure pour la mesure comme c'est le cas dans les administrations, en prenant l'exemple du budget qu'ils décrivent en ces termes :

> *De nombreux responsables interprètent les budgets en allant directement à la colonne « solde ». Si le chiffre est négatif, c'est « mal ». Ils ont dépensé plus que prévu. Si le chiffre est positif, c'est « bien ». Mais, en fait, un différentiel négatif n'est pas toujours mauvais. Il se peut que les sommes prévues au budget aient été trop faibles ; ou que le projet n'ait pas bénéficié de suffisamment d'investissement. Le sous-investissement, à son tour, peut retarder la sortie d'un produit de plusieurs mois, ce qui, dans un secteur à évolution rapide comme la haute technologie ou la mode, peut entraîner une baisse de 30 % des profits. Dans un tel cas, les « bons » chiffres du budget peuvent en fait se révéler catastrophiques. Pour parvenir à un jugement valable, il faut examiner ce chiffre à la lumière de plusieurs autres mesures comme, par exemple, le niveau des effectifs et les plans de marche pour atteindre les échéances. Il faut réfléchir aux ramifications de ces mesures interconnectées par rapport aux propres buts et aux propres objectifs [de celui qui interprète].*

Ainsi, la métaphore du tableau de bord appliquée au domaine de la gestion, est intimement associée à la métaphore du cerveau qui part de l'idée que les organisations sont des systèmes de traitement de l'information capables d'apprendre (Morgan, 1989 : 83). Le tableau de bord de gestion d'une administration n'est donc pas seulement un outil de contrôle au sens bureaucratique, mais aussi et surtout un instrument d'apprentissage sur ce que l'on y fait, dans le but d'optimiser les investissements engagés au plan humain,

---

[90] Notamment celui qui postule qu'il « est possible de créer des systèmes qui sont à la fois spécialisés et généralisés, et capables de réorganiser leur structure interne et leur fonction à mesure qu'ils apprennent à relever les défis posés par des exigences nouvelles » (Morgan, 1989 : 104).

financier, matériel et temporel pour accomplir sa mission et promouvoir son développement. Les progrès réalisés dans le domaine des technologies de l'information et de la communication (TIC) offrent des voies d'action concernant de nouveaux modes d'organisation qui abandonnent l'approche linéaire et mécaniste des problèmes administratifs réputés complexes, pour faire appel aux capacités holistiques, analogiques et créatrices du cerveau des agents publics. Les groupes de travail autonomes où les membres apprennent de leur expérience à mesure qu'elle se produit ; l'introduction de la micro-informatique qui permet l'établissement de réseaux d'échange d'information et des modes de contrôle rendant inutiles les éléments de rigidité de la hiérarchie, sont des exemples de ces nouveaux modes d'organisation déjà courants dans nombre d'administrations.

Aujourd'hui, le Manager-Pilote, construit et utilise son tableau de bord de gestion avec l'unique souci de mettre en place une stratégie, une structure et un style de gestion quotidienne qui permettent la créativité et l'inventivité de ses ressources humaines. A la stratégie caractéristique d'une mentalité exclusivement mécaniste, bureaucratique, il associe une stratégie fondée sur la nécessité d'éviter des états nuisibles ; une stratégie qui crée des degrés de libertés en choisissant des limites et des contraintes à respecter. L'énumération dans le tableau de bord des éléments nuisibles à éviter va ainsi définir un espace de comportement acceptable dans lequel les agents publics peuvent s'auto-organiser. Cette approche qui s'apparente à la fixation d'une « plage de faisable » comme pour le tableau de bord d'un véhicule (ou même d'un avion), n'est guère qu'une façon de prendre explicitement en compte les conséquences négatives possibles des décisions que prennent les différents chefs de structure dans une administration, une sorte de limites à leurs actions. Le rythme des changements qui accompagnent la révolution informatique comme décrit dans la première partie de l'ouvrage, ne laisse plus de choix aux Managers, pilotes des organisations du 21ème siècle, pour s'engager dans cette voie.

4.2. La structure de base d'un tableau de bord de gestion

A l'exemple du tableau de bord d'un véhicule (ou d'un avion), le tableau de bord d'une unité de travail doit pouvoir offrir au Chef de cette Unité des données stratégiques sur le niveau global de ses performances. Pour ce qui est des appareils de contrôle, comme pour un véhicule, ces données doivent concerner aussi bien les processus, les résultats atteints que le degré de satisfaction des usagers. Quant aux témoins de l'état des facteurs clés déterminants de la performance de l'unité de travail, la conception du tableau de bord peut intégrer des dispositifs d'avertissement et d'alerte en cas de variation des performances par rapport aux cibles à atteindre ou aux contraintes à respecter. Tirant profit des possibilités offertes aujourd'hui dans le domaine des technologies de l'information et de la communication, ces données peuvent, suivant leur type, être présentées sous la forme de schémas visuels assortis d'option inter-active, de graphiques récapitulatifs des résultats d'une période donnée, de rapports de synthèses mettant en évidence des écarts par rapport aux plages ou aux niveaux de performance acceptés. Nous présentons ici la structure de base d'un tableau de bord de gestion conçu suivant cette logique.

Deux Américains, Robert S. Kaplan et David P. Norton, auteurs de l'expression « Tableau de bord prospectif » (traduction de Balanced scorecard), sont les premiers à avoir, dans les années 1990, proposé une approche de conception et de construction d'un tableau de bord de gestion qui intègre les deux dimensions mécaniste et cybernétique de la métaphore du tableau de bord comme décrit ci-haut. Selon eux, bien construit, le tableau de bord prospectif est *la boussole* qui guide l'organisation. Pour cela, écrivent-ils, «il doit être fondé sur une série de relations de causes à effet dérivées de la stratégie, comprenant notamment des estimations sur les temps de réaction et le degré de corrélation entre les indicateurs » (Kaplan et Norton, 1998 : 29).

Les deux auteurs s'appuient sur la nécessité des deux boucles d'apprentissage (la boucle simple qui permet de savoir si la stratégie est exécutée comme prévu et la boucle double qui permet de confirmer la pertinence des hypothèses établies lors de la formation de la stratégie initiale) pour proposer une modélisation de la performance qui s'articule en quatre axes : l'axe « financier », l'axe « client », l'axe des « processus internes » et l'axe de l'« apprentissage organisationnel ».

- *L'axe « financier »* contrôle les effets économiques quantifiables des actions passées et permet de déterminer si les intentions et la mise en œuvre de la stratégie contribuent à améliorer les résultats financiers de l'entreprise ou de l'organisation.
- *L'axe « client »* réunit les indicateurs clés des résultats concernant la satisfaction et la fidélisation des clients existants, l'extension de la base de la clientèle, la pertinence de la prestation fournie à la clientèle ciblée.
- *L'axe « processus internes »* identifie les processus clé où l'organisation doit exceller pour offrir des prestations qui attirent et fidélisent les clients y compris des processus entièrement nouveaux qui doivent être parfaitement maîtrisés pour que les objectifs retenus dans la stratégie puissent être atteints.
- *L'axe « apprentissage organisationnel »* concerne les infrastructures mises en place par l'organisation pour améliorer la performance et générer la croissance à long terme. Ces infrastructures sont focalisées sur les trois déterminants qui sont les hommes, les systèmes et les procédures comme présentés au chapitre 1 (§ 1.3.).

Ces auteurs précisent (Kaplan et Norton, 1998 : 49) que si ces quatre axes sont nécessaires et constituent une trame pour construire un outil de pilotage approprié à un large éventail d'organisations et de secteurs d'activité, il n'est pas mathématiquement démontré qu'ils sont suffisants. Aussi, et suivant les caractéristiques intrinsèques de l'organisation ou du secteur, ces quatre axes peuvent être redéfinis et complétés pour intégrer des préoccupations plus spécifiques.

Ainsi, pour les administrations publiques qui nous concernent dans cet ouvrage, étant donné que les résultats financiers ne sont pas leur principal objectif, l'axe « financier » doit plutôt tenir compte des contraintes budgétaires à l'intérieur desquelles évoluent les services publics et mettre l'accent sur l'efficacité et l'efficience des réponses qu'ils apportent aux attentes des citoyens (maximisation des économies, maximisation de la valeur ajoutée, paiement des factures dans les délais, maximisation de la productivité,...). En outre, la définition des objectifs à poursuivre et le choix des indicateurs clés des résultats doivent tenir compte de l'obligation de rendre compte conformément aux principes de bonne gouvernance. Il peut alors s'avérer nécessaire dans certaines administrations d'ajouter un cinquième axe relatif, soit au « développement durable », soit à la « responsabilisation des agents publics » pour souligner l'importance qu'on accorde à la prise en compte des conséquences futures des actions posées aujourd'hui, ou au rôle central des agents publics dans le développement d'une administration publique tournée vers le citoyen.

Pour la structure de base d'un tableau de bord de gestion dans un service public, nous retenons les quatre axes de Kaplan et Norton en sachant que l'axe « financier » sera interprété comme indiqué ci-haut ; à savoir, la « gestion efficace des fonds publics ».

L'interdépendance des activités des différentes unités de travail au sein d'une administration, la prise en compte des liens hiérarchiques entre les différents paliers de l'appareil administratif de l'Etat et les exigences de la cohésion dans l'action gouvernementale militent pour une articulation pyramidale des tableaux de bord de gestion dans l'administration publique d'un pays.

La figure 8-6 en donne une illustration. Chaque tableau de bord d'un niveau hiérarchique donné ne reprend que les données consolidées des niveaux hiérarchiques inférieurs qui lui sont nécessaires pour prendre des décisions qui relèvent de sa compétence. Suivant la logique du tableau de bord prospectif, les indicateurs à retenir à chaque niveau devront mettre en cohérence le pilotage à ce niveau avec la stratégie de l'administration considérée, dans le souci d'établir un équilibrage entre la poursuite des objectifs à long terme et la réalisation des actions quotidiennes. C'est cette exigence de cohérence que Kaplan et Norton

(1998 : 45) soulignent en relevant qu'un tableau de bord prospectif efficace doit « associer des indicateurs *a posteriori* (mesure des résultats) et des indicateurs avancés (déterminants de performance), pour valider la pertinence de la stratégie ».

4.3. La construction et la mise en œuvre d'un tableau de bord de gestion

Plusieurs approches de construction d'un tableau de bord de gestion dans une organisation sont proposées dans la littérature (Fenandez, 2003 ; Guerny, J. (de) et al., 1986 ; Kaplan et Norton, 1998 : Senge et al., 1999 ; Voyer P., 1999), en partant du principe que cet outil ne peut être élaboré que sur « mesure » ; c'est-à-dire en s'appuyant sur les caractéristiques intrinsèques de chaque poste de travail en termes de flux de travail, de possibilité d'information et de prise de décision pour l'action.

Mais plus que l'implantation d'un outil, la réalisation d'un tableau de bord de gestion dans une administration est un changement qu'on introduit ; un changement qui ne peut se produire et s'enraciner dans une nouvelle culture administrative sans une implication profonde et engagée des principaux acteurs à toutes les étapes de la démarche dès son démarrage (et pas seulement à celle de l'utilisation de l'outil).

Figure 8-6 : UNE ARTICULATION PYRAMIDALE DES TABLEAUX DE BORD DE GESTION DANS UNE ADMINISTRATION

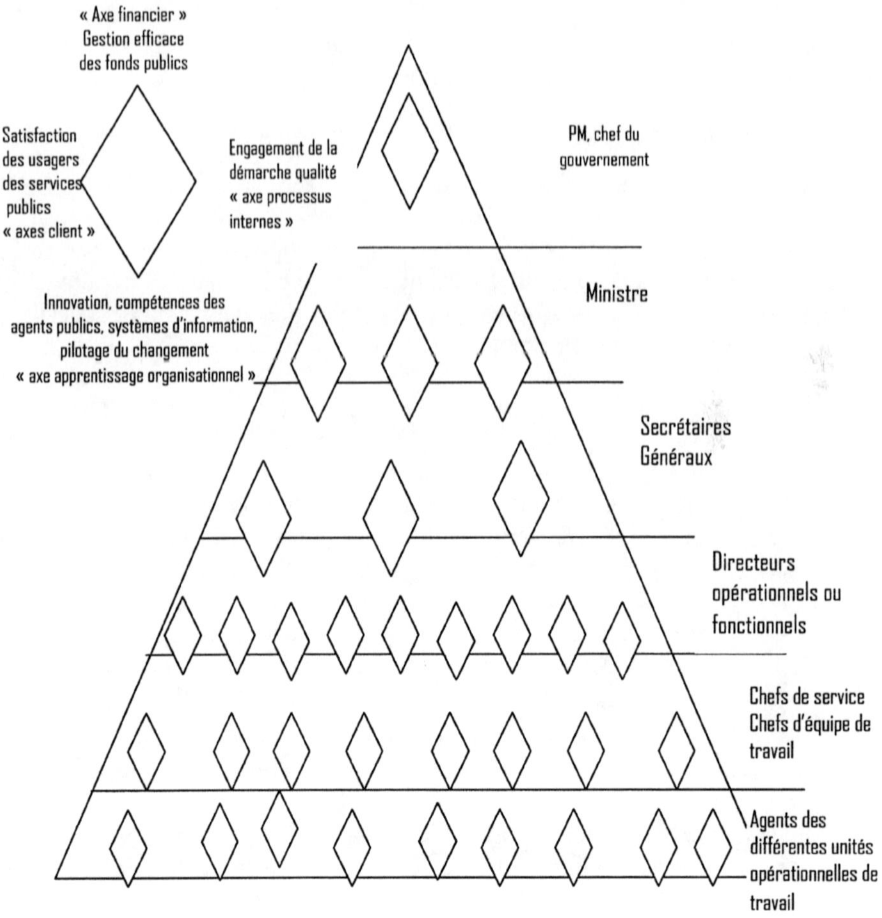

Nous proposons dans cet ouvrage une démarche qui s'inscrit dans la logique de l'apprentissage qu'il a adoptée et qui s'organise en trois phases principales : 1°) la définition du projet au sein de l'administration concernée ; 2°) la construction du tableau de bord dans cette administration en respectant son articulation pyramidale ; 3°) l'utilisation, le suivi et la consolidation du tableau de bord construit pour cette administration. Ces trois phases sont structurées en un total de huit (08) étapes ; soit deux pour la première, quatre pour la deuxième et deux pour la troisième.

Le tableau 8-4 résume toutes les étapes en précisant pour chacune d'elles l'objectif poursuivi (le Quoi ?) et les points essentiels du déroulement (le comment ?). Il s'agit d'une démarche systémique faite des « aller » et « retour » d'une phase à l'autre avec le souci majeur de mettre en place dans l'administration concernée, une procédure systématique de pilotage et de suivi de la mise en œuvre de son plan stratégique.

4.3.1. La définition du projet

La première phase s'appesantit sur les conditions de succès de la démarche qui sont relatives à la conduite du projet. Outre le dispositif de conduite du projet, l'accent est mis sur le *consensus* qui doit être obtenu sur les objectifs poursuivis au sein de l'administration concernée. Cette étape est critique pour s'assurer de l'*adhésion* des Responsables des agents concernés à cette nouvelle approche de management des services publics. L'enjeu se compare ici à celui de la *survie* du chauffeur et des passagers transportés, pour reprendre la métaphore du véhicule ou de l'action. Si un chauffeur ou un pilote n'a pas le choix de se servir du tableau de bord de son véhicule (ou son avion), les Managers publics, eux aussi doivent ressentir la même nécessité d'un tel outil et surtout doivent éprouver *l'envie* et *le goût* de s'impliquer pour avoir le tableau de bord qui correspond à leurs attentes. L'approche que nous préconisons ici s'appuie sur les principes de l'intervention en conseil organisationnel et sur ceux du travail en groupe décrits au chapitre 7 (§.3 et 4). La clé du succès réside dans le choix des intervenants et la précision de leurs rôles et responsabilités. Nous distinguons trois groupes d'intervenants :

- *L'équipe-projet* qui va jouer le rôle de « maître d'œuvre » ou « d'architecte » avec la responsabilité d'animer et de coordonner les différents groupes de travail constitués pour produire le résultat attendu. Elle doit comporter en son sein, outre un expert en développement des tableaux de bord ouvert aux technologies de l'information et de la communication, un Conseiller en Organisation Administrative spécialiste des questions d'organisation et de gestion de changement dans un contexte des services publics. Nous pensons que pour réussir l'insertion du tableau de bord dans le système de management de l'administration concernée, la tâche de chef de cette équipe reviendrait à l'Inspecteur Général chargé de l'administration, s'il s'agit d'un département ministériel ou à tout autre haut responsable de rang équivalent pour toute autre administration. On sait que ce haut responsable est généralement chargé, entre autres de : i°) l'évaluation des performances des services par rapport aux objectifs fixés ; ii°) du contrôle interne et de l'évaluation du fonctionnement des services du Ministère ; iii°) de l'évaluation de l'application des techniques d'organisation et méthodes ainsi que de la simplification du travail administratif. Parce qu'il s'agit d'un système appelé à servir de support à un homomorphisme (à défaut d'un isomorphisme) avec le système complexe que représente un service public, l'apport d'un consultant externe, expert des questions de développement de l'administration concernée devra autant que possible être sollicité.

– *Les groupes de travail* qui réunissent les utilisateurs du tableau de bord et dont la composition varie en fonction des étapes et des résultats à produire compte tenu de la méthodologie appliquée. Ces groupes constituent la pierre angulaire de la démarche dans la mesure où ce sont leurs membres qui maîtrisent le métier de base de l'administration concernée, d'une part, et ce sont eux qui vont se servir du tableau de bord comme outil pour l'action et pour la prise de décision dans leur ressort respectif de compétence, d'autre part. Ce sont eux, enfin, qui vont en assurer le suivi de l'exploitation et la consolidation lorsque l'équipe-projet aura accompli son mandat et donc sera disloquée.

Tableau 8-4 : DEMARCHE DE CONSTRUCTION D'UN TABLEAU DE BORD DE GESTION

PREMIERE PHASE : DEFINITION DU PROJET DE CONSTRUCTION DU TABLEAU DE BORD DE GESTION POUR L'ADMINISTRATION CONCERNEE		
ETAPE 1 : Mettre en place le dispositif de conduite du projet de construction du tableau de bord de gestion dans l'administration concernée		
Quoi ?		**Comment ?**
– Définir la stratégie du déroulement du projet au sein de l'administration concernée – Choisir les intervenants et préciser pour chacun d'eux son rôle et ses responsabilités dans la mise en œuvre de la stratégie retenue		– Adopter, autant que possible, une approche de « projet pilote » en justifiant rigoureusement le choix du site pilote retenu – Créer une équipe-projet dirigée par un responsable de haut niveau (l'Inspecteur Général, par exemple) et comprenant des COA et des consultants externes spécialistes en tableau de bord ou maîtrisant les enjeux de développement du secteur concerné – Confier la conduite du projet à un « Comité de pilotage » dirigé par le Secrétaire Général du Ministère (dans le cas d'un ministère) et chargé du pilotage du projet et de la validation des résultats – Impliquer activement les agents publics concernés qui seront les utilisateurs de l'outil

ETAPE 2 : Etablir un consensus sur les objectifs initiaux du projet et sur le rôle futur du tableau de bord		
Quoi ?		**Comment ?**
– Clarifier les objectifs poursuivis et faire accepter, par l'unité de travail ou l'administration, les raisons qui motivent la construction du tableau de bord de gestion – S'assurer que les stratégies des unités correspondent aux orientations générales de l'administration – Inciter les membres à réfléchir à la manière de transposer la stratégie et les objectifs de l'unité en mesures opérationnelles concrètes dont les résultats sont identifiables		– L'équipe-projet tient des réunions ciblées et organise des entretiens avec chaque chef d'unité pour : – Clarifier la stratégie de l'unité et obtenir un consensus sur ses orientations, en liaison avec le plan stratégique global de l'administration concernée – Aider les Délégués Provinciaux et Départementaux à définir leur propre stratégie d'action compte tenu des spécificités géographiques et socio-culturelles de leur ressort de compétence – Identifier les inquiétudes que peuvent susciter la démarche, ainsi que les conflits éventuels entre les Unités de même palier hiérarchique ou de paliers hiérarchiques différents
DEUXIEME PHASE : CONSTRUCTION DU TABLEAU DE BORD		
ETAPE 3 : Définir l'architecture de la mesure des performances pour le tableau de bord		
Quoi ?		**Comment ?**
– Définir les résultats et les déterminants de la performance de chaque unité de travail suivant les quatre axes (financier, usagers, processus internes et apprentissage organisationnel)		– L'équipe-projet fait travailler le personnel de l'Unité en petits groupes, en vue d'une compréhension graduelle et commune des objectifs globaux arrêtés dans le plan stratégique – Faire choisir par chaque membre du groupe de travail deux ou trois éléments (résultats et déterminants) qu'il considère comme les plus représentatifs pour effectuer et suivre son travail le long des quatre axes – Ne pas oublier les activités dites « convergentes » qui sont placées sous des responsabilités distinctes tout en concourant à la réalisation d'un objectif commun
Etape 4 : Choisir les indicateurs de mesure des déterminants de la performance et les assembler compte tenu de la structure pyramidale du tableau de bord		
Quoi ?		**Comment ?**
– Définir les indicateurs de mesure des déterminants de la performance arrêtés pour chacun des quatre axes – Articuler les relations causales entre les indicateurs des résultats et les déterminants de performance		– Continuer le travail en groupe pour faire choisir par chaque membre les indicateurs de mesure des déterminants qu'il a proposés – Identifier pour chaque responsable et pour chaque axe, les principaux liens entre les mesures des déterminants retenus et celles des déterminants des autres axes, de même que l'impact de chaque

aux objectifs de développement de l'administration concernée		mesure sur les autres – Tester les indicateurs proposés et leur articulation (voir les critères de test) – Obtenir l'approbation du Comité de pilotage du projet sur les résultats du test avant de continuer aux étapes suivantes
Etape 5 : Identifier les sources d'information des indicateurs et définir les règles d'utilisation du tableau de bord		
Quoi ?		**Comment ?**
– Définir les mécanismes de documentation des indicateurs – Mettre en place un dispositif de mise à jour et d'actualisation des données du tableau de bord compte tenu de la périodicité des réunions « d'analyse et d'exploitation des données du tableau de bord »		– Choisir les modes de présentation matérielle du tableau de bord en tenant compte des préférences de chaque utilisateur – Codifier dans un cahier des charges les règles d'utilisation et de mise à jour du tableau de bord (collecte des données sur le terrain, collecte des données des applications informatiques existantes, stockage des données collectées, consolidation des données) – Clarifier les règles d'exploitation du tableau de bord entre les responsables des différents niveaux hiérarchiques – Faire valider les dispositifs adoptés par le Comité de Pilotage en vérifiant particulièrement la cohérence globale du système proposé
Etape 6 : Constituer le tableau de bord, réaliser l'expérience pilote et mettre en œuvre le résultat final dans toute l'administration concernée		
Quoi ?		**Comment ?**
– Assembler tous les éléments produits aux étapes 3 à 5 pour constituer un système de mesure et de pilotage qui correspond dans son fond aux déterminants de la performance spécifiques à chaque unité de travail et dans sa forme aux préférences de chaque chef d'unité – Réaliser la phase pilote en respectant les principes et les règles de cette méthode comme décrits au chapitre 5 (§ 4) et en veillant à l'intégration des projets de développement en cours (comme par exemple la démarche qualité) – Prendre en compte les différentes		– S'assurer de la *cohérence* de l'outil proposé : i°) cohérence du système de mesure avec les objectifs de l'unité et la nature du travail de l'utilisateur ; ii°) cohérence entre les informations visualisées au niveau d'un même poste, d'une part, entre des postes de niveaux hiérarchiques différents, d'autre part ; iii°) révision des règles en cohérence avec l'évolution du système – Construire à l'aide des outils informatiques, une interface utilisateur conviviale et pertinente aux attentes de chaque utilisateur – S'assurer que la solution informatique retenue s'intègre à l'existant technologique et structurel de l'administration concernée – Pour la présentation des informations, éviter des tableaux très complexes ou des graphiques très subtils dont l'interprétation peut exiger de l'utilisateur des connaissances qu'il n'a pas. Opter,

modifications qui peuvent s'avérer nécessaires tout au long de cette étape et notamment lors de l'expérimentation : indicateurs inadaptés, changement d'objectifs, évolution des responsables dans leur processus d'apprentissage – Déployer le tableau de bord résultant de la phase pilote à toute l'administration concernée		si c'est nécessaire, pour plusieurs graphiques plutôt que de rassembler de nombreuses courbes sur le même graphique – Effectuer un déploiement par vagues compte tenu de la taille de l'administration et des ressources disponibles, et en prenant soin de bien gérer la période de transition de l'ancien au nouveau système
TROISIEME PHASE : **UTILISATION, SUIVI ET CONSOLIDATION DU TABLEAU DE BORD DE GESTION DANS L'ADMINISTRATION CONCERNEE**		
Etape 7 : Utilisation du tableau de bord de gestion au sein de l'administration concernée		
Quoi ?		**Comment ?**
– Piloter l'administration concernée en se servant du tableau de bord construit pour se concentrer sur le développement de sa performance à long terme et pour renforcer son système d'apprentissage organisationnel		– Communiquer le tableau de bord de gestion à toute l'administration en faisant recours à tous les modes de communication interne possibles – Mettre en place un dispositif de suivi de l'actualisation des données de façon à ne discuter que des informations les plus récentes – Tenir les réunions d'analyse des déformations du tableau de bord sur une base régulière (toutes les deux, trois, quatre ou six semaines suivant les niveaux hiérarchiques) – Instaurer un « dialogue stratégique » entre les Responsables des unités aux différents niveaux hiérarchiques pour tirer les leçons de chaque réunion en vue, notamment : i°) d'aligner les objectifs des unités et des individus sur la stratégie ; ii°) d'identifier et d'harmoniser les initiatives stratégiques ; iii°) d'articuler les objectifs stratégiques aux objectifs à long terme et aux budgets annuels ; iv°) de relier les bilans stratégiques et opérationnels
Etape 8 : Suivi de l'utilisation et consolidation du tableau de bord de gestion dans l'administration concernée		
Quoi ?		**Comment ?**
– Affiner le produit et en faire la pierre angulaire du système de management de l'administration concernée – Evaluer et actualiser en permanence le tableau de bord		– Développer un plan pour remédier aux carences diverses relevées lors des réunions d'analyse des informations du tableau de bord ou mises en évidence dans le système de management lors des séances de « dialogue » ou à la suite d'un audit dans un souci d'amélioration du système

pour tenir compte de l'évolution des conditions de développement de l'administration et particulièrement de la technologie, en réalisant, par exemple, des audits externes – Stabiliser le système de management stratégique de l'administration		– Introduire les changements requis pour modifier la culture administrative dominante et adopter les valeurs sous-jacentes à une culture de gestion axée sur l'usager et sur les résultats

Le Comité de Pilotage qui, au nom de l'administration concernée, va valider tous les résultats d'étape et le produit final réalisé sous la responsabilité technique de l'équipe-projet. Outre le pouvoir de décider de toutes les questions qui concernent le bon déroulement du projet, ce comité sera également chargé de la communication autour du projet au sein de l'administration concernée. En prévision des enjeux de suivi et de consolidation des résultats du projet tels que résumés à l'étape 8, il conviendrait de confier la présidence de ce comité au Secrétaire Général du Ministère qui de par ses fonctions, doit exercer, pour le compte du Ministre, le leadership du système de management stratégique de toute cette administration. Les membres comprendront outre les Directeurs fonctionnels et opérationnels, des représentants d'autres administrations œuvrant en partenariat pour la mise en œuvre du plan stratégique de cette administration.

Dès cette première phase, des mesures doivent être prises pour constituer la documentation du projet, cette documentation étant indispensable pour la consolidation des résultats obtenus et pour les audits ultérieurs du tableau de bord (étape 8).

4.3.2. La réalisation du projet

Comme décrit plus haut, un tableau de bord de gestion comporte trois éléments essentiels : des *indicateurs* de mesure des résultats à atteindre et des déterminants de la performance suivant les quatre axes de la structure de base (« financiers », « usagers », « processus internes », « apprentissage organisationnel ») ; les *liens de causalité* entre les indicateurs retenus ; les *données* de base nécessaires pour informer et pour mettre à jour les indicateurs dans leur rôle d'appareils de contrôle et de témoins de l'état de fonctionnement de l'administration concernée.

La deuxième phase du projet vise à déterminer, avec les utilisateurs, ces trois éléments pour chaque unité de travail de l'administration choisie (y compris les services déconcentrés) et à les assembler pour constituer un tableau de bord de toute l'administration concernée, compte tenu de son articulation pyramidale (figure 8-6).

Les étapes 3 et 4 portent spécifiquement sur les premiers éléments, à savoir « les indicateurs de mesure des résultats et des déterminants de la performance » et les « liens de causalité entre ces indicateurs ».

On a vu au chapitre 4 en analysant le concept de performance organisationnelle que la notion *d'indicateur* est au centre de la démarche de construction de tout tableau de bord qu'il soit de gestion ou de pilotage d'un avion. Rappelons, comme défini au chapitre 4, qu'un *indicateur est une information qui rend compte de l'accomplissement d'une mission ou qui contribue à l'appréciation d'une situation par un décideur.* Dans le cas d'un tableau de bord de gestion, l'indicateur ne se limite pas à un constat, il permet également une gestion dynamique en temps réel de l'organisation concernée (Fernandez, 2003 : 250). Il est à noter qu'autant un indicateur doit avoir un sens commun pour tous les membres de l'unité qui l'utilisent, autant cet indicateur peu n'avoir que peu d'intérêt pour un agent d'une autre unité de travail, surtout si cet agent n'a pas participé à sa définition.

Quant au déterminant de la performance, et comme l'observent Kaplan et Norton (1998 : 44), si les mesures des résultats sont des indicateurs *a posteriori*, les déterminants de la performance sont des *indicateurs avancés* qui envoient des signaux sur la bonne mise en œuvre de la stratégie. Certains auteurs associent à cette notion de déterminants de la performance, celle de « facteurs clés de succès (FCS) » ou de « points de décision » en s'inscrivant dans la logique d'une dynamique qui mesure les résultats et les progrès tout en anticipant des éventuelles pertes de performance. Les déterminants de la performance sont donc indispensables dans une perspective de développement des services publics comme celle retenue dans cet ouvrage ; c'est pourquoi on les retrouve au cœur de la plupart des méthodes et outils décrits dans les chapitres précédents (Benchmarking, gestion de la qualité totale, gestion par les compétences, élaboration des plans stratégiques...)[91].

En traitant de l'approche de la « gestion par la performance » au chapitre 4, nous avons relevé l'importance de ces deux types d'indicateurs tout en soulignant cependant la difficulté de bien les formuler doublée de celle de collecter et de représenter les données pertinentes à chacun d'eux pour permettre la prise de décision. On note dans le tableau 4-2 qui fournit un exemple de structure d'objectifs associée à des indicateurs de résultats, un effort très poussé de déclinaison chiffrée des indicateurs retenus : « 12,5 jours

[91] A titre d'exemple, le Groupe de la Banque Mondiale publie des tableaux synthétiques des indicateurs de développement des pays membres, dont les pays africains. Ces tableaux donnent un bref aperçu des principaux indicateurs de développement de chaque pays (tendances économiques, gouvernance, technologie, infrastructure, environnement, éducation, OMD,...) en proposant des comparaisons sous-régionales.

d'absence par agent en moyenne au maximum », « 95 % des courriers doivent être traités sous 20 jours », « porter le niveau de consommation de drogue à moins de 18,5 % de la population carcérale »,... Il s'agit en effet d'un plan annuel, donc forcement inscrit dans le court terme. Ce sont essentiellement des indicateurs *a posteriori* qui ne reflètent pas du tout la spécificité de la stratégie mise en œuvre par cette administration pénitentiaire.

Le tableau 2-3 qui décrit les objectifs du Millénaire pour le développement dans la période 2000 – 2015 indique pour chacun des huit objectifs retenus, des indicateurs qui sont aussi bien de résultats que de déterminants de la performance lorsque cela est pertinent. Ainsi, un indicateur tel que « réduire de deux tiers le taux de mortalité des enfants de moins de cinq ans » est un indicateur de résultat dont l'atteinte peut être suivie sur une base annuelle dans la période retenue (2000 – 2015). D'un autre côté, les indicateurs tels que « intégrer les principes de développement durable dans les politiques nationales », « s'attaquer aux besoins particuliers des pays les moins avancés », ou « traiter globalement le problème de la dette des pays en développement », qui nécessitent une modification profonde de processus d'analyse de problèmes au sein de l'administration et qui sont inscrits dans le long terme (par rapport à la période retenue et au-delà), sont des déterminants de la performance qui vont affecter aussi bien les processus internes, la gestion des relations avec les usagers que les modalités d'apprentissage organisationnel dans sa triple dimension du potentiel humain, des systèmes d'information et des procédures opérationnelles.

Le tableau 8-5 donne une illustration des indicateurs de résultats et des déterminants de performance définis à partir d'objectifs stratégiques supposés pour une administration donnée. Ces objectifs sont répartis suivant les quatre axes de la structure de base d'un tableau de bord auxquels nous avons associé un cinquième axe relatif à la « responsabilisation des agents publics » dans le contexte actuel de la mise en œuvre des programmes nationaux de gouvernance. Les objectifs stratégiques découlent des enjeux de développement des administrations publiques africaines analysés dans la première partie (chapitres 2 et 3) et résumés sous forme d'une « esquisse d'un plan stratégique pour la structure nationale chargée de la réforme administrative » au chapitre 8 (ligne « résultats attendus » du tableau 8-1) dans la deuxième partie. On note par exemple dans ce tableau que le « temps consacré aux usagers pour analyser en profondeur et résoudre leurs problèmes compte tenu de la valeur ajoutée pour accroître leur satisfaction » est un indicateur de déterminant de la performance qui traduit une inflexion de la culture bureaucratique jacobine en faveur de celle d'une « gestion axée sur les clients/usagers ». On notera également que suivant une logique de gestion par les compétences (comme décrite au paragraphe 2 de ce chapitre) le « ratio de couverture des postes stratégiques » est un indicateur de déterminant de la performance dans la mesure où sa détermination conduira nécessairement à modifier l'approche de gestion des ressources humaines au sein de l'administration concernée pour passer d'une logique de « gestion de poste de travail » à celle de « gestion des compétences » (incluant « l'employabilité »).

Les objectifs stratégiques de l'axe « financier » de ce tableau sont focalisés sur le contrôle de la gestion et de l'utilisation des fonds publics eu égard à l'ampleur du phénomène de la corruption dans les services publics africains en ces temps-ci et compte tenu des résultats attendus du « processus support ou de soutien » dans le tableau 8-1. L'accent est mis ici sur le mécanisme des « Marchés Publics ». Aussi, les indicateurs de déterminant de la performance insistent sur la prévention et non la répression, tandis que les indicateurs de mesure de résultat relèvent du professionnalisme et du comportement éthique des agents publics impliqués dans la chaîne de traitement des dossiers financiers de l'administration concernée.

Tableau 8-5 : UNE ILLUSTRATION DES INDICATEURS DE RESULTATS ET DES DETERMINANTS DE LA PERFORMANCE ASSOCIES A DES OBJECTIFS STRATEGIQUES

Objectifs stratégiques par axes	Indicateurs de mesure	
	Des résultats produits (indicateurs a posteriori)	**Des déterminants de la performance (indicateurs avancés)**
« Axe : financier » F1 : Gérer les fonds de l'Etat de façon efficiente	– Respecter la mercuriale des prix – Respecter rigoureusement les règles et les procédures budgétaires retenues dans les protocoles de financement des projets signés avec les partenaires	– Rationaliser les procédures d'acquisition et de maintenance des biens meubles et immeubles de l'Etat
F2 : Renforcer la lutte contre la corruption en maximisant les économies sur les prestations des services relevant des procédures des Marchés Publics	– Respecter rigoureusement les procédures des Marchés Publics	– Passer des contrats de performance avec les Responsables des organismes placés sous la tutelle du Ministère et en faire le suivi
« Axe : Usagers des services publics » U1 : Accroître la satisfaction des usagers	– Respecter les délais fixés dans les Manuels de Procédures Administratives – % des usagers servis qui sont satisfaits	Enquête de satisfaction auprès des populations ciblées pour mesurer les effets et les impacts des projets réalisés

U2 : Renforcer l'effet de synergie du partenariat entre les secteurs publics, privé et la société civile	– Nombre de projets réalisés conformément aux besoins des bénéficiaires – % de partenaires impliqués dans des projets qui sont satisfaits	
« Axe : Processus internes » P1 : Améliorer le management des services et des relations administration/citoyens-usagers P2 : Soutenir les efforts de créativité et d'innovation pour promouvoir l'amélioration des performances P3 : Mesurer et améliorer la performance, le potentiel éthique (impacts et conséquences éthiques des actions posées) de l'unité de travail ou de l'administration	– Faire l'audit des systèmes qualités internes – Degré de réactivité de chaque unité de travail (temps de réponse aux demandes) – Nombre de nouvelles idées ou projets de réforme enregistrées dans le but de mieux servir les usagers – Nombre de procès au tribunal ou de mouvements de protestations des agents publics contre les actes et décisions de l'administration	– Mettre en place un système de prestation intégrée des services (PIS) – Temps consacré aux usagers pour analyser et résoudre leurs problèmes compte tenu de la valeur ajoutée apportée pour accroître leur satisfaction – Effets et impacts des réformes effectivement mises en œuvre sur la qualité du service – Mesurer à travers des audits internes : i°) la conformité des actes aux règles de déontologie et de l'éthique professionnelles, aux règles environnementales et sociales de base ; ii°) la prise en compte des conséquences humaines et écologiques dans les décisions prises – Mettre en place un système d'écoute du public pour mettre à jour les référentiels des normes internes de production (mise en cohérence de référentiel qualité et la qualité perçue évaluée en tenant compte de l'usager réel)
« Axe : Apprentissage organisationnel » A1 : Atteindre les objectifs de développement fixés dans le plan stratégique en vue de l'amélioration des performances A2 : Développer les compétences stratégiques de l'administration A3 : Renforcer la notoriété de l'administration	– Niveau actuel de votre administration par rapport à la problématique de la gestion par les compétences – Indice de notoriété [92]	– Auto-évaluation qualité à l'aide par exemple du modèle en neuf critères présenté à la figure 7-6 – Ratio de couverture des postes stratégiques – Effets et impacts à long terme des actions (d'IEC par exemple) menées en direction de groupes ciblés à l'intérieur et à l'extérieur du pays

[92] Par exemple, pour une administration de prestation de service conseil (consultant, expert comptable, ingénieur, cabinet médical...), un établissement hospitalier ou universitaire, plus le demandeur vient de loin, plus il paie cher le service rendu, plus l'expertise ou le service rendu est considéré comme réputé.

« Axe : Responsabilisation des agents publics » R1 : Dynamisation de la coopération interne R2 : Renforcement du leadership des responsables R3 : Renforcement de l'environnement du travail	– Intensité du flux d'échange d'information à l'intérieur de chaque unité, entre les unités et entre les administrations – Qualité et intégrité des responsables telles que perçues par les agents publics employés – Qualité de l'environnement perçue par les agents publics employés	Auto-évaluation

Les étapes 3 et 4 vont, pour une administration donnée, permettre aux intervenants de bien identifier pour les différentes unités de travail (sans oublier les services déconcentrés) ces deux types d'indicateurs. Le travail doit se faire en petits groupes en partant de la compréhension que les personnes directement concernées (les chefs de service, les Délégués départementaux ou provinciaux, les Directeurs...), ont des objectifs définis dans le plan stratégique pour leur unité de travail.

Pierre Voyer (1999) propose à titre d'exemple en appendice de son ouvrage « Tableaux de bord de gestion et indicateurs de performance », une banque d'indicateurs génériques utilisés dans l'administration publique. Nous proposons en annexe (annexe 1) un extrait très sommaire de cette banque d'indicateurs génériques qu'on peut consulter dans sa version mise à jour depuis lors, dans le site de l'ENAP de Québec à l'adresse : www.formation.enap.ca. Nous proposons de même en annexe 2, le tableau des indicateurs retenus dans la Déclaration de Paris, pour suivre aux niveaux national et international les progrès réalisés dans le cadre des engagements pris pour accroître l'efficacité de l'aide publique au développement.

L'articulation des relations causales entre les indicateurs définis constitue l'un des objectifs de l'étape 4. A ce propos, Kaplan et Norton (1998 : 42) observent qu'une stratégie n'est en fait qu'un ensemble d'hypothèses sur des causes et leurs effets. Aussi, précisent-ils :

> *Le tableau de bord prospectif doit mettre en évidence les relations (hypothèses) entre les objectifs (et les indicateurs) dans les différents domaines suivis, pour que ces objectifs soient validés et qu'ils servent à guider les actions. Les relations de cause à effet doivent être visibles sur les quatre axes de ce système.*

Nous avons présenté au chapitre 4 (§.1.) une chaîne causale des indicateurs de performance illustrée par la figure 4-1, où sont retenus les trois axes : « Usagers des services publics », « processus internes » et « apprentissage et développement ». Par exemple, l'amélioration du moral des agents publics

(« apprentissage et développement ») peut être reliée à la satisfaction des usagers (« usagers des services publics »), en formulant l'hypothèse suivante :

Des agents publics qui ont un bon moral vont être plus disposés à faire des suggestions d'amélioration du processus de travail administratif (par exemple à travers la rationalisation des procédures administratives) ; il s'en suivra de la part des usagers, une perception plus positive de la qualité des prestations fournies par l'administration concernée.

Ce sont ces relations qui donnent un sens (une direction) au tableau de bord dans son contexte d'application. C'est pourquoi ce sont ceux pour qui l'outil est élaboré qui doivent s'appliquer à les définir. C'est en somme leur propre stratégie de pilotage de leur unité de travail telle qu'elle est avec ses forces et ses faiblesses et surtout avec ses opportunités de développement. C'est l'occasion pour les Responsables à travers le raisonnement systémique et systématique qu'ils sont amenés à faire, de réinterroger leur propre processus de management et d'effectuer les réorientations nécessaires.

A l'étape 4, les indicateurs retenus doivent être testés auprès des Responsables de niveaux hiérarchiques supérieurs jusqu'aux niveaux les plus élevés. Le test peut s'appuyer sur les quatre critères suivants (Senge et al, (1999 : 383) :

1. les objectifs primordiaux de l'unité ou de l'équipe sont-ils couverts ?
2. tous les signaux d'alerte (indiquant les circonstances dans lesquelles l'unité ou l'équipe risque de se retrouver en sérieuses difficultés) sont-ils prévus ?
3. les déterminants de performance sont-ils suivis aussi bien que les résultats ?
4. les variables critiques nécessaires pour atteindre un objectif (compétences requises, ressources financières et matérielles,…) sont-elles suivies ?

L'étape 5 porte sur l'identification des sources d'information des indicateurs. Nous avons vu que par définition, un indicateur est une information. Il existe ainsi, une interdépendance très étroite entre le choix des indicateurs et la recherche des informations nécessaires pour les documenter. A quoi servirait, par exemple, l'appareil qui indique le niveau d'eau ou le niveau de pression (manomètre) dans une voiture si le système mécanique ou électrique qui communique la donnée pertinente n'existe pas ou bien est défectueux ? Cette étape présente donc un caractère critique dans la démarche, notamment dans l'administration publique qui a une réputation d'opacité fermement établie. Deux principes doivent guider le travail en groupe à cette étape :

1. *la rapidité et la facilité d'obtention des données*. A ce sujet, Guerny, J. (de) et al. (1986) observent que « un délai de 10 à 15 jours ouvrables

après la fin de la période analysée doit être l'objectif visé pour la mise à jour du tableau de bord »

2. *l'additivité, compte tenu de l'articulation pyramidale du tableau de bord.* Lorsqu'on passe d'un niveau inférieur à un niveau supérieur, les données sont autant que possible agrégées dans des indicateurs synthétiques (délai moyen de traitement d'un acte administratif, taux moyen des interruptions de service dans l'ensemble de l'administration concernée, taux général de satisfaction des bénéficiaires des différents services offerts par l'administration concernée...) qui intègrent le traitement de l'information interne par secteur, par domaine de la mission ou par type des usagers, et celui du traitement de l'information externe (statistiques diverses, données sur les usagers et sur l'économie,...) pour informer les fonctions de planification, de prise de décision et de suivi de la mise en œuvre. Les systèmes de gestion des connaissances illustrés dans la figure 8-5 offrent aujourd'hui les possibilités de résoudre facilement ce problème d'agrégation des données et permettent ainsi d'utiliser l'information pertinente aux préoccupations de gestion de chaque Responsable.

Un cahier des charges des informations peut être établi (Gureny, J. (de) et al., 1986). Ce cahier pourrait regrouper les informations par leur source pour en faciliter la collecte. Pour chaque source, il est précisé : i°) *l'origine de l'information*, le service ou la personne chargé de la communiquer ; ii°) *la date* à laquelle les informations doivent être disponibles ; iii°) *la forme des informations,* présentations matérielles des indicateurs en tableaux ou graphiques, et de l'ensemble du document ; chaque décideur ne souhaitera utiliser que des données présentées sous la forme qu'il préfère et qui doit être connue des membres de son équipe.

Voyer (1999 :393) observe par exemple que « les gestionnaires vont utiliser leur tableau de bord, en premier lieu, pour avoir un portrait d'ensemble de la situation et, en second lieu, pour suivre notamment l'amélioration continue des aspects problématiques ». Il suggère l'élaboration d'un tableau de suivi décisionnel qui fournirait d'abord les résultats pour l'ensemble des indicateurs par rapport aux cibles. La structure d'un tel tableau se présenterait ainsi qu'il suit :

Indicateurs	**Valeur/ Résultat**	**Cibles/ Objectifs**	**Ecarts et Constats**	**Causes/ Facteurs**	**Actions correctrices**	
					Nature des actions envisagées	**Résultats obtenus à ce jour**

<u>Source</u> : *Voyer P. (1999 :393)*

Avec la révolution informatique dont les implications pour le développement des administrations publiques ont été analysées au chapitre 2, de nouvelles perspectives (gestion des connaissances, gestion par les compétences) s'ouvrent pour assister les Responsables administratifs lors de la collecte des informations pour documenter les indicateurs. Il n'appartient plus qu'à l'homme d'accomplir sa part de responsabilité dans ce processus, comme l'observe Fernandez (2003 : 302) qui réaffirme qu'«aujourd'hui, tout laisse supposer que la technologie ne sera pas un obstacle, bien au contraire. La dernière entrave au partage de la connaissance restera les relations humaines et la quête de pouvoir individuel ».

Cette étape peut, en effet, amener l'administration concernée à revoir l'articulation de ses systèmes d'information pour concevoir un système d'information entièrement nouveau et plus intégrés et reliant les indicateurs utilisés à tous les niveaux successifs de la pyramide. C'est dans cette optique que sont actuellement développés les Systèmes d'Information pour les Décideurs (SID) multiniveaux et dédiés aux tableaux de bord. Il est par conséquent nécessaire que le Comité de pilotage approuve le dispositif élaboré à ce stade et qui servira à bâtir à l'étape 6 le « tableau de bord provisoire » avant de l'expérimenter dans des unités de travail pilotes.

La dernière étape de cette phase poursuit donc deux objectifs, rassembler tous les éléments réunis jusqu'ici pour constituer le tableau de bord et expérimenter ce premier produit. En général, le tableau de bord s'adapte dans un premier temps à l'organisation existante, et ensuite, au cours de son expérimentation et sa mise en œuvre effective, des limites ou des défauts se révèlent et conduisent à des ajustements qui peuvent entraîner même des remises en cause de l'organisation (Guerny, J. (de) et al., 1985).

L'équipe-projet propose au Comité de Pilotage les sites pilotes à retenir et la méthodologie de réalisation de l'expérience pilote. S'agissant de la méthodologie, il s'agit d'implanter un module initial ou un prototype chez des utilisateurs choisis et formés et auxquels une documentation d'expérimentation a été fournie (Voyer, 1999 : 356). Durant toute cette période, il est indispensable d'avoir toujours présent à l'esprit le but de cette étape qui est, non seulement d'améliorer le produit en l'utilisant dans des conditions proches de la réalité, mais aussi d'entretenir l'intérêt des Responsables au sein de l'administration concernée.

Après le travail effectué en groupe lors des étapes précédentes, il n'est pas nécessaire que l'expérience pilote dure longtemps. Kaplan et Norton (1998 : 311) font observer, suite à leur expérience, que le tableau de bord prospectif « peut être construit en 16 semaines. A ce stade, l'entreprise passe à la phase de mise en œuvre pendant laquelle elle peut faire du [tableau de bord], la pierre angulaire de son système de management ». Au cours de la phase pilote, la démarche peut être guidée par les questions suivantes :

1. les indicateurs retenus sont-ils adaptés aux objectifs de l'unité de travail (Service, Direction, Ministère,...) ?
2. les indicateurs sont-ils cohérents par rapport aux impératifs stratégiques du Ministère ?
3. les indicateurs permettent-ils de bien reconstituer le système de gestion au niveau du chef de l'unité ou de l'ensemble de la structure ?
4. les sources d'informations existent-elles ? et les informations fournies sont-elles de nature à préserver les qualités de fiabilité et d'objectivité attendues des indicateurs ?
5. les règles d'utilisation du tableau de bord (responsabilité et délais de la mise à jour des données, maquettes de présentation du document, dates et conditions de déroulement des réunions pour l'exploration) existent-elles ? et sont-elles partagées ?

Au cours de cette étape, l'équipe-projet, agissant comme « maître d'œuvre » anime et coordonne les activités de construction et celles de l'expérience pilote. Le Comité de pilotage valide les différents résultats produits et arbitre les conflits inhérents à la mise en œuvre des actions engagées. Lors du travail de ces deux organes, un accent particulier doit être porté sur le renforcement des compétences des membres qui, en interne, animeront le déploiement, le suivi et la consolidation du projet.

Si la phase pilote est jugée concluante, le tableau de bord peut donc être déployé dans l'ensemble de l'administration concernée pour utilisation effective. Le déploiement peut se faire d'un seul coup ou par vagues successives suivant les capacités de l'administration à supporter le changement et à faire face aux besoins en ressources humaines et financières nécessaires. A ce sujet, Pierre Voyer (1999 : 360) observe qu'il semble illusoire de viser l'ensemble des utilisateurs en même temps en essayant de rendre l'ensemble des indicateurs disponibles à tous les gestionnaires concernés. Il suggère de « commencer par les utilisateurs gagnés à la cause, les plus mordus et de tabler sur l'effet d'entraînement créé par des succès et des résultats concrets qui prouvent que le système fonctionne bien. [Et de toujours accompagner le déploiement] de formation en temps réel, sur de vrais cas, pour que les utilisateurs puissent y voir leur profit et intégrer la connaissance acquise dans leur quotidien le plus tôt possible. »

4.3.3. L'exploitation du tableau de bord

Les règles d'utilisation du tableau de bord dans l'administration concernée ont prévu les dates et les conditions du déroulement des réunions portant sur l'analyse des données résultant de cet outil.

Les administrations reçoivent tant de rapports de mission, de rapports d'activités, de comptes rendus d'activités ponctuelles qui, comme les indicateurs du tableau de bord d'un véhicule, attirent l'attention sur les points critiques à surveiller pour leur développement harmonieux. Elles tiennent de multiples séminaires de renforcement des capacités, des réunions de coordination internes aux services centraux ou élargies aux services déconcentrés. Pourtant, elles donnent toujours l'impression d'agir avec une telle incohérence ou bien d'être toujours prises de cours face à la pertinence des sollicitations des usagers ou des partenaires.

L'utilisation du tableau de bord comme outil de pilotage arrimé au système de management devrait changer cette perception en favorisant une gestion plus efficace des services publics. C'est dans cet esprit que s'inscrivent les objectifs poursuivis dans la troisième phase de la méthode : *« utilisation, suivi et consolidation du tableau de bord »*.

La première étape de cette phase (étape 7) se concentre sur l'utilisation du tableau de bord pour développer la performance à long terme de l'administration concernée et pour renforcer son système d'apprentissage organisationnel. En fait, il s'agit de changer des façons de faire de l'administration pour mieux utiliser les différents rapports qu'elle reçoit (et qui font partie des sources des données du tableau de bord) et pour accroître la valeur ajoutée des réunions au processus de prise de décision.

Des réunions d'analyse de données doivent être instituées à une périodicité qui tient compte des délais de mise à jour des informations sur les indicateurs. Ces réunions ne doivent pas être confondues avec les réunions de travail en groupe ou au sein des services dans le cadre des activités de l'unité de travail. Elles ne doivent porter que sur « l'analyse des données du tableau », comme le fait tout pilote responsable, professionnel et soucieux de conduire son système jusqu'à destination à la pleine satisfaction des « passagers » et des partenaires.

Au plan méthodologique, lors de ces réunions, l'attention ne devra être focalisée que sur les *écarts* entre les objectifs et les indicateurs. Pour éviter le piège de l'obsession de la mesure, ces écarts doivent être analysés sans les considérer comme « **mauvais** », mais plutôt comme un retour d'expérience qui favorise l'apprentissage[93]. Dans cette perspective Meyer et Ross (in Senge et al., 1999 : 384) invitent à considérer les réunions d'analyse des données du tableau de bord comme une *occasion d'étudier en profondeur le travail* de l'unité de travail ou de l'administration concernée. Au cours de ces réunions, conseillent-

[93] Nous illustrons cette démarche dans la troisième partie en traitant de l'analyse des résultats de l'assainissement des données de SIGIPES.

ils, il faut éviter des questions telles « de combien sommes-nous en-dessous des objectifs attendus ? », « combien y a-t-il de fraudeurs ? » ou « pourquoi n'avons-nous pas été à la hauteur ? » pour rechercher plutôt à quel endroit les résultats ont été différents de ceux attendus, « pourquoi y a-t-il eu des fraudeurs dans le système ? » et surtout « pourquoi [les résultats] auraient-ils pu être différents ? Quels sont les facteurs en jeu au sein de l'unité ? ».

Pour conclure ces réunions en se projetant dans l'avenir et agir de façon proactive, se poser des questions telle « si nous voulons que tel indicateur ait progressé d'ici, un an, quelles mesures doivent être prises dès à présent ? » En discutant ainsi des causes ou des facteurs déterminantes des écarts observés dans le tableau de bord, on peut faire remonter en surface les schémas mentaux des agents sur l'unité de travail et sur son environnement externe. Alors, écrivent Meyer et Ross (in Senge et al., 1999 : 384) « au lieu de fournir exclusivement des données, le tableau de bord de performance provoque des conversations qui créent la capacité même des responsables à apprendre ».

Le « dialogue stratégique » entre les Responsables de différentes unités aux différents niveaux hiérarchiques et associant les Responsables d'autres administrations impliquées dans la réalisation du plan stratégique de l'administration concernée offre l'occasion d'approfondir les leçons tirées des réunions d'analyse. Ces leçons couvrent tous les aspects de développement de l'administration, y compris le « suivi et la consolidation du tableau de bord » au sein de cette administration qui est l'objet de l'étape 8. L'encadré 8-10 présente les principales préoccupations de cette étape, telles que résumées sous forme de questions à se poser par Voyer (1999 : 364).

Pour qu'il vive vraiment, notent Guerny, J. (de) et al. (1986), le tableau de bord doit s'intégrer dans la gestion quotidienne, éclairer et orienter les décisions à prendre à court et long termes aux niveaux les plus importants de l'administration. C'est le but poursuivi à l'étape 8 où le tableau de bord rentre dans la culture de l'administration et fait partie de ses problèmes de développement. Ainsi, par exemple, à l'occasion de la révision du plan stratégique de cette administration, le tableau de bord devra être systématiquement revu pour rester en adéquation avec la nouvelle administration dessinée dans le nouveau plan. Fernandez (2003 : 412) identifie trois conditions qui impliquent une évolution du tableau de bord :

- au fur et à mesure de son apprentissage, les décideurs maîtriseront et connaîtront de mieux en mieux leur administration. Ils souhaiteront affiner l'outil de tableau de bord ;
- une ou plusieurs modifications intervenue au sein de l'administration (changement de personne, variations des moyens, des activités,...), ou

dans l'environnement nécessitera de choisir ou de construire les indicateurs afin de les replacer en cohérence avec la nouvelle stratégie ;

- une évolution ou un changement d'objectifs implique naturellement un changement d'indicateur.

Un audit du tableau de bord effectué par un auditeur externe dans l'optique de l'amélioration permanente de cet outil peut être envisagé à intervalle régulier (par exemple tous les 18 mois).

4.4. Le tableau de bord comme outil de management des réformes administratives

Le tableau de bord de gestion, parce qu'il s'appuie sur les plans stratégiques et sur l'implication individuelle et collective des agents et qu'il met l'accent sur les résultats et sur la responsabilisation des agents publics dans sa méthodologie de réalisation et d'exploitation, est un excellent outil d'appui au développement de cette nouvelle culture de bonne gouvernance dans les services publics. A ce propos, Kaplan et Norton (1998 : 281) témoignent :

> *Parce qu'il constitue un cadre cohérent, les dirigeants peuvent utiliser [le tableau de bord de gestion] comme un outil de management pour mobiliser les salariés autour des nouvelles orientations stratégiques et mettre en œuvre leur programme de changement. Le rôle premier du tableau de bord de gestion est de combler le vide qui existe dans la plupart des systèmes de management : l'absence de mécanisme systématique de mise en œuvre de la stratégie.*

<u>ENCADRE 8-9</u> : DES QUESTIONS A SE POSER POUR S'APPROPRIER EFFECTIVEMENT SON TABLEAU DE BORD DE GESTION

[...]. Il faut que les gestionnaires utilisent le bon système informatisé de production de tableau de bord pour effectuer correctement leur travail de gestion, à l'aide de bons indicateurs, dans un environnement organisationnel propice.

Il faut aussi que le tableau de bord devienne « leur » tableau de bord, que les gestionnaires utilisateurs s'approprient les indicateurs, qu'ils sentent que les indicateurs leur appartiennent, à eux, et pas à un responsable de tableau de bord ou à un comité de développement.

Le gestionnaire utilisateur sera éventuellement placé devant un éventail de préoccupation le concernant, lui, autant que ses employés :

- Les préoccupations centrées sur la machine : sera-t-on en mesure de faire fonctionner le système correctement ?
- Les préoccupations centrées sur le travail : pourrons-nous nous habituer à gérer de cette façon, moi et mon équipe ? Comment allons nous pouvoir suivre « nos affaires » complètement sans toutes les données détaillées ?
- Les préoccupations centrées sur la culture de la mesure de la performance : jusqu'où devrons-nous mesurer et rendre compte ? Comment cette culture sera-t-elle reçue ? Quel climat un suivi rigoureux engendrera-t-il ?

- Les préoccupations centrées sur les personnes : de quoi aurais-je l'air si... ?Cette dernière préoccupation dénote la peur de mettre au jour sa performance, d'être contrôlé ou jugé par les pairs et les supérieurs ; l'inconfort et les efforts de remise en question, l'incompréhension du concept et du nouveau langage utilisé ; la peur de la technologie, de l'échec dans l'utilisation des systèmes, d'avoir l'air ridicule, donc de perdre du prestige, de l'influence, etc.

Il est nécessaire, tout au long du projet et même après, d'assurer la correspondance entre ces quatre éléments : 1) le travail à faire, 2) l'individu qui le fait, 3) le système qu'il utilise pour le faire, 4) l'environnement organisationnel dans lequel il le fait. Sinon, le système ne sera pas utilisé. Ce modèle s'applique parfaitement à l'utilisation de tableaux de bord. En fait, toute faiblesse touchant l'un ou l'autre des facteurs devra faire l'objet d'une attention particulière. C'est à cet endroit sensible que l'on devra intervenir avant tout.

Source : VOYER, Pierre (1999 :364)

En effet, la méthodologie d'élaboration, en précisant les indicateurs de mesure de la performance et les modalités de leur mesure, s'apparente à une démarche d'adoption de véritables contrats de performance entre les responsables des différents paliers hiérarchiques de l'administration concernée. L'exploitation quant à elle, adopte l'approche de gestion axée sur les résultats pour mobiliser les agents et leur potentiel autour des objectifs partagés de ladite administration.

Il s'agit alors pour les gestionnaires publics d'établir de façon claire et explicite, le lien qu'ils établissent entre la définition et l'analyse de la stratégie de développement de leur unité de travail et le tableau de bord utilisé comme instrument de cohérence et moyen de suivi de la mise en œuvre de cette stratégie. Kaplan et Norton (1998 : 284) dégagent quatre caractéristiques essentielles de tout système de management stratégique qui met en exergue un tel lien :

1. formulation et actualisation de la stratégie ;
2. articulation aux objectifs personnels et aux systèmes de récompense ;
3. articulation aux activités de planification, à la répartition des ressources et aux budgets annuels ;
4. retour d'expérience et apprentissage stratégique.

S'agissant de la responsabilisation des agents publics, tirant les conséquences du principe de l'apprentissage en boucle double de la métaphore du tableau de bord comme nous l'avons décrit plus haut, Voyer (1999 : 96) ajoute :

> *De leur côté, les subordonnés à qui l'on donne la responsabilité de leur rendement d'une information régulière sur leur propre secteur, mais aussi d'une vue d'ensemble s'ils veulent se comparer et non seulement être comparés... De plus, ils devraient aussi avoir une marge de manœuvre négociable sur la fréquence d'utilisation et de fourniture de leurs indicateurs. Il s'agirait, par exemple, de les laisser gérer leurs variations et leurs écarts à leur niveau et de*

n'en informer leur supérieur qu'en cas de dépassement de limites ou d'écarts inappropriées.

Ce besoin d'intégration pour une meilleure cohérence de l'action publique est très fortement présent dans le domaine de la réforme administrative. Nous avons montré au chapitre premier qu'il est l'essence même de la structure nationale chargée de la réforme administrative (SNRA) dans chaque pays. Cette structure qui est, essentiellement chargée :

- de la cohérence des stratégies de réforme administrative adoptées par les différentes administrations ;
- de l'élaboration et du suivi de la mise en œuvre du schéma directeur national de la réforme administrative ;
- de l'élaboration, de la planification, de la programmation et de la conduite des projets de réforme administrative, en collaboration avec les administrations concernées ;
- de l'évaluation des mesures gouvernementales en matière d'organisation et de réforme administrative prises dans les différents secteurs de l'administration publique.

La nature de la réforme administrative, telle que définie dans cet ouvrage, retient les deux axes *« processus de création des changements à introduire »* et *« effectivité des résultats escomptés »* qui nécessitent un instrument de suivi et de contrôle (au sens de pilotage et non de sanction) comme le tableau de bord de gestion.

Dans la logique de ces deux axes, le tableau de bord de la réforme administrative, élaboré par le SNRA avec l'implication des administrations qui engagent les réformes pour se développer, est utilisé comme outil de *suivi de gestion* des réformes administratives, incluant le suivi des programmes et des projets arrêtés dans le plan stratégique de développement de chaque administration. En effet, comme le rappelle Voyer (1999 : 132) :

> *Le suivi de gestion constitue d'abord, à l'interne, un moyen informationnel pour exercer un contrôle, mais un contrôle en temps réel, dans une perspective dynamique de gestion. Le suivi de gestion constitue ensuite, à l'externe, un moyen qui peut servir à faire de la veille stratégique, en particulier par les indicateurs d'étalonnage.*

Le tableau de bord de gestion pour la réforme administrative serait en quelque sorte un système de suivi systématique des réformes aussi bien le long du continuum « contrôle et évaluation de performance » - « innovation et apprentissage » pour l'axe du processus de création des changements à introduire, que le long du continuum « cohérence des politiques, programmes et projets » - « professionnalisme en conduite de changement » pour l'axe de l'effectivité des résultats escomptés.

Nous avons relevé au chapitre premier que le champ d'intervention de la réforme administrative couvre les administrations publiques qui accueillent les réformes et la structure nationale chargée de la réforme administrative (SNRA), toutes travaillant en synergie pour réduire les obstacles à l'apprentissage en boucle double qui est le deuxième principe sous-jacent au concept de tableau de bord de gestion. Le développement du tableau de bord des réformes administratives sera l'occasion de clarifier les concepts pour asseoir les bases de la fonction « réforme administrative » et l'occasion de préciser les rôles dans cette dynamique illustrée dans la figure 1-2 par les mouvements rotatifs de la diagonale de la figure.

Pour bien distinguer le tableau de bord de gestion du tableau de bord des réformes administratives, il s'agira d'abord, pour l'équipe-projet, de clarifier dans chaque administration le lien qui est fait entre les différents axes du cadre conceptuel de définition de la réforme administrative (chapitre 1) et les quatre axes de la structure de base d'un tableau de bord de gestion comme défini dans ce chapitre.

Quant au rôle des intervenants, la réalisation des tableaux de bord de gestion est une opportunité d'introduction de changements profonds dans l'administration concernée que la SNRA ne peut que saisir avec *empressement* pour réaliser son propre plan stratégique et ce faisant sa raison d'être. Elle a la compétence et la crédibilité nécessaires pour discuter des enjeux de la performance dans toutes ses dimensions avec les Responsables de tous les niveaux hiérarchiques dans une administration. La SNRA pourrait donc exercer un leadership incontesté dans le rôle de « maître d'œuvre » ou « d'architecte » du projet, tout en veillant avec une vigilance particulière que chaque Responsable de l'administration concernée joue pleinement son propre rôle dans ses multiples dimensions (utilisateur, spécialiste des systèmes internes de production, pilote du projet,...). La dynamique du travail entre la SNRA et l'administration concernée est ainsi sous-tendue par le principe de la spécialisation. Pierre Voyer donne à cette dynamique, une description, du point de vue des Responsables (gestionnaires) dans différentes administrations qui va au-delà des préoccupations de l'élaboration du tableau de bord, pour englober la problématique de l'introduction des changements dans une organisation. Il écrit, en effet (Voyer, P., 1999 : 173) :

> *Les gestionnaires connaissent « leur » monde et leur façon de travailler. Ils peuvent donc, avant le développement, faire part aux concepteurs de besoins et de considérations autres que techniques, sur l'organisation du travail quotidien des employés, leur attitude face à la technologie et ainsi permettre d'entrevoir les enjeux et les forces en présence. Pendant le projet, ils peuvent orienter les modifications requises par certains événements imprévus et s'assurer que les systèmes s'intègrent dans le fonctionnement. Après l'implantation, ils peuvent assurer le suivi du changement et apporter les modifications prévues, veiller à*

récupérer les bénéfices et à concrétiser les avantages du changement et résoudre certains problèmes qui peuvent surgir bien après l'implantation, lorsque les concepteurs ne sont plus en place.
Les gestionnaires devront probablement prendre des responsabilités auxquelles tous ne sont pas préparés. Nous sommes loin des systèmes d'information traditionnellement commandés au service informatique, dont on prenait livraison, que l'on devrait découvrir et apprendre à utiliser, ou pire, auxquels on devait s'adapter.

A cette description, Senge et al. (1999 : 673) ajoutent :

« La force des grands leaders opérationnels vient également de leurs limites. Ils sont viscéralement attachés à leur unité et leur équipe, mais ils ont tendance à prêter beaucoup moins d'attention à la façon dont les autres peuvent apprendre de leurs efforts ou eux-mêmes peuvent apprendre des autres. Ils peuvent facilement éprouver du dédain pour les groupes moins innovateurs qu'eux. Ils peuvent se heurter aux systèmes de mesures de l'organisation et aux tabous culturels. Ils ne tiennent souvent pas compte de la façon dont leurs innovations affectent d'autres groupes. Tous seuls, ils ne peuvent pas faire grand-chose pour relever le défi de la reconception. Ils dépendent des leaders de réseaux internes pour les conseiller et les mettre en relation avec d'autres leaders qui pensent comme eux dans l'organisation. Ils sont tributaires des leaders de direction dans la mise en place d'un environnement favorable à l'innovation et souvent pour d'autres types de conseils.

On retrouve dans ces descriptions les grands enjeux du développement de la fonction « réforme administrative », objet de cet ouvrage.

Le principal défi de la SNRA est alors de jouer pleinement son rôle et surtout celui de « leader de réseaux » pour convaincre que les réformes administratives sont possibles et que les succès des expériences réalisées dans les administrations pilotes sont des préludes à des succès plus globaux. Bref, que l'échec d'une réforme est un accident qui va se corriger et non une fatalité.

Les administrations publiques africaines ne sont pas condamnées à la fatalité de l'inertie, de la corruption, de l'opacité et de tous les effets négatifs du centralisme jacobin. Elles doivent suivre la loi de la nature qui veut que tout système dynamique et ouvert se remette continuellement en question pour se développer et se moderniser afin de pouvoir remplir efficacement sa raison d'être.

CONCLUSION

Le principal enjeu de développement des administrations publiques en Afrique est clairement formulé dans les Programmes Nationaux de Gouvernance (PNG) adoptés par les Etats pour traduire en réalité concrète et quotidienne la nouvelle philosophie de gestion des affaires publiques qui sous-tend désormais le comportement des services publics face aux citoyens usagers, comme décrit au chapitre 2 (§. 2).

Le but poursuivi par la mise en œuvre de ces PNG donne une indication suffisamment précise de l'orientation que devrait adopter toute démarche de réforme administrative dans ces pays ; à savoir, la *transformation* d'un système en un autre qui soit apte à anticiper les problèmes, à apprendre de ses propres démarches de formulation et de résolution de problèmes. On peut ainsi lire, pour ce qui est de l'exemple du Cameroun, que le PNG (1997 : 8), vise à :

> *Transformer le Gouvernement (Exécutif et Administration Publique) en un système efficace de pilotage et de régulation adapté aux exigences d'une société moderne et démocratique apte à définir et à mettre en œuvre les stratégies et les programmes d'action répondant aux attentes de la population et permettant d'assurer un développement (économique, social et culturel) durable.*

C'est tout le Gouvernement (Exécutif et administration publique) que le Président de la République prend l'engagement, à travers le PNG, de transformer. S'agissant de l'administration publique, le Premier Ministre qui pilote le projet, et tous les Ministres sont interpellés dans cette œuvre de transformation.

La responsabilité du Ministre chargé de la réforme administrative et celle toute particulière de la structure nationale chargée de la Réforme Administrative sont énormes pour relever ce défi de transformation du système administratif du type napoléonien hérité de la colonisation, dans un contexte où les réflexes autoritaires et procéduriers de cet ancien système sont profondément ancrés dans les différentes cultures administratives des services publics. Conseil du Gouvernement, il s'agit pour le Ministre et ses collaborateurs de dire ce qu'il faut faire pour changer en vue de transformer l'administration, et comment s'y prendre. Or, au fur et à mesure que se développent les forces de la mondialisation, la conception de l'Etat ne relève plus exclusivement du colbertisme monarchique (prédominance de l'intervention de l'Etat dans l'activité économique, gestion étatique de l'économie), ni exclusivement de l'ultra libéralisme (prédominance de la doctrine de l'économie du marché). Aussi, en cette période transitoire entre, d'une part, les pratiques anciennes enracinées dans nos traditions administratives jacobines caractérisées par une intransigeance et une hostilité viscérales à la décentralisation et au principe managérial de la gestion de la proximité, et, d'autre part, l'adoption des pratiques nouvelles espérées des réformes introduites, les acteurs ne savent pas toujours où ils se trouvent vraiment. Et c'est cela le dilemme des Gouverneurs de Province, des Recteurs d'Universités, des Secrétaires Généraux des ministères, des Conseillers Techniques et Chargés de Mission dans les Services du Premier Ministre et au Secrétariat général de la Présidence de la République, des Directeurs des services centraux, des Préfets, des Sous-préfets, des

Délégués Provinciaux et Départementaux. Sont-ils toujours, en plein cœur de l'ancien système, tournés vers leur pouvoir hiérarchique ou déjà à l'entrée du nouveau système, caractérisé par le travail en réseaux multinationaux et soucieux plutôt de la qualité du service rendu aux citoyens ? Ceux qui ont pu se repérer ne savent ni quoi faire, ni comment s'y prendre pour progresser dans la voie que trace la nouvelle philosophie de gestion prônée par le PNG. A titre d'exemple, malgré la pertinence et l'éloquence des discours sur la nécessité de l'efficacité et de l'efficience des services publics, l'élaboration des textes organiques des ministères continue d'être un lieu d'enjeux nostalgiques de pouvoirs plus intéressés par la répartition des postes hiérarchiques dans l'organigramme, au lieu d'être l'occasion de s'appesantir sur le flux réel du travail pour « faire faire la bonne chose par la bonne personne au moindre coût » (pour reprendre la formule de Peter Drucker). Et pourtant le texte qui organise, par exemple le Ministère chargé de la réforme administrative au Cameroun, dispose que ce ministère « étudie et propose au [Gouvernement] toute mesure visant à améliorer le rapport « coût-rendement » dans les services publics et l'accélération du processus de traitement des dossiers administratifs » (République du Cameroun, décret n° 2005/086 du 29 mars 2005).

Face à ce défi, notre souhait est que les méthodes et les outils que nous avons présentés dans cette deuxième partie puissent contribuer à réunir, au sein des administrations publiques en général et particulièrement au sein de la SNRA, les conditions indispensables au succès des réformes administratives élaborées et conduites suivant la perspective d'organisations apprenantes et eu égard aux buts poursuivis dans les PNG.

Nous ne pouvons résister ici à la tentation de revenir à l'interpellation de Sa Sainteté le Pape PIE XII (Encadré 2-2) qui, en 1950, dénonçait l'excès de la mainmise de l'Etat et le dommage qui résulterait du fait que le dernier mot des affaires de l'Etat serait réservé aux purs « techniciens de l'organisation » qui, face à un problème, se limiteraient aux simples ajustements techniques aux circonstances contingentes, en privilégiant le traitement des symptômes. Il conclut alors son propos en précisant que ce qu'il faut aux acteurs des administrations publiques des temps modernes, « c'est l'expérience, c'est la fidélité à maintenir l'exacte notion et à promouvoir la vraie fin de l'Etat, c'est l'initiative et la persévérance, l'objectivité et le sens courageux de la responsabilité ». Oui, *le sens courageux de la responsabilité.* Le Ministre chargé de la réforme administrative et son unité de travail d'appui, la structure nationale chargée de la Réforme Administrative devront savoir en faire preuve dans le contexte africain actuel, pour adopter eux-mêmes et pour conseiller aux autres services publics des méthodes qui amènent à interroger les situations problématiques en profondeur et à remettre, si nécessaire, les hypothèses de départ en question.

L'allègement des formalités administratives suivant une démarche qui tourne résolument le dos au centralisme jacobin, et la simplification des procédures administratives apparaissent être des composantes prioritaires des mesures à engager pour, notamment, combattre la corruption qui sape aujourd'hui les efforts de construction d'une image positive de l'administration publique africaine, efforts engagés par certains leaders, tant politique, que de la société civile et du secteur économique. Le Chapitre 5 traite des deux sujets des lenteurs administratives et de la corruption en mettant en évidence les risques d'un « transfert de charge » et de développement du « phénomène d'accoutumance » dans une stratégie de résolution qui se cantonne sur les symptômes en éludant les causes profondes.

Pour ce qui est de l'ensemble des méthodes retenues, on notera que *l'analyse systémique* qu'on retrouve dans la dimension de l'apprentissage en « boucle double » du tableau de bord de gestion, est prépondérante dans toutes les méthodes et tous les outils décrits dans cet ouvrage. Il en est de même de l'exigence d'une nouvelle stratégie de gestion des ressources humaines de l'Etat, fondée sur l'approche de *gestion par les compétences*. A propos de l'analyse systémique, Senge (1999 : 13) nous rappelle que l'univers biologique, dont elle s'inspire, indique « que le changement durable implique de comprendre les processus amplificateurs de croissance et ce qui est nécessaire pour les catalyser, et de s'attaquer aux limites qui empêchent le changement de se produire ». Est-il vraiment honnête, en effet, d'aborder autrement les problèmes de nos sociétés africaines qui croupissent aujourd'hui sous le poids de la pauvreté et de la pandémie du SIDA, et partant la complexité des problèmes des administrations publiques africaines ? Quant à l'exigence de la gestion des collaborateurs par leurs compétences, les Chefs des administrations qui ont vraiment adopté l'approche managériale fondée sur la recherche des résultats de qualité pour le citoyen-usager, ont-ils vraiment le choix ? Sans compétences peut-on parler de notoriété ? Et peut-on être compétitif à une époque dominée au plan mondial par la « doctrine de l'immigration sélective », sans une véritable politique de gestion des compétences et de l'employabilité de ses ressources humaines ?

Transformer le Gouvernement en développant l'administration publique pour la rendre efficace, efficiente et soucieuse de bonne gouvernance (éthique) aux yeux des citoyens appelle donc des actions méthodiquement élaborées et conduites, en se servant, à chaque étape, des outils qui sont appropriés. L'ambition de cette partie de l'ouvrage était de contribuer à l'identification et à la présentation de ces outils. Le reste du travail appartient aux acteurs sur le terrain.

La troisième partie traite un cas illustratif d'application de certains de ces outils.

TROISIEME PARTIE

ETUDE DE CAS :
LA DECONCENTRATION DE LA GESTION DES PERSONNELS DE L'ETAT ET DE LA SOLDE, *UNE EXPERIENCE D'UNE APPROCHE RENOVEE DE LA GESTION DES RESSOURCES HUMAINES DE L'ETAT AU CAMEROUN*

Pour bien gérer une organisation, il faut savoir modeler ensemble, pensée et action, contrôle et apprentissage, stabilité et changement (Mintzberg, H., 1998 : 66)

INTRODUCTION

La « déconcentration de la gestion des personnels de l'Etat et de la solde», projet de réforme en cours de réalisation au sein de la Fonction publique camerounaise depuis le mois de juillet 2000, vise à introduire dans cette administration, une approche rénovée de la Gestion des Ressources Humaines (GRH) de l'Etat fondée sur les trois principes de : *proximité, responsabilité et mobilisation efficace des agents publics*.

Le projet qui figure parmi les exemples de cas retenus à titre illustratif dans le rapport des Nations Unies pour le secteur public paru en octobre 2005 (encadré n° 12, p.76), a permis au Cameroun d'être lauréat du Prix d'Excellence des Nations Unies en juin 2004 avec l'outil dénommé « AQUARIUM de SIGIPES ».

Au moment où s'engage la réforme, et depuis l'indépendance du Cameroun, le traitement de la solde et la gestion administrative des personnels de l'Etat relèvent respectivement du ministère des Finances et du ministère de la Fonction Publique (hormis ceux relevant de certains statuts spéciaux, en ce qui concerne la gestion administrative). Cette situation crée un certain nombre de dysfonctionnements qui portent préjudice d'une part, à l'efficacité de l'administration et d'autre part, à la qualité du service rendu à l'usager. En effet, pour être proche du citoyen et lui fournir un large éventail de services de qualité, l'administration ne saurait plus s'accommoder d'une centralisation qui a fait son temps et montré ses limites. L'efficacité de son fonctionnement passe par une décentralisation/déconcentration sur plusieurs plans, dont celui de la gestion de ses ressources humaines.

Cette évolution devient pressante au moment où le processus de modernisation de l'administration en cours répartit aux niveaux des échelons régional, départemental et local une partie des responsabilités et des ressources de l'Etat. Par ailleurs, dans la mise en œuvre du Programme National de Gouvernance, il est très vite apparu, dans le contexte d'une société démocratique pluraliste et dynamique comme celle du Cameroun, que l'opinion ne peut plus s'accommoder d'un Etat dont l'appareil administratif transcende les citoyens et dont l'utilité s'apprécie davantage en fonction du pouvoir qu'il confère aux agents publics. Plus que jamais le pouvoir politique au Cameroun, pour mériter l'appui du peuple comme le souhaite le Président de la République, doit s'appuyer sur une « administration publique plus performante, plus simple et plus expéditive, plus compétente et plus responsable » (BIYA, P., 1986 : 54).

Dans ce contexte, l'élaboration d'une stratégie nouvelle de gestion des ressources humaines qui met l'accent sur la responsabilité des départements ministériels utilisateurs du personnel de l'Etat devient un des principaux facteurs clés du succès de la politique gouvernementale au triple plan : (i) de la maîtrise des effectifs et leur adéquation en nombre et en qualité avec les missions des administrations ; (ii) de la rationalisation et l'amélioration du système de rémunération ; (iii) de la déconcentration du traitement de la solde.

Au plan technique, la réforme comporte un volet «informatique » qui donne lieu au développement d'un système dénommé SIGIPES (Système Informatique de Gestion Intégrée des Personnels de l'Etat et de la Solde) et d'autres outils connexes (AQUARIUM de SIGIPES, REGNET, INFONET,...). Le souci ici est de profiter des avancées dans le domaine des TIC comme présenté au chapitre 2, pour faciliter la mise en place des services en réseaux au sein de l'administration publique camerounaise. Ainsi, adoptant une approche du type « prestation intégrée des services (PIS) » (voir chapitre 2, § 4), le système SIGIPES et son extension SIGIPES-Plus sont conçus et réalisés pour mettre en place un ***guichet unique de Gestion des Ressources Humaines (GRH) dans l'administration camerounaise.*** Pour éviter les risques d'inégalité dans l'application de la réglementation en matière de gestion des personnels de l'Etat, à la suite de la réforme qui transfère certaines compétences des ministères de la Fonction Publique et des Finances aux autres départements ministériels, le guichet unique, par les principes d'uniformisation, de normalisation et de coordination qui sous-tendent son développement, apporte à la réforme un degré suffisant de cohérence, d'uniformité et de sécurité dans la gestion des ressources humaines. Tous ces facteurs se combinent pour permettre de garantir l'équité, la justice, la continuité et la durabilité des avantages de la déconcentration.

La perspective managériale est choisie pour la description, l'analyse et la conduite de ce projet qui vise à donner une nouvelle impulsion à la gestion des personnels de l'Etat en prenant en compte les évolutions en matière de la gestion des ressources humaines telles que décrites aux chapitres 3 (la nouvelle gestion des ressources humaines à intégrer) et 8 (la gestion par les compétences, le tableau de bord de GRH), tandis que la démarche de mise en œuvre de la réforme s'est appuyée sur les différentes méthodes décrites au chapitre 4 (approche globale de formulation et de résolution des problèmes organisationnels, roue d'apprentissage), au chapitre 6 (expérience pilote), au chapitre 7 (intervention en conseil organisationnel, groupe de travail) et au chapitre 8 (gestion par les compétences, tableau de bord de gestion) et retenues en fonction des phases du déroulement du projet et en fonction du problème à résoudre. Eu égard à l'envergure du projet et du souci de consolidation des résultats obtenus, les choix stratégiques d'intervention étaient sous-tendus par quatre logiques : une logique de rationalisation des modes d'organisation et de gestion des personnels, une logique de responsabilisation et d'imputabilité des acteurs ; une logique d'efficacité et de production des résultats pertinents face aux attentes des usagers ; une logique de bonne gouvernance des services publics.

Les politiques et les pratiques relatives aux ressources humaines, et notamment la mise en œuvre des compétences de ces ressources humaines sont ainsi au centre de l'approche adoptée pour réaliser ce projet. Aussi, et eu égard aux obstacles à surmonter, il est important de relever que depuis le démarrage du projet jusqu'au moment où s'achève l'élaboration de cette étude de cas au mois de décembre 2006, le Ministère de la Fonction publique et de la Réforme Administrative a connu trois changements de Ministres : le Ministre René ZE NGUELE du mois d'avril 2000 au mois de décembre 2004, le Ministre Benjamin AMAMA du mois de décembre 2004 au mois de septembre 2006 et le Ministre Emmanuel MBONDE depuis septembre 2006. Il n'est pas inutile de rappeler ici que le Ministre René ZE NGUELE avait déjà été à la tête de ce département ministériel de 1983 à 1988.

La réalisation du projet s'est appuyée essentiellement sur l'expertise nationale camerounaise. Les compétences internes de l'administration publique camerounaise, tant dans les métiers d'organisation administrative que de ceux de l'informatique et des réseaux de communication, ont été judicieusement conjuguées avec celles de Cabinets privés de prestation de services dans les domaines de l'informatique et de l'élaboration des procédures administratives. L'administrateur national de SIGIPES et Conseiller Technique N°1 du Ministre de la Fonction Publique de l'époque est par exemple, le concepteur des systèmes AQUARIUM, REGNET et INFONET dont nous parlerons dans cette partie. C'est dans ce cadre, qu'en application du Code des Marchés Publics, et après appel d'offre international, le Cabinet de droit camerounais CGICOM (Compagnie Générale d'Informatique et de Communication) sera retenu pour l'opérationnalisation de SIGIPES, le développement de SIGIPES-Plus et la réalisation de l'AQUARIUM de SIGIPES. Ce cabinet participera également jusqu'en 2005, au déploiement de la réforme dans les autres départements ministériels conformément à un cahier des charges bien défini.

Enfin, faut-il également le préciser, l'état de la réforme tel qu'il se présentait en avril 2003 a fait l'objet d'une publication dans l'ouvrage ***« 20 propos sur l'administration publique camerounaise »***, édité et publié par le Ministère de la Fonction Publique et de la Réforme Administrative en juillet 2003 à l'occasion de la 2éme Conférence Internationale Régionale de l'Institut International des Sciences Administratives (IISA), (NGOUO, 2003 :225-249). Des éléments de cette contribution ont été repris dans la rédaction du cas, en tenant compte de l'évolution du projet depuis cette date.

Le plan adopté pour la présentation de ce cas d'étude qui illustre la dynamique de la réforme administrative dans son vécu « quotidien » au sein des services publics, s'articule en quarte chapitres (9, 10, 11, 12).

Suivant une logique d'identification des besoins et de la motivation de la réforme, le chapitre neuf traite des « problèmes et des défis de la gestion des personnels de l'Etat dans l'administration camerounaise », tout au moins tels qu'ils se présentaient au démarrage de la réforme. Le chapitre dix décrit la stratégie de conduite et de mise en œuvre de la réforme, le chapitre onze présente et analyse les résultats obtenus et le chapitre douze tire les leçons de l'expérience eu égard aux défis de modernisation des services publics en Afrique en l'état actuel.

CHAPITRE 9 : LES BESOINS ET LA MOTIVATION DE LA REFORME DE LA GESTION DES PERSONNELS DE L'ETAT DANS L'ADMINISTRATION PUBLIQUE CAMEROUNAISE

C'est précisément à l'issue du Conseil de Cabinet du 31 mai 2000 que le Premier Ministre, Chef du Gouvernement instruit le Ministre de la Fonction Publique et de la Réforme Administrative de mener cette réforme qui est par ailleurs l'une des actions maîtresses retenues dans le document cadre de la Facilité d'Ajustement Structurel Renforcé pour la période allant de 1999/2000 à 2001/2002, signé entre le gouvernement du Cameroun et le FMI.

Le projet démarre effectivement en fin juin 2000, avec comme activité prioritaire, l'étude diagnostique du système global de gestion des personnels de l'Etat, en même temps que se poursuit le recensement général des agents de l'Etat (projet REGAINS) dont les données sont attendues pour assainir le ficher solde des agents de l'Etat au Ministère des Finances. Dans ce contexte, le présent chapitre fait la synthèse des principaux problèmes auxquels la réforme se propose d'apporter une réponse, définit les objectifs de la réforme et décrit les facteurs clés de succès du changement qui sera introduit tels qu'ils ont été cernés au démarrage du projet par les Secrétaires Généraux des Ministères, des Universités et des Services des Gouverneurs de Province.

1. PROBLEMES DE GESTION DES PERSONNELS DE L'ETAT AU CAMEROUN

La Fonction Publique comptait au 30 juin 1999, un effectif de 112.941 agents publics dont 79.344 fonctionnaires, 8.047 contractuels et 25.550 décisionnaires. La gestion des décisionnaires relève déjà de la compétence des départements ministériels et des administrations déconcentrées.

Trois types de problèmes se dégagent du diagnostic posé sur le système de gestion du personnel au Cameroun (Présidence de la République, 1990 ; PNG, juin 1999, juin 2000 ; Projet Déconcentration, décembre 2000, Atangana, 2001) : les problèmes relatifs au système d'administration de ce personnel ; les problèmes spécifiques au traitement de la solde ; les problèmes de développement de l'agent de l'Etat perçu comme une ressource humaine.

1.1. Problèmes relatifs au système d'administration du personnel

Le système en cours, qui est marqué par la conception napoléonienne fortement jacobine, présente dans son volet administratif quatre types de problèmes :

- *Anachronisme des règles de gestion* : ces règles sont fondées sur les notions de corps, grade et carrière, ne valorisant pas la compétence et n'incitant pas à la performance ;
- *Centralisation extrême et à la fois parcellisation des responsabilités de gestion :* facteur de lenteur, de lourdeur, d'amplification du phénomène de la corruption et d'inefficacité, sans en contrepartie, la garantie d'un bon contrôle et d'une bonne maîtrise de cette gestion ;
- *Archaïsme des outils de traitement des dossiers :* faiblement automatisés, non communicants, non intégrés, plus grave encore, tous les Responsables (SG, DAG, Directeur de la Solde au MINFI) sont fortement dépendants des informaticiens pour la gestion de la solde ;
- *Démotivation des agents de l'Etat et détérioration de la qualité du service public* : ces deux phénomènes sont amplifiés par les conséquences des réductions drastiques de salaires, par deux fois en 1993 et 1994, des réductions très fortes pour les catégories élevées et plus faibles pour les basses catégories. Les agents publics ne s'adonnent plus à la tâche à moins d'y trouver un intérêt personnel et égoïste. Un acte ne peut aboutir s'il n'a pas fait l'objet d'un « suivi » fortement monnayé.

1.2. Problèmes relatifs au traitement informatique des actes de carrière et de la solde

Au moment où démarre cette réforme, le Gouvernement avait engagé depuis 1993, le développement d'une application de gestion administrative du personnel de l'Etat, le système « SIGIPES » (Système Informatique de Gestion Intégrée des Personnels de l'Etat et de la Solde) dont la première version a été mise en exploitation à partir du mois de mars 1996. L'exploitation de cette version a rencontré de multiples difficultés décrites dans un rapport d'audit réalisé du 17 mars au 23 avril 1999. Ce système dont l'expérimentation a été suspendue dès cette année 99, présente alors les limites suivantes (Rapport d'audit, Cabinet UNIT, mai 1999) :

1. *un mauvais fonctionnement du matériel et le manque de maintenance :* le produit est, s'agissant de son « Modèle Organisationnel des Traitements (MOT) » ouvert à des détournements d'utilisation et des cas de non - respect de la procédure. Le manque de procédures de secours en cas de défaillance du matériel ou du réseau est manifeste. L'état des installations

du matériel n'est pas apte à permettre à SIGIPES d'atteindre les objectifs qui lui sont assignés. La maintenance applicative n'existe pas ;

2. *le manque de personnalisation de l'application au niveau des ministères utilisateurs :* les « en-têtes » d'actes et des formulaires de lettre d'accompagnement n'existent pas ;
3. *le niveau de mise à jour de la base des données est insuffisant :* cette faiblesse découle essentiellement de l'inexistence des interfaces et du fait que les dossiers des agents ne sont pas non plus à jour dans ANTILOPE ;
4. *le manque de suivi et d'assistance sur les sites pilotes :* ce manque d'encadrement a eu pour conséquence, l'arrêt de l'utilisation du système face aux premiers problèmes rencontrés, l'utilisateur n'étant pas en mesure de résoudre ces problèmes.

S'agissant de la gestion de la solde, le Cameroun s'est doté depuis 1986 d'une application informatique dénommée « ANTILOPE » (Application Nationale pour le Traitement Informatique et Logistique du Personnel de l'Etat et de la Solde) qui est utilisée par le Directeur de la Solde au Ministère des Finances et au Ministère de la Défense (Militaires et Gendarmes). Ce système présente les limites suivantes. Il est :

- *obsolète et dévoyé :* l'application ANTILOPE, a alors plus de dix (10) ans et fait l'objet d'incessantes manipulations de données et de traitements ;
- *non communicant* : il n'existe pas de passerelle entre l'application de gestion administrative, SIGIPES et ANTILOPE. L'audit du Cabinet Unit a relevé cette faiblesse tout en soulignant son caractère critique dans la poursuite de l'objectif de la maîtrise de la masse salariale et du contrôle des effectifs ;
- *inapproprié*, car ne répond plus aux besoins des utilisateurs et aux exigences d'une gestion moderne :
  - il n'est pas intégré : chaque gestionnaire travaille sur ses propres données, avec ses propres codifications et ses propres outils ;
  - il n'est pas évolutif : il n'est pas modulable et ne peut facilement supporter une déconcentration des traitements ;
  - il ne comporte pas d'outil de suivi, d'analyse et de simulation : outils indispensables pour une gestion prévisionnelle rigoureuse des effectifs et d'anticipation des évolutions en matière de gestion des ressources humaines.

1.3. Problèmes de développement de la ressource humaine

Au plan du management de la ressource humaine, les dysfonctionnements suivants sont relevés :

- *absence d'un cadre général de définition d'une véritable politique de management des ressources humaines :* les quatre fonctions solde, administration, emploi et budget s'appuient sur des systèmes d'information distincts, non intégrés et comportant chacun de nombreuses incohérences ;
- *non application du principe de « poste de travail » qui fonde le cadre retenu par le nouveau statut général de la Fonction Publique* : les Plans d'Organisation et des Effectifs (POE) élaborés ne sont pas mis en œuvre ; les nominations à des postes de responsabilités continuent à ne pas tenir compte des profils définis dans les cadres organiques des ministères ;
- *faible mobilité professionnelle* : absence d'un cadre de gestion de la carrière, absence d'un cadre de gestion des responsables, faible articulation entre la gestion individuelle et la gestion collective du déroulement de la carrière au sein d'un corps ou d'une catégorie, manque de visibilité quant à la politique de « l'employabilité » dans la gestion de l'emploi public ;
- *mauvaise coordination des contributions des différents intervenants en matière de formation continue* : malgré de multiples interpellations du Premier Ministre, Chef du Gouvernement, la politique de formation permanente appliquée par l'Etat manque de visibilité en l'absence d'un véritable plan de développement des ressources humaines dans chaque administration. A la limite, chaque agent se « débrouille » en fonction de ses relations dans les différents réseaux du pouvoir pour suivre là où cela l'intéresse, la formation qu'il a choisie et qui peut n'avoir aucun lien avec les objectifs du plan de développement de son administration. Il n'existe pas de mécanisme connu pour capitaliser les formations effectuées dans le cadre des différents projets en cours dans chaque administration ;
- *absence d'un système de reddition des comptes qui met l'accent sur les priorités de développement de l'administration et sur la clarification des objectifs des services et organismes publics :* bien que le PNG ait adopté une philosophie de gestion sous-tendue par le paradigme managérial, et que le statut général de la Fonction Publique de 1994 ait retenu le principe de l'évaluation des agents publics en fonction de leurs résultats professionnels, il est encore impossible de savoir **« qui répond de quoi et devant qui »** dans le processus de gestion des ressources humaines de l'Etat. Ainsi, un Ministre peut suspendre la solde d'un agent qu'il emploie et au Ministère des Finances, l'ordre n'est pas exécuté ; de hauts fonctionnaires sont absents durant de longues périodes de leur poste de travail sur le terrain (dans les écoles, les hôpitaux, les laboratoires de recherche,...) sans être inquiétés pour ce qui est aussi bien de leur solde que de l'évolution de leur carrière ; d'autres agents de l'Etat ou leur ayant droit touchent des salaires ou des pensions à des montants exorbitants par

rapport à leur catégorie ou aux règles de gestion édictées sans que cela puisse « perturber le sommeil » de quiconque dans tout le système de gestion de la carrière et de la solde.

Il ressort de l'ensemble de ces problèmes que la gestion des personnels de l'Etat au Cameroun souffre alors d'un triple déficit de stratégie, de coordination et de responsabilisation des acteurs qui maîtrisent les conditions locales et sont en mesure d'offrir un meilleur service aux citoyens. En outre, le niveau d'introduction des technologies de l'information et de la communication (TIC) est plutôt très faible, eu égard à l'ampleur des défis à relever, d'une part, aux avancées technologiques, d'autre part.

2. OBJECTIFS POURSUIVIS PAR LA REFORME DU SYSTEME DE GESTION DES PERSONNELS DE L'ETAT

Globalement et par rapport aux enjeux du volet « Administration publique » du PNG du Cameroun, le projet s'inscrit dans la poursuite de trois objectifs principaux :

1. la maîtrise des effectifs des agents publics ;
2. la maîtrise de la masse salariale dans la Fonction Publique ;
3. la responsabilisation des acteurs qui utilisent effectivement ces agents publics pour accomplir les missions de service public qui leur sont confiées.

On retrouve dans ces trois objectifs la triple finalité des réformes engagées dans nombre de pays occidentaux à partir des années 1990 pour moderniser leur administration comme rappelé au chapitre 2 (§.1.3), à savoir : i) la maîtrise des dépenses (et notamment les dépenses de personnels) et des déficits publics ; ii) l'amélioration de la qualité des services publics et de l'efficacité des politiques publiques (notamment les politiques de gestion de l'emploi public) ; iii) la volonté de rendre plus transparente l'action des administrations et de renforcer le contrôle démocratique sur la gestion publique (notamment en créant un cadre d'une participation responsable des agents publics à la gestion de leur carrière dans un contexte nouveau d'évaluation des performances dans les services publics).

Compte tenu de ces enjeux, la réforme comporte deux volets principaux. Un volet organique qui porte sur l'introduction d'une approche véritable de « management de ressources humaines » dans les services publics, un volet technique qui porte sur le développement d'un système informatique d'appui au volet organique en tenant compte des évolutions dans le domaine des TIC.

2.1. Introduire une approche de « management des ressources humaines »

La raison profonde et pratique de cette réforme se dégage des objectifs poursuivis par son adoption. Depuis 1987, en effet, et avec l'appui des bailleurs de fonds, le Gouvernement a conduit une politique de réforme administrative qui a mis l'accent sur le recentrage du rôle de l'Etat, le redressement des finances publiques et la restauration de la croissance économique (voir, suivant une démarche de benchmarking, l'exemple des pays de l'OCDE (mai 2006)).

Dans la perspective de la responsabilisation des acteurs ? comme souligné plus haut s'agissant du PNG, le principal objectif poursuivi par la réforme est, pour la Fonction publique qui est chargée des réformes administratives, d'introduire au sein des services publics, une approche véritable de *«management de ressources humaines »* qui intègre dans une parfaite synergie, ses deux composantes que sont *l'administration du personnel* et le *développement des ressources humaines*.

Au plan de l'administration des personnels, l'application du principe de « poste de travail » institué par le nouveau statut général de la Fonction Publique de l'Etat (décret N° 94-199 du 07 octobre 1994) exige que soient convenablement gérées, anticipées et mieux prises en compte les préoccupations de gestion prévisionnelle des effectifs, des emplois et des compétences. Les efforts initiés dans cet esprit avec l'élaboration des plans d'organisation et d'effectifs (POE) des ministères, sont malheureusement annihilés lors de la mise en œuvre desdits plans.

Au plan du développement des ressources humaines, il s'agit de prendre en compte et de façon organisée, donc responsable, les enjeux de développement du capital humain de l'Etat pour permettre à chaque agent d'accroître sa valeur ajoutée en vue de l'amélioration de la performance des services publics : motivation au travail ; formation ; mobilité ; promotion ; conseil ; solide articulation, dans le déroulement de la carrière, entre la gestion individuelle et la gestion collective ; valorisation des postes de responsables/managers. Sur ce plan, la réforme permettra aux départements ministériels de déployer les efforts voulus pour encourager l'innovation, la productivité, l'amélioration des procédés et le changement des méthodes de travail susceptibles de transformer la culture et les valeurs dominantes actuelles en leur sein.

Ces objectifs traduisent clairement la volonté et l'engagement des plus hautes autorités nationales d'inscrire, de façon irréversible, le Cameroun dans une logique de Réforme Administrative qui place l'homme (usager du service public autant que l'agent de l'Etat) au centre de ses principales préoccupations de modernisation. Ce faisant, le Cameroun voudrait ainsi se détourner de l'emprise de l'approche bureaucratique traditionnelle plutôt intéressée par le pouvoir des agents publics qui, selon l'expression consacrée, « exercent l'imperium de l'Etat », pour passer à une approche de ***service public*** préoccupée du niveau de confiance des citoyens envers les institutions publiques de leur pays.

2.2. Moderniser le système informatique de traitement de tous les actes de GRH dans l'administration

Les termes de référence (TDR) du projet spécifient parmi les résultats attendus de la réforme, l'élaboration d'un schéma organisationnel et informatique tenant compte du système SIGIPES qui existe déjà et qui a fait l'objet d'un audit en 1999. Compte tenu des résultats de cet audit, résultats actualisés par une étude de l'existant réalisée par le Cabinet CGICOM en décembre 2000 et du souci de prendre en compte les évolutions en matière des TIC, le volet informatique du projet s'éclate en trois composantes :

1. une composante « opérationnalisation de SIGIPES » qui porte sur la réhabilitation de l'application SIGIPES et l'élaboration de l'interface entre SIGIPES et ANTILOPE ;
2. une composante « développement de fonctions nouvelles dans SIGIPES » et liée au traitement de la solde qui va se traduire par le système « SIGIPES-Plus » qui comportera en outre un Tableau de Bord de Gestion des Ressources humaines de l'Etat (TBGRHE) ;
3. une composante spécifique au « développement d'outils modernes connexes à SIGIPES » pour en faire une application maîtresse et unique de gestion des ressources humaines de l'Etat.

Pour la troisième composante, trois outils principaux seront développés dans la période de 2002 à 2004. Un système dénommé « AQUARIUM de SIGIPES », un autre dénommé « INFONET » et un troisième dénommé « REGNET ». La métaphore de l'aquarium qui symbolise ici la transparence, est utilisée pour désigner un espace électronique dans lequel les sites SIGIPES mettent à disposition certaines informations à l'attention des agents publics en quête de renseignements sur leurs carrières, leurs soldes et la circulation de leurs dossiers administratifs. INFONET est un projet de numérisation des textes administratifs de gestion des carrières des agents publics comportant des liens de référence entre lesdits textes pour la bonne information des agents publics intéressés. REGNET est aussi un projet de numérisation des actes qui permet de mettre à la disposition des sites SIGIPES, les données électroniques nécessaires : 1) au traitement automatique des dossiers relatifs à la gestion des carrières, et 2) à la vérification de l'authenticité et de la régularité des actes administratifs. Le tableau 9-1 résume les caractéristiques principales des produits de ces trois composantes.

3. LES FACTEURS CLES DE SUCCES DE LA REFORME

Le choix de la double perspective « managériale » et de « développement organisationnel » pour conduire le projet inscrivait la démarche dans une logique d'action culturelle qui devait, d'une façon ou d'une autre, faire face aux trois ordres de difficultés décrites au chapitre 2 (§.3.2.2), à savoir : i) l'adoption d'une représentation commune et partagée de la réalité de la situation problématique ; ii) la clarification du mandat des différents intervenants ; iii) l'utilisation optimale des ressources de l'administration. Aussi, pour appliquer cette démarche et produire effectivement les résultats attendus de la réforme, fallait-il identifier avec les principaux acteurs, les facteurs clés de succès du projet.

Après l'approbation par le Conseil de Cabinet du 24 avril 2001 des recommandations relatives à la réforme à mettre en place, un séminaire a réuni, du 06 au 08 juin 2001 à Kribi, les Secrétaires Généraux des Ministères, des Universités et des Services des Gouverneurs pour leur présenter les enjeux de la réforme et clarifier leurs rôles et responsabilité dans l'atteinte des résultats escomptés. Un atelier de ce séminaire a porté sur l'identification des paramètres jugés indispensables d'être maîtrisés pour assurer la réussite du projet et l'enracinement des résultats obtenus. Quatre ordres d'impératifs ont ainsi été retenus : 1°) le respect du rythme et de la chronologie du projet ; 2°) la satisfaction des personnels de l'Etat qui sont les bénéficiaires directs des résultats de la réforme ; 3°) l'excellence de la qualité du service rendu, excellence dont l'atteinte nécessite un programme de formation adéquat et bien articulé aux besoins de développement de chaque ministère ; 4°) le leadership des Managers, et notamment les DRH et DAG, en matière de rénovation en GRH (Actes du Séminaire, juin 2001).

TABLEAU 9-1 : LES COMPOSANTES DU VOLET INFORMATIQUE DE LA REFORME DE LA DECONCENTRATION DE LA GESTION DES PERSONNELS DE L'ETAT ET DE LA SOLDE

COMPOSANTES	OBJECTIFS POURSUIVIS	CONSISTANCE DES PRESTATIONS	UTILISATEURS DU PRODUIT	IMPACTS SUR LA QUALITE DU SERVICE
« opérationalisation de SIGIPES »	Faire fonctionner le système SIGIPES qui existait déjà, en tenant compte : 1°) des recommandations de l'audit du cabinet UNIT réalisé en 1999 ; 2°) des prescriptions du Gouvernement relatives au nouveau schéma organisationnel et informatique de la réforme ; 3°) des progrès réalisés en matière de NTIC dans le respect des règles de l'art.	– Installer, faire fonctionner le matériel fourni et effectuer le déploiement de SIGIPES ; – Etablir le plan d'exploitation des données issues de REGAINS et effectuer la mise à jour des données de SIGIPES à partir des résultats de REGAINS ; – Effectuer les modifications et ajouts des fonctions manquantes eu égard aux objectifs de la réforme ; – Réaliser la connexion réseau ANTILOPE/SIGIPES ; – Etablir et réaliser le plan de formation des informaticiens de l'administration.	– SG et DRH/DAG pour le suivi et le contrôle de la mise en œuvre de la politique de la GRH ; – Cadres et personnel interne à la DRH/DAG pour le traitement des actes de carrière et de la solde ; – Informaticiens pour l'exploitation, la maintenance et la sécurité du dispositif incluant le réseau de communication ; – IG et Inspecteurs pour l'audit interne (i.e. suivi et respect des procédures…).	– Contrôle des effectifs des personnels utilisés grâce à l'assainissement du fichier national des personnels de l'Etat ; – Réduction des délais de traitement des actes grâce au système d'échange électronique des données entre différents sites ; – Suppression des occasions de « suivi » des dossiers dans les services centraux ; – Traitement juste et équitable des dossiers reçus grâce à la simplification et la codification des procédures de gestion du personnel ; – Sécurisation et mise à disposition en temps réel des données sur le personnel de l'Etat.
« Développement de SIGIPES-Plus »	Développer et déployer des fonctionnalités nouvelles de SIGIPES et concernant spécifiquement *les actes de traitement de la solde* des agents publics, conformément au	– Développer les fonctionnalités financières de SIGIPES (Solde, Trésor, Impôts, Budget) ; – Déployer les fonctionnalités financières développées dans les sites pilotes ; – Développer un tableau de	– Le Ministre pour le TBGRH ; – SG et DRH/DAG pour le suivi et le contrôle de la mise en œuvre de la politique de la GRH ; – Cadres et personnel interne à la DRH/DAG	– Maîtrise de la masse salariale – Contrôle des effectifs des personnels utilisés grâce à l'assainissement du fichier national des personnels de l'Etat – Réduction des délais de traitement des actes grâce au système d'échange électronique des données entre différents sites

	nouveau schéma organisationnel et informatique de la réforme.	bord de GRH et le mettre en place dans les sites pilotes ; – Migrer les données et former les utilisateurs des sites pilotes.	pour le traitement des actes de carrière et de la solde ; – Informaticiens pour l'exploitation, la maintenance et la sécurité du dispositif incluant le réseau de communication ; – IG et Inspecteurs pour l'audit interne	– Suppression des occasions de « suivi » des dossiers dans les services centraux – Traitement juste et équitable des dossiers reçus grâce à la simplification et la codification des procédures de gestion du personnel – Sécurisation et mise à disposition en temps réel des données sur le personnel de l'Etat
« Développement et mise en œuvre de l'AQUARIUM de SIGIPES au MINFOPRA »	Dans la poursuite de l'objectif stratégique ***« gestion efficace et transparente de l'administration »*** du PNG, le projet vise à développer un système connexe à SIGIPES dénommé AQUARIUM comprenant une version locale au MINFOPRA, une version pour les délégations provinciales et une version Internet.	– Développement et mise en œuvre de l'AQUARIUM au MINFOPRA ; – Installation des versions provinciales dans les délégations provinciales désignées et dotées en équipements informatiques appropriés par l'Administration ; – Installation de la version Internet (utilisation provisoire des infrastructures des Services du Premier Ministre).	– Tous les agents de l'Etat relevant du statut général de la Fonction Publique ou du Code de Travail et émargeant au budget des départements ministériels qui les utilisent	– Les usagers peuvent connaître l'état d'avancement de leurs dossiers sur le site physique ou à distance sans perturber le personnel interne ; – Les usagers peuvent adresser des requêtes au Ministre et l'exploitation de leur profil peut permettre d'améliorer la qualité du système SIGIPES ; – Le personnel interne n'aura plus de contact direct intempestif avec les usagers et pourra traiter les dossiers avec plus de justice et d'impartialité.
« Développement et mise en œuvre au MINFOPRA d'un système de numérisation des documents administratifs	Dans le but de conserver et de produire de manière sécurisée les actes administratifs, le projet vise à développer un système dénommé REGNET permettant de	– Développement et mise en œuvre de REGNET (éditeur des actes et moteur de recherche) au MINFOPRA ; – Alimentation de la base REGNET grâce à la saisie des actes hors SIGIPES ;	– Cadres et personnel interne du MINFOPRA pour l'alimentation de la base REGNET ; – Cadres et personnel interne à la	– la numérisation des données rend aisées leur conservation, leur accessibilité et leur diffusion auprès des usagers – la numérisation des originaux des actes administratifs facilite la vérification de l'authenticité des copies fournies par les usagers et réduit les opportunités de

dénommé REGNET »	mettre à la disposition des sites pilotes SIGIPES, les données électroniques nécessaires : 1) au traitement automatique des dossiers relatifs à la gestion des carrières, 2) à la vérification de l'authenticité et de la régularité des actes administratifs ; démarche indispensable et préalable à l'initiation d'un nouvel acte SIGIPES.	– Développement et mise en œuvre de l'interface REGNET/SIGIPES ; – Alimentation automatique de la base REGNET grâce à l'extraction des actes SIGIPES ; – Installation du moteur de recherche dans les sites pilotes dotés en équipements informatiques appropriés par l'Administration.	DRH/DAG pour le moteur de recherche ; – Informaticiens pour la maintenance et la sécurité du dispositif incluant l'utilisation en mode client/serveur.	l'utilisation de faux actes ; – la numérisation des actes administratifs hors SIGIPES permet d'accélérer les traitements SIGIPES (historique de carrière désormais disponible) et de sécuriser les données des personnels de l'Etat (actes hors SIGIPES numérisés).
« Développement et mise en œuvre au MINFOPRA d'un système d'information sur les textes législatifs et réglementaires de gestion des carrières dénommé INFONET-CITAC »	Dans la poursuite de l'objectif stratégique ***« gestion efficace et transparente de l'administration »*** du PNG, le projet vise à développer un système dénommé INFONET de SIGIPES permettant de mettre à la disposition des usagers des services publics, les textes législatifs et réglementaires en matière de gestion des carrières.	– Développement et mise en œuvre de INFONET (éditeur des actes et moteur de recherche) au MINFOPRA ; – Alimentation de la base INFONET grâce à la saisie des textes législatifs et réglementaires pertinents ; – Installation de la version Internet.	– Cadres et personnel interne du MINFOPRA (pour l'alimentation de la base INFONET) ; – Tous les agents de l'Etat émargeant au budget des départements ministériels qui les utilisent (pour le moteur de recherche de INFONET) ; – Informaticiens pour la maintenance et la sécurité du dispositif.	– la mise à disposition d'un centre d'information sur les textes législatifs et réglementaires utilisés lors des traitements des actes SIGIPES facilite la connaissance de la loi de la part de l'usager, et supprime les réclamations inutiles ; – un tel système concourt à accroître le niveau de pertinence du service rendu aux personnels de l'Etat et sa performance a un impact sur le degré de confiance de ces citoyens envers leurs institutions publiques.

Au niveau de la coordination du projet, le premier facteur s'est révélé particulièrement critique. Ainsi par exemple, comme on le verra au chapitre suivant, aucune échéance retenue dans les matrices d'action arrêtées n'a été respectée. Les résultats attendus ont chaque fois fini par être produits, mais souvent avec un grand décalage dans le temps.

Avec la mise en place d'un « aquarium de SIGIPES » à partir du mois de novembre 2002 au Ministère de la Fonction Publique et au moment où s'engage le déploiement de la réforme dans l'ensemble des départements ministériels au courant du premier trimestre de l'année 2003, les trois autres facteurs s'avéreront être eux aussi hautement critiques. Par exemple, la réalisation de l'interface SIGIPES/ANTILOPE avait été retenue comme critère d'évaluation du niveau de réalisation du programme économique signé entre le Cameroun et le FMI. De même, l'engagement politique fort et authentique nécessaire était assuré au niveau du Président du Comité de Coordination du projet, le Ministre de la Fonction Publique. Le Ministre délégué au Budget auprès du Ministre des Finances a pris part à toutes les réunions du Comité de Coordination tenues après le mois de mai 2001. Du mois d'Avril 2001, au mois de Mars 2002, le projet a reçu la visite de quatre missions conjointes FMI/BM.

Appréciant globalement l'évolution du projet, l'audit externe réalisé en 2003 relève le degré d'urgence avec lequel le projet se déroule, avant de formuler, s'agissant du suivi de ces facteurs clés de succès, la remarque suivante (Rapport d'audit externe, octobre 2003 : 54) :

> *Il importait notamment d'assurer la visibilité d'un système [SIGIPES] opérationnel. Ainsi le fonctionnement effectif de l'interface SIGIPES/ANTILOPE est devenu un critère d'appréciation pour les bailleurs de fonds (missions FMI/Banque Mondiale). L'urgence a conduit à accélérer les étapes, en ne permettant pas de s'appesantir sur les phases de validation et de recherche de consensus. L'urgence a également conduit à œuvrer avec des moyens financiers réduits et mis à disposition au fil de l'eau, « l'intendance » suivant vaille que vaille.*

La réforme étant à la fois organique (changement de culture administrative par rapport à la gestion des personnels de l'Etat) et technique (transformation des procédés de travail, développement de systèmes informatiques), son succès était en outre tributaire du degré de confiance qu'entretenaient entre eux, les responsables, les personnels utilisateurs et les agents publics bénéficiaires des résultats de la réforme. La stratégie de mise en œuvre de la réforme décrite au chapitre suivant précise les mesures concrètes engagées pour renforcer cette confiance.

Enfin, et pour maintenir un niveau élevé d'adéquation des activités de la réforme avec les attentes de chaque administration et contribuer ainsi à réduire le degré de résistance au changement, un guide de déploiement de la réforme a été élaboré et mis en œuvre avec la première vague des administrations qui a suivi l'expérience pilote, comme on le verra plus loin.

CHAPITRE 10 : STRATEGIE DE CONDUITE ET DE MISE EN ŒUVRE DE LA REFORME

Au terme de la réforme et grâce à SIGIPES-Plus qui en est la colonne vertébrale, *le ministère qui emploie un agent de l'Etat doit être : 1°) celui qui gère sa carrière ; et 2°) celui qui paie son salaire*. Tels sont les deux principes de la réforme.

Il découle de ces principes que chaque département ministériel devrait, par rapport à la gestion des personnels qu'il utilise : i) avoir une connaissance exhaustive des données de gestion de chaque agent ; ii) assurer, en son sein, le traitement et le contrôle rigoureux des données sur la carrière de son personnel ; iii) disposer de moyens pour assurer une large information des agents et d'autres utilisateurs (décideurs) sur les données sur le personnel de l'Etat ; iv) pouvoir passer d'une logique d'administration de personnel à une logique véritable de management de Ressources Humaines, centrée sur le développement d'une culture de responsabilité, de performance et d'évaluation au résultat.

Ce chapitre présente la stratégie de conduite et de mise en œuvre retenue par la réforme pour atteindre cet objectif, en mettant l'accent sur les quatre points suivants : 1°) les changements préconisés ; 2°) la stratégie de mise en œuvre appliquée ; 3°) la stratégie définie pour l'appropriation et la consolidation des résultats obtenus, 4°) les mesures de sécurité envisagées pour la réforme.

1. CHANGEMENTS PRECONISES

Une étude diagnostique du système global de gestion des personnels de l'Etat au Cameroun est d'abord engagée dès le mois de juillet 2000. Le rapport de cette étude est discuté et adopté au Conseil de Cabinet du 24 avril 2001. Il préconise une déconcentration horizontale à très court terme et une déconcentration verticale effectuée dans ses services déconcentrés, à moyen terme, par chaque département ministériel compte tenu des moyens disponibles.

1.1. Clarification de l'objet de la réforme

Au plan méthodologique, les analyses de l'étude diagnostique du système camerounais en cours sont mises en perspective et enrichies par les leçons d'un voyage d'étude effectué en France[94] et en Belgique, auprès de la direction générale de l'Institut International des Sciences Administratives (IISA).

Comme nous l'avions anticipé dans la formulation des facteurs de succès de la réforme, il se pose très vite le problème de l'adoption d'une représentation commune et partagée de l'objet de la réforme. Les méthodes d'analyse de problèmes présentées au chapitre 4 (méthode globale et roue d'apprentissage) soulignent à ce sujet la nécessité de concilier les diverses perceptions que les acteurs ont du problème, chacun dans l'accomplissement des missions de sa structure ou, au plan épistémologique, chacun en fonction de ses schémas conceptuels d'appréhension d'une réalité organisationnelle. Nous avons effectivement eu fort à faire sur ce plan pour définir l'objet de la réforme et son contenu dans le contexte d'une administration publique plutôt dominée par l'influence du centralisme jacobin, malgré les apports de la culture anglo-saxonne du service public.

S'agissait-il d'une décentralisation ou d'une déconcentration ? Dans un cas comme dans l'autre, jusqu'où irait-on entre le niveau des régions déjà instituées par la Constitution et celui des services centraux des départements ministériels ?

C'est ici le lieu de rappeler que sous l'influence de la double tradition napoléonienne et anglo-saxonne héritée de la colonisation, les deux termes « décentralisation » et « déconcentration » ne sont pas interchangeables au Cameroun. Ils sont même chargés d'un contenu psychologique, politique et même émotionnel qu'une analyse profonde ne saurait ignorer[95]. Aussi, au fil des réunions et des discussions, et en l'absence d'un consensus sur le terme à retenir, avons-nous adopté la formule « décentralisation/déconcentration de la gestion des personnels de l'Etat » pour désigner la réforme, en précisant, cependant qu'il faudrait l'interpréter au sens d'une « gestion de proximité » (qui est plus proche de la définition de la décentralisation).

Pendant qu'on chemine avec cette formule, le 19 mai 2001, dans un discours à la Nation à la veille de la fête nationale (le 20 mai), le Président de la République intervient sur le thème de la décentralisation en soulignant qu'il s'agit d'un processus complexe et qu'il faudrait s'attendre à une lente évolution dans sa mise en œuvre. Il parlait de la décentralisation au sens de la mise en place des régions créées par la Constitution de 1996 et comme traitées au chapitre 3 (§.2.1.3). Avec le reflexe jacobin, les effets n'ont pas tardé à se

[94] Le voyage d'étude en France est organisé avec l'appui du département Afrique de l'Institut International d'Administration de Paris (IIAP).

[95] Après son indépendance en 1960, le Cameroun a été un Etat fédéral jusqu'en 1972, avant d'adopter le statut de République Unie jusqu'en 1983, puis de République tout court, comme c'est le cas actuellement.

produire sur la dynamique du projet et il a fallu faire un choix stratégique de sa dénomination pour tenir compte de l'état d'esprit ambiant des acteurs plutôt portés à la prudence et à la réserve. Le terme « déconcentration » a été choisi pour sa faible charge émotive et idéologique par rapport aux enjeux de distribution du pouvoir entre les instances décisionnelles. Dès le séminaire de juin 2001 avec les Secrétaires Généraux et à partir de cette période, la réforme a retenu la dénomination « déconcentration de la gestion des personnels de l'Etat et de la solde » qu'on trouve sur la plupart des documents, tout en gardant la signification de « gestion de proximité » comme on le verra lors de l'adoption de tous ses mécanismes de mise en œuvre.

On notera que dans tous les cas, la formule sépare les préoccupations de la solde de celles de la gestion des personnels. Pourtant, comme on l'a vu dans les chapitres précédents (Chapitres 3 et 8), ces deux dimensions sont intégrées aujourd'hui dans une conception systémique et globale de la fonction GRH dans une organisation. La prise de décision ici a été très fortement influencée par la nature du jeu de pouvoir dans le système. Ce système engage, en effet, la responsabilité de deux départements ministériels, la Fonction Publique pour la gestion administrative du personnel et les Finances pour le traitement de la solde et de tous les autres éléments de la rémunération. Il existe une ordonnance de 1962 relative au Régime financier de l'Etat du Cameroun, qui prescrit la séparation des pouvoirs entre « l'ordonnateur (le Ministre Utilisateur) » et le « comptable (le Ministre des Finances) ». Tenant compte de cette ordonnance, le deuxième principe de la réforme, « le Ministre Utilisateur paie le salaire de l'agent qu'il utilise », sera interprété dans le sens restrictif suivant lequel *le Ministre Utilisateur calcule les éléments de la paie grâce à SIGIPES-Plus et les envoie électroniquement au Ministre des Finances, à travers l'interface SIGIPES-Plus et ANTILOPE pour liquidation.* Cette concession qui s'inscrit bien dans l'esprit de l'ordonnance visée et participe davantage d'un souci de la maîtrise de la masse salariale que de contrôle des effectifs, ne sera pourtant pas acceptée sur le terrain comme on le verra au chapitre 11.

1.2. Un nouveau schéma d'organisation de la GRH

La réforme s'est ainsi traduite, dans un premier temps par une déconcentration horizontale à travers deux ensembles de mesures : (i) l'allocation et le transfert aux autres départements ministériels de compétences issues des ministères de la Fonction Publique et des Finances, qui conservent des compétences résiduelles ; (ii) la gestion des carrières et de la solde à travers SIGIPES et la transmission automatique des fichiers à ANTILOPE, en attendant que SIGIPES-Plus soit achevé pour permettre de traiter la solde et ses accessoires *in situs,* en vue d'une grande autonomie et maîtrise des crédits des salaires. La délocalisation de la gestion des personnels vers les services extérieurs pour réaliser une déconcentration verticale sera engagée par chaque département ministériel une fois que cette première phase sera maîtrisée et que des pré-requis essentiels seront mis en place (infrastructure informatique et de télécommunication, développement des ressources humaines,...). La figure 10-1 présente le nouveau schéma adopté pour la déconcentration horizontale.

Le Ministère de la Fonction Publique, pour ce qui est de l'aspect gestion des carrières et le Ministère des Finances pour ce qui est de la solde, cèdent une partie de leurs attributions aux autres départements ministériels qui utilisent le personnel de l'Etat pour accomplir les missions qui leurs sont dévolues (Ministère Utilisateur sur le schéma). Ainsi :

- la direction des Personnels de l'Etat au Ministère de la Fonction Publique, et celle de la Solde au Ministère des Finances, devront – elles être supprimées ;
- les attributions de la Direction du Développement des Ressources Humaines et celles de la Direction des Etudes et du Contentieux au Ministère de la Fonction Publique, seront-elles renforcées ;
- des Contrôles Financiers Spécialisés seront créés auprès de tous les départements ministériels pour la validation de la solde et la vérification de la consommation des crédits ;
- les salaires préparés par les Ministères sont payés par le Trésor au Ministère des Finances dans le cadre des attributions d'une unité de travail dénommée « Unité de Traitement et de Paiement des Salaires » qui exercerait une partie des attributions de la Direction de la Solde qui aura été supprimée.

Afin que le changement ait un caractère irréversible et qu'un Gouvernement ultérieur n'ait plus la possibilité de revenir en arrière, le Ministre de la Fonction Publique insistait pour que la réforme s'accompagne effectivement de la disparition de la Direction des Personnels de l'Etat (DPE) au Ministère de la Fonction Publique et de celle de la Solde (DS) au Ministère des Finances. Les agents en poste dans ces deux directions seraient répartis dans les autres administrations pour continuer à accomplir leurs tâches qui ont été déconcentrées. L'enjeu était énorme, notamment pour la DS à qui on retirait son rôle de point de passage obligatoire de tous les fonctionnaires camerounais pour l'obtention d'un élément essentiel en vue de la satisfaction de leur bien-être : leur salaire.

FIGURE 10-1 : NOUVEAU SCHEMA D'ORGANISATION DE LA GRH ET DE LA SOLDE

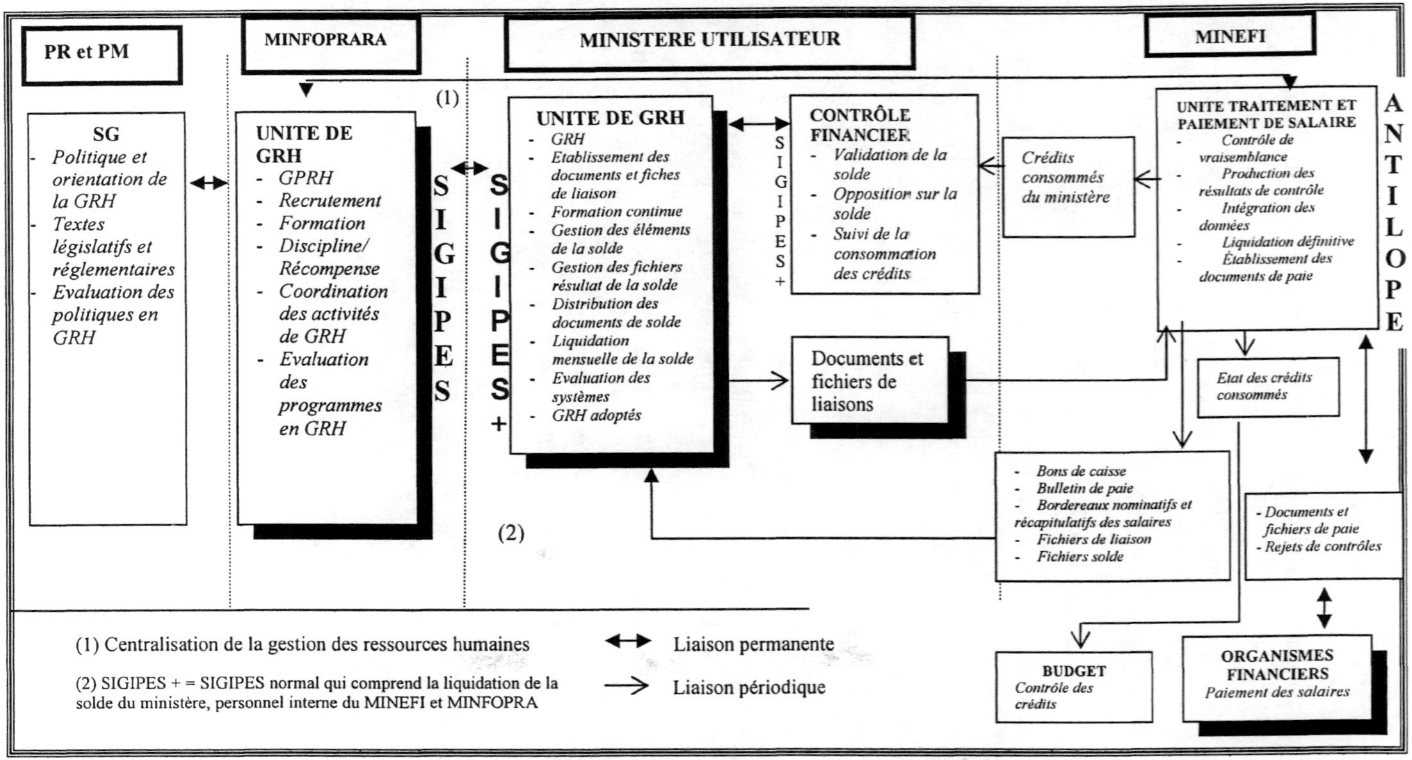

Source : Rapport diagnostic (décembre 2000 :11)

En application de ces dispositions, tous les départements ministériels comprennent désormais une Sous-direction de l'Accueil, du Courrier et de Liaison, découlant de l'enrichissement des tâches de l'ancien service du Courrier. Ils sont en outre dotés d'une Direction des Ressources Humaines structurée ainsi qu'il suit :

- Département ministériel dont l'effectif du personnel est supérieur à 6000 agents, trois sous-directions :
  - Sous-Direction des Personnels ;
  - Sous-Direction de la Solde ;
  - Sous-Direction de la Gestion Prévisionnelle.
- Département ministériel dont l'effectif du personnel est inférieur à 6000 agents, deux sous-directions :
  - Sous-Direction des Personnels et de la Gestion Prévisionnelle ;
  - Sous-Direction de la Solde.
- Une cellule SIGIPES placée en staff auprès du Directeur des Ressources Humaines.

1.3. SIGIPES : support du guichet unique de la GRH

Le projet ANTILOPE (Application Nationale pour le Traitement Informatique et Logistique du Personnel de l'Etat) est le premier projet informatique d'envergure nationale qui porte spécifiquement sur la gestion et sur la solde des personnels de l'Etat. Mais cette application informatique, dont le développement démarre en 1984 et l'exploitation en 1986, ne permet de traiter que la solde. Elle n'est pas orientée vers une aide à la prise des décisions en matière de gestion des personnels de l'Etat. Aussi, il est devenu urgent, comme présenté au chapitre 9 pour ce qui est du volet informatique de la réforme, de réaliser un nouveau système qui contribue à une véritable rationalisation de la gestion des personnels de l'Etat en réduisant les délais de traitement des dossiers et en permettant que ceux-ci aboutissent, autant que possible, sans intervention des bénéficiaires. C'est dans cet esprit que sont envisagées la réhabilitation et l'extension du Système Informatique de Gestion Intégrée des Personnels de l'Etat et de la Solde (SIGIPES), dont la réalisation débute en 1994. L'accent est mis, d'une part sur la rationalisation du système de traitement des fonctions GRH et d'autre part, sur le contrôle en temps réel de l'évolution de la masse salariale.

1.3.1. Rationalisation du système de traitement des fonctions GRH

Le développement et l'implantation de SIGIPES, comme support informatique de la réforme sont sous-tendus par trois principaux principes :

- la constitution d'un *fichier unique central* de tout le personnel de l'Etat logé au Ministère de la Fonction Publique ;
- l'instauration d'un système permanent de contrôle de la qualité et de la fiabilité des données de gestion de tout le personnel de l'Etat ;
- la prise en compte instantanée des effets financiers de tous les mouvements de gestion du personnel après la mise en œuvre de la réforme sur la déconcentration de la gestion des personnels.

Pour répondre à ces attentes, l'architecture du système retenu (SIGIPES et SIGIPES-Plus) comporte seize modules qui sont illustrés par le schéma de la figure 10-2.

La réforme est aussi l'occasion de remettre à plat les procédures de travail en matière de gestion des personnels de l'Etat, sous leur double aspect vertical (au sein du même ministère) et horizontal (en liaison avec la Fonction Publique, les Finances et les Services du PM) et de s'interroger sur l'utilité de certaines actions ou étapes de traitement. Il s'agira alors de simplifier au mieux ces procédures, d'en rationaliser le traitement compte tenu des exigences de la réforme, de les codifier en vue de leur traitement automatique à l'aide de SIGIPES. Ce volet consiste principalement à procéder à :

- la révision des formulaires existants, leur simplification et leur harmonisation ;
- la révision des conditions de validation de certains actes et de la typologie des pièces à fournir, ceci dans le but notamment de réduire les délais de traitement et de renforcer les mesures de sécurité ;
- l'élaboration des fiches de postes de travail ;
- la dématérialisation des documents de travail retenus en vue de l'optimisation de l'utilisation de l'outil informatique. La numérisation des actes et pièces justificatives, y compris les documents antérieurs à SIGIPES est l'option retenue. Elle devra permettre une consultation directe de ces documents par les agents de la Fonction Publique qui traitent un dossier ou qui doivent répondre à une requête des usagers.

FIGURE 10-2 : LES MODULES TRANSACTIONNELS DE SIGIPES ET SIGIPES-PLUS

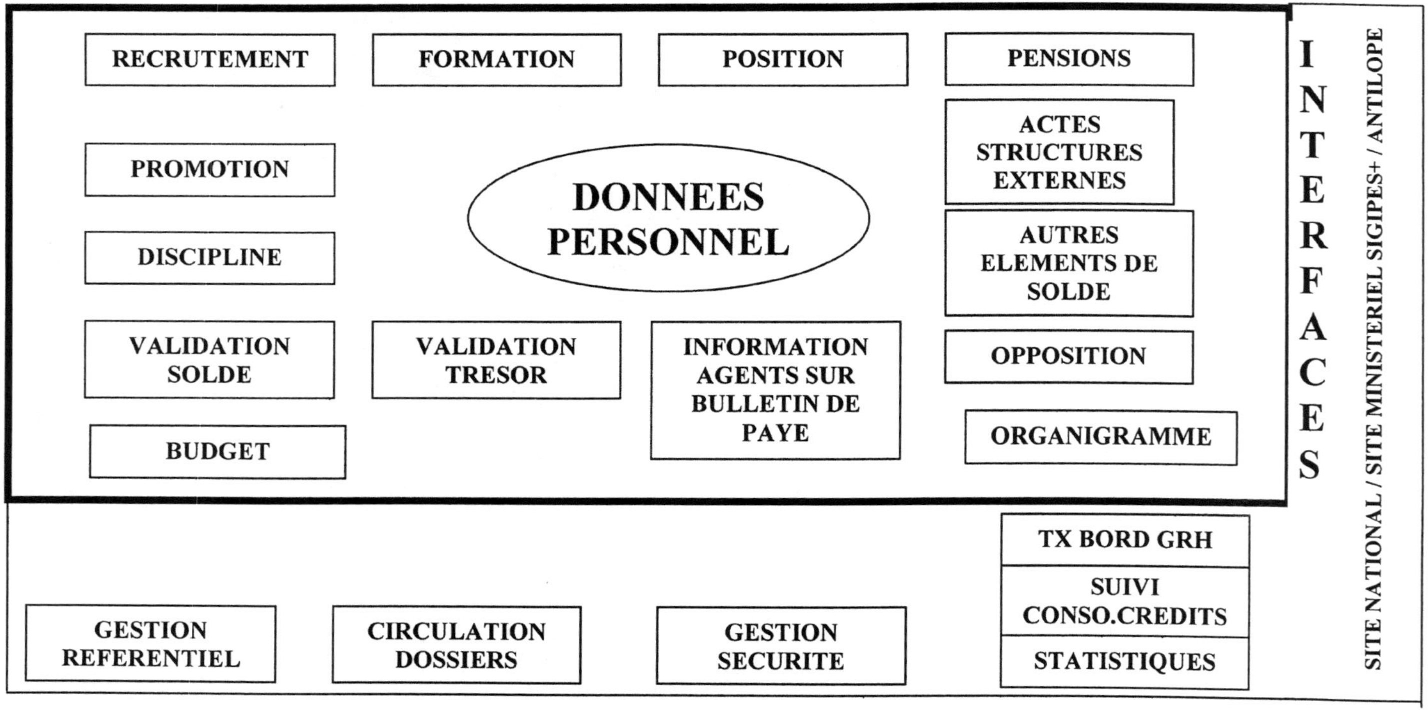

<u>Sources</u> : *Document de présentation de SIGIPES et SIGIPES+ par CGICOM et Rapport d'audit externe (octobre 2003 :37)*

1.3.2. Contrôle en temps réel de l'évolution de la masse salariale

La réalisation d'une interface entre l'application SIGIPES et ANTILOPE (pour le transfert des données de paiement mensuel) dans le cadre de l'opérationnalisation de SIGIPES d'abord et le développement et la mise en œuvre de SIGIPES-Plus, par la suite, permet d'effectuer une mise à jour régulière du fichier solde et de pouvoir ainsi contrôler grâce au fichier unique, l'évolution de la masse salariale.

A cet égard et par rapport à SIGIPES, l'architecture de SIGIPES-Plus comprend spécifiquement huit autres modules (voir figure 10-2) : gestion des actes produits par des structures externes (non logement, actes de justice ou de banque...), gestion des autres éléments solde, liquidation et ordonnancement des effets financiers des actes (validation Solde), contrôle et validation de la liquidation des effets financiers des actes (validation Trésor), gestion des oppositions et du contentieux solde, suivi de la consommation des crédits, information des agents sur leur paie (état d'avancement des dossiers en cours, bulletins de solde, rappels non payés, état d'endettement...).

Du point de vue technique, il s'agit d'établir une liaison de communication entre deux systèmes complètement différents : un système « client/serveur » avec SIGIPES d'un côté, un système « mainframe » avec ANTILOPE de l'autre, en se servant d'une connexion au réseau fédérateur du Centre National du Développement Informatique (CENADI).

La figure 10-3 montre la répartition des données sur le personnel de l'Etat suivant la logique du nouveau schéma d'organisation de la GRH (voir figure 10-1). Ce schéma illustre la philosophie de fonctionnement de SIGIPES qui peut être résumée ainsi qu'il suit (Rapport audit externe, octobre 2003 : 44) :

Une base de données SIGIPES est constituée de données de référence (grade, statut, corps...) et de données opérationnelles (agent, acte, détail acte...).

Chaque site pilote déconcentré gère sa propre base de données. Le site National du MINFOPRA : i°) gère toutes les données des ministères non déconcentrés ; et ii°) consolide les données des sites déconcentrés.

La mise à jour des données opérationnelles du Site National vers un site déconcentré est nécessaire pour : i°) démarrer un nouveau site déconcentré par l'alimentation de ce nouveau site avec les données des agents concernés et leurs dossiers ; ii°) garantir l'***unicité*** du référentiel commun[96]; iii°) alimenter le site

---

[96] Ainsi, les sites déconcentrés ne peuvent se permettre de codifier à leur guise et sans concertation avec la Fonction Publique de nouveaux grades, échelons, lieu d'affectation, au risque de détruire la cohérence de tout le système.

déconcentré destinataire des données à jour d'un agent transféré d'un ministère à l'autre (le recrutement est par exemple, un cas de transfert du MINFOPRA vers le ministère utilisateur).

La mise à jour des données opérationnelles d'un site déconcentré vers le Site National est également nécessaire : i°) le site National doit fournir une réplication des données des sites déconcentrés à la fois pour des raisons de sécurité et de contrôle et pour les besoins de consolidation statistique et d'opportunités des études tant à la Direction du Développement des ressources humaines de l'Etat qu'à celle des Etudes et du Contentieux ; ii°) les sites déconcentrés qui ont besoin des données du Site National pour gérer les mutations doivent alimenter correctement ledit site pour pouvoir obtenir, le moment venu, des données à jour ; iii°) ANTILOPE mettra à jour, par le biais de l'interface avec SIGIPES, les données SIGIPES des sites déconcentrés. Il sera alors nécessaire de les consolider au niveau du Site National.

FIGURE 10-3 : SCHEMA DE REPARTITION DES DONNEES AU NIVEAU GLOBAL DE LA NOUVELLE ORGANISATION DE LA GRH

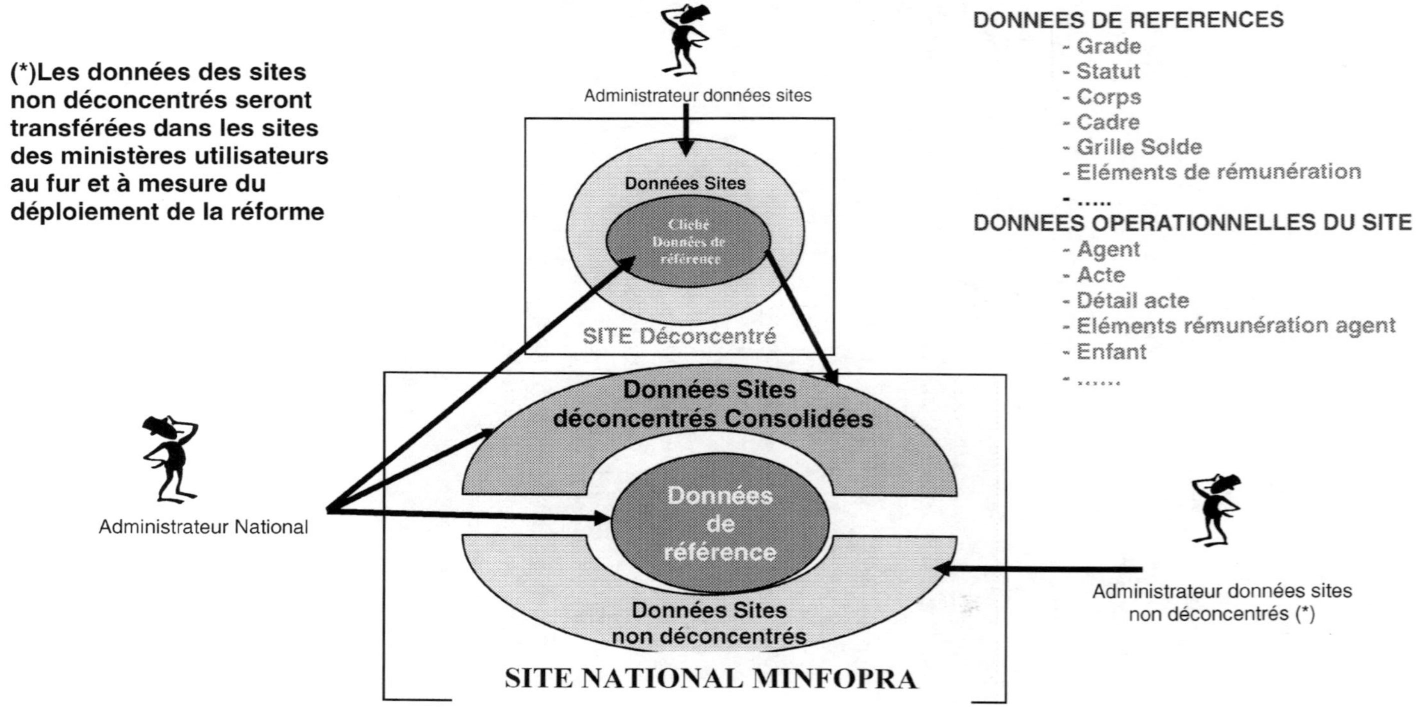

Source : *Document de présentation de SIGIPES réalisé par CGICOM*

1.4. Apport des technologies de l'information et de la communication

A travers l'application informatique SIGIPES, le projet «déconcentration de la solde et de la gestion des personnels de l'Etat » devra être une opportunité pour améliorer de façon substantielle, certains Systèmes d'Information (SI) administratifs et particulièrement ceux qui alimentent la gestion de la carrière et le traitement de la solde. Ainsi :

- la mise en réseau, par le recours aux systèmes d'information de type intranet (construction de réseaux locaux), des services et des directions qui traitent des problèmes de ressources humaines de chaque département ministériel. L'introduction de ces outils a entraîné une organisation du travail plus collective, plus souple et plus réactive grâce à un décloisonnement des services et à une meilleure communication au sein de l'administration centrale en attendant que l'équipement en infrastructures informatiques appropriées permette l'extension aux services déconcentrés ;
- la mise en place d'un système d'archivage électronique faisant recours à la dématérialisation des procédures de GRH et à la numérisation des données permettra de réduire les délais de traitement des dossiers et de résoudre un épineux problème d'archivage des dossiers physiques résultant du manque d'espace et de la sécurité de ces dossiers ;
- la réalisation d'un « AQUARIUM » électronique appliqué à SIGIPES à l'usage des agents publics qui recherchent des informations sur l'évolution de leur carrière : état d'avancement de leur dossier, situation de la solde, impression d'une copie d'un acte déjà traité, communication avec le ministère sur une situation donnée ; prise de connaissance de toute autre information accessible à tout usager du système SIGIPES. La figure 10-4 illustre le fonctionnement de ce système AQUARIUM ;
- la construction par l'Etat de son propre réseau privé (base radio) permettra la mise en œuvre d'un réseau interministériel de communication voix et données suivant le schéma de communication adopté dans le cadre du déploiement de SIGIPES. La réalisation de ce volet du projet contribuera à l'instauration de systèmes d'information territoriaux accélérés suivant une approche de PIS (Prestation Intégrée des Services). Ici l'objectif poursuivi est de procéder à l'intégration des systèmes qui existaient déjà sous forme de « silos », pour faciliter les échanges d'informations et les pratiques de travail en commun non seulement entre les services centraux et les services déconcentrés d'un même département ministériel, mais également entre ceux d'une même province (ou région plus tard), voire d'un même département.

La prise en compte de cette dimension des TIC dans le projet s'inscrit dans la logique d'une coordination systémique du travail gouvernemental en matière de réforme administrative. A cet égard, deux objectifs qui participent de la mission du Ministère de la Fonction Publique et de la Réforme Administrative, sont poursuivis, à savoir : bien intégrer l'usage de ces nouvelles technologies dans la politique gouvernementale de réforme de l'Etat ; anticiper et préparer les développements ultérieurs de l'administration électronique dans la société de l'information. En outre, elle permettra de lever l'obstacle dû au développement anarchique observé aujourd'hui dans ce domaine.

FIGURE 10-4 : LE FONCTIONNEMENT DE L'AQUARIUM DE SIGIPES

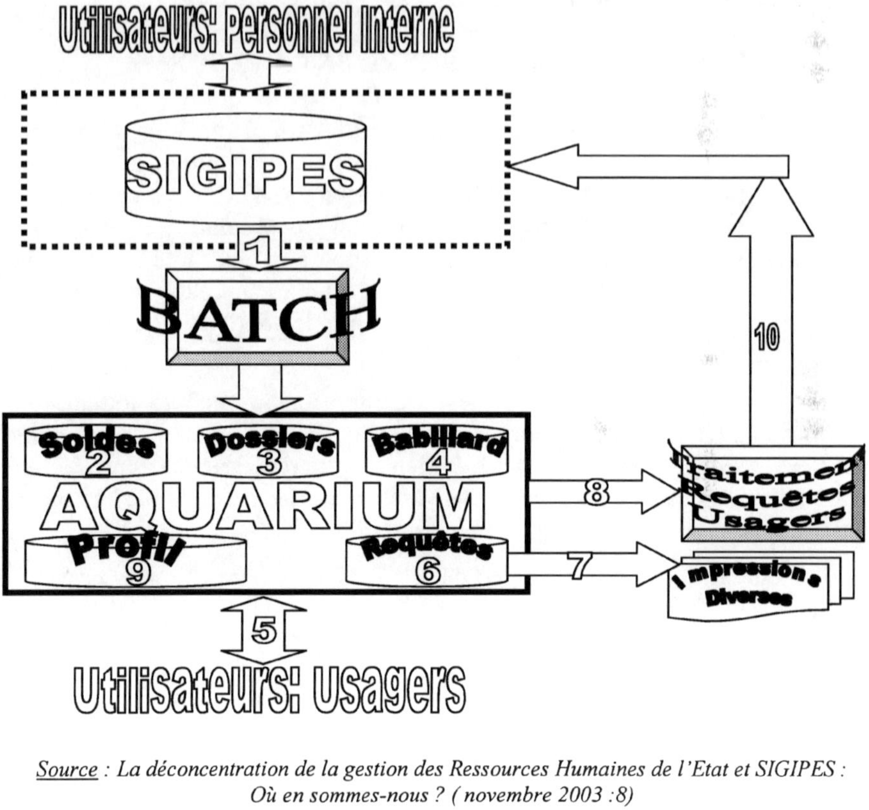

<u>Source</u> : La déconcentration de la gestion des Ressources Humaines de l'Etat et SIGIPES : Où en sommes-nous ? (novembre 2003 :8)

- à la fin d'une journée d'exploitation de l'application SIGIPES dans chaque département ministériel, une copie des données est faite pour servir de données de base de AQUARIUM.

- comme le montre le schéma de la figure 10-2, les données de SIGIPES sont regroupées en trois axes principaux : les données liées à la carrière et à la solde de l'usager (2), celles liées à la circulation de ses dossiers (3) et celles qui sont destinées au grand public comme sur un babillard (4)
- les utilisateurs - usagers (5) interagissent avec l'AQUARIUM (6) pour obtenir les renseignements qu'ils recherchent. Ils peuvent aussi interroger le système pour avoir des informations sur des sujets qui les préoccupent (6) ou obtenir des copies de leurs dossiers (7)
- toutes les requêtes des utilisateurs sont enregistrées et traitées dans le site concerné suivant les instructions des décideurs (8). En outre, une maturité de l'utilisation du système permettra de recueillir automatiquement les renseignements les plus courants, le profil (9) de l'usager et dont l'exploitation permettra d'enrichir le système SIGIPES (10).

2. STRATEGIE DE MISE EN ŒUVRE DE LA REFORME

La mise en œuvre correspond à l'étape de l'«implantation » du processus d'intervention en Conseil organisationnel décrit au chapitre 7 (§.3.3). Nous avons relevé que l'activité principale du management du projet à cette étape est la gestion des activités du plan de réalisation : coordonner la démarche en favorisant la concertation, apporter le support requis à l'administration concernée et aux acteurs impliqués, assurer l'autorégulation nécessaire du processus (contrôle et évaluation continus, proposition de correctifs et des ajustements, résolution des incidents critiques,...).

Nous examinons ici les dispositions méthodologiques et organisationnelles adoptées pour assurer l'exécution du projet en tenant compte des deux exigences du respect des délais et du professionnalisme dégagées comme facteurs clés de succès et auxquelles le management du projet doit faire face.

La présentation s'organise en deux points : la coordination du projet et le déroulement effectif du projet.

2.1. La coordination du projet

Le projet s'organise en deux composantes, avons-nous précisé au paragraphe 2 ci-haut : l'introduction d'une approche de management des ressources humaines et la modernisation du système informatique de traitement des actes de GRH. Nous présentons ici les organes de coordination et de suivi du projet, les principes de gestion retenus pour le projet et la stratégie de communication adoptée.

2.1.1. Les organes de gestion du projet

Dès le mois de juillet 2000, le Gouvernement prend deux actes pour formaliser l'existence de deux structures projets chargées, chacune, d'une de ses composantes :

- la décision du Ministre de la Fonction publique n° 012/MINFOPRA/SPRA du 13 juillet 2000, portant création d'un Comité de Pilotage du projet « Décentralisation/Déconcentration de la solde et de la gestion des personnels de l'Etat ».
- l'arrêté du Premier Ministre n° 046/CAB/PM du 13 juillet 2000 portant création du Comité de Coordination et de Suivi du Projet « Système Informatique de Gestion Intégrée des Personnels de l'Etat et de la Solde (SIGIPES) ».

En outre, la réalisation du projet fait appel aux mécanismes des « Marchés Publics » qui introduisent les rôles de Maître d'ouvrage, de Chef de service et d'Ingénieur projet, en liaison avec la responsabilité juridique de la gestion des projets (voir code des Marchés Publics au Cameroun, décret n° 2004/275 du 24 septembre 2004). Ainsi, les sites déconcentrés ne peuvent se permettre de codifier à leur guise et sans concertation avec la Fonction Publique de nouveaux grades, échelons, lieu d'affectation, au risque de détruire la cohérence de tout le système

S'agissant du volet organique de la réforme, le Comité de Pilotage du projet « Décentralisation/Déconcentration de la solde et de la gestion des personnels de l'Etat » a pour mandat de piloter la réforme sous la responsabilité du Ministre de la Fonction publique. A ce titre, il est chargé (article 2), notamment :

- d'initier toutes les actions susceptibles de concourir à la réalisation du projet dans le respect des Termes de références (TDR) et conformément aux règles de l'art en la matière ;
- d'élaborer les Termes de références de toutes les études à mener dans le cadre du projet ;
- de participer, conformément aux règles et pratiques des Marchés Publics en vigueur, à la sélection des consultants ayant présenté des offres pour réaliser des études dans le cadre de ce projet ;
- de recevoir et analyser les rapports d'étapes et les conclusions de toutes les études menées dans le cadre du projet ;
- de présenter aux instances de validation retenues par le Gouvernement, les conclusions des diverses étapes de l'étude ;
- d'élaborer et de mettre en œuvre une stratégie appropriée d'Information, d'Education et de Communication (IEC) pour le projet.

Ce Comité est présidé par le Secrétaire Permanent à la Réforme Administrative (SPRA) et comprend, pour le Ministère des Finances, l'Inspecteur général, le Directeur de la Solde (DS), le Directeur du CENADI (D/CENADI), le Chef de la Cellule Informatique de la Direction de la Solde ; pour le ministère de la Fonction Publique, le Directeur des Personnels de l'Etat (DPE/MINFOPRA), le DAG, un Chef de Division et un Chargé d'Etudes au Secrétariat Permanent à la Réforme Administrative et pour le Ministère de l'Education Nationale, le Directeur des Ressources Humaines. Son secrétariat est assuré conjointement par le Secrétariat Permanent à la Réforme Administrative et par la Direction de la Solde.

L'arrêté du Premier Ministre prévoit un Comité de Coordination (équivalent du Comité de Pilotage) de SIGIPES au niveau ministériel et une équipe opérationnelle (équivalent d'un Comité de projet) réunissant des utilisateurs de SIGIPES. Le tableau 10-1 résume les mandats de ces deux organes de coordination et de suivi de SIGIPES.

TABLEAU 10-1 : LA STRUCTURE PROJET DE SIGIPES

Comité de Coordination	Equipe opérationnelle
Il assure la supervision de la mise en œuvre du projet. A ce titre, il est chargé (article 2) : – de la coordination et du suivi des opérations liées aux différents volets du Projet, visant notamment : • la simplification et la codification des procédures de gestion des personnels ; • l'harmonisation des fichiers soldes et personnels ; • la planification et la programmation de la gestion des ressources humaines ; • la sécurisation et la disponibilité en temps réel des informations, par le biais de l'outil informatique ; • le développement des interfaces en vue d'établir des liaisons permettant un échange d'information entre les administrations concernées par le Projet ; – de l'approbation des programmes d'action et des budgets annuels ; – de l'évaluation semestrielle et de l'évaluation finale du Projet. Dans la phase de réalisation et de mise en œuvre du projet, le Comité désignera, en liaison avec les départements ministériels concernés, les correspondants de l'Equipe opérationnelle (article 7).	Dans l'accomplissement de ses missions, le Comité de coordination dispose d'une Equipe opérationnelle. Elle est chargée (article 5) : – de la préparation des réunions du Comité ; – de l'élaboration et de l'exécution du budget et des programmes d'action ; – du suivi de l'exécution des opérations du Projet par les différents départements ministériels et administrations impliquées ; – de la préparation des rapports semestriels sur l'état d'avancement du Projet. ***La période d'exécution du projet est de deux (2) ans, à compter de la date de publication de l'arrêté, soit le 13 juillet 2000 (article 12)*** Un plan de déploiement et d'application des opérations du Projet dans les différents départements ministériels et autres administrations est adopté et suivi par le Comité (article 8).

Le Comité est présidé par le Ministre de la Fonction Publique, le Ministre des Finances étant le Vice-président. Il comprend sept membres : un représentant du Ministre chargé de la Défense, un représentant du Ministre chargé de la Justice, un représentant du Ministre chargé de l'Administration Territoriale et de la Décentralisation, un représentant de la Délégation Générale à la Sûreté Nationale, le DS/MINEFI, le DPE/MINFOPRA et le D/CENADI/MINEFI.

Le SPRA est à la fois le Rapporteur du Comité et le Chef de l'Equipe Opérationnelle qui comprend neuf membres : un représentant du DS/MINEFI, un représentant du DPE/MINFOPRA, un représentant du D/CENADI/MINEFI, un représentant de la Direction chargée des ressources humaines au MINFOPRA, le chef de la cellule informatique au MINFOPRA (CCI/MINFOPRA), le chef de la cellule informatique de la direction de la solde au MINEFI, deux conseillers en organisation administrative au MINFOPRA, un ingénieur-réseau du CENADI.

Pour les marchés signés dans le cadre de la réalisation des prestations intellectuelles attendues des systèmes de la composante informatique de la réforme (tableau 9-1), le SPRA et le CCI/MINFOPRA jouent respectivement le rôle de « chef de service » et « d'ingénieur Projet ».

Le Chef de service est « accrédité pour une assistance générale à caractère administratif, financier et technique aux stades de la définition, de l'élaboration, de l'exécution et de la réception des prestations objet du marché » (décret n°2004/275 du 24 septembre 2004, art 5 ; circulaire n°004/CAB/PM du 30 décembre 2005, V.I-a).

L'Ingénieur Projet est responsable du suivi technique du projet. A ce titre il « apprécie, décide et donne toutes les instructions n'entraînant aucune incidence financière. Il rend compte au Chef de service du marché » (Article 5 (V) du décret n° 2004/275 portant Code des Marchés Publics).

2.1.2. Les principes de gestion du projet

La gestion du projet intègre dès le départ son double caractère fonctionnel (fonction GRH et informatique) et interministériel (comme relevé dans le tableau 10-1 extrait de l'arrêté du Premier Ministre).

S'agissant de sa dimension interministérielle, les organes ci-avant comprennent outre les représentants des Ministres chargés de la Fonction Publique et des Finances, ceux de la Défense, de la Justice et de la Sûreté Nationale dont le personnel ne relève pas du statut général de la fonction publique. Une option forte est ainsi prise pour, à la fois promouvoir l'apprentissage et harmoniser les pratiques de gestion des ressources humaines au Cameroun, tout en préservant les spécificités propres à chaque corps.

Pour assurer la visibilité du système sans négliger la nécessité pour l'administration de s'approprier, malgré le caractère urgent de la réforme, des résultats qui seront obtenus, la gestion du projet devait éviter toute dispersion d'énergie et chercher à capitaliser sur l'expertise de chaque intervenant dans les différentes composantes (administrative, financière, technique,...) du projet. Aussi la philosophie de conduite de ce projet, fortement soutenu par le Ministre de la Fonction Publique et Président du Comité de Coordination, était fondée sur trois principes :

a) *l'ouverture* au plus grand nombre possible d'acteurs, *et leur implication* aux différentes étapes du projet. Il est particulièrement fait appel à des personnes ayant une compétence avérée sur le sujet, qu'elles soient ou non dans l'administration. Au sein d'une administration donnée, l'application de ce principe visait à démystifier et à vulgariser la réforme et augmenter les chances de son irréversibilité par la constitution d'une masse critique suffisante de ses partisans convaincus;
b) *le développement et le renforcement de la synergie* entre tous ces acteurs dans la logique de *groupe de travail efficace* comme décrit au chapitre 7 (§.4). La tâche n'a pas été du tout facile sur ce point. La recherche du gain (perdiem des réunions, mission à l'étranger, participation à des activités immédiatement rémunérées d'une façon ou d'une autre), les jeux de pouvoir et les luttes d'influence (parfois terribles et inattendues comme au sein du groupe des informaticiens[97] de l'administration) ont souvent pris le dessus sur la recherche des résultats de façon eRID01□□□OTI
c) *la production de résultats palpables et observables* (statistiques et rapports de traitement des données, des actes ou tout autre document physique produit par SIGIPES, bulletin de salaire mensuel,...) par le commun des mortels, décideurs, utilisateurs, bénéficiaires contrôleurs, auditeurs. Ces résultats palpables devaient servir de preuve de l'effectivité des prestations fournies dans le cadre de la réforme, même s'ils restaient perfectibles.

En application de ces principes, au sein des départements ministériels retenus comme sites pilotes et plus tard, lors du déploiement de SIGIPES dans l'ensemble des autres ministères, une équipe-projet est mise en place pour suivre quotidiennement la réalisation du projet. Cette équipe que préside le Secrétaire Général du ministère concerné, comprend outre les informaticiens du

---

[97] Lors d'une réunion de l'équipe opérationnelle tenue dans un département ministériel site pilote, le Ministre qui avait déjà eu à travailler avec les informaticiens dans le circuit de la solde au Ministère des Finances, et après une présentation que nous avions faite sur leur contribution au succès du projet, nous invitera à être très prudent envers les professionnels de ce corps de métier.

ministère et les principaux utilisateurs de l'application pour gérer le personnel du ministère, les Directeurs, fonctionnels et opérationnels du ministère et dans certains cas l'Inspecteur Général et des inspecteurs du ministère. A partir du 30 avril 2002, lorsque SIGIPES passe de la phase expérimentale à celle de l'exploitation définitive dans les sites pilotes, tous les Secrétaires Généraux des ministères concernés sont associés au suivi et à la consolidation de la réforme, si ce n'était déjà pas le cas.

2.1.3. La stratégie de communication sur la réforme

La coordination du projet a également adopté une stratégie d'Information, Education, Formation (IEC) pour la réforme qui est articulée autour de quatre axes :

- *participation auprès de la coordination nationale du PNG, dans le cadre de la mise en œuvre de sa stratégie d'IEC :* pour présenter et partager les enjeux de la réforme, les résultats déjà obtenus, la stratégie de communication avec les bénéficiaires,...
- *la publication et la diffusion, au grand public, des informations sur le déroulement du projet :* fiche d'information sur SIGIPES, rapport sur l'état d'avancement de la réforme, large ventilation des différents actes et supports didactiRID01□□□OTIminaires tenus sur les différents volets du projet ;
- *l'animation d'émissions à la radio et à la télévision :* plusieurs émissions radios du « Service Public Horizon » qu'anime le Ministère de la Fonction Publique et de la Réforme Administrative tous les jeudis soirs ont porté sur la réforme et les principaux collaborateurs du Maître d'Ouvrage (SG, SPRA, DPE,...) ont souvent intervenu. De même, certains responsables du MINFOPRA impliqués dans la réforme (CT1 et DAG) ont intervenu dans l'émission « CRTV m'accompagne » et celle du vendredi matin qui regroupe toutes les chaînes provinciales, pour répondre en direct aux questions des usagers et bénéficiaires des résultats de la réforme et tout particulièrement de SIGIPES ;
- *la visite des sites par les missions conjointes FMI/BM et par certaines autorités :* visite des sites par le Premier Ministre, chef du Gouvernement et par certains participants étrangers à la Conférence de l'IISA en juillet 2003 ; animation par le Cabinet CGICOM d'un stand sur SIGIPES au Palais des Congrès lors de la Conférence de l'IISA ; présentation à la quasi totalité des missions du FMI et de la Banque mondiale des enjeux de la réforme et de son état d'évolution ; démonstration au Palais des Nations Unies à New York le 23 juin 2004, du fonctionnement de la version Internet de l'AQUARIUM de SIGIPES lors de l'atelier technique

qui a suivi la remise du Prix d'Excellence reçu par le Ministre de la Fonction Publique dans la matinée.

Conformément aux usages, la visite du Chef du Gouvernement est largement médiatisée et le site Internet du gouvernement en fait écho. Dans ce dispositif de la stratégie d'IEC, le système AQUARIUM de SIGIPES joue un double rôle important d'information et de formation. Fonctionnant comme un système interactif, il permet aux usagers de saisir directement le Ministre d'une requête sur leur situation et permet ainsi à l'administration d'avoir un feedback sur le fonctionnement de SIGIPES. Les usagers utilisent eux-mêmes l'ordinateur. Pour ceux qui ne sont pas encore familiarisés, le besoin et l'intérêt urgents de se former se développent ; l'outil informatique entre ainsi dans les habitudes.

2.2. Le déroulement du projet

Nous résumons ici : i°) la matrice de réalisation du projet ; ii°) le déroulement de la phase pilote, et iii°) la stratégie de déploiement de la réforme après la phase pilote.

2.2.1. La matrice générale du déroulement effectif du projet

L'échéancier du projet est particulièrement serré et même contraignant si on prend en considération l'option de réaliser une réforme organique, donc d'introduire de profonds changements[98].

Le plan d'action de mise en œuvre des « recommandations relatives à la déconcentration de la gestion des personnels de l'Etat » prévoyait que le projet s'achèverait en juin 2002. L'objectif poursuivi était de parvenir à rendre la réforme effective au moment où le chevauchement de l'année fiscale sur deux années civiles prendra fin. Le Programme économique du Cameroun prévoyait que cet objectif serait atteint à la fin de l'année 2001, de telle sorte qu'à partir de janvier 2002, l'exercice budgétaire coïnciderait avec l'année civile.

S'agissant spécifiquement de la composante informatique, l'arrêté n°046/CAB/PM du 13 juillet 2000 précise en son article 12 (1) que la période

[98] L'arrêté du PM n° 046/CAB/PM du 13 juillet 2000 fait en réalité suite à un dispositif mis en place en 1994 pour développer la première version de SIGIPES comme relevé plus haut. A cette époque, l'accent est mis sur les objectifs poursuivis par les PAS (maîtrise des effectifs et de la masse salariale). Le Comité qui est créé est présidé par le Ministre chargé des Finances et celui de la Fonction Publique est seulement membre. Comme on peut le voir dans le tableau 10-1, les attributions du Comité de coordination de l'arrêté 046 vont au-delà du souci de la maîtrise de la masse salariale pour englober la planification et la programmation de la gestion des ressources humaines de l'administration camerounaise. Il faut bien noter que l'expression « ressource humaine » est utilisée en lieu et place de « personnel ».

d'exécution du projet est de deux (2) ans, à compter de la date de publication de l'arrêté. Le Ministre ayant été notifié le 18 juillet 2000, ce projet devait arriver à terme au plus tard en fin juillet 2002. Cette échéance ne sera pas respectée comme on peut l'observer dans la matrice de réalisation effective du projet pour la période allant de juillet 2000 à décembre 2004. Cette matrice est résumée dans le tableau 10-2 d'où se dégagent quelques dates repères qui peuvent être analysées par rapport à l'échéancier initial :

- **Pour la composante déconcentration de la Gestion des Personnels :**
  - *24 avril 2001 :* adoption des recommandations par le Gouvernement. Il était prévu que cette action serait réalisée à la fin du mois de janvier 2001 au plus tard. Le rapport de l'étude diagnostique a été transmis au Premier Ministre le 25 janvier 2001.
  - *10 décembre 2001 :* signature de l'arrêté conjoint n° 09145/MINFOPRA/MINEFI portant lancement de l'exploitation de SIGIPES dans certains ministères ;
  - *04 janvier 2002 :* restructuration du MINEDUC. Le nouveau texte intègre les principes de la réforme avec l'adoption de la nouvelle structure de la DRH incluant une Sous-direction de la Solde et une Cellule SIGIPES.
  - *Mars et juin 2003 :* restructuration du MINFOPRA (mars 2003) et du MINEFI (juin 2003). La restructuration des autres départements ministériels (y compris les autres sites pilotes), dans l'esprit de la réforme ne pouvait prendre corps sans qu'au préalable, le MINFOPRA et le MINEFI ne le soient, puisque ce sont ces administrations qui cédaient certaines de leurs attributions aux autres ministères utilisateurs.
  - *A partir de juin 2003 :* la restructuration de tous les autres départements ministériels pour tenir compte de la réforme se fait chaque fois qu'une réorganisation d'un département ministériel est engagée. C'est ainsi que la dernière génération des textes organiques préparés à la suite du décret n° 2004/320 du 08 décembre 2004 intègre systématiquement la réforme.
  - *Juillet 2004 :* les procédures de GRH sont finalisées pour le MINFOPRA. Cependant, la démarche se poursuit avec les étapes de formation, de diffusion et d'adaptation aux spécificités des autres administrations.

Tableau 10-2 : Matrice de Réalisation Effective du Projet (Juillet 2000 - Décembre 2004)

N°	Nom de la tâche	1999 – 2008
1	**1 - ORGANISATION DE LA Gestion des Ressources Humaines (GRH) AU CAMEROUN**	
2	1.1 - Diagnostic du Système de GRH au CAMEROUN	COMITE DE PILOT DECENT/DECONC/MINFOPRA
3	***1.2 - Transmission des Recommandations au PM***	26/01
4	***1.3 - Adoption des Principes de la Réforme par le Gouvernement***	24/04
5	1.4 - Elaboration et Adoption des Textes Réglementaires	COMITE DE PILO/PM/PR
6	1.5 - Réorganisation des Ministères Pilotes	COMITE DE PILO/PM/PR
7	1.6 - Affectation des Personnels Techniques (DPE et DS) dans les Ministères Pilotes	MINFOPRA/MINEFI
8	1.7 - Elaboration des Nouvelles Procédures de GRH	EQUIP_MPA/GRH_SPRA
9	1.8 - Formation en France de 12 Informaticiens et 8 Auditeurs "Qualité"	MINEFI/Ecole de formation
10	1.9 - Elaboration et Mise en Œuvre d'un Plan IEC pour la Réforme	COMITE DE PILOT DECENT/DECONC/MINFOPRA
11	**2 - OPERATIONNALISATION DU SIGIPES**	
12	2.0 - Signature du marché	11/12
13	2.1 - Mise à Jour de l'Audit du Cabinet UNIT:analyse de l'existant	CABINET CGICOM
14	2.2 - Examen et Adoption du rapport de l'analyse de l'existant et de la Solution Cible	05/04
15	2.3 - Réhabilitation des Equipements et du Réseau	Ministères Pilotes
16	2.4 - Réhabilitation du Logiciel SIGIPES	CABINET CGICOM
17	2.5 - Acquisition des équipements et des logiciels systèmes (WINDOWS, ORACLE)	Ministères Pilotes
18	2.5 - Migration des Données	CABINET CGICOM
19	2.6 - Sensibilisation et Formation des Utilisateurs	CABINET CGICOM
20	2.7 - Mise en Exploitation à Titre Expérimental au MINFOPRA	Ministères Pilotes/ Eq Op / CGICOM
21	***2.8 - Réception Provisoire***	28/08
22	***2.9 -Début de mise en Exploitation test au MINFOPRA***	31/08
23	2.10 - Mise en Exploitation Expérimentale au MINEDUC, MINSANTE et MINEFI	Ministères Pilotes/ Eq Op / CGICOM
24	***2.11 - Effectivité de la Réforme dans les quatre Sites Pilotes***	30/04
25	2.12 - Préparation de la Réception Définitive du SIGIPES	Ministères Pilotes/ Eq Op / CGICOM
26	***2.13 - Réception Définitive du SIGIPES***	06/02
27	2.14 - Assistance au Démarrage	CABINET CGICOM
28	**3 - DEVELOPPEMENT DE SIGIPES-PLUS**	
29	3.1 - Elaboration et validation des TDR de SIGIPES-PLUS, autorisation du gré à gré	EQUIPE OP/COM COORD/PM
30	3.2 - Signature du Marché	17/09
31	3.3 - Mise à jour et adoption du cahier des charges	Eq Op / CGICOM / Comité Coord
32	3.4 - Développement de SIGIPES-Plus et des interfaces SIGIPES+/ANTILOPE	CABINET CGICOM
33	3.7 - Ateliers de Formation sur SIGIPES-PLUS	CABINET CGICOM
34	***3.8 - Réception provisoire***	27/01
35	3.9 - Intégration de la NNB dans SIGIPES-PLUS	CABINET CGICOM
36	3.10 - Démonstration du Fonctionnement de SIGIPES-PLUS en Réunion de Cabinet	03/07
37	3.11 - Mise en Exploitation de SIGIPES-PLUS en Mode Test dans les Sites Pilotes	Ministères Pilotes/ Eq Op / CGICOM
38	3.12 - Mise en Exploitation à Titre Expérimental de SIGIPES-PLUS au MINFOPRA	MINFOPRA/CGICOM
39	3.13 - Validation des Résultats de la Phase Expérimentale par le Comité de Coordination	29/12
40	3.14 - rapport sur SIGIPES-PLUS au PM, Chef du Gouvernement	MINFOPRA

Tableau 10-2 : Matrice de Réalisation Effective du Projet (Juillet 2000 - Décembre 2004)

N°	Nom de la tâche	1999 – 2008
41	**4 - DEVELOPPEMENT DE AQUARIUM ET INFONET**	
42	***4.1 - Présentation du projet AQUARIUM à l'équipe Opérationnelle***	07/10
43	4.2 - Développement et Installation de AQUARIUM	CABINET CGICOM
44	4.3 - Aménagement du Local pour AQUARIUM au MINFOPRA	CABINET CGICOM
45	***4.4 - Début du Fonctionnement du prototype AQUARIUM au MINFOPRA***	15/11
46	4.5 - Présentation de AQUARIUM au Comité de Coordination de SIGIPES	04/03
47	4.6 - Développement des Versions Portables et "Internet" de AQUARIUM	CABINET CGICOM
48	4.7 - Développement de INFONET "Editeur de Texte" et "Moteur de Recherche"	CABINET CGICOM
49	***4.8 - Réception provisoire***	25/09
50	**5 - CONDUITE DU PROJET : SUIVI/EVALUATION**	
51	5.1 - Réunions Comité de Pilotage de la Déconcentration de la GRH (Juil 00-Avr 01)	COMITE DE PILOT DECENT/DECONC/MINFOPRA
52	5.2 - Réunions Equipe Opérationnelle de SIGIPES (Janv 01-Juil 04: 22 réunions)	Eq Op
53	5.3 - Réunions Comité de Coordination et de Suivi de SIGIPES (Fév 01-Nov 04: 18 réunions)	Comité Coord
54	5.4 - Missions Conjointes FMI/BM	CTS/MINEFI
55	5.5 - Audit Externe de SIGIPES (Cabinet C2G)	Cabinet C2G
56	***5.6 - Dépôt du Rapport du Cabinet C2G***	24/10
57	5.7 - Evaluation du Comité ad-hoc créé par le PM	Services/ PM
58	***5.8 - Dépôt du Rapport du Comité ad-hoc***	14/03
59	***5.9 - Rapport au PM sur le "Diagnostic de la Gestion des Personnels de l'Etat au CAME***	25/01
60	5.10 - Rapports Semestriels au PM sur SIGIPES (deux)	MINFOPRA
61	***5.11 - Rapport au PM sur la Phase Expérimentale de SIGIPES dans les Sites Pilotes***	22/07
62	***5.12 - Rapport au PM sur l'Expérimentation de SIGIPES-PLUS au MINFOPRA***	30/12
63	5.13 - Elaboration du Guide de Déploiement de la Réforme	EQUIPE OP/COM COORD
64	5.14 - Elaboration de la "Politique de Sécurité pour SIGIPES"	EQUIPE OP/COM COORD
65	***5.15 - Remise au MINFOPRA du Prix des Nations Unies pour "AQUARIUM de SIGIPES"***	24/06
66	**6 - CONSOLIDATION DE L'INTERFACE SIGIPES/ANTILOPE**	
67	***6.1 - Validation du Dossier d'Analyse Conceptuelle***	29/01
68	6.2 - Réalisation de la Solution Retenue	Eq Tech/CGICOM/CENADI
69	6.3 - Audit par le Cabinet C2G du Système Adopté	Cabinet C2G
70	6.4 - Amélioration de l'Interface SIGIPES/ANTILOPE	EQUIPE TECHNIQUE SPECIALISEE
71	**7 - DEPLOIEMENT DE LA REFORME DANS LES AUTRES ADMINISTRATIONS**	
72	7.1- Identification et saisine des administrations du 1er groupe	MINFOPRA/SPRA
73	7.2- Elaboration et validation de la stratégie du déploiement	EQUIPE OP/COM COORD
74	7.3- Elaboration et signature du cadre réglementaire du déploiement dans les administration	MINSTERE UTILISATEUR
75	**7.4- Mise en œuvre du plan d'action retenu pour chaque administration**	
76	7.4.1- Management du projet	EQUIPE COORDINATION_Sites
77	7.4.2- Assainissement des données	EQUIPE ASSAINI_Données_Sites
78	7.4.3- Adaptation des procédures de GRH	EQUIPE MPA_GRH/SPRA
79	7.4.4- Déploiement de SIGIPES et de l'AQUARIUM	EQUIPE MIXTE DE DEPLOIEMENT
80	7.4.4.1- Rapport de l'analyse de l'existant avant déploiement de SIGIPES dans chaque a	03/11

- **Pour la composante développement informatique :**

– *17 mai 2001 :* présentation par le prestataire (le Cabinet CGICOM) du niveau d'avancement du projet devant l'Equipe opérationnelle en présence des Chefs de cellules Informatiques des ministères pilotes, validation et adoption d'un document final. Lors de sa réunion du 29 mai, le Comité de Coordination fait le point de l'évolution du projet à partir de ce tableau. Le compte rendu de cette réunion dégage les difficultés techniques rencontrées, lesquelles concernent notamment les réseaux locaux, les liaisons spécialisées, le réseau de communication entre les sites, l'acquisition des équipements informatiques pour les différents sites. Des mandats spécifiques sont confiés à des responsables (D/CENADI, DS/MINEFI) pour le suivi de chacun de ces aspects.

– *28 août 2001 :* réception provisoire de la composante «opérationnalisation de SIGIPES » (tableau 9-1), soit près de trois mois après l'échéance initiale. Il s'agit d'un décalage de l'échéancier qui reflète le retard accusé pour l'adoption des principes de la réforme par le Gouvernement (Conseil de Cabinet du 24 avril 2001). En effet, le tableau de bord de suivi de ce marché présenté à la réunion du Comité de coordination du 17 mai 2001 montre que la quasi totalité des fonctionnalités de SIGIPES est opérationnelle. Ces fonctionnalités ne peuvent cependant être installées dans les administrations qui n'ont, par exemple, pas encore acquis les équipements nécessaires.

– *31 août 2001 :* démarrage de l'exploitation-test de SIGIPES au MINFOPRA.

– *10 décembre 2001*-30 *mars 2002 :* expérience pilote, l'exploitation-test au MINFOPRA est étendue aux trois autres sites pilotes, MINEFI, MINSANTE, MINEDUC.

– *30 avril 2002 :* la réforme est effective dans les sites pilotes à compter de cette date (au lieu de fin juin 2001 comme planifié au départ). En outre, le déploiement dans un premier groupe d'autres ministères n'est engagé qu'à partir du mois de mars 2003. Ici aussi se dégage un décalage dû aux délais de prise de décision par le Gouvernement. Ainsi, par exemple, l'acte qui réglemente la déconcentration et précise les actes de gestion déconcentrés, à savoir l'arrêté conjoint n° 09145/MINFOPRA/MINEFI, n'est signé que le 10 décembre 2001, alors que la réforme devait être achevée à la fin du mois de juin 2001.

– *06 février 2003 :* réception définitive de l'opérationnalisation de SIGIPES. Il s'est ainsi écoulé près de dix sept (17) mois après la réception provisoire. Ce délai accusé après la réception provisoire tient au décalage dans le temps relevé plus haut et surtout au souci du Maître d'ouvrage de réunir toutes les conditions devant permettre à l'administration de ***s'approprier*** ce nouveau système dont le caractère stratégique en matière de gestion de la masse salariale n'est plus à démontrer.

- *15 novembre 2002 :* mise à la disposition des usagers d'un prototype de l'AQUARIUM au MINFOPRA. Du 15 novembre au 30 décembre 2002 (29 jours ouvrables), la salle AQUARIUM du MINFOPRA a accueilli 3808 (trois mille huit cent huit) visiteurs, soit une moyenne de 131 (cent trente un) visiteurs par jour. Le Ministre dispose ainsi d'un indicateur significatif de l'importance de la demande et des attentes des usagers.
- *27 janvier 2003* : réception provisoire de l'application SIGIPES-Plus, fondée sur la fonctionnalité effective des modules financiers (solde, trésor, Impôts, Budget). Tout au long de l'année 2003, comme précisé dans différents rapports, le travail sur cette composante (tableau 9-1) va se poursuivre pour les autres volets de la consistance du marché. La réunion du Comité de coordination du 29 décembre 2003 a relevé avec satisfaction, la finalisation de ces autres éléments du marché. Mais au 30 décembre 2004 (un an après), la réception définitive n'a pas encore eu lieu, celle-ci ne pouvant intervenir avant une phase d'exploitation effective dans tous les quatre sites pilotes. On note également un décalage qui reflète la difficulté de l'administration à passer à la vitesse supérieure avec la réforme. En effet, la phase expérimentale de ce système à la Fonction Publique et le traitement en parallèle dans les autres sites pilotes ont bien montré qu'il fonctionne et ont surtout révélé les améliorations en termes de qualité de service que son exploitation effective peut apporter (assainissement des données solde, maîtrise de la masse salariale, maîtrise des postes de travail, maîtrise des effectifs, ...).

Pour ce qui est tout particulièrement de l'établissement de l'interface entre SIGIPES et ANTILOPE, un premier plan d'action suivant les engagements pris auprès des bailleurs de fonds indiquait que cette activité serait achevée le 15 avril 2001. A la date du 03 septembre 2001 lors de la phase test de la réforme au MINFOPRA, les programmes de communication entre le site MINFOPRA et ANTILOPE, d'une part, entre le site MINFOPRA et les autres Ministères pilotes pour SIGIPES, d'autre part, fonctionnent, mais il se pose un problème d'infrastructure de communication. L'audit externe du Cabinet C2G qui a démarré le 18 juillet 2003, formule dans son rapport déposé en octobre 2003 deux observations à ce sujet : i°) l'interface dans le sens SIGIPES vers ANTILOPE est opérationnelle et fonctionne, mais non sans problème ; ii°) l'interface dans le sens ANTILOPE vers SIGIPES n'est pas opérationnelle. Pour l'interface de SIGIPES à ANTILOPE qui marche, le rapport relève les freins humains et organisationnels qui ralentissent la résolution des problèmes constatés (octobre 2003 : 63) :

Le constat est une interface non encore stabilisée par l'ensemble des sites, ainsi qu'une impression de manque de coordination, voire de coopération entre les acteurs. Osons rappeler qu'une interface est une communication entre systèmes qui ne peut être efficacement mise en œuvre que s'il y a une communication efficace entre acteurs du système. Les échanges très ouverts que nous avons pu avoir avec nos interlocuteurs nous portent à croire qu'au-delà des indéniables manques techniques et fonctionnels que l'on peut constater dans l'interface SIGIPES – ANTIOLPE, des freins humains, voire organisationnels, ralentissent la solution des problèmes constatés.

Tirant les leçons de cet audit, le Ministre de la Fonction Publique et le Ministre des Finances créent le 21 juillet 2004, par décision conjointe, une Equipe-projet chargée de « l'amélioration de l'interface SIGIPES – ANTILOPE ». Lors de la réunion du Comité de Coordination du 16 novembre 2004, le rapport de cette Equipe projet est présenté, discuté et adopté sous réserves de quelques modifications à apporter dans sa forme et dans la précision de certaines actions à entreprendre à court terme[99].

Au-delà de sa dimension technique le rapport - réalisé essentiellement par les professionnels des métiers de gestion de la carrière, de traitement de la solde et de l'informatique - reconnaît l'importance de la dimension humaine de cette fonction de communication entre systèmes. Aussi préconise-t-il, dans le cadre du renforcement de la stratégie d'IEC, l'organisation de « Journées Portes Ouvertes MINFOPRA – MINEFI » sur la réforme. A ce propos le rapport précise (Tome 1, 2005 : 61) :

De nombreuses difficultés entravent l'essor de la réforme sur la déconcentration de la gestion des personnels de l'Etat et de la solde. Une des principales difficultés est de connaître la part de responsabilité qui incombe à chacun des acteurs impliqués, incluant : le Gouvernement, les Chefs de départements ministériels, les Directeurs de Ressources humaines, les Sous-Directeurs de personnels et de solde, les utilisateurs, les usagers, les administrateurs, etc. Il conviendrait d'organiser des journées portes ouvertes pour éduquer les utilisateurs, informer les différents acteurs et communiquer avec la communauté nationale et internationale sur cette réforme à la fois ambitieuse et complexe.

Bien que adoptée par le Comité de Coordination, cette recommandation ne sera pas mise en œuvre dans cet esprit, le style de gestion du projet ayant changé avec l'arrivée d'un nouveau Ministre à la tête du Ministère de la Fonction publique, suite au remaniement du Gouvernement du 08 décembre 2004.

[99] Le rapport final est déposé au mois de mai 2005.

2.2.2. L'expérience pilote

La méthode de simulation ou d'expérience pilote discutée au chapitre 6 (§.4) a été retenue pour réaliser la réforme. La mise en œuvre de cette méthode ici s'est articulée en deux phases. Une phase qui s'est limitée au Ministère de la Fonction Publique, à partir du 30 août 2001 (voir tableau10-2), et qui consistait en une exploitation-test de SIGIPES. L'extension, dans une deuxième phase, de cette exploitation-test à trois autres départements ministériels, à savoir le Ministère de l'Education Nationale (MINEDUC), le Ministère de la Santé Publique (MINSANTE) et le Ministère de l'Economie et des Finances (MINEFI). La figure 10-5 présente l'architecture du réseau qui relie ces quatre sites pilotes. On notera dans cette figure la présence du « site SIGIPES National » qui est le site national dont le rôle a été souligné dans la présentation du schéma de la figure 10-3.

FIGURE 10-5 : ARCHITECTURE DU RESEAU DE SIGIPES DANS LA PHASE PILOTE

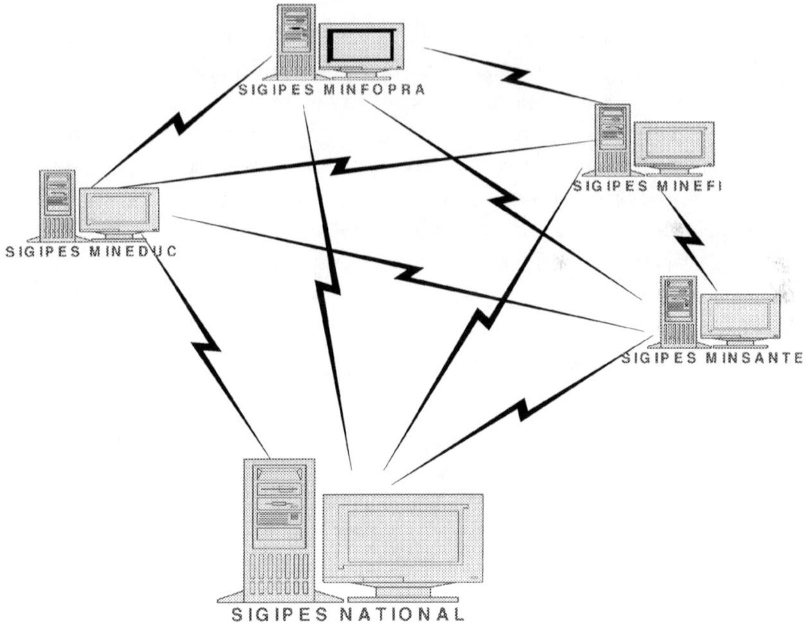

Source : Rapport, Amélioration de l'interface SIGIPES – ANTILOPE (mai, 2005 :32)

Les quatre ministères pilotes ainsi retenus regroupaient près de 74.150 agents de l'Etat, soit 63% des effectifs des personnels concernés par la réforme. En outre le MINEDUC et le MINSANTE offrent des services de proximité et leurs agents sont répartis sur l'ensemble du territoire national ; l'impact de la réforme sur leur comportement peut donc contribuer de façon significative à modifier la perception que les Camerounais du pays profond ont de leur administration publique.

Puisqu'il s'agissait de déconcentrer auprès de ces départements ministériels la gestion des carrières et de la solde des personnels qui relèvent de la responsabilité respective du Ministre chargé de la Fonction publique et du Ministre chargé des Finances, ces deux Membres du Gouvernement ont pris l'arrêté conjoint n° 009145/MINFOPRA/MINEFI du 10 décembre 2001qui porte précisément « lancement de l'exploitation de l'application SIGIPES dans certains ministères »[100], pour préciser la nature des actes déconcentrés.

Au cours de cette phase expérimentale réalisée dans le contexte réel et spécifique à chacune des administrations retenues, l'attention était également portée sur le degré d'appropriation de SIGIPES pour garantir le plein succès de la réforme et aider à décider du rythme de son déploiement dans les autres départements ministériels.

Au plan méthodologique, des équipes de suivi constituées par les Ministres concernés ont été mises en place dans les quatre sites et une fiche de suivi de cette phase a été élaborée et utilisée comme tableau de bord de suivi de cette phase du projet. Cette fiche de suivi est bâtie autour de six pôles : les acteurs (Qui ?) ; les paramètres de suivi pour chaque acteur et par rapport à son rôle dans le processus (Quoi suivre ?) ; les indicateurs de suivi définis pour chaque paramètre ; l'échéance de réalisation de chaque indicateur (Quand ? date limite) ; les moyens de contrôle de l'effectivité de la réalisation des indicateurs, donc du paramètre ; les responsables désignés pour assurer le suivi de chaque paramètre. Un extrait de ce tableau de bord de suivi est présenté ici, dans le tableau 10-3, à titre d'illustration.

L'application de cette fiche a donné lieu à des descentes régulières sur le terrain dans les sites ; à la tenue de quatre réunions de coordination présidées par le Ministre de la Fonction Publique auxquelles prenaient part le Ministre Délégué, chargé du Budget auprès du MINEFI, les Secrétaires Généraux et les DAG et/ou DRH des ministères concernés ; à la tenue de six réunions de l'Equipe opérationnelle regroupant les membres des équipes du projet dans les différents sites pilotes.

---

[100] Ce texte, malgré son faible niveau dans la hiérarchie des textes réglementaires, sert encore aujourd'hui (nous sommes en juillet 2007) de base réglementaire de toute la réforme.

TABLEAU 10-3 : UN EXTRAIT DU TABLEAU DE BORD DE SUIVI DU PROJET SIGIPES DANS LA PHASE PILOTE

QUI ?	QUOI SUIVRE ?	**INDICATEURS DE SUIVI**	**QUAND ? (date limite)**	**MOYENS DE CONTROLE**	**RESPONSABLES**
CGICOM	Niveau de déploiement technique	– Les données de chaque site pilote (le fichier du personnel dudit site) – Adaptation de SIGIPES aux spécificités de chaque site – Fonctionnement de tous les modèles d'acte prévus	25 février	1) un rapport hebdomadaire du Chef de l'Equipe de Suivi par site au SPRA ; 2) un rapport final de CGICOM co-signé par les responsables sus-visés 3) descente sur le terrain et sondage	– Chef Equipe de Suivi par site pilote – DG CGICOM – Mr X (pour SPRA)
	Programme de formation	– Formation des techniciens	18 janvier	1) Fiches d'évaluation des sessions suivies 2) Rapport des Chefs des Cellules Informatiques des sites pilotes	- Mr Y (pour SPRA)
	Documentation	– Dossier technique du projet complet au MINFOPRA – Guide d'utilisation dans les sites pilotes	05 février	1) Rapport du Chef de Cellule Informatique du MINFOPRA au SPRA 2) Descente sur le terrain	Chef de Cellule Informatique/MINFOPRA
	Recette définitive	Réunion Commission de Recette	28 février	Procès-verbal signé	SPRA, DPE, membres de la commission de réception du marché

	Niveau de réalisation de SIGIPES +	Matrice d'action adoptée	15 mars	Dossier technique	- Mr X (pour SPRA)
D/SOLDE MINEFI	Interface Antilope/SIGIPES	– Formation des responsables des sites pilotes : procédures de transfert des données – Niveau d'intégration des données transférées par les sites pilotes	28 février	1) Manuel Procédure de transfert 2) Rapport hebdomadaire des statistiques des dossiers traités par transfert	– CC_SIGIPES/Sites pilotes – CCI/MINEFI/Solde – Mr Z (pour SPRA)
	ANTILOPE	– Mise à disposition des autorisations d'accès au traitement pour ANTILOPE	25 février	– Rapport final D/Solde co-signé par les DRH/DAG concernés	CCI/Sites pilotes CFS CCI/MINEFI/Solde Mr Z (pour SPRA)
CENADI	Réseau	– Fonctionnement liaison entre sites pilotes et CENADI – Mise à disposition des autorisations TSO aux responsables d'exploitation des sites pilotes	25 février	– Un rapport final du D/CENADI co-signé par les DRH/DAG concernés	D/CENADI DRH/DAG sites pilotes SPRA
MINFOPRA	Appropriation du dossier technique du projet	– Dossier d'analyse – Dossier de programmation – Dossier d'exploitation – Organisation du recyclage des utilisateurs – Formation des techniciens – Renforcement des ressources techniques du MINFOPRA	25 février	– Rapport hebdomadaire du Chef de Cellule Informatique au SPRA	CCI/MINFOPRA

	Maîtrise de l'exploitation et de la maintenance de l'application	– Maintenance de l'application – Ajout de nouvelles fonctionnalités – Assistance aux utilisateurs – Production des statistiques	15 mars	– Rapport hebdomadaire d'intervention auprès des utilisateurs au SPRA – Fiche de maintenance	CCI/MINFOPRA
	Maîtrise de l'administration de l'application	– Paramétrage du système – Gestion des modèles d'actes – Administration de la base des données	15 mars	– Rapport hebdomadaire au SPRA	CCI/MINFOPRA
	Maîtrise de la sécurité de l'application	– Journal de sauvegarde – Journal des incidents – Procédure de reprise et analyse des pistes d'audits – Acquisition du serveur de secours – Acquisition du logiciel de protection à jour (antivirus)	15 mars	– Compte rendu d'exploitation des procédures de sécurité en place adressé au SPRA	CCI/MINFOPRA
	Organisation des archives	– Sondage dossiers électroniques/dossiers physiques	15 mars	– Rapport mensuel du DPE	DPE/MINFOPRA
	Contrats de maintenance	– contrats de maintenance des logiciels de base – contrat de maintenance des équipements – contrat de maintenance de l'application – tenue des fiches d'intervention – élaboration des statistiques de traitement par type de dossiers	15 février	– Rapport bimensuel de maintenance au SPRA	CCI/MINFOPRA

MINEDUC + **MINSANTE** + **MINEFI** + **MINFOPRA**	Programme de formation	– formation des utilisateurs – formation des responsables d'exploitation	20 février	– Fiche d'évaluation des sessions suivies – Rapport des Chefs de Cellules Informatiques des sites pilotes au SPRA	- DAG/DRH sites pilotes -Mr Y (pour SPRA)
	Déploiement des ressources techniques	– recrutement des informaticiens	20 mars	– Rapport du SG site pilote	MINFOPRA PM PR
		– utilisation optimale du personnel affecté	20 mars	– Rapport du DRH et DAG site pilote	DRH/DAG sites pilotes CFS pilotes
	Maîtrise de l'administration de l'application	– paramétrage du système – gestion des modèles d'actes – administration de la base des données	25 mars	– Rapport hebdomadaire au SPRA	Mr X pour SPRA)
	Maîtrise de l'application par les utilisateurs	– fréquence d'utilisation de l'application par les utilisateurs		– Statistique d'utilisation – Rapport hebdomadaire des CCI des différents sites pilotes	DAG/DRH CCI/sites pilotes Mr X (pour SPRA)

A la fin du mois de mars 2002, l'expérience ayant été jugée satisfaisante, le Ministre de la Fonction Publique a pris une décision pour rendre la réforme effective dans les quatre départements ministériels pour compter du 30 avril 2002. Des mesures sont alors prises pour qu'il ne soit plus possible de traiter à la Fonction publique et aux Finances, les actes de carrière et de la solde des agents relevant de ces administrations.

Un rapport sur le déroulement de cette phase a été adressé en juillet 2002 au Premier Ministre, Chef du Gouvernement. Après avoir analysé les actions clés à suivre en vue de l'appropriation effective du système SIGIPES dans les sites pilotes, ce rapport propose au Gouvernement d'engager le déploiement dans les autres départements ministériels regroupés en blocs de cinq à six. En outre, un audit externe opérationnel et technique de SIGIPES est recommandé pour dégager les points forts du projet et ceux qui mériteraient d'être particulièrement surveillés dans la poursuite de la réforme. Cet audit sera réalisé de juillet à octobre 2003 par le Cabinet français C2G recruté après appel d'offre international, comme nous l'avons déjà mentionné plus haut.

2.2.3. Le déploiement de la réforme dans les autres administrations

Après la phase pilote qui s'est avérée concluante et la mise en œuvre effective de la réforme dans les sites pilotes, il s'est agi maintenant d'étendre les résultats obtenus à l'ensemble des départements ministériels. Dans le modèle de Tor Hernes (2005) décrit au chapitre premier, on se trouve ici dans le cas de la *« reproduction d'une réforme dans l'ensemble des contextes institutionnels ».* Le problème ici est de mettre l'accent sur la dynamique de reproduction dans une administration donnée des pratiques nouvelles introduites par la réforme. Tor nous rappelle, comme souligné au chapitre premier, que les principes de la réforme et les particularités spécifiques de chaque administration (antécédents historiques, acteurs, croyances et pratiques caractéristiques de la culture organisationnelle) sont deux facteurs d'une importance déterminante pour le succès de la démarche dans cette phase.

Compte tenu du retard déjà accusé dans la mise en œuvre de la matrice d'opérationnalisation de SIGIPES, le plan prévisionnel de cette activité proposé dans le rapport adressé au Premier Ministre, prévoit que le déploiement dans un groupe de ministères (entre 5 et 6) s'effectuerait en quatre ou cinq mois. Ainsi, au 1er janvier 2003 (nouvelle date de l'effectivité de la nouvelle logique de planification budgétaire), le déploiement serait achevé dans au moins une dizaine d'administrations, sous réserve de la réalisation de certaines actions préalables dont l'allocation des ressources financières et la signature des textes réglementaires de la déconcentration de la gestion des ressources humaines.

C'est dans le cadre du suivi de cette recommandation qu'un premier groupe de huit (8) ministères est retenu, et le Ministre de la Fonction publique, Maître d'Ouvrage du projet en informe le Premier Ministre, Chef du Gouvernement par courrier en date du 13 mars 2003. On peut observer que par rapport à l'échéance du 1er janvier 2003 (date de fin du déploiement comme relevé ci-haut), un retard est déjà pris pour le démarrage de cette activité. Tenant compte de ce décalage, la fin du mois de juin 2004 est retenue comme la nouvelle échéance de finalisation du déploiement de la réforme dans toutes les administrations.

Déjà, au cours de sa réunion du 04 mars 2003, l'état d'avancement de ce volet avait été présenté au Comité de Coordination de SIGIPES, qui, après débats, avait instruit à l'Equipe opérationnelle de proposer une stratégie globale de déploiement qui intègrerait le chronogramme actualisé et l'ensemble des activités induites.

Cette recommandation est corroborée plus tard par le rapport d'audit externe réalisé par le cabinet C2G qui constate (octobre 2003 : 109) que :

> *Le planning annexé au rapport au Premier Ministre « Déroulement de la phase expérimentale de l'exploitation de l'application de SIGIPES dans les sites pilotes : janvier-mars 2002 » recense bien les étapes d'un déploiement, mais l'estimation des temps est beaucoup trop optimiste, en particulier les délais de budgétisation et d'approvisionnement des équipements ne sont pas pris en compte. Non plus que les disponibilités en personnel des différentes équipes concernées.*

L'Equipe opérationnelle tient compte de toutes ces recommandations et observations pour élaborer un guide de déploiement qui intègre aussi bien les préoccupations de l'enracinement des changements introduits dans la culture administrative des services publics que l'exigence d'un plan « d'assurance qualité ». Le guide réalisé et édité en français et en anglais en août 2004 s'articule en quatre volets : 1°) Management du projet ; 2°) Assainissement des données ; 3°) Adaptation des procédures de GRH ; 4°) Déploiement de SIGIPES et son AQUARIUM.

La figure 10-6 illustre le schéma stratégique du déploiement de la réforme suivant une logique de conduite de changement.

D'une manière générale, et compte tenu de l'expérience acquise lors de la phase pilote, trois(3) mois devraient suffire pour achever de manière satisfaisante le déploiement de la réforme dans un nouveau site si toutes les conditions sont réunies et particulièrement la mise à disposition des ressources financières.

FIGURE 10-6 : SCHEMA STRATEGIQUE DU DEPLOIEMENT DE LA REFORME

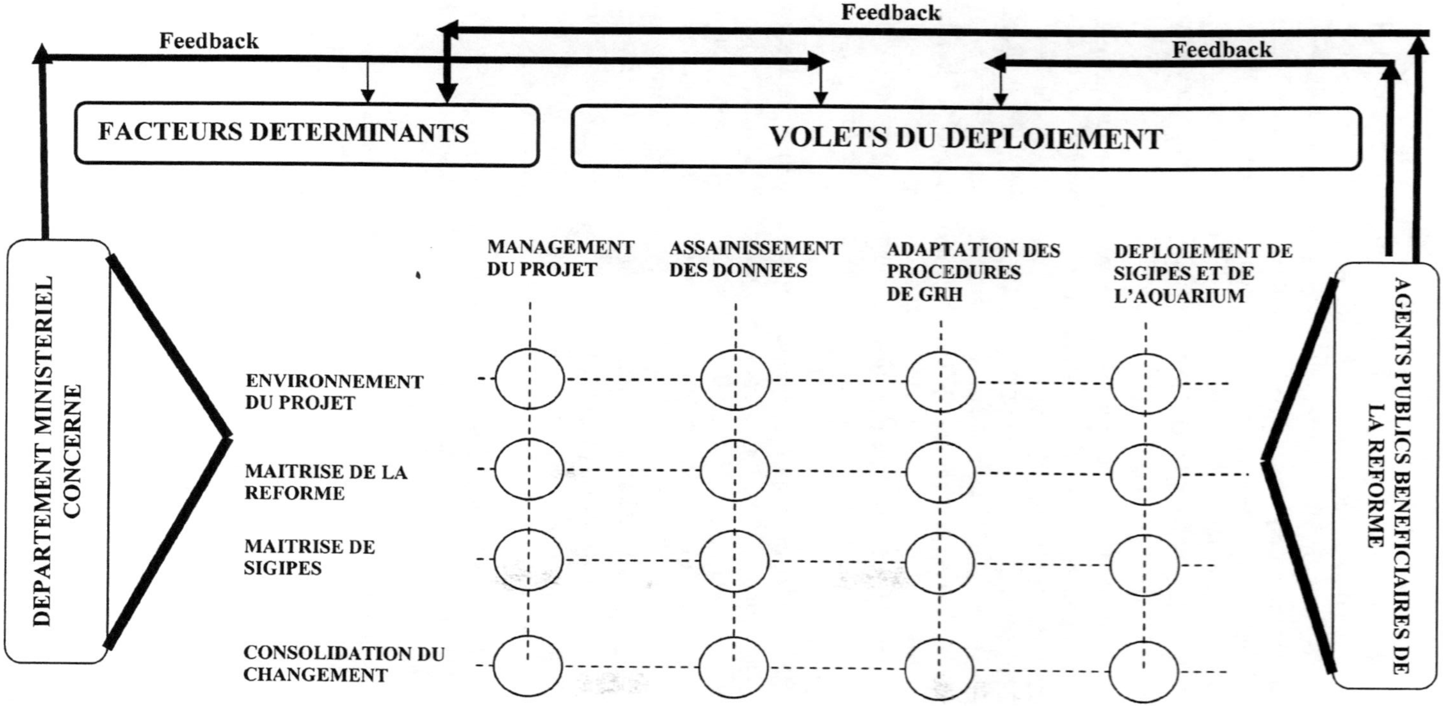

Ainsi, par exemple, l'introduction du système SIGIPES dans une administration ne se faisait pas suivant une logique de « produit clé en main », mais est toujours précédée par une étude de l'existant qui met en exergue : i) le niveau d'équipement informatique de cette administration ; ii) le niveau d'équipement en système de communication (les réseaux) ; iii) le système d'archivage ; iv) le niveau des ressources humaines (aux plans quantitatif et qualitatif) disponibles pour introduire le changement et s'approprier des résultats obtenus en vue de la consolidation des effets et des impacts positifs de la réforme.

Les « ronds » de la figure 10-6 représentent les interactions entre les facteurs dominants retenus (environnement du projet, maîtrise de la réforme, maîtrise de SIGIPES et consolidation du changement) et les volets du déploiement. Par exemple, le rond situé à l'intersection de la ligne « maîtrise de la réforme » et la colonne « management du projet » s'appuie sur les deux leviers « département ministériel concerné » et « agent publics bénéficiaires de la réforme» pour interpeller les acteurs du déploiement sur deux plans au moins : i°) *la mobilisation des alliés de la réforme* à travers une exploitation rigoureuse des enseignements de la sociodynamique (cartographie des acteurs, analyse des capacités de synergie et des potentiels d'antagonisme, étude des schémas de coopération ou de relations de rupture pour prédire le comportement des intervenants,...) ; ii°) *le suivi minutieux du processus de la réforme* à travers, notamment, l'élaboration des plans d'actions, la définition des responsabilités et des tâches de chaque intervenant, l'allocation des ressources nécessaires, l'élaboration du tableau de bord de suivi du déploiement, l'implication du maximum possible des agents du ministère concerné conformément aux principes sous-jacents à la philosophie de conduite du projet. Le guide de déploiement explicite la méthodologie utilisée pour obtenir les données nécessaires à l'information de chacune de ces dimensions.

La réforme est ainsi une opportunité de rénovation véritable et d'adaptation du système global de management du ministère ou de l'administration concerné.

Le déploiement est conduit par une équipe mixte créée au sein de chaque administration par décision (ou arrêté) du Ministre concerné. Cette équipe comprend des responsables dudit ministère et des membres de l'Equipe opérationnelle de SIGIPES. Chacun des volets du guide de déploiement est coordonné par une équipe technique composée d'agents de l'Etat experts dans le domaine concerné. Toutefois, une exception est faite dans le volet « déploiement de SIGIPES et de AQUARIUM » pour inclure un représentant du Cabinet CGICOM par souci de transfert de compétences. Le guide du déploiement contient des exemples de décision/arrêté signés dans ce cadre pour certaines administrations où le déploiement de la réforme est en cours.

3. LES STRATEGIES D'APPROPRIATION ET DE CONSOLIDATION DES RESULTATS OBTENUS

Le Ministère de la Fonction publique et de la Réforme Administrative a la mission de promouvoir la modernisation de l'administration camerounaise, à travers les attributions du Secrétariat Permanent à la Réforme Administrative (SPRA). Appuyer l'introduction des réformes visant cet objectif de modernisation participe de l'activité normale du SPRA qui travaille alors en synergie avec les administrations qui accueillent ces réformes comme décrit au chapitre 1 (voir cadre conceptuel de la réforme administrative, figure 1-1). Toutefois, une nette démarcation doit être constamment faite entre une logique de projet dont la gestion s'appuie généralement sur une organisation du type matriciel (équipe-projet) et une logique administrative classique fondée par les principes bureaucratiques. Il s'agit d'un impératif qui conditionne l'efficacité de toute entreprise d'introduction de changement, comme illustré au paragraphe 2.3 du chapitre 12.

3.1. Dispositions de suivi des résultats après la fin du projet

La gestion des deux volets organique et informatique de la réforme a tenu compte de cet impératif. Aussi est-il prévu dès le départ que la phase de projet prendrait fin au 31 décembre 2002, avec la mise en œuvre de la réforme dans tous les départements ministériels. De janvier à juillet 2003, le Secrétariat Permanent à la Réforme Administrative adopterait une démarche personnalisée (suivant les exigences de l'approche du DO) pour appuyer le développement institutionnel de chaque administration en vue de l'enracinement des résultats de la réforme et du développement de la nouvelle culture administrative qui en découle. La gestion du projet a également été consciente du fait que la qualité des résultats de cette dernière phase qui conduira à l'adoption de la réforme comme une façon « *ordinaire de travailler* » dépend des dispositions qui auront été prises lors des phases précédentes concernant notamment le développement des ressources humaines.

3.2. Un plan de développement des ressources humaines pour la réforme

Un plan de développement des ressources humaines pour le succès de la réforme est élaboré par l'Equipe opérationnelle, conformément au nouveau schéma d'organisation de la GRH (figure 10-1), et adopté par le Comité de coordination dès le mois d'août 2001. Ce plan identifie dix postes de travail dont les compétences spécifiques sont requises pour le plein succès de la réforme, et propose un programme de formation et un plan de recrutement à réaliser. Le document adopté par le Comité de coordination prévoit la fin du mois de novembre 2001 comme date limite de réalisation de toutes ces activités de formation et de recrutement.

Le tableau 10-4 présente les dix postes proposés en résumant pour chacun d'eux les activités spécifiques et le profil souhaité de l'occupant. Le document précise, s'agissant des auditeurs internes (P10) que les intéressés ne doivent pas être des opérationnels du dispositif SIGIPES ou ANTILOPE et qu'il s'agirait de préférence des « informaticiens spécialistes Méthode » ou des « Conseillers en Organisation ayant de bonnes connaissances en informatique ».

Dans le cadre de la mise en œuvre de ce plan, les compétences techniques disponibles au MINFOPRA (en matière de traitement des actes administratifs) et au MINEFI (en matière de traitement de la solde) ont été affectées dans les sites pilotes et des mesures relatives à la formation sont prises, comme le montre la matrice de réalisation effective du projet (tableau 10-2). Les demandes de recrutement des informaticiens qualifiés formulées par les départements ministériels, et notamment les sites pilotes, sont transmises par le Ministre de la Fonction publique au Premier Ministre pour obtenir l'autorisation spéciale du Chef de l'Etat, les recrutements ayant été suspendus depuis 1995. A titre illustratif, la demande de recrutement spécial de techniciens en informatique formulée en date du 15 mars 2001 par le Ministre des Finances pour le compte du CENADI se chiffre à 85 personnes réparties en sept spécialités comme dans le tableau 10-5 suivant.

TABLEAU 10-4 : PROFIL DES POSTES DE TRAVAIL REQUIS POUR LE TRAITREMENT DES ACTES DE GRH ET POUR L'EXPLOITATION DE SIGIPES

POSTES DE TRAVAIL	ACTIVITES	PROFIL	
		Formation initiale	Expérience requise
P1 Chef du Centre de traitement SIGIPES/MINFOPRA	– Coordonner et assurer la gestion administrative et technique du centre – Administrer la sécurité de l'application SIGIPES : utilisateur, profils utilisateurs, fonctions accessibles, piste d'audit et fichier connexion	Bac + 5 ans minimum ou équivalent	– Avoir exercé au moins pendant cinq ans dans un centre informatique – Maîtriser les techniques de conduite de projets informatiques – Maîtriser l'architecture et l'environnement de développement de l'application SIGIPES – Avoir de bonnes connaissances en bases de données et sur la pratique des réseaux informatiques
P2 Responsable des développements et de la maintenance au Centre de traitement SIGIPES/MINFOPRA	– Assurer la maintenance applicative du dispositif SIGIPES – Suivre l'évolution des fonctionnalités de SIGIPES	Bac + 3 ans minimum ou équivalent	– Avoir exercé au moins pendant cinq ans dans un centre informatique en qualité de développeur d'application – Avoir de très bonnes connaissances sur les outils ORACLE, PowerBuilder, Visual Basic, SQL, Crystal Report,.. – Une bonne connaissance de l'architecture de l'application SIGIPES serait un avantage
P3 Administrateur Système et Réseau au Centre de traitement SIGIPES/MINFOPRA	– Assurer le bon fonctionnement de l'environnement matériel du dispositif SIGIPES (Serveur, Postes clients, configuration du réseau, etc…) – Assurer l'administration du réseau informatique mis en place – Veiller à la sécurité et à la confidentialité des transferts de données	Bac + 3 ans minimum ou équivalent	– Avoir exercé au moins pendant cinq ans dans un centre informatique – Avoir de très bonnes connaissances sur la maintenance des réseaux informatiques – Maîtriser les fonctionnalités et la mise en œuvre de WINDOWS 2000 SERVER et des protocoles TCP/IP et SNA – Une bonne connaissance de l'architecture de

POSTES DE TRAVAIL	ACTIVITES	PROFIL	
		Formation initiale	Expérience requise
			SIGIPES serait un avantage
P4 Administrateur Bases de Données au Centre de traitement SIGIPES/MINFOPRA	– Assurer la maintenance et le bon fonctionnement de la base de données du SIGIPES – Veiller à l'optimisation des performances du système de Gestion des Bases de Données (SGBD) – Concevoir des plans de reprise en cas d'incendie (sauvegarde et récupération des données)	Bac + 5 ans minimum ou équivalent	– Avoir de très bonnes connaissances en matière de conception des bases de données – Maîtriser les fonctionnalités et la mise en œuvre de ORACLE SERVER – Etre capable d'opérer un tuning sur un SGBD – Une bonne connaissance de l'architecture de SIGIPES serait un avantage
P5 Chef d'Equipe d'Exploitation au Centre de traitement SIGIPES/MINFOPRA	– Assurer l'encadrement technique et administratif des équipes d'exploitation – Veiller au respect du manuel d'exploitation – Veiller à la qualité et à la confidentialité des documents produits par le dispositif SIGIPES – Gérer les sauvegardes et les archives de l'ensemble du dispositif	Bac + 2 ans minimum ou équivalent	– Maîtriser l'architecture et l'environnement de développement de l'application SIGIPES – Avoir un sens aigu de l'organisation du travail – Maîtriser l'environnement d'exploitation de WINDOWS 2000 et des outils bureautiques (WORD, EXCEL,…) – Faire preuve de grandes capacités de mobilisation des énergies humaines pour un travail en équipe
P6 Ingénieur Système au Centre ANTILOPE-SOLDE au MINEFI/CENADI	– Suivre les évolutions et la maintenance de l'environnement d'exploitation de l'application ANTILOPE au CENADI – Veiller à la disponibilité des outils d'exploitation de la solde au CENADI	Bac + 5 ans minimum ou équivalent	– Avoir exercé au moins pendant cinq ans dans un centre informatique – Maîtriser l'environnement d'exploitation de l'application ANTILOPE (MVS, CICS, TSO, DATACOM/DB,…)
P7 Administrateur Réseau au	– Gérer techniquement l'interconnexion des sites d'exploitation de SIGIPES – Assurer l'administration du réseau	Bac + 5 ans minimum ou	– Avoir exercé au moins pendant cinq ans dans un centre informatique en qualité d'administrateur réseau

POSTES DE TRAVAIL	ACTIVITES	PROFIL	
		Formation initiale	Expérience requise
Centre ANTILOPE-SOLDE au MINEFI/CENADI	informatique mis en place – Veiller à la sécurité, à la confidentialité et à la qualité des transferts de données – Suivre les relations contractuelles avec les fournisseurs en matière de réseau informatique	équivalent	– Maîtriser l'architecture et l'environnement d'exploitation de l'application SIGIPES et de ANTILOPE (WINDOWS 2000 SERVER, CICS, TSO,…) – Avoir de très bonnes connaissances en la maintenance des réseaux informatiques – Maîtriser les fonctionnalités et la mise en œuvre des protocoles TCP/IP et SNA
P8 Responsable d'Exploitation au Centre ANTILOPE-SOLDE au MINEFI/CENADI	– Veiller au respect des manuels d'exploitation – Veiller à la qualité et à la confidentialité des documents produits par la solde – Gérer les sauvegardes et les archives – Assurer la liaison entre le CENADI et les Services chargés de la Solde dans les différents ministères	Bac + 2 ans minimum ou équivalent	– Maîtriser l'architecture et l'environnement d'exploitation de l'application ANTILOPE – Maîtriser l'environnement d'exploitation de WINDOWS 2000 et des outils bureautiques (WORD, EXCEL,…) – Avoir un sens aigu de l'organisation du travail – Faire preuve de grandes capacités de mobilisation des énergies humaines pour un travail en équipe
P9 Chef de Centre d'Exploitation SIGIPES dans un Ministère Utilisateur (sera assisté d'un adjoint ayant un profil identique)	– Assurer l'encadrement technique et administratif des équipes d'exploitation – Veiller au respect du manuel d'exploitation – Assister techniquement leurs utilisateurs dans la réalisation de leurs tâches – Veiller à la qualité et à la confidentialité des documents produits par le dispositif SIGIPES – Gérer les sauvegardes et les archives du site déconcentré	Bac + 3 ans minimum ou équivalent	– Maîtriser l'architecture et l'environnement de développement de l'application SIGIPES – Maîtriser l'environnement d'exploitation de WINDOWS 2000 et des outils bureautiques (WORD, EXCEL,…) – Avoir de bonnes connaissances sur les techniques orientées Réseau et Base de Données – Avoir un sens aigu de l'organisation du travail – Faire preuve de grandes capacités de mobilisation des énergies humaines pour un

POSTES DE TRAVAIL	ACTIVITES	PROFIL	
		Formation initiale	Expérience requise
	– Assurer la liaison avec le centre de Traitement SIGIPES du MINFOPRA en ce qui concerne la maintenance – Administrer la sécurité de l'application dans le site		travail en équipe
P10 Auditeurs Internes (deux postes au moins)	– Veiller au respect des procédures d'exploitation – Vérifier régulièrement le fonctionnement du dispositif – Mettre en place des outils de mesure et de vérification de la cohérence des fonctionnalités originales de SIGIPES – S'assurer de l'intégrité des données produites par le dispositif – Formaliser les pistes d'audit sur le dispositif SIGIPES et ANTILOPE	Bac + 5 ans minimum ou équivalent	– Maîtriser les techniques de conduite de projet et d'audit des systèmes d'information – Avoir dix ans d'expérience minimum dans la conduite des développements et de l'exploitation des applications informatiques

TABLEAU 10-5 : LES BESOINS DU CENADI EN INFORMATICIENS QUALIFIES EN MARS 2001

QUALIFICATION	FORMATION	NOMBRE
Ingénieurs d'Etudes	BAC+5	20
Ingénieurs Système	BAC+5	08
Ingénieurs Réseau	BAC+5	15
Analystes	BAC+3	25
Ingénieurs de maintenance	BAC+3	02
Programmeurs	BAC+2	05
Pupitreurs	BAC	10
TOTAL		**85**

Ces besoins actualisés dans le rapport de l'Equipe-projet chargée de l'« amélioration de l'interface SIGIPES – ANTILOPE », rapport finalisé en mai 2005, sont résumés dans le tableau 10-6 tiré dudit rapport (mai, 2005 : 63).

TABLEAU 10-6 : LES BESOINS POUR TOUS LES CORPS DE METIERS TECHNIQUES DU CENADI, POUR LES TROIS ANNEES DE 2006 à 2008

CATEGORIE	EFFECTIFS			
	ANNEE I	ANNEE II	ANNEE III	TOTAL
Ingénieur de conception (A2)	60	50	40	**150**
Ingénieur de travaux (A1)	80	70	50	**200**
Programmeur (B2)	50	30	20	**100**
Pupitreur (B1)	50	30	20	**100**
Opérateur sur ordinateur (C)	50	30	20	**100**
Opérateur sur terminal (D)	50	30	20	**100**

Dans le cadre du suivi des facteurs clés de succès de la réforme définis au démarrage du projet, un programme de formation des utilisateurs (du niveau opérationnel à celui des Secrétaires Généraux des ministères) est élaboré et mis en œuvre avec l'appui de certains partenaires au développement.

Il s'est surtout agi pour ces formations, de montrer aux participants les principaux avantages de la réforme pour faciliter leur travail de tous les jours et les aider à répondre de façon pro-active et dans des délais maîtrisés aux sollicitations des usagers. L'accent a également été mis sur les mesures de sécurité adoptées pour faire face aux différentes menaces auxquelles ils s'exposent dans la chaîne de traitement des actes de gestion et de la solde de leurs personnels. Nous revenons sur ce point de la sécurité au paragraphe suivant.

S'agissant des ressources humaines pour le volet informatique, l'audit externe de SIGIPES formule la remarque suivante (octobre 2003 : 67) :

> *Tous les chefs de cellule SIGIPES et la plupart des assistants proviennent du CENADI. La plupart ont travaillé sur les grandes applications centralisées du Ministère des Finances puis sur les applications autonomes qui leur ont succédé. Ce sont donc généralement des cades expérimentés aptes à diriger une exploitation autonome, mais probablement trop âgés pour assumer des fonctions d'architecture et d'audit pointu de base et de réseaux modernes.*

Le rapport du MINFOPRA au Premier Ministre, en juillet 2002, à la suite de la phase pilote formule une recommandation sur deux points relatifs à la consolidation de la réforme dans les sites pilotes : i°) l'appui à la formation et le recrutement urgent de nouvelles ressources compte tenu de l'évolution du métier informatique ; ii°) le renforcement des actions de sensibilisation pour susciter l'adhésion et le soutien de tous, eu égard, notamment, aux enjeux de l'opération d'assainissement des données qui accompagne la réforme.

4. LA SECURITE DE LA REFORME

La sécurité des données, des traitements, des équipements et des personnes constitue une dimension critique de la réforme. Son dispositif informatique (SIGIPES, ANTILOPE, AQUARIUM, INFONET,...) traite des données personnelles qui ont un caractère confidentiel indéniable : salaires des agents, données de carrière, contentieux dans la profession, etc. A ce sujet, le rapport d'audit externe précise en quoi ces données sont très sensibles (octobre, 2003 : 74) :

> *Pour la partie de SIGIPES, stricto sensu, il convient de rappeler que toutes les données du système sont appuyées sur des pièces justificatives et toutes les restitutions font l'objet d'un circuit de validation tant physique qu'électronique. SIGIPES+ apportera des éléments dont la sensibilité est plus forte : prise en compte financière des rappels de solde, consultation du bulletin de paye etc.*

4.1. Un document de « Politique de sécurité pour SIGIPES »

La prise de conscience de ce caractère critique de la sécurité de la réforme a amené la coordination du projet à instruire l'élaboration d'un document de « Politique de sécurité pour l'application SIGIPES ». Dans son contenu, ce document tirait les leçons de l'expérience pilote et des recommandations de l'audit externe de SIGIPES pour pallier au manque de cohérence observé dans les actions des départements ministériels et pour renforcer la responsabilité des différents acteurs en cette matière. Ce document a été réalisé et édité en août 2004. Il poursuit les cinq objectifs principaux suivants :

1. sensibiliser aux risques pesant sur le système d'information de la réforme et aux moyens disponibles pour s'en prémunir ;
2. désigner un responsable chargé d'élaborer, de mettre en œuvre des règles, consignes et procédures cohérentes pour assurer la sécurité des systèmes informatiques ;
3. promouvoir la coopération entre les différents services et unités de l'organisation pour l'élaboration et la mise en œuvre des règles, consignes et procédures définies ;
4. susciter la confiance dans le système d'information de l'organisation ;
5. faciliter la mise au point et l'usage du système d'information pour tous les utilisateurs autorisés de l'organisation (voir le tableau 10-4).

Le Ministre de la Fonction publique conclut la préface de ce document en ces termes :

> *Au-dessus de tout, l'engagement de tout membre du Gouvernement à faire de la sécurité de SIGIPES, un exemple de management de la sécurité de système d'information dans son département ministériel nous apparaît être la principale clé du succès de la politique préconisée.*

Le guide analyse d'abord la problématique de la sécurité de système d'information (SI) en général, avant de préconiser les mesures à prendre à très court, à court et à moyen termes pour la sécurité du système SIGIPES. Dix (10) axes sont retenus pour faire l'analyse et formuler les actions à entreprendre :

1. la sécurité physique des équipements ;
2. la sécurité des salles informatiques ;
3. la sécurité électrique ;
4. la sécurité des réseaux ;
5. la sécurité des interfaces entre les différents sites SIGIPES, entre SIGIPES et ANTILOPE, entre SIGIPES et AQUARIUM ;
6. la sécurité logicielle ;
7. la sécurité de l'exploitation de l'application SIGIPES ;
8. la sécurité des données ;

9. la sécurité de l'utilisation du système informatique ;
10. la protection juridique.

La philosophie du document de sécurité repose, comme suggéré dans le rapport d'audit externe (octobre, 2003 : 101), sur une organisation permettant de :

- suivre au quotidien l'application des règles de sécurité, veiller au bon fonctionnement du matériel, intervenir pour les petits dépannages, rappeler les règles de sécurité élémentaires aux utilisateurs. Ce support de premier niveau est de la responsabilité des responsables des sites (cellule informatique ou cellule SIGIPES).
- procéder aux nouvelles installations serveurs et bases, déployer les nouvelles versions des applicatifs, assurer la disponibilité et la sécurité des réseaux WAN, intervenir en escalade de deuxième niveau sur tous les problèmes techniques.
- concevoir et maintenir un plan sécurité, procéder à des audits internes réguliers.

4.2. Les aspects de la protection juridique

Le dernier axe ci-haut relatif à la « protection juridique » s'avérera être extrêmement important eu égard, notamment aux normes des Marchés Publics. Il pose en effet le problème de la spécificité, en tant que *« prestation intellectuelle »*, des projets de développement des logiciels réalisés à la demande, et/ou financés pour le compte de l'administration.

Il s'agit notamment de la ***propriété des sources des logiciels*** développés et de celle des licences d'utilisation des logiciels de base utilisés pour effectuer ce développement, de la ***propriété définitive et de l'appropriation du produit de la prestation intellectuelle*** visée. Cette problématique inclut les contrats de maintenance et d'assistance à l'exploitation des logiciels développés.

A l'heure actuelle, la législation nationale et internationale n'est pas explicite en ce qui concerne la propriété des œuvres informatiques qui sont assimilées aux œuvres de l'esprit. Aussi, la réglementation des Marchés publics ne permet pas encore à l'administration d'être le propriétaire des produits informatiques réalisés à sa demande. A titre d'illustration, l'article 21 relatif au « Brevet d'invention » du Marché signé pour l'opérationnalisation de SIGIPES, le seul qui traite des droits de propriété dans le Marché, dispose que :

> *Le fournisseur devra s'entendre s'il y a lieu avec les propriétaires de brevets d'invention dont il appliquera les procédés. Il paiera les redevances nécessaires et garantira l'Administration contre toute poursuite. Les droits de brevets ou redevance de licences sont à la charge exclusive du fournisseur ou de ses sous-traitants qui garantissent l'Administration contre toute réclamation à ce sujet.*

Nulle part dans tout le document, il n'est fait mention aux *sources* de ce logiciel comme devant être remis à l'Etat.

Suivant une démarche de prévention de problème, le document de « Politique de sécurité pour SIGIPES » tire les leçons des conséquences d'une telle lacune en s'inspirant notamment de l'exemple de ANTILOPE, pour insister sur la méthodologie d'élaboration des contrats des prestations informatiques. Il y est recommandé de commencer par mettre l'accent sur le document d'Appel d'Offre (DAO), dont la formulation doit intégrer deux points essentiels souvent négligés, à savoir : i°) l'énoncé clair et détaillé des exigences du Maître d'Ouvrage et les contraintes de réalisation du marché, ii°) la description précise des livrables attendus et des indicateurs et points de contrôle prévus au cours de la réalisation du marché.

En guise de conclusion à ce point sur la sécurité, le tableau 10-7 tiré du rapport d'audit externe de SIGIPES (octobre, 2003 : 177) présente un canevas général d'évaluation des risques en matière de sécurité informatique. Il peut être utilisé comme un outil d'auto-diagnostic pour la sécurité informatique dans les différents sites de SIGIPES ou pour tout autre système informatique.

TABLEAU 10-7 : UNE GRILLE D'AUTO-EVALUATION DES RISQUES EN MATIERE DE SECURITE INFORMATIQUE

Légende : – **gras : risque jugé élevé** – normal : risque identifié – *italique : pour mémoire*		**EVALUATION DES RISQUES**	DISPONIBILITE	CONFIDENTIALITE	INTEGRITE/ COHERENCE	COMMENTAIRES
Risques physiques	Incendie	Destruction totale ou partielle d'équipements				
	Dégât des eaux, crue	Destruction totale ou partielle des locaux ou équipements (ex : foudre)				
	Pollution	Présence de vapeur, de gaz corrosifs ou toxiques				
	Accidents majeurs	Explosion de sites industriels, accident d'avion				
Risques naturels	Phénomène climatique	Conditions extrêmes de chaleur et de froid				
	Phénomène sismique, volcanique	Zone à risque				
	Phénomène météorologique	Tempêtes, ouragans, pluies de grêle				
Perte de services essentiels	**Défaillance de la climatisation**	Son arrêt peut provoquer le dysfonctionnement ou l'arrêt du SI				
	Perte d'alimentation énergétique	Coupure accidentelle, eau (climatisation)				
	Perte des moyens de télécommunication	Absence de réseau téléphonique				
Rayonnement	Rayonnements électromagnétiques, thermiques	Radar, antenne radio, rayonnement etc… (micro coupures)				
Compromission des informations et des fonctions	Interception de signaux parasites compromettants	Possibilité de se connecter aux câblages, tuyauterie etc…				
	Espionnage à distance/Ecoute passive	Surveillance de l'activité (câble, réseau…)				
	Vol de support ou de document	Vol de supports magnétiques ou papier				
	Vol de matériels	Micro ordinateurs, modems…				
	Divulgation interne/externe	Accidentelle ou intentionnelle (téléphone, télécopie, messagerie…)				
	Information sans garantie d'origine	Faux ou contrefaçons (atteinte fiable des informations)				
	Piégeage du matériel	Pour permettre l'interception et la transmission d'informations				
	Utilisation illicite du matériel	Pour bénéficier des services rendus par le système				
	Piégeage du logiciel	Fonctions cachées (virus, cheval de Troie, trappe, canal caché…)				

Source : *Rapport audit externe SIGIPES, adapté de ADEPA Aquitaine (auto-diagnostic sécurité informatique)*

CHAPITRE 11 :
PRESENTATION ET ANALYSE DES RESULTATS DE LA REALISATION DE LA REFORME

Pour les besoins d'une analyse rigoureuse dans le cadre de la présente étude de cas, nous nous limitons ici aux résultats obtenus dans la période allant du mois de juillet 2000 au mois de mars 2005. En nous appuyant sur les objectifs poursuivis (chapitre 9) et les stratégies adoptées (chapitre 10), nous présentons les résultats obtenus, décrivons les outils et mécanismes de suivi et de contrôle utilisés et esquissons une analyse de ces résultats.

1. PRESENTATION DES RESULTATS

Les diverses évaluations conduites sur le terrain font ressortir que la réforme se déroule de manière satisfaisante dans l'ensemble des sites pilotes (MINFOPRA, MINEFI, MINEDUC, MINSANTE), avec cependant des inégalités remarquables pour ce qui est du degré d'appropriation. Les résultats ainsi obtenus se présentent suivant les différentes composantes de la réforme comme ci-après.

1.1. Utilisation de l'outil SIGIPES

1.1.1. Traitement des actes de carrière

Les statistiques des actes traités sont illustrées par la figure 11-1 qui donne une indication très significative de l'utilisation de SIGIPES dans le cadre de la réforme. Ces données sont à rapprocher des effectifs des ministères visés tels qu'ils sont en avril 2001, soit un total de 103.521 agents ainsi répartis :

- *MINFOPRA : 1.776 (site interne seulement)*
- *MINEFI : 15.118*
- *MINEDUC : 69.323*
- *MINSANTE : 17.304*

S'agissant des traitements, un total de 130.444 actes ont été saisis de 2001 à 2005 dans ces sites dont 127.914 validés, 106.849 signés (soit 83,53% des actes validés) et 71.473 transmis au Ministère des Finances pour liquidation (soit 66,89% des actes signés).

FIGURE 11-1 : REPRESENTATION GRAPHIQUE DES STATISTIQUES DES ACTES TRAITES DANS SIGIPES D'AVRIL 2001 A MARS 2005

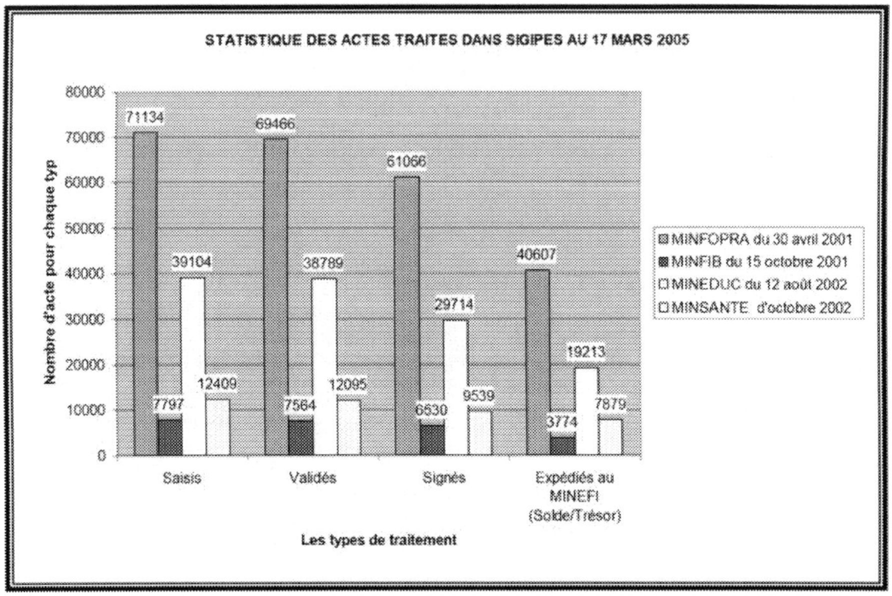

A titre comparatif, le tableau 11- 1 fournit les statistiques du traitement manuel des actes de carrière au cours des douze dernières années de 1990 à 2001. A cet égard, il est encourageant de constater une amélioration significative du nombre d'actes traités, qui passe d'une moyenne annuelle de 12 000 actes (traitement manuel) à plus de 30 000 actes dans SIGIPES (tous sites confondus).

Tableau 11-1 : DISTRIBUTION DES ACTES TRAITES MANUELLEMENT AVANT SIGIPES PAR LEUR NATURE DE 1990 à 2001

ANNEE	Décrets	Arrêtés	Décisions	Contrats	avenants	TOTAL
1990	1 649	18 272	1 352	422	199	**21 894**
1991	406	5 893	792	86	64	**7 241**
1992	522	5 464	813	208	183	**7 190**

1993	771	5 340	815	276	176	**7 378**
1994	618	9 779	594	642	137	**11 770**
1995	688	8 462	794	186	345	**10 475**
1996	738	8 965	775	107	176	**10 761**
1997	713	12 927	775	295	200	**14 916**
1998	615	12 927	893	140	266	**14 841**
1999	900	13 197	759	325	294	**15 475**
2000	997	9 211	659	238	150	**11 255**
2001	1 075	11 600	965	949	240	**14 829**

Nombre d'actes signés en 12 ans : **148 025** ;

Moyenne annuelle : **12 335**.

On notera dans ce tableau que de 1991 à 1996, il y a une chute remarquable du nombre d'actes traités, chute qui s'explique par la suspension du traitement des actes de promotion par le Gouvernement du Cameroun en application des mesures du PAS.

1.1.2. Traitement de la solde

SIGIPES-Plus a été développé, testé et mis en exploitation à titre expérimental au Ministère de la Fonction Publique aux mois de novembre et décembre 2003. Cette phase a permis d'assainir les données sur le plan des effectifs, de préparer et de clôturer la solde des mois de novembre et de décembre pour ce ministère.

S'agissant de la préparation de la solde, le traitement a fait appel aux modules « validation solde » et « validation trésor » (figure 10-2). Le tableau 11-2 donne la liste des types d'actes traités et les statistiques correspondantes.

La clôture de la solde a consisté à faire le calcul de la solde des agents. Elle comprenait six tâches principales :

1. mise à la retraite des personnes ayant atteint l'âge de la retraite ;
2. radiation des enfants majeurs ;
3. mise en historique des éléments de rémunération ayant une date de clôture antérieure à la date de solde à effectuer ;
4. calcul des retenus ;
5. mise à jour des consommations des crédits par imputations budgétaires ;
6. création des états de sortie (Bulletin de solde, Etat mensuel des rappels,...).

Ce système n'est cependant pas encore déployé dans les autres sites pilotes, l'expérimentation n'ayant toujours pas été faite au Ministère de l'Economie et des Finances. Le traitement de la solde après celui des actes de la carrière se poursuit dans ANTILOPE comme avec l'ancien système.

TABLEAU 11-2 : STATISTIQUES DES ACTES TRAITES AVEC SIGIPES-PLUS AU MINFOPRA EN 2003

TYPES D'ACTE	NOMBRE TRAITE EN NOVEMBRE 2003	NOMBRE TRAITE EN DECEMBRE 2003
Avancement de solde	32	47
Avancement d'échelon décisionnaire	2	6
Avancement d'échelon contractuel	2	1
Avancement d'échelon fonctionnaire	10	0
Avancement de cadre sur concours	1	0
Titularisation	0	2
Prestation familiale	0	1
Non logement	17	4
Indemnité de sujétion	0	2
Etat des Sommes Dues (ESD) pour primes indemnités diverses	1	1
ESD pour reclassement	3	4
Suspension solde	0	3

Depuis l'année 2003, l'AQUARIUM est disponible en quatre versions dans les deux langues nationales du Cameroun (Anglais et Français) : i°) une version locale à accès libre installée au rez-de-chaussée de l'immeuble principal du MINFOPRA pour les usagers qui utilisent aisément l'ordinateur ; ii°) une version locale à accès restreint installée au rez-de-chaussée de l'immeuble principal du MINFOPRA pour les usagers qui ne savent pas se servir d'un ordinateur ; iii°) une version portable pour les délégations provinciales, mais que l'administration n'a pas encore installée ; iv°) une version Internet accessible à l'adresse http ://www.minfopra.gov.com. La réalisation de cette version Internet s'est appuyée provisoirement sur les infrastructures appropriées des Services du Premier Ministre en attendant l'installation de l'infrastructure de communication à haut débit du MINFOPRA. Des messages électroniques pouvaient également être directement envoyés à l'adresse aquarium@spm.gov.com..

En juin 2004, une démonstration de la version Internet a été faite au Palais des Nations Unies à New York lors de la réception du Prix d'Excellence pour le service public dont le Cameroun était le lauréat.

Les systèmes INFONET et REGNET ont fonctionné au Ministère de la Fonction Publique. Une version expérimentale de REGNET a été mise à la disposition des responsables de ressources humaines des sites SIGIPES, pour leur permettre de vérifier l'authenticité et la régularité des actes administratifs émis, avant l'initiation d'un nouvel acte SIGIPES.

1.2. Mise en place des organigrammes

Les textes portant organisation de tous les départements ministériels intègrent les Unités créées en application du nouveau schéma d'organisation de la GRH présenté au chapitre 10 (§.1.2). Ainsi, une Cellule SIGIPES est placée auprès des Directeurs des Ressources Humaines pour les appuyer dans leur effort d'utilisation optimale de l'outil SIGIPES.

Toutefois, alors que la Direction des Personnels de l'Etat (DPE) au Ministère de la Fonction Publique a été supprimée comme retenu dans ce nouveau schéma, la Direction de la Solde (DS) au Ministère des Finances est restée avec une nouvelle appellation, à savoir, la Direction de la Dépense de Personnel et des pensions (DDPP). La déconcentration n'aura donc pas atteint ses objectifs pour ce qui est du volet **« solde »**.

En outre, les Cellules de « validation trésor » (comme structure du MINEFI) créées dans les Ministères Utilisateurs ne seront pas mises en œuvre. De même, l'organigramme du Ministère de l'Economie et des Finances n'intègre pas la réforme ; les traitements « solde » et « trésor » dans les sites ne sont pas coordonnés (ni par le Contrôle financier, ni par la DRH/DAG).

1.3. Formation du personnel

Le plan de formation défini dans le plan de déploiement des ressources humaines (voir tableau 10-5) en vue de l'exploitation optimale de SIGIPES comporte trois composantes compte tenu des profils des postes retenus.

La formation des informaticiens et des auditeurs a eu lieu en France du 11 mars au 19 avril 2002 pour les responsables de l'exploitation de l'application, et du 19 mars au 04 avril 2002 pour les auditeurs. Il s'est agi, pour l'un et l'autre de ces deux groupes, non seulement d'accumuler des connaissances, mais surtout d'apprendre à poser des bonnes questions et à faire comprendre aux autres intervenants du processus, la nécessité et l'urgence de développer un comportement anticipatif, pro-actif.

La formation des utilisateurs est conçue, quant à elle, à deux niveaux : celui des responsables pour les aspects de l'introduction de changement, et celui des agents (pour les aspects techniques du métier de traitement des actes de carrière et de la solde) qui, dans chaque département ministériel, traitent les dossiers relevant du domaine de la gestion des ressources humaines comme le stipulent les articles 2, 3 et 4 de l'arrêté conjoint n° 9145/MINFOPRA/MINEFI du 10 décembre 2001.

Toutes ces formations qui rentrent dans le cadre du renforcement des capacités des acteurs impliqués dans le processus de la déconcentration de la gestion des personnels de l'Etat devront se poursuivre dans les différents sites, en fonction des besoins spécifiques formulés et le cas échéant des attentes assez pointues des participants. Ainsi par exemple, un programme de formation a été réalisé au MINEFI au cours de l'année 2004 à l'intention des responsables nouvellement nommés et du personnel affecté à la Direction des Ressources Humaines (DRH). De même, en octobre 2005 s'est tenu un Séminaire de Renforcement des Capacités des Informaticiens en vue de la maîtrise de SIGIPES qui a regroupé les responsables des cellules informatiques des sites pilotes et des ministères en cours de déploiement.

1.4. Elaboration des procédures administratives de GRH

L'« administration du personnel » est un domaine de la fonction « Gestion des Ressources Humaines » qui requiert une connaissance précise du fondement juridique qui sert de base pour le traitement des dossiers. Elle ne s'accommode pas des approximations, sous peine d'affaiblir la confiance des agents dans leurs gestionnaires et, par conséquent, de porter préjudice à la crédibilité de la démarche de mise en œuvre de la politique de gestion des ressources humaines. Toute défaillance à un niveau ou à un autre entraînerait des dysfonctionnements qui affecteraient inévitablement le traitement du dossier et seraient sources de rejets. Etant donné que l'administration du personnel recouvre les tâches liées aux aspects juridiques et administratifs de la fonction « Gestion des Ressources Humaines », le Manuel de Procédures de Gestion des Ressources Humaines permettra aux agents chargés de l'exécution desdites tâches d'agir efficacement, avec célérité et diligence, car il devra contenir les informations relatives :

- aux éléments constitutifs des dossiers (pièces à fournir ou à consulter) ;
- aux conditions à remplir ;
- aux textes de référence ;
- aux règles de gestion ;
- au circuit de traitement ;
- aux modes opératoires.

Enfin, parce que le Manuel de Procédures de Gestion des Ressources Humaines sera informatisé, de nombreux mécanismes de contrôle automatique et systématique y étant insérés, la charge de travail du gestionnaire se trouvera considérablement allégée. Il pourra dès lors se consacrer sereinement aux autres domaines de la fonction « Gestion des Ressources Humaines » que sont les relations sociales, le développement des ressources humaines et notamment la gestion prévisionnelle des emplois.

Depuis le mois de novembre 2004, les Manuels réalisés par le Ministère de la Fonction Publique et de la Réforme Administrative sont disponibles en trois volumes d'un total de 1020 pages.

Le tableau 11-3 récapitule la liste des actes de GRH traités dans ces Manuels. Il convient de noter que les actes de recrutement (intégration, contrat, etc.) sont du ressort du site central du MINFOPRA qui regroupe toutes les données relatives à la gestion des carrières des personnels de l'Etat.

TABLEAU 11-3 : LISTE DES ACTES TRAITES DANS LES MANUELS DE PROCEDURES DE GRH PRODUITS PAR LE MINFOPRA EN 2004

PROMOTIONS :

- Titularisation
- Bonification d'échelon des fonctionnaires
- Bonification d'échelon des contractuels
- Avancement d'échelon des fonctionnaires
- Avancement paritaire d'échelon (contractuels et décisionnaires)
- Avancement de classe des fonctionnaires
- Avancement de grade des fonctionnaires
- Reclassement des fonctionnaires
- Avancement de cadre des fonctionnaires
- Avancement des contractuels
- Avancement des décisionnaires
- Reclassement des contractuels
- Reclassement des décisionnaires.

POSITIONS :

- Détachement
- Fin de détachement
- Mise en disponibilité
- Prolongation de disponibilité
- Affectation
- Mutation
- Nomination.

CONGES :

- Congés administratifs des fonctionnaires
- Notification des congés des fonctionnaires
- Congés administratifs des contractuels et des décisionnaires
- Congés de maternité
- Autorisation spéciale d'absence
- Permission d'absence.

PENSIONS :

- Etat général des services
- Notification de la retraite
- Mise en retraite des fonctionnaires
- Mise en retraite anticipée des fonctionnaires
- Mise en retraite pour invalidité des fonctionnaires
- Mise en retraite des contractuels
- Mise en retraite pour invalidité des contractuels
- Remboursement des revenus
- Capital-décès
- Capital-décès quintuplé
- Pension de réversion
- Pension de survivants
- Démission d'un fonctionnaire
- Démission d'un contractuel
- Rectificatif d'arrêté de pension.

STAGE DE FORMATION

- Gestion des donateurs de bourse
- Gestion des offres de bourse
- Gestion des candidatures
- Gestion des avis (commission des stages, donateur de bourse)
- Mise en stage
- Fin de stage
- Prolongation de stage.

DISCIPLINE ET CONTENTIEUX

- Blâme avec inscription au dossier
- Abaissement d'un ou de deux échelons
- Avertissement écrit.

1.5. Sécurité de la réforme

La priorité a été donnée, compte tenu des moyens disponibles, à la mise en place dans les sites pilotes de SIGIPES, d'un environnement de sécurité conformément aux règles et consignes édictées dans le document de « Politique de sécurité pour SIGIPES ».

Le Ministre de la Fonction publique, par exemple, a pris des mesures spéciales pour protéger les locaux et les équipements informatiques, y compris les équipements acquis dans le cadre de la réalisation du site Internet et du Réseau Intranet au Ministère.

L'audit externe réalisé après la phase pilote fait le point sur ce volet (Rapport, 2003 :74-77). De ce rapport, on relève quelques points dont les suivants, à titre d'exemple :

- les risques physiques et matériels sont répertoriés dans chaque site, et il revient à chaque Ministre de trouver les moyens pour la mise en œuvre, dans le respect des règles de l'art, des solutions préconisées ;
- il existe un dispositif, pour la sécurité applicative, basé sur l'attribution des habilitations respectant le profil de chaque utilisateur (voir tableau 10-4). Par exemple, les informaticiens ne peuvent pas traiter des actes de gestion des carrières et de la solde dans leurs sites respectifs. De même, la réalisation de l'Aquarium a intégré un deuxième niveau d'alerte sécurité en cas de changement inopiné ou frauduleux du mot de passe d'accès à la base de données de SIGIPES ;
- la gestion de la configuration réseau est assurée par le responsable réseau du CENADI ;
- les équipements informatiques sont en général récents (2000-2003), limitant ainsi les risques de défaillance technique.

Cet audit juge les résultats des efforts déjà fournis en ces termes (Rapport, 2003 : 74) :

> *Nous avons pu constater lors de nos entretiens et de nos visites sur le site : i°) une forte motivation de tous nos interlocuteurs à mieux prendre en compte les aspects sécurité du système ; ii°) une compétence avérée sur ce sujet de la part de certains informaticiens [...] ; iii°) un manque de moyens financiers, matériels et humains pour mettre en place une véritable politique de sécurité.*

S'agissant des droits de propriété de l'Etat sur les systèmes développés, et bien que les contrats signés dans le cadre des différents marchés ne le stipulent pas parmi les livrables attendus, la gestion du projet a demandé et obtenu du prestataire CGICOM, les codes sources de SIGIPES. L'opération s'est effectuée en deux temps, d'abord lors de la réception définitive de la composante « opérationnalisation de SIGIPES » en février 2003 et ensuite dans une démarche de rapatriement au MINFOPRA, en octobre 2005, des codes sources de SIGIPES « version 4i » qui intègre, entre autres, SIGIPES-Plus.

Le projet a ainsi innové en cette matière, ouvrant la voie à une démarche de révision de la réglementation nationale.

Pour consolider les mesures de sécurité existantes, une attention particulière a été portée sur le principe de séparation des rôles entre les informaticiens chargés du support technique (manipulation des codes sources, assistance technique multiforme, etc.) et le personnel utilisateur des applications.

1.6. Déploiement de la réforme

En décembre 2004, le déploiement était en cours dans onze (11) administrations[101]. L'étape d'assainissement des données était très avancée dans la plupart de ces administrations, et particulièrement au MINESUP. De même, et par rapport au volet « déploiement de SIGIPES et installation de l'AQUARIUM », l'activité « analyse de l'existant » était achevée dans cinq (5) administrations et « l'assainissement des données » dans les deux cités ci-haut. En fait, n'eut été le manque de ressources financières, les administrations ci-après auraient accueilli la réforme avant la fin de l'année 2004. Il s'agit de :

- Services du Premier Ministre (SPM)
- Ministère de la Communication (MINCOM)
- Ministère de l'Enseignement Supérieur (MINESUP)
- Ministère de l'Administration Territoriale et de la Décentralisation (MINATD).

1.7. Assainissement des fichiers des personnels de l'Etat

L'un des principes de traitement informatique des informations postule que si on introduit dans le système des données erronées, on obtiendra après traitement un résultat également erroné, c'est le principe GIGO (Garbage In, Garbage Out). C'est dire le caractère critique de l'étape d'assainissement des données pour constituer les fichiers des personnels qui seront utilisés dans SIGIPES, aussi bien comme données de référence que comme données opérationnelles (voir figure 10-3). On a montré la nécessité de la mise à jour de

[101] Services du Premier Ministre, Ministère de l'Administration Territoriale et de la Décentralisation, Ministère de l'Agriculture, Ministère des Affaires Economiques, de la Programmation et de l'Aménagement du Territoire, Ministère de la Communication, Ministère de l'Enseignement Supérieur, Ministère de l'Environnement et des Forêts, Ministère des Transports, Ministère du Tourisme, Ministère des Mines, de l'Eau et de l'Energie, Ministère de l'Emploi, du Travail et de la Prévoyance Sociale.

ces données au chapitre 10 (§.1.3.2) en vue du contrôle en temps réel de l'évolution de la masse salariale et en application du principe selon lequel ce sont les données de la carrière qui déterminent celles de la solde et non l'inverse. L'expérience pilote a donné l'occasion de tirer profit des résultats du recensement REGAINS pour effectuer un premier niveau d'assainissement des données des ministères concernés. Mais très vite, il s'est avéré que l'opération d'assainissement est une activité permanente dont les coûts sont minimisés quand chaque ministère en prend la responsabilité pour le fichier de son personnel. Il restait à élaborer une méthodologie rigoureuse qui sera appliquée par tous, sous la coordination du Ministère de la Fonction Publique qui est responsable du Fichier National des Personnels de l'Etat.

La méthodologie adoptée et appliquée pour le volet « assainissement des données » du guide de déploiement s'articule en trois principales phases :

- *le recensement physique du personnel du Ministère* : un accent est mis sur la collecte des données liées à la gestion de la carrière et de la solde de chaque agent. Les agents non recensés ou ceux dont la situation administrative présente quelques irrégularités sont placés dans un code Ministère TAMPON au Ministère de la Fonction Publique pour une durée n'excédant pas trois mois avant toute mesure disciplinaire (suppression de la Solde et autres) à l'encontre de ceux qui n'auront pas pu justifier d'une affectation réelle ou des constats effectués ;
- *l'authentification des actes et l'analyse des résultats du recensement* : authentification des actes dans les structures émettrices et vérification de l'évolution de la carrière, constitution des fichiers physique et électronique issus du recensement, rapprochement du fichier du personnel avec les données de la dépense mensuelle du personnel, analyse des écarts ;
- *la consolidation du système d'information de la réforme* : constitution du fichier SIGIPES du Ministère, réhabilitation des archives du Ministère.

Le système REGNET décrit dans le tableau 9-1 permet l'authentification des actes et la vérification de la régularité des carrières des agents publics.

Suivant la logique du management des ressources humaines qui est celle de cette réforme, il est important de relever que l'opération d'assainissement n'est pas une démarche d'enquête judiciaire dans le but de traquer les « faussaires » dans le « fichier solde de l'Etat ». Elle vise plutôt à constituer une base de données assainies pour la réforme. Cette remarque est capitale dans une logique de conduite de changement et on comprendra son importance lorsqu'on analysera les difficultés rencontrées lors de la mise en œuvre de la réforme au paragraphe 1.10 ci-après.

Cette méthodologie a été appliquée dans les dix administrations au sein desquelles la réforme était en cours de déploiement. Le travail était achevé dans les Services du PM et au Ministère de l'Enseignement Supérieur.

1.8. Consolidation des interfaces entre SIGIPES et SIGIPES et entre SIGIPES et ANTILOPE

Le rapport de l'Equipe technique chargée de l'amélioration de l'interface entre SIGIPES et ANTILOPE finalisé en mai 2005 conclut que les systèmes de transfert des données aussi bien d'un site SIGIPES à un autre site SIGIPES que de SIGIPES à ANTILOPE sont fonctionnels. Il resterait à mettre en place la nouvelle architecture de communication (infrastructure et logiciel) conçue pour soutenir ces systèmes. Le rapport fournit pour les deux types d'interface les précisions suivantes (Rapport, mai 2005 : 11) :

- *interface SIGIPES/SIGIPES* : les opérations concernées (modules d'affectation d'un agent public d'un site à un autre, mise à jour du site central MINFOPRA après traitement dans les sites utilisateurs, télémaintenance des sites SIGIPES) sont fonctionnelles, mais en mode dégradé dû au fait que l'infrastructure de communication appropriée n'est pas encore stabilisée ;
- *interface SIGIPES/ANTILOPE :* les échanges des données sont améliorés dans les deux sens. Les données des actes SIGIPES émis dans les sites sont transférées à ANTILOPE. Après chargement dans sa base de données, ANTILOPE informe SIGIPES des cas acceptés et des cas rejetés, assortis des motifs de rejet.

La nouvelle infrastructure de communication préconisée est basée sur une boucle radio (sans fil) à haut débit. Les caractéristiques du nouveau logiciel de communication ont été définies après une étude critique du logiciel existant (PCOMM).

1.9. Le tableau de bord de GRH de SIGIPES-Plus

La composante « développement de SIGIPES-Plus » du volet informatique de la réforme (tableau 9-1) incluait le développement d'un tableau de bord de GRH (TBGRH).

Le TBGRH offert par la version de SIGIPES-Plus expérimentée en 2003 au MINFOPRA présente les caractéristiques suivantes :

- il est bâti autour des trois principaux axes que sont :
  - *l'axe « clients/usagers »* : qui met l'accent sur les indicateurs de *satisfaction* des agents publics, bénéficiaires directs des résultats de la réforme, sur la *pertinence* des services rendus pour les différentes

catégories des agents publics. Les préoccupations majeures de cet axe portent sur les délais de traitement des dossiers, l'innovation dans les services pour prendre en compte les évolutions en matière de gestion des emplois publics et des compétences et l'anticipation des besoins de développement des ressources humaines de l'Etat.

- *l'axe « processus interne »* : qui met l'accent sur les processus qui vont avoir, à travers l'exploitation de SIGIPES, une forte incidence sur la satisfaction des clients/usagers et sur la pertinence des services qui leurs sont rendus. Les préoccupations de cet axe portent sur le *contrôle* et l'*amélioration* du processus de traitement des actes depuis leur initiation jusqu'à leur délivrance aux bénéficiaires. Cet axe s'appuie sur les données de la « Qualité totale » pour retenir les indicateurs de qualité, de délai de traitement des actes et de durée du cycle qui va de la réception de la requête d'un utilisateur à la résolution du problème qu'il a posé.
- *l'axe « apprentissage organisationnel »* : celui-ci concerne toute l'infrastructure, au plan des ressources humaines, des systèmes informatiques et des procédures, mise en place pour améliorer la performance du ministère en matière de gestion des carrières et de la solde des agents publics. Il intègre les indicateurs de *satisfaction, de formation et de compétence des utilisateurs* de SIGIPES, les indicateurs relatifs à la *communication en temps réel* des informations nécessaires au traitement des dossiers et ceux relatifs aux *procédures d'incitation des utilisateurs* par rapport aux objectifs d'amélioration concernant les deux précédents axes.

▪ il offre avec l'AQUARIUM des possibilités de gérer directement, à travers le système, les relations avec les usagers et d'anticiper et orienter leurs demandes futures.

Le tableau 11-4 résume les déterminants et les indicateurs retenus dans ce TBGRH. La dernière colonne de ce tableau indique ceux des indicateurs qui sont déjà disponibles dans SIGIPES.

1.10. La conduite du changement

En décrivant la stratégie de mise en œuvre de la réforme au chapitre 10 (§.2) nous avons rappelé les principes de gestion du projet qui mettaient l'accent sur l'implication du plus grand nombre d'acteurs, sur le développement d'une synergie soutenue entre ces acteurs et sur la production des résultats dans la logique du paradigme managérial. Nous avons également fait état des actions menées dans le cadre de la mise en œuvre de la stratégie d'IEC élaborée pour la réforme.

TABLEAU 11-4 : LA STRUCTURE DU TBGRH OFFERT PAR SIGIPES-PLUS

AXES	DETERMINANTS	INDICATEURS	DISPONIBLE DANS SIGIPES
« CLIENTS » - agents publics - administrations	**Satisfaction des agents publics**	– délais de traitement des dossiers – nombre de félicitations	√
	Pertinence des services rendus	– nombre de requêtes	
PROCESSUS INTERNES	**Innovation**	– nouveau type d'emploi – nouveaux besoins de formation – nouveau type d'acte – nombre d'aménagement des organigrammes	√ √
	Production	– nombre d'acte/ Taux de couverture (nombre d'actes effectivement signés, par type d'acte à produire) – taux de couverture fonctionnelle – sécurité (qui a fait quoi et avec quelle autorisation ?) – délai moyen de traitement d'un dossier – par type d'acte	√ √ √ √
	Maintenance	– nombre de requêtes – taux de solutions apportées – temps de réaction	
APPRENTISSAGE ORGANISATIONNEL	**Potentiel des utilisateurs internes**	– taux de rotation – ratio de couverture des postes stratégiques	√ √
	Disponibilité de l'information stratégique	– ratio de couverture de l'information stratégie	
	Motivation et responsabilisation du personnel	– nombre de suggestions formulées – nombre de suggestions appliquées	

Par rapport aux différentes actions sus-rappelées qui s'inscrivent dans la logique de la conduite de changement pour ce projet, le rapport d'audit externe de SIGIPES (octobre 2003 : 79) observe que l'accent ainsi mis *« sur les efforts de coordination, d'information, d'éducation et de sensibilisation démontre de façon très positive l'importance qui a été apportée à l'élaboration et au suivi de la politique de déconcentration et à sa bonne appropriation par l'administration».*

Au stade de réalisation du projet où nous nous trouvons à la fin du mois de décembre 2006, la réforme de la « déconcentration de la gestion des personnels de l'Etat » dans la logique du guichet unique avec le support technique de SIGIPES est effective dans les quatre sites pilotes. Les systèmes AQUARIUM, INFONET et REGNET ont fonctionné jusqu'en 2005 et pour diverses raisons ils ne sont plus utilisés. Le déploiement est en cours dans une quinzaine de départements ministériels.

Mais il reste encore tant à faire, entre conduire et réussir un changement. Malgré tous les efforts ainsi déployés, des résistances au changement restent nombreuses et parfois d'une incompréhensible ténacité de la part de certains acteurs internes à l'administration, lorsqu'on sait que la réforme porte sur le système de gestion des personnels de l'Etat. En effet, nous avons par exemple souligné que l'opération d'assainissement du fichier des personnels n'avait pas pour objectif primordial de traquer des « prétendus faussaires », mais de rafraîchir les données de base du système, sachant qu'il existe trois types de données, celles qui sont contenues dans des bases de données existantes (REGAINS, ANTILOPE,...), celles qui sont archivées (DRH, DAG, DS, DPE,...), et celles qui circulent (Direction technique, Usager,...). L'opération d'assainissement vise à repérer et à corriger les incohérences ou des erreurs dont certaines résultent bien souvent du fait de l'administration. D'où les trois étapes de la méthodologie retenue, à savoir : recensement (collecte des données à jour), authentification des actes (vérification de l'évolution de la carrière), consolidation (mise à jour du fichier du personnel, réhabilitation des archives).

Dans les faits, comme l'illustre le texte de l'encadré 11-1, certains acteurs ne respectent pas cette méthodologie et prennent des mesures de sanction avant même d'avoir procédé à des vérifications rigoureuses, compromettant de ce fait toutes les chances d'ancrage du changement qui est entrain d'être introduit. Car, comme chacun le constatera à la lecture de ce texte que nous avons choisi de publier dans son intégralité, les faits qui y sont décrits peuvent s'appliquer à n'importe quel agent public, avec des conséquences encore plus graves pour ceux qui sont déjà retraités et n'ont donc plus les moyens de se faire entendre. Si la lettre intitulée « cri du cœur d'une victime innocente » est adressée au Premier Ministre, Chef du Gouvernement, pour l'auteur c'est aussi un cri « qui va dans toutes les directions, vers tout vecteur susceptible de le relayer, de le porter le plus loin, le plus haut, le plus fort possible ».

Pourtant le document de « Politique de sécurité pour SIGIPES » traite spécifiquement de la sécurité des données en dégageant pour ce qui est des incohérences des données, six catégories bien distinctes (2004 : 20-23 et 62, annexe). La lecture du tableau de correction de certaines incohérences, joint en annexe, permet d'observer que dans la plupart des cas, c'est l'administration qui est la « source principale » des erreurs inventoriées : faute de frappe, erreur de saisie, lenteurs dans la saisie, insuffisance des informations portées sur les actes de nomination. Pour les cas de « faux actes » qui apparaissent dans la catégorie « situation de carrière », il est fait appel à l'usage du « code Ministère TAMPON » pour permettre une vérification approfondie associant l'agent concerné et incluant l'authentification des actes reçus avant toute mesure de portée disciplinaire. La sanction préalable n'a jamais été considérée comme une méthode pédagogique qui veut s'attaquer efficacement aux causes profondes d'un problème. C'est le postulat de base de toute approche de conduite de changement.

Nous aurions souhaité publier d'autres types de témoignage. Malheureusement (ou heureusement), nous sommes tombé sur celui-là, et qui, à notre sens, interpelle tous les intervenants dans cette réforme afin que ***jamais plus***, d'autres agents ne soient victimes de tels comportements. Puisse ce cri être entendu de tous. C'est, en effet, toute la stratégie de modernisation des services publics prenant en compte le renforcement de la *confiance* des citoyens envers les institutions de leur pays qui est interpellée de manière générale par ce « cri de cœur » d'une patriote. Il s'agit d'un puissant plaidoyer pour l'institution, au Cameroun, d'un *Médiateur des citoyens* suivant l'esprit de la Charte africaine des services publics, organe pour lequel le présent ouvrage milite.

Encadré 11-1 : LE CRI DU CŒUR D'UNE VICTIME INNOCENTE : Que dire de la confiance des citoyens envers les institutions de leur pays ?

Voici treize longs mois que j'aurais dû venir vers vous ; treize mois perdus à faire confiance, pour mon malheur, à un minimum de bon sens des gestionnaires de l'administration camerounaise. Outragée et excédée par tant de patience vaine, je vous saisis de ma profonde indignation. En effet, l'administration par laquelle je sers mon pays depuis 23 années de labeur incessant et reconnu m'a atteinte dans mon honneur et ma dignité. Elle m'a très injustement transformée en mendiante en suspendant abusivement tout mon salaire depuis mars 2006, soit 13 mois à ce jour, pour me punir d'une grossière erreur dont je ne suis aucunement responsable, et qui lui incombe entièrement.

Partisane du principe de nettoyage du fichier solde de tous les vrais fraudeurs, je ne vous aurais jamais dérangé si, compte tenu de la sévérité de cette mesure conservatoire, le dossier avait été rapidement instruit, les responsabilités établies, et les sanctions correspondantes appliquées dans les limites strictes de la loi et du droit.

Mais voici treize (13) longs mois que j'attends, en vain, que les explications que j'ai données pour éclairer les soupçons dont mon honneur se trouve entaché, suscitent quelque réaction ; que mes démarches, écrites et autres, induisent les responsables à mettre fin à ce sordide calvaire que je me vois infligée. De quoi s'agit-il ?

Préalables

Auprès de l'administration camerounaise, je suis connue sous le nom de Madame Kom Dorothée depuis ma prise de service, le 02 mars 1985, comme Professeur des lycées d'enseignement général. Très occasionnellement, mon nom de jeune fille, Njuidje, apparaît sur quelques papiers officiels. Je suis donc fonctionnaire civile intégrée ; régulièrement mise à la disposition du jadis Ministère de l'Enseignement supérieur et de la Recherche scientifique (Mesres) sur sa demande auprès du Mineduc en mai 1987 avec prise d'effet au 28 octobre 1985, date de ma prise de service comme Attachée de Recherche au Centre national d'éducation (Cne/Mesres) à titre de régularisation.

Je suis donc une femme, mariée, Professeur des lycées. Fonctionnaire en activité normale. Tous les actes administratifs me concernant ont toujours été adressés à " Madame" que je suis, "Kom" de mon nom d'épouse. Tous, sauf un : une demande d'explication.

Les faits

En mai 2005, une Commission du Sigipes auprès du Minresi, mon employeur, m'a convoquée pour vérifier si, Professeur de lycées à la base, j'exerçais régulièrement dans un Centre de recherche rattaché au Minresi. L'ensemble des justificatifs administratifs de mon parcours professionnel lui fut fourni. C'est tout à fait incidemment à cette occasion qu'un nouveau problème est identifié à partir de mon bulletin de solde. En effet, c'est avec ahurissement que j'ai appris, de ladite commission, que ce dernier affichait un avantage dont je bénéficiais mais qui était réservé à un " Général de corps d'armée ". Cette prime était de 90.000Fcfa. Mon étonnement fut d'autant grand que, n'étant même pas simple soldat des rangs, il ne me serait jamais venu à l'esprit de demander le moindre avantage lié à ce corps. Par contre, je reconnais avoir demandé, en vain, le paiement de mes primes de Chargée et de Maître de recherche, respectivement de 110.000Fcfa et 140.000Fcfa. J'ai quitté ladite commission en me félicitant des circonstances de cette grossière et étrange découverte. J'en suis partie convaincue qu'il n'y avait pas meilleur organe pour faire rectifier toutes ces erreurs et omissions, puisque la commission Sigipes de mon ministère était désormais en possession de tout mon dossier administratif. Mal m'en a pris puisque depuis treize mois, sans préavis, sans la moindre information, je ne touche plus aucun salaire, ce malgré les efforts déployés pour y remédier. La suite de cette histoire est éloquente.

L'administration s'est inscrite dans la logique qui veut que : " on tue le suspect d'abord, et on interroge son cadavre ensuite ". La suspension de tout mon salaire a précédé la demande des explications qui devaient l'induire, ou arrêter le processus indûment activé. Et pendant que j'attends encore la réaction aux explications données, mon numéro matricule disparaît mystérieusement du fichier solde où je deviens inconnue. Aucune démarche pour savoir ce qui se passe n'a véritablement abouti, et aucune information officielle ne m'est plus donnée sur ma situation administrative depuis cette demande d'explication en avril 2006.

L'escalade

Après l'incident de mai 2005 dont, pour mon malheur, je n'ai pas saisi la gravité et surtout les potentiels développements, les événements se sont échelonnés ainsi qu'il suit :

1. **Le 13 avril 2006**, j'apprends auprès de ma banque que mon salaire du mois de Mars précédent n'y a pas été viré. Aucune explication ne peut m'être fournie par la banque. J'en repars abasourdie et dans l'ignorance totale de l'origine de cette situation.
2. **Le même 13 avril**, catastrophée à la sortie de la banque, j'atterris à mon ministère dans un état second. A force de raconter ce cauchemar, quelqu'un se risque à me dire, sans en être sûr, qu'une demande d'explication en provenance du MINFOPRA m'attendrait au service du courrier. Il me faudra insister pour l'obtenir, les modifications multiformes de mon identité administrative usuelle présentées ci-dessus m'ayant rendue non identifiable. En effet, bien que ladite demande d'explication porte le numéro matricule de Mme Kom Dorothée, elle est adressée plutôt à "Monsieur Njuidje Dorothée, Professeur des lycées ". Le MINFOPRA, signataire, demandait à ce "monsieur " que j'étais devenu de " fournir des explications relatives au fait que [je percevais] indûment une indemnité de charge militaire général de corps d'armée, alors que [je n'appartenais] pas à ce corps, faute de quoi cette situation

[m]'exposait à des sanctions prévues par la réglementation en vigueur ". Cet important document, signé mi mars 2006 par le MINFOPRA, ne m'a été délivré qu'accidentellement, un mois plus tard, le 13 avril 2006 alors qu'on était sur le point de le revêtir de la mention "Agent inconnu : retour à l'expéditeur" si ma banque, puis un cadre vigilant de mon ministère ne m'avaient alertée. Ainsi se révélait à moi cette intolérable machination qui perdure.

Il faut relever qu'avant qu'on m'ait informée officiellement, par cette demande, du soupçon qui pesait sur moi, l'on avait déjà procédé à la suspension de tout mon salaire (salaire de base et autres indemnités comprises), l'expression " faute de quoi " utilisée dans ladite demande n'étant, alors, qu'une figure de style vide de signification, ce qui conforte l'idée d'acharnement intentionnel. Les sanctions, on le voit, n'ont pas attendu mes explications pour tomber. A ce jour, soit plus d'un an après acte, aucune notification officielle de cette sanction de suspension de solde ne m'est toujours servie.

3. **Le 17 Avril 2006**, au bout d'un véritable parcours du combattant entre la Cellule SIGIPES près MINRESI et le MINFOPRA, je réussis à déposer personnellement ma réponse à la demande d'explication auprès du MINFOPRA. La réaction reste encore attendue à date.

4. **En juillet 2006**, je me fais recenser normalement et dépose, au grand embarras de l'agent recenseur, l'ensemble des pièces (14) justificatives relatives à toute ma situation administrative, question de multiplier les chances de voir bientôt s'achever mon calvaire. Je n'étais alors qu'à cinq mois sans salaire.

5. A bout de patience, et le silence du MINFOPRA devenant de plus en plus long, lourd, inquiétant et intrigant devant une situation d'une limpidité incontestable, je me lance en Septembre 2006, à la poursuite de mon dossier avec pour objectif de le retrouver et d'en connaître le sort. Apprenant qu'il serait dans un service spécifique, j'en saisis le responsable par téléphone pour un rendez-vous. Mais l'accueil qui m'est réservé est à inscrire au registre des violences qui émaillent le parcours de cette histoire rocambolesque. Je n'en reçois, comme information, que le conseil selon lequel : " Vous êtes agent de l'Etat, vous savez quoi faire ". Enigme !

6. De plus en plus désabusée et désemparée, j'introduis le 25 Octobre 2006, une "requête " (maladroitement libellée " recours gracieux") pour servir d'aide mémoire au MINFOPRA. La réponse en est éloquente : le silence.

7. **En Décembre 2006**, de retour de mon congé annuel, je retrouve un dossier financier rejeté pour cause de " matricule [rendu] inconnu au fichier". Information prise, je comprends que seul le MINFOPRA est habileté à ordonner ma reprise en solde. Pas plus que pour la suspension de mon salaire, aucune notification de cette nouvelle sanction sans jugement ne m'est communiquée officiellement à ce jour. Je viens d'ailleurs de découvrir, à mes dépens, que cette mesure ouvre la voie à d'autres types d'abus financiers au MINEFI au détriment de personnes ainsi injustement suspendues. Mais ça, c'est une autre histoire !

8. **Le 12 janvier 2007**, j'ai introduit une demande d'audience auprès du MINFOPRA, prenant à nouveau soin d'en faire un aide-mémoire compréhensif et d'y joindre tous les documents susceptibles de l'éclairer sur ma situation. La réponse reste attendue à ce jour.

9. **Février – Mars 2007** : Autres tentatives pour obtenir des informations auprès du MINFOPRA. Résultats confus.

10. **Fin Février 2007** : Demande d'audience auprès du Secrétaire Général du MINEFI. Pas de réponse.

11. **Le 19 Mars 2007** : Audience auprès de Madame le Directeur de la Solde qui confirme que le dossier ne peut être débloqué qu'à partir du MINFOPRA.

Les cellules SIGIPES ministérielles ne sont-elles donc, au mieux, que de simples courroies de transmission des dossiers bruts à la hiérarchie ? Ne font-elles pas une instruction de déblayage des dossiers des ministères dont ils sont censés maîtriser les spécificités, pour éclairer les instances de prise de décision ? J'avais été convoquée pour prouver la régularité de ma présence au MINRESI. La Commission décèle le problème de " Général de corps d'armée ".

Pourquoi a-t-elle transmis ce nouveau dossier qui n'était pas l'objet connu de ma convocation, sans m'entendre clairement et sans me signifier, autrement que comme une blague, que mon bulletin affichait cette irrégularité ? Ma réponse a-t-elle seulement été enregistrée ? Avec quel effet pour donner lieu à une suspension de salaire avant l'envoi d'une demande d'explication ?

Je me trouve non seulement victime d'un flagrant déni de justice, en plus, mon honneur et ma dignité sont sérieusement mis à mal dans cette sordide affaire. Pire, mon droit à la vie se trouve bafoué car, fonctionnaire et rien d'autre, je suis totalement privée de mon unique source de survie, mon salaire, alors que je vais régulièrement au travail.
Au vu de tout ce qui précède, et au bout de plus d'un an d'une patience exemplaire, je ne puis contenir ma douleur et étouffer mon cri de suppliciée. L'excès d'incongruités qui jonchent le parcours de cette insupportable situation mérite de vous être signalé et d'être désormais porté devant le public que je prends à témoin.

Sur un autre plan, les bulletins de solde ne parvenant plus aux intéressés, j'y accède très exceptionnellement. Et quand il m'arrive de l'avoir, je ne fais jamais attention aux libellés. En tout cas, il m'aurait été impossible de décoder la rubrique incriminée, infiltrée dans le mien, et libellée : " CHARGE MILIT GNL CORPS ARME ", comme étant autre chose qu'une prime spéciale accordée aux enseignants et/ou aux chercheurs suite à l'hécatombe salariale des années 90, ou comme une technique administrative pour me verser les primes effectivement dues.

De plus, le 24 Mai 2004, j'ai été promue Maître de recherche. Et comme par hasard, comme je viens de le découvrir, l'erreur incriminée s'est glissée par deux fois dans mon bulletin de solde en juillet 2004, soit deux (2) mois après cette promotion. J'en ai été informée par ma banque en prenant le solde de mon compte, et ai cru au début de paiement, sans douleur, à défaut du rappel de mes primes de Chargée de recherche rétroactivement à janvier 1993, à celles de 140.000 Fcfa comme Maître de recherche. Dans les deux cas, elles sont supérieures aux 90.000 Fcfa d'indemnité erronée qui me vaut d'être réduite à la mendicité depuis plus d'un an. Drôle de coïncidence. Orchestrée par qui ? Comment ? Pourquoi ? Pourquoi la persécution actuelle n'est-elle pas orientée vers cet acteur de l'ombre ? Pourquoi tant d'acharnement aveugle, tant de violence administrative, tant de brutalité gratuite ? Tant d'irrationalités, tant d'absurdités sont-elles vraiment gratuites ?

Le déroulement de cette histoire de Général à trois étoiles pour le moins farfelue depuis son déclenchement par la suspension de mon salaire s'apparente à un véritable procès kafkaïen, donc de pure forme, dont le verdict est connu bien avant même qu'il ne commence. La procédure engagée sert alors de simple prétexte pour assouvir un sombre dessein, et aucune attention n'est accordée à la victime condamnée d'avance quoi qu'il dise.

Une fois de plus, je constate que j'ai péché dès mai 2005 pour avoir cru au bon sens des responsables administratifs. Quel type de dossier diligente-t-on donc au MINFOPRA si un comme le mien que je croyais prioritaire eu égard à la nature des institutions impliquées à savoir, les Forces Armées et leur Chef Suprême, le Président de la République qui en nomme les responsables, n'a pu l'être ? Meilleur sort est-il réservé aux dossiers moins voyants ? J'ai été trop naïve d'y croire. C'est bien cela mon crime.

Treize mois d'interrogation

Au bout de treize mois d'attente, de nombreuses questions se bousculent dans mon esprit. Parmi elles, les suivantes :

1. Si mes explications d'avril 2006 n'ont pas convaincu, quel retour a-t-il été fait ? Une véritable enquête a-t-elle été commise pour faire la lumière sur cette histoire trop singulière pour être banale ?

2. Comment, après 13 mois à date, une situation d'une telle gravité, pour moi comme pour les Institutions de la République, peut-elle continuer à n'être pas élucidée afin que les responsabilités soient rapidement établies et les coupables sanctionnés, chacun dans le respect de ses droits et de la loi ? Si non, qu'aurait révélé l'enquête qui ne m'aurait pas entendue pour

apprécier le niveau de ma participation dans cette sordide machination ? N'avait-on donc plus besoin de justifier l'escalade des sanctions hâtivement programmées contre moi ? 3. L'enquête a-t-elle permis de retracer le faux acte que j'aurais produit et qui s'affiche dans mon bulletin de solde sous le numéro 20DN1 ?

4. Pourquoi dois-je, moi la victime, supporter les conséquences de l'incompétence et de la malveillance des agents qui ont introduit cette grossière erreur de dénomination ? Que d'autres ont-ils fait ou continuent-ils de faire impunément ? Combien d'honnêtes employés de l'Etat en sont ainsi d'innocentes victimes ?

5. Par simple bon sens, aurais-je été responsable d'une fraude qui me dessert financièrement par ces temps d'austérité prolongée ? Mon unique plaisir se limitait-il donc à usurper un titre ? Rien qu'un gros titre ?

6. Plutôt qu'une présumée fraude - acte intentionnel-, l'erreur - caractéristique humaine- au niveau des services autorisés n'est-elle pas évidente ici à partir du moment où mon crime est resté signé de mon identité administrative d'origine, PLEG, et de mon administration de service, MINRESI ? Cela est-il logique ?

7. Combien de temps dure l'instruction normale d'un dossier d'une telle limpidité, si tant est qu'une telle démarche est en cours ? A quand le débat contradictoire avec mon supposé complice pour démêler cet étrange délit ?

8. Le droit à un minimum vital d'un salarié en activité, soupçonné d'un quelconque forfait, mais à la culpabilité non établie, n'existe-t-il donc pas chez nous ? Ou alors, que fait-on pour que les mesures dites conservatoires ne conservent tout sauf des vies innocentes ?

9. Comment le ridicule et l'absurdité de cette histoire scandaleuse ont-ils pu échapper à ceux qui l'ont actionnée ? Jusqu'où les nombreuses " erreurs " faisant de moi un homme portant mon nom de jeune fille et donc, un "agent inconnu" dans mon administration étaient-elles calculées ? Mon passage devant le Conseil de discipline n'était-il pas décidé en même temps que celle de la suspension de mon salaire et de la demande d'explication ? Ma radiation immédiate et sans appel de la Fonction publique n'est-elle pas inscrite en filigrane tel que le laisse deviner le déroulement du rouleau compresseur qu'accompagne une assourdissante conspiration du silence ? Que cache ce silence systématique ?

10. Les "sanctions en vigueur" dont on me menaçait étant déjà largement appliquées sans les préalables indispensables, je me demande à quoi m'attendre maintenant en termes de sanction si ce sordide plan poursuivait son cours ? Le climat de suspicion qui prévalait, début 2006, au Cameroun, peut-il à lui seul justifier un tel manque de discernement par lequel au lieu de rectifier une erreur qui pénalise abusivement autrui, l'on décide éhontement de l'en punir pour se couvrir ? Pareille brutalité, notamment perpétrée par l'Etat qui a devoir de protection des citoyens, et par son administration qui est censée donner l'exemple de la lutte contre la pauvreté et l'injustice, pareille violence, disais-je, est-elle excusable ?

Des attentes

Le préjudice subi est énorme eu égard à mon long parcours sans faute comme agent de l'Etat. Depuis treize mois aujourd'hui, l'on me prive arbitrairement du minimum incompressible de survie de base. La persécution par les actes qui continue inexorablement, irrationnellement, le silence qui l'accompagne au mépris du moindre respect de mon droit à l'information, à la défense, à la vie, fonctionnent tel un rouleau compresseur qui, une fois déployé, ne peut s'arrêter avant d'avoir atteint son sinistre objectif. Où se situe, dans toute cette mascarade, mon droit à la présomption d'innocence ? Mon droit de femme grossièrement calomniée, symboliquement violentée, et impunément abusée par l'administration ? Où est mon droit de simple citoyen qui aspire à la justice ? Ne me seront-ils reconnus, ces droits, dans cette histoire d'une gravité burlesque, qu'à titre posthume ?

Excellence

Fragilisée du fait de l'incertitude permanente dans laquelle je me trouve plongée, indirectement et brutalement poussée au suicide n'eut été la force agissante de la solidarité de la famille africaine, je soutiens, néanmoins, un stress dangereux pour ma vie. Je me réserve le droit d'évaluer le moment venu, le lourd préjudice moral extrême.

En attendant, je ne puis que pousser mon cri du cœur tant que je le peux encore, face à cette cabale administrative, avant le coup de grâce programmé de longue date. Cri que je pousse vers vous d'abord, Chef du Gouvernement, mais cri qui va dans toutes les directions, vers tout vecteur susceptible de le relayer, de le porter le plus loin, le plus haut, le plus fort possible. Le cri du condamné innocent que les bourreaux, occupés à en finir, n'écoutent ni ne voient plus. Car, si je subis l'humiliation de plaider partout mon innocence ; si je suis réduite à une situation d'indigence insoutenable alors même que je travaille ; je ne puis me laisser achever, définitivement, sans pousser un cri du cœur. Il résonne du cri de ces nombreuses autres victimes innocentes qui souffrent et meurent en silence dans l'anonymat et dans l'indifférence administrative la plus totale.

Je rappelle que malgré le calvaire de cette situation hallucinante, je suis toujours en activité dans un service où j'assume, depuis 18 mois, des responsabilités après plus de 23 ans de bons et loyaux services. J'ai choisi de revenir, et de rester servir mon pays quoi qu'il arrive. Son Administration me donnerait-elle tort ?

J'attends, Excellence, de pouvoir bénéficier sans délai de la totalité du salaire dont je suis arbitrairement privée depuis le mois de Mars 2006.

Je rappelle enfin, pour mémoire, que le Cameroun est signataire de la Charte Internationale des Droits de la Personne, ainsi que de nombreuses autres Conventions garantissant la protection des victimes contre tout déni de justice.

Veuillez croire, Excellence, M. Le Premier Ministre, à ma très haute et très respectueuse considération.

Dr KOM née NJUIDJE Dorothée
Maître de Recherche
Chef de Cellule de Renforcement des Capacités Scientifiques et Techniques
MINRESI

Source : Journal, La Nouvelle Expression, n° 1952 du lundi 02 avril 2007, P.11 ; www. nouvellexpression.net ou www. cameroon-info.net

2. SUIVI ET CONTROLE DE REALISATION DE LA REFORME

La production des résultats palpables et observables est l'un des principes qui sous-tendent la philosophie de gestion du projet. L'application de ce principe est fondée sur la responsabilisation des acteurs, certes, mais aussi et surtout sur la nécessité de rendre des comptes quant à la réalisation des objectifs poursuivis. Cette nécessité de rendre compte s'inscrit non seulement parmi les exigences du Programme National de Gouvernance (PNG), mais fait partie des obligations des gestionnaires des projets réalisés en application du Code des Marchés Publics ou financés par des partenaires au développement. Aussi, des outils et approches formelles de suivi et de contrôle de la mise en œuvre ont été élaborés et utilisés pour satisfaire à cette double exigence de production des résultats (management) et de reddition des comptes (bonne gouvernance).

2.1. Le suivi de l'exécution des travaux

Pour le suivi de l'exécution des marchés signés dans le cadre de la réforme, nous disposions d'un ensemble d'outils, dont ceux ci-après :

- les termes de référence des différentes composantes de la réforme ;
- les cahiers des charges des différentes composantes informatiques de la réforme ;
- les documents des marchés ;
- les protocoles de financement signés avec les bailleurs de fonds ayant apporté leur appui à la réalisation du projet (Union Européenne, PNUD, fonds PPTE) ;
- le plan de réalisation de l'opérationnalisation de SIGIPES fourni par le prestataire ;
- la matrice d'actions de réhabilitation de l'application SIGIPES élaborée et validée par l'équipe opérationnelle de SIGIPES ;
- les fiches de suivi des paramètres de contrôle adoptées par le Comité de Coordination lors de sa réunion du 22 janvier 2002 ;
- le tableau de bord de suivi de l'opérationnalisation de SIGIPES à la date du 17 mai 2001 ;
- le tableau de bord de suivi de l'opérationnalisation du SIGIPES à la date du 03 août 2001 ;
- le plan d'action de mise en œuvre des recommandations formulées dans le rapport adressé au Premier Ministre, Chef du Gouvernement en juillet 2002 ;
- les rapports d'étape indiquant le niveau d'avancement des travaux sur SIGIPES-Plus (au 03 avril 2003 et au 31 décembre 2003) ;
- les PV de réception des différents marchés.

S'appuyant sur les organes d'exécution du projet, et notamment l'équipe opérationnelle de SIGIPES et les chefs de Cellules SIGIPES dans les sites pilotes, le Chef de service, tout au long de la réalisation de ces marchés a fait intervenir des experts externes disposant des compétences requises pour ces marchés qui étaient essentiellement des « prestations intellectuelles ».

Ainsi, l'Ingénieur Projet, Chef de Cellule Informatique du MINFOPRA, a-t-il été fortement impliqué. De même et sur les hautes instructions du Maître d'ouvrage, le Ministre de la Fonction Publique et de la Réforme Administrative, un Ingénieur Informatique en poste au CENADI et ancien Chef de Cellule Informatique de la Direction de la Solde au Ministère des Finances a-t-il été désigné auprès du Chef de service et Chef de l'Equipe opérationnelle pour lui servir de Conseiller Technique pour les marchés d'opérationnalisation de SIGIPES et de développement de SIGIPES-Plus.

L'Ingénieur Réseau du CENADI qui a également été responsabilisé à l'administration et au suivi de l'exploitation du réseau d'interconnexion de SIGIPES s'est fortement impliqué pour assurer avec professionnalisme la

« connexion réseau ANTILOPE/SIGIPES » qui était indispensable pour l'effectivité de la réforme.

C'est enfin, dans cette même optique que le Ministre de la Fonction Publique se fera affecter en septembre 2002 un autre Ingénieur en Informatique et titulaire d'un PHD dans ce domaine, lequel sera nommé en 2003 au poste de son Conseiller Technique n°1. Il est désigné, lors de la réception du marché de l'opérationnalisation de SIGIPES, comme « Administrateur National de SIGIPES ». Lorsque le 21 juillet 2004, l'équipe technique chargée de « l'amélioration de l'interface entre SIGIPES et ANTILOPE » est créée au sein de l'Equipe Opérationnelle, c'est lui qui est désigné comme chef de cette équipe.

2.2. Le contrôle de l'exécution des travaux

L'exécution des marchés signés a fait l'objet de six types de contrôle donnant lieu chacun à un rapport :

- *les contrôles effectués par le maître d'ouvrage :* ceux-ci s'appuyaient entre autres, sur les rapports des travaux des organes d'exécution notamment les cellules informatiques des sites pilotes, sur les recommandations des réunions du Comité de Coordination et de suivi de SIGIPES et sur diverses correspondances adressées par les chefs des départements ministériels des autres sites pilotes (MINEFI, MINEDUC, MINSANTE) ;
- *les contrôles techniques effectués au niveau de l'équipe opérationnelle de SIGIPES :* ceux-ci se faisaient sous forme de travail en comités réunissant des experts en sous-équipes techniques qui présentaient leurs rapports à l'équipe opérationnelle. Après échanges et validation, ces rapports étaient transmis au Maître d'Ouvrage pour servir, si nécessaire, de document de travail aux réunions du Comité de Coordination et de suivi. Le tableau 10-3 donne une illustration des moyens de contrôle utilisés lors de l'expérience pilote compte tenu des indicateurs de suivi retenus ;
- *un audit externe de SIGIPES :* réalisé par le cabinet indépendant C2G, sélectionné après un appel d'offre international. Cet audit fait suite à une recommandation formulée dans le rapport adressé au Premier Ministre, en juillet 2002 et relatif au « déroulement de la phase expérimentale de l'exploitation de l'application SIGIPES dans les sites pilotes : janvier-mars 2002 ». Les TDR de cet audit ont été débattus et adoptés par le Comité de Coordination et de Suivi lors de la réunion du 25 juillet 2002. Il s'agit de dégager les points forts et faibles du projet tel qu'il a été réalisé et de formuler des recommandations sur ceux qui mériteraient d'être particulièrement surveillés lors du déploiement de la réforme dans les autres administrations ;

- *une évaluation des Services du Premier Ministre :* Le Premier Ministre a constitué une commission ad-hoc pour procéder à une évaluation de la mise en œuvre effective des actions préconisées pour atteindre les objectifs poursuivis par la réforme dans les quatre sites pilotes. Cette commission a travaillé les 11 et 12 mars 2003 et a déposé son rapport le 14 mars 2003 ;
- *une mission de contrôle de la gestion des ressources PPTE et du financement de l'Union Européenne pour le compte de l'opération SIGIPES :* mission effectuée du 20 juin au 30 juillet 2005 par la Division du Contrôle des Opérations Budgétaires (DCOB) du Ministère de l'Economie et des Finances ;
- *les audits effectués dans le cadre du suivi des protocoles de financement signés avec l'Union Européenne et le PNUD :* les résultats de ces audits peuvent donner lieu à des sanctions allant jusqu'à la suspension du financement sans préjudice des poursuites judiciaires conformément aux lois du pays.

Ces mesures de contrôle ont été complétées par des descentes sur le terrain des missions conjointes FMI/BM[102]. En outre, le Premier Ministre, Chef du Gouvernement a effectué une visite des sites du MINFOPRA et du MINEDUC le 28 avril 2004. La figure 11-2 illustre un moment de cette visite dans une salle au rez-de-chaussée du MINFOPRA, lorsque le Premier Ministre se fait expliquer le fonctionnement du système.

A l'issue de cette visite, et comme on peut le lire en consultant le site officiel du Gouvernement, le Premier Ministre a adressé ses félicitations au Ministre de la Fonction Publique et de la Réforme Administrative pour les « merveilleux pas vers le modernisme tel que prescrit par le Président de la République, Paul BIYA » accomplis avec les résultats déjà ainsi obtenus avec ce projet.

[102] La visite qui sera déterminante pour le démarrage effectif de la phase pilote a lieu le *11 septembre 2001* à partir de 16h00 dans le site du MINFOPRA. Les tests de traitement des actes et de communication entre SIGIPES et ANTILOPE sont effectués avec succès. Mais la mission, relevant l'inexistence du cadre réglementaire de la réforme, est particulièrement réservée quant à la volonté du Gouvernement à conduire la réforme à terme. (Comme on le voit, même pour nous, la date du 11 septembre 2OO1 à une signification particulière).

FIGURE 11-2 : LE PREMIER MINISTRE VISITE DES SITES SIGIPES

300 F CFA

SIGIPES : le satisfecit du PM

Le premier ministre, chef du gouvernement a effectué hier une descente inopinée dans deux départements ministériels. Au MINFOPRA comme au MINEDUC, Peter Mafany Musonge a touché du doigt le degré de réalisation du projet relatif au Système informatique de gestion intégrée du personnel de l'Etat et de la solde (SIGIPES). p.2

<u>Source</u> : *Journal Cameroon-Tribune, n° 8086/4375 du 29 avril 2004, Galerie des photos du Portail du Gouvernement, http : //www.spm.gov.com*

Les marchés signés pour la réalisation du projet relevant de la catégorie des marchés des « prestations intellectuelles », il peut être utile si on est intéressé, d'examiner la méthodologie utilisée dans le cadre de ces différents types de contrôle et surtout la liste de quelques documents produits et consultés, par exemple, par le Cabinet C2G lors de son audit en octobre 2003, liste qui figure en annexe du rapport de cet audit. Les données qu'elle contient devront être complétées par celles de la « liste des principaux documents produits à la date du 31 mars 2005 dans le cadre de la réforme de la déconcentration de la gestion des personnels de l'Etat et de la solde » qui est jointe en annexe (annexe 3).

Le suivi et le contrôle de l'exécution des marchés visés ont été effectués avec une intense implication de tous les différents acteurs concernés par la réforme, comme le montrent les comptes-rendus des diverses réunions tenues durant la période retenue dans cette étude de cas. La désignation des membres du Comité de Coordination et du suivi de SIGIPES et ceux de l'Equipe opérationnelle a été rendue officielle le 16 janvier 2001. Aussi, la première réunion de l'équipe opérationnelle a eu lieu le 17 janvier 2001 et celle du Comité de Coordination le 27 février 2001. Au total, dans la période de janvier 2001 à novembre 2004, trente-neuf (39) réunions ont été tenues formellement par ces deux organes dont dix-huit (18) pour le Comité de Coordination et vingt-et-une (21) pour l'Equipe opérationnelle.

L'exploitation du rapport de contrôle de la DCOB du Ministère des Finances a fait intervenir le Contrôle Supérieur de l'Etat qui a statué sur des cas de non-respect des procédures de gestion financière concernant certaines composantes du projet. De même, et suite à des plaintes formulées par le Ministre de la Fonction Publique au mois de décembre 2005, la Police Judiciaire a mené des enquêtes approfondies (avec des descentes sur le terrain et des séances de confrontation) sur l'effectivité des prestations fournies pour toutes les composantes informatiques du projet. Sans qu'il soit établi de manière irréfutable que des irrégularités ont été commises au regard des chefs d'accusation, la Police Judiciaire a remis son rapport au Procureur de la République auprès de qui les plaintes avaient été formulées[103].

A l'issue des différents contrôles effectués sous sa responsabilité dans la période 2001 à 2004, le Ministre de la Fonction Publique et de la Réforme Administrative, Maître d'ouvrage, a adressé au Premier Ministre, Chef du Gouvernement, des rapports dégageant, les résultats déjà atteints et les difficultés rencontrées lors de la réalisation du projet.

Dans une correspondance du 06 février 2004 adressée au Secrétaire Général des Services du Premier Ministre pour la haute attention du Chef du Gouvernement, le Ministre de la Fonction Publique, Maître d'ouvrage, relève la maîtrise technique du développement de SIGIPES et du processus de la réforme, et conclut en suggérant au Gouvernement de s'inspirer de cet exemple pour développer un système analogue pour la gestion des ressources matérielles (la matière) de l'Etat. Ce système qui pourrait se dénommer Système Informatique de Gestion Intégrée de la Matière de l'Etat (SIGIDEM) contribuerait à renforcer la stratégie gouvernementale de lutte contre la corruption.

3. ANALYSE DES RESULTATS OBTENUS

L'audit externe de SIGIPES et l'évaluation de la réforme faite par les Services du Premier Ministre en 2003 fournissent, parmi bien d'autres contributions, des éléments d'analyse des résultats obtenus sous différents angles. Le chapitre « Bilan diagnostic » du rapport de l'audit externe traite, par exemple, de six aspects différents : les aspects organisationnels, les aspects

[103] En date du 05 octobre 2006 le Procureur de la République a donné mainlevée sur l'interdiction de sortie du territoire des personnes concernées par les plaintes du Ministre, ladite mesure, écrit-il, « ne s'avérant plus nécessaire par rapport à l'évolution de l'information judiciaire » au sein du Parquet (correspondance n° 06-A1C-1249/PPR/TGI/Mfoundi/022).

informatiques, la documentation, les aspects techniques, la sécurité et la confidentialité, les aspects financiers.

Sous l'angle de la gestion du changement organisationnel, nous allons mettre l'accent ici sur les impacts des résultats obtenus, sur les problèmes d'appropriation de la réforme et sur les difficultés rencontrées pour obtenir les résultats présentés.

3.1. Impacts des résultats obtenus

Nous avons rappelé au chapitre 9 que le projet s'inscrit dans la poursuite des objectifs de la maîtrise des effectifs et de la masse salariale dans la Fonction Publique et une meilleure gestion des agents publics. Le tableau 9-1 décrit pour chaque composante informatique de la réforme, les impacts attendus sur la qualité du service. Nous analysons ici les impacts des résultats déjà obtenus sur ces deux aspects.

3.1.1. Impacts sur la maîtrise des effectifs et de la masse salariale

L'introduction de SIGIPES a permis l'assainissement des données de référence et des données de base sur le personnel de l'Etat, qui a eu pour effet la célérité dans le traitement des actes et la maîtrise des données statistiques.

S'agissant de l'impact de ces mesures sur la maîtrise des effectifs, le cas du MINFOPRA où l'impact de l'assainissement des données est perceptible, est traité ici.

En effet, en août 2003 lors de la phase expérimentale de SIGIPES-Plus, il s'est avéré que le fichier des agents émargeant au budget du personnel du MINFOPRA affichait dans ANTILOPE un effectif de 2 742 agents. Un premier recensement du personnel effectué la même année au MINFOPRA a permis de dénombrer 1 185 agents travaillant effectivement dans ce ministère et dans ses organismes sous tutelle que sont l'ENAM et l'ISMP. Des agents travaillant au MINFOPRA mais n'émargeant pas dans son budget au niveau ANTILOPE, ont également été recensés.

Un deuxième recensement des personnels du MINFOPRA a été effectué en février 2005, qui a permis de dénombrer 1 075 personnes travaillant dans les services centraux et extérieurs (y compris les élèves de l'ENAM).

Ces deux phases d'assainissement ont permis de dresser le tableau ci-dessous qui montre que près de 1 500 personnes grèvent indûment le budget du MINFOPRA.

	Effectif réel MINFOPRA	*Effectif budgétaire ANTILOPE*	*Personnes émargeant en trop au MINFOPRA*
Assainissement au mois d'août 2003	1 185	2 742	1 557
Assainissement au mois de février 2005	1 075	2 514	1 439

Au plan de la maîtrise de la masse salariale, en procédant à une simulation à l'aide des données du fichier ANTILOPE pour la période allant du mois d'août au mois de décembre 2003 toujours lors de l'expérimentation de SIGIPES-Plus au MINFOPRA, il s'est avéré que des économies résultant de la maîtrise des effectifs pouvaient être réalisées. Ainsi :

- le ministère a vu sa consommation des crédits en dépenses des personnels passer de 382 747 879 FCFA au mois d'août 2003 à 122 359 467 FCFA au mois de décembre 2003, soit une réduction de l'ordre de 68% résultant de l'assainissement des effectifs ;
- en prenant comme base de calcul les salaires du mois de décembre 2003, l'enveloppe nécessaire au titre des dépenses annuelles de personnels est de 1 683 445 344 FCFA. Ce montant permet de réaliser, par rapport à la provision de 3 790 000 000 FCFA inscrite à ce chapitre du budget, une économie annuelle de 2 110 554 656 FCFA.

Ainsi, si SIGIPES-Plus avait été utilisé pour gérer les agents publics au MINFOPRA au cours de l'année 2003 conformément aux principes de la réforme (le Ministre utilisateur gère la carrière et paie le salaire), l'Etat aurait réalisé des économies sur l'article 100 du budget de ce ministère, d'un montant de plus de 2 000 000 000 FCFA (deux milliards de francs CFA). Il est à noter qu'il ne s'agit ici que du seul cas du MINFOPRA. Un déploiement global de la réforme dans les autres administrations permettrait d'avoir un impact encore plus important en termes de gains.

Le graphique de la figure 11-3 tiré du rapport adressé au Premier Ministre, en décembre 2003, pour lui présenter ces résultats, indiquent la tendance de l'évolution de la masse salariale du MINFOPRA au cours des trois mois d'août, novembre et décembre 2003.

FIGURE 11-3 : EVOLUTION DE LA MASSE SALARIALE DU MINFOPRA SUIVIE A L'AIDE DE SIGIPES-PLUS

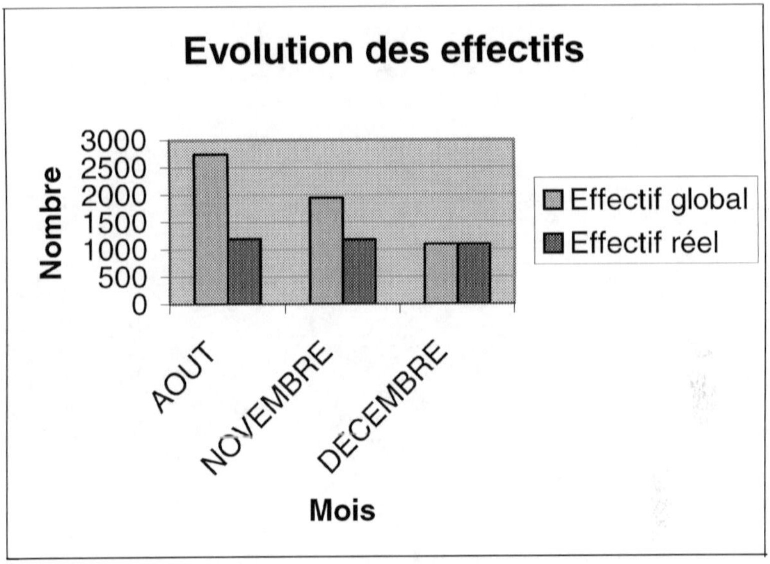

3.1.2. Impacts sur la gestion des agents publics

Pour le Ministère de la Fonction Publique qui, dans la mise en œuvre de la réforme, a à la fois des missions transversales et des missions en tant qu'utilisateur de ses propres agents, SIGIPES est la principale -sinon l'unique- application informatique conçue et développée pour appuyer le traitement automatique du travail effectué dans ce département ministériel.

Le tableau 11-5, ci-après dégage les attributions des responsables de la ligne hiérarchique du Ministère, telles que définies dans le décret n° 2005/086 du 29 mars 2005. Il s'agit du Secrétaire Général (SG), du Directeur du Développement des Ressources Humaines de l'Etat (DDRHE), du Directeur de la Gestion des Carrières (DGC), du chef de la Division de la Discipline et du Contentieux (DDC), du chef de la Division des Etudes, de la Prospective et du Contrôle des Effectifs (DEPCE), du Directeur des Affaires Générales (DAG). Le tableau indique pour chacun d'eux les fonctions de SIGIPES qui sont pertinentes à leur besoin d'utilisation de cet outil. Il s'en dégage la place prépondérante du TBGRH dans son rôle de système d'information à la fois sur les clients/usagers, les processus internes et sur l'apprentissage organisationnel. Aussi, reste-t-il à tous ces principaux collaborateurs du Ministre à s'appliquer à utiliser ce système de façon optimale pour faire leur propre travail et pour faire le suivi du respect des normes de production qu'ils ont édictées eux-mêmes ou qui sont prescrites dans le respect des règles de l'art.

TABLEAU 11- 5 : SIGIPES : OUTIL DE TRAVAIL DES RESPONSABLES DE LA LIGNE HIERARCHIQUE AU MINFOPRA (Décret n° 2005/086 du 29 mars 2005)

POSTE*	ATTRIBUTION	UTILISATION DE SIGIPES
SG	Coordonne l'action des services centraux et extérieurs et l'organisation matérielle des services	
	Définit et codifie les procédures internes au département et l'organisation matérielle des services	Rationalisation des procédures de GRH : Maintenance SIGIPES
	Veille à la célérité dans les traitements des dossiers	-Consultation des états statistiques des dossiers traités par service ou par personne : TBGRH -Consultation des états de dossiers en dépassement des délais de traitement : TBGRH
	Veille à la formation permanente du personnel	Consultation du journal des stages
	Signe les actes par délégation	Enregistrement de la signature des actes
DDRHE	Elabore et suit la mise en œuvre de la politique de développement des ressources humaines de l'Etat	Statistiques GRH : TBGRH
	Organise les concours administratifs	-Statistique des candidats, validation des résultats : TBGRH -Utilisation du module concours de SIGIPES
	Recrute les agents de l'Etat	Validation des actes de recrutement
	Recherche en vue de la satisfaction des besoins en ressources humaines des départements ministériels	Validation d'une offre de bourse, clôture d'une offre de bourse
	Coordonne le réseau des structures chargées de la formation des agents publics	Utilisation du module Stage de SIGIPES
	Conçoit et suit la mise en œuvre de la politique gouvernementale en matière de formation professionnelle des agents publics, en liaison avec les ministères et organismes concernés	Validation d'une offre de bourse, clôture d'une offre de bourse
	Planifie et programme les activités de perfectionnement et de recyclage des agents publics en liaison avec les départements ministériels concernés	Maintenance SIGIPES
	Suit les activités de formation réalisées dans les écoles nationales de formation des agents publics	Maintenance SIGIPES

POSTE*	ATTRIBUTION	UTILISATION DE SIGIPES
DGC	Elabore la politique de gestion des carrières du personnel de l'Etat	Statistique sur les effectifs (personnels en services, prévision des retraites) : TBGRH
	Conçoit les méthodes et outils d'amélioration de la gestion des carrières	TBGRH : apprentissage organisationnel
	Conçoit, élabore et diffuse les outils et les méthodes de gestion des carrières dans les structures déconcentrées	Gestion de l'emploi public : Maintenance SIGIPES
	Suivi de la carrière des personnels de l'Etat	TBGRH
	Elabore les actes de gestion des carrières dans les structures non déconcentrées	Automatique via SIGIPES
	Elabore les actes de reversement et de gestion des agents publics	-Gestion des actes -Visa des actes de recrutement
	Elabore les actes d'admission à la retraite, de liquidation et de concession de droits en découlant	-Gestion des actes -Module « Pension & Retraite »
	Suivi de l'application de la réglementation relative aux accidents de travail, aux maladies professionnelles et à la sécurité sociale, en liaison avec le Ministère concerné	Maintenance SIGIPES
DDC	Instruit les dossiers disciplinaires des agents publics	Visa et certification des actes de discipline, journal des actes de discipline : TBGRH
	Chargé du contentieux de la fonction publique pour les actes pris par le PM ou le Ministère chargé de la Fonction Publique	Visa et vérification des actes de discipline, journal des actes de discipline : TBGRH
DEPCE	Elabore les textes législatifs et réglementaires relatifs aux statuts des personnels de l'Etat ; est chargé des études juridiques générales	Maintenance de SIGIPES (règles de gestion)
	Conçoit et met en œuvre une politique en matière de gestion prévisionnelle des effectifs, des emplois et des compétences	Statistique sur les effectifs (personnels en services, prévision des retraites) : TBGRH
	Contrôle les effectifs	Statistique
	Planifie et programme les besoins en ressources humaines des services de l'Etat à court, moyen et long termes, en liaison avec les administrations concernées	Statistique sur les effectifs (personnels en services, prévision des retraites) : TBGRH
	Elabore et publie les bulletins statistiques sur le personnel en activité	Statistique sur les effectifs (personnels en services, prévision des retraites) : TBGRH
	Recense les personnels de l'Etat et exploite les données y relatives	Données Personnels, REGNET et INFONET
	Exploite les informations sur les mutations et les promotions, en liaison avec les Ministères concernés	Suivi des dossiers d'affectation et de nomination, module « organigramme »

POSTE*	ATTRIBUTION	UTILISATION DE SIGIPES
	Suit la mise en œuvre des cadres organiques, en liaison avec les Ministères concernés	Module « organigramme »
	Elabore et met à jour de façon permanente les tableaux de bord de gestion des ressources humaines de l'Etat	TBGRH
	Met en œuvre la politique de gestion des RH du ministère	TBGRH
	Applique la politique de l'Etat en matière de formation des personnels en service au Ministère	
	Recrute des personnels internes en collaboration avec la DDRHE	Visa et certification des dossiers de recrutement
	Coordonne l'élaboration du plan de formation pour les personnels internes	Visa des dossiers de mise en stage, de fin de stage et de prolongation de stage, visa des dossiers de bourses, clôture des candidatures à une bourse
	Suit l'amélioration des conditions de travail	TBGRH
	Prépare les actes administratifs de gestion des personnels internes	Visa et signature des actes
	Affecte les personnels au sein du département	Initiation et suivi des dossiers d'affectation, de nomination et de congé
	Instruit les dossiers disciplinaires des personnels internes	Visa des dossiers disciplinaires
DAG	Applique les textes législatifs et réglementaires relatifs aux personnels en service au ministère, en liaison avec la division informatique	Gestion des actes
	Met à jour le fichier des personnels internes	Consultation du registre des personnels, TBGRH
	Suit l'exploitation des applications informatiques de gestion intégrée des personnels de l'Etat et de la solde (SIGIPES)	Consultation du fichier de connexion, consultation de la piste audit : Sécurité
	Gère et maintient les biens meubles et immeubles du ministère	
	Prépare des éléments de solde et accessoires de solde des personnels en service au ministère, en liaison avec la division informatique	Visa et signature des actes solde, consultation du journal des actes solde, examen des états mensuels de salaire, examen des états mensuels de rappel et des états mensuels de consommation, analyse des écarts sur les informations solde
	Elabore, exécute et contrôle le budget du Ministère	Préparation du budget du personnel, Etat de consommation des crédits des personnels, Module « Budget »

**La signification des sigles utilisés est indiquée dans la liste des « sigles et acronymes » en début du livre.*

Par rapport à l'activité « Maintenance SIGIPES » qui apparaît dans ce tableau, il est fait ici appel aux compétences du Responsable du poste P2 (tableau 10-5) qui est chargé d'assurer la maintenance applicative du dispositif SIGIPES et du suivi de l'évolution des fonctionnalités de l'application.

En outre, l'utilisation de SIGIPES-Plus devrait avoir de nombreux impacts positifs sur la gestion des personnels de l'Etat, dont les principaux suivants vérifiés lors de la phase expérimentale au MINFOPRA :

- le système permet à tout instant de simuler la paie du mois pour vérifier le montant de la masse salariale.
- pour tout acte liquidé sur un agent, le système indique les éléments de rémunération attribués et les éléments de rémunération clôturés. Par exemple si un acte de suspension est liquidé sur un agent pendant la période de suspension, l'agent se verra attribuer un bulletin nul. De même, si un acte de nomination est liquidé sur un agent, le système attribuera systématiquement à l'agent les indemnités liées au nouveau poste qu'il occupe tout en les clôturant à l'ancien occupant.
- les actes de mouvement (affectation, nomination, mise à disposition…) sont pris automatiquement en compte au niveau de la solde permettant ainsi un meilleur suivi des effectifs et de la masse salariale.
- pour la gestion des quotas, entre autres, le système donne la possibilité de connaître en temps réel, le montant de la solde en cours aussi bien pour les rappels, les avances de solde que pour les états des sommes dues (ESD).
- le système intègre les exigences de la nouvelle nomenclature budgétaire, et notamment : la gestion des organigrammes, la gestion des effectifs théoriques, budgétaires et réels, les classifications fonctionnelles, administratives (y compris géographiques) et économiques des consommations des crédits en dépenses de personnels.

3.2. Les défis de l'appropriation de la réforme

Dans la perspective de la conduite de changement au sein de l'administration, puisque le projet visait à introduire une approche rénovée de la GRH au sein des services publics, les défis de l'appropriation de la réforme constituaient une dimension d'autant plus importante que les délais de réalisation du projet étaient très serrés. La philosophie de gestion du projet a intégré cette dimension. En effet, les résultats obtenus ne pouvaient s'enraciner dans la culture administrative et la transformer dans un sens voulu si les acteurs ne s'en étaient pas appropriés.

Des dispositions ont été prises pour relever ces défis tant au niveau des structures de gestion comme décrites au chapitre 10, qu'au niveau de la structure de développement de SIGIPES.

La gestion du projet a pesé de tout son poids pour doter la fonction GRH d'une structure technique propre conformément aux profils des postes de travail retenus (voir tableau 10-5) en faisant admettre l'idée d'une Cellule SIGIPES rattachée à la DRH/DAG dans chaque département ministériel. Il faut noter ici que chaque Ministère est déjà doté d'une Cellule (voire Division) Informatique chargée, entre autres, de la conception et de la mise en œuvre du schéma directeur informatique du Ministère, ainsi que des études de développement, de l'exploitation et de la maintenance des applications et du réseau informatique du Ministère. En plus de la Cellule SIGIPES, la DRH/DAG est aussi dotée d'une Sous-direction des Personnels, de la Solde et des Pensions chargée, notamment, du suivi de la carrière des personnels, en liaison avec les directions techniques, de la gestion des pensions des personnels du Ministère et de la préparation des éléments de solde et accessoires de solde des personnels du Ministère. La Cellule SIGIPES spécialisée dans le métier informatique d'appui et la Sous-direction des Personnels spécialisée dans le métier de gestion de la carrière et de la solde, sont conçues pour travailler en synergie pour éviter toute interruption de service et si cela arrive, pour prendre les mesures correctives qui s'imposent dans les délais les plus brefs possibles. La technique est un alibi souvent évoqué pour dissimuler des attitudes de résistance au changement. Avec ces dispositions, un tel alibi avancé dans ce projet ferait perdre à leur auteur toute crédibilité.

La décision de créer ces structures était motivée par l'importance que la gestion du projet accordait à l'enracinement de ses résultats et à l'amplification des impacts de ces résultats sur les autres systèmes développés au sein de chaque administration pour répondre aux demandes des usagers. Pour ce qui est du métier informatique, la démarche était fondée sur l'hypothèse suivant laquelle, dans l'accomplissement de ses attributions qui sont transversales par rapport à toutes les directions du Ministère, le Chef de la Cellule Informatique de l'ensemble du Ministère pouvait être amené par manque du temps, de compétences ou de ressources financières, à ne pas accorder toute l'attention requise pour l'appropriation[104] du projet au sein du Ministère. Or, il s'agit de la

[104] Il s'est agi d'une décision politique consciemment prise par le Comité de Coordination qui a refusé la solution d'un « Centre de Traitement Mutualisé » proposée et soutenue par les auteurs de l'audit externe de SIGIPES, même si dans leur esprit, cette solution provisoire permettait de confier le système informatique sensible à « une « couveuse » assurant la garde et la croissance de bases de données avant leurs transferts futurs au sein de chaque ministère » (octobre 2003 : 107). Pour la coordination, il fallait à tout prix éviter le piège des « systèmes provisoirement définitifs » qu'on rencontre si souvent dans les administrations publiques africaines.

gestion *de la carrière et de la solde* des femmes et des hommes qui œuvrent pour justifier de la raison d'être de l'administration de l'Etat, donc d'un sujet extrêmement sensible pour chaque être humain, quel qu'il soit. Une interruption de service sur ce plan, quelles qu'en soient les causes, peut avoir des conséquences incalculables. Et puisque les systèmes complexes impliquant de nombreux acteurs, comme cette réforme, sont exposés à des dysfonctionnements de sources diverses, la gestion du projet voulait se mettre à l'abri de tout alibi de justification inacceptable.

S'agissant du développement de SIGIPES, et en plus de l'implication de l'Equipe opérationnelle, l'Ingénieur Projet, le Chef de la Cellule Informatique du Ministère de la Fonction Publique et de la Réforme Administrative devaient travailler sur une base quotidienne et suivie avec le Cabinet CGICOM. D'ailleurs, le développement s'est fait sur site, dans une salle du Ministère de la Fonction Publique affectée par le Ministre. Il n'était donc pas question de se comporter comme dans un projet « clé en main », mais d'adopter une démarche de partenariat (voir chapitre 2) fondée sur une collaboration qui prévoit notamment des possibilités d'apprentissage mutuelles entre partenaires et l'exploitation optimale des capacités et des compétences complémentaires des intervenants. Dans cette optique d'échange et de franche collaboration pour la maîtrise du projet, tous les Chefs de Cellules SIGIPES ont pris la décision de se réunir au moins une fois par mois pour échanger leurs expériences et mettre en commun leurs besoins de maintenance du système. Le Cabinet CGICOM devait également apporter un appui aux Chefs de Cellules SIGIPES des Ministères déconcentrés dans le cadre d'une « assistance au démarrage du projet » dans chaque site.

En dépit de toutes ces dispositions, les résultats sur ce volet d'appropriation de la réforme sont plutôt mitigés pour ne pas dire décevants. Alors que les gestionnaires ont pu se montrer convaincus de l'importance de la réforme pour moderniser leur approche de gestion de leur structure, les techniciens avancent la formule de *« stabilisation de l'application SIGIPES »* pour leur faire douter de l'effectivité des résultats escomptés. Ainsi par exemple, les interruptions de service sont d'une fréquence inadmissible, entraînant des files d'attentes des fonctionnaires devant le portail d'entrée du Ministère de la Fonction publique. Depuis peu avant la fin d'année 2005, AQUARIUM ne fonctionnait plus. Et, chose curieuse pour qui est un tout petit peu initié aux questions informatiques, le serveur du site central au Ministère de la Fonction publique est neuf fois sur dix indexé comme l'unique cause du dysfonctionnement. On pourrait dire, si c'était vraiment le cas, que la solution est évidente. Pourtant on ne la trouve toujours pas et la qualité du service ne fait que se dégrader. Que dire des plaintes sûrement plus nombreuses qu'on ne le pense, du genre de celles décrites dans l'encadré 11-1 « cri du cœur d'une victime innocente » ?

A l'égard de toutes ces limites, l'audit externe de SIGIPES relevait déjà en octobre 2003 que les utilisateurs fonctionnels et certains informaticiens se défaussent de leurs responsabilités en matière d'appropriation et de suivi du système. Ces intervenants, souligne le rapport, « peuvent ainsi se reposer sur les compétences d'un prestataire ([le Cabinet CGICOM]) pour qui la bonne marche du système est une nécessité en termes d'image et de réputation commerciale » (Rapport d'audit externe, octobre 2003 : 56).

L'encadré 11-2 résume les défis d'appropriation de SIGIPES dégagés dans ce rapport d'audit externe aux trois niveaux du projet, des informaticiens et des utilisateurs. Il y a lieu de compléter cette analyse par un autre phénomène de conflit observé dans certaines administrations entre le Chef de la Cellule SIGIPES et le Sous-directeur des Personnels. Si à l'évidence les deux métiers (informatique et gestion des carrières et de la solde) se complètent, l'informatique aidant la gestion des carrières et de la solde à réaliser ses résultats au coût optimal, les responsables nommés, bien qu'ayant tous le même rang hiérarchique, se placent dans une logique de pouvoir pour revendiquer la préséance devant le DRH/DAG, le Secrétaire Général et le Ministre, n'hésitant pas à compromettre la réforme s'il le faut. La bureaucratie retrouve ici sa tare fatale suivant laquelle la forme précède la fonction. Aussi bien le parti pris pour l'action et les résultats, que le choix de la gestion par équipe comme mode de fonctionnement dominant sont ainsi battus en brèche.

Tout en introduisant le paragraphe suivant relatif aux difficultés rencontrées tout au long du projet, les analyses de l'encadré et ces conflits de pouvoirs illustrent le degré d'écart qui existe, dans chaque projet, entre les objectifs poursuivis et ceux qui sont effectivement atteints, entre l'intention, la volonté et la réalité des faits et des comportements des acteurs dans un système.

<u>ENCADRE 11-2</u> : QUELQUES DEFIS D'APPROPRIATION DE SIGIPES

Le bilan diagnostic de réalisation du projet formulé à la suite de l'audit externe de SIGIPES dégage, s'agissant de l'appropriation de SIGIPES les constats suivants qui sont autant de défis auxquels la gestion du projet doit faire face aussi bien pour consolider les résultats déjà obtenus que pour la phase de déploiement dans les autres administrations.
❖ **Au niveau du projet** La maîtrise d'œuvre forte exercée par le SPRA, face à un prestataire théoriquement déchargé de la partie conception fonctionnelle de l'application était un excellent point de départ pour une appropriation du produit par l'Administration. Mais l'existence d'un partenariat implicite n'a pas été efficace pour diverses raisons :

- la répartition des tâches entre l'équipe opérationnelle et le prestataire n'a pas permis un réel partenariat par la formation d'équipes mixtes.
- les délais de réalisation très courts imposés au prestataire ne lui ont pas permis « d'attendre » la disponibilité des homologues qui n'étaient pas à plein temps sur le projet.
- les personnes formées aux outils de développement n'ont pas forcément été affectées au bon endroit, au bon moment.
- il convient de s'interroger sur la capacité réelle d'informaticiens formés il y a près de 15 ans dans un univers mainframe sur des langages procéduraux de type COBOL à devenir performants et rapides dans un contexte très différent : cycle de conception – développement par itérations successives de prototype, conception objet, environnement client/serveur.
- l'équipe opérationnelle a consacré beaucoup de temps à discuter, voire contester les options fonctionnelles ou techniques, ce qui a repoussé le souci de cette approbation à maintenant.
- le discours de certains informaticiens nous fait envisager un manque de volonté réelle de s'investir qui fait qu'on demande tout au prestataire, malgré une velléité de travailler en commun.

❖ **Au niveau des informaticiens**

En ce qui concerne la maintenance corrective et évolutive, le choix politique d'une appropriation se traduisant par la fin de l'intervention du prestataire a été exprimé.
Pour l'instant, les rares informaticiens susceptibles de prendre en main cette maintenance sont affectés à d'autres tâches.
Le prestataire propose un contrat de TMA (Tierce Maintenance Applicative). Cette solution ne peut être que transitoire et doit comporter une clause de transfert de connaissance dans un délai fixé.

❖ **Au niveau des utilisateurs**

L'absence de stabilité de SIGIPES, les incertitudes quant au périmètre de SIGIPES+ l'incapacité des cellules informatiques à se passer d'une assistance au prestataire n'ont pas encouragé l'appropriation de SIGIPES par les utilisateurs.
Il faut cependant noter que la plupart des utilisateurs sont satisfaits et insistent sur l'amélioration par rapport aux procédures manuelles en termes de délais.
Quelques formations complémentaires, surtout au niveau de l'encadrement, devraient suffire à améliorer l'appropriation des fonctionnalités de SIGIPES les plus couramment utilisées à l'heure actuelle dans les quatre sites pilotes.
Mais un certain nombre de facteurs freine une appropriation plus conséquente du périmètre fonctionnel de SIGIPES :
- la priorité naturellement accordée aux transactions avec effets financiers (rattrapage des avancements), les autres opérations pouvant être perçues comme secondaires
- un manque de formation et/ou de remise à niveau sur les opérations n'ayant pas directement d'effets financiers
- un manque d'extension du système aux services concernés par des opérations n'ayant pas des effets financiers directs

<u>Source :</u> *Rapport de l'audit externe de SIGIPES, Cabinet C2G, (octobre 2003 : 68 et 69)*

3.3. Les difficultés rencontrées

Des résultats ont été obtenus, certes, mais non sans difficultés, lesquelles ont entraîné un retard notable dans le respect de l'échéancier de réalisation des deux dimensions (organisationnelle et informatique) de la réforme, dont la date limite était initialement prévue au 31 décembre 2002. Les causes de ces retards qui sont en même temps l'expression des difficultés rencontrées sont nombreuses : indisponibilité à temps des moyens appropriés ; absence de collaboration de certaines administrations concernées parce que la réforme s'attaque aux égoïsmes primaires de certains de leurs membres ; absence d'incitations économiques des différents acteurs ; décalage notable entre les valeurs véhiculées par la solution préconisée avec les pratiques de corruption dominantes dans la culture administrative au Cameroun, entraînant des résistances de diverses natures à l'introduction du changement.

Le rapport de la Commission ad-hoc d'évaluation instituée par le Premier Ministre, Chef de Gouvernement résume, par exemple, les difficultés notées en ces termes (mars 2003 : 5 et 6) :

Il ressort de cette descente dans les ministères pilotes que :

- *le projet SIGIPES y est globalement mis en place et est en état de fonctionnement très satisfaisant au MINFOPRA et au MINSANTE, satisfaisant au MINEDUC et moyen au MINFIB ;*
- *les problèmes de sécurité des locaux, des équipements, des données et les applications informatiques sont cruciaux, bien qu'à des degrés différents selon les ministères et que la sécurisation des données centralisées reste à assurer ;*
- *la mise en œuvre d'une méthodologie rigoureuse et harmonisée de l'assainissement du fichier du personnel constitue un préalable pour la mise en place de banques de données fiables ;*
- *la formation du personnel reste à parfaire en vue de l'appropriation du projet par les Ministères ;*
- *le recrutement des personnels informatiques qualifiés constitue un facteur clé de succès de tout premier ordre pour la consolidation de cette réforme ;*
- *les problèmes des locaux destinés à loger le SIGIPES se posent avec acuité ;*
- *l'allocation des ressources financières à la coordination et à la réalisation du projet dans l'ensemble des sites constitue un autre facteur clé de succès de premier ordre.*

Les difficultés rencontrées et soulevées dans les comptes rendus des réunions des organes du projet et dans différents rapports adressés au Chef du Gouvernement se résument aux points suivants :

- insuffisance quantitative et qualitative des ressources humaines ;
- manque de ressources financières eu égard aux besoins des différents volets de la réforme (formation, gestion du changement, assainissement

des données, élaboration des procédures de GRH, extension de SIGIPES et ses outils connexes,…) ;

- insuffisance des ressources matérielles nécessaires pour assurer la sécurité du système et maintenir le rythme de l'exploitation des données à la hauteur des attentes des agents publics, bénéficiaires des résultats de la réforme ;
- manque d'engagement observé de la part de certains acteurs stratégiques clés, pour consolider les acquis et soutenir la poursuite de la réforme dans le respect de l'échéancier arrêté.

3.3.1. Des sources inévitables de conflits

Le choix d'une stratégie de la réforme qui s'attaque aux causes profondes des problèmes ayant motivé la réforme exposait sa réalisation à des situations conflictuelles tant entre les utilisateurs des systèmes développés, que paradoxalement avec certains bénéficiaires des résultats obtenus.

Au plan technique, par exemple, on lira dans certains documents que contrairement à la règle de l'art en cette matière, l'informatisation des traitements des actes de gestion de la carrière a précédé la rationalisation des procédures de traitement de ces actes. Cette observation est exacte. Nous avions été les premiers à être surpris en la constatant (n'oublions pas qu'en 2000, il s'agit d'opérationnaliser un système qui existait déjà), mais très vite, et avec l'appui du Ministre de la Fonction Publique, le projet a forcé les personnes en place à accepter le couplage de « l'informatisation » avec la « rationalisation » pour ***moderniser*** le système de traitement des actes de la fonction GRH dans l'administration publique camerounaise. Ce n'était pas facile puisqu'il fallait ainsi conduire parallèlement des activités qui d'habitude sont séquentielles. Les difficultés pour faire accepter *l'évidence* étaient énormes et nécessitaient une profonde débauche d'énergie pour amener les agents à changer leur façon traditionnelle de travailler, notamment lorsqu'il fallait optimiser le circuit de traitement des dossiers en supprimant des étapes inutiles, soit parce qu'elles sont non fondées ou redondantes. Il a par exemple fallu une réunion au Secrétariat Général de la Présidence de la République pour obtenir d'élever le service du Courrier au niveau d'une Sous-direction de l'Accueil, du Courrier et de Liaison. On voulait doter le responsable nommé à ce poste d'une autorité suffisante pour lui permettre, dans un double souci de célérité et de responsabilité, d'accueillir, d'informer et d'orienter les usagers, d'une part, de recevoir, d'analyser et de ventiler le courrier directement dans les services pour traitement, d'autre part. Cette solution s'attaquait pourtant directement et de façon profonde à des maux connus : délais de circulation des dossiers physiques extrêmement longs, multitude de contrôles pseudo hiérarchiques, multiplication des points de passage augmentant d'autant les risques de corruption et de dysfonctionnement.

Les premiers résultats de l'assainissement des données au Ministère de la Fonction Publique ont contribué à rendre le climat du déroulement du projet encore plus difficile avec la panique et l'inquiétude qu'ils ont introduites au sein des personnels de ce Ministère qui assurait la maîtrise d'ouvrage du projet. Nombre d'agents directement impliqués dans la réalisation du projet avaient des dossiers litigieux (classification ou avancement frauduleux, présentation de faux actes administratifs y compris de faux diplômes,...). Plus tard, à la suite de l'expérimentation de SIGIPES-Plus comme décrite plus haut, des cas de fraudes concernant les hauts fonctionnaires en général et relatifs à la conservation des indemnités liées à une fonction qu'on n'occupe plus ont été mis en évidence : indemnité « électricité » pour le personnel du commandement, indemnité de transport pour le personnel en service au Secrétariat Général de la Présidence de la République et dans les Services du Premier Ministre, indemnité de non logement pour la plupart des postes de responsabilité,.... Nous avons relevé plus haut que SIGIPES-Plus est resté à l'étape de son expérimentation au Ministère de la Fonction Publique. Peut-être ne sera-t-il *jamais* déployé dans toutes les administrations (ce n'est pas notre souhait, en tout cas).

3.3.2. Un manque d'engagement de certains acteurs clés

Nous avons relevé dans les chapitres précédents que la réforme reste réglementée par un arrêté, lequel se limite dans son intitulé à la phase d'expérimentation dans les sites pilotes. Nous avons également relevé que si la Direction des Personnels de l'Etat (DPE) au Ministère de la Fonction Publique a été supprimée, tel n'a pas été le cas pour la Direction de la Solde (DS) au Ministère des Finances. On savait qu'en changeant les structures pour garantir l'irréversibilité de la réforme, on s'exposait à de très fortes résistances, mais on ne s'imaginait pas que ces résistances seraient à ce point insurmontables, la réforme étant un projet politique prescrit par le Gouvernement dans le cadre des engagements du Programme d'Ajustement Structurel (PAS). En vérité, si les principes de la réforme tels qu'adoptés à l'issue du Conseil de Cabinet du 24 avril 2001 avaient été respectés, ce sont *les éléments de la carrière qui détermineraient ceux de la solde* et non l'inverse, et la DS au MINEFI n'aurait plus de raison d'être comme dans d'autres administrations au monde, et nous pouvons citer le cas de la France qui nous a été présenté lors du voyage d'étude déjà mentionné. Le Ministre de la Fonction Publique recruterait, immatriculerait et mettrait à la disposition des Ministres Utilisateurs qui consolideraient les éléments de rémunération en tenant compte des statuts particuliers, puis enverraient par voie électronique au Ministre des Finances pour liquidation. En outre, les dossiers des agents qui sont sur le point d'aller à la retraite devaient être suivis par le Ministre Utilisateur jusqu'à leur aboutissement et cela avant le départ des concernés. On n'assisterait plus comme c'est encore le cas à ces scènes dramatiques qui montrent des personnalités ayant consacré leur vie au service de leur administration se bousculant devant un portail ou aux fenêtres d'un bâtiment administratif pour s'informer de la date à laquelle ils percevront leur première pension. Aujourd'hui, il est difficile de dire clairement ce qui se passe. Profitant de ce manque de clarté, le Ministre de la Fonction Publique entré au Gouvernement en décembre 2004 a même failli revenir sur les principes de la réforme en envisageant le retour à une centralisation ferme et la suppression des cellules SIGIPES. Cette tentative qui n'a heureusement pas abouti montre bien à quel point les difficultés évoquées peuvent contribuer à fragiliser l'édifice de la réforme.

Il a clairement manqué ici un engagement ferme des acteurs clés du processus décisionnel au niveau du Gouvernement pour maintenir le cap de la réforme tel que défini au sortir du Conseil de Cabinet du 24 avril 2001 et pour prendre la décision stratégique qui s'imposait.

Un autre exemple est donné par le peu d'intérêt porté aux questions de la sécurité dans l'administration publique camerounaise où on est très loin de considérer le management de la sécurité des systèmes d'information comme un enjeu stratégique de développement des services publics. Ainsi, les auteurs du rapport de l'audit externe de SIGIPES relèvent par exemple une sous-estimation par la hiérarchie des risques liés à une absence de prévention et notent la déception conséquente « des responsables informatiques de ne pas voir des préconisations urgentes suivies d'effet, par manque de moyens ».

3.3.3. Un manque notable de ressources

S'agissant du manque de ressources, après nous être étendu sur le cas des ressources humaines dans les paragraphes précédents, nous mettons l'accent ici sur les aspects financiers qui conditionnent, entre autres, l'acquisition des ressources matérielles et le renforcement des capacités des ressources humaines. A ce sujet, il est difficile de l'imaginer[105], l'une des caractéristiques de cette réforme dans la période allant de juillet 2000 à décembre 2004 est qu'elle a été réalisée avec *« des moyens financiers réduits et mis à la disposition au fil de l'eau »* comme l'ont relevé les auteurs de l'audit externe de SIGIPES. Des besoins ont été régulièrement formulés, mais lors des arbitrages budgétaires, le projet, tout en restant urgent (puisque c'était un critère du PAS), perdait en degré de priorité au plan du financement. Il fallait alors déployer d'énormes ressources d'argumentation et de conviction auprès des partenaires au développement pour qu'ils puissent s'en intéresser et lui apporter leur appui au

[105] Certains parmi nous qui étions dans le projet en ont souffert dans leur chair.

vu des résultats déjà produits et de la détermination des équipes à continuer. Ces appuis s'inscrivaient alors dans le cadre du financement du PNG du Cameroun.

Ainsi, seule la composante « opérationnalisation de SIGIPES » du volet informatique de la réforme (tableau 9-1) est explicitement inscrite dans le budget du Ministère de la Fonction publique pour un montant estimé à 42 000 000 FCFA (quarante deux millions de franc CFA). Les autres composantes et activités décrites plus haut bénéficieront de l'appui des fonds PPTE, des fonds de l'Union Européenne, des fonds du PNUD ou seront financées sur le budget du Ministère des Finances (formation en France, développement de SIGIPES-Plus, acquisition des équipements du MINEDUC,...).

Comme on le sait, chaque partenaire au développement a son cadre conceptuel de gestion de projet défini dans les protocoles de financement signés avec le Gouvernement. Ces protocoles n'offrent pas de flexibilité susceptible d'autoriser une réaffectation des budgets d'une activité à une autre devenue plus urgente. Les efforts pour appliquer l'engagement relatif à « l'harmonisation des procédures » pris lors du Forum de Paris en mars 2005 ne portent pas encore de fruit même en 2007.

Bien que la circulaire présidentielle relative à l'élaboration du budget de 2003 ait prescrit la prise en compte des charges financières découlant de l'assainissement du fichier solde par la mise en œuvre effective de SIGIPES, le déploiement de la réforme dans les autres administrations ne sera pas épargné par ces difficultés financières. Il ne s'agissait pourtant pas de montants exorbitants par ministère comme l'illustre le tableau 11-6, qui présente l'évaluation financière du déploiement dans toutes les administrations, tableau que le Ministre de la Fonction Publique a adressé à chaque Membre du Gouvernement en septembre 2003 pour la préparation du budget de 2004.

Le montant total de 4.240.000.000 FCFA (quatre milliards deux cents quarante millions de francs CFA) qui concerne tous les départements ministériels avant la réorganisation du gouvernement du 08 décembre 2004, devrait être comparé aux coûts, en fraude et en mauvaise qualité de service rendu aux usagers, des pratiques auxquelles s'attaque la réforme, comme analysé plus haut (§.3.1.).

Les difficultés rencontrées lors de la réalisation du projet et dont certaines sont illustrées ici montrent à quel point la marge de manœuvre est étroite pour faire évoluer les organisations administratives, donc l'importance d'un professionnalisme en matière de conduite de changement. La réforme était pourtant, on l'a montré, un projet d'essence politique majeure, engagée dans le cadre des objectifs poursuivis par les Programmes d'Ajustements Structurels (PAS). Tout au long de la démarche, le Politique n'a eu de cesse d'insister sur l'urgence de moderniser la bureaucratie administrative, comme l'illustre ce propos du Président de la République dans son discours du 31 décembre 2002 à la Nation :

> *La modernisation de notre société est aussi celle de l'administration qui n'a peut-être pas toujours su s'adapter à la nouvelle donne démocratique et a conservé une attitude très directive. L'administration doit être au service de la population et non l'inverse* (Paul BIYA, discours à la Nation le 31 décembre 2002).

Dans ce contexte, il ne restait plus alors aux organes de gestion de la réforme, que de définir les modalités de sa mise en œuvre. Ces organes, on l'a vu, tout en étant conscients des aspects positifs et des freins de l'administration publique camerounaise, n'ont pas voulu se limiter à des changements superficiels qui ne s'attaquent pas aux causes profondes des problèmes identifiés. Aussi, les différentes phases critiques de la conduite de changement ont-elles fait l'objet d'une attention soutenue tout au long du déroulement du projet : sensibilisation à la nécessité du changement, expérimentation associant le maximum possible d'acteurs, généralisation progressive aux autres administrations encadrées par un guide de déploiement.

TABLEAU 11-6 : EVALUATION FINANCIERE DU DEPLOIEMENT DE SIGIPES DANS TOUTE L'ADMINISTRATION CAMEROUNAISE EN SEPTEMBRE 2003

TYPE DE SITE / ACTIONS	I Montant en FCFA	II Montant en FCFA	III Montant en FCFA
A- Investissement en équipements techniques			
Acquisition des équipements (*)	80.000.000	70.000.000	50.000.000
Câblage et équipement des sites GRH	20.000.000	18.000.000	15.000.000
Acquisition, installation et configuration de l'antenne d'interconnexion du site	10.000.000	10.000.000	10.000.000
TOTAL A	**110.000.000**	**98.000.000**	**75.000.000**
B- Développement du contenu du système			
Analyse de l'existant	15.000.000	13.000.000	10.000.000
Réalisation des spécificités	5.000.000	5.000.000	5.000.000
Migration des données	5.000.000	5.000.000	3.000.000
Assistance démarrage	8.000.000	8.000.000	5.000.000
TOTAL B	**33.000.000**	**31.000.000**	**23.000.000**
C-Sécurisation			
Maintenance des équipements	15.000.000	12.000.000	10.000.000
Maintenance annuelle SGBGR-Oracle			
TOTAL C	**15.000.000**	**12.000.000**	**10.000.000**
D- Déploiement des Ressources Humaines			
Formation des administrateurs de l'application	2.000.000	2.000.000	2.000.000
Formation des utilisateurs de l'application	8.000.000	5.000.000	5.000.000
Formation technique des administrateurs	20.000.000	20.000.000	20.000.000

(Oracle + VB+ Crystal)			
TOTAL D	**30.000.000**	27.000.000	**27.000.000**
TOTAL GENERAL (A+B+C+D)	**188.000.000**	**168.000.000**	**135.000.000**
RECAPITULATIF			
TYPE DE SITE	**Montant/Site**	**Nbre de site**	**TOTAL**
I : effectif supérieur à 5.000 agents	188.000.000	5	940.000.000
II : effectif compris entre 1.500 et 5.000 agents	168.000.000	10	1.680.000.000
III : effectif inférieur à 1.500 agents	135.000.000	12	1.620.000.000
TOTAL GENERAL			**4.240.000.000**

(*) : *Les détails et les quantités des équipements à acquérir pour chaque type de site étaient précisés.*

Concluant la réunion du Comité de coordination du 16 novembre 2004, la dernière avant le remaniement du gouvernement du 08 décembre 2004, le Ministre de la Fonction Publique et Maître d'Ouvrage rappelle à tous les participants que la *« réussite de ce grand chantier et la pérennisation des résultats acquis dépendent des hommes [et] qu'aucun effort ne sera ménagé pour [la] formation de ces [hommes] tant au plan éthique que technique »*. Le déploiement en cours dans une quinzaine d'administrations, s'il respecte la méthodologie préconisée, constitue pour nous un gage de l'irréversibilité des résultats déjà obtenus. Il reste alors, comme l'a souhaité le Ministre dans son propos cité ici, à revenir sur ces acquis pour les consolider en les améliorant et les faire évoluer en fonction des besoins d'une Gestion des Ressources Humaines (GRH) qui vise à combiner l'épanouissement des agents publics et le meilleur accomplissement possible des missions de l'Etat.

Une esquisse des leçons qui peuvent déjà être tirées, après cette période de réalisation de la réforme, est présentée dans le dernier chapitre.

CHAPITRE 12 :
QUELQUES LEÇONS DE L'EXPERIENCE EU EGARD AUX DEFIS DE MODERNISATION DES SERVICES PUBLICS EN AFRIQUE

Ce cas illustre un exemple de changement complexe introduit suivant l'approche de « management public » dans une administration publique africaine au cours des cinq dernières années (2000-2004). De sa présentation qui repose sur les réflexions, les convictions et l'expérience de terrain de l'auteur se dégagent quelques leçons qui peuvent aider les managers publics africains confrontés aux défis de modernisation de leur Unité de travail. Suivant la logique de définition et d'analyse de la fonction « réforme administrative » adoptée dans cet ouvrage, nous analysons la portée théorique du cas et dégageons quelques leçons qui tiennent compte des enjeux et des défis de modernisation des administrations publiques africaines, décrits dans les deux derniers chapitres de la première partie.

1. PORTEE THEORIQUE DU CAS POUR LE DEVELOPPEMENT DE LA PERFORMANCE DANS LES SERVICES PUBLICS EN AFRIQUE

En guise d'indications pour la discussion de ce cas, nous précisons ici les éléments qui permettront de comprendre pourquoi il illustre la complexité des projets de réforme administrative. Nous nous intéressons d'abord à savoir en quoi, sur la base du cadre conceptuel de la réforme administrative adopté dans cet ouvrage, ce cas peut être considéré comme illustratif de la dynamique de cette fonction. Nous décrivons ensuite le cadre de référence spécifique à ce cas, en précisant l'hypothèse de base du cas et la méthode de collecte des données utilisée. Nous analysons, pour terminer, quelques limites des choix théoriques opérés.

1.1. Une application du cadre conceptuel de la nature de la réforme administrative

Du point de vue de la fonction « réforme administrative » telle que décrite dans cet ouvrage, le projet est un exemple qui intègre toutes les dimensions de la dynamique du cadre conceptuel de la nature de la réforme administrative défini au chapitre premier (figure 1.1). Ici, l'administration publique est embrassée comme un tout sous l'angle de la fonction « personnel ou ressources humaines ». La conception et l'organisation de cette fonction ont évolué, adoptant une approche de gestion par les compétences dont on devra tenir compte dans la logique des exigences de l'axe du « changement organisationnel » à la fois pour définir le cadre de référence de la réforme à introduire, et pour conduire le changement nécessaire dans les différentes administrations qui accueillent la réforme. Les leçons tirées de l'expérience pilote ont permis d'élaborer un guide de déploiement de la réforme qui se veut être une introduction à une démarche qualité appliquée à la fonction « gestion des ressources humaines ». A cet égard, le guide est un jalon qui veut montrer qu'au-delà du délai de trois à quatre mois nécessaire pour déployer la réforme dans une administration, la démarche s'inscrit dans la durée et dans une logique de « gagnant/gagnant » pour tous les acteurs impliqués dans ses différents volets et notamment ceux du management, ceux de l'assainissement des données, et ceux de la rationalisation des procédures de gestion des ressources humaines.

S'agissant du processus de création des changements à introduire, au-delà des objectifs de contrôle des effectifs des agents publics et de la maîtrise de la masse salariale qui peuvent être atteints en adoptant une démarche d'amélioration des pratiques comme depuis l'année 1986 avec le développement de ANTILOPE, la réforme veut s'inscrire dans une logique de rupture avec les pratiques centralisatrices habituelles. Elle se propose ainsi d'innover en offrant aux Ministres Utilisateurs des possibilités pour promouvoir un véritable développement de leurs personnels alors perçus comme des « ressources humaines », comme un « capital », un « actif » qui est source de valeur ajoutée pour le ministère. Aussi, la réforme nécessitera, comme on l'a vu, des changements de structures des départements ministériels allant jusqu'à la suppression de certaines directions qui jouaient un rôle clé dans l'ancien système. C'est un premier pas, mais un pas décisif, vers une réelle responsabilisation des gestionnaires publics qui, dans ce rôle, doivent non seulement motiver leur personnel et développer leur potentiel pour accroître leur performance, mais également participer à la gestion de l'emploi public qui se trouve au cœur de l'approche de la gestion par les compétences.

Pour ce qui est de l'axe « des enjeux de l'effectivité des résultats escomptés », le management du projet a travaillé à concilier une triple exigence : i°) de respect de délais arrêtés par le Gouvernement dans le cade des engagements pris avec les bailleurs de fonds, ii°) de professionnalisme pour promouvoir des pratiques innovantes dans chaque administration et pour œuvrer à la consolidation des changements introduits et, iii°) de reddition de compte conformément aux dispositions du Code des Marchés Publics. Nous avons vu, en discutant du caractère critique du facteur temps pour l'atteinte des objectifs d'apprentissage dans une équipe de projet (chapitre 7, §.4.3), que si les acteurs n'ont pas une marge de manœuvre suffisante sur la gestion du temps du projet, deux effets négatifs peuvent se produire : i) le projet est moins efficace en termes d'apprentissage, donc d'innovation (voir figure 1.1) ; ii) la frustration des agents impliqués s'accroît et leur volonté de s'engager se réduit.

L'exercice d'un leadership efficace[106] de la structure nationale chargée de la réforme administrative dénommée ici Secrétariat Permanent à la Réforme Administrative (SPRA) va s'avérer déterminant dans son triple rôle de Chef de l'Equipe opérationnelle, de Rapporteur du Comité de Coordination et de Suivi et de Chef de Service dans les Marchés attribués pour la réalisation de la réforme. Dans ce cadre, on l'a vu au chapitre 11, il s'emploiera essentiellement à canaliser les énergies des intervenants pour clarifier l'objet de la réforme, formuler les propositions des stratégies d'actions à mettre en œuvre, suivre la mise en œuvre des options retenues, mettre en œuvre les différents mécanismes de contrôle et d'évaluation jugés nécessaires en respectant les échéances des jalons suivis aussi bien par les missions conjointes du Fonds Monétaire International et de la Banque Mondiale, que par les autres partenaires au développement ayant appuyé financièrement la réalisation de la réforme. On retrouve là toutes les exigences du rôle de cette structure et la nécessité pour elle de disposer de ressources compétentes, motivées et fières d'apporter leur contribution à la réalisation d'une œuvre de rénovation du service public de leur pays.

1.2. La définition du cadre de référence de la réforme : problématisation de la situation

Cette réforme met l'accent sur la professionnalisation de la fonction GRH dans l'administration publique et sur l'utilisation des produits des TIC pour développer une démarche de mobilisation soutenue de la Ressource Humaine (RH). Il en découle un nouveau rôle du gestionnaire/manager au sein de l'administration camerounaise et les apports des TIC constituent des outils et techniques pour accompagner les responsables administratifs camerounais dans l'exercice de ce rôle nouveau.

Une fois la réforme ancrée, elle entraînera d'autres impacts positifs découlant de la compétition positive entre les administrations pour ***« inventer »*** le meilleur système de management possible de leurs ressources humaines respectives. En effet, responsabilisés et créatifs, les Gestionnaires publics pourraient développer des styles et des instruments de mobilisation (voir par exemple la gestion par les compétences au chapitre 8) de leurs agents voués au culte et au transfert de l'intelligence et des compétences. Il s'ensuivra alors le

[106] Nous utilisons ici l'expression « leadership efficace » au sens que leur donnent Warren Bennis et Burt Nanus (1985) qui combinent les deux facteurs d'«auto-image positive » (fierté dans le travail qui reflète l'échelle des valeurs) et d'«effet Wallenda » (poursuite des objectifs positifs, canalisation de toute son énergie sur le travail à accomplir).

déploiement de nouvelles dynamiques organisationnelles et de normes éthiques rénovées. Les Directions du Développement des Ressources Humaines de l'Etat et de la Gestion des Carrières au Ministère de la Fonction Publique se consacreront, avec professionnalisme, à la coordination transversale de la mission *d'observation de l'emploi public* pour anticiper son évolution : réalisation des études statistiques et prospectives sur l'emploi public ; anticipation et mise en place des outils d'une gestion prévisionnelle des effectifs et des compétences dans l'administration ;...

Mais du point de vue de la formulation des problèmes organisationnels, comment la situation a-t-elle été problématisée ? En lisant cette étude de cas, on peut en effet, se demander si par exemple, les objectifs poursuivis étaient aussi clairement formulés dès le début du projet. En réponse à cette question, nous voulons préciser que les résultats des deux composantes « opérationnalisation de SIGIPES » et « développement de SIGIPES-Plus», qui sont dans l'ordre des préoccupations du Programme d'Ajustement Structurel (PAS), étaient clairs à l'esprit dès le début grâce aux leçons tirées des expériences précédentes dans la conception, le développement et l'exploitation de SIGIPES depuis 1993 et dans l'utilisation de ANTILOPE depuis 1986. Par contre, ceux de la troisième composante qui sont relatifs à l'intégration des apports des TIC à la réforme ne se sont précisés que tout au long du processus. Mais il a fallu réaliser une étude diagnostique du système de gestion des personnels de l'Etat au Cameroun pour mettre toutes ces idées ensemble et les situer en perspective par rapport à l'évolution des pratiques et des connaissances dans les administrations publiques au monde.

Aussi, l'hypothèse adoptée pour réaliser cette réforme postulait que *le faible degré de modernisation de la fonction GRH dans l'administration camerounaise est le principal facteur explicatif des dysfonctionnements observés*. Les données des différentes études réalisées dans ce cadre, comme décrit plus haut, ont été recueillies au moyen des entrevues et séminaires impliquant des hauts responsables de l'administration camerounaise et des représentants des partenaires au développement associés à la réalisation du programme économique du Cameroun. Dans un groupe comme dans l'autre, le choix des personnes consultées s'est basé sur la technique de la sélection d'échantillon de pertinence (purposive sampling). L'animation des séminaires privilégiait l'approche andragogique qui s'appuie sur l'expérience et la maîtrise par les participants aussi bien de leur métier que de leur environnement de travail. La combinaison de ces deux approches a permis de toucher près de 156 personnalités nationales ou en poste au Cameroun et 37 personnalités à l'étranger (France, Belgique, Sénégal) lors de l'étude diagnostique. La phase de la mise en œuvre a adopté l'approche de développement organisationnel (DO) traduite à travers les principes de gestion formulés au chapitre 10 et les mécanismes de suivi et de contrôle de la réforme explicités au chapitre 11. Le choix de cette approche était une réponse à la nécessité de prendre en compte dans une réforme d'une telle envergure, l'influence des variables culturelles et sociales (poids des mentalités, résistance à l'innovation, crainte de remise en cause radicale des acquis antérieurs) autant que les facteurs proprement institutionnels (complexité des procédures, absence de pilotage, manque de suivi,...), comme également relevé plus haut.

Dans une lecture de la dynamique du changement organisationnel, nous voulons préciser ici que ce n'est qu'en 2002 avec l'arrivée d'une nouvelle ressource au sein de l'équipe opérationnelle du projet que la solution de « l'AQUARIUM de SIGIPES » comme outil conçu suivant la logique du modèle de Prestation Intégrée de Service (PIS) (voir tableau 2-4) est proposée, discutée à l'équipe opérationnelle, retenue par le Comité de coordination et mise en œuvre. De même, les projets « INFONET » et « REGNET » qui émergent de l'initiative de la même ressource, sont une solution à la préoccupation relative à la dématérialisation des actes administratifs exprimée dès le début du projet en 2000. En dépit de la pertinence évidente de ces solutions par rapport à l'objectif clairement formulé de tenir compte des avancées dans le domaine des TIC pour moderniser l'administration, l'adoption et la mise en œuvre de ces systèmes ne seront pas faciles et le Ministre de la Fonction publique d'alors devra peser de toute son autorité pour les faire accepter dans ses propres services. Les résistances viennent alors aussi bien des informaticiens déjà en poste dans l'administration que de certains responsables qui redoutaient, par ignorance ou par stratégie, les impacts escomptés de ces produits sur la qualité du service et surtout sur le phénomène de la corruption.

1.3. Limites de la méthodologie adoptée : poursuivre et approfondir les discussions sur les croyances et les valeurs profondes

Pour ce qui est de la portée de cette expérience, plusieurs études (Banque Mondiale, 1994 ; Barilari, 2002 ; Commission Economique pour l'Afrique, 2000 ; Corkery, I et al ; 1998 ; IIAP, 1998 ; Ministère de la Coopération et du Développement, 1992 ; Nations Unies, 2005 ; NGOUO, 1997) dégagent des conclusions concordantes qui montrent que les dysfonctionnements observés dans l'administration camerounaise et l'hypothèse explicative formulée se retrouvent dans la majorité des pays et tout particulièrement ceux de l'Afrique Sub-saharienne. Ces derniers, on le sait, partagent en commun un double héritage traditionnel et colonial occidental. A partir de ce cas qui traite une situation spécifiquement camerounaise, des comparaisons, pour retrouver des convergences ou des divergences, avec les situations propres aux autres pays d'Afrique sont donc possibles, voire aisées. En outre, les approches méthodologiques retenues, les outils et techniques utilisés pour introduire et conduire la réforme peuvent guider des démarches semblables dans les administrations africaines en général, engagées dans la mise en œuvre des programmes de réforme des dernières générations. C'est-à-dire ces programmes qui poursuivent une véritable transformation de l'administration publique appréhendée comme *« un ensemble intégré et complexe dont la dynamique résulte de l'interaction continue entre ses éléments constitutifs que sont les personnels, les structures, les moyens matériels et financiers et les procédures et modes opératoires »* (CEA, 2000 : 3).

L'interprétation des résultats de cette expérience et l'effort de leur application dans un autre contexte doivent cependant tenir compte des précisions relatives aux limites de la méthodologie adoptée que nous apportons ici. En effet, les choix, aussi bien de problématique, des techniques de sélection des participants que de l'approche d'intervention, ne sont pas sans poser des problèmes qui constituent des points critiques sur lesquels une attention particulière doit être portée. Ainsi en est-il des dimensions suivantes, vécues tout au long de l'introduction de cette réforme dans le contexte camerounais :

- les participants à l'élaboration et la mise en œuvre de la réforme n'étaient ni également familiers aux concepts managériaux et à l'approche DO sous-jacents à l'analyse des problèmes et à la mise en œuvre de la réforme, ni également conscients des enjeux de rénovation de la fonction « GRH ». De même, ils n'étaient pas tous responsables des questions de ressources humaines dans leurs organisations respectives. Il s'en suit qu'au-delà des résultats formels actuellement obtenus, un travail de fond doit être mené dans la phase de la consolidation en vue d'enraciner ces résultats dans la culture et les sous-cultures organisationnelles de chaque administration. Il s'agira principalement, lors de la dissémination de la réforme, d'approfondir les discussions sur les modèles et les schémas mentaux pour creuser le fond du problème et pouvoir toucher aux attitudes et aux comportements dans chaque ministère. La Structure Nationale chargée de la Réforme Administrative devrait jouer ici un rôle déterminant pour inscrire cet effort de consolidation dans une logique de gestion responsable de l'emploi public. Il devra alors être tenu compte, entre autres, de la question de la diversité qui se repose sur le postulat « qu'indépendamment des genres, de l'âge, de la situation familiale, de l'expérience professionnelle..., tout membre de la société peut contribuer à l'accomplissement des missions du service public » (OCDE, 2006 :25).
- l'hypothèse retenue repose sur le postulat que les leçons dégagées de l'élaboration des plans d'organisation et des effectifs (POE) ont été capitalisées pour asseoir la fondation d'une fonction publique construite au Cameroun sur les principes de « poste de travail » et de « l'évaluation des agents publics en fonction de leurs résultats ». Or, non seulement

c'est « l'emploi » et non le « poste de travail » qui est le point de départ d'une gestion stratégique des ressources humaines dans les organisations modernes, mais, à l'expérience, les POE's ne sont rigoureusement mis en œuvre dans aucune administration et l'ancien système d'évaluation des agents publics est toujours en vigueur. Aussi, les préoccupations de la gestion par les compétences comme levier de la gestion de l'emploi public restent au meilleur des cas au niveau du discours. En outre, les Ministres Utilisateurs tout en acceptant le rôle qui leur est confié en matière de gestion de l'emploi public de leur secteur, ne perçoivent pas très bien les gains que leur procurent leurs investissements dans cette nouvelle responsabilité, d'autant plus qu'ils n'ont pas toujours les moyens nécessaires en termes de ressources matérielles et financières. L'effort d'appropriation de la réforme devra tenir compte de cet écart entre, d'une part, les principes sous-jacents et les attentes de la réforme, et d'autre part, la réalité du chemin déjà parcouru. Une solution ici consiste à adopter une approche systémique intégrant toutes les dimensions qui ont un impact tant sur la motivation de la réforme, sur le processus d'évaluation du personnel au résultat, que sur l'évolution de la carrière des agents publics.

- parmi les éléments susceptibles d'influencer tout processus de réformes implantées dans les administrations africaines figurent *la valeur de la famille et du village* (obligation sociale de tout agent d'entretenir une famille nombreuse) et le *facteur ethnique* (mise en œuvre de mesures visant à permettre aux ressortissants de certaines ethnies d'accéder à certains avantages identifiés) (Kamdem, 2002 : 247-271 ; Ngouo, 2000 : 126-127). La prise en compte de ces deux facteurs pose différents types de problèmes pour lesquels trois solutions sont préconisées par la réforme : le respect du principe de l'adéquation entre la description du « poste de travail » et le profil de l'occupant ; l'application du principe de « l'évaluation des agents publics en fonction de leurs résultats » ; la conception et la mise en œuvre par chaque administration de son propre système de management de ressources humaines, tenant compte des différentes réponses formelles et institutionnelles apportées aux problèmes de gestion des compétences, de la diversité et particulièrement, de l'ethnicité. Ces solutions ont été retenues faute de mieux.

Pour soutenir les efforts de recherche de solutions appropriées et compte tenu de son poids dans la mise en œuvre des politiques de gestion des ressources humaines en Afrique, nous présentons ci-après la description que Kamdem (2002 : 270) donne du développement du facteur ethnique au Cameroun depuis l'indépendance :

S'agissant du rapport à l'ethnicité, [...], on a vu se développer deux mouvements, au fil du temps et à travers différents discours politiques au Cameroun. Le premier mouvement a consisté à considérer l'ethnicité comme un sujet tabou, car susceptible d'entraver la construction d'une nation qu'on s'est longtemps évertué à considérer comme ***supra ethnique****. Mais paradoxalement, des pratiques manifestes connues sous différents noms,* ***dosage ethnique, équilibre régional, quota régional, réalisme sociologique****, etc., se sont largement répandues, et ont fonctionné comme des mécanismes égalisateurs susceptibles de réduire les inégalités entre les différentes communautés ethniques et les différentes régions du pays. Le moins que l'on puisse dire est que ces initiatives, probablement utiles au départ, pour accompagner la difficile construction nationale et renforcer la solidarité nationale, ont engendré des abus et des dérives [...]. Elles ont ainsi fini par plus créer de problèmes qu'elles en ont résolu (clientélisme, népotisme, etc.). Le deuxième mouvement est amorcé à la faveur des mutations sociales engendrées par la libéralisation économique et politique, depuis le début des années quatre-vingt-dix. De part et d'autre, on s'est vraiment rendu compte de l'acuité du problème de l'ethnicité. La réponse des pouvoirs publics a été sa prise en compte formelle et institutionnelle lors de la dernière réforme constitutionnelle. Cette prise en compte s'est également manifestée à l'occasion de l'organisation des différentes élections entre plusieurs partis politiques (constitution des listes électorales, remise en cause des résultats des élections aussi bien par le gouvernement que par les partis, etc.).*

Toute la question, conclut cet auteur, est à nouveau de savoir si de telles réponses sont efficaces et durables pour résoudre les problèmes posés. La SNRA doit véritablement se pencher sur cette question et conduire un débat pour dégager les normes acceptables en cette matière dans les services publics en Afrique.

2. ENTRE LES EXIGENCES DES RESULTATS ET LE MAINTIEN DU CHANGEMENT DANS LA DUREE

L'analyse du cas, en tenant compte des enjeux et défis de modernisation de l'administration publique en Afrique, permet de découvrir des faiblesses du projet malgré sa dynamique, et de mettre en évidence des rationalités dominantes dans cette administration. De « l'intérieur » de cette dynamique, nous nous intéressons aux trois aspects suivants relatifs : à la cohérence entre la légitimité des choix de priorité et les résultats obtenus, les gains que tirent les Ministres Utilisateurs de leur investissement pour le succès de la réforme, les exigences du respect des délais et la gestion du changement.

2.1. Cohérence entre la légitimité des choix de priorités et les résultats obtenus : vaincre le syndrome des réformes impossibles

Discutant du problème du choix de la stratégie à adopter pour conduire la modernisation de l'administration publique au chapitre 3 (§.1.1.), nous avons relevé que la littérature identifie ici des difficultés qui résultent autant du choix de rationalité des décisions publiques, de la définition des concepts d'efficacité et d'efficience que de la pertinence des modes d'actions retenus. Le cas de cette réforme est particulièrement illustratif de ce problème qui semble s'afficher comme une propriété caractéristique du fonctionnement des services publics.

Conformément à son mandat défini par l'arrêté du Premier Ministre n° 046/CAB/PM du 13 juillet 2000, la Coordination du projet a défini la stratégie de mise en œuvre de la réforme. Celle-ci a été adoptée au Conseil du Cabinet du 24 avril 2001. Les arbitrages et les choix de cette stratégie tenaient compte à la fois de la volonté politique de moderniser l'administration publique camerounaise à travers son système dc gestion des personnels et des impératifs de politique publique tels que retenus dans le Programme National de Gouvernance et particulièrement dans le document cadre de la Facilité d'Ajustement Structurel Renforcé pour la période allant de 1999/2000 à 2001/2002.

L'agent public, acteur interne, est bel et bien au centre du projet puisqu'il est le principal bénéficiaire direct des résultats escomptés. En effet, cette réforme est l'un des rares projets d'envergure que l'Etat, employeur, engage au profit des agents publics, ses employés. Ce constat prend tout son poids lorsque vient le temps de la retraite, sans oublier qu'à tout moment de la carrière, la mort peut survenir, et commence alors le chemin de croix pour les ayants droit qui veulent percevoir les pensions diverses. La méthodologie adoptée par le Comité de Coordination pour conduire le projet s'est appuyée sur son intelligence et son savoir pratique du milieu pour construire et pour appliquer le nouveau schéma d'organisation de la GRH dans l'administration camerounaise.

La base de légitimité des choix opérés pour cette stratégie ne pose donc pas de problème, que ce soit par rapport à la transformation de la philosophie de gestion de l'administration ou par rapport aux missions de service public de cette administration. Il n'est non plus besoin de décliner les avantages que chaque agent public pourrait individuellement tirer de la réforme qui a pour ainsi dire, un caractère indispensable indéniable.

Et pourtant, les difficultés de mise en œuvre de ces choix sont multiples comme décrites au chapitre 11 (§.3.3.), et incompréhensibles les unes les autres si on se fonde sur la base de leur légitimité ainsi rappelée. Ces difficultés ont contribué à renforcer un sentiment de frustration et d'insatisfaction chez certains agents publics, tandis que d'autres ont fait preuve d'un manque étonnant d'engagement pour faire aboutir dans sa logique et ses principes, cette réforme dont ils sont les bénéficiaires des résultats. Lorsque le Premier Ministre visite les sites pilotes le 28 avril 2004, satisfait des résultats déjà obtenus et conscient des retards observés dans le respect de l'échéancier du projet, il prescrit le déploiement de la réforme avec SIGIPES-Plus pour la fin du mois de décembre 2004 au plus tard. Et pourtant (une fois de plus), il manquera les moyens financiers nécessaires pour achever le travail qui était en cours dans onze (11) administrations incluant les propres services du PM.

A quoi tiennent ces difficultés qui ne sont pas apparemment insurmontables ? Comment interpréter cette situation qui traduit manifestement une **impuissance** à un maillon de la chaîne des décisions politiques, sinon en recourant à la théorie comportementale des choix comme le suggère March (1991 : 141) ? Dans cette hypothèse, il apparaît clairement que la démarche s'appuie sur deux rationalités (tableau 4-6) : la rationalité *adaptative, systémique* adoptée par « l'homme de l'organisation » dont le déterminisme et le volontarisme sont les bases de la connaissance, et la rationalité *politique communicative* adoptée par « l'homme politique » qualifié d'aléatoire et dont l'argumentation et le dialogue sont les bases de connaissance. Le lien entre ces deux rationalités est établi par le Ministre de la Fonction publique et celui des Finances qui sont respectivement Président et Vice-président du Comité de coordination et qui ont le pouvoir politique nécessaire pour imposer les solutions simples et globales qu'ils jugent appropriées aux priorités retenues.

Suivant cette logique, si le sentiment d'impuissance illustre les limites du caractère volontariste de la rationalité adaptative, comment expliquer dans ce cas-ci le manque de ressources financières dont l'allocation relève du politique et pour lequel, on ne peut pas dire qu'il a manqué d'argumentation convaincante : instructions présidentielles relatives à l'élaboration du budget de l'Etat de 2004, constats faits par le Premier Ministre lui-même lors de sa descente sur le terrain, rapports adressés au Premier Ministre par le Président du Comité de coordination, exposé du Ministre de la Fonction publique au Conseil de Cabinet, notes relatives à l'état d'évolution de la réforme présentées à l'occasion de chaque mission FMI/BM.

Sommes-nous ici entrain de vérifier que si la volonté et la détermination des hommes politiques sont des conditions nécessaires à la réussite d'une réforme, elles ne sont pas du tout suffisantes ? Dans ce cas, quelles autres conditions devrait-on inclure dans la liste des facteurs clés de succès des réformes des services publics ?

Ces interrogations concourent à fournir une illustration du paradoxe du comportement qu'on prête à l'homme politique qui est un « « homme d'action », mais pour qui les promesses n'engagent que ceux qui y croient ».

Dans tous les cas, elles renforcent le discours qui affirme que les administrations publiques ne peuvent pas être reformées, notamment, parce que les hommes politiques ne sont préoccupés que par leur ré-élection et non par des solutions durables qui s'attaquent aux causes profondes des problèmes.

Et s'il s'agissait, comme nous voulons l'admettre à la lumière du cas particulier de cette réforme, d'un problème de ***suivi de la cohérence*** entre les engagements pris et les actions réalisées jusqu'à leurs termes ? En somme le problème de l'absence d'un tableau de bord gouvernemental de suivi des politiques et programmes dont les choix ont été légitimés en tenant compte de toutes les rationalités sous-jacentes au comportement des acteurs concernés (population cible, agent public, Elus locaux, Députés à l'Assemblée Nationale, partenaires au développement, ...). En effet, si la rationalité adaptative permet le management efficace d'une masse considérable d'informations empiriques comme l'observe March (1991 : 141), ces informations réparties sur plusieurs personnes, se présentent souvent sous une forme qui n'est pas explicitement accessible, surtout aux hommes politiques. Dans sa fonction de présentation de l'information en tenant compte des attentes du destinataire et surtout son rôle d'outil de suivi de gestion, le tableau de bord nous apparaît ici être un moyen pour faire face au syndrome des réformes impossibles dans l'administration publique. Les hommes politiques pourront alors se réjouir de devoir leur ré-élection à leur participation au succès des réformes inscrites dans l'histoire de leur pays.

Ce tableau de bord adopterait la structure pyramidale comme décrit au chapitre 8 (§.4.2, figure 8-6) pour servir d'un véritable système efficace de pilotage et de régulation des politiques et programmes publics. Chaque Ministre, dans son rôle de liaison entre l'administration de son secteur et la coordination de l'action gouvernementale, veillera à la manière d'un Manager soucieux de résultats, à ce que les projets prioritaires de son secteur figurent dans ce tableau de bord avec les indicateurs, les sources d'information et les points de contrôle adoptés par les équipes placées sous sa responsabilité, du niveau opérationnel au sommet stratégique.

2.2. Une stratégie « gagnant/gagnant » : qu'apporte la déconcentration de la gestion des personnels de l'Etat aux Ministres Utilisateurs ?

Lors de la réalisation du projet, un point de divergence touchant les bénéfices tirés individuellement par les acteurs de la réforme est ressorti des discussions à plusieurs niveaux. Ce point qui porte sur les modalités d'application de la stratégie de « gagnant/gagnant » dans une réforme est particulièrement intéressant à analyser comme une des leçons du cas étudié ici.

Au cours du déploiement de la réforme le problème est soulevé dans un des ministères du premier groupe des onze administrations retenues après la phase pilote. La réunion est présidée par le Ministre qui nous accueille. Après la présentation des objectifs, des résultats attendus et des impacts de la réforme, le Ministre pose la question de savoir ce que gagnerait un ministère en exerçant, en plus des missions qui sont les siennes, les attributions qui relevaient jusqu'ici de la compétence du Ministre de la Fonction publique et surtout du Ministre des Finances qui gère la masse salariale. Pris de court, nous nous réfugions derrière l'argument d'un projet gouvernemental décidé par les politiques pour tenter de convaincre notre interlocuteur. Celui-ci reprend la parole pour nous dire qu'il n'est pas convaincu par notre réponse, car, à nous entendre, dans ce programme gouvernemental qu'il accepte, la redistribution des compétences semble se faire sans les moyens qui permettront de les assumer. Dans l'entreprise privée, avance-t-il, les gestionnaires ont le contrôle sur leur masse salariale et peuvent, en respectant les différentes conventions qui régissent le marché de l'emploi, moduler les rémunérations, par exemple, en fonction du rendement. Les Ministres Utilisateurs auront-ils ces pouvoirs, s'interroge-t-il ? Par exemple, ajoute-t-il, les économies réalisées à la suite de l'assainissement des « données de la solde » seront-elles utilisées au profit des agents des départements ministériels concernés dans chaque cas ? Nous sautons sur cette dernière remarque pour revenir sur l'objectif managérial de la réforme qui donne aux acteurs sur le terrain, la latitude d'élaborer leur politique de management de leurs ressources humaines et de prendre les décisions qui s'imposent pour l'appliquer. En invitant les participants à passer au point suivant de l'ordre du jour, le Ministre précise qu'il ne s'oppose pas à la réforme qu'il trouve judicieuse pour la dimension «management des ressources humaines » qu'elle intègre, mais qu'il attirait l'attention sur un point critique qui pourrait peser lourdement et de façon négative dans la détermination de l'intérêt des ministères à s'investir pour son succès.

Avec le recul, nous voulons reconnaître avoir sous-estimé toute la portée de cette question, surtout si on se rappelle avec le Président Valérie Giscard d'Estaing (2000 : 159) que le mécontentement de ceux qui perdent à une réforme est plus vif et plus tenace que l'est la satisfaction de ceux qui y gagnent. Et cette réforme offre des occasions de perte, par exemple, dans l'assainissement des données, la rationalisation des circuits de traitement des dossiers ou le déploiement des ressources humaines avec la suppression de certaines Unités de travail. Nous avions analysé les impacts de la réforme sur l'amélioration du bien-être collectif des bénéficiaires, les agents publics, et sur l'amélioration de la qualité du service rendu par l'administration (avec des agents bien traités) au citoyen. Mais nous n'avons pas réfléchi au gain individuel de chaque agent public, ni aux modalités de l'utilisation des gains financiers réalisés avec la réforme pour soutenir les efforts de modernisation dans chaque administration.

Plus tard, lorsque le processus d'assainissement des données avec SIGIPES-Plus au Ministère de la Fonction Publique révélera des économies considérables qui peuvent être réalisées sur les crédits des personnels de ce département ministériel, nous constaterons que c'est au Ministre des Finances de rendre ces économies effectives et d'en disposer, à moins que, dans le cadre de nouvelles directives sur la réforme, le Gouvernement ne prenne un texte pour fixer un autre cadre légal de son utilisation.

En se rapportant aux enjeux et défis de modernisation de l'administration publique analysés aux chapitres 2 et 3, ce problème de gain de la réforme peut se formuler en termes de définition de la nouvelle politique de mobilisation des agents publics qui sera adoptée à la suite de la mise en œuvre de cette réforme, surtout si on l'aborde dans un esprit de gestion de l'emploi public suivant la logique de la gestion par les compétences. Suivant cette perspective de la gestion par les compétences, la nouvelle politique à adopter devrait comprendre plusieurs volets dont celui de l'évaluation des agents, celui de la rémunération incluant les pratiques de récompense de la performance, celui de la motivation des agents publics par des facteurs autres que financiers, notamment les facteurs intrinsèques au travail qui est accompli.

La déconcentration de la gestion des personnels de l'Etat laisse, dans sa conception de « gestion de proximité », la latitude à chaque Ministre Utilisateur pour élaborer et mettre en œuvre sa politique en cette matière. Le statut général de la Fonction publique lui sert de cadre général à l'intérieur duquel il peut envisager diverses mesures lui permettant de mobiliser ses ressources en tenant compte de la double dimension individuelle et collective de cette mobilisation. Les statuts particuliers qui existent, nombreux, sont des exemples qui illustrent cette possibilité. Mais d'autres mesures d'accompagnement devront être prises pour accorder plus de flexibilité aux Ministres Utilisateurs pour gérer la masse salariale de leur département ministériel. C'est là une *question de fond* pour cette réforme.

Au plan individuel, et il ne faut pas se le cacher, des études montrent que les augmentations individuelles de salaire et les primes liées à la performance individuelle sont fortement et significativement liées à la mise en œuvre des pratiques de la gestion par les compétences (Colin et Grasser, 2003 : 69). Il s'agit ici de prendre des mesures qui portent sur les facteurs financiers de la motivation et qui font appel aux diverses techniques de rémunération liée aux rendements ou aux performances (voir chapitre 8, « les outils de gestion par la performance »). Le principe est généralement accepté par les gestionnaires ou sous-entendu dans les discours des hommes politiques, mais le passage à l'action pose de nombreux problèmes théoriques et pratiques.

Par exemple, des études (Nations Unies, 2005 : 58 ; Christopher Pollitt, in Guy Peters et Donald Savoie (dir.), 1995 : 195 ; OCDE, Synthèses de août 2005 et Dossier IGPDE de mai 2006) confirment, comme on le sait au plan théorique, qu'en accordant des primes aux employés performants, on démotive autant, sinon plus, la majorité des employés qui ne les auront pas reçues. En outre, on n'a pas la garantie que ceux qui auront reçu des primes seront tout autant motivés, d'abord parce que ces primes peuvent créer entre eux un sentiment d'injustice à cause de la disparité ou de l'uniformité des taux, ensuite les primes ne prennent pas en compte les facteurs de motivation intrinsèques au travail qu'ils ont eu à effectuer. A cet égard, l'expérience de certains pays invite à une attitude de prudence car la méthode de la « rémunération liée aux performances » est très difficile à appliquer (OCDE, Synthèses, août 2005 et Dossier IGPDE de mai 2006) : (i) la procédure d'évaluation des performances individuelles comporte de nombreuses difficultés et peut contribuer à multiplier les problèmes de confiance, ou à ouvrir la voie à la corruption et au favoritisme ; (ii) il n'est pas simple de définir les objectifs individuels dans un service public ; (iii) la planification, la conception et la mise en œuvre du dispositif technique de cette méthode et notamment l'évaluation régulière des agents et la formation du personnel d'encadrement non seulement se heurtent à un problème de faiblesse de modélisation, mais, prennent aussi du temps. Quelques leçons pour l'avenir de cette méthode dans les services publics telles que dégagées par l'OCDE sont résumées dans un tableau joint en annexe (annexe 4).

La détermination du gain financier individuel de chaque agent dans une démarche de gestion par les compétences est donc un problème complexe. En laissant avec la déconcentration de la gestion des personnels de l'Etat au Cameroun une plus grande latitude locale de la gestion de telle politique, on souhaite créer des conditions permettant de faire efficacement face non seulement aux problèmes théoriques que soulèvent les solutions qui peuvent être adoptées, mais aussi aux divergences d'intérêt qui peuvent survenir dans chaque administration entre les acteurs de la réforme. Ces divergences peuvent provenir des conflits d'intérêt entre les acteurs du processus d'évaluation du rendement, de la méfiance des syndicats qui voient dans les primes au rendement une réduction des possibilités d'augmentation des salaires pour tous les employés ou de l'opposition entre les hauts fonctionnaires et la majorité des employés qui peuvent considérer que les primes sont injustes ou démotivantes.

Encore faut-il que les modalités de disposition des gains de la réforme soient clarifiées par le Gouvernement, notamment pour ce qui est de la marge de manœuvre des Ministres Utilisateurs. L'une des leçons dégagées dans le tableau de l'annexe 4 porte justement sur la nécessité d'anticiper les difficultés de mise en œuvre de l'approche de la « rémunération liée aux performances » en prévoyant clairement le budget et les coûts liés, ainsi que les moyens de les financer, et d'évaluer le temps et le travail requis par l'adoption du système et sa supervision.

2.3. Le temps du projet et le temps de la réforme : concilier les exigences de la course de vitesse et celles de la course de fond pour développer une culture axée sur les résultats

Au chapitre 3 (§.1.5) nous avons insisté sur l'impératif de bien gérer le temps dans les administrations modernes. Cet impératif s'impose également à la gestion des projets de réforme de ces administrations. En effet, et comme relevé dans la littérature (Poulin, Y., 2002 : 435), vouloir trop en faire en très peu de temps semble avoir été l'une des causes profondes des échecs des réformes administratives dans les pays en développement confrontés au défi de faire évoluer, après leurs indépendances, un système qui n'est capable que de maintenir la loi et l'ordre, vers un autre doté d'expérience et bien outillé pour gérer le développement et le progrès du pays.

Le cas traité ici a été l'occasion de discerner et de vivre deux aspects, contradictoires dans leurs finalités, de la réalité du temps dans un processus de réforme administrative.

- *Le temps du projet*, qui devait s'achever dans deux ans à compter de la date de signature de l'arrêté du Premier Ministre n° 046/CAB/PM du 13 juillet 2000.
- *Le temps que nous définissons comme étant celui de la réforme,* qui est inscrit dans la durée et porte sur les efforts d'appropriation et de consolidation des résultats obtenus au cours de ces deux années. Il s'agissait alors de mettre l'accent sur l'enracinement des changements introduits pour promouvoir une nouvelle culture administrative dans les services publics à travers les effets et les impacts des résultats du projet.

La gestion du temps du projet met l'accent sur les changements apparents, les produits ou résultats qu'observent et analysent les missions d'évaluation et pour cette réforme, les descentes sur le terrain des missions conjointes FMI/BM. La métaphore de la « course de vitesse » pour réaliser le plus de résultats possibles est appropriée pour caractériser la gestion de ce temps de projet. La gestion du temps de la réforme, quant à elle, privilégie le changement profond d'habitude et de façon de travailler en mettant l'accent sur le développement des capacités d'auto-organisation. C'est le temps d'apprentissage, et dans cette perspective d'apprentissage organisationnel, la métaphore de la « course de fond » nous paraît plus appropriée pour caractériser cette dimension par laquelle le temps est plutôt considéré comme un processus régulateur de la réforme.

Ces deux aspects du temps s'inscrivent ainsi dans deux perspectives contradictoires, plaçant la gestion de la réforme face au dilemme de choisir entre l'un et l'autre des aspects : i°) le temps du projet qui est redouté, notamment au moment des visites des missions FMI/BM dont les évaluations pouvaient conduire à des sanctions allant jusqu'à la révocation si, à cause des faibles résultats obtenus, un critère du programme économique n'était pas satisfait ; ii°) le temps de la réforme qui est utilisé par le Ministre en charge de la Réforme Administrative comme levier de changement profond dans une stratégie d'accélération de l'apprentissage organisationnel. La recherche du coupable dans la gestion du temps du projet entraînerait alors l'abandon de tout effort d'apprentissage tout au long du projet. A cet égard, il est révélateur de noter que lorsqu'au séminaire de Kribi en juin 2001 avec les Secrétaires Généraux des Ministères et des Universités, la gestion du temps est retenue comme un facteur critique de succès de la réforme, c'est davantage du « temps de projet » qu'il s'agit.

Les difficultés d'intégration de ces deux aspects du temps dans la gestion de la réforme sont illustrées dans le rapport d'audit externe de SIGIPES par certains commentaires des auteurs qui relèvent l'urgence qui a caractérisé la mise en œuvre du projet dans la période 2000 à 2003, et des problèmes résultant d'un manque de consensus ou de concertation suffisante. Ils écrivent, en effet (Rapport d'audit externe de SIGIPES, octobre 2003) :

> *[...]. Le degré d'urgence [dans lequel a travaillé le projet] a conduit à accélérer les étapes, en ne permettant pas de s'appesantir sur les phases de validation et de recherche de consensus. (2003 : 54)*
>
> *[...]. Nous avons relevé quelques critiques sur le manque de concertation. Notre impression est que la redistribution de compétences ne se fait jamais sans rudes négociations, qui ont eu lieu, mais qu'il faut savoir clore un débat quand les protagonistes campent sur leurs positions. (2003 : 54)*
>
> *Pour l'appropriation de SIGIPES [au niveau du projet], les délais de réalisation très courts imposés au prestataire ne lui ont pas permis « d'attendre » la disponibilité des homologues qui n'étaient pas à plein temps sur le projet. (2003 : 68)*
>
> *[S'agissant de l'organisation de la production], une tendance naturelle est de conserver une structure de projet pour gérer la production, ce qui est très risqué et explique en partie le « pourrissement » d'ANTILOPE. (2003 : 89)*
>
> *Malgré une communication importante et de qualité, une inquiétude est sensible chez les utilisateurs et chez les informaticiens. (2003 : 111)*

La leçon qui peut être tirée de l'expérience de ce cas est la confirmation de l'hypothèse suivant laquelle le succès durable de la réforme implique un subtil dosage des deux aspects du temps ainsi décrits pour développer *une culture axée sur les résultats*, et non un choix entre l'un et l'autre. La prise de conscience du temps de projet est nécessaire pour assurer l'exécution rapide du projet qui doit s'achever à un moment donné avec la cessation des financements et le départ de certains intervenants clés. La prise en compte parallèle du temps de la réforme permet de créer les conditions indispensables à l'enracinement des résultats qui auront été obtenus.

En effet, lors de la mise en œuvre de la réforme de la « déconcentration de la gestion des personnels de l'Etat et de la solde », des mesures ont été prises pour concilier ces deux aspects du temps, mais les résultats sont loin d'être satisfaisants.

Fort des engagements pris dans le cadre des programmes signés avec les bailleurs de fonds, le politique a exercé la pression externe utile pour soutenir le rythme du temps du projet, comme on l'a vu au chapitre 11. Même si des retards ont été observés, cette pression a permis de réaliser l'expérience pilote en trois mois avec succès et de développer et tester le système SIGIPES-Plus au Ministère de la Fonction Publique. Lors de la phase de déploiement, cette pression s'est faite moins intense et jusqu'en 2006, aucun des projets engagés en 2003 n'était achevé. Nous avons également noté que SIGIPES-Plus n'était toujours pas déployé dans les trois autres sites pilotes, après le Ministère de la Fonction Publique.

Parallèlement, des dispositions d'appropriation de la réforme ont été engagées comme décrit au chapitre 10 (§.3), avec les résultats mitigés enregistrés (voir chapitre 11, §.3), et qui s'expliquent, entre autres, par la priorité excessive accordée à la course de vitesse dans la mise en œuvre du projet. Suivant la logique de la gestion du temps de réforme, il ne s'agissait pas de limiter les mesures envisagées à celles prises pendant la réalisation du projet, d'autant plus que l'intérêt de la réforme portait sur des dimensions multiples telles la redéfinition des structures, la rationalisation des procédures de travail et le déploiement des ressources humaines après des suppressions de postes de travail. Suivant une démarche de transfert des responsabilités, ces mesures qui visaient à outiller les agents impliqués pour qu'ils puissent poursuivre les changements amorcés, devaient se prolonger après le projet, sous la responsabilité de deux institutions, comme souligné au chapitre 10 :

- *le Ministère qui accueille la réforme* : notamment dans le cadre des attributions du Secrétaire Général, du DRH/DAG, des Directeurs fonctionnels.
- *le Ministère de la Fonction publique et de la Réforme Administrative :* notamment, dans le cadre des attributions du Secrétaire Permanent à la

Réforme administrative, du Directeur du Développement des Ressources Humaines de l'Etat, du Directeur de la Gestion des Carrières.

L'encadré 12-1 illustre la dynamique de ces deux dimensions du temps dans une démarche de réforme administrative. Il y est souligné la nécessité de la permanence de la présence des acteurs critiques comme les Secrétaires Généraux des Ministères concernés et les experts de la Réforme Administrative qui jouent un rôle critique dans l'émergence des conditions favorables à l'apprentissage au cours des projets.

Le projet ayant fait recours à des équipes multiples de travail ainsi qu'à des partenariats avec des entreprises privées, une parfaite illustration de l'importance de cette dimension de gestion des différents temps d'un projet s'est faite de façon marquée après la réception des marchés réalisés ou bien lorsqu'une équipe technique déposait son rapport.

Dans les projets de réforme administrative, il est donc fondamental d'être bien conscient des forces et des limites de ces deux dimensions du temps. Au chapitre 7 nous avons relevé cet aspect en décrivant la méthode « d'intervention en Conseil Organisationnel » et particulièrement en présentant les résultats attendus des différentes phases de la composante méthodologique du processus, à savoir (tableau 7-6) : entrée, acte réglementaire, recadrage, planification, implantation, terminaison. Les observations de l'audit externe de SIGIPES soulignées ci-haut sont, par exemple, corroborées par la littérature (encadré 12-1) qui relève que les équipes-projet classiques ont un climat peu propice à l'apprentissage. A ce sujet, les analyses de Senge et al. (1999 : 86) concluent que :

> *Au fur et à mesure que croît l'investissement en projet de changement, le temps que doivent consacrer les animateurs de l'équipe augmente. Si la marge de manœuvre sur l'emploi du temps reste inchangée, et qu'il n'y a pas de temps supplémentaire disponible pour ces projets, la résultante de cet écart en terme de temps a deux effets : elle rend le projet moins efficace, sapant ainsi la croissance potentielle des capacités d'apprentissage, accroît la frustration et réduit la volonté des salariés à s'engager.*

En conciliant les deux exigences de la « course de vitesse » et celle de la « course de fond », on réduit avec succès l'écart entre les paroles et les actes, entre les discours qui énoncent les orientations et les performances qui vont témoigner de la qualité des actes effectivement posés.

L'objet de la réforme administrative étant le changement profond dans les services publics davantage influencés par le syndrome de l'effet « Pygmalion négatif », la prise en compte de la dimension du temps de réforme donne un sens particulier à la notion de la « culture axée sur les résultats » en recherchant avec les résultats obtenus des changements durables. A cet égard, en traitant du

Conseil Organisationnel comme outil de travail de la réforme administrative au chapitre 7 (§.3.5), nous avons esquissé les responsabilités de la SNRA de chaque pays. C'est un point de départ pour passer du discours à l'action.

ENCADRE 12-1 : Les différents temps d'un projet et l'apprentissage organisationnel

> Le « temps » du projet renvoie à différentes définitions du temps. La première est le temps objectif du projet, sa durée ou ses délais de réalisation mesurée en unités de temps (semaines, mois ou années). L'équipe-projet est focalisée sur la réalisation des objectifs qui sont assignés, notamment en termes de délais, au travers de l'utilisation optimale des ressources qui lui sont confiées et le développement de compétences nouvelles n'est pas une préoccupation s'inscrivant naturellement dans cette logique orientée vers l'action. La durée du projet conditionnerait donc la réalisation d'apprentissages collectifs au cours du projet. [...]
>
> Mais si la durée des projets semble contribuer à l'émergence de conditions favorables à l'apprentissage au cours des projets, au-delà, c'est la permanence de la présence des acteurs-projet qui jouerait un rôle critique. La participation des individus au projet est d'ailleurs souvent mesurée au travers d'un indicateur rendant compte du temps objectif qu'ils consacrent au projet et calculé en hommes-jours. Dans cette perspective, il apparaît primordial, d'une part, de dédier les acteurs pour toute la durée du projet dans la mesure des disponibilités en personnel des départements fonctionnels impliqués dans le projet et, d'autre part, d'éviter le turn-over des acteurs-projet en portant une attention particulière à leur recrutement au moment de la constitution de l'équipe-projet. Ces deux exigences inhérentes à la logique de constitution des équipes-projet contribueraient à l'établissement des conditions favorisant l'apprentissage au cours des projets. [...]
>
> Mais le « temps » du projet est également un temps [socialement construit] qui renvoie à la vision partagée, par les acteurs du projet, des délais qui leur sont imposés. Cette vision partagée, par les acteurs-projet des objectifs du projet, notamment en termes de délais, qui constitue, à l'instar de la compréhension de l'objet de celui-ci (le système technique à réaliser), un facteur d'intégration de l'équipe, conditionne aussi la capacité de celle-ci à développer des apprentissages collectifs. Focalisée sur la réalisation des objectifs qui lui sont fixés, notamment en termes de délais, au travers de l'utilisation optimale des ressources qui lui sont confiées, l'équipe-projet est tout entière tournée vers l'action. Dans ce climat a priori peu propice à l'apprentissage, sa capacité à développer des compétences nouvelles est largement influencée par la perception qu'ont les membres de l'équipe des délais assignés au projet.

Source : Extrait de Bourgeon (2001 : 108 – 109)

CONCLUSION

L'étude de cas que nous venons ainsi de traiter prend la forme d'une monographie sur ce projet qui est en cours dans l'administration publique au Cameroun. En choisissant cette forme de monographie, nous voulions d'abord décrire de façon aussi précise que possible, le processus de réalisation de cette réforme tel que vécu de « l'intérieur », pour permettre ensuite d'appliquer à la réalité ainsi saisie, la grille de lecture générale que constituent les cadres théorique et méthodologique présentés dans les deux premières parties de l'ouvrage. Dans notre effort d'application de cette grille, nous avons cherché à mettre en évidence et à expliquer les approches utilisées aux différentes phases de réalisation de cette réforme, de même que les difficultés rencontrées et les leçons qui peuvent en être tirées.

Les leçons qui ont particulièrement retenu notre attention avec le recul que l'analyse nous a permis de prendre, interrogent le processus de remise en cause des pratiques anciennes dans l'administration publique et donc son processus d'innovation. Nous en analysons cinq types : i°) la méthode de définition du cadre de référence utilisé pour la réforme ; ii°) les limites de la méthodologie adoptée, laquelle, par exemple, soulève sans la traiter le problème de l'ethnicité dans la gestion des carrières administratives, iii°) la cohérence entre la légitimité des choix des priorités et les résultats obtenus ; iv°) les problèmes de la mise en œuvre d'une stratégie « gagnant/gagnant » dans la réforme, v°) les exigences de la conciliation du temps du projet et du temps de la réforme.

Dans la même logique que celle qui a sous-tendu le choix des théories et des méthodes opéré dans les deux premières parties, la finalité de la description et de l'analyse de ce cas est de promouvoir au sein des services publics en Afrique, la culture de « l'organisation apprenante » qui est fondée, comme nous l'avons vu au chapitre premier et tout au long de l'ouvrage, sur le besoin pour les personnes, de travailler ensemble dans un esprit d'une synergie soutenue. Le modèle de la « roue d'apprentissage » décrit au chapitre 4 est particulièrement illustratif de cette dynamique à travers les objectifs poursuivis à chacune de ses quatre étapes que sont la réflexion, la connexion, la décision et l'action. Les organisations doivent alors s'appliquer à tirer des leçons de leur propre travail pour réduire les ambiguïtés qui en sont une des caractéristiques, et améliorer leur degré de prévision, ceci dans le but de faire évoluer les objectifs organisationnels. Et du point de vue de la gestion par les compétences, le savoir et les habilités qui en découlent seront reconnus dans toute l'organisation et contribueront à accroître son potentiel humain.

L'adoption de cette approche s'inscrit dans la logique de compréhension et d'analyse de la fonction « Réforme Administrative » comme définie dans cet ouvrage. A savoir, un processus de changement qui œuvre à l'atteinte de l'objectif de *création d'une culture organisationnelle qui fait la promotion des valeurs de l'excellence, du perfectionnement personnel, du partage et de l'innovation.*

Le défi de l'avenir des administrations publiques en Afrique ne peut, pour nous, être durablement relevé en marge de cette logique de compréhension et d'analyse de la fonction « Réforme Administrative ».

CONCLUSION GENERALE

La réforme administrative prend aujourd'hui en Afrique une place singulière, à la fois comme objet et moyen du débat politique dans les programmes de modernisation de l'appareil administratif de l'Etat.

Détournées progressivement de la logique centralisatrice jacobine plutôt préoccupée du pouvoir des acteurs, les administrations publiques africaines doivent alors relever un principal défi qui est d'aider avec professionnalisme les acteurs politiques à résoudre les problèmes cruciaux auxquels les populations font face. Ces problèmes sont aussi vastes et profonds que l'extrême pauvreté des populations, les ravages du VIH/SIDA et d'autres maladies comme le paludisme, la tuberculose, la destruction de l'environnement, l'exode des meilleures ressources humaines vers l'Occident, les guerres et divers conflits frontaliers, l'ampleur et l'enracinement du phénomène de la corruption, pour en citer quelques-uns.

Dans le contexte redynamisé du pluralisme politique qui caractérise cette période que nous vivons, bousculés par l'opinion publique et une presse privée chaque jour plus incisive, les acteurs politiques apparaissent impuissants face à l'étendue et à la complexité de tous ces problèmes tous prioritaires les uns autant que les autres. Au sein de l'administration, les approches d'analyse et de résolution de ces problèmes se bousculent elles aussi, passant d'une école de pensée à une autre, d'un cadre logique de projet influencé par un bailleur de fonds à un autre, donnant l'impression d'amalgame et d'incohérence. Une telle situation contribue davantage à créer la confusion dans l'esprit des agents publics et à ébranler les bases de leur compétence, tous facteurs susceptibles de porter un coup à leur crédibilité et leur notoriété. C'est sûrement une des raisons pour lesquelles des séminaires de renforcement des capacités se tiennent sur des thèmes aussi nombreux que variés, sans que les effets et les impacts des résultats se ressentent sur la qualité des prestations fournies par l'administration telle que perçue par les usagers.

Ainsi, et malgré la constance des discours des politiques sur l'efficacité, l'efficience et l'éthique dans les services publics, on continue à observer en leur sein un comportement du type de *l'évitement de problème* qui entraîne généralement deux types de conséquences très néfastes pour leur développement, *l'accoutumance* et le *transfert de charge* et dont nous avons parlé au chapitre 5. Rappelons ici, comme le définissent Senge et son équipe (1999), que l'accoutumance prend la forme d'une dépendance systématique et aveugle envers certaines politiques, certaines procédures, certains services, certains individus ou certains modes de pensée. Le transfert de charge se traduit par un recours systématique à l'autre pour résoudre ses problèmes, ou par la recherche exclusive des solutions symptomatiques aux problèmes qui se posent. Dans ce cas du transfert de charge, la capacité et le désir de se confronter aux réalités telles qu'elles se présentent ou de rechercher les causes profondes des problèmes sont annihilés.

Face à ce constat d'impuissance manifeste, certains analystes limités dans une logique de causalité linéaire du type « cause/effet », clament la résistance dite « naturelle » des agents publics au changement, une attitude qu'on retrouverait dans toutes les administrations publiques du monde. Dans leur raisonnement, d'autres analystes évoquent la thèse du déterminisme de certains facteurs contextuels des organisations – par exemple la politique, l'économie, la technologie, la taille, la culture, la structure – pour émettre l'hypothèse de la puissance des systèmes administratifs eux-mêmes à maintenir l'équilibre interne de leur fonctionnement et donc l'hypothèse de leur incapacité à se remettre en question.

Dans cet ouvrage, nous avons abordé cette question autrement et précisément en interrogeant la manière d'*apprendre des services publics* et leur approche d'adaptation à un contexte organisationnel dynamique parce qu'évoluant dans un monde résolument global.

Nous soutenons qu'une définition de la réforme administrative conçue comme une fonction organisationnelle au sein des services publics avec pour mission de promouvoir des changements profonds pour mieux répondre aux attentes des citoyens est un moyen pour mobiliser toutes les énergies du secteur administratif sur les causes profondes des problèmes et non plus uniquement sur leurs symptômes. Cette démarche permettra alors de proposer des solutions innovantes dans la perspective d'amener ces administrations à atteindre, dans leur développement, le stade « d'auto-organisation ».

Tirant les leçons des expériences passées dans les administrations africaines dans ce domaine des réformes administratives et compte tenu de l'évolution des connaissances en matière de management et de développement des organisations, nous avons proposé un cadre conceptuel de définition de cette fonction qui s'articule en trois axes : i°) le changement organisationnel qui décline les enjeux de la structuration des projets de réforme, ceux de la conduite de changement, ceux de la consolidation des changements introduits ; ii°) les processus de création des changements à introduire, lesquels comprennent le contrôle de performance, la planification des actions de développement, l'évaluation, l'innovation, l'auto-organisation ; iii°) l'effectivité des résultats escomptés où sont traités les enjeux de la cohérence des politiques, programmes et projets publics, du management des réformes, du développement et de la dissémination des aptitudes d'une organisation apprenante. Le message central qui sous-tend la description de ces axes et les analyses des trois parties du livre est simple. Il porte d'abord sur la nécessité d'adopter un cadre théorique homogène dans lequel viendraient s'inscrire les projets de réforme administrative pour combler une lacune connue et relevée, entre autres, par Karkatsoulis (RISA, 3/200 : 547). Il porte ensuite sur le rôle de l'unité à laquelle incomberait l'animation de cette fonction au sein de l'administration. Il porte enfin sur le choix des méthodes d'intervention à opérer en fonction des besoins des administrations qui accueillent les réformes, des spécificités des contenus des projets, des engagements pris avec les différentes parties prenantes aux résultats attendus. Ce message peut se résumer en ces termes : *la nécessité, pour maintenir l'élan de changement profond, d'identifier, de bien comprendre et de bien gérer les caractéristiques essentielles des services publics qui sont déterminantes pour la réussite ou l'échec des réformes engagées ou à engager* en vue de l'accroissement de leur performance.

Le cadre conceptuel proposé est lui-même inscrit dans le changement, conformément au principe fondamental de la « théorie de l'activité » formulée par Peter Drucker (cité par Senge et al, 1999 : 588) en ces termes :

> *La théorie de l'activité doit être constamment changée. Elle n'est pas inscrite en lettres d'airain. C'est une hypothèse. Et c'est une hypothèse sur des éléments en constante évolution : la société, les marchés, les clients, la technologie. Aussi la capacité de se changer soi-même doit-elle être incorporée dans la théorie. Et les questions concrètes qui se posent alors sont : Comment mettre en place cette « expérimentation » ? Qui peut y participer ? Qu'arrive-t-il à ceux qui contestent l'orthodoxie dominante ? Comment les organisations peuvent-elles se créer la capacité à engager l'imagination et l'intelligence de leurs salariés dans l'expérimentation et l'amélioration des théories d'activité en cours ?*

Sachant que le point de départ de ces interrogations est le modèle de représentation de l'objet sur lequel on intervient pour l'amener à changer, nous avons rappelé au deuxième chapitre, trois modèles parmi ceux qui sont utilisés aujourd'hui pour définir, décrire et analyser les organisations comme une réalité ou un objet du management. Un premier qui est familier, le modèle bureaucratique de Weber, auquel on confond abusivement tout système administratif. Deux autres, orientés vers l'action et l'apprentissage pour promouvoir le développement des organisations : le modèle d'organisations qui excellent ou qui se portent bien (celui de Peters et Waterman et le profil d'une organisation en bonne santé de Beckhard) et le modèle d'organisation apprenante de Senge. Nous poursuivions ainsi un triple objectif : (i) bien camper notre problématique, (ii) illustrer les perspectives théoriques nouvelles qui existent pour soutenir cet effort de changement et, (iii) favoriser une approche d'analyse qui inscrit les administrations publiques africaines dans un système de multirationnalité, système qui « concilie l'enracinement traditionnel, l'efficacité, la productivité organisationnelle et l'épanouissement individuel », pour reprendre une expression de Kamdem (2002 : 404).

Nous avons discuté de l'organisation de la structure nationale qui aurait la charge d'animer cette fonction, la SNRA comme nous la désignons dans le livre. Pour ce faire, nous nous sommes davantage intéressé, pour la distinguer d'une bureaucratie classique, à son flux de travail opérationnel et aux processus sous-jacents à ses activités en en proposant une cartographie générale (figure 7-8). Ces éléments nous ont conduit à retenir pour cette structure, un modèle du type d'une « adhocratie opérationnelle » qui est non seulement compatible avec l'organisation du travail en réseau, mais s'engage par essence, dans un effort de création et d'innovation pour proposer des solutions nouvelles aux problèmes qui se posent. Nous ne nous sommes pas attardé à la discussion sur le niveau hiérarchique d'attachement de cette structure. Cette remarque peut nous être faite à juste titre. En fait, partant de l'hypothèse suivant laquelle le pouvoir et l'organisation sont indissolublement liés l'un à l'autre (Crozier et Friedberg, 1977 : 78), nous nous sommes plutôt intéressé à la ***réelle capacité*** d'influence de cette structure. Notre question, à cet égard, était de savoir quelles sont les ressources qu'en tant qu'acteur, cette structure peut effectivement mobiliser dans ses relations de pouvoir avec les autres acteurs en respectant la légitimité de chacun, sachant qu'ils peuvent dans certains cas être aussi puissants que les institutions qui gouvernent la mondialisation (voir par exemple l'encadré 2-7). L'étude de cas que nous avons traité illustre d'ailleurs des exemples d'une instruction présidentielle qui n'est pas respectée et d'un engagement du Premier Ministre qui n'est pas tenu, pas même dans ses propres services. Notre réponse à cette question se trouve résumée par quelques mots ou expressions qu'on retrouve dans la trame de l'ouvrage et qui reflètent en quelque sorte le fil directeur de notre réflexion :

- le professionnalisme des intervenants et notamment des Conseillers en Organisation Administrative (COA) ;
- la crédibilité de ces intervenants, crédibilité définie par les six « C » : conviction, caractère, considération, courage, calme, compétence ;
- le leadership efficace des différents responsables impliqués ;
- la gestion des ressources humaines par leurs compétences et la sécurité des agents publics définie en terme « d'employabilité ».

Pour affirmer et consolider cette approche de pouvoir au sein de la SNRA, des défis doivent être relevés. Nous en avons identifié trois : le défi de la légitimité professionnelle et épistémologique, le défi de la créativité pour trouver des réponses appropriées aux problèmes difficiles auxquels les administrations publiques modernes font face, le défi de l'apprentissage en boucle double fondé sur le principe de « l'auto-organisation », principe qui postule que la structure interne et le fonctionnement d'une administration publique peuvent évoluer.

Suivant la logique sous-jacente à ces trois défis, le choix des méthodes et outils d'intervention proposés dans l'ouvrage reste ouvert. En privilégiant les méthodes qui sont centrées sur l'apprentissage et le développement de l'autonomie de l'acteur, nous voulions éviter deux pièges : celui du « livre recettes » et celui plus profond et plus grave du « transfert de charge » par le recours à des solutions symptomatiques. En effet, et nous l'avons montré, les problèmes des services publics sont ontologiquement et épistémologiquement très complexes et ne peuvent s'accommoder des solutions du type « il n'y a qu'à ». De même, la consolidation des quelques résultats positifs atteints ne sera pas possible même en s'appuyant sur une stratégie « gagnant/gagnant », si au départ, une masse critique de personnes maîtrisant les racines du problème n'a pas été constituée (à cet égard, l'encadré 11-1 nous donne malheureusement raison). Une analyse systémique profonde cst dans chaque cas indispensable pour bien *comprendre* et cerner les meilleurs leviers de changements pertinents aux particularités du cas étudié. Nous avons tiré de la littérature et proposé deux approches complémentaires de cette analyse systémique appliquées aux problèmes des administrations publiques : une approche globale de formulation et de résolution de problèmes organisationnels inspirée des travaux de Probst et Ulrich et la roue d'apprentissage de l'école de Senge. Les autres méthodes retenues se présentent comme des outils d'intervention à l'une ou l'autre des étapes de chacune de ces approches. Leur choix dépendra donc du problème qu'on veut traiter.

Créer les conditions qui permettent à l'Afrique d'acquérir une notoriété confirmée dans le monde moderne est le rêve de cette contribution. Incontestablement, en effet, la mondialisation, comme tout phénomène nouveau, fait peur en Afrique. Mais regardant l'opportunité et non la contrainte - le verre à moitié plein en quelque sorte – ce phénomène nouveau est aussi porteur d'espoir et d'une dynamique nouvelle qui peut jouer le rôle de « pression externe » nécessaire pour transformer l'administration publique africaine et l'adapter aux nouvelles conditions de son développement. Après avoir analysé les enjeux de la mise en place de l'administration publique africaine du 21ème siècle compte tenu de l'état actuel de la réalité politique, économique, socio-culturel et technologique des différents pays du continent, nous avons préconisé, à cet égard, trois axes d'actions à engager dès à présent si ce n'est déjà le cas : i°) la construction d'une nouvelle image de cette administration, image ternie aujourd'hui par différents fléaux de mal-gouvernance dont notamment, les lenteurs administratives et le niveau particulièrement élevé de la corruption qui y a cours ; ii°) le développement des valeurs d'ouverture et de participation, pour permettre aux citoyens de s'impliquer de façon responsable (et non plus subir) à la définition et à la réalisation des projets qui vont concourir à la satisfaction de leur bien-être ; iii°) l'accélération du processus de la décentralisation, non pas pour suivre la mode, mais pour rejeter une approche du type de « transfert de charge » et promouvoir une véritable culture de la gestion de proximité dans un contexte où le développement d'une région ne peut plus se décréter ailleurs ou être le fait des autres.

Après les déclarations adoptées lors des Conférences Pan-africaines des Ministres des Fonctions Publiques et les résolutions des différentes Conférences mondiales sur la « ré-invention du Gouvernement » organisées par les Nations Unies ; après avoir suivi et repris les discours sur la gestion axée sur les résultats (voir par exemple la Déclaration de Paris de mars 2005 sur l'efficacité de l'aide publique au développement), sur la planification stratégique sectorielle, sur les feuilles de route du gouvernement, nous sommes de ceux qui pensent qu'il faut résolument passer à l'acte de façon organisée et méthodique. C'est, nous semble-t-il, ce qui reste à faire pour ne pas faire mentir continuellement le Nouveau Partenariat pour le Développement de l'Afrique (NEPAD), les Programmes Nationaux de Gouvernance (PNG) et les Documents de Stratégie de Réduction de la Pauvreté (DRSP).

L'urgence de cet impératif de l'action individuelle et collective, action rigoureusement suivie avec les outils modernes appropriés (un tableau de bord de gestion, par exemple), est relevée par le Président Thabo MBEKI de la République de l'Afrique du Sud (cité par Stephen Smith, 2003 : 227) qui nous rappelle en juin 2003 que *« ce qui adviendra [du développement de l'Afrique] au cours des vingt et quelques prochaines années dépendra de ce que nous, Africains, ferons.»*

L'étude de cas traitée dans la troisième partie du livre illustre bien qu'il est possible d'agir autrement et que, bien sûr, on rencontrera des difficultés. Dans la perspective de l'apprentissage, ces difficultés sont source d'accumulation de l'expérience et de développement de l'employabilité des acteurs impliqués. A l'épreuve des faits abordés comme ils sont réellement avec leur part de paradoxe, ces difficultés peuvent également contribuer à asseoir les bases de la maturité individuelle et collective, tous facteurs qui concourent à bâtir la compétence et la notoriété.

REMERCIEMENTS

Sans le concours de nombre de personnes intervenues à des moments et dans des circonstances les plus diverses, cet ouvrage n'aurait jamais pu être écrit. A tous, je voudrais adresser mes profonds remerciements pour leurs contributions multiformes qui m'ont stimulé à poursuivre le projet jusqu'à son terme avec la publication du livre.

Le Ministre René ZE NGUELE, alors Ministre de la Fonction Publique, m'a donné l'occasion, en 1985, de découvrir le management public, et par la suite, d'opérer un changement extrêmement important dans ma carrière professionnelle, passant de l'enseignement des mathématiques à l'enseignement du management à l'Institut Supérieur de Management Public (ISMP) et au conseil en développement des organisations. Revenu à la tête de ce département ministériel en 2000, il m'a offert d'être le Secrétaire Permanent à la Réforme Administrative au ministère ; occasion qui m'a permis de regarder la réalité des services publics du côté des praticiens et de conduire véritablement des projets de réforme d'une administration publique. En me donnant l'occasion de servir mon pays à ce niveau de responsabilité, il m'a aussi donné celle inestimable de participer, en tant que cheville ouvrière, à des « aventures » heureuses comme celle de l'organisation de la deuxième conférence internationale régionale de l'Institut International des Sciences Administratives (IISA) au Cameroun en 2003 ou celle de la compétition pour le Prix d'Excellence des Nations Unies pour le service public, Prix obtenu en juin 2004 à New York. Sans ces opportunités et les nombreuses expériences vécues, ce livre qui porte sur les réformes administratives analysées suivant la perspective managériale n'aurait jamais eu lieu. Toute la troisième partie est justement consacrée à la présentation de ce que nous avons pu faire ensemble. A moi, comme aux autres membres de son équipe très proche, il nous a toujours enseigné la passion du travail bien fait pour les usagers, la confiance en soi et en les autres, l'humilité devant la complexité des problèmes administratifs, un sens aigu du patriotisme. Au cours de la réalisation de cet ouvrage, il n'a eu de cesse de m'encourager à tenir bon chaque fois que le découragement prenait le pas sur l'engagement, et d'insister sur la nécessité, lors de la rédaction de l'étude de cas, de dire les choses comme elles étaient et d'en esquisser des leçons pour l'avenir. Qu'il trouve ici l'expression de ma gratitude que les mots ne seront jamais assez puissants pour en traduire toute la profondeur.

Ma dette est grande envers les deux institutions où j'ai eu à assumer les responsabilités de chef de structure et où j'ai donc eu à faire la nette distinction entre l'expertise pointue dans un domaine (l'enseignement, par exemple) et l'expertise managériale. Il s'agit de l'ISMP et du Secrétariat Permanent à la Réforme Administrative (SPRA).

A l'ISMP, je tiens tout d'abord à remercier le Ministre Jean-Marie ATANGANA MEBARA avec qui j'ai partagé le bonheur et le défi de former, en mars 1994, la première équipe entièrement camerounaise à diriger cette institution après le départ des Canadiens. Il était alors Directeur et j'étais son adjoint, un poste où on peut beaucoup apprendre et où j'ai beaucoup appris. Il avait déjà derrière lui une très brillante carrière administrative qui l'a conduit à occuper le poste de Conseiller Technique au Secrétariat Général de la Présidence de la République. Ensemble nous devions relever le défi de développer l'institution, notamment en lançant le programme de la formation supérieure, en promouvant son rayonnement international et en contribuant à l'enracinement des valeurs du management dans la culture administrative des services publics au Cameroun. En « forgeant » ensemble, nous avons compris et nous nous sommes appropriés l'essence du paradigme managérial et ses éléments de différenciation avec l'approche bureaucratique jacobine. Face à toutes les ressources de l'Institut, à nos clients/usagers et à nos partenaires, nous étions confrontés au défi de manager comme nous l'enseignions, le « défi de la congruence » ; et nous avons joué le jeu, bravant les tabous et tous les mythes attachés au concept de pouvoir et de la hiérarchie. Je lui suis reconnaissant pour tout ce qu'il m'a permis d'apprendre à travers cette expérience. Pas une seule page de ce livre n'échappe à l'influence de cet apprentissage. Mes remerciements sont ensuite adressés à mes collègues Margaret ANDOSSEH, Thomas MEH CHU et Olivier NANA, ainsi qu'à nos étudiants de Maîtrise aux deux cours obligatoires « OR-02 : Formulation des problèmes et prise de décision» et « CO-03 : Méthodes de recherche et d'intervention en milieu organisationnel ». Je mesure aujourd'hui, après l'expérience de la réforme administrative, à quel point nous avions raison d'insister sur la complexité des problèmes administratifs et l'ambiguïté des décisions et des politiques publiques. Le contenu de la deuxième partie du livre est le fruit de la capitalisation des leçons tirées de ces expériences à la fois d'enseignement d'un même cours en équipe, mais surtout d'enseignement à des adultes en activité à de hauts niveaux de responsabilité dans leurs administrations respectives. Les travaux des étudiants m'ont guidé dans le choix des points essentiels de chaque méthode à relever ou à mettre en exergue.

Au SPRA, j'adresse mes remerciements à l'équipe des Chefs de Division, à tous les Conseillers en Organisation Administrative et tous les Cadres affectés dans cette structure lorsque j'y étais, et bien sûr, à tout le personnel d'appui. Ils ont tous contribué à m'amener à appréhender l'urgence des questions traitées dans cet ouvrage, et à alimenter certains des thèmes, notamment à travers les travaux des sessions du Comité scientifique que nous tenions. C'est ainsi par exemple qu'est née l'idée d'accorder une attention toute particulière à la gestion du temps, une notion qui est au centre de l'approche de l'apprentissage organisationnel développée dans le livre. Je voudrais ici dire un grand merci à

Madame Gertrude TIMBA pour son aide dans la recherche bibliographique, notamment sur Internet, et sa rigueur dans le suivi de l'élaboration du « guide de déploiement de SIGIPES » et du document de la « Politique de sécurité pour SIGIPES » qui ont été distribués à toutes les administrations et qui occupent une place importante dans l'étude de cas traité dans le livre.

Le cas étudié dans la troisième partie du livre traite d'une réforme en cours de réalisation dans l'administration publique camerounaise. Sa conception, sa réalisation dans la phase pilote et son déploiement dans les onze premières administrations ont mobilisé des Ministres, nombre de Secrétaires Généraux des ministères, nombre de Directeurs de Ressources Humaines et de Directeurs d'Administration Générale, nombre d'informaticiens et spécialistes des autres métiers concernés, des Cabinets de prestation de services informatiques ou d'audit. Je voudrais très sincèrement dédier cette partie du livre à tous ces acteurs réunis aussi bien, au sein du Comité de coordination et de l'équipe opérationnelle de SIGIPES, que dans les équipes-projet de déploiement définies autour de ses quatre volets (management, assainissement, procédure de GRH, déploiement de l'application et de son aquarium), sans oublier l'équipe du voyage d'étude de novembre 2000 en France et en Belgique et toutes les personnes qui nous ont reçus. S'agissant particulièrement du voyage d'étude, la partie française a été organisée avec l'appui du département Afrique de l'Institut International d'Administration de Paris (IIAP). Nous voulons remercier ici Mme Monique TARI, le Chef de ce département à l'époque, pour son engagement et son implication personnelle au succès de cette mission. Nos remerciements vont également à l'endroit des responsables des administrations qui nous ont accueillis : l'IIAP, le Ministère de la Fonction Publique et de la Réforme de l'Etat, le Ministère de l'Economie et des Finances, le Ministère de l'Intérieur, le Premier Ministère, le Ministère des Affaires Etrangères, le Ministère de l'Equipement, des Transports et du Logement. A vous tous qui avez cru à cette réforme et aviez sacrifié votre temps et votre énergie pour elle, sous la pression des contraintes dont le souvenir revient si souvent à chacun de nous, je vous renouvelle l'expression de ma profonde gratitude, parce que sans vous, « Ngouo n'aurait pas eu ses résultats » (comme vous aviez coutume de dire avec familiarité au sein des équipes techniques) et sans « mes » résultats, le management n'aurait été que de vains discours. Je voudrais vous prier de vous joindre à moi pour adresser au Cabinet CGICOM qui avait la charge de l'opérationnalisation de SIGIPES, un témoignage spécial de remerciement pour la disponibilité, la remarquable flexibilité et le sens de partenariat dont il a fait preuve tout au long de la démarche. Comme l'illustre le contenu de l'annexe 3 du livre, il a largement contribué à bâtir une solide base de documentation de la réforme participant ainsi à faire de ce projet, un exemple d'application d'un système de gestion des connaissances et des compétences au sein d'un service public. Messieurs les Ministres, avec vous, et grâce à chacun de vous pris individuellement, j'ai eu le privilège de vivre une réelle expérience d'un projet de modernisation d'une administration publique dans le contexte africain. Merci d'avoir cru au projet et d'avoir eu le courage de persévérer afin que nous puissions bénéficier de ces occasions d'apprentissage.

Ce livre doit également à nombre de personnes au Canada : le corps professoral de l'ENAP de Québec, mes camarades aux différents cours que j'ai suivis, le personnel administratif, des amis que j'ai eu à me faire. J'hésite à citer des noms de peur de me montrer injuste envers d'autres. Mais je me permettrais d'exprimer, pour ce livre, ma gratitude à deux personnes : Monsieur Pierre De Celles, Président Directeur Général de l'ENAP de 1989 à 2001, aujourd'hui décédé, et Robert Laroche. Le Professeur Pierre De Celles était au départ un enseignant de mathématique et de didactique avant de passer à l'enseignement du management. Il est l'initiateur de la Didacthèque Internationale du Management Public (DIMAP), ce lieu d'échanges mondiaux portant sur l'adaptation du management public à différents milieux qui a si fortement soutenu le développement de l'ISMP et à qui je dois l'approfondissement de mes expériences internationales en développement organisationnel (DO). Lorsque nous prenons la direction de l'ISMP en 1994, il nous apprend, le Directeur et moi-même, à travailler en synergie pour relever le défi de pérenniser les acquis du projet et donner à l'ISMP ses lettres de noblesse après la clôture définitive de l'intervention canadienne. Je voudrais à travers lui saluer la contribution de l'ENAP de Québec qui m'a tant donné ; d'abord lors de mon séjour de 1986 et 1987 au cours duquel j'ai travaillé avec les professeurs Denis PROULX (pour le management et l'andragogie) et Pierre VOYER (pour les Technologies de l'Information), ensuite dans le cadre du programme de Maîtrise en Administration Publique avec l'équipe de l'ENAP-Hull et enfin dans le réseau de la DIMAP dont le noyau initial comprenait six établissements : l'ENAP de Québec, l'ISMP du Cameroun, l'INAD du Liban, l'INAP de Mexico, l'ENA de Tunis, l'INAP du Vietnam. Puisse ce livre contribuer à enraciner les œuvres du Professeur Pierre De Celles. J'ai d'abord eu Robert Laroche comme professeur à un cours à l'ENAP en 1986. Très vite nous sommes devenus des amis et il m'a ouvert toute sa riche bibliothèque spécialisée dans le domaine du développement des organisations. C'est ainsi qu'il m'a donné l'occasion, en janvier 1993, de découvrir les travaux de Peter Senge en m'offrant, (« en souvenir d'une amitié qui se construit et s'enrichit chaque jour », pour reprendre sa dédicace), son ouvrage « the Fifth discipline : the Art and Pratice of the learning organization » publié trois ans plus tôt, en 1990. Depuis lors, Robert n'a manqué aucune occasion pour continuer à enrichir cette amitié, notamment en me tenant à jour des développements théoriques et pratiques dans ce domaine de la consultance en management public. Merci Robert ; merci à Françoise et aux deux grands fils.

La rédaction de l'ouvrage a véritablement débuté au mois de mai 2005 et le manuscrit (en fait le « tapuscrit ») a été soumis à l'éditeur le 07 juillet 2007. Tout au long de cette dernière période intense, des personnes m'ont consacré leur temps et leur énergie pour me faire des remarques et des critiques sur les différentes versions de chaque chapitre du livre. Parmi ces personnes qui ont longuement discuté avec moi ou ont examiné tout ou partie du manuscrit original et m'ont fait part de leurs commentaires précieux, je voudrais remercier particulièrement : Dr Jean-Yves DJAMEN, Jean-Baptiste DJOUMESSI, le professeur Elie FOKOU, Josué FOMEKONG, Dr Jean GIROUX, le professeur Emmanuel KAMDEM, Galice NKOU EYONG de l'IPAR de Yaoundé, Pierre Vincent NGAMBO, Jean Bart WAKAM, le professeur Joseph T. YOUMBISSI et Abraham ZOUA HOULI. Avec Jean-Baptiste DJOUMESSI, j'ai eu de si longues et fructueuses discussions sur la mondialisation, les principes de l'économie du marché et l'ancrage traditionnel des valeurs prônées par le paradigme managérial. Le secrétaire général Abraham ZOUA HOULI m'a aidé à tester mes hypothèses sur le travail des secrétaires généraux des ministères dans le contexte des services publics au Cameroun. Un an avant que je m'engage à écrire le livre, en mars 2004, le professeur Joseph YOUMBISSI m'a expédié de Trois Rivières au Québec (Canada), l'ouvrage de Stephen Smith « Négrologie : pourquoi l'Afrique meurt », avec cette dédicace :

> *« Ce livre m'a emballé. [...].Nous, élites de toutes sortes chaque jour participons à la mise à mort réglée, programmée, de notre sainte reine l'Afrique. A ce jeu d'impostures, nous nous cachons derrière tous les alibis imaginables, et l'exil (mon exil) procède de la même mascarade. Nous avons les intelligences, les ressources, les espaces, mais notre Nègrerie atavique nous commande de tuer notre mère, de couper, scier la branche qui nous soutient. Alors nous pillons avec les pillards, nous nous exilons et nous finissons par croire à nos propres incantations. Une schizophrénie suicidaire. Magie nègre... »*

Après la lecture du livre, j'ai commencé à me poser d'autres types de questions sur la spécificité de la valeur ajoutée de mon travail à la réforme administrative, face à tous les problèmes soulevés par l'auteur et face à cette interpellation de Joseph. J'ai adressé, à ce sujet, une note de lecture à mon Ministre pour lui dire à quel point il était urgent que les solutions que nous retenions dans les projets de réforme administrative et qui s'attaquent aux causes profondes des problèmes prennent largement le pas sur celles qui se limitent aux symptômes comme le font si bien les sapeurs pompiers. C'était ma façon de réagir face à cette *« schizophrénie suicidaire ».* Lorsque Joseph est venu au Cameroun en juillet de la même année, nous avons poursuivi nos discussions à la fois sur sa dédicace et sur les données et les analyses de Stephen Smith. Joseph et moi nous sentons responsables, chacun dans son champ d'influence et suivant sa trajectoire professionnelle de ce qui a pu arriver de bien ou plutôt de si mal à l'Afrique. Ce serait si facile de n'accuser que les autres. Merci, Joseph, pour cette interpellation. Merci pour ce coup franc, direct et droit au but, et dont on retrouve les effets des ondes de propagation tout au long de ce livre. En vous réitérant, à Hélène, aux enfants et à toi, l'expression des profonds sentiments de fraternité de ma famille, je souhaite qu'avec ce livre, qui est notre contribution pour faire changer le cours des événements tels que décrits et vécus, nous puissions nous tourner vers l'avenir. Je dois de relever ici, au titre des échanges fructueux, la contribution de Dr Raymond GERVAIS du Cabinet Conseil International Baastel sprl qui a eu l'amabilité de me faire partager sa très riche documentation sur le thème de l'évaluation. Comme on l'imagine, ce thème est consubstantiel avec ceux de la performance et de la bonne gouvernance qui sont au cœur de la problématique de la réforme administrative telle qu'analysée dans le livre. Merci Raymond pour la spontanéité et la générosité de ton geste.

Le professeur Marcel PROULX, Directeur Général de l'ENAP de Québec a su trouver le temps et les mots pour rédiger la préface du livre. Dans le même souci de présenter l'ouvrage, Dr François LAFARGUE, professeur au Paris Group School of Management ainsi qu'à l'Université de Saint Quentin en Yvelines, a également rédigé une contribution qui a été retenue pour servir de texte de la quatrième de couverture. A vous deux, je renouvelle mes profonds remerciements pour cette introduction que chacun de vous donne au livre, en soulignant les différents enjeux de son sujet et en aidant le lecteur à vite en saisir les éléments essentiels. Vos regards croisés de l'extérieur du continent africain constituent d'autres sources d'enrichissement de cette contribution.

Plusieurs spécialistes du domaine de l'analyse des problèmes complexes ont élaboré des modèles qui s'appuient sur l'approche systémique et la dynamique des systèmes et ont proposé des méthodes pratiques de résolution de problèmes ou mis en évidence des structures génériques de la dynamique des systèmes (encore appelées des « archétypes ») ; des méthodes dont je souhaite faire écho dans ce livre. Je voudrais remercier particulièrement ici les professeurs Probst et Ulrich, d'une part, et Senge et ses collègues de l'école de l'organisation apprenante, d'autre part, dont les travaux influencent de façon déterminante l'approche adoptée dans ce livre. Au plan de la diffusion et du partage des pratiques et des expériences internationales, je suis redevable d'une dette de reconnaissance au Centre Africain de Formation et de Recherche Administratives pour le Développement (CAFRAD), à la Division de l'Administration Publique et de la Gestion du Développement (DPADM) du Département des Affaires Economiques et Sociales des Nations Unies (DAESNU), à l'Institut International des Sciences Administratives (IISA) et à l'Observatoire des Fonctions Publiques Africaines (OFPA) qui m'ont permis de bénéficier de l'opinion et du travail d'un grand nombre de hauts responsables, Universitaires et Praticiens, dans le domaine de la modernisation des services publics. Certains des thèmes traités dans le livre ont été présentés devant de très hauts responsables africains chargés des réformes de l'administration lors de séminaires organisés par le CAFRAD et pour lesquels j'intervenais comme personne ressource. Il en est de même du thème de l'initiative « e-africa : initiative pour la bonne gouvernance » qui est décrite dans le livre, et dont le CAFRAD en partenariat avec la DPADM/DAESNU, est le promoteur et à laquelle j'ai été associé comme expert. De façon plus spécifique, les contributions de la DPADM/DAESNU sur le thème de la « réinvention de l'administration publique » aussi bien à travers des publications dans des revues scientifiques et des rapports sur le service public dans le monde, qu'à travers l'organisation des différentes sessions du « Forum mondial : Réinventer l'Etat » et de la « Conférence Panafricaine des Ministres de la Fonction Publique » m'ont servi de points d'ancrage pour décrire le contexte de développement de la « réforme administrative » définie comme fonction organisationnelle. Cette institution a ainsi joué un rôle déterminant lors de l'adoption de la Charte africaine de la fonction publique et des deux déclarations de MARRAKECH et de STELLENBOSH citées dans l'ouvrage. L'IISA, avec Madame Turkia OULD DADDAH comme Directeur Général, m'a offert d'être membre de deux groupes de travail dans lesquels j'ai particulièrement élargi ma connaissance des problèmes des réformes administratives dans les services publics : le groupe de travail sur la « formation continue » en 1996 et celui sur l'«étude comparative des expériences de divers pays en matière de gestion de la réforme du secteur public », en 1997. La partie belge du voyage d'étude de 2000 a été organisée par le Directeur Général de l'IISA de l'époque, Mr VILELLA Giancarlo. Nous avons organisé la deuxième conférence internationale régionale de l'IISA en 2003 à Yaoundé avec Dr Michael DUGGETT, à cette occasion, nous avons vécu notre expérience de travail en réseaux mondiaux. En outre, l'IISA, qui organise des conférences, des congrès et des tables rondes et publie la Revue Internationale des Sciences Administrative (RISA), a fourni un lieu de validation et de publication (en français et en anglais) à certains points de vue exposés dans ce livre. L'OFPA m'a permis de réaliser, auprès de hauts responsables de certaines administrations africaines, des mandats de consultation et d'animation de séminaires et des échanges sur les problématiques de la réforme administrative, du management des services publics et de conduite des interventions en développement organisationnel. Les traces et l'impact de l'influence de ces quatre institutions sont très présents dans le livre. Leurs contributions, qui peuvent être comparées à des opportunités de « benchmarking passif » (comme expliqué dans le livre), m'ont fourni une base solide de réflexion pour clarifier les doutes, étayer les divergences de perceptions observées entre les acteurs et formuler de façon cohérente, compte tenu des exigences du paradigme managérial fondé sur la « gestion axée sur les résultats », la proposition du cadre conceptuel de définition de la nature de la réforme administrative retenue dans le livre. J'adresse à leurs Directeurs Généraux, leurs Secrétaires Permanents respectifs et tous leurs collaborateurs, l'expression de ma profonde reconnaissance pour la confiance qu'ils ont, chacun, placé en moi. Les défis à relever sont encore si nombreux. Puisse cette contribution participer à la réalisation de leur raison d'être, notamment en matière de « développement de l'innovation et de l'expérimentation au sein de l'administration centrale, locale et des différents organes, en particulier dans le domaine de la prestation de service », que Bertucci et Alberti (RISA, 71 (2), 2005 :370) appellent de tous leurs vœux.

Pour la saisie des différentes versions du manuscrit, je suis spécialement reconnaissant à l'endroit de Mesdames Evelyne MOUGANG et Flore NENKAM pour leurs inestimables contributions. Toutes deux ont supporté avec un sourire encourageant mes multiples versions d'un seul et même paragraphe, mon obsession pour des schémas qui étaient loin d'être faciles à réaliser avec les moyens dont elles disposaient, mon écriture plus que illisible et couchée dans tous les sens, mon impatience à recevoir « hier » le fichier du chapitre dont le manuscrit « sera remis demain ». Pour tout dire, chacune d'elles porte en elle, et à sa manière, une partie de ce livre. Evelyne et Flore, merci ; vous êtes pour moi de vraies professionnelles dans votre domaine.

Ecrire un livre de cette taille et de cette envergure implique inévitablement l'écoute, la tolérance et la patience de ceux et celles qui vous sont proches dans la vie. Mon épouse, tous mes enfants et certains de mes collaborateurs, comme Monsieur Souley MAÏDADI, savent ce que je leur dois pour cet ouvrage. Arlette, tu sais par exemple que sans toi, le projet aurait été abandonné au mois de mars 2007 à cause d'un virus informatique qui avait endommagé les fichiers de toute la deuxième partie et ceux de deux chapitres de la troisième partie. Chacun de vous a fait de la réalisation effective de ce projet un défi et s'est impliqué plus qu'à la hauteur de ses possibilités pour qu'il devienne une réalité. Yann, merci pour ta bonne humeur communicative, ton sens de l'ordre tout autant que tes incessantes questions « du pourquoi des choses » qui t'entourent, enfin ton obstination à toujours te trouver une occupation. Tel un créatif qui cherche et cherche encore, tu nous pousses à nous affranchir de nos connaissances d'adulte et de nos représentations de la réalité pour redécouvrir notre fraîcheur d'âme et la spontanéité de notre propre enfance.

Comme les administrations publiques africaines d'aujourd'hui ont besoin de ces hommes et femmes créatifs pour concevoir et bâtir leur ambitieux projet pour demain !

DOCUMENTS ANNEXES

Annexe 1

EXEMPLES D'INDICATEURS GENERIQUES UTILISES DANS L'ADMINISTRATION PUBLIQUE

Niveau hiérarchique ou Fonction	**Responsabilité ou Composante**	**Préoccupation de gestion**	**Indicateurs génériques**
Ministre, Recteur, Secrétaire Général, Directeur Général	Planification stratégique	–Existence de plans –Connaissance et acceptation du plan par les agents	– Volume (nbre et %) d'unités possédant un plan – Nbre et % des agents qui connaissent et acceptent le plan – Degré de connaissance du plan
	Etablissement des conditions, structures et allocation des ressources	–Existence de structures fonctionnelles et efficaces de prise de décision –Qualité des mécanismes d'allocation des ressources	– % d'unités possédant des structures explicites de prise de décision – Nbre d'intervenants dans chaque structure de prise de décision – Délai d'allocation des ressources
	Suivi de la mise en œuvre	–Concordance « mission/besoins des usagers » –Existence et qualité des plans de mise en œuvre	– Degré de précision des objectifs – Degré de concordance « mission/besoins/ressources » (qualitatif) – % des secteurs d'activité faisant l'objet d'un plan ou d'une programmation
Gestion des transformations et de l'amélioration des services	Plan qualité	–Préoccupations spécifiques au programme de la GQT –Rentabilité (impacts) des réformes introduites	– Taux de participation aux activités du programme – Taux de rentabilité des réformes spécifiques au programme de la GQT – Montants récupérés (FCFA ou %), économies réalisées
	Réingénierie et amélioration continue appliquée au processus de production et d'intervention	–L'impact du programme en fonction des critères retenus –Efficience du processus, accroissement de la productivité –Réduction des délais, coûts, pertes diverses et	Mesures d'amélioration. Impacts sur le fonctionnement en général : – Taux d'amélioration de la productivité ou du rendement – Taux de réduction des délais de production, de livraison de biens et services – Taux de réduction des coûts totaux, moyens, unitaires – Economie d'échelle

Niveau hiérarchique ou Fonction	Responsabilité ou Composante	Préoccupation de gestion	Indicateurs génériques
		des doublements –Qualité du produit ou du service, des résultats, des RH (compétence, milieu de travail, qualité de vie au travail) –Conformité à des normes connues (exemple la norme ISO) –Positionnement par rapport aux « *meilleures pratiques* »	– Taux d'augmentation du degré de conformité aux normes – Taux de diminution de plaintes et de retours, des erreurs, du volume (nbre et %)de correction – Taux d'augmentation de la satisfaction des employés et des usagers – Taux de diminution du volume (nbre et %) de griefs – Rang selon les balises de comparaison retenues (benchmarking)
	Rationalisation	–Réduction des coûts –Réduction des effectifs	– Taux de réduction des coûts nets – Taux de réduction des effectifs – Taux de rétention des bons employés – Taux de réaffectation – Taux d'attrition
Gestion de la recherche et du développement		Augmenter la visibilité	– Jours/personnes de participation aux congrès et colloques scientifiques – Nbre de prix et de reconnaissances
		Améliorer la publication des rapports scientifiques	– Volume (nbre et %) de recherches et de publications – Taux de publication :% de rapports publiés/total des recherches
		Réception des subventions	– Nbre de subventions reçues et montant (FCFA, % du budget)
Suivi des conditions et conjoncture, des facteurs externes de performance		Veille populationnelle : caractéristiques de la population, des marchés	Indices, statistiques socio-démographiques et économiques : - Structure et répartition de la population - Taux d'activité d'emploi, de chômage, niveau d'instruction
		Veille de l'évolution du marché	- Rythme de changement : de la demande, des produits ou

Niveau hiérarchique ou Fonction	Responsabilité ou Composante	Préoccupation de gestion	Indicateurs génériques
			services, des moyens et équipements
		Adaptabilité	Divers degrés d'adéquation entre les services offerts, les ressources consenties, les façons de faire et les produits < > l'évolution des besoins du marché et du contexte.

Source : *Extrait et adapté de Pierre Voyer (1999 : 405-438), « Appendice : La banque des indicateurs génériques »*

INDICATEURS DE PROGRES :

à mesurer à l'échelon national et à suivre à l'échelon international pour promouvoir l'efficacité de l'aide publique au développement

APPROPRIATION			**Objectifs-cibles pour 2010**
1	*Les partenaires ont des stratégies de développement opérationnelles* – Nombre de pays ayant adopté des stratégies nationales de développement (y compris des Stratégies de Lutte Contre la Pauvreté) qui ont des priorités stratégiques claires se rattachant à un cadre de dépenses à moyen terme et comptabilisées dans les budgets annuels.		**Au moins 75%** des pays partenaires ont des stratégies de développement opérationnelles.
ALIGNEMENT			**Objectifs-cibles pour 2010**
2	*Des systèmes nationaux fiables* – Nombre de pays partenaires dotés de systèmes de passation des marchés et de gestion des finances publiques qui soit (a) adhérent d'ores et déjà aux bonnes pratiques généralement acceptées soit (b) ont mis en place un programme de réformes dans le but d'atteindre cet objectif.		**(a) Gestion des finances publiques – La moitié des pays partenaires** progressent d'au moins un degré (0.5 point) sur l'échelle de performance des systèmes de gestion des finances publiques/de lEPIN (évaluation de la politique et des institutions nationales).
			(b) Passation des marchés – Un tiers des pays partenaires progressent d'au moins un degré (de D à C, de C à B ou de B à A) sur l'échelle de performance à quatre degrés utilisée pour cet indicateur
3	*Les apports d'aide sont alignés sur les priorités nationales* – Pourcentage des apports d'aide destinés au secteur public qui est comptabilisé dans le budget national des partenaires.		**Réduire l'écart de moitié** – Réduire de moitié la part des apports d'aide au secteur public qui n'est pas comptabilisée dans le budget national (au moins 85% des apports d'aide étant comptabilisés dans le budget).
4	*Renforcer le développement des capacités par un soutien coordonné* – Pourcentage de l'aide fournie par les donneurs à des fins de renforcement des capacités par le biais de programmes coordonnés compatibles avec les stratégies nationales de développement des pays partenaires.		**50% des apports de coopération technique** sont mis en œuvre dans le cadre de programmes coordonnés conformes aux stratégies nationales de développement.
		Pourcentage des Donneurs	
		Score*	**Objectifs-cibles pour 2010**
5a	*Utilisation des systèmes nationaux de gestion des finances publiques* – Pourcentage des donneurs et des apports d'aide utilisant les systèmes de	5+	**Tous les donneurs** utilisent les systèmes de gestion des finances publiques des pays partenaires.

	gestion des finances publiques des pays partenaires qui soit (a) adhèrent d'ores et déjà aux bonnes pratiques généralement acceptées soit (b) ont mis en place un programme de réformes dans le but d'atteindre cet objectif.	**3,5 à 4,5**	**90% des donneurs** utilisent les systèmes de gestion des finances publiques des pays partenaires.
		Pourcentage des apports d'aide	
		5+	**Réduire de deux tiers** *la part des apports* au secteur public qui ne fait pas appel aux systèmes de gestion des finances publiques des pays partenaires
		3,5 à 4,5	**Réduire d'un tiers** *la part des apports* au secteur public qui ne fait pas appel aux systèmes de gestion des finances publiques des pays partenaires
		Pourcentage des Donneurs	
5b	*Utilisation des systèmes nationaux de passation des marchés* – Pourcentage des donneurs et des apports d'aide utilisant les systèmes de passation des marchés des pays partenaires qui soit (a) adhèrent d'ores et déjà aux bonnes pratiques généralement acceptées soit (b) ont mis en place un programme de réformes dans le but d'atteindre cet objectif.	**Score***	**Objectifs-cibles pour 2010**
		A	**Tous les donneurs** utilisent les systèmes de passation des marchés des pays partenaires.
		B	**90% des donneurs** utilisent les systèmes de passation des marchés des pays partenaires.
		Pourcentage des apports d'aide	
		Score*	**Objectifs-cibles pour 2010**
		A	**Réduire de deux tiers** *la part des apports* au secteur public qui ne fait pas appel aux systèmes de passation des marchés des pays partenaires
		B	**Réduire d'un tiers** *la part des apports* au secteur public qui ne fait pas appel aux systèmes de passation des marchés des pays partenaires
6	*Renforcer les capacités en évitant les structures de mise en œuvre parallèles* – Nombre d'unités parallèles de mise en œuvre de projets par pays.	**Réduire de deux tiers** le nombre d'unités parallèles de mise en œuvre des projets	
7	*L'aide est davantage prévisible* – Pourcentage de versements opérés selon des calendriers convenus dans des cadres annuels ou pluriannuels.	**Réduire l'écart de moitié** – Réduire de moitié la part de l'aide dont le versement n'est pas effectué au cours de l'exercice budgétaire pour lequel il est prévu.	
8	*L'aide est non liée* – Pourcentage de l'aide bilatérale qui est non liée.	**Poursuivre les progrès.**	
Harmonisation		**Objectifs-cibles pour 2010**	
9	*Utilisation de procédures ou dispositifs communs* – Pourcentage de l'aide fournie par le biais d'approches fondées sur des programmes	**66% des apports d'aide** sont fournis dans le cadre d'approches fondées sur des programmes.	

10	*Encourager les analyses conjointes* – pourcentage a) de missions sur le terrain et/ou b) de travaux analytiques par pays, y compris les études diagnostiques qui sont effectuées conjointement	**(a) 40% des missions de donneurs** sur le terrain sont effectuées conjointement **(b) 66% des travaux analytiques par pays sont effectués conjointement**
Gestion axée sur les résultats		**Objectifs-cibles pour 2010**
11	*Cadres orientés vers les résultats* – Nombre de pays dotés de cadres d'évaluation des performances, transparents et se prêtant à un suivi, qui permettent d'évaluer les progrès réalisés en ce qui concerne a) les stratégies nationales de développement et b) les programmes sectoriels.	**Réduire l'écart d'un tiers** – Réduire d'un tiers la proportion de pays qui n'ont pas de cadres d'évaluation des performances transparents et se prêtant à un suivi
Responsabilité Mutuelle		**Objectifs-cibles pour 2010**
12	*Responsabilité mutuelle* – Nombre de pays partenaires où sont entreprises des évaluations mutuelles des progrès accomplis dans l'exécution des engagements souscrits concernant l'efficacité de l'aide, notamment ceux qui figurent dans la présente déclaration	**Tous les pays partenaires** se soumettent à des évaluations mutuelles

Source : *OCDE, 2005, www.oecd.org/dataoecd/53/38/34579826.pdf*

***Note relative à l'indicateur 5 :** Les scores sont ceux résultant de la méthodologie utilisée pour évaluer la qualité des systèmes de passation des marchés et de gestion des finances publiques pour l'indicateur 2.

LISTE DES PRINCIPAUX DOCUMENTS PRODUITS A LA DATE DU 31 MARS 2005 DANS LE CADRE DE LA REFORME DE LA « *DECONCENTRATION DE LA GESTION DES PERSONNELS DE L'ETAT ET DE LA SOLDE* »

1. Projet « Décentralisation/Déconcentration de la solde et de la gestion des personnels de l'Etat », Rapport du voyage d'étude effectué en France et en Belgique du 13 au 28 octobre 2000, Yaoundé, novembre 2000.
2. Projet « Décentralisation/Déconcentration de la solde et de la gestion des personnels de l'Etat », étude diagnostique, recommandations et plans de mise en œuvre – rapport général de la 1ère étape du projet, Yaoundé, décembre 2000.
3. Opérationnalisation du SIGIPES : rapport de l'Existant et Solution Cible (réf. : PLQ/CGI/002/SIGIPES V1.0), Yaoundé, décembre 2000.
4. Présentation du SIGIPES, Yaoundé, janvier 2001.
5. Réalisation de l'interface SIGIPES/ANTILOPE : Matrice d'action, CGICOM, avril 2001.
6. Déconcentration de la gestion des personnels de l'Etat et SIGIPES, fiche d'information bilingue sur le projet, Yaoundé, avril 2001.
7. Proposition du schéma du réseau de transmission des données, Equipe Opérationnelle/CGICOM, Yaoundé, avril 2001.
8. Rapport au Premier Ministre sur l'état d'avancement du projet SIGIPES : période « Janvier-Avril 2001 », Yaoundé, mai 2001.
9. Actes du séminaire-atelier de Kribi, à l'intention des Secrétaires Généraux des Ministères, d'Universités et des Provinces, « La déconcentration de la gestion des personnels de l'Etat et de la solde : enjeux et stratégies », Yaoundé, juin 2001.
10. SIGIPES : Documentation technique, CGICOM, Yaoundé, 2001.
11. SIGIPES : Guide d'administration, CGICOM, Yaoundé, 2001.
12. SIGIPES : Guide de l'utilisateur, CGICOM, Tome 1, DPE, Yaoundé 2001.
13. SIGIPES : Guide de l'utilisateur, Administrateur de système et paramétrage, CGICOM, Yaoundé 2001.
14. SIGIPES : Guide de formation, module Circulation des dossiers, ver 1.0, CGICOM, Yaoundé, 2001
15. Opérationnalisation du SIGIPES : Dossier d'analyse conceptuel INTERFACE SIGIPES+ /ANTILOPE, V1.0, juin 2001.
16. Opérationnalisation du SIGIPES au Cameroun, Rapport de réalisation (PLQ/CGI/201/SIGIPES V1.1), CGICOM, Yaoundé, août 2001.

17. Plan de déploiement des ressources humaines, Yaoundé, août 2001.
18. Proposition d'un plan d'adressage et de nommage dans le réseau SIGIPES, CGICOM, Yaoundé, octobre 2001.
19. Développement et déploiement du SIGIPES-Plus, Plan de réalisation : Solde/Budget/Trésor/Impôt/Tableau de bord (Réf. : PLQ/CGI/001/SIGIPES+, ver 1.0), MINFOPRA/CGICOM, Yaoundé, novembre 2001.
20. Arrêté conjoint n° 09145/MINFOPRA/MINFI du 10 décembre 2001 portant lancement de l'exploitation de l'application du SIGIPES, Yaoundé, décembre 2001.
21. Opérationnalisation du SIGIPES : Dossier de conception INTERFACE SIGIPES+ /ANTILOPE, V1.0, Yaoundé, février 2002.
22. Rapport au Premier Ministre, Chef du Gouvernement sur l'état d'avancement de SIGIPES : période « Mai- Décembre 2001 », Yaoundé, janvier 2002.
23. Déroulement de la phase expérimentale de l'exploitation de l'application SIGIPES dans les sites pilotes : Janvier-Mars 2002, rapport au Premier Ministre, Yaoundé, juillet 2002.
24. Rapport de mission du Comité ad hoc créé par le Premier Ministre, Chef du Gouvernement, chargé de l'évaluation de la mise en œuvre effective de la phase expérimentale du projet « SIGIPES », Yaoundé, avril 2003.
25. Actes du séminaire-atelier de Kribi, à l'intention des Secrétaires Généraux des Ministères, « Les Manuels des Procédures Administratives : les procédures de gestion des ressources humaines de l'Etat », Yaoundé, avril 2003.
26. 20 propos sur l'administration publique camerounaise, *« La déconcentration de la gestion des personnels de l'Etat au Cameroun : expérience d'une approche rénovée de la gestion des ressources humaines de l'Etat »,* Préface de ZE NGUELE René, juillet 2003, pp.225-249.
27. Audit externe du Système Informatique de Gestion Intégrée des Personnels de l'Etat et de la Solde après sa mise en exploitation dans quatre sites pilotes : rapport définitif, Cabinet C2G Conseil, Paris, octobre 2003.
28. La déconcentration de la gestion des ressources humaines de l'Etat et de la solde : Où en sommes-nous ? Quelles sont les prochaines échéances ? document bilingue, Yaoundé, novembre 2003.
29. Déroulement de la phase expérimentale de l'exploitation de SIGIPES-Plus au MINFOPRA : Août-Décembre 2003, rapport au Premier Ministre, Yaoundé, décembre 2003.
30. Déploiement de SIGIPES au Ministère des Transports (MINT), volet « Application SIGIPES et son Aquarium » : Rapport de l'analyse de l'existant, Comité de Pilotage au MINT/CGICOM, Yaoundé, août 2004.

31. Déploiement de SIGIPES au Ministère du Tourisme (MINTOUR), volet « Application SIGIPES et son Aquarium » : Rapport de l'analyse de l'existant, Comité de Pilotage au MINTOUR/CGICOM, Yaoundé, août 2004.
32. Déploiement de SIGIPES au Ministère de la Communication (MINCOM), volet « Application SIGIPES et son Aquarium » : Rapport de l'analyse de l'existant, Comité de Pilotage au MINCOM/CGICOM, Yaoundé, août 2004.
33. Déploiement de SIGIPES au Ministère de l'Administration Territoriale et de la Décentralisation (MINATD), volet « Application SIGIPES et son Aquarium » : Rapport de l'analyse de l'existant, Comité de Pilotage au MINATD/CGICOM, Yaoundé, août 2004.
34. Déploiement de SIGIPES au Ministère de l'Eau et de l'Energie (ex-MINMEE), volet « Application SIGIPES et son Aquarium » : Rapport de l'analyse de l'existant, Comité de Pilotage au MINMEE/CGICOM, Yaoundé, août 2004.
35. Déploiement de SIGIPES au Ministère du Travail et de la Sécurité Sociale (ex-MINETPS), volet « Application SIGIPES et son Aquarium » : Rapport de l'analyse de l'existant, Comité de Pilotage au MINETPS/CGICOM, Yaoundé, août 2004.
36. Déploiement de SIGIPES dans les Services du Premier Ministre (SPM), volet « Application SIGIPES et son Aquarium » : Rapport de l'analyse de l'existant, Comité de Pilotage au SPM/CGICOM, Yaoundé, août 2004.
37. Déploiement de SIGIPES au Ministère de la Planification, de la Programmation du Développement et de l'Aménagement du Territoire (ex-MINEPAT), volet « Application SIGIPES et son Aquarium » : Rapport de l'analyse de l'existant, Comité de Pilotage au MINEPAT/CGICOM, Yaoundé, août 2004.
38. Déploiement de SIGIPES au Ministère de l'Enseignement Supérieur (MINESUP), volet « Application SIGIPES et son Aquarium » : Rapport de l'analyse de l'existant, Comité de Pilotage au MINESUP/CGICOM, Yaoundé, août 2004.
39. Guide de déploiement de la réforme dans les départements ministériels et les différentes administrations, document bilingue, Yaoundé, août 2004.
40. Politique de sécurité pour l'application SIGIPES, document bilingue, Yaoundé, août 2004

LA REMUNERATION LIEE AUX PERFORMANCES DANS L'ADMINISTRATION PUBLIQUE : Quelles leçons pour l'avenir ?

- **La conception de la rémunération liée aux performances (RLP) doit tenir compte de la culture propre à chaque organisation/pays.** La RLP ne doit pas être introduite au détriment du salaire de base, celui-ci ayant un caractère incitatif majeur. [...]. Au niveau de la conception du système, la question de l'équilibre entre les gratifications individuelles et collectives est particulièrement importante. Les systèmes de RLP à l'échelle de l'équipe ou de l'unité peuvent se révéler moins déstabilisants et semblent donner des résultats plus positifs qu'une RLP strictement individuelle.
- **Le processus d'évaluation des performances est au cœur du système.** Le succès de la RLP tient, en définitive, davantage à la qualité du processus d'évaluation des performances qu'au niveau des rémunérations.
- **Les difficultés de mise en œuvre doivent être dûment anticipées.** Il convient essentiellement de mettre en place une coordination avec le personnel et les syndicats avant la mise en œuvre de la RLP, de préparer l'encadrement supérieur et intermédiaire, de prévoir clairement le budget et les coûts liés à la RLP ainsi que les moyens de la financer, et d'évaluer le temps et le travail requis par l'adoption du système et sa supervision.
- **La rémunération en fonction des performances va de pair avec la délégation des fonctions de gestion des ressources humaines.** Une meilleure concordance entre les objectifs des agents et ceux de l'organisation peut être obtenue si l'encadrement dispose d'un degré d'autonomie suffisant pour moduler la RLP en fonction de ses besoins.
- **L'importance et l'impact de la RLP ne doivent pas être surestimés.** La RLP joue un rôle secondaire en tant qu'outil de gestion destiné à améliorer la motivation du personnel. Il convient d'adopter une approche large pour améliorer la gestion des performances plutôt qu'une démarche restreinte centrée uniquement sur l'élément financier de la RLP.
- **La RLP doit être appliquée dans un environnement qui favorise des relations de travail fondées sur la confiance.** L'adoption de la RLP requiert une culture de service public établie de longue date et un environnement politique stable.
- **La RLP doit surtout servir à déclencher des évolutions plus larges en matière de gestion et d'organisation et ne pas être perçue seulement comme un instrument potentiel de motivation du personnel.** La rémunération liée aux performances doit être considérée essentiellement comme un outil de gestion et ses objectifs doivent être définis en conséquence.

Source : OCDE, Synthèses, (Août, 2005 : 7), www.oecd.org/pulications/Pol_brief/index-fr.htm

BIBLIOGRAPHIE, INDEX et TABLE DES MATIERES

REFERENCES BIBLIOGRAPHIQUES

1. ADLER, Naney J. (1994). « Mondialisation, gouvernement et compétitivité », *La Conférence John L. Manion,* Ottawa, Centre Canadien de Gestion.
2. AKTOUF, Omar (1992). *Méthodologie des sciences sociales et approches qualitatives des organisations : une introduction à la démarche classique et une critique,* Sainte-Foy (Québec), Presses de l'Université du Québec, Presses HEC.
3. ALLAIRE, François (1992). « Le groupe de travail » dans *Changement planifié et Développement des Organisations* (sous la direction de Roger Tessier et Yvan Tellier), Québec, Presses de l'Université du Québec, 97 – 134.
4. ANDERSON, Arthur (october 2000). «E-Gouvernement : réflexions sur l'utilisation des nouvelles technologies de l'information et de la communication par les collectivités publiques», Business Consulting.
5. ARMIT, Amelita et Jacques BOURGAULT (1996). *L'heure des choix difficiles : l'évaluation de l'examen des programmes,* Toronto, Institut d'administration publique du Canada, Introduction, 5-16.
6. ASTIER, Stéphan (2005). « Une régulation éthique de l'internet : les défis d'une gouvernance mondiale », *Revue Internationale des Sciences Administratives (RISA), 71(1) :* 143-161.
7. ATANGANA MEBARA, Jean Marie (2001). « Ethique et valeurs dans l'administration publique camerounaise », *[In] Essais en mémoire d'Arturo Israel* (sous la direction de Michael DUGGETT), Bruxelles, IISA, 57-66.
8. BACUS, Anne et Christian ROMAIN (1992). *Développer votre créativité,* Paris, Marabout Service (MS 43).
9. BAIER, V.E., J.G. MARCH et H. SAETREN (1991). « Décision et mise en œuvre : une série d'ambiguïtés ». *In Décisions et Organisations,* James G. March (dir.), Paris, Editions d'Organisation, 69-83.
10. BALM, Gerald J. (1994). *Evaluer et améliorer ses performances : le Benchmarking,* Paris, AFNOR.
11. BANQUE MONDIALE (1994). *L'ajustement en Afrique : Réformes, résultats et chemin à parcourir,* Washington, Banque Mondiale, rapport sur les politiques de développement.
12. BANQUE MONDIALE (1997). *Réforme de la Fonction publique en Afrique francophone : actes d'un atelier, Abidjan, 23-26 janvier 1996,* Document technique n°357 F, édité par Ladipo Adamolekun, Guy de Lusignan, Armand Atomate, Washington, Banque Mondiale.

13. BANQUE MONDIALE, Rapport sur le développement dans le monde (2003). *Développement durable dans un monde dynamique : améliorer les institutions, la croissance et la qualité de vie.* Washington, D.C., Banque Mondiale, Paris, Editions ESKA.

14. BANQUE MONDIALE, Région Afrique (septembre 2005). *Plan d'action du Groupe de la Banque Mondiale pour relever le défi du développement de l'Afrique*, Washington, D.C., Banque Mondiale.

15. BARILARI, André (2002). *Animer une organisation déconcentrée*, Paris, Editions d'Organisation.

16. BECKHARD, Richard (1998). « Qu'est-ce qu'une organisation en bonne santé ? tentative de diagnostic » *dans l'Entreprise de demain* (sous la direction de F. HESSELBEIN, M. GOLDSMITH et R. BECKHARD), Paris, Editions Village Mondial, 218-221.

17. BELANGER, Laurent, André PETIT, Jean-Louis BERGERON (1986). *Gestion des ressources humaines : une approche globale et intégrée*, Québec, Gaëtan Morin Editeur.

18. BEN AISSA, Mohamed Salah (1998). « La participation des citoyens à l'administration et à l'exercice de la fonction administrative : Rapport préliminaire du sous-thème III », *XXIVème Congrès International des Sciences Administratives, Paris, 7-11 septembre*, Bruxelles (Belgique), IISA.

19. BERNARD, Alain (1992). « le développement de l'organisation : conditions et pratiques » *[In] Encyclopédie du management*, Tome 1 (sous la Coordination de J.-P. Helfer et J. Orsoni), Paris, Vuibert, 161-188.

20. BERTUCCI, Guido et Adriana ALBERTI (2002). « Globalization and the Role of the State: Challenges and Perspectives » *Background Papers, 4th Global Forum on Re-Inventing Government, Morocco, 10-13 December 2002: 131-166,* New York, United Nations.

21. BERTUCCI, Guido et Adriana ALBERTI (2005). « Le Programme des Nations Unies sur l'administration publique : programme en réinvention pour une réinvention de l'administration publique », *Revue Internationale des Sciences Administratives (RISA), 71(2) :* 359-376.

22. BIYA, P. (1986). *Pour le libéralisme communautaire.* Paris, Editions Pierre Marcel FAVRE/ABC.

23. BIYA, P. (2003). « Communication à la troisième Conférence Internationale de Tokyo sur le développement de l'Afrique » [In.] *Troisième Conférence Internationale de Tokyo sur le développement de l'Afrique (TICAD III) : Résumé analytique,* New York, OSAA.

24. BLOCK, Peter (1981). *Flawless Consulting : A Guide to Getting Your Expertise Used*, San Diego (Californi), University Associates, Inc.

25. BOISSONNAT, Jean (1995). *Le travail dans vingt ans,* Paris, la Documentation française.

26. BOURGEAULT, G. (1990). « Une éthique de la responsabilité : perspective, repère, jalons », *[In]* A. Beauchamp et al. *Des enjeux éthiques pour demain. Cahier de recherche éthique.* Québec, les éditions Fides, 97-117.

27. BOURGEON, Laurent (2001). « Nouveaux produits, temps et apprentissage organisationnel », *Revue française de gestion*, janvier-février 2001, 103-111.

28. BOURGON, Jocelyne (2003). « Gouvernance partagée : pour combattre la pauvreté et l'exclusion : Rapport Général », dans *Gouvernance partagée : la lutte contre la pauvreté et les exclusions,* Actes de la deuxième Conférence Internationale Régionale de l'Institut International des Sciences Administratives (IISA) tenue à Yaoundé du 14 au 19 juillet 2004, Bruxelles, IISA, 33-43.

29. BOVAIRD, Tony (2004). « Les partenariats public-privé : des notions contestées à une pratique observée », *Revue Internationale des Sciences Administratives (RISA)*, 70 (2) : 215-233

30. BRAIBANT, Guy (2002). *Le passé et l'avenir de l'administration publique.* Conférence prononcée le 20 mars 2002 à l'Institut International des Sciences Administratives, Bruxelles, IISA.

31. BROCKSMITH JR, James G. (1998). « Préparer le changement ». *[In] l'Entreprise de demain,* LA FONDATION DRUCKER, (sous la direction de F. HESSELBEIN, M. GOLDSMITH et R. BECKHARD), Paris, Village Mondial, 179 – 186.

32. BRUYNE, Paul (1995). *La décision Politique*, Louvain – Paris, Editions PEETERS.

33. BÜCK, Jean-Yves (2003). *Le management des connaissances et des compétences en pratique*, Paris, Editions d'Organisation.

34. BUGHIN-MAINDIAUX, C. et A. FIVET (1999). « Les mesures non financières de la performance », *Revue des Sciences de Gestion,* n° 175-176, Finance, 45-55.

35. CALISTI, Bernard et Francis KAROLEWICZ (2005). *RH et développement durable : une autre vision de la performance,* Paris, Editions d'Organisation.

36. CASSESE, Sabine (1999). « Le citoyen et l'administration publique : Introduction », *Revue Internationale des Sciences Administratives (RISA), 65(3) :* 363-364.

37. CENTRE AFRICAIN DE FORMATION ET DE RECHERCHE ADMINISTRATIVES POUR LE DEVELOPPEMENT (CAFRAD) (octobre 2003). *Programme sur la e-Gouvernance pour l'amélioration de l'administration publique et la bonne gouvernance dans les pays africains* en partenariat avec l'UNDESA/DPADM et le NEPAD, Tanger, CAFRAD.

38. CIEUTAT, Bernard (2000). *Fonctions publiques : enjeux et stratégie pour le renouvellement,* Paris, la Documentation française.

39. CLAYTON, M.Christensen et Michael OVERDORF (2003). « Répondre au défi du changement radical » *[In] les meilleurs articles de la Harvard Business Review sur l'Innovation,* Paris, Editions d'Organisation, 127–157.

40. CLOSETS, François de (1989). *Commission "Efficacité de l'Etat" du Xe plan : le pari de la responsabilité,* Paris, La Documentation française, Editions Payot.

41. COLIN, Thierry et Benoît GRASSER (2003). « La gestion des compétences, un infléchissement limité de la relation salariale », *Travail et Emploi*, n° 93, janvier 2003 :61-73.

42. COMMISSION ECONOMIQUE POUR L'AFRIQUE (CEA) (mars 2000). *Réforme des Etats et état des réformes dans les pays francophones de l'Afrique au Sud du Sahara : Les administrations publiques africaines à l'orée du 21ème siècle,* Nations Unies, ECA/NADAF/DOC./01/2000.

43. CREPIN, Daniel et René ROBIN (2001). *Résolution de problèmes : méthodes-outils de première et deuxième générations*, Paris, Editions d'Organisation.

44. CROZIER, Michel et Erhard FRIEDBERG (1977). *L'acteur et le système* : *les contraintes de l'action collective,* Paris, Editions du Seuil.

45. DE LA COSTE, Pierre (2003). *Bâtir l'administration en réseau autour du citoyen*, Rapport remis au Secrétaire d'Etat à la Réforme de l'Etat en France, Rapporteur : Vincent Bernard.

46. DECELLES, Pierre (1996). « Conclusion » dans *L'heure des choix difficiles : l'évaluation de l'examen des programmes* (sous la direction de Amelita ARMIT et Jacques BOURGAULT), Toronto, Institut d'administration publique du Canada, 154-161.

47. DELBECQ, André et al. (1986). *Group Technics for Program Planning. A Guide for Nominal Group and Delphi Processus*, Green Briar Press, Middelson, Wiscousin.

48. DELBECQ, André et al. (1986). *Group Technics for Program Planning. A Guide for Nominal Group and Delphi,* Chicago ill, Scott Foresman.

49. DELP, Peter, Arm THESEN, Jugar MOTIWALLA, Neelakantan SESHADRI, (1977). *Systems Tools for Project Planning*. United States of America, Program of Advanced Studies in Institution Building and Technical Assistance Methodology, 164 – 167, 168 – 173.

50. DEMIL, Benoît, Bermond LECA et Philippe NACCACHE (2001). « Le temps de la stratégie : « l'institution temporelle », moyen de coordination », *Revue française de gestion*, janvier-février 2001, 83-93.

51. DERTOUZOS, Michael (1999). *DEMAIN : comment les nouvelles technologies vont changer notre vie*, Paris, Calmann-Lévy.

52. DEUXIEME CONFERENCE INTERNATIONALE REGIONALE DE L'IISA (2002). *Actes du panel Afrique. La Société Civile peut-elle être un partenaire efficace de la lutte contre la pauvreté et les exclusions en Afrique ?* (Sous la Direction du Ministre René Ze Nguele) Bruxelles, IISA.

53. DIONNE, E.J. (sous la direction de) (1998). *La vie associative ça marche ! Renouveau de la société civile aux Etats-Unis,* Washington, The Brookings Institutions.

54. DRUCKER, Peter (2000). *A propos du management*, Paris, Village Mondial.

55. DUGDALE, Anni, Anne DALY, Franco PAPANDREA et Maria MALEY (2005). « L'accès à l'e-gouvernement : les obstacles pour les citoyens et les organisations », *Revue Internationale des Sciences Administratives (RISA), 71(1) :* 117-127.

56. DU MARAIS, Bertrand (2005). « Le « triangle d'or de la régulation » : proposition d'un modèle d'évaluation des schémas institutionnels de libération des services collectifs dans l'UE ». *Communication à la 3ème Conférence internationale Spécialisée de l'IISA, tenue à Berlin du 20 au 23 septembre 2005, sur le thème « Administration publique et entreprise privée : coopération, concurrence et régulation »*, Bruxelles, IISA.

57. ECOLE NATIONALE D'ADMINISTRATION PUBLIQUE DE QUEBEC, Sous la direction de la Didacthèque Internationale de Management Public (2002) *Enseigner le Management Public : expériences internationales*, Sainte-Foy, Presses de l'Université du Québec.

58. ENDA (Environnement et Développement du Tiers-Monde) (2005). *Fracture numérique de genre en Afrique francophone : une inquiétante réalité.* Dakar, enda.tiers-monde, Etudes et Recherches, n° 244.

59. ETHIER, Gérard (1992). « La qualité des services publics » *dans le Management Public* (sous la direction de Roland PARENTEAU), Sainte-Foy, Presses de l'Université du Québec, 553-578.

60. ETHIER, Gérard (1992). « Que font les gestionnaires publics ? » *dans le Management Public* (sous la direction de Roland PARENTEAU), Sainte-Foy, Presses de l'université du Québec, 175-195.

61. FEIGENBAUM, Edward et Pamela McCORDUCK (1984). *La cinquième génération : le pari de l'intelligence artificielle à l'aube du 21è siècle*, Paris, InterEditions

62. FERNANDEZ, Alain (2003). *Les nouveaux tableaux de bord des managers : le projet décisionnel dans sa totalité*, Paris, les Editions d'Organisation.

63. GAUTHIER, Benoît (sous la direction de) (1997). *Recherche Sociale : de la problématique à la collecte des données*, Sainte-Foy (Québec), Presses de l'Université du Québec.

64. GILLIS, M., D.H. PERKINS, M. ROEMER et D.R. SNODGRASS (1998). *Economie du développement*, Bruxelles, De Boeck&Larcier, 2ème édition.

65. GISCARD d'ESTAING, Valery (2000). *Les Français : Réflexions sur le destin d'un peuple*, Paris, Plon

66. GOLEMBIEWSKI, Robert T. (1992). « Interventions dirigées sur le groupe : quelques tendances de développement » dans *Changement planifié et Développement des Organisations* (sous la direction de Roger Tessier et Yvan Tellier), Québec, Presses de l'Université du Québec, 187 – 202.

67. GORTNER, F. Harold, Julianne MAHLER et Jeanne Bell NICHOLSON (1994). *La gestion des organisations publiques,* Sainte-Foy (Québec), Presses de l'Université du Québec.

68. GROUARD, Benoît et Francis MESTON (2005). *L'entreprise en mouvement : conduire et réussir le changement*, Paris, Dunod.

69. GUDRUN, Trauner (2002). *Le gouvernement électronique : les techniques de l'information et de la communication dans l'administration publique*, Bruxelles, IISA.

70. GUERIN, Gilles et Thierry WILS (1993). « Sept tendances clés de la « nouvelle » GRH », *Revue Gestion*, février 1993 : 22-33.

71. GUERNY, J. de, J.C. GUIRIEC et J. LAVERGNE (1986). *Principes et mise en place du tableau de bord de gestion*, Paris, J. DELMAS et Cie.

72. GUILLAUME, Henri, Guillaume DUREAU et Frank SILVENT (2002). *Gestion publique, l'Etat et la performance,* Paris, Presses de Sciences PO et DALLOZ.

73. HALACHMI, Arie et Vickie L. MONTGOMERY (2000). « Valeur optimale et responsabilisation : Questions et observations », *Revue Internationale des Sciences Administratives (RISA),* 66 (3) : 461-487.

74. HALACHMI, Arie (2005). « La mesure du rendement : vérifier la température de l'eau avant de plonger », *Revue Internationale des Sciences Administratives (RISA),* 71 (2) : 267-279.

75. HANDY, Charles (1995). *Le temps des paradoxes*, Paris, Village Mondial.

76. HANDY, Charles (1998). « Des lendemains inconnus » *dans l'Entreprise de demain,* La FONDATION DRUCKER, (sous la direction de F. HESSELBEIN, M. GOLDSMITH et R. BECKHARD), Paris, Editions Village Mondial, 233-240.

77. HAQUE, M. SHAMSUL (1999). « Relation entre les citoyens et l'administration publique : analyse des changements », *Revue Internationale des Sciences Administratives (RISA), 65(3) :* 365-384.

78. HARGADON, Andrew et Robert J. SUTTON (2003). « Créer un laboratoire d'innovation » *[In] les meilleurs articles de la Harvard Business Review sur l'Innovation,* Paris, Editions d'Organisation, 65 – 93.

79. HARLOW, Carol (2005). « Le droit et l'administration publique : rivalité et symbiose», *Revue Internationale des Sciences Administratives (RISA), 71(2) :* 293-310.

80. HARMON, Frédéric G. (1998). « L'avenir au présent » *dans L'Entreprise de demain.* La FONDATION DRUCKER, (sous la direction de F. HESSELBEIN, M. GOLDSMITH et R BECKHARD), Paris, Editions Village Mondial, 167-178.

81. HEINTZMAN, Ralph et Brian MARSON (2005). « Le personnel, le service et la confiance : Existe-t-il une chaîne de valeur du service dans le secteur public ? », *Revue Internationale des Sciences Administratives (RISA), 71 (4) :*583-612.

82. HELD, Daniel (1995). « La gestion des compétences », *Revue Economique et Sociale*, septembre 1995 :1-11.

83. HERNES, Tor (2005). « Quatre réactions organisationnelles idéal-types aux réformes du nouveau management public et quelques conséquences », *Revue Internationale des Sciences Administratives (RISA),* 71(1) : 5-18.

84. INGRAHAM, Patricia W. (1995). « La gestion de la qualité dans le secteur public : perspectives et dilemmes » dans *Les nouveaux défis de la gouvernance,* (sous la direction de B.G. Peters et D.J. Savoie), Québec, Centre Canadien de Gestion, 217 – 237.

85. INSTITUT INTERNATIONAL D'ADMINISTRATION PUBLIQUE (IIAP), (juillet-septembre 1998). « Les réformes qui échouent ». *revue française d'Administration Publique,* N°87, p. 405-422 ;

86. Institut International des Sciences Administratives (IISA), Centre Européen de Gestion des politiques de Développement (ECDPM) (1998). *La gestion de la réforme du secteur public : une étude comparative des expériences de divers pays en matière de gestion des programmes de réforme des institutions administratives du gouvernement central*, (sous la direction de Joan CORKERY, TURKIA Ould Daddah, Coln O'NUALLA'IN et al.), Bruxelles (Belgique), IISA et ECDPM.

87. JARDEL, Jean-Pierre et Christian LORIDON (2000). *Les rites dans les entreprises : une nouvelle approche du temps,* Paris, Editions d'Organisation, Les Echos Editions.

88. KAMDEM, Emmanuel (1993). « Ni Taylor, ni Folklore : pour un management interculturel et créatif », *Cahiers HEC – CETAI/CUD – ESSEC,* CAM-93-03, 1-35.

89. KAMDEM, Emmanuel (1998). « Enracinement socioculturel et innovation managériale en Afrique », *Revue Espace Marx,* n° 10, 63-71.

90. KAMDEM, Emmanuel (2002). *Management et interculturalité en Afrique : Expérience camerounaise*, Québec, Les presses de l'Université Laval, Paris, l'Harmattan.

91. KANTER, Rosabeth Moss (1998). «replacer l'homme au centre de l'organisation » *In l'Entreprise de demain* La FONDATION DRUCKER, (sous la direction de F. HESSELBEIN, M. GOLDSMITH et R. BECKHARD), Paris, Editions Village Mondial, 101 – 114.

92. KAPLAN, Robert S. et David P. NORTON (1998). *Le tableau de bord prospectif : pilotage stratégique, les quatre axes du succès*, Paris, les Editions d'Organisation.

93. KARKATSOULIS, Panagiotis (2000). « Le contexte social d'une réforme administrative basée sur l'optimisation des ressources », *Revue Internationale des Sciences Administratives (RISA),* 66 (3) : 547-564.

94. KERNAGHAN, Kenneth (2000). « L'organisation post-bureaucratique et les valeurs du service public », *Revue Internationale des Sciences Administratives (RISA),* 66 : 107-122.

95. KERNAGHAN, Kenneth (2005). « L'évolution vers l'état virtuel : intégration des services et des canaux de prestation des services en vue d'une prestation axée sur le citoyen », *Revue Internationale des Sciences Administratives (RISA),* 71(1) : 129-142.

96. KIM, Pan Suk (2005). « l'e-gouvernance : défis et opportunités pour la démocratie, l'administration et le droit », *Revue Internationale des Sciences Administratives (RISA),* 71(1) : 105-115.

97. KLIKSBERG, Bernardo (2000). « Reconstruire l'Etat pour assurer le développement social : sur la voie d'un « gouvernement intelligent » », *Revue Intrnationale des Sciences administratives (RISA)*, 66(2) : 283-302.

98. KUNDERA, Milan (2005). *Le rideau,* Paris, Gallimard.

99. LANDRY, M., J-L. MALOUIN, (1983). « Pour une meilleure utilisation des Experts-Conseils en administration », *Revue Internationale de Gestion,* Vol. 8, n° 2, 4-11.

100. LANDRY, Maurice (1978). « Formation et résolution de problèmes en groupe dans un milieu organisationnel : un schéma d'observation et d'analyse », *Relations industrielles*, vol. 33, n°4, 591 – 607.

101. LANDRY, Maurice (1983). « Qu'est-ce qu'un problème ? » *INFOR*, vol. 21, n°1, Février 1983, 31 et 45.

102. LANDRY, Maurice (1988). « Les problèmes organisationnels complexes et le défi de leur formulation », *RCSA/CJAS*, septembre 1988 : 34-48.

103. LANDRY, Rejean (1997). « La simulation sur ordinateur », [in] *Recherche Sociale : de la problématique à la collecte des données,* Benoît Gauthier (dir), Sainte-Foy (Québec), Presses de l'Université du Québec, 431 – 464.

104. LASSEGUE, Pierre (1992). « Défense et illustration de la Gestion », *[In] Encyclopédie du management*, Tome 1 (sous la Coordination de J.-P. Helfer et J. Orsoni), Paris, Vuibert, XIII-XXII.

105. LEBAUBE, Alain (1997). *Le travail toujours moins ou autrement*, Paris, Le Monde-Editions.

106. LESCARBEAU, Robert, Maurice PAYETTE et Yves ST-ARNAUD (1985). *Devenir Consultant : Instrument autogéré de formation, Modules d'apprentissage I,* Montréal, Les Presses de l'Université de Montréal, Sherbrooke (Québec), Les Editions de l'Université de Sherbrooke.

107. LESCARBEAU, Robert, Maurice PAYETTE et Yves ST-ARNAUD (1992). « Un modèle intégré de la consultation » dans *Changement planifié et Développement des Organisations* (sous la direction de Roger Tessier et Yvan Tellier), Québec, Presses de l'Université du Québec, 1–20.

108. LESCARBEAU, Robert, Maurice PAYETTE et Yves ST-ARNAUD (1992). « Un modèle intégré de la consultation » *dans changement planifié et développement des organisations* (sous la direction de Roger Tessier et Yvan Tellier), Sillery Québec, Presses de l'Université du Québec, 1-20.

109. LONGHI, Christina et Jacques SPINDLER (2000). *Le développement local,* Paris, Librairie Générale de Droit et de Jurisprudence (LGDJ).

110. MARCEAU, Richard, Pierre SIMARD, Daniel OTIS (1992). « La gestion de l'évaluation de programme au gouvernement du Québec », dans *le Management Public* (sous la direction de Roland PARENTEAU), Sainte-Foy, Presses de l'Université du Québec, 981-501.

111. MARCH, James G. (1991). *Décisions et organisations*, Paris, les Editions d'Organisation.

112. MATHIEU, Andrée (2005). « Les organisations apprenantes et les diffusions », *L'encyclopédie de l'Agora,* 1-4.

113. MAZOUZ, Bachir (juin 2003). « La gouvernance contractuelle, côté jardin côté cour du renouveau administratif québécois », *Coup d'œil (L'Observatoire de l'administration publique),* ENAP (Québec), 9 (3) : 13-18.

114. MEKHANTAR, Joël et Laurence FAVIER (2005). « Le partenariat privé en matière d'éducation : du « service public » à la « concurrence ? ». *Communication à la 3ème Conférence internationale Spécialisée de l'IISA, tenue à Berlin, 20-23 septembre 2005, sur le thème « Administration publique et entreprise privée : coopération, concurrence et régulation »,* Bruxelles, IISA.

115. MELAN, H. Eugene (1992). *Process Management: Methods for Improving Products and Service*, New York, Montreal, McGraw-Hill, Inc., Co published with ASQC (American Society for Quality Control), Quality Press.

116. MERIC, Jérôme (2001). « Temps de la connaissance, temps de l'action : vers une réconciliation », *Revue française de gestion*, janvier-février 2001, 95-102.

117. METZGER, Jean-Luc (2000). *Entre utopie et résignation : la réforme permanente d'un service public, concept d'utopie et compréhension des pratiques modernisatrices*, Paris, l'Harmattan.

118. MILLOZ, Pierre (1987). *Le MAL ADMINISTRATIF. La fonction publique est-elle ingouvernable ?* (préface de Alain Peyrefitte de l'Académie française), Paris, Dunod.

119. MINISTÈRE DE LA COOPÉRATION ET DU DÉVELOPPEMENT (1992). *La modernisation des fonctions publiques africaines : actes du colloque de Cotonou, Novembre 1991.* Paris, Collection Focal Coop.

120. MINISTERE FRANÇAIS DE LA FONCTION PUBLIQUE ET DE LA REFORME DE L'ETAT, Délégation Inter-ministérielle à la Réforme de l'Etat (février 2001). *Services publics : s'engager sur la qualité de service, guide méthodologique.* Paris, Ministère de la Fonction Publique et de la Réforme de l'Etat, DIRE.

121. MINTZBERG, Henry (1994). *Structure et dynamique des organisations,* Paris, les Editions d'Organisation.

122. MINTZBERG, Henry (1998). *LE MANAGEMENT : voyage au centre des organisations,* Paris, les Editions d'Organisation, quatrième tirage 2001.

123. MIRE-Ô, Tremblay (1992). « Le processus de consultation dans les organisations » *dans changement planifié et développement des organisations* (sous la direction de Roger Tessier et Yvan Tellier), Sillery Québec, Presses de l'Université du Québec, 37-62.

124. MISSION BAQUIASRT. *Impact des nouvelles technologies de l'information et de la communication sur la modernisation de l'administration,* voir http ://www.adminroutes.asso.fr/mission ou internet.gouv.fr.

125. MORGAN, Gareth (1989). *Image de l'organisation.* Québec, Les Presses de l'Université Laval et les Editions ESKA.

126. MORIN, Edgar (1999). *Le défi du XXIème siècle : Relier les connaissances.* Paris, Editions du Seuil.

127. NATIONS UNIES (NU), Bureau du Conseiller Spécial pour l'Afrique (OSAA) (2004). *Troisième Conférence Internationale de Tokyo sur le développement de l'Afrique (TICAD III) : Résumé analytique,* New York, OSAA.

128. NGAMBO FONDJO, Pierre Vincent (2001). « Programme National de gouvernance du Cameroun : pour un partenariat de qualité entre l'Etat et la société civile dans la gestion des affaires publiques ». *Communication au XXVème congrès International des sciences administratives : la conduite de l'action publique au XXIème siècle : nouvelles logiques, nouvelles techniques*, Athènes, Grèce, 9-13 juillet 2001.

129. NGOUO, Léon Bertrand (1997). « Responsabilité et transparence dans les organisations gouvernementales au Cameroun : examen des dispositions institutionnelles », *Revue Internationale des Sciences Administratives (RISA),* 67(1) : 557-577.

130. NGOUO, Léon Bertrand (2000). « La consultation en développement organisationnel dans le contexte de l'ajustement structurel en Afrique subsaharienne : rôle et responsabilité des Consultants », *Revue Internationale des Sciences Administratives (RISA),* 66(1) : 123-137.

131. NGOUO, Léon Bertrand (2002). « Décentralisation, déconcentration et enjeux de la gouvernance ». *Ecole Nationale d'Administration et de Magistrature (ENAM) du Cameroun : Conférences académiques 2000-2003,* Yaoundé, ENAM, 105-122.

132. NGOUO, Léon Bertrand (2003). « La déconcentration de la gestion des personnels de l'Etat au Cameroun : une expérience d'une approche

rénovée de gestion des ressources humaines de l'Etat », *[In] 20 propos sur l'administration publique camerounaise*, préface du Ministre René ZE NGUELE, Yaoundé, MINFOPRA, 225-249.

133. NLEP, Roger Gabriel (2003). « Dix ans de réforme administrative au Cameroun » *[In] 20 propos sur l'administration publique camerounaise,* préface du Ministre René ZE NGUELE, Yaoundé, MINFOPRA, 147 – 194.

134. NZOUANKEU, Jacques Mariel (2001). « Tendances majeures de l'évolution récente des fonctions publiques dans l'espace africain francophone, et perspective de leurs réformes ». *Communication au XXVème congrès International des sciences administratives : la conduite de l'action publique au XXIème siècle : nouvelles logiques, nouvelles techniques*, Athènes, Grèce, 9-13 juillet 2001.

135. OBSERVATOIRE DES RESSOURCES HUMAINES-ANDCP-ACCENTURE-MICROSOFT-NOVAMETRIE (2004). *Etat des lieux et perspectives de la gestion des compétences : livre blanc*, www.download.microsoft.com.

136. ORGANISATION DE COOPERATION ET DE DEVELOPPEMENT ECONOMIQUES (OCDE), PUMA, (septembre 2000). *Renforcer l'éthique dans le service public : les mesures des pays de l'OCDE*, Note synthèse n° 7.

137. ORGANISATION DE COOPERATION ET DE DEVELOPPEMENT ECONOMIQUES (OCDE) (2001). *Construire aujourd'hui l'administration de demain : Gouvernance,* Paris, OCDE.

138. ORGANISATION DE COOPERATION ET DE DEVELOPPEMENT ECONOMIQUES (OCDE), Synthèses, (Décembre 2004). « La modernisation du secteur public : axer la gouvernance sur la performance », OCDE, L'Observateur, www.oecd.org/publications/Pol_brief/index-fr.htm.

139. ORGANISATION DE COOPERATION ET DE DEVELOPPEMENT ECONOMIQUES (OCDE), Synthèses, (Juin 2005). « La modernisation du secteur public : l'administration ouverte », OCDE, L'Observateur, www.oecd.org/publications/Pol_brief/index-fr.htm.

140. ORGANISATION DE COOPERATION ET DE DEVELOPPEMENT ECONOMIQUES (OCDE), Synthèses, (Août 2005). « La rémunération liée aux performances dans l'administration », OCDE, L'Observateur, www.oecd.org/publications/Pol_brief/index-fr.htm.

141. ORGANISATION DE COOPERATION ET DE DEVELOPPEMENT ECONOMIQUES (OCDE), Institut de la Gestion Publique et du Développement Economique (IGPDE), (mai 2006). *25 ans de réforme de*

la gestion publique dans les pays de l'OCDE : convergence et systémique, Dossier réalisé par l'IGPDE.

142. PAQUET, Gilles (1996). « Le fruit dont l'ignorance est la saveur », dans *L'heure des choix difficiles : l'évaluation de l'examen des programmes* (sous la direction de Amelita ARMIT et Jacques BOURGAULT), Toronto, Institut d'administration publique du Canada, Introduction, 47-58.
143. PAYETTE, Adrien (1992). « Eléments pour une conception du management public », *dans le Management Public* (sous la direction de Roland PARENTEAU), Sainte-Foy, Presses de l'université du Québec, 3-24.
144. PAYETTE, Adrien (1992). « Ethique et management », *dans le Management Public* (sous la direction de Roland PARENTEAU), Sainte-Foy, Presses de l'université du Québec, 219-248.
145. PELLETIER, Guy et Claudie SOLAR (2005). « L'organisation apprenante : émergence d'un nouveau modèle de gestion de l'apprentissage », *Savoirs et compétences*, 1- 6.
146. PETERS, Guy B., SAVOIE et J. DONALD (sous la direction de) (1995). *Les nouveaux défis de la gouvernance,* Québec, Centre canadien de gestion, Les Presses de l'Université Laval.
147. PETERS, Thomas et Robert WATERMAN (1983). *Le Prix de l'Excellence : les secrets des meilleures entreprises*, Paris, InterEditions.
148. POLLITT, Christopher (1995). « Techniques de gestion pour le secteur public : de la doctrine à la pratique », *dans Les nouveaux défis de la gouvernance* (sous la direction de G.B. PETERS et D. J. SAVOIE), Québec, Centre canadien de gestion, Les Presses de l'Université Laval, 175-215.
149. POULIN, Yves (2002). « Une expérience de formation-action au diagnostic institutionnel » *dans Enseigner le Management public : expériences internationales* (sous la direction de la Didacthèque internationale en management public), ENAP de Québec, Presses de l'Université de Québec, Chap. 22, 430-462.
150. PRESIDENCE DE LA REPUBLIQUE (PR) DU CAMEROUN, SECRETARIAT GENERAL (SG), (1990). *Rapport du Comité Technique chargé du recensement des problèmes auxquels sont confrontées les administrations camerounaises.* Yaoundé : Noir et Blanc ;
151. PROBST, Gilbert J.B. et Hans ULRICH (1989). *Pensée Globale et Management : Résoudre les problèmes complexes*, Paris, Les Editions d'Organisation.

152. QUATRIEME FORUM MONDIAL SUR LA RE-INVENTION DU GOUVERNEMENT, Déclaration de Marrakech (décembre 2002). *Citoyen, secteur privé et Gouvernement : dialogue et partenariat pour la démocratie et le développement*, New York, UNDESA.
153. QUELIN, Bertrand et Jean-Luc ARREGLE (2000). *Le management stratégique des compétences*, Paris, Editions Ellipses.
154. QUÊME, Philippe (2002). *L'Etat peut-il réussir ses réformes ! pour un nouveau souffle*, préface de Pierre-André Périssol, Paris, l'Harmattan.
155. QUERMONNE, Jean-Louis (1991). *L'appareil administratif de l'Etat*, Paris, Editions du Seuil.
156. QUIVY, Raymond, CAMPENHOUDT et al (1995). *Manuel de recherche en sciences sociales*, Paris, Dunod.
157. RAMBOURG, Michel (juillet-septembre 1998). « L'échec des réformes en Afrique. Le cas des pays francophones au sud du Sahara », *revue française d'Administration Publique*, N° 87 : 405-422.
158. REPUBLIQUE DU CAMEROUN (juin 2005). *Document de Stratégie de Réduction de la Pauvreté (DSRP) : Document transitoire de révision de la stratégie*, Yaoundé, Ministère de la Planification, de la Programmation du Développement et de l'Aménagement du Territoire (MINPLAPDAT).
159. REPUBLIQUE DU CAMEROUN, MINISTERE DE LA FONCTION PUBLIQUE ET DE LA REFORME ADMINISTRATIVE (mai 2004). *Document de stratégie du sous-secteur « administration générale des personnels de l'Etat et organisation de l'administration publique camerounaise »*, Yaoundé, MINFOPRA.
160. REPUBLIQUE DU CAMEROUN (1994) *Statut général de la Fonction publique : Décret N° 94-199 du 7 octobre 1994 portant statut général de la Fonction Publique de l'Etat*. Yaoundé, MINFOPRA.
161. REPUBLIQUE DU CAMEROUN, SERVICES DU PREMIER MINISTRE (Août 1999). *Programme National de Gouvernance au Cameroun : diagnostic et propositions*. Yaoundé, Coordination PNG.
162. REPUBLIQUE DU CAMEROUN, SERVICES DU PREMIER MINISTRE (2000). *Document de stratégie globale de mise en œuvre du Programme National de Gouvernance et de Lutte contre la Corruption*, Yaoundé, Coordination du PNG.
163. REPUBLIQUE DU CAMEROUN, MINISTERE DE L'ECONOMIE ET DES FINANCES, Cabinet Unit Cameroun et Société DELF France (27 mai 1999). Audit de l'application SIGIPES, 17 mars-23 avril 1999 *: Rapport de mission.* Yaoundé, SPRA.
164. REPUBLIQUE DU CAMEROUN, MINISTERE DE LA FONCTION PUBLIQUE ET DE LA REFORME ADMINISTRATIVE, Comité de

Pilotage du projet Déconcentration (décembre 2000). *Décentralisation/Déconcentration de la solde et de la gestion des personnels de l'Etat : étude diagnostique, recommandations et plans de mise en œuvre.* Rapport au Gouvernement. Yaoundé, SPRA.

165. REPUBLIQUE DU CAMEROUN, MINISTERE DE LA FONCTION PUBLIQUE ET DE LA REFORME ADMINISTRATIVE, Secrétariat Permanent à la Reforme Administrative (juin 2000). *Stratégie de développement du SPRA : plan d'action pour juillet 2000-juin 2003.* Yaoundé, SPRA.
166. REPUBLIQUE DU CAMEROUN, MINISTERE DE LA FONCTION PUBLIQUE ET DE LA REFORME ADMINISTRATIVE, Comité de Coordination de SIGIPES (juin 2001). *Séminaire-atelier à l'intention des Secrétaires Généraux des Ministères, d'Universités et des Services des Gouverneurs, 06-08 juin 2001 à Kribi : actes du séminaire.* Yaoundé, Secrétariat Permanent à la Réforme Administrative (SPRA).
167. REPUBLIQUE DU CAMEROUN, MINISTERE DE LA FONCTION PUBLIQUE ET DE LA REFORME ADMINISTRATIVE, Comité de Coordination de SIGIPES (août 2001). *Plan de déploiement des Ressources humaines pour la réhabilitation de SIGIPES.* Yaoundé, Secrétariat Permanent à la Réforme Administrative (SPRA).
168. REPUBLIQUE DU CAMEROUN, MINISTERE DE L'ECONOMIE ET DES FINANCES, Comité Technique de Suivi des Programmes Economiques (septembre 2001). Lettre N° 03308/MINEFI/CTS/SP du 25 septembre 2001, relative à *l'Aide mémoire de la mission FMI du 5 au 12 septembre 2001.* Yaoundé : MINFOPRA, SPRA.
169. REPUBLIQUE DU CAMEROUN, MINISTERE DE LA FONCTION PUBLIQUE ET DE LA REFORME ADMINISTRATIVE, Comité de Coordination de SIGIPES (juillet 2002). *Déroulement de la phase expérimentale de l'exploitation de l'application SIGIPES dans les sites pilotes : Rapport au Premier Ministre.* Yaoundé, SPRA.
170. REPUBLIQUE DU CAMEROUN, MINISTERE DE LA FONCTION PUBLIQUE ET DE LA REFORME ADMINISTRATIVE, Comité de Coordination de SIGIPES (août 2004). *Déconcentration de la gestion des personnels de l'Etat et de la solde : Politique de sécurité pour l'application SIGIPES.* Yaoundé, SPRA.
171. REPUBLIQUE DU CAMEROUN, MINISTERE DE LA FONCTION PUBLIQUE ET DE LA REFORME ADMINISTRATIVE, Comité de Coordination de SIGIPES (août 2004). *Déconcentration de la gestion des personnels de l'Etat et de la solde : Guide de déploiement de la réforme dans les départements ministériels et les différentes administrations.* Yaoundé, SPRA.

172. REPUBLIQUE DU CAMEROUN, MINISTERE DES AFFAIRES ECONOMIQUES, DE LA PROGRAMMATION ET DE L'AMENAGEMENT DU TERRITOIRE, Cabinet Conseil C2G (octobre 2003). Audit Externe du Système Informatique de Gestion Intégrée des Personnels de l'Etat et de la Solde (SIGIPES) après sa mise en exploitation dans les quatre sites pilotes. Yaoundé, SPRA.

173. REPUBLIQUE DU CAMEROUN, MINISTERE DE LA FONCTION PUBLIQUE ET DE LA REFORME ADMINISTRATIVE, Secrétariat Permanent à la Réforme Administrative (SPRA) (novembre 2003). *La déconcentration de la Gestion des Ressources Humaines de l'Etat et SIGIPES : où en sommes-nous ? Quelles sont les prochaines échéances ?* Yaoundé, SPRA.

174. REPUBLIQUE DU CAMEROUN, MINISTERE DE LA FONCTION PUBLIQUE ET DE LA REFORME ADMINISTRATIVE, Comité de Coordination de SIGIPES (décembre 2003). *Déroulement de la phase expérimentale de l'exploitation de SIGIPES-Plus au MINFOPRA, août-décembre 2003 : Rapport au Premier Ministre.* Yaoundé, SPRA.

175. REPUBLIQUE DU CAMEROUN, MINISTERE DE LA FONCTION PUBLIQUE ET DE LA REFORME ADMINISTRATIVE, MINISTERE DE L'ECONOMIE ET DES FINANCES, Comité de Coordination de SIGIPES, Equipe-projet (mai 2005). *Amélioration de l'interface SIGIPES – ANTILOPE : Rapport final.* Yaoundé, Ministère de la Fonction Publique et de la Réforme Administrative.

176. REPUBLIQUE DU CAMEROUN, MINISTERE DE LA FONCTION PUBLIQUE ET DE LA REFORME ADMINISTRATIVE, Cabinet CGICOM (octobre 2005). *Séminaire-atelier à l'intention des Informaticiens pour la maîtrise de l'exploitation de SIGIPES : Présentation des Modules de SIGIPES et de SIGIPES-Plus.* Yaoundé, Secrétariat Permanent à la Réforme Administrative (SPRA).

177. ROBERTS, Charlotte (2000). « Ce que vous pouvez attendre de l'apprentissage en équipe » dans *La cinquième discipline : Le guide de terrain*, SENGE, Peter, Charlotte ROBERTS et al., préface et adaptation de Alain GAUTHIER, Paris, Editions First, 408 – 410.

178. ROSNAY (de), Joël (2007). *2020 : Les Scénarios du futur, comprendre le monde qui vient*, préface de François de closets, Paris, Des Idées & des Hommes. Blog associé, http://www.scenarios2020.com.

179. ROSS, RICK, Bruyam SMITH et Charlotte ROBERTS (2000). « La roue d'apprentissage : maîtriser le rythme d'une organisation apprenante », [In] *[la cinquième discipline : stratégies et outils pour construire une organisation apprenante,* le guide de terrain, préface et adaptation de Alain Gauthier, Paris, Editions First], 72 – 82.

180. ROUSSEAU, Léontine (1996). « La méthode Delphi : une liaison heureuse entre la pratique et la recherche en gestion », *Revue Organisation ; réflexion et action sur la gestion des organisations,* vol. 5, numéro 2, été 1996, 26 – 47.

181. ROUSSEL, Fernand (1992). « Le groupe de formation et l'orientation rogérienne » dans *Changement planifié et Développement des Organisations* (sous la direction de Roger Tessier et Yvan Tellier), Québec, Presses de l'Université du Québec, 237 – 274.

182. ROUSSIN, Michèle (1992). « Différents aspects de la vie d'un groupe » dans *Changement planifié et Développement des Organisations* (sous la direction de Roger Tessier et Yvan Tellier), Québec, Presses de l'Université du Québec, 85 – 95.

183. SADRAN, Pierre (2004). « Le partenariat public-privé en France, catégorie polymorphe et innovée de l'action publique », *Revue Internationale des Sciences Administratives (RISA),* 70 (2) : 253-270.

184. SANER, Raymond (2005). *L'art de la négociation : stratégie, tactique, motivation, compréhension, leadership*, Bern, CHIRON éditeur.

185. SAVOIE, F.P. (1990). « Former des chefs pour le secteur public : résumé des discussions », *Administration Publique du Canada*, Vol. 33, n° 3.

186. SENGE, Peter (1999). « Le cycle de vie des projets de changement » *dans la danse de changement : maintenir l'élan des organisations apprenantes,* SENGE, Art KLEINER et al, Paris, Editions First, 10-16.

187. SENGE, Peter M. (1990). *THE FIFTH DISCIPLINE: the Art and Practice of the Learning Organization,* New York, Doubleday/currency.

188. SENGE, Peter, Art KLEIFER et al (1999). *La danse du changement : maintenir l'élan des organisations apprenantes,* préface et adaptation de Alain GAUTHIER, Paris, Editions First.

189. SENGE, Peter, Charlotte ROBERTS et al. (2000). *La cinquième discipline : le guide de terrain*, préface et adaptation d'Alain GAUTHIER, Paris, Editions First.

190. SHAFFER, Robert H. et Harvey A. THOMSON (2003). « Les meilleurs programmes de changement sont ceux qui commencent par des résultats » *[In] Documents de lecture approfondie du séminaire de formation du 03 au 05 décembre 2003 : Renforcement des capacités internes du SPRA*, PANESS CONSEIL_QSE, Douala, Yaoundé, Secrétariat Permanent à la Réforme Administrative (SPRA), Ministère de la Fonction Publique et de la Réforme Administrative, 1-30.

191. SIMONET, Jean (1984). *La maîtrise des méthodes d'organisation dans l'entreprise*, Paris, Les Editions d'Organisation.

192. SMITH, Anthony F. et Tim KELLY (1998). « Le capital humain dans l'économie numérique », dans *L'Entreprise de demain,* La FONDATION DRUCKER, sous la direction de F. HESSELBEIN, M. GOLDSMITH et R. BECKHARD), Paris, Editions Village Mondial, 152 – 169.

193. SMITH, Stephen (2003). *Négrologie : pourquoi l'Afrique se meurt.* Paris, Calmann-Lévy.

194. ST-AMAND, Gilles (janvier 2004). « Gouvernement en ligne : cadre d'évolution de l'administration électronique », *Cahier de recherche de l'ESG : 01-2004,* Université de Québec à Montréal.

195. STANDFORD, F. Borins (1995). « Innovations dans le secteur public : les effets des nouvelles méthodes d'organisation et de travail », dans *les nouveaux défis de la gouvernance,* (sous la direction de B.G. Peters et D. J. Savoir), Québec, Centre Canadien de Gestion, 239 – 264.

196. STEIJN, Bram et Peter LEISINK (2006). « L'engagement organisationnel du personnel du secteur public néerlandais », *Revue Internationale des Sciences Administratives (RISA)*, 72 (2): 195-211.

197. STIGLITZ, Joseph E. (2002). *La grande désillusion*, Paris, Fayard.

198. TEKAM, J. Georges (2002). *Statut général de la fonction publique de l'Etat et ses textes d'application : recueil commenté*, Yaoundé, Presses Universitaires d'Afrique.

199. TESSIER, Roger (1992). « Consultation : expertise et facilitation » dans *Changement planifié et Développement des Organisations* (sous la direction de Roger Tessier et Yvan Tellier), Québec, Presses de l'Université du Québec, 21 – 35.

200. TESSIER, Roger et Yvan TELLIER (sous la direction de) (1992). *Changement planifié et Développement des organisations, tome 7 : Méthodes d'intervention, Consultation et Formation,* Sillery, Québec, Presses de l'Université du Québec.

201. THOMKE, Stefan (2003). « L'expérimentation éclairée : le nouvel impératif de l'innovation », *In Les meilleurs articles de la Harward Business Review sur l'Innovation*, Paris, Editions d'Organisation, 215-246.

202. TORONDEAU, Jean-Claude et Philippe NACCACHE (2001). « Le temps en question : Introduction », *Revue française de gestion,* janvier-février 2001, 58-62.

203. TOULEMONDE, Jacques et Olaf RIEPER (1997). « Introduction : Politics and Practice of Intergovernemental Evaluation », *[In] POLITICS AND PRACTICE OF INTERGOVERNEMENTAL EVALUATION,* (sous la direction de O. Rieper et J. Toulemonde), New Brunswick (USA), Transaction Publishers, 1-23.

204. TREMBLAY, Mire-Ô B. (1992). « Le processus de consultation dans les organisations » dans *Changement planifié et Développement des Organisations* (sous la direction de Roger Tessier et Yvan Tellier), Québec, Presses de l'Université du Québec, 37 – 62.

205. TROISIEME CONFERENCE PANAFRICAINE DES MINISTRES DE LA FONCTION PUBLIQUE (05 février 2001). *Charte de la fonction Publique en Afrique,* adoptée à Windhoek (Namibie), Tanger, CAFRAD.

206. UNITED NATIONS, DEPARTMENT OF ECONOMIC AND SOCIAL AFFAIRS (2005). *Unlocking the Human Potential for Public Sector Performance: World Public Sector Report*, New York, Nations Unies.

207. VOYER, Pierre (1997). « Un regard critique sur l'utilisation d'indicateurs pour mesurer la performance et la proposition d'une approche instrumentale des tableaux de bord » *[In]* Michelle Marie GAY (sous la direction de), *Performance et secteur publics : réalités, enjeux et paradoxes*, Sainte-Foy, Presses de l'Université du Québec, p.237-253.

208. VOYER, Pierre (1999). *Tableau de bord de gestion et indicateurs de performance*, Sainte-Foy, Presses de l'Université du Québec.

209. WACHEUX, Frédéric (1996). *Méthodes qualitatives et Recherche en Gestion*, Paris, Economia/Gestion.

210. WARREN, Benis et Burt NANUS (1985) : *Diriger : les secrets des meilleurs leaders*. Paris, InterEditions

211. WATZLAWICK, Paul (1978). *La réalité de la réalité : confusion, désinformation, communication,* Paris, Editions du Seuil.

212. WOLF, Adam (2000). « Accountability in Public Administration », *dans pour une administration publique responsable : concilier démocratie, efficacité et éthique,* Actes de la Première Conférence Internationale Spécialisée de l'Institut International des Sciences Administratives (IISA), tenue à Sunningdale (Londres, Royaume-Uni) en 1999, 25-46.

213. YVAN, Bordeleau (1997). *Méthodes d'analyse et d'intervention en milieu organisationnel : Ressources humaines et efficience*, Montréal, (Québec), Editions Nouvelles.

TABLE D'INDEX

D

E

F

S

T

U

V

TABLE DES MATIERES

622945 - Octobre 2015
Achevé d'imprimer par

1livre.com
du rêve à la réalité !

Made in the USA
Coppell, TX
05 November 2026

11306041R00426